मृत्यु
फिर

मृत्यु कैसे होती है? फिर क्या होता है?

(मृत्यु के पश्चात् के संकलित समग्र ज्ञान की एकमात्र पुस्तक)

राजेंद्र तिवारी

सत्साहित्य प्रकाशन, दिल्ली

प्रकाशक : सत्साहित्य प्रकाशन, 205–बी चावड़ी बाजार, दिल्ली–110006
सर्वाधिकार : सुरक्षित / संस्करण : प्रथम, 2018 / मूल्य : पाँच सौ रुपए
मुद्रक : आर–टेक ऑफसेट प्रिंटर्स, दिल्ली ISBN 978-81-7721-380-5

MRITYU KAISE HOTI HAI? PHIR KYA HOTA HAI?
by Rajendra Tiwari ₹ 500.00
Published by Satsahitya Prakashan, 205-B Chawri Bazar, Delhi-110006

प्रस्तावना

ज्ञान का अर्जन मनुष्य की सहज स्वाभाविक वृत्ति है। प्रकृति रहस्यों की अनबूझ पहेली है। इन रहस्यों को अनावृत्त करने और अबूझ प्रश्नों के उत्तर खोजने के प्रयासों की अनवरत यात्रा, जब से मनुष्य अस्तित्व में आया है, तब से आज तक चलती रही है, चलती रहेगी।

भौतिक धरातल पर विज्ञान ने अनेक शोध किए हैं, किंतु विज्ञान की प्रगति बाह्य जगत् की विकास यात्रा है। अध्यात्म के धरातल पर रहस्यों की अनुभूति जिज्ञासाओं का जागरण और समाधानों की खोज, अंतर्जगत् की यात्रा है, जो रोचक भी है, रोमांचक भी। 'कठोपनिषद्' में नचिकेता और यमराज के प्रश्नोत्तर, अजामिल की पौराणिक कथा और ऐसे ही अनेक प्रसंग इस ओर संकेत कर दिशा-निर्देशन भी करते हैं।

शरीर का जन्म, विकास संचालन और समापन, इन पर चिकित्सा विज्ञान ने बहुत खोज की है, तब भी उसके पास अनेक प्रश्नों का संपूर्ण उत्तर नहीं है। कोई अदृश्य पराशक्ति है, जो इन क्रियाओं का नियंत्रण एवं परिचालन करती है। उस पराशक्ति से साक्षात्कार केवल अध्यात्म के धरातल पर ही संभव है। जीवन क्या है ? मृत्यु क्या है ? ये भी कुछ ऐसे ही गूढ़ प्रश्न हैं।

श्री राजेंद्र तिवारी शोध कर रहे हैं। प्रस्तुत पुस्तक उनकी अब तक के प्रयासों से प्राप्त तथ्य और उनसे निसृत निष्कर्षों की अभिव्यक्ति है। शरीर के अंदर 'कुछ' रहता अवश्य है, जिसके बाहर जाते ही शरीर मृत हो जाता है। वह 'कुछ' क्या है ? प्राणों के निष्क्रमण की प्रकिया कष्टदायी है अथवा वस्त्र बदलने की भाँति एक सहज क्रिया ? अथवा क्या नए वस्त्र धारण करने की क्रिया, तुल्य होने के कारण मृत्यु आत्मा को प्रसन्नता की अनुभूति कराती है ? अतः स्वागत योग्य है। मृत्यु के उपरांत नया परिवेश प्राप्त होने तक आत्मा कहाँ विचरण करती है ? क्या पुनर्जन्म होता है ? क्या लोक और परलोक हैं ? कर्म का सिद्धांत क्या है ? क्या सद्कर्म-दुष्कर्म अर्थात् कर्म के रूप भाग्य और भविष्य की रचना करने में निर्णायक भूमिका निभाते हैं ? क्या स्वर्ग और नरक हैं ? यदि हैं तो कहीं और हैं अथवा इसी पृथ्वी पर ?

श्री राजेंद्र तिवारी ने ऐसे अनेक प्रश्नों के उत्तर खोजने का प्रयास किया है। उनकी शोध इंगित करती है कि दुष्ट, पापी, दुराचारी, कपट व्यवहार वाले व्यक्ति के लिए मृत्यु कष्टदायी है और मृत्यु-पश्चात् उसकी जीवात्मा को सुख-शांति का आभास नहीं हो पाता है, वह भटकता है। मृत्यु के पश्चात् व्यक्ति के कर्मों का परिणाम और भोगमान ही साथ रहता है। सदाचरण व सत्कर्म करनेवाले व्यक्ति को मृत्यु से भयभीत होने की कोई आवश्यकता नहीं है, उसे मृत्यु-पश्चात् भी आनंद व सुख का अनुभव होता है। श्रीमद्भगवतगीता के दर्पण में कर्म-बंधन से मुक्ति का प्रसंग पठनीय है।

यह पुस्तक मनुष्य को सन्मार्ग पर चलकर जीवन को सार्थक बनाने की प्रेरणा देती है।

श्री राजेंद्र तिवारी का प्रयास स्तुत्य है। उनकी शोध चलती रहे, इस हेतु मंगल कामनाएँ!

(रमेशचन्द्र लाहोटी)
पूर्व प्रधान न्यायाधीश
(उच्चत्तम न्यायालय)

मकर संक्राति
14.01.2018

लेखक का निवेदन

मुझे बचपन से ही यह जानने की उत्कंठा रही है कि मृत्यु होने के समय कैसा अनुभव होता है और मृत्यु के पश्चात् कहाँ जाना है? मैंने जीवन को एक लंबाई के रूप में नापा है और व्यतीत हो रहे दिनों के साथ मृत्यु को स्वयं की ओर निकट आने की वास्तविकता को चिह्नित किया है। मृत्यु कैसे होती है और मृत्यु के बाद क्या होता है, इस विषय पर मेरी जिज्ञासा हमेशा से रही है। मैं जब भी किसी के जन्म-दिवस समारोह में जाता रहा हूँ मेरे मन में एक विचार उठता है कि जन्म-दिवस पर समारोह व खुशियों के बजाय इसे चेतावनी दिवस के रूप में मनाना चाहिए और यह चिंतन करना चाहिए कि मृत्यु एक वर्ष और अधिक निकट आ चुकी है एवं जीवन में, जो कार्य करने शेष हैं, उन्हें निपटा लिया जाए, जीवन को सार्थक बनाया जाए। परंतु विडंबना तो यह है कि इस वास्तविकता से हम सभी विमुख बने रहते हैं।

हमारे समक्ष यदि कुछ है, तो वह है मृत्यु का डर। वस्तुतः मृत्यु, भय का विषय नहीं है, बल्कि समझना यह है कि मृत्यु कैसे होती है और उसके बाद फिर क्या होता है। इस पुस्तक में यह प्रयास किया गया है कि मृत्यु से किसी भी प्रकार भयभीत नहीं होना है। जिसने भी मृत्यु के रहस्य को जान लिया, उसके अज्ञात व अंधकारमय प्रश्नों पर से परदा हटाकर वह ज्ञान के प्रकाश से अवगत हो गया, उसे मृत्यु से कभी भी भय नहीं लगेगा।

मृत्यु से परिचित होने के लिए कुछ ज्ञान व जानकारियाँ एकत्रित कर परोसने का प्रयास मैंने इस पुस्तक में किया गया है। इस पुस्तक को लिखने का उद्‌देश्य यह भी रहा है कि ऐसा हमें क्या करना चाहिए, जिससे कि सुखद मृत्यु हो और मृत्यु के पश्चात् हमारी जीवात्मा को सुख व आनंद प्राप्त हो। मृत्यु के पश्चात् होनेवाली परिस्थिति की जानकारी से सब से ज्यादा लाभ एवं ज्ञान यह होगा कि व्यक्ति आपने जीवन में ऐसे क्या कर्म करे, जिससे कि मृत्यु के समय व पश्चात् उसे कष्ट नहीं हो।

इस पुस्तक के पढ़ने से यह जानकारी भी मिलेगी कि मृत्यु के पश्चात् जीवात्मा के पास जो कुछ रहता है, वह है हमारे कर्मों का परिणाम और आध्यात्मिक-चिंतन। मैंने ऐसे उद्धरण प्रस्तुत किए हैं कि दुष्ट, पापी, कपट व्यवहार करनेवाले व्यक्ति को मृत्यु

के पश्चात् उसकी जीवात्मा को आत्म-शांति, सुख, आनंद नहीं मिलता है और परलोक में उसका कोई सुखदायक स्थान नहीं है, वह भटकता रहता है, उसे दुःख का अनुभव होता है।

मैंने ऐसे उद्धरण प्रस्तुत किए हैं कि मृतक व्यक्ति की जीवात्माओं को आहूत कर उनसे हुए साक्षात्कार के परिणामस्वरूप यह संदेश मिलता है कि 'सुधर जाओ, अन्यथा मृत्यु के समय व पश्चात् कष्ट-ही-कष्ट हैं।' मृतक व्यक्ति की जीवात्मा जिस व्यक्ति के संपर्क में आई तथा जीवात्मा ने अपने जो अनुभव बताए, उसका वर्णन मैंने इस पुस्तक में किया है। जिन लोगों ने मृतक की जीवात्मा को आहूत करने के बाद उससे साक्षात्कार किया और उसने परलोक के विषय में जो कुछ बताया एवं उसके सूक्ष्म शरीर को जैसा-जैसा अनुभव हुआ, उनके उद्धरण पुस्तक में परोसा है। विषय से जुड़ते हुए मेरे स्वयं के अनुभवों के साथ भी मैं सहभागी हुआ हूँ।

मृत्यु के समय कैसा अनुभव होता है और इसकी प्रक्रिया क्या है? यह विषय हमेशा से खोज का रहा है। प्रश्न यह है कि क्या मृत्यु के समय अत्यंत पीड़ा या दर्द होता है? क्या प्राण निकलते समय अत्यधिक असहनीय तकलीफ होती है? मैंने उन प्रसंगों का उल्लेख किया है, जिससे यह प्रकट होगा कि मृत्यु होने पर सुख व आनंद का आभास होता है। मृत्यु के समय और मृत्यु-पश्चात् की स्थिति को सुखद एवं आनंदित बनाने के उपाय इस पुस्तक में उद्धरण सहित वर्णित किए हैं। इसलिए मैं यहाँ यह कहना चाहूँगा कि व्यक्ति को यह ज्ञान होना चाहिए कि मृत्यु की प्रक्रिया क्या है और उसके बाद क्या होता है?

पुनर्जन्म का सिद्धांत संपूर्ण मानव जाति के लिए है और इसे किसी धर्म अथवा मजहब या रिलिजन के आईने में विभक्त नहीं किया जाना चाहिए। इस पुस्तक में पुनर्जन्म के उद्धरणों से यह प्रमाणित होता है कि पुनर्जन्म की सत्यता सार्वभौमिक है।

हिंदू पुराणों के उद्धरण भी इस उद्देश्य से मैंने इस पुस्तक में उल्लेख किए हैं कि प्राचीन पुराणों में जो कुछ लिखा जा चुका था, वे यथावत् वर्तमान युग में मृत्यु के विषय पर खोज करनेवालों के समक्ष प्रमाणित हो रहे हैं। मृत्यु के पश्चात् की स्थिति पर विदेशों में भी खोज होती रही है और इस विषय पर विदेशियों के क्या मत हैं, उन्हें भी मैंने वर्णित किया है।

इस पुस्तक को तीन भागों में विभक्त किया है—मृत्यु के समय एवं उसके बाद की स्थिति पर जीवात्मा के अनुभव, पुनर्जन्म एवं निष्कर्ष। पुस्तक के अंत में प्रश्नोत्तर भी हैं।

पुस्तक में प्रस्तुत किए गए उद्धरणों से यह प्रमाणित होता है कि मृत्यु के बाद मन और स्मृति शेष रह जाती है। शरीर छूट जाता है, परंतु मन और याद्दाश्त बनी रहती है। स्थूल शरीर, सूक्ष्म शरीर, जीवात्मा एवं आत्मा के अस्तित्व का वर्णन किया है।

मृत्यु-पश्चात् जीवात्मा में मन, बुद्धि, चित्त और अहंकार निहित रहता है। मृत्यु-पश्चात् भूत-प्रेत की वास्तविकता व उनके अस्तित्व का उद्धरण सहित विवरण प्रस्तुत किए हैं।

जिनकी मृत्यु पूर्व में हो चुकी और विभिन्न प्रकार की पद्धतियों के माध्यम से विशेषज्ञों ने उनकी जीवात्माओं को आहूत किया, उनसे संपर्क कर जानकारियाँ प्राप्त कीं और मृत्यु के समय व पश्चात् उन्हें कैसे-कैसे अनुभव हुए, इस पुस्तक में मैंने उद्धृत किया है। मृत्यु होने की प्रक्रिया क्या है? शरीर से प्राण किस प्रकार निकलते हैं? मृत्यु के तत्काल बाद कैसा अनुभव होता है? उसके बाद मृतक की जीवात्मा कहाँ जाती है? इन सभी विषयों को मैंने प्रमाणिकता व उद्धरणों सहित वर्णित किए हैं। मृत्यु की प्रक्रिया संपूर्ण मानव जाति के लिए एक समान है। पुस्तक में कपोल-कल्पित विवरण नहीं हैं, बल्कि ऐसे समाचार व घटनाओं का उल्लेख हैं, जो विषय को प्रमाणित करते हैं।

अंत में पाठकों से यह कहना चाहूँगा कि इस पुस्तक के माध्यम से समाज में मनुष्य जीवन की वास्तविकता के साथ जागृति का आभास होगा। व्यक्ति अपने कर्म की सार्थकता पर ध्यान देगा और सुखद-जीवन व सुखद-मृत्यु का निर्माण करने में लग जाएगा।

—निवेदक

राजेंद्र तिवारी

एडवोकेट,

तिवारी-लेन, छोटा बाजार

दतिया 475-661, मध्य प्रदेश

फोन नं. : 07522 238333

मो. नं. : 9425116738

ईमेल : rajendra.rt.tiwari@gmail.com

अनुक्रम

मृत्यु से भय क्यों

जन्म और मृत्यु, इनमें से एक को दूसरे से पृथक् नहीं किया जा सकता। जन्म में ही मृत्यु का स्वरूप छुपा हुआ है। जन्म हुआ है तो मृत्यु भी अवश्य होगी। माँ के गर्भ में प्रारंभ हुई हृदय की प्रथम धड़कन के साथ ही मृत्यु की यात्रा स्वयं की ओर बढ़ती हुई स्वत: ही प्रारंभ हो जाती है। आयु बढ़ती जाती है और मृत्यु की दूरी घटती जाती है। जन्म होते ही मृत्यु की ओर हमारा प्रत्येक क्षण अग्रसर है। सच तो यह है कि मृत्यु के विषय से हम विमुख बने रहते हैं। उसके संदर्भ में सोचने, विचार करने, चर्चा करने से हम सिर्फ इसलिए बचते हैं, क्योंकि हमें मृत्यु से भय लगता है। मृत्यु का साक्षात्कार जब प्रत्येक को करना ही है तो इससे भला भय कैसा? प्रतिवर्ष अपने जन्मदिन पर हम उत्सव मनाते हैं, किंतु यह विचार भी नहीं करते हैं कि मृत्यु एक वर्ष निकट हो गई है। मृत्यु से डर प्रत्येक मनुष्य को इसी प्रकार से है जैसे कि एक बालक को अंधकार से डर लगता है। अंधकार का तात्पर्य 'अज्ञान' से है।

संसार में किसी भी प्रकार का भय, मृत्यु के भय से बढ़कर नहीं है। जब कि मृत्यु, भय का विषय नहीं है, बल्कि यह मित्रता और लगाव का विषय है। जिसने भी मृत्यु के रहस्य को जान लिया, मरने के बाद कैसा लगता है और क्या होता है? जो व्यक्ति ऐसे अज्ञात प्रश्नों पर से परदा हटाकर ज्ञान के प्रकाश से अवगत हो गया, उसे मृत्यु से कभी भी भय नहीं लगेगा। जिसने भी मृत्यु के भय को जीत लिया, उसने समस्त प्रकार के भय पर विजयश्री प्राप्त कर ली। जिसने मृत्यु को मित्र बना लिया, वस्तुत: उसने जीवन से भी मित्रता कर ली। मृत्यु को आना है, वह आए, हम क्यों डरें!

विषय पर अध्ययन करने के लिए यह जानना आवश्यक है कि मृत्यु के बाद मृतक की जीवात्मा ने अपने क्या अनुभव बताए? मृत्यु के बाद की स्थिति पर विभिन्न विद्वानों के क्या मत हैं?

व्यक्ति की मृत्यु के पश्चात् उसकी आत्मा जब संपर्क में आई तो अनेक पुस्तकों में उसे 'मृतात्मा' के नाम से संबोधित किया गया है। परंतु यहाँ मेरा सोचना यह है कि आत्मा की मृत्यु कभी होती ही नहीं है और यही बात भगवान् श्री कृष्ण ने 'श्रीमद्‌भागवत गीता'

में कही है। इस कारण मैं 'मृतात्मा' के नाम से संबोधित करना उचित नहीं समझता। मैं इसे 'जीवात्मा' कहना चाहूँगा। यद्यपि इस विषय पर जिन पुस्तकों में 'मृतात्मा' के नाम से संबोधित किया गया है, उसी प्रकार संबोधित करने की मेरी मजबूरी भी रही है।

मृत्यु का सम्यक् स्मरण, ज्ञानी एवं विवेकशील मनुष्य करते हैं अथवा दूसरे शब्दों में जो ज्ञानी हैं, वे मृत्यु से भयभीत नहीं होते हैं। भय के स्थान पर एक नए और अनजाने आयाम की ओर जाने और जानने की उत्कंठा होना एवं इस हेतु उत्साह का बढ़ जाना ही मृत्यु को एक महोत्सव के रूप में परिवर्तित कर देता है। इसी कारण मृत्यु का सम्यक् स्मरण व्यक्ति को मिथ्याभिमान से मुक्त कर देता है। यदि स्वस्थ और सुखी जीवन-यापन करना एक कला है, तो मृत्यु का सुखद आलिंगन करने का भाव रखना भी एक कला है। आध्यात्मिक ज्ञानी व्यक्ति के लिए 'मृत्यु' कोई समस्या नहीं है। यह तो शरीर परिवर्तन का साधन मात्र है। जिस तरह अपने वस्त्र फट जाने के कारण हम नवीन वस्त्रों को पहन लेते हैं और अपने आपको ताजगी से भरे 'अपटूडेट' समझ लेते हैं, ठीक उसी तरह मृत्यु के पश्चात् नई देह का धारण करना भी वस्त्रों के परिवर्तन के समान है। जिस तरह नवीन वस्त्र पहनने के कारण से हम पुराने एवं फटे वस्त्रों की ओर न तो अपना मन ले जाते हैं और न ही पुराने वस्त्रों का स्मरण करना पसंद करते हैं, न ही अपने आपको किसी दूसरे के समक्ष पुराने वस्त्रों को हाथों में टाँगकर परिचय कराते हैं। ठीक उसी तरह मृत्यु के पश्चात् नया शरीर धारण करने पर हमें पूर्व जन्म की छोड़ी हुई देह का ध्यान नहीं रहता। यह ईश्वरीय नियम है। मन में यह भाव रखना चाहिए कि मैं देह नहीं हूँ, मैं चैतन्य हूँ, अतः मेरी मृत्यु होने का प्रश्न ही नहीं उठता। मैं आत्मा हूँ और अमर हूँ तथा इसका वाहन-स्वरूप अथवा वस्त्ररूपी शरीर पंचतत्त्वों से निर्मित है और यह विनाशशील है। मेरी मृत्यु के पश्चात् मेरे कर्मफल और मेरी इच्छा के अनुसार यदि मानव शरीर ही मुझे मिलना है तो माँ के गर्भ में सिर्फ नौ महीने में मेरे नवीन वस्त्र रूपी नए शरीर का निर्माण हो जाता है। 'श्रीमद्भगवत गीता' के द्वितीय अध्याय के 22वाँ श्लोक में भगवान् श्री कृष्ण ने कहा है कि जिस प्रकार मनुष्य पुराने वस्त्रों को त्याग कर नए वस्त्र धारण करता है, उसी प्रकार आत्मा पुराने जीर्ण शरीर को त्याग कर नूतन देह ग्रहण करती है।

मृत्यु एक चिरनिद्रा है। जिस प्रकार शरीर में थकान के कारण नींद आना स्वाभाविक है और आवश्यक भी है, उसी तरह संपूर्ण जीवन की थकान मिटाने के लिए चिरनिद्रा के रूप में मृत्यु भी आवश्यक है। प्रति रात्रि मृत्यु का ही एक लघु स्वरूप है। दिनभर की थकान ही नींद का कारण है और उसके बाद सुबह पुनः तरोताजा होकर उठ जाते हैं। नए विचार, नई योजनाएँ, नई सोच के साथ पुनः काम में लग जाते हैं। इसी प्रकार संपूर्ण जीवन व्यतीत होने के बाद वृद्धावस्था में आराम, शांति, चिंतारहित विश्राम की इच्छा होने लगती है और जब शरीर साथ छोड़ने लगता है तो स्वाभाविक रूप से मृत्यु की इच्छा

होने लगती है। जिस प्रकार किसी चिंता के कारण नींद पूर्ण नहीं हो पाती है तो हम सुबह भी थके-थके से रहते हैं, चिड़चिड़ापन बना रहता है, छोटी-छोटी बातों पर झल्लाहट होने लगती है। इसीलिए प्रति रात्रि स्वस्थ नींद लेना आवश्यक है। सोने के पूर्व किसी भी प्रकार की चिंता, शारीरिक कष्ट अथवा मानसिक तनाव नहीं होना चाहिए। ठीक इसी प्रकार जीवन के अंतिम पड़ाव में जब हम वृद्धावस्था के समय मृत्यु के निकट अपनी चिरनिद्रा के दरवाजे पर पहुँचने लगते हैं तो उस समय भी चिंतारहित, इच्छारहित होना चाहिए। तभी चिरनिद्रा का आनंद है। मृत्यु के समय शारीरिक कष्ट अथवा बीमारी नहीं हो तो और भी अच्छा है एवं स्वस्थ शरीर व स्वस्थ मन के साथ मृत्यु होनी चाहिए। यदि मृत्यु होने के पूर्व, मृत्यु के बाद क्या होनेवाला है, इसकी जानकारी मिल जाए, तो मृत्यु से भय समाप्त हो जाएगा। फिर तो केवल सब सांसारिक भौतिक वस्तुएँ, सगे-संबंधियों से बिछुड़ने का ही दुःख रहेगा, लेकिन भय नहीं रहेगा।

मृत्यु के पश्चात् होनेवाली परिस्थिति के ज्ञान से सब से ज्यादा लाभ एवं ज्ञान यह होगा कि व्यक्ति अपने जीवन में ऐसे क्या कर्म करे, जिससे कि मृत्यु के पश्चात् उसे कष्ट नहीं हो। अधिकतर लोग दिन-प्रतिदिन श्मशान अथवा कब्रिस्तान दूसरों की मौत होने पर शव-यात्रा में जाते हैं और उस मृतक के कर्मों के संदर्भ में चर्चाएँ भी करते हैं, लेकिन स्वयं के कर्मों पर चर्चा करना भी वे उचित नहीं समझते।

जीवन में मरने की इच्छा नहीं रखनी चाहिए। जीवन को एक खिले हुए पुष्प के रूप में कुंठारहित होकर पूर्ण रूप से जीना है। जीवन से ऊबकर मृत्यु की कामना करना कायरता है और ठीक इसके साथ ही मैं यह भी कहूँगा कि जैसे ही हमारे सामने मृत्यु उपस्थित हो जाए तो जीवन की लालसा के साथ जीवन की ओर देखना, उसके लिए तड़पना, अज्ञान और अविवेक है। जब तक जीवन है, इसे सुखी और सकारात्मक मानकर जीना है और जब मृत्यु का समय आ जाए, तब जीवन की चाह छोड़कर सहर्ष मृत्यु का आलिंगन करना है। इसीलिए शरीर-धारंण करते हुए ऐसे जियो कि जैसे कभी भी मृत्यु नहीं होगी और जब मौत आ जाए तो यह देह ऐसे छूटे कि जैसे कभी जिए ही नहीं थे।

धन, परिवार, प्रतिष्ठा का प्रसार करने में हमारी आयु व्यतीत होती रहती है और आयु के बढ़ते हुए क्रम में मृत्यु की निकटता के आभास को हम अनदेखा करते रहते हैं। सामान्यतया हो यह रहा है कि व्यक्ति प्रथमतः धन, उसके बाद परिवार, इसके बाद समाज एवं अंत में अध्यात्म और धर्म की तरफ ध्यान देता है। मेरी दृष्टि में यह उल्टा क्रम है। मृत्यु होने पर धन किंचित् मात्र भी आकर्षित होकर नहीं खिसकता है। वह वहीं-का-वहीं ठहरा रहता है और घर से अर्थी उठने पर श्मशान तक लोग जाते हैं और सब-के-सब फिर वापस अपने-अपने काम में लग जाते हैं। मृत्यु के पश्चात् जो साथ

जाता है, वह है हमारे कर्मों का परिणाम, हमारा आध्यात्मिक-चिंतन। इस कारण हममें से प्रत्येक को अपने कर्म, धर्म और आध्यात्मिक-चिंतन की तरफ प्रथमतः ध्यान देना है। धर्म से तात्पर्य है, धारित करने योग्य गुण। मनु संहिता में धर्म के दस लक्षण बताए गए हैं—धृति, क्षमा दमोऽस्तेयं शौचमिंद्रियनिग्रहः धीर्विद्या सत्यमक्रोधो दशकं धर्म लक्षणम्। अर्थात् धैर्य, क्षमा, विकारहीन रहना (दम), अन्याय के द्वारा पराए धन को प्राप्त नहीं करना (अस्तेय), शुद्धता, इंद्रियों को नियंत्रण में रखना, कर्मज्ञान होना, विद्या अध्ययन व सत्य और क्रोध-रहित जैसे गुणों को धारण करनेवाला व्यक्ति ही धार्मिक है। हिंदुओं में धर्म को सद्गुणों से जोड़कर और अधर्म को दुर्गुणों से जोड़कर देखा जाता है।

□

मृत्यु के बाद का रहस्य एवं विज्ञान

मृत्यु कैसे होती है ? क्या मृत्यु के पश्चात् कहीं कोई परलोक है, ये विषय प्रत्येक व्यक्ति के लिए बड़े ही उत्कंठा कर रहे हैं। लोगों में हमेशा यह जिज्ञासा रही है कि क्या मृत्यु के बाद भी कोई जीवन है ? वास्तविकता यह है कि इस भौतिक जगत् में व्यक्ति अपनी शारीरिक इंद्रियों और भौतिक सुख-सुविधाओं में इतना आसक्त हो चुका है कि वह संसार को छोड़ना ही नहीं चाहता है। परंतु प्रश्न यह उठता है कि मरने के बाद हमें कहाँ जाना है ? यह देह नष्ट हो जाने के पश्चात् क्या अन्य कोई जीवन है ? लेकिन कुछ लोग इन प्रश्नों को निरर्थक मानते हुए परेशानी पैदा करनेवाले बताते हैं और अनावश्यक मानकर इस विषय से अपना मुँह मोड़ लेते हैं। परंतु इतना अवश्य है कि वृद्धावस्था या अंतिम अवस्था में जब शरीर मृत्यु का इंतजार करता है तो एक प्रश्न यह अवश्य सम्मुख रहता है कि हमारा क्या होगा ? शरीर से प्राण निकलते समय कैसा लगेगा ? तब हम कहाँ होंगे ? हमारे साथ क्या अन्य कोई होगा ? भगवान् श्रीकृष्ण ने (श्रीमद्भगवतगीता 2/28) अर्जुन को कहा था, "अव्यक्तादीनि भूतानि व्यक्त मध्यानी भारत। अव्यक्तनिधनान्येव तत्र का परिवेदना॥" अर्थात् सभी प्राणी जन्म से पहले बिना शरीर वाले और मरने के बाद भी बिना शरीर वाले ही हैं। केवल बीच में ही शरीर-धारण वाले प्रतीत होते हैं। फिर इस विषय में क्या चिंता करनी है ?

संसार की थियोसॉफिकल सोसाइटी द्वारा इस विषय पर शोध करने का प्रयास किया गया है। दुनिया के विभिन्न संप्रदायों तथा धर्मों में मृत्यु के पश्चात् की विरोधाभासी धारणाएँ प्रचलित हैं और इसी कारण भ्रम की स्थिति भी है। कुछ रिलीजन व मजहब के लोगों में यह धारणा भी है कि मृत्यु के पश्चात् वह व्यक्ति अनिश्चित समय के लिए कब्र में सोता रहता है, लेकिन सत्य तो सत्य है। सत्य शाश्वत होता है। उससे कोई भी विमुख नहीं हो सकता। इस वैज्ञानिक युग में मनुष्य का सोच भी वैज्ञानिक हो गया है। विज्ञान कहता है कि जिस वस्तु को हम स्पर्श नहीं कर सकते, जिस अवस्था का दिखने का कोई प्रमाण नहीं है, उस पर विश्वास क्यों करे ? परंतु मैं यहाँ यह कहूँगा कि विज्ञान के माध्यम से प्राप्त हुआ ज्ञान सीमित है। विज्ञान की पहुँच अभी उस अज्ञात ज्ञान तक नहीं हो पाई

है, जिसका अस्तित्व है। तो फिर यह कहना तो अनुचित होगा कि जिसका हमें ज्ञान नहीं है, उसका अस्तित्व ही नहीं है। जिस प्रकार इस सुंदर जगत् और प्राकृतिक सौंदर्य, अति आकर्षक पुष्प, बहता हुआ झरना, आसमान में प्रकट हुआ इंद्रधनुष, समुद्र के किनारे सूर्योदय की प्राकृतिक छटा, सुंदर अभिव्यक्ति आदि दृश्यों को एक अंधा देख नहीं सकता है तो इसका तात्पर्य यह तो नहीं माना जाएगा कि यह जगत् सौंदर्यविहीन है। क्या हमने कभी यह गौर किया है कि जब भूकंप आता है तो उसके आने के पूर्व पशु-पक्षियों को आभास होने लगता है और वे विचलित होने लगते हैं। पशु-पक्षी बिना देखे और सुने गंध के माध्यम से वस्तुओं का पता लगा लेते हैं। कुत्तों में सूँघने की अपार क्षमता है और वे सिर्फ गंध के माध्यम से पहचान कर लेते हैं। घर का मालिक घर के दरवाजे पर पहुँचता है और उसका पालतू कुत्ता घर के अंदर से ही मालिक की उपस्थिति का आभास करने लगता है एवं यदि उसके साथ कोई अनजान व्यक्ति आया है तो वही कुत्ता उस अनजान व्यक्ति पर भूँकने लगता है। अब तो किसी घटित अपराध के अपराधियों को पकड़ने के लिए कुत्तों का सहारा लिया जाता है। कभी हमने क्या इस ओर ध्यान दिया है कि कुत्ते अचानक बिना किसी कारण के रोने लगते हैं? ऐसी मान्यता है कि कुत्तों को कोई अदृश्य प्रेतात्मा का आभास हो जाता है। चीटिंयों को बिना देखे मिठाई का पता लग जाता है कि वह कहाँ रखी है और वे उस मिष्ठान तक पहुँचने का प्रयास करने लगती हैं। ऐसे अनेक प्रश्न हैं, जहाँ विज्ञान अभी तक नहीं पहुँचा है।

धर्मराज युधिष्ठिर से जब यह पूछा गया कि पृथ्वी पर सबसे बड़ा आश्चर्य क्या है, तो उन्होंने बड़ा ही सुंदर जवाब दिया, "ऐसा कोई दिन नहीं है, जब अनेक जीव-जंतु और मनुष्य पृथ्वी पर मर न रहे हों। हर कोई इन्हें मरते हुए देख रहा है, लेकिन फिर भी मनुष्य मृत्यु के विषय पर विचार नहीं करता है और उसकी यह धारणा रहती है कि मेरी मृत्यु कभी नहीं होगी। इससे बड़ा आश्चर्य और क्या हो सकता है?"

आदिकाल में असुर, आत्मा के अस्तित्व में विश्वास नहीं करते थे। वे शरीर सुख को ही लक्ष्य मानते थे। इसी कारण वे पथभ्रष्ट भी थे। भौतिकवादी, जड़वादी एवं वैज्ञानिक, आत्मा के अस्तित्व में विश्वास नहीं करते हैं। वे तो शरीर को ही जीव-विज्ञान का विषय मानकर विषय को वहीं पर रोक देते हैं। वे चेतना और आत्मा को नहीं मानते हैं। इस कारण उन्हें आधुनिक कहलाने का विशेषण प्राप्त हो जाता है और आत्म-तत्त्व पर चर्चा करने को वे रूढ़िवादिता मानते हैं। उनके लिए प्रश्न यह है कि क्या वे किसी वस्तु से मन की विवेकशीलता को उत्पन्न कर सकते हैं? क्या वे विवेकशीलता निर्मित कर सकते हैं? वे कहते हैं कि यदि मृत्यु के पश्चात् शरीर से आत्मा बाहर निकलती है तो उसे जो अनुभव उस समय होता है, उसकी स्मृति पुनर्जन्म के समय क्यों नहीं रहती? उनके लिए जवाब यही है कि ईश्वर ने हमारी स्मृति की भी एक व्यवस्था व सीमाएँ बना

रखी हैं। शरीर जीवन में भी रहते हुए हमें जन्म से लेकर मृत्यु तक की समस्त घटनाएँ याद नहीं रहती हैं। परमात्मा ने अपनी सत्ता को इसी तरह निर्मित किया है। कल्पना करें कि यदि हमें पूर्व जन्मों की स्मृति हो जाए अथवा इसी वर्तमान जन्म की, यदि समस्त दुःखदायी घटनाएँ याद बनी रहें, तो भी हमारा जीवन दुःखदायी हो जाएगा। जब हमारे मस्तिष्क के स्वभाव में परमात्मा ने ऐसी व्यवस्था बना रखी है कि हमें कौन सी घटनाएँ याद रहना चाहिए और कौन सी स्वतः भूल जाना चाहिए, यह किसी चिकित्सक अथवा वैज्ञानिक का कमाल नहीं है। कंप्यूटर के युग में कंप्यूटर-मशीन को हम उसकी स्वैच्छिक विवेकशीलता नहीं मान सकते। कंप्यूटर तो वह बोलेगा, जिसकी उसमें प्रोग्रामिंग कर दी गई है। मन की विशालता अकल्पनीय है। मन और बुद्धि की सहायता से हम आनंद एवं दुःख का अनुभव कर सकते हैं। क्या हम इसकी कल्पना कर सकते हैं कि सामने संगीत का वाद्य सारंगी रखे होने पर हमें संगीत का आनंद मिलने लगे? नहीं। सारंगी जब तक बजाई नहीं जाएगी; तबला, हारमोनियम एवं अनेक वाद्ययंत्र जब तक बजाए नहीं जाएँगे, तब तक उसके आनंद की अनुभूति हम नहीं कर सकते हैं।

देहवादी स्थूल शरीर को ही सबकुछ मान कर संतुष्ट हो जाते हैं, लेकिन अब तो मनोवैज्ञानिक व वैज्ञानिक भी यह स्वीकार करने लगे हैं कि जीवन सिर्फ शरीर तक ही सीमित नहीं है। मृत्यु उपरांत क्या होता है? इस विषय पर शताब्दियों से खोज हो रही है। जब हम नींद में स्वप्न देखते हैं, तब हम क्या होते हैं? स्वप्न में हम क्या अनुभव करते हैं? स्वप्न में हमारा मन और सभी इंद्रियाँ तो रहती ही हैं। स्वप्न में सभी क्रिया-कलाप भी अनुभव करते हैं, परंतु हमारा स्थूल शरीर निद्रा में ही पड़ रहता है। सूक्ष्म शरीर स्वप्न में सबकुछ अनुभव करता रहता है, मन, बुद्धि, चित्त, अहंकार का भी स्वप्न में अनुभव बना रहता है। जिस प्रकार हमारा स्थूल शरीर निद्रा में पड़ा रहता है और हम स्वप्न देखते रहते हैं, लेकिन स्वप्न में हमें यह आभास नहीं होता है कि हम निद्रा में हैं और न ही यह आभास होता है कि हम सूक्ष्म शरीर के रूप में स्वप्न देख रहे हैं। जिस प्रकार का स्वप्न देखते हैं, उसी को तत्समय वास्तविक सत्य मान लेते हैं। ठीक इसी तरह मृत्यु के बाद भी हम सूक्ष्म शरीर का अनुभव करते हैं। स्थूल शरीर में रहते हुए सुख-दुःख का अनुभव मन के द्वारा होता है। मन, सूक्ष्म शरीर में निहित रहता है। प्रश्न यह है कि क्या किसी ने 'मन' को देखा है? मृत्यु के पश्चात् स्थूल शरीर हम से छूट जाता है और सूक्ष्म शरीर बाहर आ जाता है। अतः मन की इच्छा, संतोष, पछतावा, गुस्सा, संतुष्टि, आनंद, वासना, भोग, सुख, दुःख का आभास सूक्ष्म शरीर को होता है। चूँकि सूक्ष्म शरीर में इच्छा का तत्त्व बना रहता है, इस कारण हम मान सकते हैं कि सूक्ष्म शरीर का जुड़ाव अपने स्थूल शरीर के छूटे हुए परिवार-जन से भी बना रहता है। परंतु यदि हम पूर्णतः आध्यात्मिक हो गए हैं और आत्म-तत्त्व के अस्तित्व का ज्ञान हो गया है, तो स्थूल शरीर के छूटे हुए

परिवार-जन से वह जुड़ाव भी समाप्त हो जाएगा। विडंबना यह है कि विज्ञान प्रमाण चाहता है और यह विषय अनुभव का है। मृत्यु पश्चात् अनुभवों के अनेक उदाहरण हैं।

विज्ञान उसे मानता है, जिसे वह स्वयं देखता है, जिसका वह अनुभव करता है, वह प्रमाण चाहता है। परंतु ऐसी बहुत से परिस्थितियाँ हैं, जिनके कारणों का वैज्ञानिकों के पास कोई प्रमाण नहीं हैं। यहाँ एक उदाहरण से अपनी बात को स्पष्ट करना चाहूँगा। एक सफेद परदे पर प्रोजेक्टर के माध्यम से जब हम अँधेरे बंद हॉल में फिल्म देखते हैं तो हमें परदे पर चलते-फिरते कलाकार व दृश्य दिखते हैं। अर्थात् यदि हमें फिल्म देखनी है तो उसके लिए अँधेरा होना आवश्यक है। अब इसी स्थिति को ऐसे समझें कि जिस सफेद परदे पर हमें फिल्म देखनी है, उसे यदि खुले मैदान में दिन की तेज धूप के सामने लगा दें और फिर दूर प्रोजेक्टर से उस सफेद परदे पर फिल्म को उतारें, क्या वह फिल्म दिखेगी ? वैज्ञानिक तो यही कहेगा कि कोई फिल्म नहीं है, फिल्म चल ही नहीं रही। फिल्म नाम की कोई चीज होती ही नहीं है अर्थात् यहाँ जड़वादी वैज्ञानिक मिथ्या हो गया। इसी प्रकार आत्मा के अस्तित्व का आभास करने के लिए हमें आध्यात्मिक बनना होगा। अत: जो अज्ञानी है, वे यही कहेंगे कि आत्मा शरीर से अलग नहीं हो सकती। स्वभाव से मनुष्य इतना जड़वादी हो गया है कि वह शरीर के अलावा और कुछ सोच ही नहीं पाता है।

जन्म, जीवन और मृत्यु—ये तीन भाग इस पृथ्वी पर प्रत्येक प्राणी के लिए आवश्यक हैं, लेकिन मृत्यु के बाद क्या होता है, यह एक अत्यंत गंभीर व गूढ़ विषय है। मृत्यु के बाद की स्थिति जानने के लिए सभी उत्सुक रहते हैं, परंतु इस विषय पर संपूर्ण दुनिया में मनुष्यों के लिए कोई एक सार्वभौमिक उत्तर अभी तक नहीं बन पाया है। यद्यपि इस विषय पर निरंतर खोज चल रही है। विभिन्न संत, महात्माओं, विद्वानों, दार्शनिकों, शोधकर्ताओं तथा विभिन्न देशों के व्यक्तियों एवं जानकारों ने अपने-अपने देश व क्षेत्र के संदर्भ में मत व्यक्त किए हैं। इस विषय पर बिना किसी विरोधाभास से कम-से-कम यह तो कहा ही जा सकता है कि मृत्यु के बाद की स्थिति, उस मृतक व्यक्ति के धार्मिक संस्कार, उससे संबंधित उसके धर्मशास्त्र, उसकी मनोवैज्ञानिक स्थिति, उसका आचरण एवं उसकी अपनी मान्यताओं पर निर्भर करता है। जिस तरह से इस पृथ्वी पर विभिन्न विचारधाराओं एवं आचरण के मनुष्य हैं, उसी प्रकार मृत्यु उपरांत हम उनमें एक जैसी समानता की कल्पना नहीं कर सकते हैं। मृत्यु के बाद की स्थिति पर संसार में अनेक संस्थाएँ कार्य और शोध कर रही हैं। इसी विषय पर विभिन्न शोधकर्ताओं एवं लेखकों ने अपने-अपने विचार पुस्तकों के माध्यम से प्रकाशित भी किए हैं। मि. गियॉर्ग डब्ल्यू. मीक ने अपनी पुस्तक 'आफ्टर वी डाई, ह्वाट देन ?' में अनेक सारगर्भित प्रश्नों के उत्तर उल्लेख किए हैं।

इस उपभोक्तावाद एवं भौतिक युग में ऐसे बहुत कम लोग हैं, जो मृत्यु के विषय

पर विचार करते हों। वे मृत्यु होने की प्रक्रिया और मृत्यु के बाद की स्थिति पर चर्चा करना भी निरर्थक मानते हैं। सच तो यह है कि मृत्यु के नाम से उन्हें डर लगता है। ऐसे लोग शरीर जीवन में रहते हुए सभी प्रकार के सुख व्यतीत करना चाहते हैं, परंतु उन्हें यह नहीं पता कि उनके सुख प्राप्त करने के उद्देश्य के पीछे जो कर्म अथवा कुकर्म किए जा रहे हैं, उनका परिणाम मृत्यु के बाद क्या होनेवाला है ?

यह अकाट्य सत्य है कि मृत्यु के बाद शरीर छूट जाता है, परंतु मन और याद्दाश्त बनी रहती है। इसलिए मैं यहाँ यह कहना चाहूँगा कि प्रत्येक व्यक्ति को यह जान लेना आवश्यक है कि मृत्यु की प्रक्रिया क्या है और उसके बाद क्या होता है ? प्रत्येक व्यक्ति की मृत्यु सुखद नहीं होती है और इसी प्रकार मृत्यु के पश्चात् प्रत्येक व्यक्ति सुखद स्थिति में नहीं होता है। मृत्यु शाश्वत सत्य है, अकाट्य है और होनी ही है। फिर भी कोई विचार करने को तैयार नहीं है कि एक दिन हमें भी मरना है। हम देखते हैं कि चिकित्सकों के सामने हजारों लोगों की मृत्यु होती है और वे मरीज के शरीर विज्ञान तथा उसके इलाज तक सीमित बने रहते हैं, लेकिन मृत्यु के समय की स्थिति और उसके बाद के विषय पर चर्चा नहीं करते हैं। वे सिर्फ इतना मानते हैं कि शरीर एक यंत्र है और इसके अंगों के कार्य करने की प्रक्रिया है तथा जब शरीर के अंग काम करना बंद हो जाते हैं तो इसे मृत्यु कहते हैं।

□

चार्वाक दर्शन एवं इसका उद्भव

आधुनिकतावादी और वैज्ञानिक सोच से प्रेरित लोग यह मानते हैं कि जीव का कोई स्वतंत्र अस्तित्व नहीं होता है और ये लोग सिर्फ शरीर को ही जीव मानते हैं। परंतु ऐसे तथाकथित सोच के व्यक्तियों से मेरा निवेदन है कि जिस क्षेत्र का उन्हें ज्ञान नहीं है, उसके अस्तित्व के संदर्भ में कुछ विपरीत कहने का उन्हें अधिकार नहीं है।

इसी संदर्भ में मैं चार्वाक सिद्धांत का उल्लेख करना भी उचित समझता हूँ। विश्व में प्राचीन काल से ही एक वर्ग ऐसा है, जो नास्तिक, भौतिकवादी व देहवादी है एवं वह मृत्यु होने पर आत्मा के अस्तित्व को स्वीकार नहीं करता रहा है। इन्हें भारत में चार्वाक-मत के अनुयायी होना माना जाता है। इस मत के लोग मानते हैं कि शरीर ही आत्मा है। शरीर के अलावा आत्मा नाम का कोई स्वतंत्र अस्तित्व नहीं है। शरीर की मृत्यु होने पर आत्मा का भी अवसान हो जाता है। जो पारिस्थिति इंद्रियों के द्वारा ज्ञान योग्य नहीं है, उसके अस्तित्व को वे स्वीकार नहीं करते हैं। चार्वाक मत के लोग मानते हैं कि जब तक जीवित हो, खूब भोग करो। सुख और आराम से जीवन का आनंद लो। मृत्यु-पश्चात् का विचार, सिर्फ एक मूर्खता है। जो भी आवश्यक लगे और जैसे भी हो, उसे प्राप्त कर लो। यदि धन नहीं है तो खूब उधार लो। भले ही भीख क्यों न माँगनी पड़े। मरने के बाद तो कोई भी व्यक्ति किसी भी कार्य के लिए उत्तरदायी नहीं होता है। खाओ, पिओ और मौज करो। चार्वाक सोच के लोग अधिकांशत: सभी देशों में पाए जाते हैं। इसी मत के ओल्ड टेस्टामेंट में सोलोमन ने कहा है, "जो इच्छा हो, वही करो। खाओ, पियो, मौज करो। स्त्री-पुत्र के साथ आनंद से घर बसाओ।" चार्वाक विचारों की संख्या निरंतर बढ़ती ही जा रही है। इन्हें नास्तिक, भौतिकवादी अथवा जड़वादी भी कह सकते हैं। इनके अनुसार शरीर से भिन्न जो आत्मा की सत्ता मानते हैं, वे अज्ञानी और मूर्ख हैं। आत्मा के अस्तित्व के विरोध में इन लोगों ने बहुत कुछ लिखा है परंतु फिर भी वे इस प्रश्न का उत्तर, जो सभी के मन में रहता है, नहीं खोज पाए, कि मृत्यु के पश्चात् क्या होता है?

चार्वाक दर्शन के उद्भव के संदर्भ में अनेक मत हैं। एक मत यह है कि चार्वाक एक ज्ञानी महात्मा था, जिसने भौतिकवाद का विचार स्थापित किया। उसका कहना था,

'खाओ पियो और मौज करो' (ईट, ड्रिंक एंड बी मेरी) चार्वाक का शब्दार्थ है, चारु अर्थात् सुंदर मनमोहक और वाक् अर्थात् वचन। एक मत यह है कि चार्वाक का सिद्धांत बृहस्पति द्वारा स्थापित किया गया। बृहस्पति ने मनुष्यों को भौतिकवाद की शिक्षा दी। एक पौराणिक कथा यह है कि देवताओं का आदर-सम्मान सर्वत्र होता था और उन पर यदि कोई विपत्ति आती थी तो ब्रह्मा, विष्णु, महेश भी उनकी सहायता करते थे। देवताओं व असुरों में हमेशा से प्रतिरोध रहा है। देवता सतोगुणी, सात्त्विक, सदाचरण, सकारात्मक, धार्मिक एवं ईश्वर में आस्थावान सोच के थे, जबकि ठीक इसके विपरीत असुर तमोगुणी, तामसी, कदाचरण, नकारात्मक, अधार्मिक, दुष्कर्मी, दूसरों को कष्ट देने वाले व अपमान करनेवाले, अत्याचारी सोच के थे। परिणामतः असुरों का सम्मान नहीं होता था। इस कारण असुरों में चिंता हुई और उन्होंने स्वयं अपने आचरण को सुधारने का निश्चय किया, जिससे कि उनकी भी प्रतिष्ठा व सम्मान में बढ़ोत्तरी हो सके। इसी सोच के साथ असुर धर्म-मार्ग पर चलने लगे। उन्होंने आसुरी वृत्तियाँ त्यागना प्रारंभ कर दिया था। वे सबके साथ आदर का व्यवहार करने लगे थे और इस कारण उन्हें भी देवताओं जैसा सम्मान मिलने लगा था। देवता और असुरों के सम्मान में भेदभाव समाप्त होने लगा और कभी-कभी तो असुरों को अधिक सम्मान मिलता था। अतः देवता, जो स्वयं को सर्वश्रेष्ठ समझते थे, उनमें ईर्ष्या होने लगी। इससे देवता चिंतित हुए और उन्हें मान-सम्मान का जो एकाधिकार प्राप्त था, वह विलुप्त होने लगा था। वस्तुतः जब तक बुरा पक्ष सामने न हो, तब तक अच्छाई का महत्त्व नहीं होता है और इसी कारण देवताओं में ईर्ष्या होने लगी। अंततः देवताओं ने भगवान् विष्णु के पास जाकर असुरों के धर्म-मार्गी होने की शिकायत की। यह सुनकर भगवान् विष्णु ने उनसे कहा कि असुर, जो पहले देवताओं को परेशान करते थे, उन पर आक्रमण करते थे और चूँकि अब वे यह कार्य छोड़ चुके हैं तो यह देवताओं के हित में ही सबकुछ हो रहा है, यह तो प्रशंसनीय है। इसमें चिंता करने का कोई प्रश्न नहीं है। इस पर देवताओं ने कहा कि उनकी श्रेष्ठता समाप्त हो रही है। तब भगवान् विष्णु ने हँसते हुए कहा कि दूसरों के बढ़ते हुए मान-सम्मान के कारण ही देवता दुःखी हैं। इस कारण भगवान् विष्णु ने एक माया पुरुष का निर्माण किया और उसे पृथ्वी-लोक पर भेजा। वह माया पुरुष चार्वाक के नाम से प्रसिद्ध हुआ।

चार्वाक जब बड़ा हुआ तो उसने यह अनुभव किया कि पृथ्वी पर लोग ऐसी कल्पनाएँ करते हैं कि जो उन्हें दिखाई भी नहीं देता है, लेकिन उन्हें प्राप्त करने की लालसा में जी रहे हैं। सभी देवता एवं असुर ईश्वर को प्राप्त करने के चक्रव्यूह में फँसे हैं। ईश्वर, जो उन्हें दिखता नहीं है, उसे वे प्राप्त करना चाहते हैं। वर्तमान को वे देखते नहीं हैं और भविष्य की चिंता में उलझे हुए हैं। ईश्वर को अपनी कल्पनाओं में बसाए हुए हैं और स्वर्ग प्राप्त करना चाहते हैं। इस कारण उन्हें सांसारिक जीवन दुःखदायी लगता

है और वर्तमान जीवन को वे नरक मानने लगे हैं। अत: चार्वाक ने संकल्प किया कि मनुष्यों की मानसिकता में से देवता, ईश्वर, आत्मा, परमात्मा, स्वर्ग, नर्क के भ्रम को तोड़ना होगा। उसने वेद, शास्त्र, उपनिषद् एवं ऋषियों के संदेशों को झूठ बताया और यह कहने लगा कि यह हम सब की कल्पना की उपज मात्र हैं। चार्वाक कहता था कि देवता अथवा ईश्वर कुछ नहीं है। यह संसार प्रकृति की देन है। पृथ्वी, जल, वायु, अग्नि से ही इस शून्य आकाश में जीव और वनस्पतियों का निर्माण होता है और इन्हीं के संयोग से चेतना आती है एवं जब यह विखंडित हो जाती है, तब फिर सबकुछ शून्य में मिल जाता है। इसी प्रक्रिया को जन्म एवं मृत्यु कहते हैं। पृथ्वी पर निर्माण और नष्ट होने का क्रम चलता रहता है। चार्वाक ने यह सब प्रकृति का खेल बताया है। 'जीव' नाम का अस्तित्व न तो कहीं से आता है और न ही कहीं को जाता है। वर्तमान संसार ही सत्य है और इसमें जो कुछ भी है, वह सत्य है और इसके बाद कुछ भी नहीं है। चार्वाक ने कहा कि सुख से जीने के लिए भले ही किसी से ऋण लेना पड़े तो भी ऋण लेकर जिओ।

चार्वाक के इस तर्क से प्रभावित वर्ग के लोगों के द्वारा उसे वैसा सम्मान मिलने लगा, जो ऋषियों को मिलता था। उसका प्रभाव बढ़ने लगा। लोग वेद, पुराण, शास्त्र, उपनिषद् एवं ऋषियों के संदेशों को झूठा समझने लगे। चार्वाक की विचारधारा समाज में स्थापित होने लगी। चार्वाक-मत के अनुयायी व इस मत का प्रतिरोध करनेवालों में द्वंद्व व शास्त्रार्थ होने लगे। इस सबसे परिणाम यह हुआ कि असुरों के मान-सम्मान और प्रतिष्ठा में तो कोई परिवर्तन नहीं आया, लेकिन देवताओं व ऋषियों की विचारधारा और सिद्धांतों को लोग झूठा समझने लगे। स्वर्ग एवं नरक की सोच की स्थापना खंडित होने लगी।

इस विषय पर मेरा (मुझ लेखक का) चिंतन यह है कि चार्वाक का सिद्धांत अपनी जगह है, लेकिन हमें यह भी अनुभव करना होगा कि कर्म-फल का भी अपना एक अस्तित्व है। कर्म-फल को व्यर्थ का विषय नहीं माना जा सकता। ईश्वर की सत्यता, ब्रह्म, धर्म, वेद, पुराण, उपनिषद् कोई माने या न माने, लेकिन यह सिद्धांत पूर्ण रूप से स्थापित है कि मानव जीवन में हम जैसा कर्म करेंगे, उसका परिणाम अवश्य मिलता है। सत्कर्म करेंगे, दूसरों को सुख देंगे तो सुख मिलेगा। दुष्कर्म करेंगे, दूसरों को दुःख देंगे तो दुःख मिलेगा। इस सिद्धांत की प्रामाणिकता प्रसिद्ध वैज्ञानिक न्यूटन के गति का तीसरा सिद्धांत में भी स्पष्ट है कि 'प्रत्येक क्रिया के विपरीत और बराबर प्रतिक्रिया होती है।' कर्म-फल से हम नहीं बच सकते हैं। यद्यपि अपने सुख और आनंद की चाह में अधिकांश व्यक्ति चार्वाक के सिद्धांत को मानने वाले हो सकते हैं, परंतु उन्हें अपने कर्म-फल और भोग के लिए भी सतर्क रहना चाहिए। इस प्रकार मानव जीवन की सफलता, सुख व आनंद के लिए अंशत: चार्वाक के सिद्धांत को स्वीकार करके भी जीवन-यापन हो सकता है। चार्वाक ने सिर्फ भौतिक स्तर पर ही चिंतन किया है। जीवन की सर्वाधिक

सुख के साथ यापन करने का और वर्तमान में जीने का संदेश दिया है। इसमें किसी भी प्रकार की कोई बुराई नहीं है। इस सिद्धांत की विकृति उस स्थिति में प्रकट होने लगेगी, जब मानव दूसरों को कष्ट देकर स्वयं के सुख एवं आनंद के लिए केंद्रित हो जाएगा। उस स्थिति में तो सभी सुख व आनंद की प्राप्ति के लिए एक-दूसरे को कष्ट देने में उलझ जाएँगे। चार्वाक ने यह तो नहीं कहा कि मानव दुष्कर्मी, पापकर्मी, मिथ्याभाषी हो जाए। चार्वाक ने यह भी नहीं कहा कि दूसरों से ऋण लेकर फिर उसे चुकाया नहीं जाए, क्योंकि ऋण नहीं चुकाए जाने के कारण अपराध-बोध से भी दु:खी होना पड़ सकता है और जिससे ऋण लिया है, उसे वापस नहीं मिलने पर वह भी दु:खी हो सकता है। ऐसी स्थिति में जीवन का सुख-भोग समाप्त हो जाएगा। चार्वाक सिर्फ वर्तमान में सुखपूर्वक जीने का संदेश देता है। जब तक मानव जीवन जीने को मिला है, इसे पूर्ण सुख के साथ जीना है। इस चिंतन में किसी को भी कष्ट देने का संदेश नहीं है।

वर्तमान समय में चार्वाक दर्शन के समर्थकों की स्थिति द्वंद्वमय है, वे भ्रम में जी रहे हैं और वस्तुत: असुरक्षा की भावना से ग्रसित हैं। वे मंदिर, मसजिद, गिरजाघर, गुरुद्वारे में जाते हैं, अपने भविष्य की चिंता में पंडित, मुल्ला, मौलवियों के पास भी जाते हैं, हस्तरेखा विशेषज्ञ और ज्योतिषियों से अपने भविष्य की उपलब्धियों और संभावनाओं की जानकारी भी प्राप्त करते हैं और उपाय भी करते हैं, लेकिन जैसे ही उनसे अध्यात्म, आत्म-ज्ञान, मृत्यु के पश्चात् जीवात्मा की स्थिति पर चर्चा की जाए तो वे कहने लगते हैं कि खाओ, पियो और मस्त रहो। सब बकवास है। एक ओर तो वे भविष्य के लिए चिंतित हैं और दूसरी ओर चार्वाक के समर्थक होकर वर्तमान में जीना चाहते हैं। चार्वाक कहता है कि वर्तमान को ही सत्य मानो और सुख के साथ जीवन-यापन करो। वस्तुत: चार्वाक का सिद्धांत भविष्य की चिंता से परे होने का रास्ता दिखाता है। मृत्यु के बाद का चिंतन भी तो भविष्य का विषय है। जैसे ही भविष्य की थोड़ी सी भी चिंता की तो चार्वाक का सिद्धांत खंडित हो जाएगा, लेकिन देख तो यह रहे हैं कि चार्वाक-सिद्धांत के समर्थकों को अपने जीवन के भविष्य की बहुत चिंताएँ हैं अर्थात् व्यक्ति न तो इधर का है और न ही उधर का है। चार्वाक के सिद्धांत को आधुनिक युग में कुछ भौतिकवादी, जड़वादी, अल्पज्ञानी लोगों ने इसके विकृत स्वरूप को परोसने का प्रयास किया है। चार्वाक के बताए रास्ते पर यदि चलना है तो मानव जीवन में सुख और आनंद के साथ जीवन-यापन करना चाहिए। फिर भविष्य की क्या चिंता करनी है ? लेकिन ध्यान यह भी रहे कि अंतत: मृत्यु तो होती ही है, इस कारण मृत्यु के पश्चात् का यदि कोई प्रमाणिक ज्ञान प्राप्त होता है तो उसका भी अध्ययन करना चाहिए।

चार्वाक का सिद्धांत भौतिक वस्तुओं की उपलब्धि से उत्पन्न सुख पर आधारित है। मनुष्य इच्छाओं का एक पुलिंदा है। एक इच्छा पूर्ण होते ही तत्काल दूसरी इच्छा उत्पन्न

हो जाती है। मनुष्य के मन में अनेक अनेक इच्छाएँ हैं। चार्वाक इच्छाओं की पूर्ति होने पर सुख की कल्पना करता है, परंतु प्रश्न यह है कि क्या मनुष्य अपने जीवन में अपनी समस्त इच्छाओं की पूर्ति कर सकता है ? निश्चित ही नहीं। मनुष्य की प्रत्येक इच्छा की पूर्ति हो, यह कतई संभव नहीं है। इसीलिए चार्वाक का सिद्धांत क्षणिक सुख के लिए है। उत्पन्न हुई इच्छा की पूर्ति नहीं होने पर दुःख मिलने वाला है। इस प्रकार चार्वाक का सिद्धांत दुःख के आमंत्रण का संदेश है। इच्छाएँ और सुख एक-दूसरे के विपरीत हैं। मानव स्वभाव में इच्छाएँ उत्पन्न होना स्वाभाविक है। इच्छा-पूर्ति की कामना से रहित होने में दुःख नहीं है। सुख का तात्पर्य भौतिक वस्तु से जुड़ा है। सुख और आनंद में बहुत अंतर है, परंतु आनंद मन की एक ऐसी दशा है, जिसमें किसी वस्तु-विशेष की कामना नहीं है। चार्वाक के सिद्धांत में शाश्वत आनंद नहीं है।

□

स्थूल शरीर, सूक्ष्म शरीर, जीवात्मा एवं आत्मा

मृत्यु के विषय पर चर्चा करने के पहले भौतिक-शरीर (स्थूल शरीर), सूक्ष्म शरीर, जीवात्मा एवं आत्मा में अंतर और इनसे परिचय होना आवश्यक है।

भौतिक शरीर, जिसे हम स्थूल शरीर भी कहते हैं, का महत्त्व पृथ्वी के इस भौतिक संसार में सर्वाधिक है। प्रत्येक भौतिक कार्य, सुनना, बोलना, विचार व्यक्त करना, भौतिक निर्माण एवं विनाश के समस्त कार्य स्थूल शरीर के माध्यम से ही होते हैं। स्थूल शरीर का ही जन्म और मृत्यु होती है। आधुनिकतावादी एवं तथाकथित वैज्ञानिकों ने स्थूल शरीर को ही प्रथम और अंतिम सत्य मान लिया है, लेकिन प्रश्न तो यह है कि इस स्थूल शरीर का संचालनकर्ता, इसका निर्देशनकर्ता कौन है? यद्यपि स्थूल शरीर का निर्माण किसी मनुष्य के अधीन नहीं हुआ है, यह तो ईश्वर प्रदत्त उपहार है।

वस्तुत: स्थूल शरीर, सूक्ष्म शरीर, जीवात्मा और आत्मा—ये चारों क्रमबद्ध तरीके से एक-दूसरे से जुड़े हैं। सूक्ष्म शरीर का वस्त्र स्थूल शरीर है। जीवात्मा का वस्त्र सूक्ष्म शरीर है। जीवात्मा की उत्पत्ति और इसका आभास आत्मा के कारण है। मूलत: केंद्र आत्मा है। इस प्रकार स्थूल शरीर व आत्मा एक ही सत्य के दो छोर हैं। आत्म-तत्त्व का आभास अथवा आत्म-तत्त्व में लीन होने के लिए मन, बुद्धि, अहंकार से परे होना आवश्यक है और वह मोक्ष की स्थिति में होता है जबकि जीवात्मा में मन, बुद्धि, चित्त, अहंकार का आभास होता है। शरीर की मृत्यु के पश्चात् जीवात्मा शरीर से बाहर निकल जाती है। चूँकि जीवात्मा में मन, बुद्धि, चित्त, अहंकार होता है तो जीवात्मा का वस्त्र सूक्ष्म शरीर होता है।

प्रश्न यह है कि मनुष्य के स्थूल शरीर को कार्य करने के लिए निर्देश कौन देता है? मनुष्य में मन, बुद्धि, चित्त एवं अहंकार निहित है। बुद्धि के निष्कर्ष से मन द्वारा शरीर को निर्देश मिलता है। मन और बुद्धि के माध्यम से शरीर के होने का भाव रहता है। मनुष्य की मृत्यु के पश्चात् स्थूल शरीर विहीन होने पर मन, बुद्धि, चित्त, अहंकार का अस्तित्व तो बना ही रहता है और ये भौतिक वस्तुएँ नहीं हैं तथा जीव की आंतरिक अवस्थाएँ हैं एवं इनको खोजने के उपकरण विज्ञान के पास नहीं है। इसी को सूक्ष्म शरीर कहते हैं। पाँच

ज्ञानेंद्रियाँ—नाक, कान, आँख, मुँह व त्वचा। पाँच कर्मेंद्रियाँ—हाथ, पैर, वाणी, गुदा और उपस्थ। इनके अलावा ग्यारहवाँ मन है। मन के निर्देश पर कर्म किया जाता है और इन ग्यारह अंकों का आभास होना ही सूक्ष्म शरीर है, परंतु इन ग्यारह अंकों का स्थूल शरीर जीवन में अर्थात् जीवित अवस्था में अनुभव करने से स्थूल शरीर का अनुभव करना कहा जाता है, लेकिन जब स्थूल शरीर की मृत्यु हो जाती है, तब इससे परे होकर भी इन ग्यारह अंकों का अनुभव होता है। इसका स्पष्टत: सबसे अच्छा उदाहरण स्वप्नावस्था का है। नींद में हम स्वप्न देखते हैं और उस समय सूक्ष्म शरीर का आभास होता है।

मृत्यु के पश्चात् जीवात्मा जैसे ही स्थूल शरीर से बाहर निकलती है, तत्काल ही उसे अपने सूक्ष्म शरीर का आभास होता है। सूक्ष्म शरीर भी ठीक वैसा ही होता है, जैसा कि हम अपने स्थूल शरीर का अनुभव करते हैं। जब व्यक्ति निद्रा में होता है तो उसका स्थूल शरीर तो पलंग पर पड़ा रहता है, लेकिन वह स्वप्न में स्वयं को चलता-फिरता, दौड़ता-भागता, बोलता, रोता, हँसता आदि सबकुछ करता हुआ देखता है और यह सब कार्य करने का उसे अनुभव भी होता है। स्वप्नावस्था में यह आभास कतई नहीं होता है कि 'यह तो स्वप्न है।' स्वप्न का ज्ञान तो तभी होता है, जब हम निद्रा से जागते हैं। स्वप्न में समस्त कार्यकलाप देखना, हमारे सूक्ष्म शरीर के द्वारा ही होते हैं। मृत्यु के पश्चात् भी ऐसा ही सूक्ष्म शरीर होता है। अंतर सिर्फ यह होता है कि मृत्यु के उपरांत यह ज्ञात होता है कि स्थूल शरीर की मृत्यु हो चुकी है। अब इससे बाहर निकल आए हैं और भौतिक जगत् के भौतिक कार्य करना संभव नहीं है। यहाँ प्रश्न यह उठता है कि मन, बुद्धि, चित्त, अहंकार का आभास किसको होता है? यही जीवात्मा है। जीवात्मा स्थूल शरीर से बाहर हो गई और उसका उस स्थिति में उसे अपने सूक्ष्म शरीर का अनुभव होने लगता है। जीवात्मा ही परलोक को जाती है। इसी का पुनर्जन्म होता है, परंतु मुख्य केंद्र-बिंदु इन सबका है, आत्मा। दूसरे शब्दों में कहा जाए कि आत्मा का आभास भी जीवात्मा के माध्यम से होता है और जीवात्मा का आभास सूक्ष्म शरीर के माध्यम से होता है एवं सूक्ष्म शरीर का आभास स्थूल शरीर में रहते हुए स्थूल शरीर के माध्यम से होता है।

सूक्ष्म-जगत् को मैं एक उदाहरण से स्पष्ट करना चाहूँगा कि हम जागते हुए अपने शरीर के माध्यम से सभी कार्य करते हैं, वस्तुओं का स्पर्श करते हैं, उनकी भौतिकता का अनुभव करते हैं, परंतु जब हम नींद में सो जाते हैं, तब भी हम अपने स्वप्न में ठीक वैसा ही अनुभव करते हैं, देखते हैं, बोलते हैं, भागते हैं, वस्तुओं को स्पर्श करते हैं, किसी को मारते-पीटते हैं अथवा किसी से पिटते हैं, किसी को घायल करते हैं, किसी से घायल होते हैं। ये सभी परिस्थितियाँ जब हम स्वप्न में अनुभव करते हैं, तो उस समय नींद में हमें आभास कतई नहीं होता है कि हम यह स्वप्न देख रहे हैं। परंतु जैसे ही हम नींद से जागते हैं, तब पता लगता है कि 'यह तो स्वप्न था।' इसी स्वप्न को हम सूक्ष्म जगत् कह

सकते हैं। इसी प्रकार मृत्यु के पश्चात् भी हमें यह आभास तो मिल जाता है कि हमारी देह छूट चुकी है और हम मर चुके हैं, लेकिन सूक्ष्म शरीर के माध्यम से हमें सूक्ष्म जगत् का आभास मिलता है।

जीवात्मा का अपना स्वयं का स्वतंत्र अस्तित्व होता है तथा स्थूल शरीर की मृत्यु के बाद जीवात्मा अपने सूक्ष्म शरीर के रूप में उसके समीप में ही बनी रहती है और वह अपने मृत स्थूल शरीर को उसी प्रकार देखती है जैसे कि शारीरिक जीवन में रहते हुए व्यक्ति देखता है। कुछ समय तक तो उसे विश्वास ही नहीं होता है कि वह मर चुका है। वह अपने मरे हुए शरीर को दाह-संस्कार के समय जलते हुए देखता है, तब जीवात्मा की समस्त अपेक्षाएँ अपने भौतिक शरीर के प्रति समाप्त हो जाती हैं। यदि शव को जमीन में गाड़ दिया जाए तो उसकी जीवात्मा उस कब्र के ऊपर मँडराती रहती है। इसका कारण यह है कि जीवात्मा का स्थूल शरीर से आकर्षण कुछ समय तक समाप्त नहीं हो पाता। कहा जाता है कि मृत्यु के पश्चात् जीवात्मा स्थूल शरीर को त्याग कर सर्वप्रथम 'काम लोक', जिसे 'प्रेत लोक' भी कहते हैं, प्रवेश करती है। कहा जाता है कि जीवात्मा के स्थूल शरीर से परम तत्त्व तक पहुँचने में उसे सात शरीरों अथवा आवरणों की बाधा पार करनी होती है। ये शरीर रूपी आवरण निम्नानुसार हैं—

1. स्थूल शरीर (फिजिकल बॉडी)
2. आकाश शरीर (इथरिक बॉडी)
3. सूक्ष्म शरीर (एस्ट्रल बॉडी या सटल बॉडी)
4. मानसिक शरीर (मेंटल बॉडी)
5. आत्मिक शरीर (स्पीरिचुअल बॉडी)
6. ब्रह्म शरीर (कॉस्मिक बॉडी)
7. निर्माण शरीर (बॉडीलेस बॉडी)

जैसा कि पूर्व में कहा जा चुका है कि जीवात्मा, सूक्ष्म शरीर, स्थूल शरीर की केंद्र शक्ति आत्मा है। आत्मा अमर है। आत्म-तत्त्व में लीन अथवा विलय होने का तात्पर्य परम तत्त्व में लीन होना है। आत्मानुभूति के समय व्यक्ति स्वयं को अपने ही शरीर से अलग होकर सिर्फ 'होने' का आभास करता है। इसे कुछ लोग 'फीलिंग ऑफ बीइंग' कहते हैं। यह स्थिति अद्वैत होने की बनती है। मैं शरीर नहीं हूँ, आत्मा हूँ। मन, बुद्धि, चित्त, अहंकार, इच्छा, विचार, विवेक, स्मृति आदि के अनुभव से जैसे ही परे हुए तो आत्मा के होने का आभास होता है। स्थूल शरीर में रहते हुए आध्यात्मिक स्तर पर चिंतन करते हुए आत्मा के भाव को धारण करके दृष्टाभाव रखना ही आत्म-तत्त्व की अनुभूति की तरफ बढ़ता हुआ प्रथम कदम है। जैसे ही मन, बुद्धि, चित्त, अहंकार का प्रकटीकरण होता है तो वही आत्मा का परिवर्तन जीवात्मा में हो जाता है और फिर उसे अपने सूक्ष्म

शरीर का आभास होने लगता है। प्रत्येक व्यक्ति के अपने स्वयं के निजी मन, बुद्धि, अहंकार हैं। इसी प्रकार जितने व्यक्ति हैं, उतनी ही जीवात्माएँ हैं और उतने ही प्रकार के मन, बुद्धि, अहंकार हैं एवं उतने ही स्थूल शरीर हैं। परंतु यदि आत्मा के स्तर पर चर्चा करें तो फिर यह सब विभिन्नताएँ विलुप्त हो जाती हैं और निर्विकार, निर्गुण, निराकार आत्मा का अभास होता है। यह सभी में एक समान है। सभी में एक ही परम तत्त्व से जुड़ी हुई है। मृत्यु के पश्चात् जीवात्मा स्थूल शरीर से जब बाहर हो जाती है और उसमें चूँकि मन, बुद्धि, चित्त, अहंकार तो होता ही है, इस कारण जीवात्मा में राग, द्वेष, वासना, इच्छा, कर्म, पुरुषार्थ, सुख-दुःख की अनुभूति व कामनाएँ होती हैं। इन सब गुणों को साथ लेकर जीवात्मा अपने सूक्ष्म शरीर के साथ विचरण करती रहती है। इस प्रकार जीवात्मा और परमात्मा में अंतर समझा जा सकता है।

जीवात्मा सत्कर्म के लिए स्थूल शरीर के रूप में जन्म लेती है। मानव शरीर बड़ी मुश्किल से मिलता है। सत्कर्मों के लिए एवं जीवात्मा के उत्थान के लिए मानव देह प्राप्त होती है। अतः शारीरिक जीवन को व्यर्थ नहीं जाने देना चाहिए। मृत्यु के समय सिर्फ स्थूल शरीर ही तो नष्ट होता है। बाकी इच्छाएँ, वासनाएँ, अपेक्षाएँ, काम, क्रोध, मोह, लालच, ईर्ष्या, विचार, मन, बुद्धि, चित्त, अहंकार तो स्थूल शरीर से बाहर निकलने के पश्चात् जीवात्मा में बने ही रहते हैं। ये सभी गुण यदि स्थूल शरीर में रहते हुए विलुप्त हो गए हों, इनसे परे हो गए, तब फिर सूक्ष्म शरीर ठहरेगा ही नहीं। फिर तो आत्मानुभूति ही होगी और परम-तत्त्व में विलीन हो जाना होगा। योग की साधना करनेवाले ऐसे महान् योगी हुए हैं, जो अपने ध्यान और समाधि की अवस्था में स्थूल शरीर से बाहर निकलकर सूक्ष्म शरीर के माध्यम से एक स्थान से दूसरे स्थान पर विचरण करते रहते हैं। शरीर जीवन में रहते हुए परलोक के दर्शन करना आम व्यक्ति के लिए संभव नहीं है, परंतु योग साधना में लगे योगी, जो ध्यान की उस स्थिति में पहुँच गए हैं कि वे समाधिस्थ हो जाते हैं। ऐसे योगी समाधि की अवस्था में शरीर से बाहर निकलकर अपनी इच्छानुसार जहाँ चाहें, वहाँ विचरण कर सकते हैं। वे समाधिस्थ होकर परलोक के भी दर्शन कर सकते हैं। मृत्यु के पश्चात् जो पुण्य आत्माएँ परलोक में जाती हैं और उनका समय आने पर जब पुनर्जन्म लेती हैं तो उन्हें परलोक की याद्दाश्त नहीं रहती है, परंतु समाधिस्थ योगी शरीर से बाहर निकलकर परलोक के दर्शन करने के बाद भी उन्हें वहाँ की स्थिति याद रहती है।

एक स्थिति पर भ्रम दूर होना आवश्यक है कि सूक्ष्म शरीर व सूक्ष्म-जगत् को इनके नाम के आधार पर यह नहीं समझना चाहिए कि इनकी शक्ति व आकार सीमित अथवा प्रतिबंधित है। सूक्ष्म शरीर किसी स्थान-विशेष, देश-विशेष, नगर-विशेष, घर-विशेष की सीमाओं और दीवारों तक सीमित नहीं रहता। सूक्ष्म शरीर की गति मन के समान होती

है। जिस प्रकार मन एक जगह से दूसरी जगह पहुँच जाता है, उसी तरह मृत्यु के पश्चात् सूक्ष्म शरीर की भी यही गति होती है। सूक्ष्म-जगत् का तात्पर्य भी यह नहीं है कि वह पृथ्वी से छोटा है। सूक्ष्म-जगत् अति विशाल और असीमित है।

कारण—शरीर मनुष्य की जीवात्मा के साथ हमेशा बना रहता है। पिछले अनेक जन्मों की अनुभूतियाँ और कर्म-फल का परिणाम 'कारण-शरीर' में निहित होता है। कारण-शरीर से तात्पर्य है, ऐसी परिस्थितियाँ एवं कर्म, जिनके परिणामस्वरूप व्यक्ति का जन्म हुआ है और मृत्यु के पश्चात् ऐसे ही परिणामों के कारण सूक्ष्म शरीर के साथ जुड़ा रहता है। अर्थात् वे कारण, जिनका परिणाम पुनर्जन्म के रूप में प्राप्त हुआ है तथा वे कारण जो मृत्यु के पश्चात् जीवात्मा को उसकी अपनी परिस्थितियों में प्राप्त हो रहे हैं। 'कारण-शरीर' जीवात्मा के साथ हमेशा ही बना रहता है। दूसरे शब्दों में, वह जीवात्मा का भाग्य है।

□

मृत्यु के समय कैसा लगता है

मृत्यु के समय कैसा लगता है और इसकी प्रक्रिया क्या है, यह विषय हमेशा से खोज का रहा है। प्रश्न यह है कि क्या मृत्यु के समय अत्यंत पीड़ा या दर्द होता है ? क्या प्राण निकलते समय अत्यधिक असहनीय तकलीफ होती है ? इस प्रश्न पर मेरा सोचना यह है कि प्रथमतः तो मृत्यु होने के समय किसी भी प्रकार की पीड़ा, दर्द अथवा कष्ट मरनेवाले व्यक्ति को नहीं होता है। द्वितीयतः जो भी कष्ट होता है, तो उसके लिए ईश्वर ने मृत्यु के समय मूर्च्छित होने की प्रक्रिया निर्धारित कर रखी है, लेकिन यह विषय सामान्य दशा में हो रही मृत्यु के ही संदर्भ में है। हम देखते हैं कि जिनकी मृत्यु हो जाती है, मृत्यु के उपरांत उनके चेहरे को गौर से देखिए। सामान्यतया उनका चेहरा पूर्णतः शांत और पीड़ा-रहित, दर्द-रहित भाव का दिखेगा। मृतक के चेहरे को देखने पर ऐसा लगता है जैसे कि वह अपनी गहन निद्रा में है। यह स्थिति उन मरनेवाले लोगों की भी होती है, जो अपने जीवन में गंभीर बीमारी के कारण शरीर जीवन को भोगते हुए मरते हैं। बीमारी की अवस्था में तो उन्होंने शारीरिक एवं मानसिक पीड़ा, कष्ट एवं तकलीफों का अनुभव किया है, लेकिन ऐन वक्त पर जब मौत ने शरीर जीवन के दरवाजे पर दस्तक दी है तो मृत्यु के बाद उस व्यक्ति के चेहरे पर पूर्णतः शांति, निश्चिंतता व गहन निद्रा का भाव देखा जा सकता है। इससे यह स्पष्ट है कि मृत्यु के क्षणों में किसी भी प्रकार का दर्द अथवा कष्ट का अनुभव नहीं होता है। इसी विषय पर अनेक पूर्व मृत व्यक्तियों की जीवात्माओं ने भी अपने अनुभव बताए हैं। ईश्वर की भी ऐसी महिमा है कि परमात्मा जीवन के अंतिम दरवाजे की निकासी के समय मरनेवाले को प्राण निकलने की तकलीफ नहीं देना चाहता है। भौतिक शरीर में रहते हुए मनुष्य अनेक शारीरिक मानसिक तकलीफों से जूझता रहता है, लेकिन जब मौत होने लगती है तो तकलीफों का अनुभव नहीं होता। इसके अलावा देखा यह भी गया है कि जिनकी मृत्यु किसी दुर्घटना या आत्महत्या अथवा हत्या के कारण होती है और उसी घटना के समय तत्काल यदि उनके प्राण शरीर से बाहर निकल रहे हों, तब ऐसी स्थिति में दुर्घटना या हत्या के कारण शरीर को पहुँचे दर्द का आभास तो उस मृतक के चेहरे पर आ सकता है, लेकिन चूँकि उसी समय उसकी मृत्यु भी हो रही है, तब चेहरे पर पीड़ाजनक भाव ठहर जाएगा।

मृत्यु के पश्चात् जीवात्माओं का विभिन्न लोगों से हुए साक्षात्कार के अनुसार एवं तत्त्वदर्शी योगियों का कहना है कि मृत्यु होने के कुछ समय पहले शरीर में बड़ी बैचेनी, पीड़ा और छटपटाहट होती है। इसका कारण यह है कि शरीर के सभी अंगों व सभी नाड़ियों से प्राण खिंचकर एक जगह एकत्रित होते हैं। इसी समय मरनेवाला मूर्च्छित हो जाता है। मरने के पूर्व जिन क्षणों में शरीर से प्राण निकलते हैं और मृत्यु होती है। तत्समय वह व्यक्ति पूर्ण रूप से मूर्च्छित हो जाता है। मैं तो यहाँ यही कहूँगा कि ईश्वर ने मनुष्य की बहुत अधिक चिंता कर रखी है। जब प्राण निकलने का समय आता है तो मनुष्य को उसके कष्ट और पीड़ा का आभास नहीं होने के लिए स्वतः ही मूर्च्छा आ जाती है। मृत्यु एक स्वाभाविक प्रक्रिया है। इसलिए मृत्यु से भयभीत नहीं होना चाहिए। जिस तरह किसी वृक्ष की टहनी से पत्ता स्वतः ही टूटकर जमीन पर गिर जाता है, उसी तरह शरीर से प्राण अपने आप ही निकलने लगते हैं। तत्समय जीवात्मा को शरीर में बने रहने की आदत और मानसिकता रहती है एवं इस कारण वह शरीर को छोड़ना नहीं चाहता है। इसलिए मृत्यु के समय प्राण पुनः शरीर के अंगों और नाड़ियों में वापस होने का प्रयास करते हैं और यही कष्ट व पीड़ा का कारण है। इसलिए मैं यहाँ यह कहूँगा कि जीवन के अंतिम समय में अभ्यास करते हुए शरीर को छोड़ने की मानसिकता बना लेनी चाहिए। शरीर से लगाव छोड़ देना चाहिए, लेकिन इसका तात्पर्य यह नहीं है कि शरीर को स्वस्थ बनाए रखने से ध्यान हटा लें। परंतु विडंबना तो यह है कि शरीर की तो बात अलग है, लोग अपनी संपत्ति व रुपए पैसे व रिश्तेदारों से लगाव नहीं छोड़ पाते हैं।

मृत्यु के समय जो कष्ट होता है, वह मरनेवाला अपने मुख से प्रकट नहीं कर पाता है। परंतु ईश्वर की महिमा भी यह है और ऐसी प्रक्रिया बना रखी है कि जब शरीर से प्राण निकलने का समय पास आता है तो मरनेवाले का बोलना बंद हो जाता है। हम कुछ लोग यह समझते हैं कि मरनेवाला व्यक्ति तो बोलते-बोलते मरा है और उसी को मृत्यु मान लेते हैं, परंतु दिल की धड़कन मात्र बंद हो जाना और श्वास का आवागमन रुक जाना ही मृत्यु का क्षण नहीं है।

शरीर से प्राण निकलने के पूर्व की स्थिति

सामान्य अवस्था में अपनी आयु पूर्ण करने के पश्चात् जब व्यक्ति की मृत्यु का समय निकट आता है तो उसकी मानसिकता में विभिन्न प्रकार के परिवर्तन होते हैं। वृद्धावस्था और रोगावस्था होने पर भी व्यक्ति जीना चाहता है एवं इसी कारण वह चिकित्सकों और अस्पतालों के चक्कर लगाता रहता है, इलाज़ कराता रहता है। वह सोचता है कि काश, स्वस्थ होकर और जीवन जिए, लेकिन जब इलाज व दवाइयों से उसे लाभ नहीं होता है, तब वह प्रतिक्रियात्मक होने लगता है, बात-बात पर झल्लाने लगता है, नाराज होने लगता

है। वह कहने लगता है कि मैंने तो जीवन में कभी किसी के साथ बुरा नहीं किया, फिर ये कष्ट मुझे ही क्यों? परंतु इस सोच में भी वह स्वपेक्षी होता है। उसे अपने दोष याद नहीं रहते। कभी-कभी तो ईश्वर के प्रति भी रोष व्यक्त करने लगता है, परंतु जब स्थिति बिगड़ने लगती है और उसे यह विश्वास होने लगता है कि अब जीवन की अधिक साँसें शेष नहीं हैं, मृत्यु निकट है, तब वह ईश्वर के समक्ष समर्पण करने लगता है। ईश्वर को याद करता है। मृत्यु की अति निकटता में कुछ समय पूर्व से मरनेवाला व्यक्ति चुप हो जाता है। वह इस तथ्य को स्वीकार कर लेता है कि अब बचने का कोई भी दूसरा रास्ता नहीं है, मौत होनी ही है। उस स्थिति में स्वत: ही वह मौन हो जाता है अर्थात् उसका बोलना स्वत: ही बंद हो जाता है। पूछने पर वह अस्पष्ट जवाब देने लगता है। उसी समय उसे बेहोशी आ जाती है। उसकी आँखें भले ही खुली हों, लेकिन उसे सामने के भौतिक दृश्य और व्यक्ति दिखाई नहीं देते। प्राण निकलते समय मृतक व्यक्ति की जीवात्मा को लेने के लिए उसके पूर्व मृत परिजनों की जीवात्माएँ आती हैं और वह उन्हीं को आश्चर्यचकित होकर देखता है। शरीर में नब्ज बंद होने के बाद, हृदय की धड़कन बंद होने के बाद, मस्तिष्क की कोशिकाओं में रक्त प्रवाह बंद हो जाता है और वे नष्ट होने लगती हैं। दिमाग का कार्य करना समाप्त हो जाता है। हृदय गति रुकने के बाद इस कार्य में लगभग 10 मिनट का समय लगता है। मृत्यु के ठीक पूर्व शरीर में सनसनाहट होने लगती है। मरनेवाला उस स्थिति को व्यक्त नहीं कर पाता है। शरीर के विभिन्न अंगों की चेतनता समाप्त होकर प्राण नाभि की ओर खिंचने लगते हैं, गला सूखने लगता है। संभवत: इसी कारण मृत्यु के समय हिंदुओं में तुलसी मिश्रित जल मृतक के मुँह में डालने की प्रथा बन गई है।

प्राण निकलने की प्रक्रिया स्वाभाविक है और इसके लिए चिंतित नहीं होना चाहिए। जीवन के आखिरी समय में व्यक्ति की मानसिकता स्वत: ही इस संसार को छोड़ने की बनने लगती है। मृत्यु की अवस्था में शरीर से मोह भी समाप्त होने लगता है। कहा जाता है कि इस अवस्था में मनुष्य अपने जीवन की समस्त महत्त्वपूर्ण घटनाओं को याद करता है और अपने कर्मों का लेखा-जोखा देखता है। वह अपने सत्कर्मों को याद करते ही आनंदित होने लगता है और बुरे कर्मों के कारण स्वयं को अपराध-भाव से ग्रसित पाता है। सामान्यतया प्राण के निकास द्वार मुख, आँख, कान, नाक ही प्रमुख हैं, परंतु हिंसक और दुष्ट वृत्ति के मनुष्यों के प्राण मल-मूत्र द्वार से भी निकलते देखे गए हैं। मृत्यु के पश्चात् अधिकांश जीवात्माओं द्वारा साक्षात्कार में यह भी बताया गया है कि जैसे ही शरीर से प्राण निकलते हैं, तब जीवात्मा तत्काल ही नींद में चली जाती है। यह ठीक इस प्रकार है, जैसे अत्यधिक परिश्रम से थका हुआ व्यक्ति जिस प्रकार नींद के आगोश में चला जाता है, उसी प्रकार प्राण निकलने के बाद जीवात्मा को भी निद्रा की आवश्यकता होती है। इस नींद से जीवात्मा को अत्यधिक शांति व शक्ति प्राप्त होती है। इस नींद की समय-सीमा सुनिश्चित नहीं है। यह

कुछ मिनट, कुछ घंटे, कुछ दिन की भी हो सकती है। जो मनुष्य अपने शरीर जीवन में रहते हुए, जितना अधिक बीमार रहा है, उसे उतनी ही अधिक देर की निद्रा रहती है। उसे अपना शरीर पूर्णत: स्वस्थ प्रतीत होगा, क्योंकि स्थूल शरीर की बीमारियाँ और उसकी वेदनाएँ, स्थूल शरीर के छूटने के साथ ही समाप्त हो जाती हैं।

मृत्यु होते ही उसका सूक्ष्म शरीर बाहर निकल जाता है और एक सफेद चमकदार डोरी से अपने स्थूल शरीर से जुड़ा रहता है, जिसे सिल्वर कॉर्ड कहते हैं। जैसे ही इस डोरी का विच्छेद स्थूल शरीर से होता है, तत्काल ही स्थूल शरीर की मृत्यु घोषित हो जाती है। मृत्यु के तत्काल पश्चात् जीवात्मा के सूक्ष्म शरीर को उसके पूर्व मृत सगे-संबंधियों की जीवात्माएँ आकर घेर लेती हैं और उसे अपना सहारा व संरक्षण का आभास कराती हैं। सूक्ष्म शरीर के माध्यम से जीवात्मा स्वयं को बहुत हल्का अनुभव करती है और वह जमीन से ऊपर उठकर उड़ने की स्थिति में भी रहती है। सूक्ष्म शरीर में जीवात्मा को अपने हाथ, पैर, आँख, नाक आदि अंगों का भी आभास होता है और वह अपने सूक्ष्म शरीर को देख पाती है। सूक्ष्म शरीर के आवागमन के लिए किसी भी प्रकार के दरवाजे एवं दीवारें बाधक नहीं होती। वह दीवार के आर-पार भी देख सकता है क्योंकि उसकी पहुँच की गति मन की दौड़ के समान होती है। मनुष्य में इच्छाएँ और वासनाएँ शेष रह गई है तो मृत्यु के पश्चात् सूक्ष्म शरीर की नींद अत्यंत अल्प होगी। उसका सूक्ष्म शरीर अपने मृत्यु स्थल और शव के आस-पास ही मँडराता रहेगा तथा स्वजनों के विलाप को भी देखने और उन्हें समझाने-बुझाने का कार्य करेगा, परंतु सूक्ष्म शरीर की इस गतिविधि को कोई समझ नहीं पाता है।

शरीर से प्राण निकलने के बाद की स्थिति

प्राण निकलने के बाद जीवात्मा अपने ही शरीर को अपने से अलग देखती है और उस समय वह स्वयं को अत्यंत हल्का, स्वतंत्र व आनंदित अनुभव करती है। मृत्यु के पश्चात् दाह-संस्कार एवं तेरहवीं तक के कर्म-कांड की प्रथा हिंदुओं में है और मृतक की जीवात्मा प्रेत-योनि में अपने समस्त कर्म-कांड को देखती है। यहाँ मेरा विचार यह है कि शरीर जीवन में रहते हुए, जिस व्यक्ति की कर्म-कांड के प्रति जो मान्यताएँ होती हैं, जीवात्मा उसी के अनुसार अपना कर्म-कांड कराना चाहती है और होता हुआ देखती भी है। इसलिए मृतक के परिजनों को यह ध्यान रखना चाहिए कि मृतक की अपनी स्वयं की मान्यताएँ एवं विश्वास किस प्रकार के थे और उसी के अनुसार कर्म-कांड की संपूर्ण प्रक्रिया का पालन करना चाहिए। इसमें त्रुटि होने पर जीवात्मा को कष्ट होता है। वह दु:खी होती है और इसी को पितृदोष कहा जाता है। जीवात्मा को यह ज्ञान भी होता जाता है कि उसके संदर्भ में कौन क्या सोच रहा है, कौन क्या कह रहा है ? उसे अपने सूक्ष्म शरीर का पूरा-पूरा आभास होता है। मृत्यु के तत्काल बाद जीवात्मा प्रेत-योनि में रहती है और

दाह-संस्कार, क्रिया, कर्म-कांड, तेरहवीं, शोडषी-सपिंडी आदि कर्म-कांड के पश्चात् प्रेत-योनि से मुक्त होकर परलोक गमन करती है। जीवात्मा में वासना और कामनाओं की कितनी इच्छा और तीव्रता है, इसी से उसके पुनर्जन्म का निर्धारण होता है। व्यक्ति अपने शरीर जीवन में यदि आध्यात्मिक चिंतन का रहा है तो उसकी जीवात्मा परलोक के विभिन्न लोकों में वास करती है और यह सब जीवात्मा की अपनी आध्यात्मिक योग्यता पर निर्भर करता है। इस प्रकार पुनर्जन्म भी जीवात्मा की वासना और शरीर जीवन के भोग की इच्छाशक्ति पर निर्भर करता है।

कुछ लोगों का मत है कि जीवात्मा का सूक्ष्म शरीर बैंगनी रंग का होता है, परंतु इसके विपरीत भारतवंशी संत-महात्माओं का कहना है कि जीवात्मा का रंग सफेद होता है, लेकिन इतना अवश्य है कि मृत्यु के पश्चात् जब स्थूल शरीर छूट जाता है तो जीवात्मा सूक्ष्म शरीर के रूप में होती है और वह जहाँ चाहे, इच्छानुसार जा सकती है। सूक्ष्म शरीर में भी जीवात्मा को देह-आभास होता है, लेकिन पृथ्वी लोक के निवासी भौतिक शरीर वालों को जीवात्मा का सूक्ष्म शरीर एवं उसका आभास प्रतीत नहीं हो पाता। शरीर जीवन में रहते हुए व्यक्ति का स्वभाव, विश्वास, उसके विचार भी मृत्यु के पश्चात् उसके साथ जाते हैं। मृत्यु के पश्चात् कुछ जीवात्माएँ अपने से पूर्व मृत स्वजनों की जीवात्माओं के साथ रहना पसंद करती हैं। शरीर जीवन में रहते हुए व्यक्ति की जिस प्रकार की मान्यताएँ होती हैं, मृत्यु के पश्चात् भी लगभग वे ही मान्यताएँ जीवात्मा के साथ रहती हैं। स्थूल शरीर जीवन में जिस प्रकार एक घर, भोजन, सुख-दुःख की आदत बनी रहती है, उसी प्रकार मृत्यु के पश्चात् भी जीवात्मा को सूक्ष्म शरीर में वैसा ही अनुभव होता है। जीवात्मा को उसकी अपनी इच्छानुसार घर, भोजन, पहनने के कपड़े भी उपलब्ध होने की मान्यता है। इसी प्रकार संत-महात्माओं की मृत्यु के पश्चात् भौतिक जीवन में रहते हुए, जिस प्रकार उनका निर्वाह होता रहता है, उसी प्रकार मृत्यु के पश्चात् भी जीवात्मा को अस्तित्व बना रहता है।

कुछ विद्वानों का मत है कि जीवात्माओं में भी स्त्री और पुरुष में लिंग भेद बना रहता है। हमने अपने दैनिक जीवन में यह अनुभव किया है कि प्रत्येक स्त्री के अंदर एक पुरुष भी होता है और इसी प्रकार प्रत्येक पुरुष के अंदर एक स्त्री भी होती है। कुछ महिलाओं में पुरुषों के गुण और स्वभाव व आचरण का प्रकटीकरण अधिक होता है और इसी प्रकार कुछ पुरुषों में महिलाओं के गुणों का प्रकटीकरण अधिक होता है। अब मृत्यु के पश्चात् यदि पुरुष में महिलाओं के गुणों की अधिक प्रधानता बनी रहती है, तो इस संदर्भ में कुछ विद्वानों का मत है कि पुनर्जन्म के पश्चात् वह व्यक्ति या तो नपुंसक होगा या हिजड़ा, और तत्पश्चात् धीरे-धीरे आगे के जन्मों में उसका लिंग परिवर्तन हो जाता है।

जो व्यक्ति आध्यात्मिक स्तर पर चिंतन करते हैं, अध्यात्म साधना में रहते हैं, निर्मल चित्त के हैं और जीवन में सत्कर्म और सद्विचार के साथ जीवन-यापन किया है, उन्हें मृत्यु

के छह माह पूर्व आभास होने लगता है। आध्यात्मिक स्तर पर जागरूक व्यक्ति अपनी मृत्यु की भविष्यवाणी भी कर सकता है। कभी-कभी तो पाँच-छह घंटे पूर्व से ही मृत्यु होने के स्पष्ट संकेत दिखाई देने लगते हैं। परमात्मा भी अपनी जीवात्माओं से अत्यधिक प्रेम करता है। उसे सभी जीवात्माओं की बड़ी चिंता रहती है। परमात्मा ने इस बात का भी ध्यान रखा है कि जीव मृत्यु के दु:ख से बचा रहे। जैसे ही मृत्यु का क्षण निकट आता है, मरनेवाला व्यक्ति ठीक उसी अवस्था में पहुँच जाता है जैसे कि उसे नींद आ रही हो अथवा वह बेहोश हो जाता है और उसके प्राण बेहोशी में भी निकलते हैं तथा यह पता भी नहीं चल पाता है कि 'वह मर गया हूँ।' मृत्यु के समय जो लोग वहाँ उपस्थित रहते हैं, उन्हें बिल्कुल शांत और मौन धारण करते हुए रहना चाहिए, जिससे कि मरनेवाले के प्राण निकलते समय उसे तकलीफ न हो। चिल्लाकर रोने-पीटने से मरनेवाले व्यक्ति को और उसकी जीवात्मा को बहुत अधिक तकलीफ होती है। उस समय व्यक्ति की आस्था अनुसार धर्म ग्रंथों का पाठ भी और ईश्वर-कीर्तन करना चाहिए। हिंदुओं में गीता पाठ की परंपरा है।

हिंदू धर्मशास्त्र, उपनिषद्, वेद, श्रीमद्भगवतगीता (08/25) एवं वेद व्यास के 'ब्रह्मसूत्र' के अनुसार सार यह है कि मृत्यु के पश्चात् जीवात्मा को तीन प्रकार के मार्ग प्राप्त होते हैं—

1. **अर्चि मार्ग**—जो व्यक्ति भगवान् के प्रति समर्पित और आस्थावान हैं, भक्त हैं, अध्यात्म ज्ञानी हैं, उनकी जीवात्मा अर्चि मार्ग से सीधे परलोक जाती है और वे जीवन-मरण के क्रम से मुक्त हो जाते हैं। वे कर्म बंधन से भी मुक्त हो जाते हैं और उनका पुनर्जन्म नहीं होता है। पुनर्जन्म भी उनका तभी होता है, जब ईश्वर इच्छा हो और पृथ्वी पर किसी विशेष उद्देश्य से उन्हें आना हो।
2. **धूम मार्ग**—जो व्यक्ति अपने जीवन में सतोगुणी रहे हैं और सत्कर्म किए हैं, उनकी जीवात्माएँ धूम मार्ग से स्वर्गलोक जाती हैं और स्वर्गलोक में वे सुख व अपने पुण्य कर्मों का भोग करते हैं एवं अनुकूल समय होने पर उनका पुनर्जन्म होता है।
3. **छुद्र मार्ग**—जो व्यक्ति अपने शरीर जीवन में नीच कर्म करते रहे हैं, दूसरों को तकलीफें देते रहे हैं, नकारात्मक रहे हैं, दुष्टता का व्यवहार एवं कपटपूर्ण, झूठ एवं फरेब का जीवन व्यतीत किया है, उनके लिए तो मृत्यु के पश्चात् ऐसी ही स्थिति होती है, जैसे बार-बार मरना और बार-बार पुनर्जन्म होना। उन्हें न तो देवयान मिलता है और न ही पितृयान प्राप्त होता है।

संसार का प्रत्येक व्यक्ति मृत्यु से भयभीत है। अधिकांश व्यक्ति यह धारणा बनाए हुए हैं कि मृत्यु के बाद कुछ भी शेष नहीं रह जाता है। मेरे द्वारा इस विषय पर चर्चा करने का उद्देश्य सिर्फ यही है कि व्यक्ति मृत्यु के विषय से भयहीन हों। मैंने 'मृत्यु के पश्चात्' विषय पर जो थोड़ा-बहुत अध्ययन किया है, उसे मैं पाठकों के साथ सहभागी होना चाहता हूँ। □

शरीर से बाहर निकलने का मेरा एक निजी अनुभव

मैं अपने जीवन की एक घटना का उद्धरण यहाँ प्रस्तुत करना चाहता हूँ। मैं सन् 1970 के माह सितंबर में बी.एस-सी. प्रथम वर्ष का विद्यार्थी था। घर में अपने कमरे के अंदर रात में लगभग 12:00 बजे अध्ययन करने के पश्चात् सो गया था। मेरा कमरा अंदर से बंद था। मेरे अलावा कमरे के अंदर अन्य कोई नहीं था। मैं पूर्णत: सो चुका था। इसी मध्य मैं यह देखता हूँ और अनुभव करता हूँ कि मेरी मृत्यु हो चुकी है। मैं अपने शरीर को पलंग पर पड़ा हुआ देख रहा हूँ। शरीर पर एक चादर पड़ी है, शरीर सीधी अवस्था में है। मैं देख रहा था कि मेरा एक हाथ सिर के ऊपर है। जो देखनेवाला 'मैं' है, उसकी कोई देह नहीं थी, मैं कमरे की छत पर लगे गार्डर से अपने शरीर को देख रहा था। मैं अनुभव कर रहा था कि पलंग पर मेरा स्थूल शरीर मृतावस्था में पड़ा है और हवा में तैरते हुए, शरीर-विहीन होकर छत के कोने से सिर्फ दिखने का आभास हो रहा था। उसी अवस्था में मैं यह भी सोच रहा था कि अचानक यह मेरी मृत्यु हो गई है और मेरे कमरे का दरवाजा भी अंदर से बंद है, अब जब सुबह होगी तो घर के अन्य सदस्य मेरे नहीं उठने के कारण परेशान हो जाएँगे और जब दरवाजा नहीं खुलेगा तो परिवारजन दरवाजा तोड़कर मेरे शरीर को बाहर निकालेंगे, रोएँगे, विलाप करेंगे और यह भी सोचेंगे कि अचानक इसकी मृत्यु कैसे हो गई है? मैं लगातार अपने ही मृत पड़े हुए शरीर को देख रहा था। कमरे के अंदर लगी घड़ी को मैंने देखा तो उस समय रात के 2:20 बजे हुए थे। कुछ ही समय पश्चात् अचानक घबराहट के साथ मैं अपने स्थूल शरीर में था और अपने बिस्तर पर उठकर बैठ गया। शरीर पर पड़ी हुई चादर को एक तरफ हटाया, उस समय मेरे हृदय की धड़कन अत्यंत तेज गति से चल रही थी और मैं लगभग हाँफ रहा था। तत्काल मैंने उठकर बिजली का स्वीच ऑन किया और देखा कि इस समय रात के 2:20 बजे हुए हैं। कमरे में बैठकर मैं चिंतनीय अवस्था में यह विचार करने लगा कि मैंने अभी-अभी यह स्वयं की मृत्यु के बारे में कैसा दृश्य देखा? इसके बाद फिर मुझे

नींद नहीं आई। मैं समझता हूँ कि मेरा यह स्वप्न नहीं था। क्योंकि स्वप्न तो वह होता है, जो कभी बीत चुके समय अथवा बीत चुकी किसी घटना पर आधारित हो, परंतु मैं तो वह सब-कुछ देख रहा था, जो तत्काल उसी समय घटित हो रहा था। स्वप्न में कभी भी कोई स्वयं के शरीर से अलग होकर अपने ही शरीर को नहीं देखता है। जिस तरह जाग्रत् अवस्था में हम दूसरों को तो देख सकते हैं, लेकिन स्वयं को नहीं देख सकते हैं और ऐसी ही स्थिति स्वप्न में भी होती है। घड़ी का समय, कमरे के अंदर लेटी हुई अवस्था में पड़ा हुआ यथावत् मेरा शरीर इस पर पड़ी हुई सफेद चादर। वैसा ही कमरे के अंदर बंद दरवाजा। सबकुछ वैसा ही तो था, जो मैंने कुछ समय पहले देखा है। अर्थात् दृश्य मेरे कमरे के अंदर की स्थिति के साथ मेरे स्थूल शरीर का था और दृष्टा 'मैं' था। जो दृष्टा था, वह आकार-हीन, देह-हीन था।

कुछ दिन पश्चात् ही मैंने अपने परम-पूज्य प्रातः स्मरणीय गुरुदेव (जो अब ब्रह्मलीन हो चुके हैं) योगीराज श्री चंद्रमोहनजी महाराज को संपूर्ण वाकया सुनाया और उन्होंने भी बड़ी गंभीरता से मेरी बात सुनी। मेरे गुरुजी ने मुझसे कहा, "लल्ला (गुरुजी अपने शिष्यों को लल्ला कहकर संबोधित करते थे), जो घटना घटित हुई है, वह मृत्यु की सूक्ष्म घटना थी और इसे कोई रोक नहीं सकता था तथा अभी मेरे जीवन की शेष आयु बकाया है। इस कारण यह मानकर चलना चाहिए कि मेरा इसी शरीर में रहते हुए पुनर्जन्म हुआ है।" गुरुजी ने आगे बताया कि हम अधिकांशतः यह देखते हैं कि अनेक व्यक्ति गंभीर-से-गंभीर दुर्घटना के कारण मृत्यु के दरवाजे तक पहुँच जाते हैं और फिर भी वे बच जाते हैं, परंतु दुर्घटना के कारण उन्हें कष्ट भोगना पड़ता है। मेरे गुरुजी ने मुझे यह भी बताया कि चूँकि मैं हमेशा 'प्रभुजी' (योग-योगेश्वर श्री रामलालजी महाराज, जो कि मेरे गुरुजी के गुरु हैं और मेरे गुरुजी उन्हें 'प्रभुजी' के नाम से संबोधित करते रहे हैं) का स्मरण करता रहता हूँ और वे अपने बच्चों का प्रतिक्षण ध्यान रखते हैं। इस कारण मेरे शरीर जीवन में रहते हुए मृत्यु के द्वार तक पहुँचने की इस घटना को 'प्रभुजी' ने सूक्ष्म रूप में घटित कर दिया।

□

जीवात्माओं का मुझ (लेखक) से संपर्क

मेरा विश्वास है कि व्यक्ति की मृत्यु के पूर्व परलोक से उसके पूर्व-मृत स्वजन अथवा अन्य जीवात्माएँ उसे लेने आती हैं एवं मृत्यु के पश्चात् मृत व्यक्ति की जीवात्मा भी अपने स्वजनों से मिलने आती हैं। इस संदर्भ में मैं अपने कुछ निजी अनुभव के साथ सहभागी होना चाहता हूँ।

मध्य प्रदेश के दतिया नगर में डॉ. कालिका प्रसाद पांडेय, चिकित्सा क्षेत्र के एक प्रतिष्ठित हस्ताक्षर थे। वह बहुत ही मिलनसार व मजाकिया स्वभाव के थे। वे नगर पालिका परिषद् दतिया के अध्यक्ष रहे हैं। मेरे उनसे पारिवारिक संबंध थे और वे मेरे पारिवारिक चिकित्सक भी थे। वैसे तो मेरे पिताजी स्व. श्री विश्वनाथ तिवारी एवं बड़े भाई श्री रामरतन तिवारी से ही उनकी निकटता व मित्रतापूर्ण व्यवहार था, लेकिन वे मुझे अपना विशेष स्नेह देते थे। डॉ. साहब का सिर्फ एक पुत्र, चंद्रशेखर पांडेय, जिसे 'चिम्मी' के नाम से स्नेहपूर्वक जाना जाता है। डॉ. साहब अपने पुत्र को अत्यधिक स्नेह करते थे तथा उसकी शिक्षा व विकास के लिए वे काफी चिंतित रहते थे। उनकी मृत्यु के समय पुत्र चंद्रशेखर की उम्र लगभग 18-20 वर्ष होगी। डॉ. साहब जून, 1976 में अत्यंत बीमार थे और इंदौर के एक अस्पताल में उनका इलाज चल रहा था, परंतु बीमारी ने अपना जोर तीव्रता से पकड़ लिया था, इस कारण चिकित्सकों ने उन्हें अंतिम समय के लिए घर ले जाने की सलाह दी थी। उनकी मृत्यु दिनांक 29 जून, 1976 को रात्रि में लगभग 01:30 बजे इंदौर से दतिया आने के रास्ता, गुना में हुई थी। मैं उन दिनों एल.एल.बी. के अंतिम वर्ष का विद्यार्थी था और ग्वालियर के एम.एल.बी. कॉलेज (पुराना नाम—विक्टोरिया कॉलेज) में अध्ययनरत् था। उस समय मैं ग्वालियर निवासी श्री कप्तान सिंह सोलंकी (पूर्व राज्यसभा सदस्य एवं पंजाब-हरियांणा के राज्यपाल) के मकान में उनके पारिवारिक सदस्य के रूप में रहता था। दिनांक 29 जून, 1976 के समय अत्यधिक गर्मियों के दिन थे, वे अत: मैं श्री सोलंकीजी के मकान के सबसे ऊपर की छत पर अकेला ही सो रहा था।

रात के लगभग 2:00 बजे का समय था। मैं गहरी नींद में था। मैंने नींद में रहते हुए जो देखा, उसे मैं स्वप्न नहीं मान सकता, क्योंकि डॉ. कालिका प्रसाद पांडेयजी का इसी

रात्रि में लगभग 1.30 बजे गुना में निधन हुआ। मैंने देखा कि मकान के नीचे से ऊपर आनेवाली सीढ़ियों पर किसी के चढ़ने की आवाज आ रही है और डॉ. साहब मेरे पास उसी छत पर आ गए, जहाँ मैं सो रहा था। वे एक सफेद लुँगी पहने हुए थे, बदन पर सिर्फ बनियान थी और एक कंधे पर सफेद तौलिया लटकी हुई थी। मैं डॉ. साहब को अचानक अर्द्धरात्रि में छत पर देखकर चौंक गया और उनसे प्रश्न किया, "डॉ. साहब, आप और इस समय ? आपका नीचे दरवाजा किसने खोला ?" डॉ. साहब ने जवाब दिया—"ये सब प्रश्न तुम छोड़ो। यहाँ से निकल रहा था तो सोचा कि तुमसे मिलता चलूँ। ऐसा है कि तुम चिम्मी का खयाल रखना।" यह सुनकर मैंने जवाब दिया, "यह भी कोई कहने की बात है ? पूरा ध्यान रखूँगा।" इतनी बात होने पर डॉ. साहब अंतर्ध्यान हो गए। यह दृश्य नींद में देखने के तत्काल पश्चात् मैं उठकर बैठ गया और मैंने घड़ी में समय देखा तो वह 2:00 बजे का समय था। मैं प्रश्नवाचक सोच के साथ यह विचार करने लगा कि अभी-अभी मैंने नींद में यह कैसा दृश्य और डॉ. साहब से वार्त्तालाप देखा। मुझे उस समय यह कतई ज्ञात नहीं था कि डॉ. साहब की मृत्यु अभी कुछ ही देर पहले हो चुकी है। उसके बाद मैं पुनः सो गया। दूसरे दिन शाम लगभग 5:00 बजे ग्वालियर से दतिया अपने घर वापस आया तो यह जानकारी पाकर मैं चौंक गया कि उसी दिन सुबह डॉ. कालिका प्रसाद पांडेय का शव दतिया आया था और उनका दाह-संस्कार हो चुका था। मैंने गत रात्रि डॉ. साहब की मृत्यु के पश्चात् उनकी आत्मा से हुआ संपर्क का प्रसंग सभी को सुनाया तो सभी लोग एवं मैं स्वयं अचंभित थे कि मृत्यु के पश्चात् डॉ. पांडेय की जीवात्मा मुझसे मिलने आई थी।

इसी तरह दतिया जिला के एक प्रसिद्ध अभिभाषक श्री युगल किशोर लिटौरिया की मृत्यु दिनांक 7 मार्च, 1999 को हुई थी। उनके दो पुत्र हैं, बड़ा पुत्र, डॉ. अनिल कुमार लिटौरिया चिकित्सक हैं और दूसरा पुत्र, अरुण लिटौरिया भी अभिभाषक है। मेरी भी अभिभाषण व्यवसाय में होने के कारण उनसे निकटता थी। वे पूर्व से बीमार चल रहे थे। उनके दाह-संस्कार में मैं शामिल हुआ था। दाह-संस्कार से वापस आने के पश्चात् दिन में लगभग 4:00 बजे मैं खाना खाकर निद्रा में था, नींद में रहते हुए मैंने देखा कि युगल किशोरजी लिटौरिया अचानक मेरे सामने आ गए और मैं उन्हें देखकर चौंक गया। मैंने उनसे प्रश्न किया, "आप तो मर चुके हैं। आपके दाह-संस्कार में मैं गया था," यह सुनकर उन्होंने जवाब दिया, "वह सब तो ठीक है। तुम अरुण का ध्यान रखना," मैंने जवाब में कहा, "बिल्कुल।" जब मेरी नींद खुली तो मैं यह सोचकर अचंभित था कि जिस व्यक्ति के दाह-संस्कार से मैं वापस आकर सो रहा था, उसी व्यक्ति की जीवात्मा से मेरी मुलाकात और उससे यह कहना कि वे तो मर चुके थे, अर्थात् नींद में भी मुझे यह आभास होना कि जो व्यक्ति मुझसे बात कर रहा है, वह मर चुका है और उसके दाह-संस्कार से ही मैं वापस आया हूँ। मेरे लिए एक रोमांचक प्रसंग था। □

मेरी माँ की मृत्यु का आभास

जीवन में कई बार ऐसी भी विपरीत परिस्थितियाँ निर्मित होती हैं, जो मानव नियंत्रण के परे होती हैं। उस समय व्यक्ति अपने आप को अत्यंत व्यथित और निरीह अनुभव करता है। यदि हृदय में पवित्रता, निश्छलता, पारदर्शिता, निष्कपटता है और पूर्वग्रह से प्रेरित नहीं है तो उन क्षणों में आँख बंद करके एकाग्रचित्त होकर ईश्वर के समक्ष पूर्णतः समर्पित भाव के साथ वार्त्तालाप करना चाहिए। फिर अंदर से जो जवाब आता है, वह पूर्णतः निरपेक्ष होता है। भगवान् के समक्ष अपनी किसी निजी इच्छा पूर्ति के लिए जिद नहीं करनी चाहिए। यह एक अटल सत्य है कि ईश्वर प्रार्थना को अवश्य सुनता है, लेकिन यह कतई आवश्यक नहीं है कि ईश्वर प्रार्थना पूर्ण करने के लिए बाध्य हो। भगवान् को अपनी इच्छा पूर्ति का साधन नहीं मानना चाहिए। माँग और पूर्ति, ये दोनों अलग-अलग पक्ष हैं। एक पहलू यह है कि भगवान् के समक्ष अपनी इच्छा पूर्ति की प्रार्थना करना एवं इसका दूसरा पहलू यह भी है कि प्रस्तुत की गई प्रार्थना पर भगवान् का आदेश क्या है ? न्यायालय में जब एक पक्षकार अपनी फरियाद पूरी क्षमता से अपने पक्ष को प्रस्तुत करता है तो न्यायालय का भी तो यह अधिकार होता है कि फरियाद कितनी जायज है। इसका आकलन न्यायालय करती है। इसी तरह ईश्वर भी प्रार्थना का विश्लेषण करता है और फिर सुनिश्चित करता है कि इच्छा पूर्ण होने योग्य है या नहीं ? परंतु हो यह रहा है कि लोगों ने मंदिरों के चक्कर लगा-लगाकर भगवान् पर एक एहसान करने का भाव यह सोचकर बना लिया है कि इतने दिनों से आ तो रहे हैं आपके दर्शन करने के लिए, फिर भी आप नहीं सुनते हैं। यह तो ऐसे ही हुआ कि जैसे आपने मंदिर में भगवान् की मूर्ति के दर्शन करके उन पर बहुत बड़ा बोझ डाल दिया हो। मैं यहाँ कहता हूँ कि जरा भगवान् की भी तो सुनो। इसी प्रसंग के साथ मैं एक अनुभव का सहभागी होना चाहता हूँ।

मेरी माँ, जिन्हें मैं 'मताई' के नाम से संबोधित करता था, उनकी मृत्यु दिनांक 9 अप्रैल, 2001 सोमवार की अर्द्धरात्रि में 12:40 बजे हुई थी और उनकी मृत्यु को मैंने बड़ी निकटता से होते हुए देखा। उनकी मृत्यु के पूर्व मुझे कैसा आभास हुआ और उनके प्राण निकलते समय मैंने क्या देखा, उसका संदर्भ आवश्यक है। मताई की आयु 87 वर्ष

हो गई थी। वे अपने संपूर्ण जीवन स्वस्थ रहीं, लेकिन फरवरी, 2001 के अंत में उनकी पीठ में दर्द प्रारंभ हुआ था, इलाज के द्वारा मार्च, 2001 के अंत तक वे लगभग स्वस्थ हो गई थीं, परंतु शारीरिक कमजोरी बनी रही थी। दिनांक 5 अप्रैल, 2001 को उन्हें कमजोरी का आभास बहुत अधिक हो रहा था। इस कारण मैंने डॉक्टर से उन्हें चेक-अप कराया, लेकिन कोई बीमारी नजर नहीं आई। डॉक्टर ने कुछ टॉनिक दिए, जिससे कि शरीर को कुछ ताकत मिल सके परंतु इसके बाद भी उनमें शारीरिक कमजोरी लगातार बढ़ती ही जा रही थी। दिनांक 8 अप्रैल, 2001 रविवार का दिन। मैं उनकी बढ़ रही कमजोरी से अत्यधिक चिंतित था। प्रतिदिन की भाँति मैं भगवान् की पूजा व ध्यान में बैठा था। मन में माँ का मोह और उनमें लगातार बढ़ रही कमजोरी के कारण मैं अत्यधिक चिंतित था। ध्यानावस्था के समय मेरे मन के अंदर चिंता के साथ-साथ मन की एकाग्रता भी पूर्णत: थी और मेरा मन कतई विचलित नहीं हो रहा था। मैं ईश्वर के ध्यान में पूर्णत: शांत था और मन में ठहराव था। भगवान् से एक ही प्रार्थना कर रहा था कि मताई को स्वस्थ कर दो। इस समय मेरे मन में कोई व्यवधान नहीं था। सिर्फ मैं और मेरे समक्ष परमात्मा के अस्तित्व का भाव, पूर्णत: मताई के स्वास्थ्य के विषय में केंद्रित था। आँखों में अश्रुधारा के साथ प्रभु के चरणों में पूर्णत: समर्पण भाव था। मेरे अंदर प्रश्नोत्तर चल रहे थे। माँ एवं पुत्र का रिश्ता होने के कारण मैं मोह से ग्रसित था। परमात्मा के अस्तित्व का आभास करते हुए, प्रश्नोत्तर का क्रम ध्यान में चल रहा था। मताई को स्वस्थ करने हेतु प्रभु से विनती कर रहा था।

अब देखिए, मेरा, मुझसे कैसा वार्त्तालाप हुआ? परमात्मा के रूप में मेरे अंदर से प्रश्न आया, "बोल तू क्या चाहता है? आज बोल ही दे। तूँ जो कहेगा वही पूर्ण कर देता हूँ। बोल, क्या चाहता है? क्या तेरी माँ को अमर कर दूँ? पर सोच लेना, अमर तो मैं भी नहीं हुआ हूँ। मुझे भी अपने विभिन्न अवतारों के रूप में शरीर धारण करने के पश्चात् इस देह को छोड़ना पड़ा है और तेरी माँ की आयु भी 87 वर्ष हो चुकी है। अमर तो तू भी नहीं होगा।" मेरे अंदर से परमात्मा के नाम पर आया यह प्रश्न सुनकर मैं भौचक्का सा रह गया कि अब प्रभु से क्या माँगूँ?

उसी समय मैंने परमात्मा से याचना की, "मताई को तकलीफ न हो। जितना भी जीवन उनका शेष बचा है, वे स्वस्थ रहें।" परमात्मा ने दो शब्द का जवाब दिया— "ठीक है।" मेरे ध्यानस्थ मन की एकाग्रता खत्म हुई। मैं ठगा-सा आँखों में अश्रुधारा के साथ किंकर्तव्यविमूढ़-सा सोचता रहा। यह अनुभव दिनांक 8 अप्रैल, 2001 रविवार को दिन में 10:30 और 11:00 बजे मध्य का था। मेरा मन आशंका से भरा हुआ था और मुझे अंदर से यह आभास मिलने लगा कि अब मताई की मृत्यु का समय आ गया है। इस दिन मैं छुपकर मताई को देखता और उन्हें यह आभास नहीं होने देता था कि मैं

उनके लिए कितना व्यथित हूँ। मैं उनके सामने भी नहीं जा पा रहा था और उसका कारण मुख्यत: यह था कि कहीं मुझे देखकर मताई में मोह उत्पन्न न हो जाए, क्योंकि वे मुझे बहुत अधिक चाहती थीं। वे चारपाई पर एकदम शांत, आँखें बंद किए लेटी थीं और उनको देखकर ऐसा लग रहा था कि जैसे उन्हें कोई कष्ट और बीमारी नहीं है। वे कभी कुछ अस्पष्ट शब्दों से बोल लेती थीं। दूसरे दिन दिनांक 9 अप्रैल सोमवार को सुबह से ही मेरे मन के अंदर से एक निश्चयात्मक विश्वास के साथ यह भाव प्रकट हुआ कि आज का दिन मताई के लिए अंतिम दिन है और आज ही वे शरीर छोड़ देगीं। मुझे पूर्ण रूप से यह आभास हो रहा था कि आज मताई के जीवन का आखिरी दिन है। मैं स्वभाव से भावुक हूँ इसलिए दिन में अनेक बार मेरे आँसू निकल पड़ते और छुपकर मैं उन्हें पोंछ लेता था। पेशे से मैं वकील हूँ। सुबह के समय अपने ऑफिस में बैठा था और मेरे क्लाइंट व मिलने वाले मुझसे दूसरे दिन मंगलवार के लिए अपना कार्य करने को कह रहे थे तो मेरे अंदर से मुझे यह आभास हो रहा था कि कल तो मुझे मताई के दाह-संस्कार में रहना होगा। यद्यपि इस समय तक वे जीवित थी। इस कारण मन के अंदर ग्लानि भी हो रही थी कि आखिर ऐसा भाव मन में क्यों आ रहा है ? ऐसा विचार मन में आने पर मैं स्वयं को ही धिक्कारने लगा था कि अभी तो माँ जीवित हैं और उन्हें कोई तकलीफ भी नहीं है। सिर्फ कमजोरी बढ़ रही है। फिर भी, दूसरे दिन के लिए दाह-संस्कार जैसी बात सोचना पाप है, लेकिन क्या करता। मेरे अंदर से तो ऐसा ही आभास हो रहा था कि आज का दिन मेरी माँ के जीवन का आखिरी दिन है और अपने अंदर से आनेवाली इस आवाज को मैं रोक नहीं पा रहा था। दिन में कोर्ट गया। वहाँ भी मताई के बारे में यह सोचकर कि आज उनके जीवन का आखिरी दिन है, आँखों से आँसू पोंछ लेता था, लेकिन मैं यह नहीं समझ पा रहा था कि आखिर मेरे अंदर इतना अटूट दृढ़ निश्चय इस बात का क्यों था कि आज रात्रि तक उनकी मृत्यु हो जाएगी। मेरी आँखों से निकलने वाले आँसू कोई देख न ले और अनावश्यक प्रश्न न करने लगे, इस कारण मैं लोगों से मिलने से बच रहा था। मैंने अपने ऑफिस के अधीनस्थ वकीलों से यह बोल दिया था कि कल शायद मैं न्यायालय नहीं आ पाऊँगा।

न्यायालय से शाम को घर पहुँचा। मेरे मन में बार-बार यही खयाल आ रहा था कि आज की रात मताई के जीवन की आखिरी रात होगी, आज की रात व्यतीत नहीं हो पाएगी। मुझे लगा कि मैं अपनी बहन को महोवा फोन करूँ। वे मुझसे आयु में लगभग 12-13 वर्ष बड़ी हैं। शाम को 8:30 बजे मैंने उन्हें फोन पर कहा कि आज की रात मताई इस दुनिया से हमेशा के लिए चली जाएँगी, अत: वे आज ही रात्रि में दतिया के लिए चल दें। मैं अपने कमरे से बाहर निकला और मताई के कमरे में झाँककर चुपके-से देखा तो वे शांत लेटी हुई थीं और कुर्सी पर मेरी पत्नी बैठी हुई थीं। मैंने इशारे से पूछा

कि कैसी हालत है तो उन्होंने बताया कि ठीक है। फिर मैं अपने ऑफिस में बैठ गया और आवश्यक कार्य निपटाने के बाद रात्रि में 10:30 बजे सीधा मताई के कमरे के अंदर गया और उनकी चारपाई के पास ही एक कुर्सी पर बैठ गया। उस समय उनके पास मेरी पत्नी प्रभा बैठी थीं, वे मताई का चेहरा देख रही थीं। मेरे मन के अंदर एक निश्चयात्मक आभास यह था कि बस अब कुछ ही देर बाद मताई के प्राण निकलने वाले हैं। मैंने अपने छोटे भाई सुरेंद्र एवं बड़े भाई राम रतन तिवारी को बुलाया। सभी लोग एक-एक करके मताई से पूछ रहे थे कि उन्हें क्या तकलीफ है, क्या कुछ खाने का मन कर रहा है? तो उन्होंने टूटे-फूटे शब्दों में जवाब दिया कि पेट तो खाली है। मैंने उसी समय पत्नी से मूँग की दाल को थोड़ा सा पीसकर जल्दी से उबालकर लाने को कहा, जिससे कि उनके मुँह में चम्मच से दाल डालकर कुछ खिलाया जा सके और वे आसानी से निगल सकें। कुछ ही मिनट में दाल बनकर आ गई और चार-पाँच चम्मच मताई को दाल पिलाई। इस समय रात्रि के 12:00 बज चुके थे। बड़े भाई ने कहा कि घबराने की कोई बात नहीं है, चलकर सो लिया जाए और तब वे अपने कमरे में आराम करने के लिए चले गए। मैं, मेरी पत्नी एवं छोटा भाई सुरेंद्र मताई की चारपाई के पास बैठे थे। मैंने अपनी पत्नी से कहा कि मताई के मुँह में गंगाजल और तुलसी डालो। घड़ी की सूई ठीक रात्रि में 12:40 पर पहुँची। उसी समय मताई ने एक बहुत ही गहरी श्वास अचानक ली। एक ऐसी श्वास, जो मैंने अपने जीवन में पहली बार देखी थी और निकट होकर मृत्यु होना देख रहा था। ऐसा लग रहा था कि जैसे ये श्वास सिर्फ फेफड़ों तक ही नहीं गई है, बल्कि पैर के तलवों तक खींची गई हो। गहरी ली गई इस श्वास के बाद उसे बाहर छोड़ने में कुछ समय का अंतराल था और फिर श्वास उतनी ही तीव्रता के साथ जोर से बाहर निकली। हम सभी यह देख रहे थे। इस श्वास के निकलने के बाद कुछ क्षणों तक मताई में सबकुछ शांत हो गया था। कुछ ऐसा लगा जैसे कि श्वास रुक गई हो। यह श्वास जब बाहर निकली थी तो मैंने अच्छी तरह देखा था कि मताई के चेहरे और मुँह पर इस प्रकार के भाव की आकृति थी, जैसे कोई व्यक्ति रोने से पूर्व बिसूरता है। इसी क्षण मैंने जोर से कहा कि देखो मताई जा रही हैं, उनके प्राण निकल रहे हैं। मैंने अपने बड़े भाई से मताई के कमरे में जल्दी आने को कहा। कुछ ही क्षण बाद मताई ने पुनः वैसी ही दूसरी श्वास उतनी ही गहराई से ली। वैसा ही फिर हुआ कि श्वास थम गई, और कुछ समय बाद यह श्वास भी जब बाहर निकली तो पुनः चेहरे पर बिसूरने का भाव था। यह सामान्य श्वास की प्रक्रिया नहीं थी। श्वास का बाहर निकलना ऐसा था कि शरीर में अब वायु बची ही न हो। अब मताई को तत्काल पलंग से नीचे उतारा। उसी समय गाय के गोबर से कमरे की जमीन को लीपा गया और उन्हें जमीन पर लिटाया गया। तब इसके बाद तीसरी श्वास पूर्ववत मताई ने पुनः खींची और कुछ क्षण रुकने के बाद चेहरे की

उसी बिसूरने की आकृति के साथ यह आखिरी श्वास उनके मुँह से बाहर निकल गई। इस बार की श्वास के पश्चात् मताई के अंदर सबकुछ शांत हो गया था। स्पष्टत: समझ में आ गया था कि इनमें प्राण नहीं रहे थे। श्वास पूर्णत: बंद हो चुकी थी। सभी लोग रो रहे थे। उसी समय बड़े भाई ने मताई के मृत शरीर के पास अगरबत्ती जलाई और गीता का द्वितीय अध्याय पास बैठकर सुनाया। परिवारजन व मेरा छोटा पुत्र निशांत भी वहीं पर था और थोड़ी देर बाद वह ऊपर वाले कमरे में चला गया। सभी लोग सुबह का इंतजार कर रहे थे। एक घंटे के पश्चात् जब गीता पाठ हो चुका तो वहीं पर यह चर्चा होने लगी कि दाह-संस्कार कौन करेगा ? क्योंकि मान्यता यह है कि या तो सबसे बड़ा या सबसे छोटा भाई दाह-संस्कार करते हैं। सभी लोग मताई के मृत शरीर के पास बैठकर बातें करते रहे। कुछ समय के पश्चात् निशांत नीचे उतरकर पुन: उसी कमरे में आ गया, जहाँ मताई का मृत शरीर रखा था और तभी उसने बताया कि जब वह ऊपर वाले कमरे में बिस्तर पर बिल्कुल अकेला अधलेटा-सा था और अपने ही हाथ को सिर से टिकाकर जागते हुए आँखें बंद किए हुए था। उसी समय अचानक मताई उसके सामने सीधी चलती हुई दिखीं। वे कतई बीमार नहीं दिख रही थीं और न तो वे वृद्ध थीं और न ही युवा। उन्होंने निशांत से कहा कि उनके समस्त कार्यों में सभी को शामिल होना है, लेकिन उनका दाह-संस्कार, क्रिया-कर्मकांड छोटा भाई सुरेंद्र ही करेगा। निशांत ने आगे बताया कि वह तत्समय अपने आप में यह भी सोच रहा रहा था कि मताई तो अभी-अभी मर चुकी हैं, तब फिर उनकी यह आत्मा है। इसी कारण वह स्वास्थ्य एवं नीरोगी होकर आई और चली गई। यह बात ठीक उस समय की है, जब हम लोग मताई के दाह-संस्कार की चर्चा उनके मृत शरीर के पास बैठकर कर रहे थे।

मेरी माँ का सर्वाधिक स्नेह मेरी पत्नी प्रभा से था। वे सामान्यतया कहती भी थीं कि घर में सब से ज्यादा यदि उन्हें कोई चाहता है, तो वे मेरी पत्नी प्रभा का नाम बताती थीं। यद्यपि मेरा सोचना यह है कि वे सर्वाधिक ध्यान मेरा रखती थीं। मैंने अपने संपूर्ण जीवन में यह अनुभव किया है कि मेरी माँ का मेरे प्रति अत्यधिक लगाव था। मेरा भी उनके प्रति बहुत अधिक ध्यान रखने का भाव मेरे हृदय में रहता था, लेकिन न तो मैं स्वयं एवं न ही मेरी माँ इसे प्रदर्शित कर पाते थे। मताई की मृत्यु के बाद मैं और मेरी पत्नी प्रभा अकसर मताई को याद करते थे। आए दिन उनके याद करके हम दोनों के आँसू निकल पड़ते थे। उनकी मृत्यु के लगभग दो माह बाद इसी तरह हम दोनों मताई को याद कर रहे थे। एक रात का प्रसंग है कि रात में मताई मेरी पत्नी को स्वप्न में दिखीं और मेरी पत्नी से कहने लगीं कि वह उन्हें बार-बार बहुत याद मत किया करे, उन्हें वहाँ से आने में बहुत दिक्कत होती है और वहाँ से आने के लिए बहुत पूछना पड़ता है तथा बड़ी मुश्किल से अनुमति मिलती है। मेरी पत्नी ने यह बात मुझे बताई।

मेरी माँ की मृत्यु का यह प्रसंग कहने को अत्यंत सामान्य है, लेकिन कुछ महत्त्वपूर्ण बिंदु इस प्रसंग में उजागर होते हैं। एक तो यह कि मुझे मताई की मृत्यु होने का पूर्वाभास पूर्ण निश्चयात्मक रूप से और दृढ़ता के साथ क्यों हुआ? यह ईश्वर की ओर से कैसा इंट्यूशन था? दूसरा यह कि मैंने सामान्य रूप में शरीर से प्राण निकलने का साक्षात्कार अत्यंत निकटता के साथ किया और प्राण निकलने के पश्चात् आत्मा उस स्थल पर सबकुछ देखती है, सुनती है और अपनी इच्छा का आभास भी किसी-न-किसी तरह कराती है। तीसरा यह कि जब मृत्यु के पश्चात् हम अपने प्रियजन को याद करते हैं तो इसकी खबर परलोक में जीवात्मा को पहुँच जाती है और उस जीवात्मा की इच्छा पृथ्वी पर आने की होती है। चौथा बिंदु यह कि परलोक से जीवात्मा को पृथ्वी पर आने के लिए किसी देवदूत से अनुमति भी लेनी होती है।

□

मृत्यु के पूर्व का आभास

कहा जाता है कि मृत्यु के कुछ दिन पूर्व से अथवा मृत्यु के समय निम्नांकित स्थिति बनती हैं, लेकिन इनकी प्रमाणिता नहीं मिल पाई है—

1. जब मृत्यु का समय निकट आता है तो उस व्यक्ति को पानी, तेल, दर्पण में अपनी स्वयं की छवि दिखाई नहीं देती है अथवा दिखाई भी देगी तो विकृत परछाईं दिखेगी। तब ऐसा माना जाता है कि मृत्यु का समय निकट आ चुका है।
2. मृत्यु के कुछ दिन पूर्व से आँखों का ऊपर हो जाना एवं स्वयं को अपनी नाक नहीं दिखना।
3. दोनों कानों से कुछ भी सुनाई नहीं देना अथवा कम सुनना।
4. कान, नाक, जुबान कड़क हो जाना और जीभ का स्वाद कम हो जाना।
5. अपनी परछाईं का नहीं दिखना।
6. स्वप्न में टूटे-फूटे मकान अथवा खँडहर दिखना।
7. मृत्यु के समय मरनेवाले की आँखों की रोशनी समाप्त हो जाती है एवं मरनेवाला व्यक्ति अपने ही निकट के व्यक्तियों को देख नहीं पाता है।
8. स्वप्न में उल्लू का दिखना।
9. रात में चंद्रमा को देखने पर उसके दो टुकड़े दिखना।
10. सुबह को ध्रुव तारा नहीं दिखना।
11. किसी व्यक्ति या अदृश्य शक्ति का अपने आस-पास आभास होना।
12. आईना देखने पर स्वयं का चेहरा न दिखना।
13. मरनेवाले व्यक्ति ने अपने जीवन में जो भी अच्छे-बुरे कर्म किए हैं, वे सब-के-सब उसे स्मरण आने लगते हैं।
14. जिस व्यक्ति के कर्म उत्तम होते हैं, उसे मृत्यु के समय एक दिव्य ज्योति नजर आती है और मरनेवाला व्यक्ति मृत्यु से कतई भयभीत नहीं होता है।
15. मृत्यु के समय मरनेवाले की जीवात्मा को लेने के लिए एवं उसके सहारे के

लिए पूर्व-मृत परिवारजन की जीवात्माएँ उसे लेने आती हैं।

16. कहा जाता है कि मृत्यु के समय दो यमदूत मरनेवाले को दिखाई पड़ते हैं।
17. भौतिक शरीर त्याग करने के समय मरनेवाले की आवाज समाप्त हो जाती है और वह कुछ कहने की कोशिश तो करता है, लेकिन वह बोल नहीं पाता है तथा उसकी आवाज घरघराने लगती है।

□

शरीर से प्राण निकलने के रास्ते

मनुष्य शरीर नौ द्वारों का है—

- दो आँखें
- दो कान
- दो नासिका
- मुख
- गुदा और
- लिंग द्वार।

इनमें से मुख को छोड़कर शेष सभी द्वारों से शरीर के अंदर की वस्तुएँ बाहर निकलती हैं, लेकिन मुख ही एक ऐसा है, जिसमें से बाहर की वस्तु अंदर जाती है। प्राण भी इन्हीं नौ दरवाजों में से किसी एक द्वार से बाहर निकलते हैं। कभी-कभी प्राण इन नौ द्वारों के अलावा ब्रह्मांड को फोड़कर बाहर निकलते हैं। मृत्यु के पश्चात् यथासमय पुनर्जन्म होना निर्विवाद प्रमाणित है, परंतु जब मनुष्य की आध्यात्मिक स्थिति उच्च स्तर पर पहुँच जाती है तो उसका पुनर्जन्म नहीं होता। कहा जाता है कि जब आँखों के माध्यम से प्राण बाहर निकलते हैं, तब जीवात्मा का पुनर्जन्म मनुष्य योनि में ही होता है और उसकी स्मृति बनी रहती है। ऐसी अवस्था में जिस आँख से प्राण बाहर निकलते हैं, वह आँख अपेक्षाकृत बड़ी हो जाती है। नाक के जिस स्वर के माध्यम से प्राण निकलते हैं, मृत्यु के पश्चात् नाक का वह सिरा टेढ़ा हो जाता है। मुख से प्राण निकलने पर मुख एकदम खुला हो जाता है। जिस कान के माध्यम से प्राण शरीर से बाहर निकलते हैं, वह कान अन्य दूसरे कान की अपेक्षा टेढ़ा हो जाता है। मलद्वार और मूत्रद्वार से प्राण बाहर निकलने पर मल-मूत्र बाहर आ जाता है और टेढ़ापन भी आ जाता है, परंतु जब प्राण ब्रह्मांड (सिर) को फोड़कर बाहर निकलते हैं, तब मृतक की बड़ी ही आकर्षक आकृति हो जाती है। ऐसा सौभाग्य ज्ञानियों, भक्तों और महात्माओं को ही प्राप्त होता है। □

मृत्यु के बाद जीवात्मा की उपस्थिति का आभास

कुछ घटनाओं से यह स्पष्ट हुआ है कि मृत्यु के पश्चात् जीवात्माएँ अपनी उपस्थिति को प्रकट करती हैं। जीवात्माओं द्वारा स्वयं के होने का आभास के अनेक प्रकार के प्रमाण से मिलते रहे हैं। इसी संदर्भ में जो कुछ जानकारियाँ उपलब्ध हो पाई हैं, उनका विवरण निम्नांकित है—

नीरजा कांत चौधरी के अनुभव

गीता प्रेस गोरखपुर से प्रकाशित 'कल्याण' का अंक 'परलोक और पुनर्जन्मांक' (प्रकाशन सन् 1969, पृष्ठ-189) में श्री नीरजा कांत चौधरी ने कुछ ऐसी घटनाओं के विवरण का उल्लेख करते हुए बताया है कि मृत्यु के पश्चात् जीवात्मा अपने सूक्ष्म शरीर सहित कभी भी प्रकट हो जाती है। इसी संदर्भ में संक्षिप्त सार निम्नानुसार है—

1. श्री नीरजा कांत चौधरी दिनांक 8 अगस्त, 1933 को नरसिंहपुर (म.प्र.) में अपने बँगले के बरामदे में बैठे हुए थे और पास में ही पलंग पर उनकी बीमार पत्नी सो रही थीं। अचानक उनकी बीमार पत्नी चिल्ला उठीं, "भगवान् को पुकारो, वे मेरी रक्षा करें।" उसके पश्चात् उनकी पत्नी ने उन्हें बताया, "बरामदे के ठीक बगल में आँगन में तीन ब्राह्मण खड़े हुए थे और न जाने क्या कह रहे थे? आकृति देखने से जान पड़ता था कि वे तीनों मेरे परलोकवासी जेठ थे।" आगे श्री चौधरी लिखते हैं कि इसके ठीक एक महीने बाद 8 सितंबर को उनकी पत्नी का स्वर्गवास हो गया। जान पड़ता है कि वे लोग पत्नी को इस विषय में कुछ बतलाने की चेष्टा कर रहे थे।
2. श्री नीरजा कांत चौधरी के परम मित्र परलोकवासी रायबहादुर मनमोहन लंगर एक कश्मीरी ब्राह्मण थे और वे महाराजा प्रताप सिंह के समय कश्मीर के गवर्नर रहे एवं उसके पश्चात् झालाबाड़ राज्य के दीवान पद पर भी रहे। सन्

1954 में तीर्थराज कुंभ के अवसर पर दिन में उन्होंने अपनी परलोकगत पत्नी को अपने साथ संगम में स्नान करते हुए देखा था और इस घटना के कुछ समय पश्चात् यह बात उन्होंने श्री चौधरी को सुनाई थी।

3. श्री चौधरी बताते हैं कि एक उच्च पदस्थ रेल कर्मचारी (नाम गुप्त रखा है) अपनी पत्नी के स्वर्गवास के कुछ महीने बाद गया में अपनी पत्नी के नाम से उन्होंने पिंडदान किया था, परंतु उनके मन में यह शंका थी कि सपिंडीकरण के पूर्व इस प्रकार के पिंडदान का कोई फल प्रदान होता है या नहीं? कलकत्ता वापस होते समय वे ट्रेन के प्रथम श्रेणी के डिब्बे में सोए हुए थे और अचानक वे देखते हैं कि उनकी मृतक पत्नी उनके सामने खड़ी थीं और पत्नी ने उनसे कहा, "तुम चिंता मत करो, मेरा उद्धार हो गया है।" इतना कहकर उनकी पत्नी अंतर्ध्यान हो गईं।

□

मृत्यु के पश्चात् विदेशियों की जीवात्माओं के अनुभव

सिर्फ भारत में ही नहीं, बल्कि भारत से बाहर विभिन्न देशों में भी यह विषय उत्कंठा व खोज का रहा है कि मृत्यु के बाद कैसा लगता है और क्या होता है? इस संदर्भ में श्री जे.डी. गोयल ने कुछ जानकारियाँ पुस्तक 'मृत्यु के बाद क्या, कहाँ, कैसे' (प्रकाशित सन् 1974, हिंद पॉकेट बुक्स, प्राइवेट लिमिटेड, जी.टी. रोड, शाहदरा, दिल्ली) में उजागर की है। श्री गोयल भारत के ख्याति प्राप्त थ्योसॉफिस्ट रहे हैं। वे थ्योसॉफिकल सोसाइटी (ब्रह्म ज्ञान मंडल) के सदस्य रहे हैं। उन्होंने मृत्यु के बाद की स्थिति पर बहुत अध्ययन किया है। मनुष्य की मृत्यु के बाद की स्थिति में क्या होता है, इस संदर्भ में संसार की विभिन्न पुस्तकों से प्राप्त प्रसंगों का संकलन एवं विश्व में जो भी अनुसंधान हुए तथा सत्य घटनाओं पर आधारित ऐसे पूर्व-मृत लोगों की जीवात्माओं से जिन्होंने संपर्क किया और उनका साक्षात्कार हुआ, ऐसे प्रकाशित प्रसंगों का संकलन श्री गोयल ने करने का प्रयास किया है। श्री गोयल ने प्रामाणिकता के साथ परलोकगत आत्मा का नाम एवं पुस्तकों के प्रकाशक व लेखक के नाम उल्लिखित किए हैं। पूर्व-मृत व्यक्ति की जीवात्मा मृत्यु के पश्चात् अपने स्वजनों के संपर्क में आई है और फिर उन्होंने बताया कि मृत्यु के समय एवं उसके पश्चात् उन्हें कैसा अनुभव हुआ? कुछ चुनिंदा उद्धरण संक्षिप्त रूप में मैं यहाँ प्रस्तुत करना उचित समझता हूँ।

1. 'पोस्ट मार्टम जनरल,' पुस्तक का प्रकाशक मैसर्स नेविल्ले स्पेयरमैन लिमिटेड, 112 ह्वाइटफील्ड स्ट्रीट, लंदन, परलोक-गत आत्मा का नाम 'लारेंस ऑफ अरेबिया' उपनाम स्कॉट और इस आत्मा के संपर्क में आए हुए व्यक्ति का नाम श्रीमती जेन शेरवुड, जो उस पुस्तक की लेखिका भी हैं। जीवात्मा से संवाद का आधार ऑटोमैटिक राइटिंग होना बताया गया है, अर्थात् मृत्यु के पश्चात् जीवात्मा आई और उसने माध्यम वाले व्यक्ति की सहायता से स्वयं अपनी हैंडराइटिंग में लिखना प्रारंभ कर दिया। इसमें बताया गया है कि जब लॉरेंस

(स्कॉट) की मोटर साइकिल दुर्घटना ग्रस्त हो गई और उसने स्वयं को मरा हुआ अनुभव किया तथा उस समय वह अपने स्थूल शरीर से अलग होकर सूक्ष्म शरीर के माध्यम से अपने मृत पड़े हुए शरीर को देखा है। स्कॉट ने अपने आप को एक ऐसी दुनिया में पाया, जहाँ न प्रकाश और न ही अँधेरा था। धूमिल-सा वातावरण और अज्ञात भविष्य था। उसके अलावा वहाँ पर अन्य कोई नहीं था, परंतु उसे आवाजें सुनाई दे रही थीं। स्कॉट भी आवाजें लगा रहा था, परंतु उसे कोई उत्तर नहीं मिला। धूमिल वातावरण कुछ प्रकाशमय बनने लगा था। उसे न तो सर्दी लग रही थी और न ही गर्मी और उसे यह विश्वास होता जा रहा था कि उसकी मृत्यु हो चुकी है। उसने अपने आप को जिस प्रकार से बहुत हल्का और स्वस्थ पाया, वैसा उसने अपने शरीर जीवन की अवस्था में नहीं पाया था। उसे एक अज्ञात भय की अनुभूति हो रही थी और एक नगर के समीप वह खिंचता जा रहा था। वहाँ स्त्री-पुरुषों के चेहरों पर क्रूरता दिख रही थी और उनकी आवाजों में तीखापन था। तब स्कॉट ने वहाँ से चला जाना उचित समझा और यह विचार आते ही तत्काल वह उस जगह से दूर होता चला गया। वह यह अनुभव कर रहा था कि उसके आस-पास कोई है, लेकिन उसे कोई दिख नहीं रहा था। तब उसने सुना कि कोई उससे कह रहा है कि क्या उसको किसी सहायता की आवश्यकता है ? स्कॉट ने तत्काल उत्तर दिया कि वह सहायता चाहता है और उसने प्रश्न किया कि वह जो आवाज सुन रहा है, उसे वह देख क्यों नहीं पा रहा है ? उस आवाज ने जवाब दिया कि स्कॉट एक बहुत दुखप्रद स्थान से बँधा हुआ है। मृत्यु से पूर्व जीवित अवस्था में उसके विचार बहुत ही बुरे थे। इसलिए वह सुखद अनुभव नहीं कर पा रहा है और चूँकि स्कॉट को उन्नत अवस्था में ले जाना है, इसलिए स्कॉट के अंदर एक संतुलन पैदा होना आवश्यक है। इसी समय एक प्रकाश पुंज प्रकट हो गया और जिसकी वह आवाज थी, वह वहाँ उपस्थित हो गया।

उसने स्कॉट को बताया कि परलोक में अनुभूति की नई इंद्रियाँ धीरे-धीरे विकसित होती हैं और जिस जीवात्मा में जितनी योग्यता होती है, वह उतना ही देख सकता है। स्कॉट ने उसका नाम पूछा तो उसने अपना नाम माईकेल बताया और आगे कहा कि वह नए मृतकों, जो पृथ्वी लोक को छोड़कर आते हैं, की सहायता करता है। यह सुनकर स्कॉट अपने घमंडी स्वभाव के कारण झल्लाहट अनुभव करने लगा तो उसे जवाब मिला कि 'ईश्वर के लिए ऐसा मत करो, क्योंकि इस प्रकार के दुर्भाव आने पर मेरा यहाँ ठहरना कठिन हो जाएगा।' इतना कहते ही वह ओझल होने लगा। तत्काल ही स्कॉट ने अपने

घमंड भरे विचार को दबाने का प्रयास किया और तब माईकेल को पुकारने लगा, तब वह पुनः वापस आ गया। स्कॉट ने यह अनुभव किया कि उसके मन के भाव माईकेल से छिपे नहीं सकते। परलोक में दिन-रात कुछ नहीं होते हैं, इसलिए समयहीनता रहती है। समय नापने का साधन केवल चेतना होती है। इसके बाद माईकेल उसे भुवर्लोक के एक चिकित्सा गृह में ले जाता है, जहाँ स्कॉट को कुछ समय निद्रा में व्यतीत करना पड़ा। स्कॉट बताता है कि उसके हृदय में बहुत सी अतृप्त वासनाएँ हैं और ऐसी अवस्था में उच्च लोक में उसका विकास संभव नहीं है, इस कारण उसे नीचे के उपखंड में जाकर रहना होगा।

2. 'बियॉण्ड दि होराइजन' नामक पुस्तक में परलोक गत आत्मा का नाम 'गोर्डन' बताया गया है और इस जीवात्मा के संपर्क में इसी पुस्तक की लेखिका श्रीमती ग्रेस रोशर हैं। पुस्तक का प्रकाशक, मैसर्स जेम्स क्लार्क एंड कंपनी लिमिटेड 33, स्टोर स्ट्रीट, लंदन है। श्रीमती ग्रेस रोशर बताती हैं कि माह सितंबर 1957 के दिन में 3:30 बजे का समय था और वह टेबल पर बैठकर कुछ पत्र लिख रही थी। हाथ में पेन पकड़ा हुआ था। तभी उसे एक आवाज सुनाई दी, "अपने हाथ को वहीं रहने दो और फिर देखो क्या होता है!" लेखिका ने तभी यह देखा कि उसके हाथ में पकड़ा हुआ पेन स्वतः अपने आप हिलने लगा है और उसे अनुभव हुआ कि उसके अंदर कोई शक्ति पेन में हरकत पैदा कर रही है। तभी धीरे-धीरे कागज पर उसके हाथ से पकड़े हुए पेन से यह लिखा जाने लगा, "स्नेह सहित, मैं हूँ, गोर्डन।" तभी लेखिका के मन में प्रश्न उठा कि यह कौन लिख रहा है? तुरंत ही उत्तर लिखा, "मैं हूँ गोर्डन, गोर्डन" लेखिका आगे इस पुस्तक में बताती है कि गोर्डन से उसके बड़े घनिष्ठ संबंध थे। गोर्डन अपने शरीर जीवन में रहते हुए पत्र भी लिखता था। लेखिका को यह पता नहीं था कि गोर्डन की मृत्यु हो चुकी है और संयोग की बात तो यह भी है कि लेखिका भी उसे उसी समय पत्र लिखने के लिए बैठी ही थी कि अचानक उसने अपने हाथ में लिये पेन में हरकत अनुभव की थी। आगे गोर्डन ने लेखिका के पेन के माध्यम से लिखना प्रारंभ किया, "मैं तुमको कुछ लिखना चाहता हूँ। मुझे तुमसे बहुत कुछ कहना है। मैं एक सुंदर मकान में रहता हूँ, जो एक सुरम्य वाटिका में स्थित है।" आगे गोर्डन लिखता है कि वह लोगों की सहायता करता रहता है। लेखिका ने गोर्डन से पूछा कि उसकी मृत्यु किस प्रकार हुई थी? गोर्डन ने जवाब दिया कि वह सो रहा था, परंतु जब जागा, तब एक बहुत सुंदर वाटिका में था, जहाँ उसकी माँ, बहन, भाई भी उपस्थित थे और उनकी मृत्यु पहले ही हो चुकी थी। गोर्डन ने आगे

बताया कि मृत्यु के पश्चात् उसे उनकी जीवात्माएँ बार-बार बता रही थीं कि वे अब परलोक में हैं, परंतु उसे यह बात समझ में नहीं आ रही थी, क्योंकि मरने में गोर्डन को न तो कोई कष्ट हुआ था और न ही मरने का पता लगा था। गोर्डन ने आगे बताया कि मरने के बाद उसकी इच्छा हुई कि वह लेखिका (रोशर) से संपर्क स्थापित करे और तभी उसे आदेश हुआ कि वह मानसिक स्तर पर यह कार्य कर सकता है और यह विचार आते ही वह रोशर के पास जा पहुँचा। आगे गोर्डन बताता है, "पैसा और पद के लिए तुम्हारी दुनिया में कितनी भाग-दौड़ है, परंतु हमको यह बात ऐसे लगती है कि जैसे समस्त मानव जाति बुदबुदों के पीछे भाग रही हो, हम अपने स्वर्ग और नरक की रचना स्वयं ही करते हैं और यदि हम प्राणी मात्र को अपना प्रेम देना सीख लें तो हम एक ऐसे स्वर्ग का अनुभव कर सकते हैं, जिसको शब्दों में बताना संभव नहीं है। जो लोग अपने लिये ही सोचना जानते हैं, वे कभी भी सुखी नहीं रह सकते।" गोर्डन आगे बताता है कि वह एक बहुत ही आकर्षक स्थान में रहता है और पृथ्वी पर रहनेवाले ऐसे पुरुष, जिनका ध्येय केवल रुपया कमाना ही होता है, जो काम-वासना में ही बने रहते हैं, स्वभाव से स्वार्थी और बेईमान हैं, ऐसे लोगों की जीवात्माएँ परलोक में सबसे अधिक गरीब हैं। मृत्यु के बाद जब स्थूल शरीर नष्ट हो जाता है, तब एक हल्के सूक्ष्म शरीर में जीव निवास करता है। परलोक में भोजन की आवश्यकता नहीं होती है, परंतु मरने के पश्चात् नवागंतुक को अपने भौतिक जीवन के खाने-पीने की आदत से तुरंत मुक्ति नहीं मिल पाती है। गोर्डन आगे बताता है कि परलोक में भोजन बनाया नहीं जाता, इच्छा होने पर ही प्राप्त हो जाता है। कपड़े यहाँ बनाए नहीं जाते, इच्छा होने पर ही प्राप्त हो जाते हैं। इच्छा इस लोक का तत्त्व है और उसकी पूर्ति के साधन सिर्फ विचार हैं, जो बिना हाथ-पैर हिलाए पूर्ण हो जाते हैं।

3. पुस्तक का नाम 'आफ्टर डेथ' है और परलोकगत जीवात्मा का नाम 'जूलिया' है तथा इस जीवात्मा के संपर्क में आया व्यक्ति इसी पुस्तक का लेखक डब्ल्यू. टी. स्टेड। उक्त पुस्तक का पहला संस्करण सन् 1897 में और दूसरा संस्करण सन् 1921 में प्रकाशित हुआ था। इस पुस्तक का अनुवाद फ्रेंच, जर्मन, स्विस, डेनिश और आइसलैंड की भाषा में हुआ। जूलिया की मृत्यु 12 दिसंबर, 1891 को हुई थी। जूलिया का प्रेत रूप दो बार उसके मित्रों ने देखा था। जूलिया ने इस पुस्तक के लेखक को स्वचालित लेखन (ऑटोमैटिक राइटिंग) के माध्यम से बताया कि मृत्यु के बाद उसने अपने आप को शरीर से बाहर पाया और यह एक विचित्र अनुभव था। वह अपने उस बिस्तर के पास खड़ी थी, जिस पर उसका भौतिक शरीर मरा हुआ पड़ा था कमरे की हर चीज बिल्कुल वैसी ही

दिख रही थी, जैसे उसके भौतिक शरीर ने रखी थी। उसे मृत्यु के समय कोई दर्द का अनुभव नहीं हुआ था और मृत्यु के बाद एक अलौकिक शांति एवं हल्केपन का अनुभव हुआ था। मृत्यु के बाद उसे एक प्रकाश पुंज दिखाई दिया था और एक स्त्री रूपी देवी आती दिखाई दी। उस देवी ने कहा कि वह जूलिया को लेने के लिए भेजी गई है और वह परलौकिक जीवन के नियम बताएगी। जूलिया आगे बताती है कि उसे मरने के बाद भौतिक शरीर से कोई स्नेह नहीं रह गया था, लेकिन वह रोते हुए सबको देख रही थी और बहुत प्रयास करने पर भी वह किसी को भी यह बता पाने में असमर्थ महसूस कर रही थी कि वह वहीं पर खड़ी हुई है। तब जूलिया ने उस देवी से पूछा कि क्या यह संबंध अब सदा के लिए समाप्त हो गया है तो उस देवी ने सहमति प्रकट की। वह देवी आकाश मार्ग से एक भव्य स्थान में उसे ले गई, जहाँ उसके पूर्व मृत परिचित मित्र मौजूद थे। जूलिया आगे बताती है कि उसने एक ज्योतिर्मय व्यक्ति को सामने देखा और उस व्यक्ति ने तुरंत सांत्वना देते हुए कहा कि डरो मत, वह ईश्वरी ज्ञान तुम्हें बताएगा और ऐसा समझो कि तुम अपने पिता के घर में हो। उस ज्योतिर्मय व्यक्ति ने बड़े प्रेम से कहा कि जूलिया आँखें खोलकर देखो, यहाँ मैं उपस्थित हूँ, जिसे तुमने अपनी भक्ति और प्रेम, दोनों ही दिए हैं। इतना सुनकर जूलिया ने अपनी आँखें खोलीं तो उसने अपने सामने अपने आराध्य देव को पाया और जूलिया उनके समक्ष प्रणाम करने की अवस्था में हो गई। वह आनंद का अनुभव कर रही थी। जूलिया आगे बताती है कि वहाँ पर जितने भी लोग थे, उनके चेहरों पर बुढ़ापा नहीं था। पूर्ण जवानी और स्वस्थ अवस्था थी। यहाँ पर थकावट नहीं होती और निद्रा की भी आवश्यकता नहीं होती है। इस लोक में न कभी भूख लगती है और न ही प्यास। परलोक में बहुत सी जीवात्माएँ ऐसी हैं, जो आध्यात्मिक और पवित्रता के स्तर पर बहुत ऊँची समझी जाती है, भले ही उन्हें भूलोक में त्याज्य माना जाता हो। परलोक में प्रत्येक का वास्तविक रूप, जैसा कि वह हृदय से है, वह सामने ही प्रकट हो जाता है। यहाँ पर भूलोक में प्राप्त उपाधि, पद, पैसा और इज्जत—सब समाप्त हो जाते हैं और केवल हृदय की पवित्रता, प्रेम, सद्भावना के कारण ही परलोक में उच्च स्थान प्राप्त कर सकते हैं। इन सभी गुणों के आधार पर ही परलोक में इज्जत होती है।

4. पुस्तक का नाम 'मोर एबाउट लाइफ इन दि वर्ल्ड अन्सीन' है एवं प्रकाशक का नाम 'उद्धम प्रेस लिमिटेड, लंदन' बताया गया है। परलोकगत जीवात्मा का नाम 'मौंसिगनर बेनसन' है एवं इस जीवात्मा के संपर्क में आया व्यक्ति और पुस्तक का लेखक— ऐंथोनी बोर्गिया। उक्त पुस्तक सन् 1956 में प्रकाशित

हुई थी। मौंसिगनर बेनसन जब जीवित थे तो वे एक प्रमुख लेखक के रूप में विख्यात थे और पूर्व से पुस्तक के लेखक ऐंथोनी बोर्गिया से परिचित थे। मृत्यु के पश्चात् वे पुस्तक के लेखक बोर्गिया के संपर्क में आए, मृतक मौंसिगनर बेनसन की जीवात्मा ने बताया कि वे अपने पुराने सहयोगी, जो उससे पहले ही मर चुके थे, श्री एड्विन उसे परलोक में मिले। मौंसिगनर बेनसन का मुख्य कार्य हाल ही में मरे हुए लोगों की सहायता करना था। परलोक में बेनसन के संपर्क में मरणोपरांत एक युवा लड़का रोजर आया और वह बेनसन के कुनबे में शामिल हो गया था, क्योंकि उस लड़के का परलोक में कोई पूर्व से संबंधित नहीं था और उसके संरक्षक का भार बैंसन को सौंपा गया था। जिस समय बेनसन को रोजर के संरक्षण का आदेश मिला था, वह उस समय मृत्युशैया पर अपना दम तोड़ रहा था। इस कार्य का आदेश केंद्रीय सेवा समिति के निर्देशालय द्वारा प्राप्त हुआ था। बेनसन व उनकी सहयोगी श्रीमती रूथ वहाँ पहुँच गए थे। आगे बेनसन बताते हैं—"मैं मरणासन्न रोजर के बिस्तर के एक तरफ खड़ा था और दूसरी ओर रूथ थी। रोजर को महानिद्रा का प्रभाव हो चुका था, उसके सूक्ष्म शरीर ने धीरे-धीरे सिर की तरफ से बाहर निकलना आरंभ कर दिया था। सूक्ष्म शरीर जब पूर्णतः बाहर आ गया, तब वह एक बारीक रूपहले तार से उसके स्थूल शरीर से जुड़ा हुआ था। धीरे-धीरे यह तार पतला होता गया। उसी समय मैंने रोजर के तैरते हुए सूक्ष्म शरीर के नीचे अपना हाथ लगा दिया और वह तार एक झटके के साथ टूटकर लुप्त हो गया। रोजर के संबंधियों के लिए अब उसकी मृत्यु हो चुकी थी, परंतु मेरे और रूथ के लिए वह जीवित था और मौजूद भी था। रूथ ने अपने हाथों का सहारा दिया और रोजर को हम अपने निवास स्थान पर ले आए और उसे वहाँ पर लिटा दिया। रूथ उस मरे हुए लड़के की जीवात्मा के पास बैठ गई और मैं उसके पैरों की तरफ पड़ी एक कुर्सी पर जा बैठा। कुछ समय बाद रोजर की निद्रा भंग हुई और उसने अपनी आँखें खोल दीं। तब रूथ ने रोजर से पूछा, "अब कैसा अनुभव कर रहे हो ?" रोजर कुछ समय तक इधर-उधर देखता रहा और अंत में रूथ से कहने लगा, "मैंने कुछ समय पहले कदाचित् तुम्हें देखा था। तुम कौन हो ?" रूथ बोली, "मैं तुम्हारी एक मित्र हूँ और तुम मुझे रूथ कहकर पुकार सकते हो।" रोजर ने फिर मेरी तरफ देखा और बोला, "आपको भी मैंने कुछ समय पहले देखा था", इतना कहकर रोजर उठने लगा, परंतु रूथ ने उसे पीछे की तरफ दबाते हुए कहा, "यहाँ के नियमानुसार कुछ समय तुम आराम से बिना कुछ बोले लेटे रहो।" मैंने रोजर से कहा, "तुम्हारी बीमारी डॉक्टरों के इलाज से

बाहर हो चुकी थी और तुम्हारी मृत्यु निश्चित थी, इसलिए हम तुम्हें तुम्हारी मृत्यु के बाद यहाँ ले आए।" रोजर ने पूछा, "क्या मैं वास्तव में मर चुका हूँ?" मैंने उससे कहा, "हाँ, मगर क्या तुम डर रहे हो?" रोजर ने जवाब दिया, "मैं डरा तो नहीं हूँ, परंतु मैंने इस अवस्था का, जिसमें मैं हूँ, कभी स्वप्न में भी विचार नहीं किया था।" आगे बेनसन बताते हैं कि उसने रोजर को कहा कि यहाँ न तो कोई धर्मराज है और न ही तुम्हें किसी स्वर्गीय अदालत में पेश किया जाएगा। यहाँ परलोक में प्रत्येक मुनष्य स्वयं अपना नियंता है और अपने किए-धरे पर वह स्वयं ही निर्णय लेता है। उसे अपनी गलतियों व त्रुटियों को सुधारने का पूरा मौका मिलता है। इस भ्रांति को कि ईश्वर कभी न्याय के दिन आएगा और तब तुम्हारी फाइल देखी जाएगी, यह बात सदा के लिए अपने मन से निकाल दो। बेनसन आगे पुस्तक के लेखक ऐंथोनी बोर्गिया को बताते हैं कि परलोक में वह प्रत्येक को युवावस्था में पाता है। चेहरे पर झुरियाँ, सफेद बाल, इंद्रियों की शिथिलता एवं शरीर का बोझिल हो जाना, ये सबकुछ नहीं होते हैं। बेनसन आगे बताते हैं कि परलोक में विचारों की प्रतिक्रिया भी होती है, विचारों की एक शैली अपनानी पड़ती है और विचार के अनुरूप स्वत: ही निर्माण होने लगता है। परलोक में 'इच्छा' एक तत्त्व है, जिसका सदुपयोग सीखना पड़ता है और हमारी इच्छाएँ ऊँचे लोक में पहुँचाई जाती हैं, उन पर शक्ति का आवरण होता है। रोजर ने बेनसन से पूछा, "क्या परलोक में दोजख जैसा भी कोई स्थान है?" बेनसन ने उसे जवाब दिया, "दोजख, जिसकी रूपरेखा विभिन्न धर्मों ने विभिन्न प्रकार से खींची है, ऐसा कोई स्थान परलोक में नहीं है, परंतु परलोक में कुछ बस्तियाँ ऐसी हैं, जहाँ पर मन अवश्य आक्लांत हो जाता है और एक प्रकार की घुटन अनुभव होती रहती है। उन स्थानों के प्रत्येक व्यक्ति को यह छूट है कि वह उस दु:खद वातावरण से किसी भी समय छुटकारा पा सकता है, परंतु वह अपने नीच विचारों के कारण ही अपना दोजख स्वयं ही बनाए रखता है।" बेनसन ने रोजर को उस समय सामने एक छोटा बँगला दिखाया, उसमें मृत्यु के पश्चात् जिन सज्जन की जीवात्मा रहती थी, उनसे मिलने बेनसन और रोजर पहुँचे। उन सज्जन ने अपना हाल रोजर को सुनाया, "मैं यहाँ जब आया था, तब यह स्थान एकदम दूषित था। भू-लोक में जब मैं जीवित था, तब मैं एक सफल व्यापारी था। रुपया प्रचुर मात्रा में कमाया था। मैं पैसा कमाने के लिए सारे हथकंडे उचित समझता था और कानून की पकड़ से बाहर रहता था। मैं अपने कार्य में कुशल भी था और हृदयहीन बन जाता था। अपने परिवार में केवल मेरी चलती थी, चाहे वह ठीक हो या गलत। मैं कभी-कभी दान भी

करता था, परंतु दान मैं तभी करता था, जब ऐसा करने से अधिक लाभ हो और मेरी खूब ख्याति हो। जब मैं मरा तो मैंने देखा कि मेरे मरने पर किसी को भी दु:ख नहीं हो रहा था। जब मैं परलोक में जागा तो मैंने अपने आप को गंदी और दूषित कोठरी में पाया था, जबकि भू-लोक में मैं एक भव्य महल में रहता था। मेरी अथाह दौलत, जिसे मैं छोड़कर आया था, परलोक में मेरी दरिद्रता को दूर करने में बिल्कुल सहायक नहीं थी। परलोक में मैंने जो कपड़े पहने हुए थे, वे गंदे व फटे हुए थे और उस समय मैं सिर्फ क्रोध कर रहा था। मेरे चारों तरफ ऊसर जमीन थी और वायुमंडल विचित्र प्रकार का धूमिल और मलिन था। तब एक दिन एड्विन मेरे पास आया, उससे मैंने पृथ्वी पर बड़ा बुरा व्यवहार किया था, उसने मेरे बुरे व्यवहार की परवाह किए बिना वह शांत मुद्रा में मेरे पास खड़ा रहा था, जबकि मैं उस समय क्रोध से भुना जा रहा था। मुझे उन लोगों पर भी क्रोध आ रहा था, जिन्होंने मुझसे भू-लोक में दान लेते समय मेरी प्रशंसा के पुल बाँधे थे। एड्विन मेरे पास से चला गया। फिर वह बेनसन और रूथ को लेकर मेरे पास आया। उस समय मुझे क्रोध कम आया था। रूथ की आकृति देखकर मुझे मेरी एकमात्र बेटी की याद आ गई, जिससे मैं बहुत प्यार करता था। मुझे भीषण एकाकीपन महसूस होने लगा था। मैं एड्विन को पुकार रहा था, जबकि भू-लोक में मैंने सदा उसकी अवहेलना की थी। परलोक में हृदय की पुकार कभी खाली नहीं जाती। मैं बहुत प्रसन्न हुआ, जब मैंने एड्विन को आते हुए देखा। तब मैंने उससे क्षमा-याचना की। उसने मुझे क्षमा कर दिया और एड्विन ने मुझे कुछ ऐसी बातें आचरण से संबंधित बताईं, जिससे मेरा परलोकिक जीवन ऊँचा उठ सके। उसके बाद मैंने अनुभव किया कि मेरे कमरे में अब अँधेरा नहीं है और मेरे कपड़े पहले की तरह गंदे और फटे नहीं हैं।"

5. पुस्तक का नाम 'लाइफ बर्थ लिविंग' है व प्रकाशक का नाम मैसर्स चार्ल्स टेलर बुक हाउस, 23, वार्विक लेन लंदन' तथा परलोकगत जीवात्मा का नाम 'जॉन' बताया गया है। इस जीवात्मा के संपर्क में आई श्रीमती एफ. हैसलौप, जो कि परलोकगत आत्मा की पत्नी है। जॉन ने बताया कि वे पृथ्वी पर अपने भौतिक जीवन में कर्म में विश्वास रखते थे और दूसरों की कमजोरी के प्रति वे उदार थे एवं अध्यात्मवाद में उन्हें कोई आस्था नहीं थी। परलोक और मृत्यु के संबंध में कभी कोई विचार उन्होंने नहीं किया था। मृत्यु के बाद जॉन जब लेखिका के संपर्क में आए तो लेखिका और जॉन के बीच की तमाम खाइयाँ समाप्त हो गईं और लेखिका की चेतना में जॉन की उपस्थिति का आभास तुरंत हो जाता है। लेखिका बताती है कि मृत्यु के बाद जॉन जैसे ही कमरे में प्रवेश

करते हैं तो वह जॉन को देख सकती है। जॉन जो कुछ बताते हैं, लेखिका उसे लिख लेती है। जॉन ने अपनी मृत्यु के बाद लेखिका को बताया कि मनुष्य एक त्रिगुणमय प्राणी है। उसके शरीर का निर्माण, जीव और आत्मा के संयोग से हुआ है। पहले आत्मा फिर जीव और इसे जो स्थूल शरीर धारण किए हुए है, उसे प्राणी कहना अधिक उचित होगा। मृत्यु के आगमन पर शरीर छोड़ने की क्रिया बिल्कुल स्वाभाविक और वेदनारहित होती है। कभी-कभी मृतक के मुख पर अंकित जो विकृत भाव देखे जाते हैं, वस्तुत: वे वेदना के प्रतीक नहीं होते हैं, बल्कि वे स्नायु और मांशपेशियों की स्वाभाविक प्रतिक्रिया के फलस्वरूप होते हैं और इसकी अनुभूति मृतक प्राणी को बिल्कुल नहीं होती है। स्थूल शरीर छोड़ने की क्रिया पैरों से आरंभ होती है और सिर पर समाप्त हो जाती है। मनुष्य का सूक्ष्म शरीर, जो उसके स्थूल शरीर के अनुरूप होता है, जब वह स्थूल शरीर से पृथक् होता है, तब वह खड़ी हुई अवस्था में कभी नहीं देखा गया। मृत्यु के बाद उसके मरे हुए स्थूल शरीर के ऊपर उसका सूक्ष्म शरीर अधिकतर लेटी हुई अवस्था में तैरता रहता है। ऐसी परिस्थिति में वह कुछ समय रहता है, क्योंकि उसका वह सूक्ष्म शरीर अपने भौतिक-शरीर से एक बारीक रूपहली डोर (सफेद अदृश्य रस्सी) से बँधा रहता है। जब तक यह डोर कायम रहती है, तब तक पूर्ण रूप से मृत्यु नहीं होती है और डोर के टूटते ही मृत्यु हो जाती है। जॉन बताते हैं कि कभी-कभी यह भी देखा गया है कि मृतक को लेने के लिए आई हुईं जीवात्माएँ इस डोर को स्वयं तोड़ती हैं, जिससे मृत्यु की क्रिया जल्दी-से-जल्दी संपन्न हो सके। जॉन बताते हैं कि पृथ्वी पर जो मनुष्य स्वार्थी व पापी हैं, मरने के बाद उनकी जीवात्मा अंधकारमय वातावरण में रहती है और उसे यह समझने में कठिनाई होती है कि वह वास्तव में मर चुका है। जो मनुष्य पृथ्वी पर स्वार्थी, संकीर्ण विचारों वाले और दूसरों को दु:ख देने वाले पापकर्मी होते हैं, वे परलोक में भी ऐसे ही स्वभाव और विचारों वाली जीव आत्माओं से घिरे रहते हैं एवं उनके वातावरण में उदासीनता बनी रहती है। ऐसे वातावरण में भी यदि उन्हें अपने बुरे कर्म पर पश्चात्ताप नहीं होता है, तब वे उससे भी और नीचे के उपखंड में उतर आते हैं। जॉन ऐसे उपखंड को 'ग्रे वर्ल्ड' कहते हैं। यहाँ अंधकार-ही-अंधकार गहरा हो जाता है और यह कतई नहीं समझना चाहिए कि उनका पतन हमेशा के लिए हो चुका है। ऊपर के उपखंड में उठने की प्रेरणा उनमें स्वयं जागनी चाहिए, तब हाथ पकड़कर ऊँचा उठाने वाला भी परलोक में मिल जाता है। परंतु इसके विपरीत यदि पृथ्वी पर मनुष्य का जीवन सेवा और सहानुभूतिपूर्ण रहा है, तब मृत्यु के बाद परलोक में उसके लिए आनंद

और सौंदर्य वाला स्थान प्राप्त होता है। परलोक में जो लोग नीचे के उपलोक में रहते हैं, वे खाने-पीने और सोने में बने रहते हैं, क्योंकि भौतिक जीवन का स्वभाव उनसे तुरंत भुलाया नहीं जाता है, परंतु ऊँचे उपलोकों में इन सब की आवश्यकता अनुभव नहीं होती है। शांत प्रकृति, प्रेम और करुणा के स्वभाव वाले मनुष्य की जीवात्मा सीधे ही तीसरे उपलोक, जिसे 'समरलैंड' भी कहते हैं, में पहुँच जाती है। यह स्थान पहाड़, सुरम्य वाटिकाओं, नदियों व झीलों से भरपूर है और मकानों के साथ वाटिकाएँ हर तरफ नजर आती हैं और ऐसा मालूम होता है कि इस लोक में देवी विभूति ने अपना स्थायी रूप धारण कर लिया है। यहाँ पुष्प मुरझाते नहीं हैं और न वहाँ तूफान, हिमपात, गर्मी, आँधी और वर्षा का प्रकोप होता है। कुछ समय व्यतीत करने के बाद इस लोक की जीवात्माएँ अपने आध्यात्मिक स्तर पर ऊँचे के उपखंड में उठती हैं और तब महात्माओं और संतों के संपर्क में पहुँचती हैं और फिर ऊपर के उपखंड में प्रवेश करने के पहले उन्हें थोड़ी सी मूर्च्छा हो जाती है।

6. पुस्तक का नाम 'दि अवर साइड' एवं प्रकाशक का नाम डब्ल्यू.एच. ऐलन, लंदन, परलोकगत आत्मा का नाम 'जिम' (जिसने आत्महत्या की थी) बताया गया है व संपर्क में आए व्यक्ति का नाम जेम्स पाईक (जो मृतक का पिता और पुस्तक का लेखक भी है)। लेखक जेम्स पाईक का मरणोपरांत जीवन में बिल्कुल विश्वास नहीं था। जेम्स पाईक ने श्रीमती ऐना ट्विग से संपर्क किया। वह इंग्लैंड की एक प्रसिद्ध महिला मीडियम (मृतात्माओं से संपर्क स्थापित कराने में सहायता देने वाली) थी। जेम्स पाईक के निवेदन पर ऐना ट्विग ने परलोकगत जिम से सीधा संपर्क किया। आगे लेखक लिखता है कि उसे जिम ने बताया कि वह परलोक में एक गंभीर और असंतुलित मानसिक स्थिति में है और उसे परलोक में बताया गया है कि पृथ्वी पर प्राप्त व्यक्तिगत पढ़ाई व उच्च शिक्षा का कोई भी अर्थ परलोक में नहीं है। परलोक में करुणा, विवेक, दया के स्वभाव का महत्त्व है। परलोक में मृतक होने का आभास नहीं होता और मृतक होने जैसा भाव तो पृथ्वी-लोक में है। परलोक में प्रत्येक व्यक्ति शांति की गरिमा को भलीभाँति समझता है। इस कारण पृथ्वी पर लोगों को निःस्वार्थ बनना सीखना चाहिए और यही रास्ता मुक्ति के द्वार का है।

□

मृत्यु के तुरंत बाद के अनुभव

मृत्यु के तुरंत बाद के अनुभवों का संदर्भ कुछ समाचार व पुस्तकों में वर्णित एवं विशेषत: जिन पुस्तकों से लिया है, उनके नाम 'टेक्नीक्स ऑफ एस्ट्रल प्रोजेक्शन', "सुप्रीम ऐडवेंचर', 'मोर एस्ट्रल प्रोजेक्शन' हैं और इन तीनों पुस्तकों के लेखक श्री रोबर्ट कूकल हैं। ऐसे अनुभवों का विवरण जिन जीवात्माओं के हैं, उन्होंने मृत्यु के पश्चात् स्थूल शरीर से अलग होते समय जो कुछ देखा और सीधा अनुभव किया या जानकारी प्राप्त की, वे अंग्रेज, अमेरिकन, फ्रेंच व तिब्बती थे एवं व्यवसाय से डॉक्टर, लेखक व संगीतकार थे। इसका उल्लेख श्री जे.डी. गोयल ने अपनी पुस्तक 'मृत्यु के बाद क्या, कहाँ, कैसे' (प्रकाशित सन् 1974 में हिंद पॉकेट बुक्स, प्राइवेट लिमिटेड, जी.टी. रोड, शाहदरा, दिल्ली) में एवं कुछ अन्य पुस्तकों में भी दिया गया है, जो निम्नानुसार है—

1. **श्रीमती कीलर का अनुभव :** श्रीमती कीलर बताती हैं कि मृत्यु के समय किसी भी प्रकार की वेदना अनुभव नहीं होती और ऐसा प्रतीत होता है कि जैसे बेहोशी की अवस्था में जीवात्मा को जबरजस्ती शरीर से बाहर निकाल दिया गया हो। कुछ समय की बेहोशी के बाद चेतना पुन: वापस लौट आती है।
2. **गोल्डन का अनुभव :** श्री गोल्डन बताते हैं कि परलोक में मित्र और स्वजन कई प्रकार से सहायता पहुँचाते हैं। मृत्यु के बाद जब नवीन जीवात्मा भयभीत होकर शरीर से बाहर निकलती है तो उसके डर को दूर करने के लिए पूर्व मृत मित्रों व स्वजनों की जीवात्माएँ सहायक होती हैं। स्थूल शरीर छोड़ते समय एस्ट्रल बॉडी सीधी उड़ान भरती है। जब मृत्यु होती है तो ठीक उसी समय स्थूल शरीर से सूक्ष्म शरीर (एस्ट्रल बॉडी) बाहर निकलने के समय वह एक लचकदार चमकीली डोर 'सिल्वर कॉर्ड' से बँधा रहता है। इसी प्रकार सोते समय, जब एस्ट्रल बॉडी में मनुष्य घूमता-फिरता है, तब भी उसकी चमकीली डोर 'सिल्वर कॉर्ड' खिचती चली जाती है।
3. मृत्यु के बाद जिन जीवात्माओं का पृथ्वी-लोक अथवा अपने परिवारजन व शरीर के प्रति मोह बना रहता है तो मृत्यु के समय शरीर त्यागते हुए उन्हें नीचे की ओर गिरने का भान होता है। ऐसा विशेषत: उन लोगों को अनुभव हुआ, जिनकी मृत्यु

युवावस्था में हुई अथवा जो वासना में लीन रहे हों।

4. जो मनुष्य आध्यात्मिक चिंतन के हैं, जिनका जीवन आदर्शवादी रहा हो, उनकी मृत्यु होने के बाद वे ऊपर की ओर उड़ान भरने का अनुभव करते हैं।
5. जो मनुष्य मोह के वशीभूत होते हैं और उनमें अतृप्त वासनाएँ रहती हैं, उनकी एस्ट्रल बॉडी (सूक्ष्म शरीर) पूर्ण रूप से आकाश तत्त्व (ईथर) से मुक्त नहीं हो पाती है। उन्हें परलौकिक जगत् के मनमोहक दृश्य और वहाँ की जीवात्माएँ साफ तौर दिखती नहीं हैं। उनके सामने धूमिल व भयानक वातावरण रहता है और उन्हें भूत दिखाई पड़ते हैं।
6. **श्रीमती विलेट का अनुभव :** श्रीमती विलेट बताती हैं कि शरीर छोड़ने पर उन्हें ऐसा मालूम हुआ कि वे बहुत विशाल बन गई हैं। इसी के साथ एक अन्य श्री जे. वेल्स बताते हैं कि उनकी चेतना का आकार बहुत बढ़ गया था। मृत्यु के तत्काल पश्चात् जैसे ही स्थूल शरीर से प्राण बाहर निकलते हैं और सूक्ष्म शरीर बाहर आ जाता है, तभी चेतना में एक प्रकार का विस्तार हो जाता है।
7. **लेंसलाट का अनुभव :** लेंसलाट की मृत्यु 08 वर्ष की आयु में हुई थी और उन्होंने बताया कि उनकी दूसरी मृत्यु परलोक में 20 महीने के बाद हो गई थी। (यह एक आश्चर्यजनक तथ्य है कि स्थूल शरीर की मृत्यु के बाद सूक्ष्म शरीर की भी मृत्यु होती है) उन्होंने बताया कि वह अपनी दूसरी मृत्यु के बाद पहले से अधिक बेहतर देख पा रहे थे और अपना एस्ट्रल बॉडी (सूक्ष्म शरीर) त्यागना बहुत ही सुखदायक लगा था। वह बहुत हल्के हो गए थे। मनुष्य जब एस्ट्रल बॉडी त्यागकर परलोक से स्वर्गलोक को जाता है, उस समय उसकी दूसरी मृत्यु होती है।
8. **विल्फ्रेड का अनुभव :** विल्फ्रेड को एक आत्मा ने आकर बताया कि साधारणतः मृतक के मित्र और रिश्तेदार आकर मृत्यु के समय जीवात्मा को अपने संरक्षण में ले लेते हैं। बिनी नाम की एक लड़की की जीवात्मा ने बताया था कि जब उसके माता-पिता मृत्यु के पश्चात् इस सुंदर दुनिया में आएँगे, तब वह सबसे पहले उनका स्वागत करेगी।
9. **फिंडले का अनुभव :** फिंडले बताते हैं कि प्रत्येक मरणासन्न व्यक्ति को उसके पिछले सांसारिक जीवन की घटनाएँ क्रमानुसार ध्यान में आती हैं अथवा वह देखता है। यह प्रक्रिया तभी होती है, जब स्थूल शरीर छूटता है। (पुस्तक—व्हेयर दि टू वर्ल्ड्स मीट, लेखक जे. आर्थर फिंडले, प्रकाशक सायकिक प्रेस लिमि. लंदन)
10. **पिनलिप पाल का अनुभव :** पिनलिप पाल बताते हैं कि जब उसके भौतिक शरीर से प्राण बाहर निकल रहे थे, तब वह कुछ क्षणों के लिए मूर्च्छित हो गया था। (सायकिक न्यूज)

11. **स्कॉट का अनुभव :** श्रीमती जेम्स शेरवुड को स्कॉट ने बताया कि मृत्यु के समय उनके जीवन की फिल्म, उनके विचारों की घुड़दौड़ की तरह भाग रही थी। (सायकिक ब्रिज, प्रकाशक रीडर एंड कंपनी लिमि. लंदन)
12. यूनिवर्सल लिमिटेड, लंदन से प्रकाशित लेखक रेवरेंड सी ड्रेटन टोमस की पुस्तक 'इन दि डान बियॉण्ड डेथ' में मृतक की जीवात्मा का एक अनुभव का उल्लेख है, "मेरा हृदय बैठा जा रहा था। दिन का प्रकाश जैसे समाप्त हो रहा हो। पहले एक अंधकार की दुनिया आई, जिसमें सिर घूमता-सा लगता था। फिर वायुमंडल में कुछ उजाला-सा दिखाई दिया, मुझे अपने उन बच्चों की आवाजें सुनाई दे रही थीं, जो मुझसे पहले मर चुके थे। एक अर्धमूर्च्छा की अवस्था के बाद अब साफ दिखाई दे रहा था। मेरे पुत्र, मेरे भाई और अनेक स्वजन, जो मेरे से पूर्व मर चुके थे, वे सभी मेरे चारों तरफ उपस्थित थे।"
13. पुस्तक—फ्रंटियर ऑफ दि आफ्टर लाइफ, लेखक—एड्वर्ड सी रेंडेल, प्रकाशक—ऐलफ्रेड ए. नौफ में मृतक जीवात्मा का एक अनुभव उल्लेख है, "मैंने अपने चारों तरफ उनको देखा, जो मुझसे पहले मर चुके थे। मैंने अपने आपको सर्वप्रथम ऊपर की ओर उठते हुए देखा और फिर धीरे-धीरे नीचे आ गया। उस समय मेरे दो रूप थे। एक बिस्तर पर पड़ा था और दूसरा मैं उससे अलग होकर खड़ा था। स्थूल शरीर की तमाम मेरी शारीरिक वेदना समाप्त हो गई थीं। जो मुझे मृत्यु के समय लेने आए थे, उन्होंने मुझसे चलने को कहा। एक विचार आया, क्या यह स्वप्न तो नहीं है, परंतु जो मुझे लेने आए थे, उन्होंने बड़ी नम्रता से कहा कि मैं अब मर चुका हूँ।"
14. रेवरेंड सी ड्रेटन टोमस की पुस्तक 'इन दि डान बियॉण्ड डेथ' में मृत्यु के बाद की स्थिति का एक अनुभव इस प्रकार बताया गया है, "मुझे ऐसा अनुभव हुआ कि जैसे मैं आस-पास की दुनिया से ऊपर उठ रहा हूँ। उस समय मेरे चारों तरफ बहुत से इष्ट मित्र थे और मेरे स्वर्गवासी माता-पिता भी मौजूद थे। मुझे किसी विशेष परिवर्तन की अनुभूति नहीं हुई और तुरंत मुझे नींद आ गई। मैं तीन-चार दिन तक सोता रहा। मैंने तब अनुभव किया कि मैं पृथ्वी से किसी दूरस्थ स्थान पर हूँ। चारों तरफ का वातावरण सुंदर और प्रकाशमय था।" इसी पुस्तक में मृत्यु के बाद की स्थिति के संदर्भ में एक अनुभव यह भी है, "मुझे याद है कि एक सुरंग से गुजरने पर एक दरवाजा दिखाई दिया था, जो एक गुफा की तरह था।"
15. पुस्तक 'डेथ बेड विजंस' के लेखक सर डब्ल्यू.एम. बैरेट में यह उल्लेख है कि एक मरणासन्न लड़का बड़े शांत भाव में बोला कि वह कमरे के कोने में एक दरवाजा देख रहा है और उसी रास्ते से वह बाहर जाएगा।

16. आर्थर कानन डायल की पुस्तक 'दि सर्वाइव' (प्रकाशक राइडर एंड कंपनी) में यह विवरण दिया गया है कि मनुष्य के भौतिक शरीर में उसकी चेतना बहुत सीमित और संकुचित रहती है, परंतु मृत्यु के पश्चात् तत्काल ही चेतना का विस्तार और फैलाव हो जाता है।

17. **सिल्वर कॉर्ड (रूपहली डोर) :** एस.एस. वार्ड की पुस्तक 'गौन बेस्ट' (प्रकाशक—राइडर एंड कंपनी, पृष्ठ-28) में मृत्यु के पश्चात् की स्थिति में सिल्वर कॉर्ड के अनुभव का उल्लेख इस प्रकार है, "मृत्यु के आगमन पर एक प्रकार का बोझ का अनुभव होने लगा। धीरे-धीरे वह बोझ ऐसा लगता था कि मेरे पास से खिसकता जा रहा है, या यूँ कहिए कि मैं उससे अलग होता जा रहा हूँ। कुछ ऐसी अनुभूति थी कि जैसे कोई मेरा हाथ दस्ताने से बाहर निकाल रहा हो। अंधकार से कुछ प्रकाशमय हो गया। कमरे में जो बैठे हुए थे, उन्हें मैं देख रहा था। मैं अब बिल्कुल मुक्त था और अपने भौतिक शरीर को बिस्तर पर पड़ा देख रहा था। मेरे मुँह से एक चाँदी की डोर जैसी चीज निकल रही थी। वह कुछ देर के लिए चमकी और फिर टूट गई और लुप्त हो गई। उसी समय किसी ने कहा—मेरे खयाल में यह अब चला गया। उसके बाद कमरा और उसकी वस्तुएँ धुँधली दिखने लगीं और फिर ओझल हो गईं। मैं एक बहुत सुंदर दुनिया में था।

18. रॉबर्ट कूकल की पुस्तक 'सुपर ऐडवेंचर' में एक मृत जीवात्मा का अनुभव है, "मैं एक अर्धमूर्च्छा की अवस्था में चला गया था। नर्स धीरे-धीरे अन्य रोगियों के पास जा रही थी। कुछ और शक्लें दिखाई पड़ने लगीं। पास आने पर लगा कि वे मेरे पूर्व मृत स्वर्गवासी माता-पिता थे। मैं उस समय भी अपने भौतिक शरीर से जुड़ा था और एक सिल्वर कॉर्ड मेरे स्थूल शरीर से बँधी हुई थी। फिर वह डोर भी टूट गई और मैंने अपने आपको परलोकवासी इष्टमित्रों से घिरा हुआ पाया।"

19. पुस्तक 'किंग कौंसिल बियर' (प्रकाशक—हचिन एंड कंपनी, लंदन) में एक अनुभव इस प्रकार है, "एक स्वप्नरहित अर्धचेतना की अवस्था थी। मैंने अपने पूरे होश में श्रीमती जे को देखा। मुझे उस समय काफी धकावट का अनुभव हो रहा था। अर्धनिद्रा की अवस्था में मैंने देखा कि मुझसे एक चमकदार डोरी बँधी हुई थी और फिर वह टूट गई। मेरे बिस्तर के चारों तरफ खड़े लोग रोने लगे। मुझे उनके दुःखी होने से एक प्रकार के बोझ-सा अनुभव हो रहा था। मैंने बड़ी उत्सुकता से चाहा कि मैं उनको समझाने का प्रयास करूँ, परंतु तुरंत ही मूर्च्छा आ गई और जब मुझे होश आया तो मैंने अपने आप को एक अत्यंत सुंदर और भव्य स्थान में पाया।"

□

'एस्ट्रल प्रोजेक्शन' क्या है ?

जब मनुष्य अभ्यास और साधना द्वारा जाग्रत् अवस्था में अपनी इच्छानुसार अपनी एस्ट्रल बॉडी (सूक्ष्म शरीर) को अपने स्थूल शरीर से बाहर निकाल लेता है, तब इस प्रक्रिया को 'एस्ट्रल प्रोजेक्शन' कहते हैं। 'एस्ट्रल प्रोजेक्शन' के संदर्भ में भारत में योग के माध्यम से योगी अपने स्थूल शरीर से बाहर होकर भ्रमण करते हैं। 'एस्ट्रल प्रोजेक्शन' की प्रक्रिया में महत्त्वपूर्ण भूमिका सूक्ष्म शरीर की होती है। वस्तुतः हमारे स्थूल शरीर को मन के द्वारा संचालित किया जाता है और मन सूक्ष्म शरीर में निहित रहता है। वह सूक्ष्म शरीर का अंश है। स्वप्नावस्था में भी सूक्ष्म शरीर ही सक्रिय रहता है। निद्रावस्था में जब सूक्ष्म शरीर दृश्य देखता है तो उसे स्वप्न कहते हैं। परंतु जाग्रत् अवस्था में जब स्थूल शरीर से सूक्ष्म शरीर बाहर निकल जाता है और अपनी इच्छानुसार विचरण करता है, दृश्य देखता है, इस प्रक्रिया को 'एस्ट्रल प्रोजेक्शन' कहते हैं। 'एस्ट्रल प्रोजेक्शन' की अवस्था में स्थूल शरीर निष्क्रिय व स्थिर बना रहता है और यह शरीर की मृत अवस्था नहीं होती है, बल्कि उसमें जीवित होने के सभी लक्षण बने रहते हैं। सूक्ष्म शरीर बाहर भ्रमण करके पुनः स्थूल शरीर में प्रवेश कर वापस आ जाता है। 'एस्ट्रल प्रोजेक्शन' की प्रक्रिया सामान्यतया आम व्यक्ति के लिए संभव नहीं है और योग साधना की विशेष पद्धति व साधना एवं योग्य सद्गुरु कृपा व निर्देशन में ही संभव है। सूक्ष्म शरीर अपने स्थूल शरीर से बाहर निकलकर मन की गति से कहीं भी किसी भी स्थान पर पहुँचकर दृश्य देखकर, सुनकर, जानकारी लेकर अपने स्थूल शरीर में वापस आ जाता है।

स्वप्नावस्था व 'एस्ट्रल प्रोजेक्शन' में अंतर यही है कि स्वप्नावस्था में किसी का भी स्वयं पर अथवा स्वप्न के दृश्यों पर इच्छानुसार कोई नियंत्रण नहीं रहता है, बल्कि अवचेतन मन के दृश्य दिखते हैं और उनमें कोई सुनिश्चितता तथा तालमेल नहीं होते हैं। जबकि 'एस्ट्रल प्रोजेक्शन' जाग्रत् अवस्था में अपनी इच्छानुसार योग की साधना करते हुए ध्यान व समाधि की अवस्था में होता है तथा सूक्ष्म शरीर को अपने स्थूल शरीर का ध्यान भी बना रहता है।

□

दुर्घटनाओं से हुई मृत्यु के अनुभव

जिनकी दुर्घटनाओं के कारण मृत्यु होती है और उन्हें जो अनुभव हुए, इस संदर्भ में श्री जे.डी. गोयल बताते हैं—

1. दुर्घटना में मृत्यु होने के समय शारीरिक पीड़ा का अनुभव नहीं हुआ, क्योंकि दुर्घटना के तत्काल पश्चात् उन्हें मूर्च्छा आ गई थी।
2. मृत्यु के समय जब भौतिक शरीर को त्यागते हैं तो ठीक उसी समय मूर्च्छा आ जाती है।
3. दुर्घटना में मरे हुए व्यक्तियों का एक अनुभव यह भी है कि वे अपने भौतिक शरीर से बाहर निकलने के बाद भी यह समझते रहे कि वे अभी मरे नहीं हैं अथवा कहीं स्वप्न तो नहीं देख रहे हैं।
4. ऐसे भी अनुभव बताए गए हैं कि उन्होंने दुर्घटना के कारण हुई मृत्यु के पश्चात् अपने भौतिक शरीर को भी देखा था।
5. बहुत से ऐसे मृतकों की जीवात्माएँ इस कारण से दु:खी थीं कि उनके जीवित इष्ट मित्र दु:खी हो रहे थे।
6. बहुत से मृतकों की जीवात्माओं ने अपने जीवित संबंधियों को स्वयं दिखने का और बातचीत का असफल प्रयास भी किया था।
7. दुर्घटना के कारण हुई मृत्यु का एक अनुभव पुस्तक 'फ्रंटियर ऑफ दि आफ्टर लाइफ' (प्रकाशक—ऐलफ्रेड ए. नौफ) में ऐसा उल्लेख है—मैं एक मूर्च्छा के बाद जागा। उस समय मैं अपने भौतिक शरीर से अलग था। मैंने नीचे की ओर देखा तो मेरा शरीर लड़ाई में मारे गए अन्य लोगों के शरीर के साथ पड़ा था। मुझे लड़ाई की याद आ गई, परंतु इस बात की याद नहीं थी कि कब मुझको गोली लगी थी। कुछ समय बाद ही जो लोग लड़ाई में मारे गए थे, वे भी वहीं खड़े हो गए। यद्यपि शरीर त्यागने की क्रिया पीड़ारहित थी।
8. गिरोन एल. केलते की पुस्तक 'बॉम्बर' (प्रकाशक—सायकिक बुक) में एक अनुभव है—"मुझे कोई बहुत सख्त वस्तु लगी थी और दूसरे ही क्षण मैं अपने

शरीर से बाहर था। मृत्यु एक छोटी और क्षणिक-सी घटना है। एक क्षण पहले मैं अपने भौतिक स्वस्थ शरीर में था और बिना किसी प्रकार की आशंका के युद्ध स्थल की खाइयों का निरीक्षण कर रहा था तथा इसके तत्काल बाद ही मैं मर चुका था और स्थूल शरीर से बाहर खड़ा था।

9. डॉ. हायरवार्ड केरिंग्टन की पुस्तक 'सायकिकल फिनोमिना एंड दि वार' (प्रकाशक—मैसर्स टी. वॉर्नर लौरिक लि.) में एक अनुभव है, "मैं अचानक अपने शरीर के बाहर फेंक दिया गया था। मैंने कोई पीड़ा अनुभव नहीं की थी। मैं अपने भौतिक शरीर को भलीभाँति देख रहा था। जब मेरे शव को लोग ले जा रहे थे तो मैं भी उसके साथ खिंचा जा रहा था।"

□

युक्तेश्वर गिरि की मृत्यु के पश्चात् शिष्य योगानंद से वार्त्ता

परमहंस श्री योगानंदजी को बचपन से ही आध्यात्मिक अभिरुचि थी। बचपन में उनका नाम मुकुंद था, वे अपनी माँ के अत्यधिक लाड़ले थे और मुकुंद भी अपनी माँ से अत्यधिक प्रेम करते थे। मुकुंद आध्यात्मिक क्षेत्र में उच्च कोटि के महात्मा हुए एवं परमहंस श्री योगानंदजी के नाम से उन्होंने ख्याति प्राप्त की। मुकुंद का जन्म 05 जनवरी, 1893 को हुआ था एवं दिनांक 07 मार्च, 1952 को उनकी मृत्यु हो गई थी। उनकी माँ की अत्यधिक इच्छा यह थी कि वह मुकुंद के बड़े भाई अनंत दा का विवाह अपने जीवन-काल में ही करना चाहती थीं। मुकुंद जब ग्यारह वर्ष के थे, तब उनकी माँ कलकत्ता में अपने बड़े पुत्र अनंत दा के विवाह की तैयारियों में जुटी हुई थीं और मुकुंद अपने पिता के पास बरेली (उत्तर प्रदेश) में थे। मुकुंद और उनके पिताजी कलकत्ता जाने की योजना बना रहे थे। आधी रात का समय था और मुकुंद अपने पिता के पास ही घर में सो रहे थे। उसी समय मुकुंद के सिरहाने की ओर मच्छरदानी के जालीदार कपड़ों में एक आहट हुई और मुकुंद जाग गए। मुकुंद ने देखा उनकी माँ सामने हैं। माँ ने कहा कि अपने पिताजी को अभी कहो कि यदि माँ को देखना चाहते हैं तो सुबह ही पहली गाड़ी से कलकत्ता के लिए रवाना हो जाएँ। इतना कहकर मुकुंद की माताजी की छाया विलुप्त हो गई। उसी समय मुकुंद ने अपने पिताजी को जगाकर उनसे कहा कि माँ की मृत्यु होनेवाली है। उन्होंने पिता को माँ का दिया संदेश सुनाया। पिताजी ने मुकुंद को समझाया कि मुकुंद यह भ्रम मात्र है, चिंता मत करो। सुबह होते ही पिता के पास संदेश आया कि मुकुंद की माँ गंभीर रूप से बीमार हैं, विवाह कार्यक्रम स्थगित हो गया है, शीघ्र घर पहुँचिए। मुकुंद और उनके पिताजी तत्काल कलकत्ता के लिए रवाना हुए। कलकत्ता पहुँचते ही मुकुंद ने देखा कि उनकी माँ का स्वर्गवास हो चुका था।

इस प्रसंग से स्पष्ट होता है कि मृत्यु होने की स्थिति में सूक्ष्म शरीर अथवा मृत्यु के तत्काल पश्चात् जीवात्मा अपने प्रियजन के पास पहुँचती है और उसे आभास कराती है कि उसकी मृत्यु होनेवाली है अथवा हो चुकी है। यहाँ मैं एक निजी अनुभव को प्रकट करना

चाहूँगा। मेरी (लेखक की) पत्नी प्रभा के पिताजी श्री मोती लाल पाठक की मृत्यु हृदयाघात के कारण कानपुर से झाँसी आते समय ट्रेन में हो गई थी और हम लोग दतिया (म.प्र. 200 कि.मी. दूर) में थे। रात के लगभग 1 व 2 बजे के बीच का समय था, इसी समय मेरी पत्नी को यह आभास हो रहा था कि उनके सिर पर कोई रात्रि में बड़े स्नेह से हाथ फेर रहा है। इसके एक घंटे बाद सूचना मिली कि उनके पिताजी का स्वर्गवास हो चुका है और शीघ्र झाँसी पहुँचो। तत्काल हम लोग झाँसी के लिए रवाना हो गए। अर्थात् मृत्यु के पश्चात् जीवात्मा किसी-न-किसी प्रकार से अपने स्वजन के पास पहुँचती है और जीवात्मा के लिए यात्रा की दूरी कोई मायने नहीं रखती। जीवात्मा सिर्फ सोचने भर से हजारों कि.मी. दूर पहुँच जाती है।

मुकुंद के गुरु श्री युक्तेश्वर गिरि थे। उन्होंने ही मुकुंद को 'योगानंद' नाम दिया था। परमहंस श्री योगानंदजी अपने गुरुजी के सर्वाधिक प्रिय शिष्य थे और जिस समय अपने पुरी स्थित आश्रम में गुरु ने स्थूल शरीर का त्याग किया, उस समय योगानंदजी प्रयाग के कुंभ मेले में थे। वे इलाहाबाद अपने दल के साथ 23 जनवरी, 1936 को कुंभ मेले में पहुँच गए थे। यद्यपि उनके गुरु युक्तेश्वर गिरि की इच्छा उन्हें कुंभ मेला में जाने की नहीं थी, परंतु योगानंदजी की बहुत अधिक इच्छा के करण वे अपने गुरु से आज्ञा लेकर चले गए थे। कलकत्ता के एक शिष्य अतुल चंद्र राय चौधरी के पास 8 मार्च, 1936 को तार द्वारा सूचना मिली कि बिना देर किए हुए वे पुरी आश्रम में पहुँचें। यह सूचना योगानंदजी तक भी पहुँच गई थी और वे भी उसी समय पुरी के लिए रवाना हो गए थे। पुरी आश्रम में पहुँचकर उन्हें जानकारी मिली कि गुरुजी श्री युक्तेश्वर गिरि की मृत्यु दिनांक 09 मार्च, 1936 को हो चुकी थी। यह सुनकर योगानंदजी को बहुत अधिक दुःख और पश्चात्ताप हुआ कि वे अपने गुरु के जीवन के अंतिम समय में उनके पास उपस्थित नहीं रह पाए। इसके बाद योगानंदजी अपने गुरुदेव को याद करते रहते थे, विलाप करते रहते थे। इसी दुःख को सोचते हुए योगानंदजी के साथ एक घटना घटित हुई।

दिनांक 19 जून, 1936 को योगानंदजी बंबई प्रवास पर थे और रीजेंट होटल में रुके थे, दिन के 3:00 बजे का समय था और वह होटल के कमरे में एक दरी पर ध्यानावस्था में थे। उसी समय उन्हें एक दिव्य ज्योति का आभास हुआ और उन्होंने अपने नेत्र खोले तो देखा कि उनके सामने गुरुदेव युक्तेश्वर गिरिजी खड़े थे। योगानंदजी यह देखकर एकदम चौंक गए। योगानंदजी ने उनके दर्शन करते हुए प्रणाम किया और उनसे पूछा, "आप मुझे छोड़कर क्यों चले गए, आपने मुझे कुंभ मेले में क्यों जाने दिया था ?" कुछ वार्त्तालाप के पश्चात् ब्रह्मलीन गुरुदेव युक्तेश्वर गिरि ने अपनी मृत्यु के पश्चात् परलोक का जो हाल सुनाया था, वह संक्षेप में इस प्रकार है—"जिस प्रकार कर्म भोग में मानवों की सहायता करने के लिए महापुरुषों को पृथ्वी पर भेजा जाता है, उसी प्रकार सूक्ष्म जगत् में मैं कार्य कर रहा हूँ। उस लोक का नाम हिरण्यलोक है (हिरण्यलोक का संदर्भ हिंदू धर्म शास्त्रों में भी मिलता है)। जब कोई मनुष्य

पृथ्वी पर सविकल्प समाधि के स्थान पर निर्विकल्प समाधि की अवस्था में पहुँच जाता है, तभी मृत्यु के पश्चात् उसे हिरण्यलोक में प्रवेश मिलता है (सविकल्प समाधि में साधक ध्यानावस्था में ईश्वर को लक्ष्य मान कर उनके दर्शन की अनुभूति करता है और स्थिर ध्यान की स्थिति बनी रहती है, परंतु निर्विकल्प समाधि की अवस्था में अभ्यास करते-करते जब चित्त ध्येयाकार हो जाए और शब्द, अर्थ, ज्ञान, स्वरूप विलुप्त हो जाए, सिर्फ समग्रता का अनुभव हो, तब वह निर्विकल्प समाधि है। इस अवस्था में मुक्त रूप से विश्व में विचरण करते हुए भी ईश्वर की अनुभूति से विचलित नहीं होता है)।

आगे युक्तेश्वर गिरि की जीवात्मा ने बताया, "यहाँ अनेक सूक्ष्म जगत् हैं, जिनमें एक ग्रह से दूसरे ग्रह की यात्रा की जा सकती है और यात्रा की गति विद्युत् की तरह होती है। सूक्ष्म जगत् असीम सुंदर, स्वच्छ, सुव्यवस्थित है। यहाँ कीड़े, मकोड़े, सर्प आदि नहीं हैं। अनिश्चित जलवायु या ऋतु भी नहीं है। यहाँ हमेशा वसंत ऋतु जैसा मौसम रहता है। अच्छी जीवात्माएँ मुक्त विचरण करती हैं और दुष्ट आत्माओं के लिए सीमित क्षेत्र निर्धारित है। सूक्ष्म जगत् की प्रत्येक वस्तु ईश्वर की इच्छा और अंशत: जीवात्माओं की इच्छा पर निर्भर होती है। यहाँ इच्छा मात्र से परिवर्तन हो जाता है। एकमात्र इच्छा द्वारा ठोस एवं द्रव वस्तुएँ उपलब्ध हो जाती हैं। यहाँ सूक्ष्म शरीर सिर्फ इच्छानुसार ही प्रकट अथवा अदृश्य हो जाते हैं और सभी जीवात्माओं को इस लोक में कोई भी रूप धारण करने की स्वतंत्रता है। उदाहरणार्थ, किसी भी वृक्ष से आम या कोई इच्छित फल अथवा फूल प्राप्त किया जा सकता है। इस लोक के सूक्ष्म शरीर में सूक्ष्म मस्तिष्क होता है और सुषुम्ना नाड़ी सूक्ष्म मेरुदंड एवं चक्र भी होते हैं। सूक्ष्म शरीर में जीवात्माओं का मुख और शरीर उनके पूर्व जन्म के यौवनकालीन रहते हैं और सूक्ष्म शरीर में जीवात्मा की कभी कोई वृद्धावस्था नहीं होती है। इस लोक के सूक्ष्म शरीर की जीवात्मा में आँख, कान, नाक, जीभ, त्वचा—ये समस्त बाहरी इंद्रियाँ भी होती हैं, परंतु अंतर्ज्ञान के द्वारा वे शरीर के किसी एक अंग से संवेदना का अनुभव कर सकते हैं। इस लोक में पूर्व जन्म के मित्र एक-दूसरे को आसानी से पहचान लेते हैं। सूक्ष्म जगत् के अधिवासियों के बीच विचार संपर्क सूक्ष्म दूरदर्शन या दृश्य-श्रवण के माध्यम से ही होता है एवं लिखित अथवा पढ़ने वाले शब्दों की उलझन इस लोक में नहीं है। इस लोक में सूक्ष्म शरीर के उन्नीस तत्त्व मनोमय, भावमय और प्राणमय हैं।"

उक्त प्रकार का विवरण उन्होंने स्वयं सन् 1946 में एक पुस्तक 'ऑटोबायोग्राफी ऑफ ए योगी' में किया था। बाद में यह पुस्तक अनेक भाषाओं में एवं 'योगी कथामृत' जयको पब्लिशिंग हाउस, 127, महात्मा गांधी रोड, फोर्ट मुंबई 400 023 तथा जे.डी. गोयल की पुस्तक 'मृत्यु के बाद' में प्रकाशन के साथ-साथ परमहंस श्री योगानंदजी के आध्यात्मिक जीवन व साहित्य से चिर-परिचित लोगों में चर्चित है।

□

मग्नमयी देवी ने की पति की जीवात्मा से चर्चा

महामहोपाध्याय पं. गोपीनाथ कविराजजी की जीवनी पर डॉ. भगवती प्रसाद सिंह ने 'मनीषी की लोकयात्रा' पुस्तक लिखी है। (प्रकाशित सन् 1968, विश्वविद्यालय प्रकाशन, विशालाक्षी भवन, चौक, वाराणसी) पुस्तक के लेखक ने कविराजजी की जीवनी के संदर्भ में दिनांक 11 नवंबर, 1965 को वाराणसी में महामहोपाध्याय पं. गोपीनाथ कविराज से संपर्क किया था। मृत्यु के बाद के विषय पर केंद्रित रहते हुए यहाँ महामहोपाध्याय पं. गोपीनाथ कविराज की आध्यात्मिक महानता का उल्लेख करना भी आवश्यक है। कविराजजी के जीवन पर पुस्तक लिखे जाने का प्रस्ताव डॉ. भगवती प्रसाद सिंह ने जब उनके समक्ष रखा तो कविराजजी ने जो बात लेखक से कही, उससे कविराजजी के महान् व्यक्तित्व की झलक मिलती है। कविराजजी ने उस समय कहा था—"इसकी क्या आवश्यकता है? जीवनी लिखना अत्यंत दुष्कर व्यापार है। दूसरों की कौन कहे, यदि मैं स्वयं चाहूँ तो अपनी जीवनी नहीं लिख सकता। जीवनी का अर्थ है—'माई पिक्चर इन दि हैंड्स ऑफ डिवाइन' मैंने अपने जीवन के अध्ययन का प्रयत्न किया, किंतु पूरी सफलता प्राप्त नहीं कर सका। जीवन की कोई घटना निरर्थक नहीं होती। छोटी-से-छोटी घटना में भी कोई-न-कोई गंभीर रहस्य छिपा रहता है। सर्वाधिक महत्त्व दृष्टा होकर अपने जीवन की ओर लक्ष्य करने में है, परंतु सामान्यतया यह संभव नहीं है। आप जो लिखना चाहते हैं, वह लौकिक व्यापार है। दाल-भात खाने का विवरण एकत्र करके क्या करोगे? वह बाह्यरंग जीवन मात्र है। अंतरंग का अनुसंधान होना चाहिए। जीवन किस प्रकार अदृश्य के हाथों ढाला जा रहा है, इस पर ध्यान देने की आवश्यकता है। जीवनी लिखने की सार्थकता इसी में है।"

महामहोपाध्याय पं. गोपीनाथ कविराजजी महान् तत्त्व चिंतक थे। वे भारत के मनिषियों की जीवंत कड़ी के रूप में पहचाने जाते हैं। उनके गुरुदेव परमहंस विशुद्धानंदजी थे। कविजराजजी के संदर्भ में जो लोग परिचित नहीं हैं, आध्यात्म के क्षेत्र में वे अधूरे ही माने जाएँगे। उन्होंने अपनी महानता के प्रदर्शन को कभी भी महत्त्व नहीं दिया। कविराजजी की मातृभाषा बँगला थी। 'मनीषी की लोकयात्रा' में लेखक ने उनकी जीवनी

के विषय में विस्तृत विवरण दिया है और विशेष रूप से कविराजजी का संपर्क जिन महान् आत्माओं से हुआ, उसका उल्लेख उस पुस्तक में है। इसी पुस्तक में एक परिशिष्ट 'परलोक-वार्त्ता' का है।

परलौकिक विषय के संबंध में ज्ञान प्राप्त करने की अभिरुचि कविराजजी को बाल्यावस्था से ही थी। जब वे ढाका में जुबिली स्कूल में पढ़ते थे और इस विषय पर भी पुस्तकें पढ़ा करते थे। जब वे जयपुर में महाराजा कॉलेज में प्रविष्ट हुए तो वहाँ भी कविराजजी ने परलौकिक विषय पर प्रचुर अध्ययन किया। एक बार पं. गोपीनाथ कविराजजी कलकत्ता में अपने एक बालसखा के पास ठहरे थे। दूसरे दिन दोनों मित्र सर बृजेंद्रनाथ शील से मिलने उनके निवास 15, राममोहन साहा स्ट्रीट गए। दोपहर का समय था। कविराजजी ने अपने मित्र को बाहर बरामदे में बिठाया और स्वयं कमरे में प्रवेश किया तो उन्होंने देखा कि चौकी पर मसनद लगाए एक वृद्ध, जिनकी सफेद दाढ़ी थी, गंभीर मुद्रा में बैठे थे। कविराजजी ने उनसे कहा, "डॉ. शील से मिलना है, सूचना भेज दें।" उन वृद्ध महाशय ने पूछा, "कहाँ से आए हो ?" अब तक कविराजजी को आभास हो गया था कि शील महाशय यही हैं। कविराजजी ने नवकृष्ण बाबू का पत्र उन्हें दे दिया। उसे पढ़कर वे गद्‌गद हो गए, पूछा, "तुम वैकुंठ के लड़के हो, फिर नवकृष्ण की चिट्‌ठी की क्या आवश्यकता थी ?" कविराजजी ने प्रश्न किया, "अरविंद घोष के संबंध में आपका क्या विचार है ?" सर बृजेंद्रनाथ शील ने जवाब दिया, "ही इज ए पोयट, मिस्टिक एंड प्रोफेट।" कविराजजी का दूसरा प्रश्न था, "परलोकगत आत्मा की स्थिति के संबंध में आपका क्या विचार है ?" शील महाशय ने उत्तर दिया, "संसार के विभिन्न देशों के विद्वानों ने गंभीरतापूर्वक विचार करके शरीर से निकलने के बाद आत्मा के अस्तित्व की पुष्टि की है, जन्मांतर संबंधी कथाओं के विवरण दिए हैं, छानबीन करके उसकी सत्यता का पता लगाया है और संबद्ध व्यक्तियों की फोटो भी ली हैं। इसके अतिरिक्त मैं अपने निजी अनुभव के आधार पर भी कह सकता हूँ कि व्यक्ति की मृत्यु के बाद भी उसकी आत्मा रहती है। कुछ समय पहले मेरी पत्नी का देहांत हो गया था। वे घर का सारा काम-काज देखती थीं। जमींदारी तथा संपत्ति संबंधी कागजात् भी वे ही रखती थीं, मैं उदासीन था। वे सहसा बीमार पड़ीं और दो-तीन दिन के भीतर ही दिवंगत हो गईं। इस घटना के थोड़े समय बाद मुझे एक मुकदमे के सिलसिले में कुछ दस्तावेजों की जरूरत पड़ी। मैं दिनभर ढूँढ़ता रहा। सारी अलमारियाँ और बक्से छान डाले, कहीं पता नहीं चला। इसी परेशानी में मैं सो गया। रात में पत्नी का स्वप्न दर्शन हुआ। वे बोलीं, "इतने चिंताग्रस्त क्यों हो ?" यह कहकर उन्होंने अलमारी का वह स्थान भी बता दिया, जिसमें दस्तावेज रखे थे। मैंने उठकर इस संदेश को एक कागज पर नोट कर लिया। मेरे दुःख को देखकर पति-परायण पत्नी की आत्मा प्रकट हो गई। इसी आधार पर प्रातः उन दस्तावेजों को ढूँढ़ निकाला।"

कविराजजी ने थियोसॉफिकल सोसाइटी द्वारा प्रसारित अनेक आध्यात्मिक रहस्यपूर्ण पुस्तकें पढ़ी थीं। ढाका के जुबिली स्कूल में अपने विद्यार्थी जीवन-काल में भी वे 'मृत्यु के पश्चात्' विषय पर पुस्तकें तलाश करके पढ़ते थे। परलोक ज्ञान के प्रसिद्ध ज्ञाता महात्मा शिशिर कुमार घोष से देवधर में कविराजजी मिलने पहुँचे और वहाँ उन्होंने एक पुस्तक 'परलोकेत्तर-कथा' पढ़ी। उस पुस्तक में परलोक-गत आत्माओं से संपर्क स्थापित कराने की शक्ति से संपन्न एक बँगली महिला श्रीमती मग्नमयी देवी का परिचय दिया गया था, जिसमें यह उल्लेख था कि वे कलकत्ता में रहती हैं एवं जो लोग अपने संबंधियों की मृत्यु होने के बाद के विषय पर जानकारी चाहते हैं, वे मग्नमयी देवी से मिल सकते हैं। इसके पश्चात् मई सन् 1938 में कविराजजी उनसे मिलने कलकत्ता पहुँचे और अपने मित्र गुरुभाई अक्षय कुमार दत्त गुप्त के घर, 62 लेक एवेन्यू में ठहरे और मग्नमयी देवी से मिलने की इच्छा व्यक्त की। अक्षय कुमारजी ने उन्हें बताया कि मग्नमयी देवी से उनका साधारण परिचय है और वे थोड़ी ही दूर पर दक्षिणी कलकत्ता में रहती हैं। मग्नमयी देवी के पति बंकिमचंद्रजी कलकत्ता हाईकोर्ट के एक प्रसिद्ध वकील थे और वे सर आशुतोष मुखर्जी के सहपाठी थे। कविराजजी के पहुँचने से कुछ समय पूर्व मग्नमयी देवी की ख्याति से आकर्षित होकर महाराष्ट्र से एक सज्जन अपनी दिवगंत पत्नी की आत्मा के विषय में जानकारी प्राप्त करने के लिए कलकत्ता आए थे और वे पत्नी-वियोग से बहुत व्याकुल थे। वे अपनी पत्नी की आत्मा से संपर्क करना चाहते थे। मग्नमयी देवी ने जवाब दिया था कि उनकी पत्नी की आत्मा अभी यहाँ आ भी जाए तो उन्हें यह कैसे विश्वास होगा कि वह आत्मा परलोकवासी उन्हीं की पत्नी की है? इस पर उन सज्जन ने तत्काल अपनी पूर्व मृत पत्नी की हस्तलिपि का एक पत्र दिखाया और तब मग्नमयी देवी ने कहा कि इस पत्र की हस्तलिपि में ही उनकी पत्नी की आत्मा एक अलग कागज पर लिखेगी और तभी वह सज्जन विश्वास कर लें कि उनकी पत्नी की आत्मा ही अपनी ही हस्तलिपि में जवाब दे रही है। कुछ देर पश्चात् उन सज्जन की पत्नी की आत्मा आई और पत्नी की ही हस्तलिपि में मग्नमयी देवी के हाथ में पकड़े पेन के द्वारा लिखा जाने लगा था। वह हस्तलिपि मिलान करने पर स्पष्ट हुआ कि वह उन्हीं सज्जन की पूर्व मृत पत्नी की थी। अर्थात् हाथ में पेन तो मग्नमयी देवी ही पकड़े हुए थी, परंतु हस्तलिपि उन सज्जन की पूर्व मृत पत्नी की थी। कुछ समय बाद वह आत्मा वापस चली गई। कविराज गोपीनाथजी ने वहाँ अनेक लोगों से मग्नमयी देवी के संदर्भ में ऐसे विवरण सुने थे कि वे दिव्यलोक आत्माओं को बुला सकतीं है और उनसे बात करा सकती हैं।

अक्षय कुमार दत्त गुप्त ने कविराजजी का परिचय अपने छोटे भाई अमूल्य कुमार दत्त गुप्त से कराया और उन्हें कविराजजी का सहयोग करने को कहा था। इसके बाद कविराजजी एवं अमूल्य कुमार दत्त गुप्त, दोनों मग्यमयी देवी के यहाँ पहुँचे। देवीजी ने

उनका बहुत स्वागत-सत्कार किया। मग्यमयी देवी ने कविराजजी को बताया कि मरे हुए व्यक्तियों की जीवात्माओं को बुलाने की शक्ति उन्हें बाल्यावस्था से ही प्राप्त थी, किंतु इसका विशेष प्रयोग उनके पति की मृत्यु के बाद हुआ। उन्होंने बताया कि वह बहुत पढ़ी लिखी नहीं है तथा उन्हें अपने पति की जीवात्मा से जो भी परलोक संबंधी विवरण प्राप्त हुए हैं, उसे उन्होंने एक कॉपी (नोट-बुक) पर लिख लिया है। बंकिमचंद्रजी की मृत्यु के पश्चात् उनकी पत्नी मग्नमयी देवी ने अपने पति की जीवात्मा को बुलाया और उन्होंने श्रीमती मग्नमयी देवी को जो कुछ बताया, वह जैसा-का-तैसा उनके मृतक पति की हस्तलिपि में मृतक पति की जीवात्मा के द्वारा लिखा गया था। इस प्रक्रिया में सिर्फ भौतिक रूप में श्रीमती मग्नमयी देवी के हाथ में पकड़ा हुआ पेन था, लेकिन उसमें लिखावट की हलचल मृतक पति की जीवात्मा के द्वारा हो रही थी। बंकिमचंद्रजी की मृत्यु के तत्काल पश्चात् मृत्यु के समय उन्हें कैसा अनुभव हुआ और उसके बाद उनकी जीवात्मा कहाँ पहुँची व क्या-क्या अनुभव हुए, वे सभी उन्होंने अपनी पत्नी मग्नमयी देवी को बताया। कविराजजी के अनुरोध पर मग्यमयी देवी वह नोट-बुक उठा लाईं और उसमें 'स्वामीर-आत्मार-कथा' (स्वामी की आत्मा की कथा) शीर्षक के अंतर्गत विवरण लिखे थे। कविराजजी ने मग्यमयी देवी से अनुरोध कर वह कॉपी पढ़ने के लिए और उसकी प्रतिलिपि करने की अनुमति प्राप्त कर ली थी।

पुस्तक 'मनीषी की लोकयात्रा' में पृष्ठ संख्या 437 से 464 पर 'परलोक वार्त्ता' के नाम से परिशिष्ट है। पुस्तक में अति विस्तृत विवरण है परंतु यथावत् वर्णन करना संभव नहीं है, उसी के संक्षिप्त अंश यहाँ निम्नानुसार है—

बंकिमचंद्रजी की परलोकगत आत्मा का अनुभव

बंकिमचंद्रजी की जीवात्मा ने बताया, "मैं जब रोग शैया पर पड़ा था, तब कितनी ही बार अत्यंत खेदपूर्वक मैंने देवताओं को पुकारा‥। तब नहीं समझा था कि यही हमारा अंतिम समय है। खाँसी की यंत्रणा से प्राण छोड़ने की इच्छा होती थी। बोलने की इच्छा होते हुए भी खाँसी के कारण बोल नहीं पाता था। अंततः एक दिन मैं शांति की निद्रा में डूब गया। वह मृत्युकालीन अज्ञान की निद्रा थी। मैंने देखा कि मैं देह से अलग हूँ।

"जब लोग मुझे चारपाई से नीचे उतार रहे थे तो मैं यह कहना चाहता था कि अभी देरी है, मुझे बाहर मत करो, परंतु बोल नहीं सका। जब नीचे उतार दिया, तब मुझे ठंडक का अनुभव हुआ। उस समय समझ में आया कि मेरी लड़की, लड़का, स्त्री, भाई, भतीजे—सभी शोक में डूबे हुए हैं, परंतु सभी शांत थे। केवल हरिनाम की ध्वनि मेरे कान में पहुँच रही थी। उससे मुझे बहुत शांति मिल रही थी। सामने देखा कि मेरे इष्टदेव बाबा विश्वनाथ मेरे सिर पर अपना पादपद्म रखकर कह रहे हैं, 'मेरे पास आ जाओ। यहाँ कोई

भय नहीं है। रोग यंत्रणा नहीं रहेगी। यहाँ केवल शांति ही शांति है।' इसके बाद दूसरे ही क्षण में चिर-निद्रा में डूब गया।

"अब मैंने देखा कि मेरे चारों ओर शांति-ही-शांति है। मैं जैसे दूसरे देश का मनुष्य हो गया। नीचे देखा कि मेरे लिए स्त्री, पुत्र, पुत्रवधू—सभी शोक में लीन हो गए। पत्नी के चक्षुओं से झर-झर करके अश्रु गिर रहे थे। तब मेरे मन में आया कि इन लोगों के साथ मैंने इतने दिन संसार में वास किया। ये लोग मेरे साथी रहे हैं। पृथ्वी पर इनकी सहायता से स्वच्छंद जीवन बिताया। मेरी मृत्यु से इनके कष्ट की सीमा नहीं है।

"दूसरे ही क्षण में मेरा मन बदल गया। सोचा कि मैं इन बच्चों का पिता था, ये हमारी संतान थे, किंतु आज में इनका कोई नहीं हूँ। वे भी हमारे कोई नहीं हैं···। उस समय अपने को स्थिर करके मैंने पुकारकर कहा, 'मेरे लिए शोक मत करो। देखो, आज मैंने पुरानी जीर्णदेह छोड़कर दिव्यदेह धारण की है और शांति में हूँ। इस समय मुझे कोई कष्ट नहीं है। रोग यंत्रणा भी नहीं है। तुम लोग रोओ मत। दुःखी मत हो, अपना कर्तव्य करो।' यह सब मैंने चिल्लाकर कहा, किंतु किसी ने नहीं सुना।

"जब मेरी आत्मा देह से विच्छिन्न होकर, बाहर आकर खड़ी हो गई, तब मैंने देखा कि कितनी ही ज्योतिर्मय आत्माएँ मेरे लिए उस लोक में प्रतीक्षा कर रही हैं। इधर देखा कि सभी मेरे कुटुंबी हैं, उधर देखते हैं तो वे आत्माएँ, मेरे दिवगंत भ्राता, भातृवधू, चाची, पितामही तथा अन्य संबंधियों की हैं। किसी ने मेरा हाथ पकड़ा, तो कोई मस्तिष्क पर हाथ रखकर आशीर्वाद दे रही हैं। फिर हम सभी मिलकर के हरिनाम-गान करने लगे। इस प्रकार का आनंद जीवन में एक दिन भी नहीं पाया था। सोचा, कितने आश्चर्य की बात है! लोग मरने पर इसी प्रकार की शांति पाते हैं? जैसे शरीर में रहते हुए प्रतिदिन मृत्यु यंत्रणा भोग करता था, ठीक उसी प्रकार महाशांति अनुभव हो रही है। दुःख क्या है? तुम लोग भगवान् के निकट प्रार्थना करना कि सदैव इसी प्रकार की शांति रह जाए और मैं यहाँ रहकर तुम लोगों की शुभकामना कर सकूँ।

"हरिध्वनि के साथ मेरे शव को उठाया गया। मैं भी उसके साथ श्मशान की ओर चला। वहाँ पहुँचकर देखा कि देह का क्या हाल है? मैंने लोगों के भी अंतिम संस्कार देखे थे और अब अपने शरीर का भी अंतिम संस्कार देख रहा हूँ। जिस शरीर के लिए इतना यत्न किया, जिस शरीर में तनिक भी चोट लगने पर कितना कष्टानुभव होता था, जिस शरीर को काला कोट, पैंट, गाऊन (बंकिम बाबू कलकत्ता हाईकोर्ट में वकील थे) से नित्य सजाता था, नित्य साबुन तथा सुगंधित तेल लगाकर इस देह को सुंदर बनाता था, उसका यह परिणाम? उसको लकड़ियों पर डाल दिया और आग लगा दी! अंत में सभी लोग हरिध्वनि करते हुए लौट आए।

"यह सब देखकर मुझे बहुत कष्ट हुआ। उन लोगों के साथ मैं भी घर लौट आया।

देखा, सारा घर सूना है। एक मेरे चले जाने से घर मानो शून्यमय हो गया हो। घर के सभी लोगों में अवसाद भाव था। क्षण-क्षण में हाहाकार उठता था। मैं वहाँ खड़ा नहीं हो सका। अपने इस लोक के कुटुंबियों को त्याग कर नूतन देश के लिए प्रस्थान किया। जैसे समुद्र में लहरें उठती हैं, मैं उसी भाँति तरंगों के ऊपर तैरता हुआ चलने लगा। सामने आनेवाले विविध रंगों के विभिन्न लोकों को पार करता हुआ ऊपर उठता गया।

"मेरी मृत्यु के समय जब मेरे शरीर को नीचे उतारा गया, तब मैंने देखा कि सबका मुख विषादमय था, परंतु सतीश के मुख पर दृष्टि डालने पर पता चला कि वह मेरे आत्म कल्याण के लिए अपने गुरुदेव तथा बाबा विश्वनाथ से प्रार्थना कर रहा है, जिससे कि मैं उन्नति के मार्ग में शीघ्र उठ सकूँ। उसी स्थान पर खड़े होकर उनको आशीर्वाद दिया। मैं समझ चुका था कि मेरे जीने की कोई आशा नहीं है⋯। अपनी पत्नी को गले लगाकर मैंने कहा, 'मैं मर रहा हूँ। ऊपर कमरे से उन लोगों को बुलाओ। भय लग रहा है।' पत्नी ने कहा, 'भय क्या है ? भगवान् को पुकारो। वे ही शांति देने वाले हैं।' तब मैंने पत्नी के चक्षुओं में आँसू देखकर पोंछ दिए। मैंने सोचा कि जब इनकी आँखों में आँसू भर आए हैं, तो मेरी मृत्यु निश्चित है। (बंकिम बाबू की पत्नी मग्नमयी देवी अत्यंत उच्च आध्यात्मिक थीं और बंकिम बाबू को यह विश्वास था कि साधारण आपत्ति से वे कभी धीर नहीं हो सकतीं)⋯। अचानक अनुभव हुआ, मानो कोई कह रहा हो, 'तुम्हारा समय समाप्त हो गया अब सब छोड़कर जाना होगा। परंतु तुम दुःखी क्यों होते हो ? ये लोग तुम्हारे कौन हैं ? कोई कुछ नहीं है। अब तुम परलोक में चलो। वहाँ जाकर देखोगे, तुम्हारे आत्मीय ज्योतिर्मयस्वरूप में हैं। यहाँ तुम कितना कष्ट पा रहे हो ? वहाँ शांति-ही-शांति है। मरने में कोई डर नहीं है। वहाँ देखोगे कि मृत्यु के बाद कितनी शांति है ?' ये शब्द मैंने देववाणी की भाँति सुने, इससे मुझे भरोसा हुआ। दुर्बल देह में बल आ गया। अब अनुभव कर रहा था कि वस्तुतः मृत्यु से ही मुक्ति मिली है। रोग शैया पर पड़े-पड़े कैंसर रोग से कोई नहीं बच पाता है।

"मैं तैरता हुआ-सा चलने लगा। नीचे झाँककर देखा, तो किसी को देख नहीं पाया। जो आत्माएँ मुझे ले जा रही थीं, जाते-जाते उन्होंने कहा, 'चलो, तुमको एक इतिहास-प्रसिद्ध आत्मा का दर्शन कराएँ। अभी यदि इन्हे नहीं देखोगे तो फिर शीघ्र देखने का अवसर नहीं पाओगे।' मैं उनके साथ आकाश मंडल में और ऊपर उठने लगा।⋯फिर वे आत्माएँ बोलीं, 'यह देखो रानी भवानी (बंगाल की प्रसिद्ध धर्मप्राण राजमहिर्षी, जिन्होंने काशी में दुर्गाकुंड तथा दुर्गा मंदिर की स्थापना की थी), उनका पुत्र, पुत्री, पति और सखी शिवानी, सभी यहाँ हैं।' उन्हें देखकर मेरे मन में बड़ा आश्चर्य हुआ। उन लोगों ने मुझे आदर के साथ पुकारा। बुलाकर बिठाया, उपदेश दिया, नाना प्रकार की धर्मकथाएँ सुनाईं। कुछ समय रहकर मैं वायु तरंगों पर तैरते-तैरते दूसरे स्थान पर जाकर रुक गया। वहाँ

पहुँचने के एक मिनट बाद एक महान् आत्मा मेरे सामने आकर खड़ी हो गई। उसने पूछा, 'तुम आ गए? वहाँ क्या-क्या किया, मुझे एक-एक करके बताओ।' मैंने कहा कि मैं निद्रा से उठकर नित्य क्रिया से निवृत्त हो अपना काम करता था। इसके बाद भोजन करके कचहरी जाता था। वहाँ (हाईकोर्ट) मिथ्या मुकदमा करके अर्थोपार्जन कर घर आता था। भगवान् का नाम लेने की इच्छा करने पर भी ले नहीं सका। भविष्य-चिंता, लड़कों का परिणाम, अर्थ-चिंता, शरीर चिंता आदि में जीवन का अधिकांश भाग बीत गया। अंत में भगवान् का नाम थोड़ा जप रहा था, तभी महाकाल ने आक्रमण कर दिया और वह क्रम बंद हो गया। भयंकर रोग यंत्रणा से 'विश्वनाथ! विश्वनाथ!' करके पुकारा। अंतिम समय में बाबा विश्वनाथ ने कृपा करके अपने शांतिमय क्रोड में मुझे उठा लिया, उसके बाद में यहाँ आ गया।

"मेरी बातें सुनकर उन महापुरुष ने कहा, "तुमको और कष्ट पाना नहीं होगा। अब तुम स्वच्छंद हो। अंत में भगवान् का नाम सुनते-सुनते तुम मुक्त हो गए हो। उसी समय तुम्हारा सब पाप दूर हो गया है।' यह कहकर वे महापुरुष ने एक लाल रंग के कागज में कोई रंगीन वस्तु खाने को दी। उसे खाकर मुझे अत्यंत शांति मिली। बहुत दिनों की तृष्णा दूर हो गई। एक बात और देखी। अपने पुत्र, पुत्री तथा अन्य कुटुंबियों के लिए मैं जैसे पहले कष्ट का अनुभव करता था, वह माया उसी द्रव्य गुण से कम हो गई। लौकिक माया-मोह में मैं लिप्त नहीं रहा। फिर भी, पृथ्वी की ओर थोड़ा आकर्षण बना रहा, ठीक वैसे ही, जैसे चुंबक-लौह का आकर्षण होता है। इसलिए दिन में ही एक बार पृथ्वी पर आता रहा। सुरेश जब पितृपक्ष में क्षीरजल मुझे देते थे तो उसे आनंदपूर्वक ग्रहण करता था। मृत्यु के समय चारपाई से जिस स्थान पर मुझे उतारा गया था, उसी स्थान पर जाकर बैठता था। अभी सुरेश के मस्तिष्क में हाथ स्पर्श करके आ रहा हूँ। कभी-कभी कलकत्ता में अपने प्रिय बैठक-खाने में जाकर रोशनी खोलकर कापी पुस्तकें झाड़ देता हूँ…। मैं लोकालय से इस समय बहुत दूर हूँ, परंतु संसार का आकर्षण एकदम छूटा नहीं है। इसलिए नित्य दो बार पृथ्वी पर जाना पड़ता है। बाल-बच्चों का मोह एकदम छूटा नहीं है। कब इस अस्थिरता से मुक्ति मिलेगी? भगवान् जाने, जिस समय लोग मेरे शव को तुलसी वृक्ष के नीचे ले गए थे, उस समय मेरी आत्मा सूक्ष्मतर थी। अनुभव होता था कि मेरा भूत देह, मेरे पदतल में पड़ा हुआ है। उसी को लेकर सब लोग रो रहे थे। उस समय अपने शव से मैं दो फिट की दूरी पर खड़ा था, किंतु तब मैं अनंत का जीव हो चुका था।

"मत समझो कि मृत्यु ही जीवन की सीमा है और उसके बाद कुछ नहीं है…। प्रत्येक आत्मा अपने पार्थिव जीवन के कर्म के अनुसार विचार लाभ करती है और सभी कृत कर्म का फल भोग करते हैं। पुण्य कार्य करने पर ब्रह्मलोक में वास करते हैं। यह न्याय-विचार देखकर मैं बहुत संतुष्ट हुआ। मैंने अपने जीवन में किए गए कार्यों में

कभी न्याय-अन्याय का विचार नहीं किया था। कितने ही हत्यारों को अर्थ लोभ से झूठ बोलकर मुक्त करा दिया था। उसे देखते हुए, मुझे दंड कम ही मिला, क्योंकि मैंने पृथ्वी पर रहते हुए बहुत कष्ट भोग लिया था।

"इस प्रकार धाम में आकर मैं सभी स्थानों में घूमता रहता हूँ। जिधर दृष्टि जाती है, देखता हूँ कि शांति-ही-शांति है, सुख छोड़कर दुःख नहीं हैं जिधर दृष्टि डालता हूँ, उधर ही दीख पड़ता है—देवगंण, आत्मागंण, योगिनीवेश में स्त्रियाँ सभी धर्म चर्चा कर रहे हैं। सबके मुख पर स्वर्गीय आलोक दिखाई पड़ता है। शांति से सबका मुख प्रसन्न है…। अब देखता हूँ कि पृथ्वी की अपेक्षा यह अनंत धाम कितना शांतिमय है? यहाँ अपने बंधु-बांधव, आत्मीयजनों से कितना आदर पाता हूँ? यहाँ अंधकार नहीं है, सबकुछ आलोकमय है।

"मेरे यहाँ आने के बाद कई नूतन आत्माएँ आई हैं। उनमें से दो साहब हैं, तीन हिंदुस्तानी हैं और दो बंगाली हैं। इन लोगों में से मेरे परम बंधु प्यारेशंकर दास गुप्त भी हैं। यहाँ पुस्तकें पढ़ने की चर्चा अधिक नहीं होती है। प्रायः धर्मज्ञान की ही चर्चा होती है। इसलिए हम लोगों ने एक सभा की। उसमें केशव बाबू, कविवर कालिदास और मधुसूदन, महात्मा विजय कृष्ण गोस्वामी, नरेंद्रनाथ, शिव चौधरी, रास बिहारी घोष, महात्मा बिल्व मंगल आदि बहुत लोगों ने योगदान किया और मुझे सभापति निर्वाचित किया। यहाँ की सभी आत्माएँ मेरे व्याख्यान सुनकर संतुष्ट हुईं…। पृथ्वी पर रहने के समय मेरा व्याख्यान सुनने के लिए बहुत लोग उत्सुक रहते थे। पृथ्वी पर अंधे की भाँति मिथ्या मुकदमा करके मिथ्या व्याख्यान देकर मैं सबको मोहित करता था, परंतु यहाँ ज्ञान, चक्षु खुल गए।

"यहाँ विभिन्न प्रकार के देश हैं, परंतु उनमें रहनेवाले लोगों की अवस्था कैसी है, यह समझना कठिन है। एक-एक स्थान में एक ही प्रकार की आत्माओं का वास स्थान है। द्वितीय श्रेणी में आत्माओं की संख्या अधिक है। नाना प्रकार के पाप-पुण्य का दंड भोग यहीं होता है, 'क्षमा करो! अब ऐसा काम नहीं करेंगे।' कोई कहते हैं, 'हे पिता! यदि जन्म हो तो तुम्हारी सेवा कार्य-मन-वाक्य से करूँगा, कभी अवज्ञा नहीं करूँगा। अब सहा नहीं जाता, क्षमा करो।' कोई-कोई ऐसा कहते हैं, 'दूसरे के गले में छुरी देकर उनका सर्वस्वापहरण नहीं करूँगा।' ये सब हृदय विदारक दृश्य देखकर आँख में आँसू आ जाते हैं। यही जीवन का परिणाम है।

"कभी-कभी मैं निम्न श्रेणी आत्माओं के निकट जाकर बैठता हूँ। मुझको देखकर ये लोग आनंद में जय ध्वनि करते हैं। बीच-बीच में हरिनाम गान करता हूँ, उससे इन लोगों को भी आनंद आता है।

"यहाँ फल-फूल के वृक्ष सदा रहते हैं। कभी-कभी इच्छा होने पर दो-एक फल

ले लेता हूँ। ऐसी बात नहीं है कि बिना खाए काम नहीं चल सकता। हम पुष्प के बिछौने और पुष्प के तकिए पर विश्राम करते हैं। इस लोक में निद्रा नहीं है। यहाँ सभी समय इस प्रकार का प्रकाश रहता है, जैसा कि पृथ्वी पर सूर्योदय या सूर्यास्त के समय रहता है। ज्योतिर्मय पुरुष महात्मा रामकृष्ण देव कभी-कभी आकर धर्मज्ञान, भक्ति विशेषज्ञ उपदेश देते हैं। वे ब्रह्मलोक में वास करते हैं और सभी लोगों में इच्छानुसार विचरण कर सकते हैं। उन्होंने भी विषय-रोग की यंत्रणा भोग ली थी और उनकी भी पृथ्वी पर मृत्यु हुई थी।

"जब श्राद्ध का दिन आता है, तब पितामह, पिता और पितृगंण, पुत्र से श्राद्ध तर्पण का जल पाकर आनंद लाभ करते हैं। उस समय वे वहाँ उपस्थित रहकर श्राद्ध कार्य का निरीक्षण करते हैं। जो लोग पितरों का श्राद्ध करते हैं, वे इह और परलोक में सर्वत्र ही सुख पाते हैं। यदि कोई श्राद्ध वर्जन या अवहेलना करे अथवा श्राद्ध न करे, तो पितृ अशांति भोग करते हैं।

"मैं एक-दूसरे स्थान पर पहुँचा तो वहाँ बहुत आत्माएँ आ गईं। एकत्र होकर चिल्लाने लगीं। उनके शरीर ज्योतिहीन हैं, अत्यंत कृश हैं। शरीर का रंग पीला है। वे पूछने लगीं कि आप कहाँ से आए हैं? आपको देखकर बहुत आनंद आ रहा है। क्या आप बता सकते हैं कि कितने दिन में हमें शांति लाभ होगा? क्या अन्य लोगों की भाँति हमारे शरीर से ज्योति निकलेगी? हम लोग इस अशांति के स्थान से शांतिधाम में कब जा सकेंगे? मैंने जवाब दिया, 'तुम लोगों ने आत्महत्या करके अपनी मृत्यु की थी। इसलिए तुम्हारी मुक्ति में अभी देर है, परंतु यदि तुम मन-प्राण से भक्ति पूर्वक भगवान् को पुकार सको तो वे अवश्य इच्छा पूर्ति करेंगे और तुम लोगों को उद्धार का मार्ग दिखा देंगे।' यह सुनकर वे सभी आत्माएँ जय ध्वनि करने लगीं।

"मैं थोड़ा और ऊपर के लोक में उठा तो वहाँ भी इसी प्रकार की बहुत सी आत्माएँ हैं, परंतु वे अधिक उन्नत हैं। उनमें से 22-23 वर्ष का एक युवक मेरे पास आया। मैंने कहा, 'क्या तुम हमें पहचान सकते हो?' वह बोला, 'पूर्व जन्म में मालूम पड़ता है आपको कहीं देखा है। कहाँ देखा है, यह भलीभाँति स्मरण नहीं हो रहा है।' मैंने पूछा, 'पूर्व जन्म में तुम्हारा भर कहाँ था?' उसने उत्तर दिया, 'मूलचर (पूर्व बंग) में।' तब मैं उसे पहचान सका। मैंने उससे कहा, 'मुझे तुम क्यों नहीं पहचानते हो? मेरे घर पर तुम कितनी बार आए थे।' यह सुनकर उसने कहा, 'आप बंकिम बाबू हैं?'...

"मुकुल नाम की एक बालिका की आत्मा यहाँ आई है। वह बहुत छोटी है। प्राय: अपनी दादी और दादू की बात पूछती है। मैं उसको एक दिन साथ लेकर उसके दादू और दादी को नरलोक में दिखाकर ले आया था।

"यहाँ दो श्रेणी की आत्माएँ हैं—एक वे लोग, जो क्रोध से वशीभूत होकर

आत्महत्या करते हैं। उनकी मुक्ति में देर लगती है। ये लोग परलौकिक जीवन में कष्ट पाते हैं। इन्हें पहले नरक में घोर यंत्रणा भोगना पड़ती है। दूसरे वे, जो पानी में डूबकर मर जाते हैं या जिनकी मृत्यु पानी में डूबकर हुई है। यहाँ उन लोगों का शिव मंदिर है। उस स्थान पर एक बड़े संन्यासी की आत्मा रहती है। वे उन सबको शिष्य बनाकर रखते हैं।

"मुझे जब रोग हुआ था, उसके कुछ पहले से केवल मृतात्माओं को स्वप्न में देखता था। सभी स्वप्न अलीक नहीं होते हैं। जब जीव गंभीर निद्रा में होता है, तब आत्मा देह छोड़कर शून्य मार्ग में घूमती है। उस समय वह जगत् की आत्माओं के साथ बातचीत करती है। जब आत्मा लौटकर देह में प्रविष्ट करती है, उस समय वे सब बातें उसकी स्मृति में उदय होती हैं, जो वह स्वप्न में देखती है। किंतु मनुष्य निद्रा के पहले मन में जिस बात की चिंता करके सोता है, यदि वही स्वप्न में देखता है तो वह अलीक स्वप्न होता है। जिस व्यक्ति के लड़के, लड़की या अन्य किसी आत्मीय स्वजन की मृत्यु होती है तो उसकी आत्मा अपने प्रिय जीवित व्यक्ति को देखने के लिए छाया के रूप में जाती है। उसको स्वप्न में कोई भी देखकर चौक जाता है। ये सभी जगत् को छोड़कर उस जगत् में जाने पर भी महामाया के प्रभाव से मुक्त नहीं हो सकते। शोक, दुःख तथा चिंताग्रस्त व्यक्ति के लिए निद्रा ही शांति है। जिस समय मनुष्य की मृत्यु आसन्न है, उसके पहले से ही सब आत्माएँ उसके लिए प्रतीक्षा करती हैं। जब आत्मा बाहर निकल आती है, तो परलोक की आत्माएँ उसे यहीं लेकर आती हैं और बड़े-बड़े महात्मा व्यवस्था करके, जिस श्रेणी के योग्य जो होता है, उसे वहाँ भेज देते हैं।

"आनंद धाम एक श्रेणी है। वहाँ केवल महात्माओं का वास होता है। जो लोग पृथ्वी में भगवान् का नाम लेकर अपने को भूल जाते हैं, वे केवल उन्हीं को अपना सर्वस्व समर्पण करते हैं। वे इस श्रेष्ठ 'आनंद धाम' नामक लोक में वास करते हैं। भगवान् में विश्वास करके, जो आत्मप्रशंसा को विषतुल्य समझते हैं, हिंसा को हृदय में स्थान नहीं देते हैं, शील, दया और भगवान् में विशेष युक्त होकर सर्वदा जीवन-यापन करते हैं, वे इस धर्म स्थान पर अधिकार कर सकते हैं।

"एक दिन हम कई लोग साथ-साथ एक स्थान में गए। पूछने पर पता लगा कि वह नक्षत्र लोक है। इसमें जो महात्मा रहते हैं, उन्हें देखकर आश्चर्य में पड़ गया। जैसा नक्षत्र का आलोक है, सभी आकाश में प्रज्वलित हैं, उसी प्रकार उन लोगों के सूक्ष्म देह से शतसहस्त्र हीरों की भाँति आलोक प्रस्फुटित हो रहा था। अत्यंत सुंदर, अत्यंत स्निग्ध और अत्यंत सुंदर। हम लोगों को मानो मोहित कर लिया। हम लोग उनसे बात नहीं कर सके। ध्रुव, प्रहलाद, अभिमन्यु, विजयकृष्ण, मीराबाई, रानी भवानी, रामकृष्ण, शिवाजी और भी अनेक श्रेष्ठ महात्मा यहाँ हैं। थोड़ी देर तक उनका उपदेश ग्रहण कर हम पूर्व स्थान में लौट आए। स्वर्गवासी आत्माओं के शरीर में से एक प्रकार का तेज प्रस्फिटित

होता है और उससे यह प्रकट होता है कि वह सब प्रकार से सुखी है।

"मैं सत्य लोक में गया था। उसको 'आनंद-धाम' कहा जाता है। वहाँ की आत्माएँ सब प्रकार के आलोक से आलोकित हैं। वे मिथ्या को विष समझते हैं। धर्म की जय करते हैं। जिन्होंने भगवान् में विश्वास नष्ट में नहीं किया, वह लोग इस लोक में वास करते हैं।

"एक दिन 'अज्ञान लोक' में अर्थात् निम्न श्रेणी में उन लोगों का हाल जानने के लिए गए थे। वहाँ प्रकाश का अभाव है। चारों ओर कुहासे से ढका हुआ है। सर्वदा ही मानो अंधकार छाया रहता है। वहाँ की आत्माओं के सूक्ष्म-देह में कोई ज्योति नहीं है, मानो मृत व्यक्ति हैं। वहाँ का दृश्य देखकर हृदय कंपित हुआ। मन में धैर्य नहीं रहा। मृत्यु लोक में चक्षु पाकर भी लोग अंधे हो जाते हैं। अंतिम दिन कितना भयानक होता है, इसका कभी स्मरण नहीं करते। ये उसका परिणाम आकर भोग रहे हैं।"

मैं (लेखक) स्व. श्री कविराज गोपीनाथजी के व्यक्तित्व को एक महान् संत के रूप में देखता हूँ और कविराजजी ने श्रीमती मग्नमयी देवी के द्वारा बताए अनुसार उक्त पुस्तक के लेखक डॉ. भगवती प्रसार सिंह को सुनाया, उसका संक्षिप्त सार उपरोक्तानुसार परोसने का प्रयास किया है।

□

परलोक : क्या और कैसा

मृत्यु के पश्चात् जीवात्मा अपने कर्म-फल के परिणामस्वरूप परलोक की ओर विचरण करती है। स्थूल शरीर की अपनी सीमाएँ हैं। मनुष्य का स्थूल शरीर उड़ नहीं सकता। स्थूल शरीर की एक स्थान से दूसरे स्थान पहुँचने की एक सीमित गति है, परंतु सूक्ष्म शरीर मन की गति के समान उड़ सकता है। मनुष्य की जीवात्मा जितना अधिक सूक्ष्म होती जाएगी, वह उतनी ही परलोक के उच्च स्तर पर पहुँचने हेतु सक्षम होती जाएगी। मनुष्य जीवन में यदि व्यक्ति का मन इच्छा-रहित, वासना-रहित हो चुका है, तब तो मृत्यु के पश्चात् सूक्ष्म शरीर भी इच्छा-रहित एवं वासना-रहित रहेगा और स्वर्गलोक तक पहुँचने का रास्ता उसके लिए साफ हो जाएगा। परंतु यदि सूक्ष्म शरीर में भी इच्छाएँ बनी रहीं और वह वासनायुक्त रहा तो जीवात्मा को स्वर्ग पहुँचने की पात्रता नहीं होती है। जीवात्मा को अपने सूक्ष्म शरीर में रहते हुए भी इच्छाएँ और वासनाएँ त्यागनी होती हैं और तभी वह स्वर्ग-लोक पहुँच सकता है। कहने का तात्पर्य यह है कि स्थूल शरीर जीवन की आयु पूर्ण होने के बाद मृत्यु के पश्चात् सूक्ष्म शरीर के रूप में एक दूसरा जीवन प्रारंभ हो जाता है। सूक्ष्म शरीर की भी अपनी उसकी एक निश्चित आयु होती है। स्वर्ग-लोक में सुख-ही-सुख है, सिर्फ आनंद है और उसका कारण यह है कि जब सूक्ष्म शरीर में इच्छाएँ व वासनाएँ नहीं होगीं तो सिर्फ सुख व आनंद का आभास होगा। ऐसे सुख व आनंद का आभास शरीर में रहते हुए भी किया जा सकता है। इच्छाओं को उत्पन्न करनेवाला मन एवं हानि-लाभ का तर्क करनेवाली बुद्धि और अहंकार नष्ट होने की स्थिति जब सूक्ष्म शरीर में बन जाती है, तब उस स्थिति में सूक्ष्म शरीर भी समाप्त हो जाता है अर्थात् इच्छाएँ और वासनाएँ ही दुःख का कारण हैं। परलोक में जीवात्मा के सिर्फ मन में आए विचार ही अन्य दूसरी जीवात्माओं तक संदेश पहुँचाने के माध्यम होते हैं। अर्थात् एक जीवात्मा के दूसरी जीवात्मा तक विचारों का आदान-प्रदान ही माध्यम है और उनमें भाषा तथा स्थूल शरीर की तरह बोल-चाल होना आवश्यक नहीं है।

परलोक में भाव की प्रधानता है और शब्द एवं भाषा, भाव की अभिव्यक्ति मात्र ही तो है एवं मन में उठ रहे भाव शब्द एवं भाषा के माध्यम से ही आदान-प्रदान होता है।

परंतु परलोक में भाव की प्रधानता है और भाव ही मूल तत्त्व है। मन में उत्पन्न हुए भाव एक से दूसरे के पास पहुँच जाते हैं। इस कारण यदि कोई जीवात्मा मृत्यु उपरांत किसी अन्य देश, अन्य भाषा की परलोक में पहुँच है और उसका मिलन किसी अन्य भिन्न देश, भिन्न भाषा की जीवात्मा से होता है एवं वे भले ही पृथ्वी-लोक में बोलने वाली भाषाओं में एक-दूसरे से संवाद न भी कर पाते हों, फिर भी उनके अंदर उठ रहे भाव तो एक समान ही होंगे। इस प्रकार सिर्फ विचार और भाव के माध्यम से वह अन्य दूसरे देश की भाषा वाली जीवात्माओं के संपर्क में आ जाती है और भाव तथा मन में उठे विचार के माध्यम से ही संवाद हो जाता है एवं वे एक-दूसरे के निकट पहुँच जाते हैं तथा विकर्षण का भाव आते ही दोनों के सूक्ष्म शरीर एक-दूसरे से दूर हो जाते हैं। इस तरह वहाँ कपट का कोई स्थान नहीं है। ऐसा नहीं है कि शारीरिक जीवन में रहते हुए मन में तो कुछ और मुँह के बोल कुछ और हैं और कर्म कुछ अलग हैं, परंतु ऐसा परलोक में नहीं है। स्थूल शरीर जीवन में झूठ बोल कर धोखा दिया जा सकता है, लेकिन मरणोपरांत जीवात्माएँ ऐसा नहीं कर सकती हैं। परलोक में यात्रा की समस्या नहीं है। मन में विचार आते ही सूक्ष्म शरीर एक स्थान से दूसरे स्थान पर पहुँच जाता है।

□

मृत्यु के पश्चात्-स्थिति पर आचार्य श्रीराम शर्मा का मत

श्री श्रीराम शर्मा आचार्यजी एक विख्यात आध्यात्मिक चिंतक थे। उनका आश्रम 'शांति-कुंज' के नाम से हरिद्वार में है। आश्रम में वे स्वयं अपनी पत्नी भगवती देवी सहित, जिन्हें 'माताजी' के नाम से जाना जाता है, निवास करते थे। शांति-कुंज में उनके शिष्य व कार्यकर्ता आश्रम की व्यवस्था में उनके निर्देशानुसार कार्य व साधना में समर्पित थे। उन्होंने 'अखंड ज्योति' नामक मासिक पत्रिका का प्रकाशन किया। आम व्यक्ति में आध्यात्मिक रुचि का जागरण करने में श्रीराम शर्मा आचार्यजी का नाम हमेशा याद किया जाएगा। मुझ (लेखक) को अपने परिवार सहित सन् 1985 में उनके दर्शन का सौभाग्य 'शांति-कुंज' में प्राप्त हुआ था और उनसे आध्यात्मिक विषय पर चर्चा भी हुई थी। चर्चा के उपरांत मेरा यह सौभाग्य रहा कि उन्होंने माताजी (भगवती देवी) की देख-रेख में मुझे व मेरे परिवार को अपने ही समक्ष भोजन परोसवाया था। आचार्य श्री श्रीराम शर्मा न सिर्फ भारत में, बल्कि विश्व में ख्याति प्राप्त आध्यात्मिक चिंतक के जीवंत हस्ताक्षर हैं। उन्होंने 'गायत्री-मंत्र' का विशेष महत्त्व और उसके जप करने पर जोर दिया है। मृत्यु के पश्चात् जीवात्मा की स्थिति पर आचार्यजी के मत का उल्लेख किए बिना विषय अधूरा ही रहेगा। मनुष्य की मृत्यु के पश्चात् श्री श्रीराम शर्मा आचार्य ने अपने विचार समय-समय पर वर्णित किए हैं और उनका उल्लेख होना अत्यंत प्रासंगिक है। इसी विषय पर युग निर्माण योजना गायत्री तपो भूमि मथुरा से प्रकाशित पुस्तक ('मरने के बाद हमारा क्या होता है?" प्रकाशन सन् 1997) में भी मृत्यु के बाद जीवात्मा की स्थिति का उन्होंने उल्लेख किया हैं श्री श्रीराम शर्मा आचार्यजी से मेरी हुई चर्चा व उनका विषयांकित मत का उल्लेख करना भी आवश्यक है।

एक मान्यता यह भी है कि शरीर से प्राण निकलने के पश्चात् जीवात्मा तत्काल नींद में चली जाती है, परंतु श्री श्रीराम शर्मा आचार्यजी का मत है कि मृत्यु के तत्काल बाद जीवात्मा को नींद नहीं आती है, वरन् इसमें कुछ देर लगती है। प्राय: एक माह तक

लग जाता है। कारण यह है कि प्राणांत के बाद कुछ समय तक जीवन की वासनाएँ जीवित बनी रहती हैं और शनैः-शनैः वे कमजोर होती जाती हैं। शरीर छूटने के पश्चात् जीवात्मा स्वयं को सूक्ष्म शरीर के रूप में देखती है और उसकी बनावट ठीक स्थूल शरीर जैसी होती है। जीवात्मा को बड़ा आश्चर्य यह होता है कि उसका शरीर बहुत हल्का हो गया है, वह हवा में पक्षियों की तरह उड़ सकता है और इच्छा करने भर से चाहे जहाँ आ-जा सकता है। स्थूल शरीर छोड़ने के बाद जीवात्मा अपने मृत स्थूल शरीर के आस-पास ही मँडराती रहती है। मृत शरीर के आस-पास प्रियजनों को रोता-बिलखता हुआ, उसका सूक्ष्म शरीर देखता है और उनसे कुछ कहना चाहता है या अपने पुराने शरीर में पुनः वापस लौटना चाहता है। श्री श्रीराम शर्मा आचार्यजी का मत है कि एक प्रेतात्मा ने बताया, "मैं मरने के बाद बड़ी अजीब स्थिति में पड़ गया। स्थूल शरीर में और प्रियजनों से मोह होने के कारण मैं उनके संपर्क में आना चाहता था, परंतु लाचार था। मैं सबको देखता था, परंतु मुझे कोई नहीं देख सकता था। मैं सबकी वाणी सुनता था, परंतु मैं जो बड़े जोर-जोर से बोलता था, फिर भी मेरी आवाज को कोई भी नहीं सुनता था। इस कारण से कुछ तो कष्ट होता था। कुछ अपने नवीन शरीर के बारे में खुशी भी थी कि मैं कितना हल्का हो गया हूँ और तेजी से चारों ओर उड़ सकता हूँ। जीवित अवस्था में मैं मौत से डरा करता था, परंतु यहाँ मुझे डरने लायक कुछ भी नहीं लगा। सूक्ष्म शरीर में होने के कारण पुराने शरीर से कुछ विशेष ममता नहीं रही, क्योंकि नया शरीर पुराने की अपेक्षा हर दृष्टि से अच्छा था। मैं ठीक वैसा ही अनुभव करता था जैसा कि जीवित दशा में। कई बार मैंने अपने हाथ-पाँवों को हिलाया-डुलाया और अपने अंग-प्रत्यंगों को देखा, पर मुझे ऐसा नहीं लगा कि मैं मर गया हूँ। तब मैंने समझा कि मृत्यु में कुछ डरने की बात नहीं है, यह शरीर परिवर्तन की एक मामूली सुख-साध्य क्रिया है।"

श्री श्रीराम शर्मा आचार्य का मत है कि जब स्थूल शरीर का दाह-संस्कार होता है, तब जीवात्मा बार-बार उसके आस-पास मँडराती है और जल जाने पर उसी समय उससे निराश होकर दूसरी ओर मन को लौटा लेती है, किंतु जमीन के अंदर गाड़ देने पर वह अपने स्थूल शरीर से मोह करती रहती है और बहुत दिनों तक उसके इधर-उधर घूमता रहता है। जो लोग अज्ञान और माया-मोह के बंधन में दृढ़ता के साथ बँधे हुए हैं, ऐसे मृतकों की जीवात्माएँ प्रायः श्मशानों में बहुत दिनों तक चक्कर काटती रहती हैं। शरीर का मोह बार-बार उन्हें खींचता है और वे स्वयं को सँभालने में असमर्थ होती हैं। वे प्रिय व्यक्तियों के निकट रहने का प्रयत्न करती हैं। वृद्ध मनुष्यों की वासनाएँ स्वयं ढीली पड़ जाती हैं, इसलिए वे मृत्यु के बाद बहुत जल्दी नींद में चले जाते हैं, किंतु जवान व्यक्ति, जिनकी वासनाएँ प्रबल होती हैं, बहुत समय तक विलाप करते रहते हैं। खासतौर पर जो लोग अकाल मृत्यु से अथवा आत्महत्या करके मरते हैं, उनकी जीवात्माएँ बहुत विलाप

करते हुए अशांत रहती हैं। अकाल मृत्यु की दशा में शारीरिक जीवन में रहते हुए व्यक्ति के अंदर बहुत वासनाएँ होती हैं और वृद्धावस्था में वासनाओं व इच्छाओं की शिथिलता होने लगती है। अकाल मृत्यु की जीवात्माएँ प्रेत रूप में प्रत्यक्षत: दिखाई देती हैं, अदृश्य भी हो जाती हैं और उन्हें नींद भी आती है। ऐसी प्रेतात्माएँ पीपल के पुराने पेड़ की गुफा, खँडहर या जलाशय के आस-पास रहती है और जब वे अवसर देखती है, तब अपना स्वरूप प्रकट करने या बदला लेने की इच्छा के साथ सामने आ जाती है। इन्हीं प्रेतों को कई तांत्रिक अपने वश में कर लेते हैं और उनसे गुलाम की तरह काम लेते हैं, परंतु प्रेत इस प्रकार के तांत्रिकों से प्रसन्न नहीं रहते, वरन मन-ही-मन बड़ा क्रोध करते रहते हैं और मौका मिल जाए तो मार भी देते हैं। बंधन सभी को बुरा लगता है।

श्रीराम शर्मा आचार्य के मतानुसार साधारण वासनाओं वाले धार्मिक वृत्ति के मृतक की जीवात्मा अंत्येष्टि क्रिया के बाद पुराने शरीर से रिश्ता तोड़ देती है। उन्हें निद्रा आने लगती है और आराम करके नई शक्ति प्राप्त करती हैं। यह नींद कितने समय तक रहती है, इसका कोई निश्चित नियम नहीं है। यह जीव की योग्यता के ऊपर निर्भर करता है। आमतौर से तीन वर्ष की निद्रा काफी होती है। इसमें एक वर्ष तक बड़ी गहरी निद्रा आती है। उससे पुरानी थकावट मिट जाती है और सूक्ष्म इंद्रियाँ संवेदनाओं का अनुभव करने के योग्य हो जाती हैं। दूसरे वर्ष उसकी निद्रा भंग होती है और तीसरे वर्ष में नवीन जन्म धारण करने की खोज में जीवात्मा लग जाती है। यह अवधि एक मोटा हिसाब है। कई विशिष्ट व्यक्ति छह महीने में ही नवीन गर्भ में आ जाते हैं, और कइयों को पाँच वर्ष तक लग जाते हैं। प्रेतों की आयु अधिक-से-अधिक बारह वर्ष समझी जाती है।

मृत्यु के पश्चात् जीवात्मा को प्रथम भाग में विश्राम, दूसरे भाग में उसे स्वर्ग अथवा नरक मिलता है और तीसरे भाग में उसके पुनर्जन्म की तैयारी में व्यतीत होता है। स्वर्ग-नरक भोगने के बाद आगामी जन्म के लिए जीव को विशेष प्रोत्साहन मिलता है। नरक भोगने वालों के पाप तो प्राय: नष्ट हो जाते हैं, परंतु उनकी आदतें यथावत् शेष रह जाती हैं और इन आदतों को संस्कार के नाम से जाना जाता है। ये आदतें तब तक नहीं छूट पाती हैं, जब तक कि जीव अपनी बुरी आदतों को पहचान कर उन्हें छुड़ाने का प्रयत्न न करे। जीव स्वतंत्र है। वह अपनी इच्छानुसार संस्कार बनाता है और उन्हीं संस्कारों में जकड़ा रहता है। जिस प्रकार एक व्यक्ति अपने इस जन्म में किसान है और सारी उम्र उसके मन पर खेती-किसानी के संस्कार जमे रहते हैं तो अगले जन्म में भी वह किसानी ही पसंद करेगा। ऐसा नहीं है कि कोई शक्ति जबरदस्ती हमारे जन्म को निर्धारित करती हो। जीवात्मा स्वयं अपनी इच्छा और संस्कारों के कारण ही जन्म ग्रहण करती है।

□

क्या भूत-प्रेत होते हैं ?

सामान्य जन-मानस के मन में यह प्रश्न उठता रहता है कि भूत-प्रेत होते हैं या नहीं? विभिन्न प्रकार की धारणाएँ इस विषय पर हैं। कुछ लोग भूत-प्रेत के अस्तित्व पर विश्वास करते हैं और कुछ विश्वास नहीं रखते हैं। भूत का नाम सुनते ही अधिकतर लोगों को डर लगने लगता है और सच तो यह है कि जैसे ही भूत के नाम पर किसी को भय लगा, तब उसके लिए भूत नहीं होते हुए भी उसकी मानसिकता में भूत का प्रकटीकरण होने लगता है। इसलिए कहा जाता है, 'भय का भूत।' कैसी विडंबना है कि यदि जीवित व्यक्ति से कोई मिलता है तो उसे कोई भय नहीं लगता, परंतु मरे हुए व्यक्ति की जीवात्मा यदि सामने आ जाए तो भय लगने लगता है। परंतु प्रश्न तो यह है कि क्या भूत-प्रेत होते हैं ? इस विषय पर विभिन्न विद्वानों का भिन्न-भिन्न प्रकार का मत है। मृत्यु के पश्चात् जैसे ही शरीर को जीवात्मा छोड़कर बाहर निकल जाती है तो जीवात्मा का एक सूक्ष्म शरीर भी होता है, जिसका उसे अनुभव भी होता है। जिस व्यक्ति की अकाल मृत्यु होती है अथवा मृत्यु के पश्चात् जिस व्यक्ति में अत्यधिक लगाव, मोह इस भौतिक संसार से रहता है अथवा जिसमें किसी के प्रति अत्यधिक द्वेष, हिंसा, बदला लेने की प्रवृत्ति होती है तो उसकी जीवात्मा परलोक में नहीं पहुँच पाती है और पृथ्वी लोक में ही अपने सूक्ष्म शरीर को लेकर अतृप्त भावना के साथ विचरण करता रहता है। इसी को भूत-प्रेत कहते हैं।

भूत होते तो हैं, परंतु बहुत कम संख्या में होते हैं और उसका कारण यह है कि भूत-योनि स्वाभाविक नहीं है। इसी कारण जिस मनुष्य की मृत्यु पूर्ण जीवन जीने के पश्चात् वृद्धावस्था में सांसारिक जीवन से मोह भंग होता है, ऐसे मनुष्य की जीवात्मा को प्रेत योनि नहीं मिलती है। जिन लोगों की मृत्यु आत्महत्या, हत्या, दुर्घटना अथवा अकाल मृत्यु के कारण होती है और उनमें अतृप्तता बनी रहती है तो उनके लिए यह संभावना हो जाती है कि वे कुछ समय के लिए भूत-प्रेत की योनि में बने रहते हैं और इसकी समय-सीमा तब तक बनी रहती है, जब तक कि उन्हें विरक्ति न हो जाए। जिनमें वासनाओं की तीव्र इच्छा बनी रहती है और जिन्होंने अपने शरीर की जीवित अवस्था में शरीर और मन

को वासनाओं का गुलाम बना दिया है तथा मृत्यु के अंतिम समय तक भी उससे मोह भंग नहीं हुआ है, कभी-कभी ऐसे व्यक्ति भी प्रेत-योनि में ठहर जाते हैं और उन्हीं स्थानों पर रुके रहते हैं, जहाँ उनकी वासनाएँ शांत हो सकें। भूतों की वासनाएँ बहुत निम्न श्रेणी की होती हैं। भूत होने का आभास हर किसी व्यक्ति को नहीं होता है। वस्तुत: जिन व्यक्तियों की आत्मा सबल होती है, आत्मविश्वास से भरपूर होती है, जो भयग्रस्त नहीं रहते हैं, ईश्वर में आस्थावान होते हैं, भूत स्वयं ऐसे व्यक्तियों से भयभीत रहते हैं, उन्हें कभी भी भूत दिखाई नहीं पड़ सकते। भूत इनके सामने ही नहीं आ पाते हैं।

प्रेतों के संदर्भ में

कुछ लोग प्रेत-योनि में विश्वास नहीं करते हैं। उनका मानना है कि प्रेत जैसी कोई योनि नहीं होती है। भूत-प्रेत को सिर्फ भ्रम और भय से उत्पन्न फिजूल की बातें समझी जाती हैं, परंतु लोगों के मानने अथवा नहीं मानने से किसी के अस्तित्व पर कोई प्रभाव नहीं पड़ता है एक दूसरी मान्यता यह भी है कि प्रेत-योनि होती है। यद्यपि प्रेत के नाम से कुछ ढोंग, ठगी भी चलती रहती है और उससे सावधान रहना चाहिए।

जिस प्रकार शारीरिक जीवन में अनेक प्रकार के स्वभाव वाले व्यक्ति होते हैं, अपनी मनोकामनाओं से असंतुष्ट, अतृप्त, दुष्ट स्वभाव के दुष्कर्मी दूसरों को कष्ट देने वाले होते हैं और ऐसे लोगों की यदि अकाल मृत्यु हो जाए तो ऐसी मान्यता है कि उन्हें कुछ समय के लिए प्रेत-योनि में रहना पड़ता है। प्रेत-योनि अत्यंत यातनामय होती है। सभी प्रेत एक जैसी शक्ति एवं एक जैसी बुद्धि वाले, एक जैसे सामर्थ्यवान, एक जैसे स्वभाव के नहीं होते हैं। सत्-स्वभाव के भी प्रेत होते हैं। इस विषय पर चिंतन करनेवालों के मन में यह विचार अवश्य उठेगा कि आखिर, प्रेत-योनि क्यों मिलती है ? विभिन्न प्रकार के अनुभवों व जानकारियों के आधार पर यह प्रकट होता है कि निम्नांकित कारणों से मृत्यु के पश्चात् प्रेत-योनि मिलती है—

1. वैमनस्य, ईर्ष्या, द्वेष, किसी दुश्मन से बदला लेने की अत्यंत इच्छा, किसी के प्रति अत्यधिक लगाव होते हुए यदि मृत्यु हो जाए, तो प्रेत-योनि की संभावना रहती है।
2. निर्धारित प्रक्रिया व शास्त्रानुसार दाह-संस्कार क्रिया कर्म-कांड नहीं होने के कारण भी प्रेत-योनि की संभावना रहती है।
3. आत्महत्या के कारण मृत्यु होने पर प्रेत बनने की प्रबल संभावना रहती है।
4. हत्या अथवा किसी दुर्घटना के कारण भी प्रेत बनने की संभावना रहती है।
5. लालची, डकैत, आततायी, आतंकी की मृत्यु होने पर प्रेत-योनि की संभावना रहती है।

प्रेत अधिकतर कहाँ रहते हैं

अपवित्र स्थान, खँडहर, पुराने किले, ऐसे पुराने मकान, जिनमें बहुत दिनों से कोई निवास नहीं कर रहा है, पीपल के वृक्ष, वट-वृक्ष, खजूर के पेड़, सुनसान जगह में, श्मशान, तालाब के किनारे, कुएँ, बावड़ी के तट पर एवं चौराहों पर प्रेत रहते हैं। उन स्थानों पर एकांत एवं अँधेरे में जाने से बचना चाहिए और मल-मूत्र भी नहीं करना चाहिए। ऐसे स्थानों पर ईश्वर का नाम और कीर्तन करते हुए ही जाना चाहिए। जब भी कोई अद्‌भुत आकृति दिख जाए और प्रेत होने की संभावना हो तो भगवत्नाम एवं गायत्री मंत्र का जप करना चाहिए। उससे स्वयं नहीं बोलना चाहिए। किसी भी स्थिति में डरना नहीं चाहिए। जो भगवान् की शरण में रहते हैं, सत्कर्मी हैं, ईश्वर स्मरण करते रहते हैं और स्वयं को ईश्वर के आधीन मानते हैं, उन्हें कभी भी प्रेत नहीं दिख सकते और न ही कोई नुकसान पहुँचा सकते।

निरंजन दास धीर का एक अनुभव

गीताप्रेस गोरखपुर से प्रकाशित कल्याण अंक 'परलोक और पुनर्जन्मांक' के पृष्ठ संख्या 597 पर श्री निरंजन दास धीर के एक अनुभव का उल्लेख है, जिसमें उन्होंने एक प्रेत के संवाद को बताया है। निरंजन दासजी के एक कार्यालयीन विभागीय कर्मचारी कर्मचंदजी की पत्नी की मृत्यु दिल्ली के एक अस्पताल में एक कन्या को जन्म देने के पश्चात् हो गई थी और फिर उस नवजात कन्या की भी मृत्यु हो गई थी। उनके परिवार में एक गढ़वाली नौकर था, जो भोजन बनाता था। एक दिन वह गढ़वाली नौकर अचानक काँपने लगा और उसके चेहरे की आकृति कुछ परिवर्तित हो गई। वह उस मृत महिला की भाषा तथा रीति-ढंग से कर्मचंदजी से बोलने लगा, "आपने न तो मेरे नाम से और न ही अपनी कन्या के नाम से वस्त्र दान किया है। हम दोनों वस्त्रहीन हैं। मुझे बड़ा संकोच होता है और मैं एक वट वृक्ष के नीचे पड़ी हूँ। जब कोई व्यक्ति इधर से गुजरता है तो मैं वृक्ष की ओट में छिप जाती हूँ। अत: आप मेरे लिए और बच्चे के लिए एक-एक जोड़ा वस्त्र किसी वस्त्रहीन को अथवा किसी निर्धन ब्राह्मण को हमारे नाम से दे दें।" पति कर्मचंद की स्वीकारोक्ति के बाद गढ़वाली नौकर में आया बदलाव समाप्त हो गया और वह फिर साधारण अवस्था में बात करने लगा। कर्मचंदजी ने दो-चार दिन में वस्त्रों का दान भी कर दिया।

कुछ समय पश्चात् उस गढ़वाली नौकर में फिर वैसा ही बदलाव हुआ और कहने लगा, "वस्त्र तो मिल गए हैं, किंतु हम शहर में नहीं जा सकते, क्योंकि हमारी गति नहीं है।" कर्मचंद ने उत्तर दिया, "जैसा पंडित ने कहा था, मैंने क्रिया-कर्म करा दिया था। अब मैं क्या करूँ?" गढ़वाली नौकर के रूप में पत्नी ने जवाब दिया, "उस पंडित को

कर्म-कांड का ज्ञान नहीं था। हरिद्वार में एक पंडित हैं, जो भीमगोंडा की बस्ती में रहते हैं। मेरे लिए जैसा वे कहें, वैसा ही कराओ।" कर्मचंदजी हरिद्वार पहुँचे और भीमगोंडा बस्ती में पंडित का पता लगाया, लेकिन वे पंडित उन्हें नहीं मिल पाए। उस समय वह गढ़वाली नौकर भी उनके सामने ही था और तत्काल उसी समय मृत पत्नी का प्रेत पुनः नौकर पर आ गया और वह कहने लगा वे, "कर्म-कांडी पंडित दिनभर दरवाजा बंद करके एकांत में भीमगोंडा बस्ती में ही रहते हैं। उनसे 4:00 बजे के बाद मिलो और उनके मकान का दरवाजा पूर्व दिशा की ओर है तथा किवाड़ो पर नीला रंग है।" अंततः वह पंडित कर्मचंदजी को मिल गए एवं विधि अनुसार उन्होंने कर्म-कांड कराया।

□

एक हजार वर्ष की प्रेत-योनि में रहा पीर सुलेमान

एक आश्चर्यजनक तथ्य कि प्रेत-योनि एक हजार वर्ष की भी हो सकती है। गीताप्रेस गोरखपुर से प्रकाशित कल्याण का अंक 'परलोक और पुनर्जन्मांक' में पृष्ठ संख्या 626 पर भक्त रामशरण दास, पिलखुआ वाले ने एक प्रसंग बताया है कि पीर सुलेमान एक हजार वर्ष तक प्रेत-योनि में रहे थे।

सिक्खों के पूज्य संत राड़ेवाले श्री ईश्वर सिंहजी महाराज की सेवा में निरंतर रहे श्री राजेंद्र सिंह ने भक्त श्री रामशरण दासजी को यह प्रसंग बताया था कि दिनांक 05 अगस्त, 1968 को छात्र मनमोहन सिंह के शरीर में पीर सुलेमान की प्रेत आत्मा प्रवेश कर गई थी। तब उससे राजेंद्र सिंह ने कुछ प्रश्न किए और उनके उत्तर मनमोहन सिंह के माध्यम से प्रेत पीर सुलेमान ने दिए थे। राजेंद्र सिंह ने उसका नाम पूछा तो उसने अपना नाम 'सुलेमान' बताया। फिर उससे उसका पता पूछा तो उसने कहा, 'मैं ईरान का रहनेवाला मुसलमान हूँ।' आगे उससे पूछा, "वह हिंदुस्तान कैसे आया?" तब उसने अपना पूर्व जन्म का विवरण बताया, "हम मुसलमान बादशाह नादिरशाह अब्दाली, जब वह हिंदुस्तान को लूटने के लिए आया था, के साथ आए थे। वह हिंदुस्तान को लूटकर अपने मुल्क को वापस चला गया और मैं यहीं हिंदुस्तान में रह गया। यहीं मैंने एक औरत से शादी कर ली थी और मैं जिला सहारनपुर के मुगलखेड़ा नामक एक गाँव में रहने लगा। उस औरत से मुझे दो लड़के और दो लड़कियाँ हुईं। मेरे नजदीक ही उन दिनों एक हिंदू तपस्वी रहा करता था, जो इस समय (इस जन्म में) आपके समक्ष मनमोहन सिंह के रूप में सामने बैठा है। वह तपस्वी गंडे, धागे, ताबीज आदि का काम करता था और पाखंडी था। मेरी एक बड़ी खूबसूरत नौजवान लड़की थी, जिससे उस तपस्वी साधु ने अपने नाजायज ताल्लुकात बना लिये थे। मैंने बहुत कोशिश की थी कि इनके नाजायज ताल्लुकात टूट जाएँ, लेकिन मुझे कामयाबी नहीं मिली। मेरे दिल पर इस बात का गहरा असर हुआ। मैंने उस वक्त अपने उस खुदाबंदताला से यह दुआ की थी कि मैं इससे

इसका बदला किसी प्रकार जरूर लूँ। इसी खयाल में मैं कुछ दिनों बाद मर गया था।"

राजेंद्र सिंह के द्वारा यह पूछने पर कि पूर्व जन्म में सुलेमान अपने मरने के समय और उसके बाद का विवरण बताए, तब सुलेमान पीर की प्रेतात्मा ने बताया, "जब मेरे मरने का वक्त आया, तब मेरी आँखों से आँसू निकलने लगे थे। मेरी जुबान एकदम बंद हो गई थी। मुझे उस समय चार यमराज के दूत लेने आए थे। वे आकर मेरे इर्द-गिर्द खड़े हो गए···। उन दूतों के स्थूल शरीर नहीं थे, इसलिए वे किसी को नहीं सिर्फ मुझे ही दिखाई दे रहे थे। मुझे मरते वक्त बहुत ज्यादा तकलीफ हुई···। यमराज के दूतों ने मेरे शरीर से प्राण निकाले और मेरी रूह को वे यमराज के सामने ले गए। वहाँ पहुँचकर चित्रगुप्त नाम के फरिश्ते ने मेरी जिंदगी के पुण्य-पाप का हिसाब यमराज को बताया। तब उन्होंने मुझे कुंभीपाक नरक में डालने का आदेश दिया और यह भी कहा कि एक हजार वर्ष तक प्रेत-योनि में रहोगे और जिसने तुम्हारी लड़की के साथ नाजायज ताल्लुकात बनाए थे, वह तुम्हें मनुष्य योनि में मिलेगा, फिर तुम उससे बदला ले सकोगे।" (प्रेत पीर सुलेमान ने कुंभीपाक नरक के अत्यंत बीभत्स वर्णन बताए और नरक में रहने के बाद उसे प्रेत-योनि मिली।)

मनमोहन सिंह के शरीर में प्रेत पीर सुलेमान ने प्रवेश करने की स्थिति में आगे बताया, 'प्रेत-योनि से छुटकारा पाने के लिए एक हजार वर्ष पूरे होने में कुछ समय बाकी था। यह लड़का मनमोहन सिंह, जो पूर्व जन्म में तपस्वी था और मेरी लड़की से इसके नाजायज ताल्लुक हो गए थे, एक दिन अचानक आकर इसने मेरी मजार पर पेशाब कर दिया। मैंने इसे बड़े गौर से देखा तो इसकी आत्मा को मैंने पहचान लिया कि यह तो वही तपस्वी है, जिसने मेरी लड़की से अपने नाजायज ताल्लुकात बनाए थे और मैंने यह तय कर लिया था कि मैं इससे अपना बदला अवश्य लूँगा। मैंने झटके से इसे पकड़ लिया और मैं इसके शरीर के अंदर दाखिल हो गया। मैंने बहुतों को पकड़-पकड़कर मार दिया, परंतु इसे इसलिए नहीं मारा कि इसके द्वारा मेरा उद्धार होना था। अब मैं इस लड़के मनमोहन सिंह के शरीर के अंदर रहता हूँ और इसे खूब सताकर अपना बदला ले लिया है···।

राजेंद्र सिंह ने उससे पूछा, "धर्मराज कैसे थे, प्रेतों की क्या खुराक है ? प्रेत क्या-क्या खाते हैं, प्रेत कहाँ पर रहते हैं, प्रेत-योनि क्यों मिलती है, क्या तुम प्रेतों को कथा-कीर्तन में, सत्संग में शांति प्राप्त होती है ?" तब प्रेत पीर सुलेमान ने बताया, "धर्मराज बहुत ही खूबसूरत थे, उनके सफेद दाढ़ी थी···। प्रेत हड्डियाँ चूसते हैं और खून पीते हैं, गंदगी खाते हैं, लकड़ी के बुझे हुए कोयले को खाते हैं···। हम खँडहरों में रहते हैं, पेड़ों के ऊपर लटकते हैं, खूब चीखते-चिल्लाते हैं, पुकारते हैं, लेकिन कोई हमारी आवाज नहीं सुनता है । हमें खूब भूख-प्यास लगती है। हम लोग बहुत ही दुःखी रहते हैं···।

मुझे प्रेत-योनि इसलिए मिली, क्योंकि मेरे पाप तो थे ही, मैं भी अपनी सारी जिंदगी गंडे, ताबीज, झाड़-फूँक का काम करता था। झूठ-सच बोलकर लोगों से पैसे लूटता था। इसी काले इल्म की वजह से मुझे प्रेत-योनि मिली। मेरी जिंदगी में मेरे कर्म बड़े गंदे थे और मैंने दूसरों की औरतों से अपने नाजायज ताल्लुकात बनाए थे और बड़े-बड़े कुकर्म व पाप किए थे। इस कारण से मुझे कुंभीपाक नरक में जाना पड़ा और पापों का फल भोगना पड़ा। मुझे एक हजार वर्ष के लिए प्रेत-योनि मिली··· । प्रेत या भूत-योनि को सत्संग और कथा-कीर्तन में आने का हुकुम नहीं है। अगर कथा-कीर्तन में भूत-प्रेत आएँगे तो आग लग जाती है और शरीर जलने लगता है। जहाँ पर कथा-कीर्तन है और सत्संग होता है, वहाँ से भूत-प्रेत एकदम से भाग जाते हैं ··· ।"

□

मृत्यु के पश्चात्-स्थिति पर स्वामी अभेदानंदजी का मत

स्वामी अभेदानंदजी महाराज भारत के आध्यात्मिक क्षेत्र के विद्वानों और मनीषियों में अपनी एक विशेष पहचान के साथ और अपने विचारों के माध्यम से हमेशा जीवंतता बनाए रखते हैं। वे श्री रामकृष्ण परमहंसजी के शिष्य और श्री विवेकानंदजी के गुरुभाई थे। स्वामी अभेदानंदजी का एक ग्रंथ 'लाइफ बियॉण्ड डेथ' का हिंदी अनुवाद 'मृत्यु के पार' पुस्तक स्वामी संशुद्धानंद के द्वारा प्रकाशित हुई। (प्रकाशन सन् 1988, प्रकाशक: स्वामी अशेषानंद, श्री रामकृष्ण वेदांत मठ, 19-बी, राजा राजकृष्ण स्ट्रीट, कलकत्ता) इस पुस्तक की भूमिका स्वामी प्रज्ञानानंदजी महाराज ने लिखी है। पुस्तक की भूमिका में उन्होंने अत्यंत ही सुंदर तरह से 'श्रीमद्‍भगवतगीता' का सार स्पष्ट किया है कि मृत्यु तो सिर्फ शरीर की होती है। जिसका जन्म होता है, उसकी मृत्यु भी होती है। आत्मा का न तो जन्म होता है और न ही आत्मा की मृत्यु होती है। 'नासतो विद्यते भावो नाभावो विद्यते सत:' इस परिवर्तनशील जगत् में आत्मा अपरिवर्तनीय है और देह-दृष्टि का त्यागकर आत्म-दृष्टि में प्रतिष्ठित होना चाहिए। जिस प्रकार स्थूल जगत् है, उसी प्रकार सूक्ष्म जगत् भी होता है। अर्थात् जिस प्रकार शरीर जीवन में रहते हुए हम भौतिक वस्तुओं और शरीर को स्पर्श करते हुए अनुभव करते हैं, ठीक उसी प्रकार मृत्यु के पश्चात् सूक्ष्म रूप में भी ऐसा ही अनुभव होता है। मृत्यु के पश्चात् प्रत्येक परिस्थिति मन पर आधारित रहती है और मन की कल्पना और उसकी गति के कारण प्रकटीकरण होने लगता है। इसको मनोराज कहा गया है। पृथ्वी पर इंद्रियों का जगत् और स्थूल भोगों का जगत् है, परंतु मन का जगत् इससे भिन्न है। मृत्यु होने पर सभी का सूक्ष्म शरीर होता है।

स्वामी अभेदानंदजी का मत है कि इस जगत् में मृत्यु के पश्चात् प्रेत तत्त्व पर निरंतर खोज हो रही है। अमेरिका में सन् 1870 में प्रेत संबंधी परीक्षण होना प्रारंभ हुआ था। मानव मृत्यु के पश्चात् जीवन का रहस्य क्या है? वैज्ञानिक सर विलियम क्रुक्स ने श्रीमती फ्लोरेंस क्रुक्स को माध्यम बनाकर एक परीक्षण कार्य प्रारंभ किया था। उन्होंने

समस्त कार्य वैज्ञानिक पद्धति से किए एवं सूक्ष्म वैज्ञानिक यंत्रों का उपयोग किया था। श्रीमती क्रुक्स के माध्यम से प्रेतात्मा 'केटि किं' का अनेक अमेरिकियों से परिचय हुआ था। उस प्रेतात्मा ने स्वयं को प्रदर्शित किया था, उसकी नाड़ी की गति की गणना की गई थी, हृदय की धड़कन सुनी गई थी एवं उसका फोटो भी लिया गया था। सर क्रुक्स का यह कार्य सामान्य रूप से चलता रहा।

स्वामी अभेदानंदजी ने संदर्भ देते हुए कहा है, 'लॉ ऑफ साइकिक फिनोमिना' के लेखक डॉ. टामस जे. हार्डसन का कहना है, 'आज भी यदि कोई प्रेत तत्त्व (जीवात्मा) को स्वीकार नहीं करता, तो वह नास्तिक कहलाने योग्य भी नहीं, उसे अज्ञ (मूर्ख) ही कहना होगा।'

चिकित्सकगण शरीर की मृत्यु यह मानकर चलते हैं कि जब नाड़ी चलना बंद हो जाए, दिल धड़कना बंद हो जाए और स्वास अवरुद्ध हो जाए, तब वे मनुष्य की मृत्यु होना घोषित कर देते हैं। परंतु कभी-कभी ऐसी घटनाएँ भी घटित हुई हैं कि शरीर के उक्त अंग कार्य करना बंद भी कर दें, तब भी व्यक्ति पुनः जीवित हो उठा है। तब उस स्थिति में चिकित्सक क्या कहेंगे?

स्वामी अभेदानंदजी का मानना है कि किसी भी फल की आशा किए बिना अर्थात् निष्काम कर्म करनेवाले एवं शुद्ध व पवित्र जीवन-यापन करनेवाले मनुष्य ब्रह्मलोक में जाते हैं। जिन्हें आत्मज्ञान अथवा ब्रह्मज्ञान हो जाता है, उन्हें मोक्ष प्राप्त हो जाता है। उपनिषदों में देवयान एवं पितृयान का उल्लेख किया गया है कि मृत्यु के पश्चात् किस प्रकार मनुष्य की आत्मा देवयान या पितृयान मार्ग द्वारा देवलोक अथवा पितृलोक को जाती है। दयालु, परोपकारी एवं धार्मिक मनुष्य पितृयान से गमन करते हैं। जीवात्मा को विभिन्न स्तरों को पार करते समय विभिन्न प्रकार की अनुभूति होती है। जीवात्माओं का अपने-अपने स्वजनों के साथ मिलन होता है। जब तक कर्म-फल शेष नहीं होता, तब तक जीवात्मा वहीं पर रहती है। कर्म-फल शेष होने पर पुनः पृथ्वी पर जन्म लेती है। मोक्ष नहीं होने पर जीवात्मा पुनः इसी पृथ्वी पर लौटकर आती है और इसी प्रकार आवागमन निरंतर चलता रहता है। अनेक लोग कहते हैं कि यह सब पौराणिक आख्यान मात्र है, किंतु इस विषय में किसी का कोई भी विचार क्यों न हो, सत्य हमेशा सत्य ही रहता है। पारसी, क्रिश्चियन व मुसलिम अपना अंतिम गंतव्य स्वर्ग को ही मानते हैं। इन सभी धर्मों में स्वर्ग को एक चिरस्थायी स्थान माना गया है जहाँ दुःख नहीं है, जहाँ अनंतकाल तक सुख-भोग किया जा सकता है, किंतु हिंदू धर्म में ऐसा नहीं है। हिंदू मतानुसार, सभी प्रकार के लोक, यहाँ तक की स्वर्गलोक भी कुछ समय के लिए हो सकता है, यह समय कई सौ वर्ष अथवा कई लाख वर्ष का भी हो सकता है, परंतु चिरस्थायी नहीं है। तभी तो भगवान् श्रीकृष्ण कहते हैं, "ब्रह्मलोक से लेकर सभी लोक

ऐसे स्थान हैं, जहाँ से सबको वापस आना ही होगा, किंतु जो मुझे प्राप्त कर लेता है, उसका पुनर्जन्म नहीं होता।" वेदांत इन समस्त ऊर्ध्वलोकों को विशेष महत्त्व नहीं देता है, परंतु उन्हें अस्वीकार भी नहीं करता। वेदांत के मत में आत्मा का जन्म नहीं होता, आत्मा तो शाश्वत एवं अमर है। वह इच्छानुसार स्वरूप धारण कर सकती है। स्थूल सत्ता का कारण मन का विकास है, जो तीव्र कामना के फलस्वरूप होता है। मनुष्य का भविष्य जीवन उसकी वासना व कामना द्वारा निर्मित होता है।

ग्रीक दार्शनिक पिथागोरास, प्लेटो एवं उनके शिष्य आत्मा की अमरता एवं पुनर्जन्म में विश्वास करते थे। आत्मा के संबंध में प्लेटो के विचार उपनिषदों से मिलते-जुलते थे। प्लेटो का विचार था कि पापियों को दंड देने का एक स्थान है। जो असत्य कार्य करते हैं, उन्हें दंड मिलता है। जो शुद्ध होकर सत् कार्य करते हैं, उन्हें पुरस्कार भी मिलता है। प्लेटो का विश्वास था कि आत्मा मनुष्य देह अथवा पशु देह धारण कर सकती है और पशु शरीर धारण करने पर भी पुनः मानव शरीर धारण कर सकती है। पिथागोरस एवं प्लेटो तथा उनके अनुयायी इस मत में विश्वास करते थे कि मरने पर चैतन्य सत्ता शरीर बंधन से मुक्त होकर सूक्ष्म शरीर धारण कर प्रेत-लोक में जाती है और जब तक पृथ्वी पर उसे पुनः किसी अन्य शरीर में नहीं भेजा जाए, तब तक वह वहीं पर रहती है।

आत्मा किस प्रकार उत्पन्न होती है एवं शरीर छोड़ने के बाद कहाँ जाती है, ये प्रश्न समस्त मानव जाति के मन में उठते रहे हैं। प्राचीन काल से जन्म और मृत्यु के रहस्य को जानने की चेष्टाएँ होती रही हैं। प्रत्येक घटना, चाहे वह भूतकाल में घटी हो अथवा भविष्य में घटने वाली हो, उसका कोई-न-कोई कारण अवश्य ही होता है क्योंकि इस जगत् में बिना कारण के कुछ भी नहीं हो सकता। शून्य से तो शून्य की ही उत्पत्ति होगी, अन्य कुछ उत्पन्न नहीं हो सकता। वैज्ञानिक इस सिद्धांत पर पहुँचे हैं कि किसी भी वस्तु का कारण उसमें ही निहित रहता है। वाह, क्या बात है, शत्-शत् प्रणाम करता हूँ—स्वामी अभेदानंदजी के इस वाक्य पर कि शून्य से तो शून्य की ही उत्पत्ति होगी। मनुष्य जीवन में हम सभी अपने मन में अनेक जोड़, घटाव, गुणा, भाग लगाए हुए हैं, अनेक कर्म-बंधन के अंकों में उलझे हैं। इसलिए परिणाम उन्हीं अंकों में आनेवाला है। जब हम शून्य हो जाएँगे तो शून्य की ही उत्पत्ति होगी, परिणाम भी शून्य होगा और मोक्ष की प्राप्ति होगी। क्योंकि फिर कुछ भी कर्म-बंधन एवं वासना तथा इच्छाओं रूपी अंकों का बंधन नहीं रहा। मृत्यु के पश्चात् समय का बोध उसी प्रकार समाप्त हो जाता है, जिस प्रकार निद्रा पूर्ण होने के बाद होता है। निद्रा के पश्चात् हमें नवचेतना का अनुभव होता है। हम अपने आप को तरोताजा अनुभव करते हैं। इसी प्रकार मृत्यु भी तो एक चिरनिद्रा है। मृत्यु के पश्चात् और पुनर्जन्म होने पर भी हमें नवचेतना का अनुभव होता है।

स्वामी अभेदानंदजी का मत है कि सत्कर्मों के द्वारा जो मृत्यु उपरांत स्वर्ग प्राप्त

करते हैं, वे निर्धारित समय तक ही वहाँ रहते हैं और समय पूर्ण होते ही वे या तो अन्यत्र चले जाते हैं अथवा इसी पृथ्वी पर लौट आते हैं। स्वर्ग में जाना और देव-शरीर धारण कर लेना ही अमरत्व नहीं है। क्योंकि अमरत्व तो अपरिवर्तनीय एवं शास्वत होता है। हमारे मन में सदा ही यह प्रश्न उठता है कि मृत्यु होने पर क्या होता है? ऐसा प्रश्न आज भी उठता है, पहले भी उठता था, आगे भी उठता रहेगा। प्रत्येक व्यक्ति, चाहे वह भिखारी हो अथवा राजा, चाहे ऋषि, मुनि, धर्माचारी, दार्शनिक एवं विचारक हो, कहीं भी किसी भी देश में क्यों न रह रहे हों, निरंतर सभी के मन में यह प्रश्न उठता रहता है कि मृत्यु के बाद क्या होता है? जब अपनी आँखों के सामने ही देखते हैं कि हमारा कोई प्रियजन निकटस्थ व्यक्ति शरीर छोड़कर जा चुका है, मर चुका है तब निश्चित ही यह विचार मन में आता है कि वह कहाँ गया है? परलोक संबंधित प्रश्न हमारे मन में जाग्रत् हो जाते हैं। श्मशान पर यह कहते सुना जाता है कि क्या शरीर की यही परिणति है? आत्मा के अभाव में शरीर सड़ना प्रारंभ कर देता है। तभी यह प्रश्न उठता है कि शरीर के अंदर ऐसा क्या था, जो इसे सड़ने से बचाए हुए था? जो कोई भी था, वह कहाँ गया? किसी-किसी समय कुछ आत्माएँ मृत्यु के समय शरीर से बाहर होकर शरीर की समस्त शक्तियों को एक केंद्र में संकुचित कर लेती हैं। वह एक अणु बिंदु का रूप ले लेता है। यदि किसी जीवात्मा का स्वजनों में आकर्षण रहता है तो वह किसी-न-किसी प्रकार से उस आकर्षण की आसक्ति से अलग नहीं हो पाता है और वह अपने आत्मीय स्वजनों के आस-पास ही घूमता रहता है। अभेदानंदजी ने इसे प्रेतात्मा कहा है। यह प्रेतात्मा अपने स्वजनों की सहायता करती है, उनके निकट बनी रहती है और उनका प्रेम पाने की इच्छा करती है। अभेदानंदजी ने इसे एक उदाहरण से इस प्रकार समझाया है कि यदि मैं एक सुंदर भवन तैयार करता हूँ, उसे सुंदर-सुंदर वस्तुओं के द्वारा सजाता हूँ और निरंतर उसे सजाने के प्रयत्न में लगा रहता हूँ तो इस भवन के प्रति इतना आसक्त हो जाऊँगा कि मरने के बाद भी उसे छोड़ने की इच्छा नहीं होगी। तब मरने के बाद उस भवन के आस-पास ही घूमता रहूँगा। निश्चित ही अन्य कोई हमें नहीं देख पाएगा, किंतु मेरी तीव्र आसक्ति मुझे उस माया के स्थान से बाँधे रहेगी। मेरे स्वजन मुझे पहचान नहीं पाएँगे, तब मुझे आश्चर्य भी होगा और कष्ट भी अनुभव करूँगा। किंतु ऐसी दशा कुछ ही जीवात्माओं की होती है, क्योंकि वृद्धावस्था के बाद भौतिक संसार और शरीर से मोह समाप्त होने लगता है। किसी युद्ध में अनेक सैनिक मरते हैं, अथवा क्रूर स्वभाव के व्यक्ति अपने अंदर घृणा रखते हुए इस भौतिक जगत् में रहते हैं, उनमें घृणा व क्रोध भरा रहता है तो वे परलोक में जाकर भी देखते हैं कि युद्ध हो रहा है। इसी को नरक की अवस्था कहा जाता है। मरने के बाद वे सोचते हैं कि इससे तो पृथ्वी पर ही अच्छे थे।

अभेदानंदजी कहते हैं कि मृत्यु के बाद भी हमारी कामनाएँ, वासनाएँ हमारे साथ

ही जाती हैं। मृत्यु के पश्चात् प्रेतलोक में यदि हम एक रोटी की चिंता करते हैं तो हमारे सामने रोटी प्रकट हो जाती है और हम उसे ही खा जाते हैं। वहाँ सभी कार्य, सोचने मात्र से ही हो जाते हैं। खाद्य सामग्री, पानी, वस्त्र सबकुछ उपलब्ध हो जाता है। परलोक में हम कल्पना की सहायता से सूक्ष्म पदार्थ को वास्तविक आकार में प्राप्त कर लेते हैं। पृथ्वी लोक में समय की नाप परलोकगत आत्माओं के किसी काम की नहीं हैं। यह भी संभव है कि पृथ्वी लोक के पाँच हजार वर्ष परलोक गत आत्माओं के लिए पाँच दिन प्रतीत होते हों। अत: यह नहीं कहा जा सकता कि परलोकगत आत्माएँ कितने दिन तक उस अवस्था में रहती हैं। अभेदानंदजी कहते हैं कि हम ही अपने भाग्य का निर्माण करते हैं, हम ही अपने भविष्य के निर्माता हैं और हम ही अपने विचार तथा कार्यों के द्वारा अपने स्वभाव एवं चरित्र का निर्माण करते हैं। परलोकिक जीवन हमारे इसी जीवन की निरंतरता है। ऐसा नहीं है कि हमारा कोई रूपांतरण हो जाता है अथवा हमारे दो पंख उग आते हैं। अंतर सिर्फ इतना है कि यह भौतिक जगत् भौतिक वस्तुओं का है और परलोक जगत् एक भिन्न लोक है। परलोक कोई स्थान नहीं है। मानो वह एक चक्र के भीतर दूसरा चक्र है। जिन लोगों का यह दृढ़ विश्वास रहता है कि स्वर्ग नामक कोई लोक अथवा राज्य है, वे सोचते हैं कि देवदूत भगवान् की स्तुति करते हैं, वहाँ रविवार के दिन शांति रहती है एवं सबकुछ अलौकिक है। तब फिर वे मृत्यु के पश्चात् भी परलोक में यह सब प्राप्त करते हैं और उसका उपभोग करते हैं। जो समस्त मुसलमान विश्वास करते हैं कि जन्नत (स्वर्ग) में हूरें (परियाँ) रहती हैं, तथा वहाँ प्रचुर प्रमाण में मदिरा पान किया जा सकता है, वहाँ शीतल समीर बहती रहती है, वे सब मृत्यु के पश्चात् अपने विचारों की दृढ़ता के अनुसार परलोक में जाकर इन्हीं कल्पनाओं को साकार करने के लिए उसी प्रकार के जन्नत की सृष्टि कर लेते हैं। किंतु ये समस्त अवस्थाएँ चिर स्थायी नहीं हैं, बल्कि स्वप्न के समान हैं। विभिन्न प्रकार की विचारधाराओं के लोगों की अलग-अलग धारणाएँ हैं और अपनी-अपनी धारणा के अनुसार वे मृत्यु के पश्चात् सुख एवं सामग्री का उपभोग करते हैं। स्वर्ग-सुख का समय शेष होने पर अपनी वासनाओं व कामनाओं के कारण पुन: इसी पृथ्वी पर जीव लौट आता है। अत: मृत्यु से भयभीत होने की कोई आवश्यकता ही नहीं है, क्योंकि जीवात्माओं की यही वासना रहती है कि वे पुन: पृथ्वी पर आकर भौतिक विषयों का उपभोग करें। वहाँ न तो कोई दंड देता है और न पुरस्कार। जीवात्मा अपने विचार एवं कार्य द्वारा ही दंड अथवा पुरस्कार प्राप्त करती है। जीवात्मा में जन्म ग्रहण करने की इच्छा होते ही पृथ्वी पर देह धारण करती है एवं इच्छित वस्तुओं का उपभोग करती है।

परंतु मैं (लेखक) स्वयं स्वामी अभेदानंदजी की उक्त धारणा से किंचित् असहमत होते हुए संशय में हूँ क्योंकि यदि कोई अत्याचारी क्रूर स्वभाव का व्यक्ति अपने शरीर

जीवन में रहते हुए अपने कुकर्मों को ही आनंद का विषय मानता है, तब तो मृत्यु के पश्चात् भी उसकी जीवात्मा को सुख और आनंद में ही रहना चाहिए। पुनर्जन्म होने पर भी अपनी कुकर्म प्रेमी वासना के कारण वह सुख और आनंद में रहेगा। फिर तो जैसी जिसकी धारणा और कल्पना होगी, उसका शरीर जीवन और मृत्यु के पश्चात् जीवात्मा अपनी धारणा के अनुसार ही प्राप्त करने लगेगी। यहाँ हमें याद करना होगा जो भगवान् श्रीकृष्ण ने 'श्रीमद्भागवतगीता' में कर्मयोग के सिद्धांत को समझाया है। जैसा हमारा कर्म होगा, उसी के परिणामस्वरूप हमें उसका फल भोगना होगा। मृत्यु के पश्चात् हमारी जीवात्मा को सुख और आनंद की प्राप्ति सिर्फ निष्काम कर्म से ही प्राप्त हो सकती है।

मृत्यु के पश्चात् जीवात्मा का अस्तित्व

स्वामी अभेदानंदजी कहते हैं कि मृत्यु के पश्चात् मानवात्मा का अस्तित्व रहता है। आधुनिक मत के अनुसार, वह दुःख भोग नहीं करती, वरन् सुख में ही समय व्यतीत करती है। वह अपने बंधु-बांधवों को भी नहीं भूलती है, बल्कि स्वर्गीय देवदूतों के समान अपने स्वजनों का हित चिंतन करती है एवं विपदाओं से उनकी रक्षा भी करती है। आधुनिक मत के अनुसार मनुष्य को मृत्यु के पश्चात् की विभीषिकाओं के चिंतन से मुक्त कर दिया गया है। यह सब जानकारी जीवात्माओं से संपर्क करके आधुनिक मतानुसार प्राप्त की गई है।

अभेदानंदजी का मत है कि पितृ-जनों की पूजा का अर्थ है, उनकी जीवात्मा में आस्था व्यक्त करना। उन्हें स्मरण करके तर्पण एवं अर्पण करना और उनसे सहानुभूति प्राप्त करना, जिससे कि हमारे भौतिक जीवन की दुर्दशा एवं दुर्भाग्य के समय वे हमारी सहायता कर सकें। पितृ-पुरुषों की आराधना प्रायः समस्त धर्मों में ही प्रचलित है। आदिम जातियों में मृतक के स्वजन द्वारा उसके गुणगान करने की प्रथा थी और वही गिरजाघरों एवं मंदिरों में प्रार्थना-गान के रूप में रूपांतरित हुई। मुहम्मद साहब एवं ईसा मसीह, दोनों ही देहहीन आत्मा में विश्वास करते थे। (मुसलमान लोग इसी को रूह कहते हैं।) भारत में प्राचीन युग से देहहीन आत्मा में विश्वास किया जाता रहा है और इस विश्वास का आधार वैदिक-युग के साहित्य में पाया जाता है। ईसा मसीह के जन्म से पाँच हजार वर्ष पूर्व भी ऋग्वैदिक काल में सर्वसाधारण में यह धारणा थी और श्राद्ध के समय आत्माओं का आह्वान किया जाता था एवं अर्पित द्रव्यों को सेवन करने की प्रार्थना द्वारा उन्हें संतुष्ट किया जाता था। वेदांत के अनुसार, मनुष्य की जीवात्मा मृत्यु के पश्चात् भी भौतिक बंधनों में बँधी रहती है तथा अपने स्वजनों की सहायता की कामना करती है। प्राचीन पारसी अपने पूर्व पुरुषों की जीवात्मा में विश्वास करते हैं तथा उन्हें 'फ्रावाशिस' अर्थात् पिता कहते हैं। उनके अनुसार निष्ठावान जीवात्माएँ देवदूत, स्वर्गदूत एवं देवता स्तर तक

उठ सकती हैं। आधुनिक विद्वान् एवं शास्त्र-ज्ञाता समालोचकों ने ईसाई, मुसलिम एवं यहूदी धर्मों में भी पितृ-पुरुषों की आराधना के प्रमाण प्रस्तुत किए हैं। रोम अथवा इटली के अन्य भागों में देखा जा सकता है कि सिद्ध पुरुषों की समाधियों पर सुसज्जित प्रतिमूर्ति रहती है। उनकी जीवात्माओं को प्रार्थना के द्वारा आह्वान किया जाता है। मिस्र के लोग जीवात्मा में विश्वास करते थे। उनकी धारणा थी कि भौतिक शरीर के समान ही जीवात्मा के अंग होते हैं और देह का यह द्वितीय रूप ही शरीर की मृत्यु होने पर शरीर से बाहर हो जाता है और आत्मा मृत्यु के पश्चात् बची रहती है। उनकी धारणा है कि जीवात्मा की स्थिति शरीर की अवस्था पर निर्भर करती है तथा भौतिक शरीर जब तक अविकृत रहेगा, तब तक जीवात्मा का जीवन भी अटूट रहेगा। किंतु यदि मृतक शरीर का कोई भाग क्षतिग्रस्त हो जाएगा, तब फिर जीवात्मा का भी वही भाग क्षतिग्रस्त हो जाएगा। इसलिए वे लोग 'ममी' तैयार करके मृतक शरीर की रक्षा करते थे। यही विश्वास मिस्रवासियों की जीवात्मा के लिए था। चीन में पितृ-पुरुषों की पूजा होती है। चीनी लोग देहविहीन आत्मा में विश्वास करते थे। वे पितृ-पुरुषों की उपासना इस उद्देश्य से करते थे कि असमय में उनकी सहायता प्राप्त की जाए और अपनी सुख-समृद्धि की कामना करते थे।

मृत्यु के पश्चात् जीवात्मा एक स्तर आगे जाती है। प्रतिभासित जगत् से अज्ञात एवं अदृश्य जगत् में जाती है। पितृलोक के संबंध में अनेक अनुसंधान करने पर वेदांतवादी इस निष्कर्ष पर पहुँचे हैं कि पितृ-पुरुषों का स्वर्गलोक ही सत्य की अंतिम सीमा नहीं है। वेदांत के मत में पितृगण भी पूर्ण सत्य के विषय में नहीं जानते हैं। वासना-बंधन के कारण वे उस अपार्थिव स्तर पर नहीं पहुँच सकते। निरपेक्ष सत्य को जिन्होंने जाना है, वह अपनी अभिज्ञता से ही जाना है। पितृलोकवासी अपार्थिव सत्य को नहीं जान सकते, अत: वे इस विषय में कोई जानकारी नहीं दे सकते हैं। इसलिए कहा जाता है कि इस कार्य में जीवात्माओं की सहायता प्राप्त करने में वृथा समय नष्ट नहीं करें। कोई भी जीवात्मा पूर्ण सत्य की उपब्लधि में सहायता करने में समर्थ नहीं है। अमेरीकियों की धारणा है कि वे प्रेतात्माओं की सहायता से जीवन-मृत्यु का रहस्य जान सकते हैं और मानव मन की समस्या का समाधान कर सकते हैं।

जीवात्मा का आह्वान

स्वामी अभेदानंदजी बताते हैं कि हमने लॉस एंजिल्स के निवासी की एक प्रेतात्मा को बुलाया। उसकी मृत्यु सन् 1913 में हुई थी। वे न्यायाधीश थे। कुछ मित्रों की सहायता से उनकी आत्मा संपर्क बनाए हुए थी। उस आत्मा ने बताया कि परलोक में उन्होंने अपनी परिचित किसी स्त्री की आत्मा को देखा। वह अत्यधिक शोचनीय अवस्था में थी। वह स्त्री एक बोर्डिंग में रहती थी तथा मृत्यु के बाद भी वह प्रेत-शरीर (सूक्ष्म शरीर)

लिये उसी घर में रहती थी और मरे हुए पशुओं के हाड़, मांस व आलू खाती थी। तभी उसने कहा, "क्या भयानक अवस्था है ? मैं अपने स्वजनों के साथ टेबल पर बैठकर भी नहीं खा सकती एवं आलू भी अच्छे नहीं हैं।" किंतु भूख के कारण वह खाती थी। इससे हम यह धारणा कर सकते हैं कि भूख और सुख का आकर्षण यदि बना रहता है तो मरने के बाद भी जीवात्मा को वही अवस्था प्राप्त होती है। वह स्त्री यह नहीं समझ पाती थी कि उसका भौतिक शरीर अब नहीं है। वह समझती थी कि वह तो अभी भी पृथ्वी पर जीवित है।

अमेरीकियों के मध्य स्वामी अभेदानंदजी

अभेदानंदजी कहते हैं कि उन्हें अमेरिका के प्रेततात्विकों की ओर से आमंत्रण प्राप्त हुआ था कि उनकी प्रेत आवाहक बैठक में सम्मिलित होकर उनकी ओर से कुछ बोला जाए। उन्होंने उस आमंत्रण को स्वीकार कर लिया था। अभेदानंदजी ने देखा कि प्रेतात्माएँ उनके साथ वार्त्ता करती हैं, किंतु उन्होंने अथवा उनके मध्यस्थों ने एक भी संतोषजनक उत्तर नहीं दिया। अभेदानंदजी ने उनसे मृत्यु उपरांत जीवन, आत्मा की उत्पत्ति, आत्मा का यथार्थ रूप आदि विषयों पर प्रश्न किए। परंतु इनमें से किसी भी प्रश्न का उत्तर उन्होंने नहीं दिया, बल्कि यह स्वीकार किया कि इन सब विषयों में वे अज्ञानी हैं और 'हमसे अधिक तो तुम ही जानते हो।' कुछ प्रेतात्माओं ने तो बैठक में भाग लेने वालों से उनके प्रश्नों का उत्तर स्वामी अभेदानंदजी के मतानुसार ही स्वीकार कर लेने को कहा। स्वामी अभेदानंदजी ने एक साधारण अधिवेशन में एक प्रेतात्मा को मध्यस्थ की सहायता से बोलते सुना था—"उनके सामने मैं क्या बोलूँगा ?" यह सुनकर अभेदानंदजी आश्चर्यचकित हो गए थे। वह प्रेतात्मा एक अमेरिकावासी नीग्रो की थी। अभेदानंदजी उस समय मध्यस्थ के पति के पास ही बैठे हुए थे और तब उस प्रेतात्मा से उसके उक्त कथन का तात्पर्य बताने को कहा गया और फिर उस प्रेतात्मा ने कहा, "आप ज्ञानी हैं अत: आपके सामने अपनी क्षमता नहीं दिखा सकता।"

यहाँ मैं (लेखक) अपना स्वयं का मत प्रकट करना चाहूँगा कि हिंदुओं के अनुसार जीवन का मुख्य लक्ष्य मोक्ष प्राप्ति का है। इसी को अंतिम सत्य कहा गया है। ऐसी विचारधारा अन्य धर्मों में नहीं है और इसी कारण अमेरिका में मृत्यु के पश्चात् जीवात्माओं के आह्वान करने पर वे अंतिम सत्य की प्राप्ति नहीं कर सकते हैं क्योंकि वे नहीं जानते कि मोक्ष क्या होता है ? वे नहीं जानते कि मनुष्य जीवन का अंतिम लक्ष्य क्या है ? वे तो भौतिक शरीर को 'खाओ, पिओ और मौज करो' के सिद्धांत को मानते हैं। वे भौतिकवादी हैं। जीवात्मा सिर्फ परलोक के उन स्तर की जानकारी दे पाएगी, जहाँ तक जीवात्मा का अस्तित्व बना रहता है, क्योंकि मोक्ष प्राप्ति पर तो जीवात्मा का अस्तित्व ही

समाप्त हो जाएगा। यह ठीक उसी तरह होगा जैसे कि एक लोटे पानी को समुद्र में मिला दिया जाए। फिर उस लोटे के पानी से पूछा जाए कि तुम कहाँ हो ? लोटे का वह पानी फिर जवाब न दे पाएगा क्योंकि वह तो उस अंतिम सत्य में विलीन हो चुका है।

पुस्तक 'लाइफ बियॉण्ड डेथ' के हिंदी रूपांतरण 'मृत्यु के पार' के चतुर्दश अध्याय में स्वामी अभेदानंदजी कहते हैं कि सन् 1899 में न्यूयॉर्क के लिलिडेले में उन्हें एक आध्यात्मिक सम्मेलन में आमंत्रित किया गया था। सम्मेलन के पश्चात् 4 अगस्त, 1899 को एक प्रेत बैठक में अभेदानंदजी ने देखा कि एक टाइपराइटर स्वत: ही टाइपराइटिंग करने लगा। वहाँ बैठे सभी ने अपने-अपने पूर्व मृत आत्मीय स्वजनों के नाम बोले और अभेदानंदजी ने भी अपने पूर्व-मृत गुरुभाई योगेन का नाम बोला। थोड़ी देर में अभेदानंदजी को एक नीले कागज पर योगेन का नाम लिखा हुआ मिला। इसके बाद 5 अगस्त को अभेदानंदजी वहाँ के प्रख्यात मध्यस्थ (मीडियम) मिस्टर किलार के यहाँ पहुँचे। किलार ने बीच में एक मेज रखी और दो स्लेटें साफ करके पेंसिलों के साथ रख दीं। तब किलार ने अभेदानंदजी से कहा कि वह जिस जीवात्मा को बुलाना चाहें, उसका संबोधन करते हुए कुछ प्रश्न लिखें। उस समय स्लेट व पेंसिल को रूमाल से ढक दिया था। अभेदानंदजी ने प्रश्न लिखा, "योगेन, तुम कहाँ हो ?" इतना लिखकर अभेदानंदजी ने अपने हस्ताक्षर कर दिए। कुछ देर बाद देखा कि वे दोनों स्लेटें छह इंच ऊपर हवा में झूलने लगी हैं और स्लेट पर पेंसिल से लिखने की आवाज सुनाई दे रही थी। उसी समय एक इलेक्ट्रिक शॉक का अनुभव हुआ। अभेदानंदजी को जवाब मिल गया था कि उनके गुरु भाई योगेन ने स्लेट पर अपनी हस्तलिपि बाँग्ला भाषा में लिखकर जवाब दिया है। एक अन्य बैठक में अभेदानंदजी ने योगेन का स्वर सुना था और बाँग्ला भाषा में योगेन ने अभेदानंदजी से पूछा था, "यह स्थान (अमेरिका) क्या तुम्हें अच्छा लगता है ?" अभेदानंद ने 'हाँ' में जवाब दिया था। तब योगेन की जीवात्मा ने जवाब दिया था, "मुझे यह जगह अच्छी नहीं लगती। श्री माँ को देखने के लिए मैं भारत जा रहा हूँ।" उक्त पुस्तक में अभेदानंदजी ने उल्लेख किया है कि उनके गुरु भाई श्री योगेन ने अपने जीवन-काल में श्रीरामकृष्ण की सहधर्मिणी श्री माँ की मन-प्राण से सेवा की थी। उक्त तथ्य का उल्लेख 'लाइफ बियॉण्ड फाउंडेशन' हार्निक हाउस, 9 साधु वासवानी रोड, पुणे (महाराष्ट्र) से प्रकाशित मासिक पत्रिका 'लाइफ-बियॉण्ड' के अक्तूबर 1980 के अंक में पेज नं. 8 पर शकुंतलाजी (बी.कॉम., बी.ए., केलीफॉर्निया, यू.एस.ए.) के लेख में भी है, जिसमें उन्होंने लिखा है कि स्वामी अभेदानंदजी को सन् 1899 में अमेरिका में 'दि रिलीजन ऑफ दि हिंदू ऑन रिइनकॉर्नेशन' विषय पर व्याख्यान हेतु आमंत्रित किया गया था, जिसमें सात हजार लोगों ने टिकट लेकर प्रवेश किया था।

स्वामी अभेदानंदजी कहते हैं कि एक बार अमेरिका में भाषण के समय उन्होंने

देखा कि बार-बार एक मुँह हवा में उठता है और वह दु:ख-कष्ट से भरा हुआ है तथा कह रहा है कि "मेरी सहायता करो, मेरी सहायता करो। मैं बहुत कष्ट भोग रहा हूँ। मैंने आत्महत्या की है।" तब अभेदानंदजी ने यह कहते हुए आशीर्वाद दिया, "यदि तुम सोचते हो कि मेरे आशीर्वाद से कल्याण हो सकता है तो मैं प्रार्थना करता हूँ कि तुम्हें शांति प्राप्त हो।" थोड़ी देर बाद वह मुख विलुप्त हो गया। एक बार अभेदानंदजी के सामने एक नाविक, जो समुद्र में डूबकर मर गया था, उसकी प्रेतात्मा अंधकार में छटपटा रही थी। तब स्वामीजी ने उससे पूछा, "तुम्हें क्या हुआ है ?" उसने जवाब दिया, "मैं ठीक नहीं जानता, किंतु समुद्र में डूबकर मरा हूँ। मुझे आशीर्वाद दीजिए, मुझे शांति चाहिए।" स्वामीजी ने आशीर्वाद दिया और फिर वह हवा में विलीन हो गया।

यूरोप एवं अमेरिका के संदर्भ में वहाँ की प्रेत बैठक का अनुभव अभेदानंदजी बताते हैं कि प्रेतात्माओं के बीस हाथ उनकी पीठ पर स्पर्श कर रहे थे। उनके वस्त्र और कॉलर अथवा जेब पकड़कर खींचे जा रहे थे। उस समय किसी प्रेतात्मा ने यह भी प्रश्न किया था, "क्या आप सोचते हैं कि यह सब काम मध्यस्थ कर रहा है ?" प्रेत बैठक का घर एकदम अंधकारमय था। यद्यपि घर के एक कोने में एक दीपक मंद-मंद जल रहा था। तभी एक आवाज सुनाई दी—"आप मध्यस्थ के शरीर पर हाथ रखिए" और इससे पहले कि अभेदानंदजी मध्यस्थ के शरीर पर हाथ रख पाते, उसी समय किसी ने उनका हाथ पकड़कर मध्यस्थ के शरीर पर रख दिया। तभी उन्होंने स्पर्श करके देखा कि मध्यस्थ का समस्त शरीर एक मरे हुए शरीर के समान अकड़ी हुई अवस्था में है। अभेदानंदजी ने अनुभव किया कि उन्होंने जिस हाथ को पकड़ा था, वह एक अमेरिकन नीग्रो की प्रेतात्मा का हाथ था। हाथ पकड़ने के कुछ समय पश्चात् ही वह हाथ अभेदानंदजी के हाथ से विलुप्त होकर गायब हो गया। इसके अतिरिक्त उन्होंने एक बार कलकत्ता के एक मृत व्यक्ति की जीवात्मा को स्थूल शरीर धारण करते हुए प्रत्यक्ष रूप से देखा था।

जीवात्मा को बुलाने में मध्यस्थ की भूमिका

स्वामी अभेदानंदजी का कहना है कि मृत जीवात्माओं को किसी-न-किसी मध्यस्थ के द्वारा ही बुलाया जाता है और मध्यस्थ की भूमिका अत्यंत महत्त्वपूर्ण होती है। जीवात्मा किसी मध्यस्थ के माध्यम से ही अभिव्यक्ति करती है। स्वामीजी का ऐसा भी सोचना है कि अनेक बार जिस जीवात्मा को बुलाया जाता है, उसकी जगह कोई अन्य जीवात्मा आ जाती है और जो वह अन्य जीवात्मा आती है, वह झूठ बोलते हुए यह कहने लगती है कि मैं वही हूँ, जिसे आपने बुलाया है। अभेदानंदजी का कहना है कि प्रेतात्माओं के बुलाने से सिर्फ अपनी कौतुहल वृत्ति शांत ही हो सकती है, लेकिन इसके अलावा वे और कुछ नहीं कर पाती हैं। वे उच्चतम सत्य के विषय में कोई भी ज्ञान लाभ नहीं दे सकती

हैं। वे आत्मा की उत्पत्ति के बारे में कुछ भी नहीं बताती हैं। इस कारण स्वामीजी कहते हैं कि जीवात्माओं के साथ इस योगा-युग साधना का फल प्राय: भ्रांति एवं व्यर्थ ही हुआ है। कभी-कभी प्रेतात्माएँ अन्य का रूप धारण कर कथन करती हैं और मध्यस्थ बेचारे यह भी नहीं जान पाते कि उनके साथ क्या चाल चली गई है ? ऐसी अवस्था में गलत सूचना देने का दोष मध्यस्थों पर नहीं मढ़ा जा सकता। प्रेत बैठक में यह देखा जाता है कि सीमाबद्ध होकर ही प्रेतात्माएँ ज्ञानी अथवा महात्मा के छद्म वेश में आ जाती हैं। वे उच्च ज्ञान देने का दिखावा भी करती हैं और लोग सरलता से समझ लेते हैं कि ये प्रेतात्माएँ धोखा दे रही हैं। इसलिए प्रेतात्माओं से संयोग के समय अत्यंत सावधान रहने की आवश्यकता है।

अभेदानंदजी कहते हैं कि एक बार मैंने एक अच्छे मध्यस्थ से पूछा कि प्रेतावस्था के पश्चात् उसके मन एवं ज्ञान की क्या अवस्था होती है ? तब उस लड़की ने उत्तर दिया था, "मैं ऐसा अनुभव करती हूँ कि जैसे मेरा शरीर मेरे वश में नहीं है एवं किसी ने मेरे शरीर से समस्त जीवनी शक्ति को बाहर कर दिया है। अंदर ऐसा लगता है जैसे कि पूरा खाली हो गया हो। इसलिए कुछ क्षण के लिए मैं न कुछ सोच सकती हूँ और न कुछ कर सकती हूँ।"

स्वामीजी कहते हैं कि भारतीय अनुसंधानकर्ता कभी भी प्रेतात्माओं की सहायता से ईश्वर को जानने की चेष्टा नहीं करते हैं। पितृ-पुरुषों अथवा जीवात्माओं के पास ज्ञान लाभ हेतु नहीं जाया जा सकता, क्योंकि प्रेतलोक, स्वर्ग, पितृलोक आदि कोई भी शास्वत नहीं हैं। मनुष्य की जीवात्मा अपनी वासना से आबद्ध होकर ही इन लोकों में जाता है और कुछ समय के लिए शुभ कर्मों का फल भोगकर पुन: पृथ्वी लोक पर आ जाता है। सही जीवात्मा का अवतरण होने पर वे कुछ लोगों का उपकार भी करती हैं तथा हमारे कार्य-कलापों के संदर्भ में वे भविष्यवाणी भी कर सकती हैं।

स्वामी अभेदानंदजी कहते हैं कि कामनाओं के वशीभूत कोई भी व्यक्ति जन्म एवं मृत्यु और पुनर्जन्म के चक्र से पार नहीं हो सकता। जब तक हमारी कामनाओं का अस्तित्व रहेगा, तब तक विभिन्न अवस्थाओं एवं जन्म-मृत्यु के चक्कर में रहना होगा। जीवन-मृत्यु के गूढ़ रहस्य को जानने के लिए हमें परम सत्य के मार्ग का ही अनुसरण करना चाहिए।

पुस्तक के त्रयोदश अध्याय में स्वामी अभेदानंदजी का मत व्यक्त किया गया है कि यूरोप एवं अमेरिका के लोगों के मन में अपने परलोकगत बंधुओं की जीवात्मा के साथ संपर्क करने की तीव्र इच्छा उत्पन्न हुई। अनेक नास्तिक और अविश्वासी, जो मृत्यु उपरांत आत्मा के अस्तित्व में विश्वास नहीं करते थे, उन्होंने भी जीवात्माओं के साथ प्रत्यक्ष अनुभव करने के पश्चात् इस सत्य का आभास किया है कि मृत्यु के पश्चात्

भी जीव का अस्तित्व रहता है। उन्होंने यह जाना है कि मरने पर आत्मा की मृत्यु नहीं होती है, उसका अस्तित्व मृत्यु के पश्चात् भी रहता है। जीवात्माएँ मृत्यु के बाद एक विस्मयकारी स्वप्नमय स्थान में जाकर नई सुख, शांति का संचय करती हैं। प्रेतत्व द्वारा हम इस तथ्य को भी जान पाए हैं कि प्रेतात्माएँ अपने सुखी जीवन की सूचना अपने आत्मीयजनों तक पहुँचाने के लिए उत्कंठित रहती हैं। हमारे कार्यों एवं कर्मों के बारे में भी उनका प्रबल आग्रह रहता है। वे सदुपदेश देने एवं आनेवाली विपत्तियों से हमारी रक्षा करने के लिए प्रयत्नशील रहती हैं। प्रेततत्त्ववादी मध्यस्थ होने की अवस्था में उन्नति करते हैं। मध्यस्थ से यहाँ स्वामीजी का तात्पर्य यही है कि जिस व्यक्ति के माध्यम से जीवात्माओं को आहूत किया जाता है, उसे मध्यस्थ कहते हैं। जो मध्यस्थ होने की इच्छा रखते हैं, उन्हें उन्हीं लोगों से मिलना चाहिए, जो स्वयं मध्यस्थ हैं और इसमें पारंगत हैं। ऐसे मध्यस्थ उन्हें एक खाली घर चुनने के लिए कहते हैं, जहाँ वे कम-से-कम सप्ताह में एक बार प्रेतात्माओं की बैठक में बैठ सकें। बैठक भी एक निश्चित समय की होती है, क्योंकि प्रेतात्माएँ भी हमारे समान ही काम-काज में व्यस्त रहती हैं। इसलिए पृथ्वी स्तर पर उन्हें लाने के लिए एवं बैठक में योगदान के लिए एक समय निश्चित कर लेना होता है। घर का वातावरण प्रेततत्त्व अनुशीलन के अनुरूप बनाने के लिए कम-से-कम पाँच-छह बैठक करने की आवश्यकता होती है। जिस प्रकार फोटोग्राफर को फोटो की प्लेट से फोटो छापने के लिए अंधकार कमरे की आवश्यकता होती है, ठीक वैसे ही मध्यस्थ के लिए आवश्यक है। ध्यान यह रखना होगा कि मध्यस्थ होने का भाव का तात्पर्य यह है कि व्यक्ति के शरीर एवं मन की तंद्रावस्था हो। बैठक में कोई भी विचार न कर मन को शून्यावस्था में करके कुछ ग्रहण करने की आकांक्षा (रिसेप्टिव एटिच्यूड) होना चाहिए। बैठक घर आलोकविहीन अंधकारमय होने के कारण किसी जड़ वस्तु को देखने की सुविधा वाला नहीं होना चाहिए। उस समय सुरीला गान, ध्वनि अति सहायक होती है। जो प्रेत बैठक में स्वयं भाग ले रहे हैं, वे स्वयं गान नहीं करते हैं, क्योंकि गान करने के लिए चेतन मन की आवश्यकता होती है। बैठक में जो भी मध्यस्थ होने के लिए भाग ले रहे हैं, उनमें यदि किसी का मन खाली होने में असमर्थ है तो उन्हें छोड़कर किसी अन्य व्यक्ति को शामिल करना होगा। मध्यस्थ को कोई चिंता नहीं करनी चाहिए और कोई भी प्रश्न करने की चेष्टा नहीं करनी चाहिए तथा अपनी इच्छा को अदृश्य प्रेत-जीवात्मा की इच्छा के हाथ में सौंप देना चाहिए। प्रेत-जीवात्मा के आह्वान पर होनेवाले आश्चर्य का इंतजार करना चाहिए। यदि प्रेत बैठक में मध्यस्थ अपने शरीर, मन एवं इच्छा को पूर्ण रूप से प्रेत-जीवात्मा की इच्छा पर छोड़ देते हैं तो मध्यस्थ होने के कार्य में इच्छा अनुरूप फल प्राप्त होता है। धीरे-धीरे प्रेत शक्ति मध्यस्थ की इच्छा एवं इंद्रियों के ऊपर प्रभाव बढ़ाकर अपने अधिकार में कर लेती है। यह कृत्य आंशिक अथवा पूर्ण रूप से हो

सकता है। अनेक स्त्री-पुरुष ऐसे हैं, जिनके अनेक मानसिक कार्य आंशिक रूप से किसी बाहरी प्रेत शक्ति के अधिकार में रहते हैं और उसी शक्ति से वे समय-समय पर आदेश पाते हैं। जिस विषय पर वे पहले कुछ भी नहीं जानते थे, उस पर भी वे बताने लगते हैं। जब कोई प्रेतात्मा मध्यस्थ पर नियंत्रण कर लेती है तो वह मध्यस्थ भारी से भारी वस्तुओं को भी सरलता से उठा सकता है। मध्यस्थ के शरीर, मन पर प्रेतात्मा का पूर्ण प्रभाव तभी होता है, जब वह अचैतन्य होकर निद्रित अवस्था में पहुँच जाए।

जीवात्मा अथवा प्रेतात्मा का मध्यस्थ होने के लिए मध्यस्थ को पूर्णतः शरीर एवं मन को शून्य करना होता है। फिर मध्यस्थ के शरीर एवं मन पर उस मध्यस्थ के स्वयं का कोई भी कृतत्व भाव नहीं रहता है। वह उस प्रेतात्मा, अथवा कहें तो जीवात्मा की शक्ति के वश में हो जाता है। मध्यस्थ होने का अर्थ ही यह है कि अपने शरीर और मन को उस जीवात्मा की शक्ति के आधार पर कर देना। स्वामी अभेदानंदजी का मत है कि परलोकवासी जीवात्माएँ पृथ्वी लोक के मनुष्यों के साथ संपर्क कर सकती हैं और उनके साथ संवाद का आदान-प्रदान भी कर सकती हैं एवं वे स्वयं को दृश्यमान रूप में प्रकट भी कर सकती हैं।

अभेदानंदजी का मत है कि प्रेतात्माएँ स्वयं पृथ्वी लोक की माया और वासना से आबद्ध होकर भोगने की इच्छा रखती हैं और मध्यस्थ को अपने वश में तथा अपने अधीन करना चाहती हैं एवं कभी-कभी तो ऐसा होता है कि मात्र एक ही मध्यस्थ के पीछे अनेक प्रेतात्माओं की भीड़ लग जाती है और फिर इन्हें रोकना संभव नहीं हो पाता है तथा असहाय मध्यस्थ की इन प्रेतात्माओं से रक्षा करना कठिन हो जाता है। प्रेतात्माएँ मध्यस्थ की प्राण शक्ति को क्षय करती हैं। प्रायः मध्यस्थों की स्मरण शक्ति भी कमजोर होती जाती है और उनका स्वभाव भी चिड़चिड़ा हो जाता है। कभी-कभी वे अहंकारी एवं स्वार्थी हो जाते हैं। इस कारण किसी भी अवस्था में मध्यस्थ नहीं बनना चाहिए।

जैसा कि ऊपर स्वामी अभेदानंदजी ने मध्यस्थ के संदर्भ में उल्लेख किया है, तो मैं (लेखक) इसी प्रसंग के साथ कहना चाहूँगा कि मैंने स्वयं अनेक व्यक्तियों को खासकर मध्य प्रदेश के बुंदेलखंड क्षेत्र में 'घुल्ला' होते हुए देखा है। घुल्ला का अर्थ है, किसी व्यक्ति विशेष पर कोई अदृश्य शक्ति का अवतरण होना। वह अदृश्य शक्ति किसी-न-किसी नाम से एक सुनिश्चित समय काल में उस घुल्ला पर अवतरित होती है। इस हेतु किसी एक माह में एक सुनिश्चित दिन रहता है और उस दिन उस शक्ति के प्रति आस्थावान व्यक्ति एक सुनिश्चित जगह पर इकट्ठे हो जाते हैं, फिर वे पूजा-अर्चना करते हैं और विशेष प्रकार का गायन करते हैं। घुल्ला को चारों ओर से वे घेर लेते हैं और घुल्ला भी स्वयं को इस अवतरित होनेवाली शक्ति के प्रति समर्पित करने का भाव रखता है। कुछ ही देर में वह व्यक्ति जो घुल्ला है, उस पर आहूत की गई जीवात्मा का

अवतरण हो जाता है। घुल्ला के हाथ-पैर, सिर असामान्य होकर काँपने लगते हैं और वह उस जीवात्मा, जिसे लोग 'देवता' मानते हैं, के रूप में वार्त्तालाप करने लगता है और वह व्यक्ति, जो घुल्ला बना है, स्वयं अपना अस्तित्व व नाम पूर्णतः भूल जाता है। फिर उस घुल्ला के समक्ष पीड़ित लोग अपनी विभिन्न प्रकार की समस्याओं को विनती के रूप में प्रस्तुत करते हैं और वह घुल्ला उन समस्याओं के निदान हेतु उपाय बताता है। बुंदेलखंड क्षेत्र के ग्रामीण क्षेत्र एवं छोटे शहरों में यह अकसर देखा जा सकता है।

स्वामी अभेदानंदजी ने प्रश्नोत्तर के रूप में स्पष्ट किया है कि परलोक में जीवात्मा को यह अवसर भी रहता है कि वह सूक्ष्म शरीर के रूप में साधना करते हुए मोक्ष की ओर अग्रसर हो, अथवा अपनी इच्छानुसार पुनर्जन्म के लिए मृत्युलोक में आ सकती है और यह जीवात्मा की कामना पर निर्भर करता है। मृत्यु के पश्चात् कभी-कभी ऐसा भी होता है कि मृतक की जीवात्मा यह नहीं जान पाती है कि उसका स्थूल शरीर मर चुका है और यह समझने में जीवात्मा को समय लगता है। अभेदानंदजी ने एक आश्चर्यजनक मत व्यक्त किया, "हम जो जीवित हैं, इसका कोई निर्दिष्ट प्रमाण नहीं है। हम स्वयं को मृत भी कह सकते हैं।" इस प्रकार उनके मतानुसार तो यह प्रकट होता है कि मृत्यु के पश्चात् कोई खास परिवर्तन नहीं होता है। हमारी यह मानसिकता है कि यह हमारा स्थूल शरीर है और हम जीवित हैं और मृत्यु की घटना घटित होने पर सूक्ष्म शरीर को भी वास्तविक मानते हैं और उसे भी तत्समय सत्य मानने लगते हैं। अभेदानंदजी का मत है कि मृत्यु के पश्चात् शरीर को दाह-संस्कार के समय जब जलाते हैं तो हिंदू की जीवात्मा को दुःख होता है और थोड़े समय बाद मोह समाप्त हो जाता है। परंतु जो लोग शरीर को कब्र में रखते हैं, उनकी जीवात्मा अपने शरीर को देखने के लिए बार-बार आती है। उनका मत है कि परलोक में जीवात्मा अपने बंधु, स्वजनों को पहचान सकती है।

□

जीवात्मा से संपर्क करने के अनेक साधन हैं

मेरा अपना मत एवं अनुभव यह है कि कुछ अतृप्त जीवात्माएँ प्रेत-योनि में विचरण करती रहती हैं। उन्हें परलोक में कोई स्थान नहीं मिलता है। ये प्रेतात्माएँ अधिकतर वे होती हैं, जिनकी अकाल मृत्यु हो जाती है अथवा जिनमें शरीर जीवन के प्रति और अपने स्वजनों अथवा दुश्मनों के प्रति अत्यधिक 'आसक्ति' अत्यधिक वासना एवं कामनाएँ होती हैं। जीवात्माओं को विभिन्न प्रकार की प्रक्रिया एवं पद्धति से आहूत किया जाता है।

प्लेंचिट प्रक्रिया

संसार के विभिन्न देशों में मृत्यु के पश्चात् की स्थिति जानने के लिए विभिन्न प्रकार के प्रयोग हो रहे हैं। इस हेतु एक प्रक्रिया प्लेंचिट की भी है। इस हेतु सर्वप्रथम योग्य 'माध्यम' व्यक्ति का होना आवश्यक है। उसके माध्यम से जीवात्मा प्रश्न सुनती है और जवाब भी देती है। योग्य 'माध्यम' व्यक्ति से तात्पर्य यह है कि वह निष्पक्ष, सबका हितैषी, निःस्वार्थी, साफ दिल का होना चाहिए। (अर्थात् कपट व्यवहार का नहीं हो) योग्य व्यक्ति नहीं होने पर जीवात्मा नहीं आती है। मेरा इस विषय पर यह मत है कि प्लेंचिट के माध्यम से जीवात्मा को बुलाने के लिए उन व्यक्तियों को शामिल होना चाहिए, जो संवेदनशील होते हैं। सामूहिक रूप में चार-पाँच व्यक्तियों को बैठना चाहिए, जिससे कि उनमें से यह चयन किया जा सके कि कौन से व्यक्ति का माध्यम जीवात्मा को बुलाने के लिए उचित होगा। इस प्रयोग हेतु किसी चिकनी सतह पर एक साफ-सुधरी हल्के बजन की स्टेनलैस स्टील की छोटी कटोरी, जो आसानी से इधर-उधर सरक सके, का इस्तेमाल किया जाता है। जमीन की सतह पर एक गोलाकार घेरा किसी रंगीन चॉक से बना लें, जिसका व्यास लगभग 2 फीट का हो। उस घेरे के अंदर अंग्रेजी के 26 अक्षर (ए बी सी डी ̈ ̈जेड) लिखने के बाद इसी गोलाकार घेरे के अंदर एक से नौ तक के अंक व आखिरी में जीरो लिखें। ये सभी अक्षर व अंक इस प्रकार से समान आकार में लिखे जाना चाहिए कि घेरे के अंदर अन्य कोई खाली जगह न बची रहे। इससे

जीवात्मा को जवाब देने में आसानी होती है। अब रात्रि के समय कम प्रकाश में तीन योग्य 'माध्यम' वाले व्यक्ति जूते उतारकर, पवित्र होकर, हाथ-पैर धोकर उस गोलाकार घेरे के चारों तरफ बैठ जाएँ। कमरे के दरवाजे अधिकांशतः बंद रखें एवं एक कोई दरवाजे का थोड़ा हिस्सा खुला रखें। अगरबत्ती जलाएँ। अब कटोरी को उठाएँ और उसमें माचिस की एक तीली जलाकर उसे स्वच्छ करें। अब कटोरी को एक हाथ में लेकर एवं दूसरे हाथ में जलती हुई माचिस की तीली गोले के अंदर ठीक बीच में कटोरी को उलटा करके जलती हुई तीली को ढक दें। अब शेष दो व्यक्ति सहित तीनों व्यक्ति अपने-अपने दाहिने हाथ की तर्जनी उँगली को उस गोलाकार के अंदर बीच में रखी कटोरी पर लगाए रखें और उस जीवात्मा का ध्यान करें, जिसे मृत्यु के पश्चात् आहूत करना है। बार-बार आमंत्रित करने हेतु उससे विनती करें। उसे आहूत करने के लिए उसका नाम लेकर बार-बार धीरे से कहें कि आपका आमंत्रण है, इसे कई बार दोहराएँ। थोड़ी ही देर में वह जीवात्मा, यदि उसका पुनर्जन्म नहीं हुआ है, वहाँ पर आ जाएगी और अपने आप ही कटोरी हिलने लगेगी। अब जिस जीवात्मा को आहूत किया गया है, वह वही है, इसकी भी परीक्षा ले लेना चाहिए, क्योंकि कभी-कभी ऐसा भी होता है कि जिसे आमंत्रित किया गया है, उसके स्थान पर वातावरण में विचरण कर रही अन्य कोई प्रेतात्मा आ जाती है और वह झूठ बोलने लगती है कि जिसे आपने आहूत किया है, वह वही है। कभी-कभी दुष्ट जीवात्मा भी आ जाती है, जो बाद में परेशान करती है। इस कारण परीक्षा कर लेनी चाहिए। उससे पूछें कि जिसे आमंत्रित किया गया है, क्या वह वही है ? इस प्रश्न पर वह कटोरी 'वाई.ई.एस.' पर जाकर अपनी सहमति देगी। अब परीक्षा के लिए उसका नाम पूछें, उसके पिता का नाम पूछें, उससे पूछें कि उसकी मृत्यु कौन सी बीमारी से हुई है आदि प्रश्नों का जवाब, यदि सही-सही दिया जाता है तो इसकी पुष्टि हो जाएगी कि जिसे आमंत्रित किया गया है, वह वही है। इस प्रकार का परीक्षण करने के लिए अनेक प्रश्न भी किए जा सकते हैं। प्रश्नोत्तर करने के बाद उस जीवात्मा को वापस जाने हेतु कहें। परंतु मेरा स्वयं का मत यह है कि इस प्रयोग के लिए योग्य माध्यम विशेषज्ञ व्यक्ति होना चाहिए, अन्यथा उक्त प्रकार के प्रयोग समान्यतया नहीं करना चाहिए। क्योंकि यदा-कदा यह भी होता है कि आहूत की गई जीवात्मा के स्थान पर यदि कोई दुष्ट प्रेतात्मा आ जाती है तो वह वापस जाने में परेशान करती है।

मैं जब विद्यार्थी था, सन् 1975 की बात है। मेरे दो मित्र, डॉक्टर अनिल मिश्रा एवं डॉक्टर सुशील खरे, ये दोनों प्लेंचिट के माध्यम से पूर्व मृत जीवात्माओं को बुलाने की प्रक्रिया जानते थे और मैं यह भी मानता हूँ कि वे इस कार्य में परिपक्व नहीं थे। एक बार हम तीनों ने मिलकर प्लेंचिट के माध्यम से एक पूर्व मृत परिचित जीवात्मा को बुलाया था। हम तीनों ने यह अनुभव किया कि जिस जीवात्मा को हमने बुलाया है, उसकी जगह

अन्य कोई प्रेतात्मा आ गई और झूठ जवाब देकर कहने लगी कि वह वही जीवात्मा है, जिसको बुलाया गया है। इससे यह प्रकट हुआ कि अन्य कोई जीवात्मा आ गई थी।

एक बार ऐसा हुआ कि दतिया के एक प्रतिष्ठित आध्यात्मिक व्यक्ति व दर्शनशास्त्र में रुचि रखनेवाले स्व. श्री हित किशोरजी पस्तौर के यहाँ हम तीनों लोग बैठे हुए थे और पस्तौरजी के आग्रह पर प्लेंचिट के माध्यम से उनके परिवार के एक पूर्व मृत व्यक्ति की जीवात्मा को बुलाया गया। प्रश्नोत्तर का कार्यक्रम चला और अंत में यह प्रकट हो गया कि पस्तौरजी के जिस स्वजन पूर्व मृत व्यक्ति की जीवात्मा को बुलाया था, वह नहीं आई थी, बल्कि अन्य कोई प्रेतात्मा उनके नाम पर झूठा जवाब दे रही थी। स्थिति विकट तब हो गई, जब एक-डेढ़ घंटे बाद भी वह प्रेतात्मा वापस जाने को तैयार नहीं हुई। हम तीनों बहुत परेशान हो गए और उससे विनती करने लगे, "अब आप वापस जाएँ, आप जो भी हैं, हमने आपको तो नहीं बुलाया था और आप लगातार झूठा जवाब देते हुए दूसरे के नाम पर यहाँ आ गए हैं।" लेकिन फिर भी वह वापस जाने को तैयार नहीं हुई। जिन पस्तौरजी के यहाँ हम बैठे थे, वे भी परेशानी में आ गए और हम तीनों मित्र भी न तो उससे छूट पा रहे थे और न ही उसे आधे-अधूरे में छोड़ पा रहे थे। काफी मिन्नत और विनती करने पर एवं उसे भोग-प्रसाद लगाने पर और पुनः काफी विनती करने पर वह प्रेतात्मा वापस गई। इससे इतना अवश्य स्पष्ट हुआ कि वातावरण में अतृप्त, शैतानी जीवात्माएँ विचरण करती रहती हैं। इस कारण इस कार्य को सामान्य रूप में नहीं करना चाहिए, बल्कि जानकार और विशेषज्ञ की मध्यस्थता में ही करना चाहिए। कोई भी प्रेतात्मा ईश्वर के बारे में तो बता ही नहीं सकती। उसकी पहुँच तो परलोक तक भी नहीं हो पाती है, तब ऐसी स्थिति में ईश्वर को जानने का और ईश्वर के संदर्भ में बताने की आशा किसी भी प्रेतात्मा से नहीं की जा सकती है। सामान्यतः यह गलत अवधारणा है कि मृत्यु के पश्चात् जीवात्मा सर्वज्ञानी हो जाती है अथवा वह भविष्यवक्ता हो चुकी है। वस्तुतः व्यक्ति अपने शरीर जीवन में यदि सतोगुणी, आध्यात्मिक व आत्म तत्त्व का ज्ञानी रहा है तो मृत्यु के पश्चात् उसे परलोक का जितना जो कुछ ज्ञान हो पाता है, वह उतना ही बता सकता है। अच्छी जीवात्माओं में यह शक्ति होती है कि वह मन की सोच की बात को जान लेती हैं, मन में उठ रहे विचारों का भी उन्हें ज्ञान हो जाता है। वस्तुतः परलोक में संवाद व एक जीवात्मा से अन्य दूसरी जीवात्मा की निकटता उनके मन में आ रहे विचारों पर ही निर्भर करती है। वे एक-दूसरे के विचार जान लेते हैं। इसी कारण जीवात्मा को बुलाने पर प्लेंचिट के माध्यम से पूछे जानेवाले प्रश्नों को शब्दों में व्यक्त किए बिना ही जीवात्मा उत्तर देती है। जीवात्मा में यह क्षमता होती है कि वह मन की सोच की गति से एक स्थान से दूसरे स्थान पर जा सकती है और वहाँ का हाल-चाल भी बता सकती है।

नोट : उक्त संदर्भ में मैं (लेखक) यहाँ पाठकों से निवेदन करूँगा कि उक्त प्रकार

की प्रक्रिया के माध्यम से किसी भी प्रेतात्मा को आहूत नहीं करना चाहिए। इस पुस्तक के लिखे जाने का उद्देश्य सिर्फ इतना है कि आमजन यह समझ सकें कि मृत्यु के पश्चात् भी आत्मा का अस्तित्व रहता है और चाहे वह प्रेत-योनि के रूप में हो अथवा परलोकगत आत्मा के रूप में हो।

ऑटोमैटिक राइटिंग

जीवात्मा से संपर्क करने का एक अन्य माध्यम स्वतः-लेखन (ऑटोमैटिक राइटिंग) का भी है। इस प्रयोग में कमरा बंद होना चाहिए, कमरे में अत्यंत न्यून रोशनी हो, कागज और हाथ में पेन लेकर बैठ जाना चाहिए और स्वयं को पूर्णतः ढीला, विचारों से शून्य, आग्रहविहीन, पूर्वग्रहविहीन होकर बैठ जाना चाहिए फिर अमुख जीवात्मा को आमंत्रित करना चाहिए। यदि जीवात्मा आ जाती है तो हाथ में लिया पेन स्वतः ही लिखने लगता है और वह हस्तलिपि उसी जीवात्मा के शरीर जीवन की हस्तलिपि से मिलती-जुलती रहती है।

एक अन्य विधि 'हिप्नोसिस' भी पूर्व जन्म के संबंध में ज्ञात करने की है। हिप्नोसिस के माध्यम से जीवित व्यक्ति के पूर्व जन्मों का भी पता लगाया जा सकता है। हिप्नोसिस प्रक्रिया में पूर्व मृत व्यक्ति की जीवात्मा से संपर्क करने का कोई भी साधन नहीं है अर्थात् पूर्व मृत व्यक्ति की जीवात्मा को हिप्नोटाइज्ड नहीं किया जा सकता। वस्तुतः जीवित व्यक्ति ही हिप्नोटाइज्ड किया जा सकता है। मैंने इसी पुस्तक में पुनर्जन्म वाले अध्याय में डॉ. ब्रेन बीस के द्वारा हिप्नोसिस की प्रक्रिया के माध्यम से जो प्रयोग उन्होंने कैथरीन नाम की लड़की के साथ 'मैनी लाइव्स मैनी मास्टर्स' तथा उनकी अन्य पुस्तक 'ओनली लव इज रियल' में उल्लेख किए हैं, उनका विवरण पृथक् से दिया है।

परलोक से जीवात्माओं के संदेश आते हैं

पत्रिका 'लाइफ-बियॉण्ड' के माह दिसंबर-जनवरी सन् 1980-1981 के अंक में 'मैसेज फ्रॉम बियॉण्ड-कम्स टू' नाम से पेज संख्या 21 पर श्री एच.आर. मित्तल (एम. आई.ई. चीफ डिजाइनिंग इलेक्ट्रिकल इंजीनियर, 96, सेक्टर-8 ए, चंडीगढ़ 160 008) ने अपना एक निजी अनुभव बताया है। इस अनुभव में किए गए विवरण से दो बातें स्पष्ट होती हैं, प्रथम तो यह कि भौतिक शरीर के अलावा एक पृथक् सूक्ष्म शरीर होता है। द्वितीय यह कि हमारे स्वजन, जो पूर्व में मर चुके हैं, वे अपनी मृत्यु के बाद भी हमारा ध्यान रखते हैं, हमारी चिंता करते हैं, हमारी रक्षा करते हैं और समय-समय पर हमें सूचनाएँ भी देते हैं। इस प्रसंग में विवरण यह है कि मित्तलजी की माँ की मृत्यु के पश्चात् वह उनसे मिलने आई थीं।

मित्तलजी का जन्म दिनांक 01 मार्च, 1923 को हुआ था और 13 माह बाद ही दिनांक 09 अप्रैल, 1924 को उनकी माँ की मृत्यु हो गई थी। उनके पिता की आयु उस समय मात्र 24 वर्ष की थी, लेकिन पिता ने अपना दूसरा विवाह नहीं किया और इकलौते पुत्र होने के कारण पिता ने उनकी परवरिश में अपना जीवन लगा दिया, उनके पिता मिलिट्री के डेरी फार्म में नौकरी करते थे। सन् 1938 में जब मित्तलजी की आयु 15 वर्ष थी तो वे टायफॉयड बुखार से पीड़ित हो गए, उन्हें इलाज हेतु ब्रिटिश मिलिट्री हॉस्पिटल कोहाट (जो अब पाकिस्तान में है) में भरती कराया गया। बुखार टेंप्रेचर 102-103 डिग्री के नीचे नहीं आ रहा था और उनकी यह स्थिति लगातार 45 दिन से यथावत् थी, परंतु उनके इलाज में कोई फायदा नहीं हो पा रहा था। उनके पिता एवं दादा (ग्रांड-फादर) अस्पताल में उनकी देख-रेख कर रहे थे। सितंबर का महीना था और दिन के 2:00 बजे का समय, अस्पताल के वॉर्ड में ब्रिटिश सैनिक मरीज शांति से सो रहे थे, वॉर्ड का वातावरण पूर्णत: शांत था, सिर्फ पंखे चलने की आवाज आ रही थी। मित्तलजी के पिताजी व दादाजी कमरे के बाहर बैठे थे। जिस पलंग पर मित्तलजी लेटे हुए थे, वहाँ से उन्हें कमरा का खुला दरवाजा साफ दिखाई दे रहा था और वे जाग रहे थे। उसी समय मित्तल ने देखा कि दरवाजे के अंदर से कोई प्रवेश कर रहा है। उसकी आकृति अस्पष्ट धुंध जैसी थी और वह एक महिला थी, जो सफेद साड़ी पहने हुए धीरे-धीरे मित्तल के पलंग तक आई। मित्तल ने अनुभव किया कि उनके पलंग पर कोई बैठा है। उसका चेहरा स्पष्ट नहीं दिख रहा था। एक बहुत कमजोर, परंतु स्पष्ट आवाज, मित्तल को सुनाई पड़ी—"हंसराज, सुनो। मैं तुम्हारे पास हूँ, अस्पताल में तुम्हें स्वस्थ होने में बहुत समय लगेगा। तुम एक मुसलिम हकीम से दवा लो। वह यहाँ (इसी शहर में) आयरन-गेट बाजार में दाहिनी तरफ मोड़ पर, जहाँ सब्जी मंडी है, उसके आखिर में एक कुआँ व पीपल का पेड़ है। वहीं पर लकड़ी की सीढ़ियाँ लगी हैं। उन सीढ़ियों से चढ़कर प्रथम तल पर हकीम साहब सफेद कपड़े पहने रहते हैं। उनसे दवा लेकर खाओ, जल्दी ठीक हो जाओगे। उससे तुम्हें कोई नुकसान नहीं होगा अन्यथा यहाँ तो स्वस्थ होने में बहुत समय लग जाएगा।" मित्तलजी ने उस अस्पष्ट धुंध जैसी छाया को दरवाजे से बाहर जाते हुए देखा।

मित्तल ने ये सारी बातें अपने पिता व दादा को सुनाई। मित्तलजी व उनके पिताजी ने उस स्थान का आयरन-गेट बाजार व सब्जी मंडी एवं हकीम साहब को पहले कभी नहीं देखा था। उनके पिताजी व दादाजी उस बताए हुए स्थान पर गए और हकीम साहब से दवा लेकर वापस आ गए। दवा खाने के बाद मित्तलजी कुछ ही दिन में स्वस्थ हो गए। उक्त विवरण का अनुभव प्रकाशन के समय मित्तलजी की आयु 58 वर्ष थी और वे तत्समय पूर्णत: स्वस्थ थे।

□

जीवात्मा की हुई परिवार से मिलने की इच्छा

मेरे (लेखक) एक मित्र श्री लक्ष्मीनारायण अग्रवाल ने अपने पुत्र अतुल की हुई अकाल मृत्यु के पश्चात् उसकी जीवात्मा से संपर्क का एक प्रसंग मुझे सुनाया था। अग्रवालजी एम.एल.बी. कॉलेज ग्वालियर में सहायक प्राध्यापक थे और हम दोनों म.प्र. कला परिषद् के सदस्य थे। इस कारण मेरा श्री अग्रवाल से अधिकांशत: भोपाल में मिलना होता था और हमारा यह परिचय मित्रता में परिवर्तित हो गया था। अग्रवालजी का एक पुत्र अतुल की अकाल मृत्यु मार्च, 1996 में हो गई थी। मृत्यु के पश्चात् उसकी जीवात्मा उसकी माँ श्रीमती मालती अग्रवाल में प्रवेश कर गई और वह अपनी माँ के माध्यम से मृत्यु के पश्चात् का अनुभव बताती थी। अतुल की मृत्यु के कुछ दिन पश्चात् अचानक श्रीमती मालती अग्रवाल के व्यवहार में अल्प समय के लिए परिवर्तन हो जाता था और उनका स्वर अपेक्षाकृत भारी हो जाता था तथा वह मृतक पुत्र अतुल के रूप में बोलने लगती थीं। स्वर सिर्फ श्रीमती मालती अग्रवाल का रहता था, लेकिन बोलने का लहजा मृतक पुत्र का था। अतुल अपने स्थूल शरीर जीवन में एक अच्छा सदाचारी एवं शिक्षित युवक था।

श्री अग्रवाल अपनी यह शंका कि मृतक पुत्र अतुल की जगह कहीं यह किसी अन्य की जीवात्मा तो नहीं है, परीक्षण करने के लिए उससे प्रश्न किया, "मेरे एक मित्र कलकत्ता में हैं। यदि तुम अतुल हो तो तुम उन्हें जानते हो, मैं उनका नाम नहीं बताऊँगा, तुम वहाँ जाकर देखकर बताओ कि इस समय वे क्या कर रहे हैं?" यह सुनकर अतुल की जीवात्मा अपनी माँ के शरीर से बाहर निकल गई और माँ श्रीमती मालती अग्रवाल बिल्कुल सामान्य हो गईं। कुछ ही मिनट पश्चात् पुन: अतुल की जीवात्मा अपनी माँ के शरीर प्रवेश कर गई और उसने बताया, "आपके वह मित्र कलकत्ता में अपने घर में कुर्सी पर बैठकर टाइम्स ऑफ इंडिया अखबार पढ़ रहे हैं।" यह सुनते ही अग्रवालजी ने तत्काल अपने मित्र को टेलीफोन लगाया और पूछा कि क्या वह टाइम्स ऑफ इंडिया पढ़ रहे हैं? उनके मित्र ने चौंकते हुए स्वीकारोक्ति में जवाब दिया और तब यह पुष्टि हुई कि यह अतुल की जीवात्मा बात कर रही है। इस घटना से एक प्रमाण यह भी मिलता है कि जीवात्मा के लिए स्थान की दूरी का कोई मायने नहीं है।

अतुल की जीवात्मा ने बताया कि चूँकि उसकी असामयिक अकाल मृत्यु हुई थी और अभी शेष आयु स्थूल शरीर जीवन में बकाया थी, इस कारण वह परलोक में रहता है। परलोक में प्रत्येक जीवात्मा को उपयुक्त कार्य करना होता है। परलोक का वातावरण अत्यंत सुखद व आनंददायक है। वहाँ किसी भी प्रकार का द्वेष, वैमनस्य, अन्य को दु:ख पहुँचाने वाला कोई कार्य नहीं होता है और न ही इस हेतु किसी भी जीवात्मा में इस प्रकार की भावना होती है।

चूँकि अतुल का जुड़ाव एवं लगाव अपने माता-पिता, परिवारजन से था इस कारण परलोक में जब भी उसकी इच्छा पृथ्वी पर परिवारजन से मिलने की होती है तो वह अपने परिवार के पास आ जाता है और अपनी अभिव्यक्ति के लिए अपनी माँ को ही उपयुक्त समझता है। अतुल की जीवात्मा ने आगे यह भी बताया कि जब वह परलोक से पृथ्वी लोक की तरफ आता है तो उसे रास्ते में नीचे के स्तर के लोक को पार करना होता है, जहाँ अत्यंत निम्न स्तर की जीवात्माएँ अँधेरे में रहती हैं और अपने कष्ट के कारण वे रोती-चिल्लाती हैं। वहाँ का वातावरण अत्यंत गरम है और उनकी इस पीड़ा को देखकर अतुल की जीवात्मा को बहुत दु:ख होता है। निम्न स्तर के लोक में ऐसे लोगों की जीवात्माएँ रहती हैं, जिन्होंने अपने शरीर-जीवन में रहते हुए पृथ्वी पर बहुत खराब कर्म किए हैं, अपने सुख की खातिर अथवा बिना किसी कारण के दूसरों को कष्ट पहुँचाया है, दुष्कर्मी रहे हैं, पाप-कर्म किए हैं, उनकी जीवात्माएँ नीचे के लोक में अत्यंत कष्ट में रहती हैं और उन्हें किसी भी प्रकार की सुख-शांति नहीं मिलती है। उन्हें अँधेरे का आभास होता है, मानसिक अशांति रहती है। उन्हें भूख-प्यास बनी रहती है एवं वे जीवात्माएँ अतृप्त होती हैं। जैसे-जैसे उन्हें अपने कुकर्मों पर पश्चात्ताप होने लगता है तथा मन शांत होने पर वे जीवात्माएँ उत्थान की ओर बढ़ने लगती हैं और प्रकाशमय वातावरण में ऊपर के लोक में पहुँचती हैं।

श्री अग्रवालजी ने मुझे बताया कि अपने पुत्र अतुल की हुई अकाल मृत्यु के पश्चात् जब प्रथम बार वह अपनी माँ पर आया तो उसने बताया था कि उसे बहुत अधिक प्यास लग रही है एवं प्यास के कारण वह अतृप्त है। जब उसकी जीवात्मा से यह प्रश्न किया गया कि इस हेतु क्या उपाय करें, तो उसने बताया कि उज्जैन के महाकाल मंदिर में पूजन किया जाए, दान-पुण्य किया जाए और तुलसी के पौधे पर दाहिने हाथ की हथेली को इस प्रकार उलटा करें कि अँगूठा नीचे की ओर रहे और फिर पानी धीरे-धीरे डाला जाए, तभी उस जगह पहुँचकर वह अँगूठा के नीचे अपना मुँह लगाकर पानी पी लेगा। तब श्री अग्रवालजी ने ऐसा ही किया था और तत्पश्चात् अतुल की जीवात्मा ने पुनः आकर धन्यवाद देते हुए अपनी प्यास की तृप्ति को पूर्ण होना बताया था। कुछ समय बाद मृतक पुत्र अतुल की जीवात्मा का आना बंद हो गया था। श्री लक्ष्मीनारायण अग्रवाल की मृत्यु मई, 2008 में व उनकी पत्नी श्रीमती मालती अग्रवाल की भी मृत्यु अप्रैल, 2013 में हो गई।

□

मृत्यु के पश्चात् संत की आत्मा का प्रकटीकरण

पत्रिका 'लाइफ-बियॉण्ड' के माह दिसंबर-जनवरी सन् 1980-1981 के अंक में शीर्षक 'फेंटास्टिक बट ट्रू लिविंग एक्स्पीरिएंस' के नाम से पृष्ठ संख्या 27 पर श्री एस.एन. वाधवानी (405 इर्विन रोड, पुणे) का एक अनुभव बताया गया है। जब श्री एस.एन. वाधवानी पाँच वर्ष की आयु के थे तो उस समय वे अपने माता-पिता के साथ सर्वार कुबी लेन, हैदराबाद सिंध (जो अब पाकिस्तान में है) में रहते थे। एक दिन रात को लगभग 8:00 बजे उनके पिता ने कहा कि बाजार से दही ले आओ। उस दिन उनके नौकर घर में नहीं थे। वाधवानी घर से बाहर निकले और एक छोटी गली को पार करके बाजार में पहुँच गए। तभी वहाँ उन्होंने देखा कि एक लंबी ऊँचाई के वृद्ध संन्यासी उनके सामने खड़े थे, उनके बाल सफेद थे और केसरिया वस्त्र पहने हुए थे। उनके चेहरे से इतना तेज प्रकाशित हो रहा था कि चेहरे पर नजर नहीं टिक रही थी। उसी समय वाधवानी वापस घर की तरफ दौड़कर आए और अपने पिता से कहा, "बाहर चलकर देखो, एक संन्यासी के अंदर से बहुत प्रकाश निकल रहा है, जिससे उनका चेहरा मैं नहीं देख पाए हूँ।" पिता उनके साथ उसी स्थान पर तत्काल पहुँचे, परंतु वहाँ पर वह वृद्ध प्रकाशवान संन्यासी नहीं दिखे। इस घटना के लगभग तीन माह बाद तक वाधवानी डरे हुए रहते थे और मकान के किसी भी अँधेरे कमरे अथवा अँधेरी जगह में जाने की हिम्मत नहीं करते थे।

एक दिन उनका वह डर तब खत्म हो गया, जब उन्होंने उसी संन्यासी को अपने घर के अंदर उसी अवस्था में देखा और उस समय भी उनके चेहरे से तेज प्रकाश निकल रहा था। संन्यासी ने वाधवानी से कहा कि इस मकान के बाहर कोने की तरफ चबूतरे पर उनकी समाधि है। यह सुनकर वाधवानी ने उस स्थान की प्रतिदिन सुबह सफाई करना प्रारंभ कर दिया, दीपक जलाकर रखना शुरू किया और कुछ पुष्प वाले पौधे चारों तरफ लगा दिए। वाधवानी बताते हैं कि उनके और उस संन्यासी की आत्मा के मध्य पिता-पुत्र जैसा घनिष्ठ संबंध बन गया था और संन्यासी की आत्मा उनके परिवार के एक सदस्य

के रूप में किसी भी समय प्रकट हो जाती थी। संन्यासी की वह आत्मा वाधवानी की इच्छा को पूर्ण कर देती थी। उन्होंने आगे बताया कि जब भी वे हैदराबाद सिंध में रहते, तो संन्यासी की आत्मा उनके सामने प्रकट हो जाती। परंतु जब वे देश के बाहर जाते तो उस आत्मा से मिलना नहीं हो पाता था। यद्यपि आत्मा कभी भी किसी भी समय अपनी इच्छानुसार प्रकट हो सकती थी।

वाधवानी आगे बताते हैं कि जब वह 18 वर्ष की आयु के थे तो उनका विवाह एक धनाढ्य परिवार की लड़की के साथ हो गया था। उनकी पत्नी उक्त संन्यासी की आत्मा के प्रकटीकरण से परिचित नहीं थी। एक दिन जब उनकी पत्नी बिस्तर पर लेटी हुई थी तो कमरे के अंदर उस संन्यासी की आत्मा को अचानक प्रकट देखकर वह चौंक गई थी। पत्नी जोर से चिल्लाई और तभी परिवार के सभी सदस्य कमरे में पहुँच गए, तब उसने बताया कि अचानक यहाँ केसरिया वस्त्र पहने वृद्ध चेहरे से तेज प्रकाश निकलता हुआ एक आदमी को उसने देखा है। परिवार के सदस्यों ने उसे समझाया कि डरने की आवश्यकता नहीं है। वह एक संन्यासी की आत्मा है और उस आत्मा के संबंध इस परिवार से हैं। आगे वाधवानी बताते हैं कि जब उनकी आयु 20 वर्ष की थी, वह टॉन्सिलिटिस की बीमारी से बहुत अधिक पीड़ित थे और उन्होंने यह निर्णय किया कि इसका ऑपरेशन किसी अंग्रेज सर्जन डॉक्टर से कराना चाहिए। उस समय अंग्रेज सर्जन बहुत अधिक महँगे डॉक्टर थे, लेकिन फिर भी एक अंग्रेज सर्जन और सिंध हैदराबाद के एक प्रसिद्ध डॉक्टर मंघनमल ने मिलकर ऑपरेशन किया था। ऑपरेशन सफल हुआ, परंतु उसके तीसरे दिन घाव के किनारे अपने आप खुल गए और खून तेजी से निकलने लगा। डॉक्टर मंघनमल को उसी समय बुलाया गया तो उन्होंने कुछ इंजेक्शन लगाए। खून का बहना नियंत्रित हुआ। अगले दिन सुबह अंग्रेज सर्जन को बुलाया तो उन्होंने खून की कमी होने के कारण वाधवानी की माँ का खून लेकर उनको चढ़ाया। उसके बाद कमरे के बाहर बरामदे में वाधवानी सो रहे थे और एक नर्स दिन-रात उनकी देख-रेख में रहती थी। अचानक अर्द्ध-रात्रि में उसी संन्यासी की आत्मा प्रकट हो गई और उन्होंने वाधवानी से कहा, "मेरे बच्चे, तुम कैसे हो ?" वाधवानी ने उन्हें जवाब दिया, "पिताजी, मैं ठीक नहीं हूँ, मैंने पिछली रात ऑपरेशन कराया था और उसके बाद बहुत अधिक खून बह गया है।" यह सुनकर संन्यासी की आत्मा मुसकराई और वाधवानी से कहा, "मेरे पुत्र, क्या तुम डरे हुए हो ? तुम पूरी तरह ठीक हो। कौन कहता है तुम बीमार हो ? यह तुम्हारी सिर्फ एक कल्पना है," संन्यासी की आत्मा ने वाधवानी से आगे कहा कि कमरे के अंदर मेरे साथ चलो, तो वाधवानी ने अंदर जाने से इनकार कर दिया। उस समय वाधवानी ने पहली बार संन्यासी की आत्मा के निर्देश को इनकार किया था। तब उस संन्यासी की आत्मा ने वाधवानी को स्पर्श किया और वाधवानी उसके साथ मकान के अंदर के कमरे

में गए और वापस पुनः अपने बिस्तर पर आ गए। वह नर्स, जो देख-रेख के लिए वहाँ थी, उसने भी यह सब नहीं देखा। वाधवानी ने जोर से आवाज देकर नर्स को बुलाया और पूछा कि तुमने हमारी आवाज क्यों नहीं सुनी, तब उसने जवाब दिया कि वहाँ कोई आवाज ही नहीं हुई। कमरे के अंदर संन्यासी की उस आत्मा ने वाधवानी के सिर पर बड़े प्रेम से हाथ रखा और अदृश्य हो गए।

अगले दिन सुबह अंग्रेज सर्जन और डॉक्टर मंघनमल वाधवानी को देखने के लिए आए तो वे आश्चर्यचकित थे कि ऑपरेशन का कोई भी चिह्न वाधवानी के शरीर पर नहीं था। अंग्रेज सर्जन ने कहा, "देखो, खून चढ़ाने का इलाज किस तरह काम कर गया?"

वाधवानी आगे बताते हैं कि हम सभी को यह विश्वास रहता है कि हमारी बीमारी में सिर्फ दवाइयाँ ही काम कर रही हैं, परंतु ईश्वर भी हमारे प्रति दयावान होता है और उन्हें यह पूर्ण विश्वास हो गया था कि संन्यासी की उस आत्मा के आशीर्वाद ने उन्हें स्वस्थ कर दिया था।

इस प्रसंग से यह प्रमाणित होता है कि हमारे चारों ओर ऐसी अनेक आत्माएँ घूम रही हैं, जिन्हें हम नहीं देख सकते हैं, परंतु हमें उनका आशीर्वाद मिल सकता है। प्रेम और दया नैसर्गिक गुण हैं। मृत्यु के पश्चात् भी इस प्रकार के नैसर्गिक गुण की जीवात्माएँ सहायता करने के लिए तत्पर रहती हैं। सुयोग्य व्यक्ति की पहचान वे स्वयं कर लेती हैं। □

प्रिय स्वजन का मृत्यु के पश्चात् दर्शन

पत्रिका 'लाइफ-बियॉण्ड' के माह फरवरी, 1981 के अंक में 'विजिट ऑफ ए डियर डिपार्टेड' शीर्षक के नाम से पृष्ठ संख्या 21 पर पी.वी. चक्रवर्ती बताते हैं कि वह गंगटोक (सिक्किम) में रहते थे। उनके मकान के पास मेट्रोलॉजिकल स्टेशन के सुपरिटेंडेंट अशोक मजूमदार, जो सन् 1974 में पदस्थ हुए थे, का निवासगृह था। वे दोनों अच्छे मित्र बन गए थे। अशोक मजूमदार प्रत्येक सुबह लगभग 10 मिनट ध्यान में बैठते थे। दोनों की पत्नियाँ भी आपस में बहुत अच्छी मित्र बन गईं थीं। अचानक मजूमदार की पत्नी बीमार हो गईं। उन्हें पेट में कैंसर था और इलाज के लिए कलकत्ता ले जाया गया। वहाँ इलाज के दौरान उनकी मृत्यु हो गई। इसके एक माह बाद मजूमदार गंगटोक वापस आ गए। तीन माह पश्चात् उनका स्थानांतरण पाराद्वीप मेट्रोलॉजिकल स्टेशन, उड़ीसा हो गया था।

चक्रवर्ती आगे बताते हैं कि सन् 1975 में एक रात जब वह अपने पलंग पर सोने के लिए पहुँचे, जहाँ उनकी पत्नी पहले से सो रही थी, उसी समय उन्होंने अनुभव किया कि पलंग की मच्छरदानी अपने आप बिना किसी कारण हिल रही है। पहले तो चक्रवर्ती ने इस पर ध्यान नहीं दिया, लेकिन जब मच्छरदानी ज्यादा हिली तो चक्रवर्ती ने बत्ती जलाई और फिर उन्होंने देखा कि मजूमदार की मृतक पत्नी की जीवात्मा वहाँ खड़ी हैं। तत्काल चक्रवर्ती ने अपनी पत्नी को जगाया तो उन्होंने भी श्रीमती मजूमदार की छाया को स्पष्टतः देखा। दोनों कतई भयभीत नहीं हुए और उसी समय चक्रवर्ती और उनकी पत्नी को एक विशेष सुगंधित तेल की खुशबू का आभास हुआ और यह वैसी ही खुशबू थी, जैसी कि श्रीमती मजूमदार उपयोग करती थीं।

मृत व्यक्ति की जीवात्मा अपने प्रियजन के निकट विचरण करती है, यह इस तथ्य का प्रमाण है।

□

सूक्ष्म शरीर : बाहर निकलने का एक अनुभव

भारत में ऐसे अनेक योगी-महात्मा हुए हैं, जो समाधि की अवस्था में अपने सूक्ष्म शरीर के माध्यम से एक स्थान से दूसरे स्थान पर पहुँचते रहे हैं। भारत में प्राचीन समय से ऐसा होता रहा है कि योगी अपने भौतिक शरीर से बाहर निकलकर सूक्ष्म शरीर के माध्यम से अन्यत्र अनंत दूरी तक पहुँच जाते हैं और अपनी उपस्थिति का आभास भी कराते हैं। सूक्ष्म शरीर के माध्यम से बाहर निकलकर इनकी गति 'मन' के समान होती है अर्थात् जिस प्रकार व्यक्ति का मन एक स्थान से दूसरे स्थान तक तत्काल पहुँच जाता है, उसी प्रकार योगी अपनी समाधिवस्था में शरीर से बाहर निकलकर सूक्ष्म शरीर के माध्यम से एक स्थान से दूसरे स्थान पर पहुँचते हैं और वहाँ का हाल-चाल बता सकते हैं। विषय से जुड़ते हुए यहाँ हम सूक्ष्म शरीर के अस्तित्व पर चर्चा करते हैं। वस्तुतः मनुष्य अपनी गतिविधि दो प्रकार की अवस्थाओं में अनुभव करता है—एक तो यह कि वह अपने भौतिक शरीर से होनेवाले कार्यों को जाग्रत् अवस्था में स्वयं करते हुए देखता है और उसका अनुभव करता है। दूसरा यह कि जब व्यक्ति सो रहा होता, तब वह स्वप्नावस्था में स्वयं की गतिविधि का अनुभव करता है। नींद में स्वप्न की अवस्था में हमारा भौतिक शरीर बिस्तर पर पड़ा रहता है, आँखें बंद रहती हैं, नींद की बेहोशी होती है, लेकिन फिर भी स्वप्न में स्वयं के द्वारा स्वयं की गतिविधियों को वह देखता है। स्वप्न की अवस्था में भी व्यक्ति का सूक्ष्म शरीर कार्यरत् रहता है। स्वप्नावस्था में हमारा, हम पर एवं स्वप्न के दृश्यों पर किसी भी प्रकार का कोई नियंत्रण नहीं होता है। सामान्यतः यह भी होता है कि स्वप्न में जो कुछ हम देखते हैं, वह सब-का-सब हमें याद भी नहीं रहता है। कुछ याद रहता है और कुछ भूल भी जाते हैं। स्वप्नावस्था में दृश्यों की कोई सुनिश्चित श्रृंखला भी नहीं होती अर्थात् स्वप्न लगातार एक फिल्म की तरह जुड़ते हुए श्रृंखलाबद्ध नहीं होते हैं। कभी कहीं किसी जगह का दृश्य तो कभी अचानक किसी अन्य जगह और समय का दृश्य। स्वप्न के दृश्यों का आपस में कोई ताल-मेल नहीं होता है, परंतु एक अन्य अवस्था भी होती है, जिसे 'एस्ट्रल प्रोजेक्शन' कहा जाता है। ध्यान और समाधि की अवस्था का ही स्वरूप 'एस्ट्रल प्रोजेक्शन' है। इस अवस्था में व्यक्ति न तो नींद में सोया होता है और न ही उसकी स्थिति स्वप्न जैसी होती है। बल्कि योग की निरंतर साधना के

अभ्यास से 'एस्ट्रल प्रोजेक्शन' की अवस्था में व्यक्ति जाग्रत् होते हुए अपने भौतिक शरीर से उसका सूक्ष्म शरीर बाहर निकल जाता है और फिर वह अपनी इच्छानुसार इच्छित स्थान पर पहुँच जाता है तथा उसके सूक्ष्म शरीर को यह भान रहता है कि उसका भौतिक शरीर सुनिश्चित स्थान पर रखा हुआ है और वह अपने सूक्ष्म शरीर पर पूर्णत: नियंत्रण भी रखता है। इस अवस्था में वह जब तक चाहे, तब तक अपने भौतिक शरीर से बाहर रह सकता है और अपने ही भौतिक शरीर को स्वयं देख भी सकता है। चूँकि यह प्रक्रिया भौतिक शरीर की जाग्रत् अवस्था में होती है, अत: साधक को वह सबकुछ याद रहता है, जो उसने अपने सूक्ष्म शरीर के माध्यम से देखा है और अनुभव किया है। सूक्ष्म शरीर चाहे स्वप्नावस्था में बाहर निकले अथवा 'एस्ट्रल प्रोजेक्शन' की अवस्था में बाहर निकले, उसका जुड़ाव अपने भौतिक शरीर से लगातार बना रहता है।

पत्रिका 'लाइफ-बियॉण्ड' के माह मार्च 1981 के अंक में 'एस्ट्रल प्रोजेक्शन इन इन्फेंट ऐज' शीर्षक के नाम से पृष्ठ संख्या 19 पर डॉ. पंडित कन्हैया योगी (योगिक स्प्रीचुअल सेंटर, अंबातुर, मद्रास) ने अपना अनुभव बताया है। उन्होंने स्पष्ट किया है भौतिक शरीर से सूक्ष्म शरीर बाहर निकलकर अपने ही भौतिक शरीर के कार्य-कलाप देखता है। डॉ. पंडित बताते हैं कि उनके माता-पिता को कोई संतान नहीं थी। अत: उन्होंने भगवान् वेकेंटेश्वर से यह विनती की थी कि उनकी कृपा से यदि एक पुत्र संतान का जन्म हो जाए तो वे तिरुपति मंदिर के दर्शन करने के लिए आएँगे और पूजन भी करेंगे। इसके बाद उनके माता-पिता को पुत्र-जन्म डॉ. पंडितजी कन्हैया योगी (उक्त अनुभवकर्ता) के रूप में हुआ था। जब वह एक से पाँच वर्ष की आयु के थे तो उन्हें फिट (एक बीमारी जिसमें अचानक बेहोशी हो जाती है) आते थे और इस कारण वे मूर्च्छित हो जाते थे। उनके माता-पिता ने कोयंबतूर में अच्छे चिकित्सकों से इलाज कराया, लेकिन कोई लाभ नहीं हुआ। अंतत: ईश्वर कृपा पर उनके माता-पिता आधारित हो गए। जिस समय वे फिट के कारण मूर्च्छित हो जाते थे, उस समय स्पष्ट रूप से यह अनुभव करते थे कि वह अपने स्थूल शरीर से बाहर निकल आए हैं और अपने स्थूल शरीर को स्वयं ही मूर्च्छित अवस्था में देख रहे हैं। अपने स्थूल शरीर से बाहर निकलने की अवस्था में वे अपने सूक्ष्म शरीर के माध्यम से यह भी देखते थे कि उनके माता-पिता किस तरह परेशान हो रहे हैं और विलाप कर रहे हैं। इस अवस्था में उनका स्थूल शरीर बेहोश पड़ा रहता था, लेकिन डॉ. पंडित अपने आप को सूक्ष्म शरीर के रूप में सबकुछ देखते रहते थे कि उन्हें होश में लाने का भरसक प्रयास किया जा रहा है। जैसे ही मूर्च्छा की स्थिति खत्म हो जाती थी, तो वे तत्काल शरीर में प्रवेश कर जाते थे। डॉ. पंडित को यह पता नहीं रहता था कि वह अपने ही शरीर से बाहर कैसे निकलकर आ जाते थे और कौन सी प्रक्रिया से वह शरीर के अंदर प्रवेश कर जाते थे ? उनकी यह स्थिति उनकी आयु के 05 वर्ष तक रही और उसके बाद उन्हें फिट आने बंद हो गए थे। □

डॉक्टर रेमंड ए. मूडी का मत

डॉक्टर रेमंड ए. मूडी एक प्रसिद्ध चिकित्सक, मनोवैज्ञानिक एवं दार्शनिक थे। उन्होंने एक पुस्तक लिखी थी 'लाइफ आफ्टर लाइफ,' जो सन् 1975 में प्रकाशित हुई थी। इस पुस्तक में उन्होंने ऐसे रोगियों के संदर्भ में लिखा है, जिनका इलाज के दौरान किल्नीकल मृत्यु हो चुकी थी, परंतु पुनः वे जीवित हो गए थे। एक मरीज की शल्य चिकित्सा के दौरान उसकी मृत्यु हो गई थी और ऐसी स्थिति बीस मिनट तक रही थी। इसके बाद वह पुनः जीवित हो गया था। तब उस मरीज ने बताया कि जब उसकी मृत्यु हुई, तो उसने यह अनुभव किया था कि उसके सिर से तेज आवाज आ रही है। एक अन्य मरीज ने डॉक्टर मूडी को बताया था कि मृत्यु के समय वह एक अँधेरी खाई, जो अँधेरी गुफा की तरह थी, उसमें जाने का अनुभव किया था और उसमें से एक रास्ता प्रकट हो रहा था, जिसमें वह बड़ी तेजी से खिंचा जा रहा था। डॉ. मूडी का कहना है कि ऐसे अनेक मरीजों ने बताया है कि मृत्यु के बाद जीवात्मा को एक अंधकार रूपी सुरंग से जाना होता है। वे कहते हैं कि उन्हें अनेक मरीजों ने ऐसा भी बताया है कि मृत्यु के समय एक अति आकर्षक ज्योति पुंज दिखता है। डॉ. मूडी ने एक अमेरिकन महिला का कथन, जो मृत्यु के द्वार तक पहुँच गई थी, के अनुभव का वर्णन किया है। वह महिला प्रसव के समय एक बच्चे को जन्म दे रही थी। उसी समय उसे अत्यधिक रक्तस्राव हो गया और चिकित्सकों ने उसके रिश्तेदारों को बता दिया कि वह अब मर चुकी है, परंतु वह महिला यह सब सुन पा रही थी। उस महिला ने यह अनुभव किया कि उसने स्वयं कमरे की छत में उन परिचित लोगों को देखा था, जो उससे पूर्व मर चुके थे। उसने अपनी दादी (ग्रांड-मदर) तथा अनेक पूर्व मृत रिश्तेदारों व मित्रों को देखा था, जो छत के नीचे तैरते हुए अनुभव हो रहे थे। उसने एक लड़की की जीवात्मा को भी देखा था, जिसे वह अपने स्कूल के समय से जानती थी। वे सभी खुश थे। उस महिला ने उन क्षणों का ऐसा वर्णन किया कि वह बहुत आनंददायक समय था और वे सभी पूर्व मृत जीवात्माएँ उस महिला की देख-रेख व उसे गाइड करने के लिए आ चुकी थीं एवं वे उस महिला का स्वागत करने के लिए तत्पर थीं। इन क्षणों में उस महिला ने स्वयं को बहुत हल्का व आनंद का

अनुभव किया था। डॉ. मूडी के संपर्क में ऐसे मरीज, जिनकी मृत्यु की घोषणा इलाज के दौरान चिकित्सकों ने कर दी थी और उनके स्थूल शरीर पूर्णतः मृत हो चुके थे तथा कुछ समय पश्चात् वे पुनः जीवित हो गए एवं उन लोगों ने मृत्यु के समय का अपना अनुभव डॉ. मूडी को बताया और उनसे जो निष्कर्ष निकला है, उसके अनुसार उन्होंने यह माना है कि मृतक को नौ प्रकार के अनुभव होते हैं, जो निम्नानुसार हैं—

1. **विचित्र आवाज (एस्ट्रेंज साउंड) :** मृत्यु के समय भुनभुनाहट जैसी घंटी की आवाज सुनाई पड़ती है।
2. **पीड़ारहित शांति (पीस एंड पैन्लेसनेस) :** जब मृत्यु होने लगती है, तब तीव्र दर्द का अनुभव होता है और जैसे ही जीवात्मा स्थूल शरीर को छोड़ देती है, दर्द समाप्त हो जाता है और आनंद व शांति का अनुभव होता है।
3. **शरीर से बाहर निकलने का अनुभव (आउट-ऑफ-बॉडी एक्सपीरिएंस) :** सामान्यतः मृत्यु के तत्काल बाद जीवात्मा को ऐसा अनुभव होता है कि वह अपने स्थूल शरीर से ऊपर की ओर तैर रहा है। उस समय वह चिकित्सकों के द्वारा इलाज किए जाने की स्थिति और अपने स्वयं के स्थूल शरीर को व आस-पास जो लोग होते हैं, उन्हें वह देखता है तथा अच्छा अनुभव करता है।
4. **सुरंग का अनुभव (दि टनेल एक्सपीरिएंस) :** मृतक की जीवात्मा को अगला अनुभव इस प्रकार का होता है कि जैसे वह एक अँधेरी सुरंग में अत्यंत तेज गति से प्रवेश करती जा रही है और एक सुनहरी-सफेद प्रकाश की किरणों के समक्ष पहुँच जाती है।
5. **तीव्र गति से परलोक में पहुँचना (राइजिंग रेपिड्ली इन टू दि हेवन) :** सुरंग के अलावा कुछ लोगों ने यह भी बताया है कि उनका सूक्ष्म शरीर अचानक ऊपर की ओर परलोक की तरफ गया है और उन्होंने पृथ्वी तथा आकाश को इस तरह देखा था कि जैसे कि आंतरिक्ष यात्री अंतरिक्ष में पहुँचकर देखते हैं।
6. **पूर्व-मृत जीवात्माओं का प्रकाश में मिलना (प्यूप्ल ऑफ लाइट) :** सुरंग के दूसरी तरफ अथवा जब जीवात्मा परलोक की ओर पहुँचती है तो वहाँ पूर्व-मृत रिश्तेदार, मित्रों, स्वजनों की जीवात्माएँ मिलती हैं। उनके सूक्ष्म शरीर से आकर्षक प्रकाश की किरणें निकलती हुई दिखती हैं।
7. **प्रकाश-पुंज (दि बीइंग ऑफ लाइट) :** पूर्व-मृत स्वजनों की जीवात्माओं से मिलने के बाद जीवात्मा एक शक्तिशाली आध्यात्मिक शक्ति के अस्तित्व से मिलती है, जिसे कुछ ईश्वर अथवा जीसस अथवा अपने-अपने धार्मिक और

आस्थाओं के अनुसार देवता से मानते हैं।

8. **जीवन का पुनर्विलोकन (दि लाइफ रिव्यू) :** मृतक की जीवात्मा एक प्रकाश-पुंज के रूप में ऐसे समस्त कार्यों का विस्तृत रूप में पुनर्विलोकन करता है, जो उसने अपने शरीर जीवन में किए थे। वह अपने प्रत्येक कर्म एवं व्यवहार को याद करता है। उसे यह अनुभव होता है कि जीवन में सिर्फ प्रेम ही सबसे ज्यादा महत्त्वपूर्ण है।

9. **वापस होने की अनिच्छा (रिलक्टेंस टू रिटर्न) :** जो मृतक अपने जीवित स्वजनों के मोह में फँसे रहते हैं, उनकी जीवात्मा में कभी-कभी यह इच्छा होती है कि वह पृथ्वी पर वापस जाकर अपने शरीर-जीवन को जिए, परंतु अंततः उसकी इच्छा वापस होने की नहीं होती है।

डॉ. मूडी का कहना है कि पुनर्जीवित हुए मरीजों ने उन्हें बताया कि मृत्यु के बाद मरीजों की जीवात्मा ने एक अत्यंत आश्चर्यजनक, अद्वितीय, चमकदार, अलौकिक प्रकाश-पुंज को देखा था। प्रारंभ में यह प्रकाश-पुंज धीमी रोशनी का होता है और फिर बड़ी तेजी से सफेद चमकदार हो जाता है। इसकी चमक इतनी होती है कि जिसका शब्दों में वर्णन नहीं किया जा सकता है। वे कहते हैं, "मैं कोई व्यक्ति नहीं था, सिर्फ प्रकाश था।" इस प्रकाश-पुंज के अस्तित्व को ही 'बीइंग ऑफ लाइट' कहेंगे। पुनर्जीवित हुए किसी भी मरीज ने यह नहीं बताया कि वह स्थूल शरीर से निकलने के बाद कोई व्यक्ति था, बल्कि उन्होंने स्वयं को एक प्रकाश के रूप में अनुभव किया। उनमें प्रकाश-पुंज के प्रति आकर्षक लगाव का प्रेम-भाव प्रकट हुआ था। विभिन्न प्रकार के आस्थावान एवं धार्मिक व्यक्ति अपनी-अपनी आस्था के आधार पर इस प्रकाश-पुंज को ईश्वर के रूप में देखते हैं। ईसाई उसे क्राइस्ट मानते हैं और यहूदी उसे देवदूत और कोई उसे दिव्य देहधारी मानते हैं। वह मरनेवाले की जीवात्मा के साथ वार्त्तालाप करता है। परंतु यह वार्त्तालाप शब्दो में नहीं होता है और न ही किसी आवाज के माध्यम से होता है, बल्कि जिस प्रकार मनुष्य के शरीर जीवन में जब उसके मन में जो भाव प्रकट होते हैं, ऐसे ही भाव प्रकट होने मात्र से प्रकाश-पुंज तक स्वतः पहुँच जाते हैं और प्रकाश-पुंज के अंदर से उठ रहे भाव जीवात्मा तक आ जाते हैं। भाव के प्रकट होने को ही विचारों का आदान-प्रदान माना जाता है। संसूचनाओं के आदान-प्रदान में किसी भी भाषा अथवा वाणी अथवा ध्वनि माध्यम नहीं होती है।

□

मृत्यु के द्वार तक पहुँचे मरीजों के कुछ अनुभव

पत्रिका 'लाइफ-बियॉण्ड' के माह अप्रैल 1982 के अंक में 'लाइफ आफ्टर डेथ' शीर्षक के नाम से पृष्ठ संख्या 13 पर श्री वाघ सिंह लांबा (स्प्रीचुअल होम, हरिद्वार) ने कुछ विवरण उल्लिखित किए हैं। श्री लांबा बताते हैं कि अनेक चिकित्सकों ने उन मरीजों के कथन लेख किए हैं, जिनका इलाज करने के दौरान चिकित्सकों ने उन्हें मृत घोषित कर दिया था, परंतु कुछ ही मिनट में वे पुनः जीवित हो गए। डॉ. ऐलिजाबेथ कुलवेर रोज एक मनोवैज्ञानिक थे, उन्होंने अपनी पुस्तक, 'डेथ ऐंड डायइंग' में उन लोगों के अनुभव बताए गए हैं, जो मृत्यु के निकट पहुँच गए थे तथा पुनः अपने शरीर में वापस आ गए थे, उन्होंने बहुत ही आनंद का अनुभव होना बताया है।

श्री लांबा बताते हैं कि कनेक्टीकट यूनिवर्सिटी के एक मनोवैज्ञानिक प्रो. के. रिंग के द्वारा एकत्रित किए गए विवरण में से यह निष्कर्ष निकलता है कि मृत्यु के समय जैसे ही जीवात्मा अपने भौतिक शरीर से बाहर निकलती है तो स्वयं को उड़ते हुए अनुभव करती है एवं पूर्व-मृत प्रियजन व्यक्ति की जीवात्माएँ तत्काल उससे संपर्क करती हैं फिर एक अँधेरी सुरंग से होकर चमकते हुए प्रकाश की ओर जाने का अनुभव करती हैं एवं ऐसा अनुभव होना लगभग सभी ने बताया है। ऐसे अनुभव उन लोगों ने बताए हैं, जो स्थायी रूप से मर तो नहीं पाए थे और पुनः अपने भौतिक शरीर में वापस आ गए थे।

अमेरिका के सेंट ल्यूक हॉस्पिटल के डायरेक्टर डॉ. स्चॉनमेकर ने 2,300 मरीजों में से 1,400 के विवरण, जो मौत के निकट पहुँच गए थे और पुनः जीवित हो गए, उक्त प्रकार के मिलते-जुलते अनुभव रिकॉर्ड किए थे। डॉ. स्चॉनमेकर का निष्कर्ष भी प्रोफेसर के. रिंग के मत से मिलता-जुलता था। डॉ. माईकेल सोबोल (कॉर्डियोलोजिस्ट असिस्टेंट प्रोफेसर, एयोर्ज यूनिवर्सिटी अटलांटा, अमेरिका) ने 120 उन मरीजों पर, जो मृत्यु की अवस्था तक पहुँच चुके थे, उनके अनुभव बताए हैं। उनमें से एक व्यक्ति ने बताया था कि वह अस्पताल में अपने स्थूल शरीर से बाहर निकलकर शरीर के ऊपर तैर रहा था और स्पष्टतः यह देख रहा था कि डॉक्टरों की टीम उसके शरीर का

ऑपरेशन किस प्रकार कर रहे हैं और कौन से औजारों का उपयोग वे कर रहे हैं? उसे अपना दिल भी दिखाई दे रहा था।

उक्त प्रकार के अनुभव यह स्पष्ट करते हैं कि मृत्यु के समय स्थूल शरीर से सूक्ष्म शरीर बाहर निकलता है और मृत्यु होने के समय की सूचना उसके पूर्व मृत प्रियजनों को परलोक में मिल जाती है और वे तत्काल उसकी सहायता के लिए मरनेवाले के पास आ जाते हैं।

□

मृत्यु के पश्चात् जीवात्माएँ तत्काल अपने शरीर में वापस आईं

कुछ ऐसी भी घटनाएँ भी प्रकाश में आई हैं कि मृत्यु के पश्चात् जीवात्मा को यमदूत यमलोक ले गए और जब वहाँ यह स्पष्ट हुआ कि जिस व्यक्ति की मृत्यु होना थी, वह तो मरा नहीं, बल्कि त्रुटिवश अन्य व्यक्ति की मृत्यु होकर यमदूत उसकी जीवात्मा को यमलोक ले गए। उसके बाद तत्काल ही मृत हुआ व्यक्ति जीवित हो गया और उसने मृत्यु के पश्चात् का विवरण बताया। इसी विषय पर गीताप्रेस गोरखपुर से प्रकाशित 'कल्याण' का अंक 'परलोक और पुनर्जन्मांक' के तेरहवें पुनर्मुद्रण में कुछ विवरणों में उल्लेख किया गया है। उन्हीं में से कुछ घटनाओं के संक्षिप्त विवरण कल्याण के प्रति साभार सहित प्रस्तुत है—

1. 'कल्याण' के उक्त अंक के पृष्ठ क्र. 607 पर भक्त श्री कृष्ण गोपालजी माथुर ने अपनी माँ श्रीमती बाला बाई के मुख से घटना का विवरण इस प्रकार बताया है कि राजस्थान के राजपूताना हडौती में देहलनपुर नाम की तहसील है। कृष्ण गोपालजी माथुर के पितामह (ग्रांड-फादर) बालाबख्श नौकरी करते थे। उनके कोई पुत्र संतान न होने के कारण वह स्वयं एवं कृष्ण गोपालजी की पितामही (ग्रांड-मदर) बहुत उदास रहती थी और एक दिन पितामही की मृत्यु हो चुकी थी। मृत्यु के समय परिवारजन कह रहे थे कि यदि उन्हें पुत्र संतान हो जाती तो शायद वह अभी और जीवित बनी रहतीं एवं संतान-हीनता के दुःख के कारण उनकी मृत्यु हुई है। पितामही के दाह-संस्कार हेतु श्मशान जाने की तैयारियाँ हो चुकी थीं और अर्थी पर शव को रखा जा चुका था। 'राम-नाम सत्य है' कहते हुए ज्यों ही अर्थी को उठाने के लिए लोगों ने जैसे ही अपने हाथ बढ़ाए, तो उसी समय यह देखा कि पितामही के शव में कुछ चेतनता आ गई है। वह अपने कफन के बंधनों को हटाने की कोशिश कर रही थीं। यह देखकर सभी को शंका हुई कि कोई भूत-प्रेत तो उनके शव में नहीं आ

गया है। इतने में ही पितामही के शव ने उठने की चेष्टा की और लोगों ने उन्हें सहारा देकर अर्थी पर से उठा लिया। पितामही बैठ गईं और उन्होंने बोलना प्रारंभ किया। कृष्ण गोपालजी की दादी ने बताया था, "मुझे यमदूत ले गए और यमराज व चित्रगुप्तजी के सामने खड़ा कर दिया। वह स्थान मुझे स्वर्णपुरी जैसा लगा। रत्नजड़ित स्वर्ण के ऊँचे सिंहासन पर चित्रगुप्तजी विराजमान थे। उनके सम्मुख लंबे पन्नों का बही-खाता जैसा था। दूसरे सिंहासन पर यमराजजी विराजमान थे, जिनका श्याम-वर्ण, बड़े-बड़े लाल नेत्र और मोटा शरीर था। चित्रगुप्तजी बोले, "इसको तो अभी आयु भोगना शेष है। इसने तो भगवदाराघन व्रत, अनुष्ठान आदि किए हैं, उनके फलस्वरूप इसको एक धर्मात्मा पुत्र की प्राप्ति होगी।" यह सुनकर यमराजजी ने दूतों से कहा—"तुमने बड़ी भूल की है। अब इसे अतिशीघ्र इसके स्थान पर ले जाओ नहीं तो इसके शव को जला देने पर इसकी आत्मा इधर-उधर भटक कर अपनी शेष आयु बिताएगी और इसकी जगह इसी के मोहल्ले की इसी के नाम की अन्य दूसरी महिला को शीघ्र लाओ।" मैंने हाथ जोड़कर यमराजजी से निवेदन किया—"दयानिधान, अब मैं मृत्यु-लोक में घर जाकर क्या करूँगी? मुझ निपूती का कोई मुँह देखना पसंद नहीं करेगा। इसलिए जब आ ही गई हूँ, तो वापस नहीं भेजो।" मेरी प्रार्थना सुनकर यमराजजी बोले, 'देखो, तुम्हारी मृत्यु घड़ी अभी आई नहीं है। दूत भूल से तुमको यहाँ लाए हैं। अभी सुखपूर्वक जीवित रहो, भगवत्कृपा से मातृ-पितृ-भक्त पुत्र उत्पन्न होगा।" इसके बाद ही मैं अपने इस शरीर में वापस आ गई।" उक्त समाचार नगर में सभी ओर प्रसारित हो गया और कृष्ण गोपाल की पितामही को देखने के लिए लोग इकट्ठे होने लगे। उसी समय पड़ोस की एक महिला की तत्काल मृत्यु हो गई। इस घटना के पश्चात् कृष्णजी के पितामह व पितामही को एक पुत्र जन्म हुआ, जो कृष्ण गोपालजी के पिता थे।

2. 'कल्याण' के उक्त अंक में पृष्ठ क्र. 603 पर भक्त श्री रामशरण दासजी ने विषय से संबंधित जानकारियों का उल्लेख किया है, उनमें से कुछ के संक्षिप्त विवरण निम्नानुसार हैं—

1. नवंबर सन् 1957 में सर्व वैदिक शाखा सम्मेलन, कानपुर में आयोजित हुआ था। उसी अवसर पर गोयनका संस्कृत महाविद्यालय के अध्यापक काशी के विद्वान् पंडित श्री लाल बिहारी मिश्र भी शामिल हुए थे। भक्त श्री रामशरण दासजी की उनसे परलोक संबंधी विषय पर चर्चा हुई थी। लाल बिहारी मिश्र ने बताया कि जिला वारांणसी के सकलडीडा स्टेशन से तीन कोस उत्तर की ओर प्रभुपुर नामक एक गाँव है। उसी गाँव में भांगरी नामक एक मुसलमान महिला

रहती थी। उसका पति काँच की चूड़ियाँ बेचने का काम करता था। एक दिन भांगरी के पड़ोस की एक महिला बीमार थी और वह उसका हाल-चाल जानने के लिए उसके घर पहुँची थी। उसके बाद जैसे ही भांगरी अपने घर वापस आई तो अचानक उसकी मृत्यु हो गई। जबकि भांगरी को कोई रोग नहीं था और वह पूर्णतः स्वस्थ थी। चूँकि भांगरी मुसलमान थी, इसलिए मुसलिम रीति-रिवाज के अनुसार उसे दफनाने की प्रक्रिया प्रारंभ हो गई। गाँव के बाहर कब्रिस्तान में गड्ढा खोदा गया। जैसे ही भांगरी के शव को वस्त्रों से लपेटकर कब्र में रखा जाने लगा तो वह अचानक जीवित हो गई। उसने अपने हाथ के संकेत से अपने मुख पर से कपड़ा हटाने को कहा। सभी लोग आश्चर्य में थे और जब भांगरी को लोगों ने देखा तो उसके सिर में जलने के तीन निशान इस प्रकार के थे कि जैसे किसी ने गरम त्रिशूल से दाग दिया हो। भांगरी उठकर बैठ गई और फिर उसने जो बताया, वह आश्चर्यजनक था। उसने कहा—"मैं बिल्कुल ठीक-ठाक थी। मुझे कोई बीमारी नहीं थी। अचानक मेरे सामने दो व्यक्ति आए और वे मुझे पकड़कर अपने साथ ले गए। वहाँ पहुँचकर मैंने देखा कि एक बहुत बड़ी सभा लगी हुई थी। एक ऊँचे आसन पर एक बड़े ही तेजस्वी व्यक्ति बैठे हुए थे। उन्होंने उन दोनों व्यक्तियों को, जो मुझे पकड़कर ले गए थे, बहुत ही फटकारा और कहा—"तुम इसे यहाँ पर क्यों ले आए हो ? इसकी मृत्यु अभी नहीं थी। इसकी आयु तो अभी 14 वर्ष और बाकी है। तुम्हें तो हमने इसके पड़ोस की जो औरत बीमार है, उसको लाने के लिए भेजा था। यह स्त्री तो बड़ी पापात्मा है। जब यह अपनी दोनों लड़कियों के मरने का दुःख देख लेगी, तब यह मरेगी। इसके सिर को त्रिशूल से दाग दो, ताकि इसे यहाँ आने की बात याद न रहे।" उन्होंने मुझे त्रिशूल से दाग दिया, इसी कारण मेरे सिर के बाल जल गए हैं।" इसके बाद तत्काल ही भांगरी के पड़ोस में रहनेवाली वह बीमार औरत की मृत्यु हो गई थी। इसके बाद भांगरी 14 वर्ष तक जीवित रही और इसी समय-काल में उसकी दोनों लड़कियों की मृत्यु हो चुकी थी, जिसका बहुत ही दुःख भांगरी को हुआ था। जैसे ही 14 वर्ष पूर्ण हुए, 15वें वर्ष में भांगरी की मृत्यु हो गई थी।

2. सन् 1954 में भक्त रामशरण दासजी के निवास स्थान पिलखुवा में उदासीन संप्रदाय के संत स्वामी रामेश चंद्रजी महाराज पहुँचे थे। उन्होंने भक्त रामशरण दासजी को परलोक संबंधी एक घटना सुनाई थी कि सन् 1946 में श्री रामेश चंद्रजी महाराज के पिता श्री रक्खामलजी नानकाना साहब में निवास करते थे। वह प्रतिदिन ब्रह्म-मुहूर्त में प्रातःकाल उठ जाया करते थे। एक दिन वह

ब्रह्म–मुहूर्त में नहीं उठे, इससे चिंतित होकर परिवारजन उनके कमरे में पहुँचे तो देखा कि रक्खामलजी सो रहे थे। रामेश चंद्रजी महाराज ने जोर से आवाज देकर अपने पिता रक्खामलजी को पुकारा, तब भी वह नहीं बोले। हाथ से उनके शरीर को स्पर्श करने पर यह प्रतीत हुआ कि जैसे वह मर चुके हैं। तत्काल चिकित्सक को बुलाया गया। चिकित्सक ने बताया कि इन्हें बहुत कमजोरी है। कुछ देर बाद रक्खामलजी को होश आया तो उन्होंने बताया कि प्रात:काल लगभग 5:00 बजे दो यमदूत उन्हें लेने के लिए आए और कहा—"तुम हमारे साथ चलो।" आगे रक्खामलजी ने बताया, "मैं उन दोनों यमदूतों के साथ चला गया। दूर जाने पर देखा कि एक बहुत बड़ा मैदान है, जहाँ पर एक आदमी बैठा हुआ है। उसने देखते ही उन दोनों यमदूतों से कहा—"इसे यहाँ पर मत लाओ। हमने तुम्हें इसे लाने के लिए कब कहा था? वहाँ तो दूसरा रक्खामल अग्रवाल है, जो इनके बिल्कुल पड़ोस में रहता है, उसे लाना है। इसे वापस ले जाओ। वे दोनों यमदूत मुझे वापस लाकर यहाँ छोड़ गए। तभी से मेरे शरीर में बिल्कुल भी शक्ति नहीं है।" इसके बाद ही पड़ोस में रहनेवाला अन्य व्यक्ति लाला रक्खामल अग्रवाल, जो रात को पूर्णत: स्वस्थ था और उसे किसी प्रकार का रोग नहीं था, उसी समय सुबह 05:25 बजे उसकी मृत्यु हो गई थी।

3. भक्त रामशरण दासजी बताते हैं कि दिनांक 20 दिसंबर, 1957 को दिल्ली से प्रकाशित दैनिक समाचार–पत्र 'हिंदुस्तान' में एक समाचार प्रकाशित हुआ था—"मुरैना। इस बात पर विश्वास होना कठिन है, किंतु घटना यह सत्य है कि यहाँ के एक व्यवसायी विश्वंभरनाथ बजाज, जिनकी आयु 75 वर्ष है और कई दिनों से बीमार चल रहे थे, अभी 16 तारीख को पहले तो उनका प्राणांत हो गया, किंतु कुछ देर बाद वे फिर जीवित हो उठे। उसी समय उनके बजाय एक दूसरे व्यक्ति का देहावसान हो गया।" उक्त घटना को इस प्रकार बताया गया कि 16 दिसंबर, 1957 को विश्वंभरनाथ बजाज की तबीयत बिगड़ने लगी थी और उनके शरीर से जीवन के लक्षण लुप्त हो गए थे, नाड़ी बंद हो चुकी थी, श्वास चलना बंद हो गया था, शरीर पूर्णत: ठंडा हो गया था। परिवारजन ने उनकी मृत्यु होने के कारण उनके शरीर को भूमि पर उतार लिया था और अंत्येष्टि क्रिया की तैयारियाँ होने लगी थीं। किंतु लगभग आधा घंटे बाद ही वह अचानक उठकर बैठ गए और आश्चर्य में पूछने लगे, "यह सब क्या हो रहा है?" उन्होंने आगे कहा, "मैं मरा नहीं हूँ, कुछ लोगों ने मुझे उठाकर आकाश में एक दिव्य पुरुष के सामने रख दिया। उस दिव्य पुरुष ने मुझे ले जानेवालों को फटकारते हुए कहा—"इस आदमी को शीघ्र पृथ्वी पर छोड़ आओ। मैंने

इसे नहीं, बल्कि दूसरे को लाने को कहा था। इस पर वह मुझे वापस छोड़ गए।" बाद में तत्काल ही उसी समय यह पता लगा कि एक अन्य व्यवसायी 40 वर्षीय पूर्णतः स्वस्थ व्यक्ति, ग्यासीराम की मृत्यु हृदय गति रुक जाने के कारण अचानक हो गई।

4. भक्त रामशरण दासजी ने एक घटना का उल्लेख करते हुए बताया है कि मासिक पत्रिका 'श्री मारुति संजीवन' का 10 अक्तूबर, 1956 को प्रकाशित अंक में यह खबर छपी थी कि नुनहड बस्ती में जानकी नाम की एक खटीक महिला निवास करती थी। वह 50 वर्ष की आयु की थी और कई महीनों से बीमार थी। एक दिन उसकी मृत्यु हो जाने के कारण उसके शव को जमीन पर लिटा लिया। उसके पिता सीताराम खटीक नुनहड के ही थे और वह अपने पिता के साथ रहती थी। गाँव वाले उसे जनुकिया नाम से पुकारते थे। उसकी मृत्यु उपरांत उसे श्मशान ले जाने के लिए अर्थी बनाई जाने लगी। तभी अचानक जोर से जनुकिया के चिल्लाने की आवाज आई। यह देखकर सभी लोग चौंक गए, जनुकिया ने बताया, "मेरी कमर में बुरी तरह चोट लगी है। यहाँ से दो काले आदमी पहले तो मुझे घसीट कर ले गए थे, मैं रोती-चिल्लाती रही, परंतु वहाँ पहुँचकर मैंने देखा कि एक बूढ़े बाबा सफेद दाढ़ी वाले तख्त पर बैठे थे। उनके पास ढेर सारे बस्ते रखे थे। उन्होंने देखते ही उन दोनों से कहा—"इसे क्यों लाए हो ? जिसे लाना था, वह जमुनिया है। उसे लाओ।" इसके बाद उन दोनों यमदूतों ने मुझे पटक दिया, इस कारण मेरी कमर में चोट है और दर्द हो रहा है।" इस घटना के दो घंटे बाद इसी गाँव की एक दूसरी वृद्ध महिला जमुनिया खटीक की मृत्यु हो गई।

5. भक्त रामशरण दासजी ने एक समाचार का संदर्भ देते हुए बताया है कि दिनांक 09 जनवरी, 1960 को दिल्ली से प्रकाशित 'नवभारत टाइम्स' में एक समाचार प्रकाशित हुआ था कि "नैनीताल, 08 जनवरी। गढ़वाल जिले में राणा घाट के पास छुंडी ग्राम का निवासी रुद्रदत्त मृत घोषित किए जाने के कुछ देर बाद पुनः जीवित हो उठा। उसके सगे-संबंधी रोते हुए विलाप कर रहे थे और उसकी अंतिम क्रिया की तैयारी की जा रही थी। इतने में मृत व्यक्ति में पुनः जीवन के चिह्न दिखाई दिए। उसने आँखें खोलीं, अपने सगी-संबंधी और ग्रामवासियों को परलोक-यात्रा के अनुभव सुनाए। रुद्रदत्त ने बताया, "मुझे हनुमानजी का मंदिर बनाने का दैवी आदेश मिला है।" रुद्रदत्त काफी समय से बीमार था। वह पूर्णतः स्वस्थ हो गया और उसने हनुमानजी का मंदिर बनाना शुरू किया।"

6. एक समाचार का संदर्भ देते हुए भक्त रामशरण दासजी ने बताया है कि मेरठ

से प्रकाशित समाचार-पत्र 'प्रभात' दिनांक 04 मार्च, 1966 को एक घटना प्रकाशित हुई थी—"कानपुर। 'मौत को उन्होंने छला था या मौत ने उन्हें,' यह तय करना तो कठिन है, लेकिन अंत में तुलसी बुआ यहाँ से 40 मील दूर स्थित एक गाँव की निवासिनी थी जो अपने धर्म-प्रेम तथा पूजा-पाठ के लिए विख्यात थी। विगत 14 फरवरी को रात्रि में 10:00 बजे उनका देहांत हो गया और दूसरे दिन प्रातः जब उन्हें चिता पर रखा गया तो वह उठकर बैठ गई और बोली, "यमदूत मुझे भगवान् के सामने ले गए तो वे बोले कि अभी इसका समय नहीं हुआ है। इस पर यमदूत मुझे वापस भेज गए। भगवान् के सिंहासन पर इतनी चमक थी कि मुझे उनकी झलक नहीं दिख पाई।" तुलसी बुआ को चिता से उठाकर गाने-बजाने के साथ सभी लोग घर लिवा ले आए।

□

दुर्गा मथरानी की जीवात्मा ने किया परलोक का वर्णन

मासिक पत्रिका 'लाइफ-बियॉण्ड' के माह जनवरी 1983 अंक में कवर-पेज के पीछे 'एन एकाउंट ऑफ ए गाइडेड टूर ऑफ हेवन' नाम के शीर्षक से प्रोफेसर जी.एन. मथरानी (एम.ए. कैंब्रिज, महाराष्ट्र के शिक्षा विभाग से सेवानिवृत्त) ने पूर्व-मृत श्रीमती दुर्गा मथरानी द्वारा मृत्यु-पश्चात् परलोक के विवरण उल्लेख किए हैं। मृत्यु के बाद की स्थिति को पूर्व मृत श्रीमती दुर्गा मथरानी की जीवात्मा ने माह अप्रैल 1931 से जुलाई 1931 के मध्य अपने पति ए.पी. मथरानी को 'माध्यम' बनाकर उनके हाथ का उपयोग करते हुए ऑटोमैटिक राइटिंग के माध्यम से लिखा था। ए.पी. मथरानी की प्रथम पत्नी श्रीमती दुर्गा मथरानी थीं। उनकी मृत्यु माह अगस्त, 1930 में हो गई थी। ए.पी. मथरानी सेवानिवृत्त इंजीनियर थे, वह सिंध प्रांत के एक प्रतिष्ठित परिवार के वरिष्ठ सदस्य थे, उन्होंने जीवात्मा को बुलाने का एवं 'स्वतः लिखित' (ऑटोमैटिक राइटिंग) प्रक्रिया की शक्ति को विकसित कर लिया था। इस प्रक्रिया में जीवात्मा बुलाने वाला माध्यम (मीडिएटर) बनता है और वह अपने हाथ में पेन लेकर बैठ जाता है जैसे ही जीवात्मा आती है तो मीडिएटर का पेन स्वतः बिना किसी नियंत्रण के चलने लगता है और हैंड-राइटिंग भी मृतक व्यक्ति की होती है। ए.पी. मथरानी अपनी पत्नी श्रीमती दुर्गा मथरानी की मृत्यु के पश्चात् उनकी जीवात्मा से संपर्क कर लेते थे।

जी.एन. मथरानी बताते हैं कि उन्होंने स्वयं यह देखा है कि श्री ए.पी. मथरानी के हाथ के माध्यम से जो कुछ लिखा जा रहा था, उस पर पूर्णतः नियंत्रण पूर्व-मृत श्रीमती दुर्गा मथरानी की जीवात्मा का था। मृत्यु के पश्चात् श्रीमती दुर्गा मथरानी की जीवात्मा ने परलोक के सात लोकों का स्पष्टतः विस्तृत विवरण बताया है। श्रीमती दुर्गा मथरानी एक धार्मिक महिला थीं और वह हिंदू रीति-रिवाजों एवं परंपराओं में विश्वास रखती थीं तथा उनका विश्वास पुनर्जन्म में भी था। उन्होंने अपने मीडिएटर पति को बताया कि परलोक में एक देवदूत की सहायता से उन्हें सात लोकों का विवरण ज्ञात हुआ है। वह लिखित

विवरण बाद में टाइपराइटर से टाइप कराया गया और ए.पी. मथरानी के बड़े भाई श्री एम.पी. मथरानी की व्यक्तिगत लायब्रेरी में रखा है। ए.पी. मथरानी की मृत्यु सन् 1968 में हो चुकी है। तत्पश्चात् इसके एक वर्ष बाद उक्त प्रसंग जी.एन. मथरानी (उक्त प्रसंग के विवरणकर्ता) के पिताजी श्री एन.पी. मथरानी ने मूल स्क्रिप्ट को फिर से टाइप करवाया और उसे जी.एन. मथरानी को प्रकाशन हेतु दिया था।

श्रीमती दुर्गा मथरानी की जीवात्मा ने अपने पति को बताया था (पत्रिका 'लाइफ-बियॉण्ड' के माह फरवरी 1983 के अंक के अंतिम कवर-पेज के पीछे) कि परलोक में सभी महिला जीवात्माएँ लड़कियों के स्वरूप में दिखती हैं एवं पुरुष जवान व प्रौढ़ आयु के हैं। वहाँ अपने बदन पर वन-पीस कपड़ा का वस्त्र सभी पहनते हैं और कपड़े का तात्पर्य वह नहीं है, जो मनुष्य पृथ्वी पर रहते हुए अपने स्थूल शरीर पर पहनते हैं, बल्कि परलोक में कपड़ा सूक्ष्म शरीर का ही सूक्ष्म अंग के रूप में होता है और वह चमकदार होता है। वहाँ न तो कोई खाना खाता है, न पानी पीता है और न ही सोता है। जैसे ही नवीन जीवात्माएँ आती हैं, वे स्वयं को प्रारंभ में तो आरामदायक अनुभव नहीं करती हैं, परंतु जैसे-जैसे उन्हें वहाँ के वातावरण का अनुभव एवं पसंद आने लगता है और उन्हें यह विश्वास हो जाता है कि वे मरकर पृथ्वी से परलोक में आ गए हैं तथा अब वापस नहीं जा सकते हैं, तब वे खुश रहने लगते हैं और इस हेतु थोड़ा-सा समय लगता है।

अमेरिकन लेखक राल्फ हार्लो की पुस्तक 'ए लाइफ आफ्टर डेथ' में पृष्ठ संख्या 177 का उल्लेख करते हुए जी.एन. मथरानी बताते हैं कि एक व्यक्ति जिसका नाम एवरेट था, वह अपने बचपन से ही अंधा था और बाद में उसे गठिया की गंभीर बीमारी हो गई थी एवं इस कारण उसके दोनों हाथ व दोनों पैर पूर्णतः अपंग की स्थिति में हो गए थे। उसकी मृत्यु के पश्चात् उसकी जीवात्मा से जब संपर्क करके पूछा गया तो उसने जवाब दिया कि वह परलोक में पूर्णतः खुश है। चारों ओर सुंदरता है व उसे कोई भी तकलीफ नहीं है एवं उसके हाथ पूर्णतः कार्य कर रहे हैं। उसे आँखों से भी दिखता है।

श्रीमती दुर्गा मथरानी की जीवात्मा ने अपने मध्यस्थ पति श्री ए.पी. मथरानी के माध्यम से परलोक के सात लोकों का विवरण निम्नानुसार बताया है, जो 'लाइफ-बियॉण्ड' पत्रिका में प्रकाशित हुआ था—

प्रथम लोक : ऐसी सभी जीवात्माएँ, जो अपने शरीर जीवन में पृथ्वी पर एक-दूसरे के रिश्ते में रह रही थीं, वे प्रथम लोक के परलोक में भी आपस में एक साथ निवास करती हैं। उनके सगे संबंधी, मित्र, परिवारजन, जिनमें एक-दूसरे के प्रति लगाव था, उसी लगाव से साथ-साथ रहते हैं। उनमें एक-दूसरे के प्रति प्रेम व सहयोग करने का भाव रहता है और इसी कारण उनकी आत्मा के स्तर का उत्थान ऊपर के लोक में जाने के लिए होता है। पृथ्वी पर शरीर जीवन में रहते हुए, यदि उनमें कोई पूर्व का बैर या झगड़ा

रहा है तो वे प्रथम लोक में उस बैर को भूल जाते हैं। यदा-कदा ये जीवात्माएँ पृथ्वी पर निवास कर रहे अपने रिश्तेदारों व मित्रों की सहायता अदृश्य रूप में करती हैं।

द्वितीय लोक : द्वितीय लोक बहुत बड़े क्षेत्रफल में फैला है और इस लोक में निवासरत् जीवात्माओं में नि:स्वार्थ प्रेम रहता है एवं नवागंतुक जीवात्माओं को सहयोग करने का भाव इनमें रहता है। इस लोक में जीवात्माएँ सामूहिक रूप से बहुत बड़े हॉल में रहती हैं, जिनमें असंख्य जीवात्माएँ रहती हैं और हॉल का आकार इतना बड़ा है, जैसे कि पृथ्वी के किसी बड़े-से-बड़े शहर का आकार हो। प्रत्येक हॉल में एक समान विचार की जीवात्माएँ उसी प्रकार रहती हैं, जैसे कि शरीर जीवन में पृथ्वी पर विभिन्न भाषा, विभिन्न धर्म, विभिन्न जाति, विभिन्न देश के लोग रहते हैं। यहाँ प्रथम लोक जैसा यह नहीं है कि जीवात्माएँ अपने परिवारजन या मित्रों के साथ रहें। इस लोक की जीवात्माओं में संतान संबंधी भावना नहीं रहती है, बल्कि सभी भाई-बहन की भावना से रहते हैं। वरिष्ठ देवदूतों का एक अलग विभाग है, जो नवीन जीवात्माओं के रहने की व्यवस्था करते हैं। इस लोक में जो जीवात्माएँ अपने को असहज अनुभव करती हैं, जिन्हें यह विश्वास नहीं होता है कि वे शारीरिक जीवन में मर चुके हैं और अब पुन: उसी शरीर में वापस नहीं जा सकते हैं। नवागंतुक जीवात्माओं से परिचय कराना और परलोकवासी आत्माओं में सामांजस्य कराने का कार्य वरिष्ठ देवदूतों द्वारा होता है। जिन जीवात्माओं को परलोक का आभास हो जाता है, वे आनंद में रहते हैं अर्थात् उन्हें भौतिक-शरीर जीवन की मृत्यु की वास्तविकता को समझना आवश्यक है। नीचे के लोक से भागकर आनेवाली जीवात्माओं का प्रवेश द्वितीय लोक में नहीं है, परंतु उन जीवात्माओं को यह सुविधा दी जाती है कि वे देवदूत के साथ ऊपर के लोकों का भ्रमण कर सकें और देख सकें। देवदूतों का एक कार्य यह भी है कि वे नीचे के लोक की जीवात्माओं के कष्ट को दूर करने में सहयोग करें और उनमें सुधार होने पर उन्हें द्वितीय लोक में लाते हैं। जब नीचे के लोक में कोई जीवात्मा अँधेरे के कारण सहायता के लिए पुकार रही होती है तो देवदूत उन्हें इन दोनों लोकों के बीच के 'मध्यस्थ जोन' में ले जाते हैं।

तृतीय लोक : तृतीय लोक का आकार, द्वितीय लोक की अपेक्षा ज्यादा बड़ा है। इस लोक में रंगीन, चमकदार प्रकाश है। यहाँ देवदूत हैं, जिन्हें नीचे के लोक की निवासरत् जीवात्माओं की पुकार सुनाई देती है और फिर वे सहायता के लिए प्रकाश की गति की किरणों की तरह पहुँच जाते हैं एवं नीचे के लोक की जीवात्माओं की पीड़ा का निदान करते हैं। देवदूत उन्हें समझाते हैं कि उनके गलत कार्य व गंदी सोच के कारण ही उन्हें पीड़ा हो रही है और वे अँधेरे में है तथा प्रकाश से परे हैं और इसी कारण उनका ऐसा हाल है। अत: वे पहले अपनी सोच बदलें और ईश्वर का ध्यान करें। इस लोक में बाग बगीचे, पुष्प लगभग एक समान हैं। नवागंतुक जीवात्माएँ यहाँ नियमित रूप से

अध्यात्म साधना व ध्यान करती हैं। मंगल व बृहस्पति ग्रह इस लोक से जुड़े हुए हैं। आध्यात्मिक ध्यान साधना करनेवालों के पास 'गंधर्व' अर्थात् गाइड बैठ जाते हैं। ऊपर के लोक के देवदूतों को गंधर्व बनाया जाता है और उनका चयन तृतीय लोक के देवदूतों में से भी होता है। इनके चयन का आधार यह है—(1) उन्हें सांसारिक कामना व वासना के आनंद से विरक्ति हो चुकी हो। (2) उनमें मित्र और शत्रु के साथ एक समान प्रेम-भाव रहता हो। (3) ईश्वर के प्रति समर्पण हो। (4) अन्य जीवात्माओं से कार्य कराने की क्षमता हो। श्रीमती दुर्गा मथरानी की जीवात्मा इसी संदर्भ में यह विवरण भी बताती है कि एक बार एक नवागंतुक संन्यासी मृत्यु के पश्चात् उनकी जीवात्मा पृथ्वी से सीधे तृतीय लोक में आ गई और वह कहने लगे कि उसने पृथ्वी लोक में बहुत भक्ति की है, अत: वह अब गंधर्व बनने की पात्रता रखते हैं। यह सुनकर वरिष्ठ देवदूत ने उससे पूछा कि वह भक्ति के अनुभवों को बताएँ और उसी समय तत्काल देवदूत ने प्रकाश की किरणें उस संन्यासी के सूक्ष्म शरीर पर डाल दीं तो यह देखा गया कि जैसे ही उन किरणों ने उस संन्यासी के सूक्ष्म शरीर में प्रवेश किया तो वे किरणें गहरे काले रंग के साथ वापस आ गईं। यह प्रक्रिया उस संन्यासी ने भी स्वयं देखी। इससे यह स्पष्ट हुआ कि उस संन्यासी में अध्यात्म, भक्ति, प्रेम, सहयोग का वह स्तर विकसित नहीं हो पाया था, जो गंधर्व के गुणों के लिए आवश्यक था। देवदूत के द्वारा डाली गई प्रकाश की उन किरणों को सूक्ष्म शरीर से आर-पार होना ही तृतीय लोक में देवदूत व गंधर्व बनने की पात्रता को प्रकट करता है। वह संन्यासी भी संतुष्ट हो गया।

चतुर्थ लोक : श्रीमती दुर्गा मथरानी के द्वारा चतुर्थ लोक का विवरण संभवत: 'लाइफ-बियॉण्ड' पत्रिका के माह मई 1983 अंक में प्रकाशित हुआ होगा। वह अंक मुझे पढ़ने को उपलब्ध नहीं हो पाया।

पंचम लोक : 'लाइफ-बियॉण्ड' पत्रिका का माह जून 1983 की पृष्ठ संख्या 5 पर श्रीमती दुर्गा मथरानी की जीवात्मा का बताया हुआ विवरण कि पंचम लोक में रहनेवाले सभी देवदूतों की पात्रता यह है कि जो जीवात्माएँ पृथ्वी-लोक को पूर्णत: भूल चुकी हों और उनमें प्रेम व ईश्वर भक्ति हो, ऐसी जीवात्माएँ पंचम लोक में रहती हैं। इस लोक में ईश्वर के विभिन्न नाम और उनका वर्गीकरण नहीं है और न ही किसी जीवात्मा के इष्टदेव हैं। ईश्वर सिर्फ एक है और वह सिर्फ परमात्मा है।

इसको इस प्रकार समझ सकते हैं कि प्रथम लोक में जीवात्माएँ अपने परिवार, मित्रों, स्वजनों को, जिन्हें वे पृथ्वी पर शरीर धारण करते समय जानते थे, उन्हें प्रेम करती हैं अर्थात् प्रथम लोक में प्रेम की सीमाएँ हैं और प्रतिबद्धताएँ हैं। द्वितीय लोक में प्रेम नि:स्वार्थ होता है, प्रेम में भेदभाव नहीं होता है। नि:स्वार्थ सेवा का भाव होता है और सभी के लिए एक समान रहता है। तृतीय लोक में जीवात्माओं के अंदर नीचे के लोकों

की जीवात्माओं के प्रति प्रेम-भाव, सहयोग व सहायता का भाव रहता है। उनमें कोई अपना-पराया व भेदभाव नहीं होता है अर्थात् भाव की सीमाएँ बढ़ जाती हैं। चतुर्थ लोक में देवदूत, नीचे के लोकों के देवदूतों व जीवात्माओं के प्रति प्रेम व सहयोग तथा सहायता का भाव रखते हैं। अँधेरे में रह रही जीवात्माओं और पृथ्वी से आनेवाली जीवात्माओं में प्रेम व ईश्वर के प्रति आस्था एवं समर्पण विकसित करने का कार्य करते हैं। पंचम लोक में देवदूतों का भाव ईश्वर के प्रति समर्पण और प्रेम का रहता है। देवदूतों के मध्य आपसी सहयोग की भावना की प्रधानता इस लोक में रहती है। पंचम लोक की देख-रेख ईश्वर के द्वारा अथवा गंधर्व से उच्च श्रेणी के द्वारा की जाती है। इस लोक में अत्यंत सुंदर आकृति के चित्र, बाग-बगीचे, अति सुंदर पुष्प हैं। इस लोक में पृथ्वी से आनेवाली वे जीवात्माएँ, जो पृथ्वी पर अत्यंत उच्च स्तर के आध्यात्मिक साधना में लीन रहे हैं, सीधे भी पहुँच सकती हैं। उनमें यदि भेदभाव-रहित, प्रेम तथा भक्ति का भाव रहा है, तो उन्हें सीधा पंचम लोक में ईश्वर बुला लेते हैं।

षष्टम् लोक : यह लोक अति सुंदर है। यहाँ के बाग-बगीचे अत्यंत उच्च कोटि के सुंदरतम हैं और पुष्प इस तरह चमकते हैं जैसे पृथ्वी पर हीरा चमकता है। वृक्षों की पत्तियों में चमक है। यहाँ के देवदूतों में एक विशेष तेज व प्रकाश है। यहाँ ईश्वर का दर्शन तेज चमकदार प्रकाश के रूप में होता है। आनंददायक संगीत की धुन इस प्रकार बजती है जैसे कि प्रेम की धारा बह रही हो। इस लोक पर संपूर्ण नियंत्रण और देख-रेख ईश्वर का है। इस लोक में सभी देवदूत एक बहुत बड़े हॉल में रहते हैं। षष्टम् लोक में यह निर्धारण होता है कि वहाँ निवासरत् देवदूत का पृथ्वी पर पुनर्जन्म कब होना है। ऐसे देवदूत, जो प्रथम लोक से उत्तरोत्तर अपनी योग्यता में वृद्धि करते हुए षष्टम् लोक तक आ पहुँचे हैं, उनका पृथ्वी पर पुनर्जन्म होने के लिए यह प्रथम दरवाजा है।

श्रीमती दुर्गा मथरानी की जीवात्मा बताती है कि सामान्य रूप में एक समान्य जीवात्मा को अँधेरे नरक से तृतीय लोक तक पहुँचने में लगभग सौ वर्ष लग जाते हैं और इसके बाद ऊपर के लोकों में सातवें लोक तक पहुँचने में उसे तीन सौ या चार सौ वर्ष का समय लग जाता है। फिर भी, यह निर्भर करता है कि पृथ्वी पर शरीर जीवन में मृत्यु के समय तक किस प्रकार का जीवन-यापन किया है, यह व्यक्तिश: निर्भर करेगा। इस लोक में यह बताया जाता है कि चरित्र और संस्कार व्यक्ति के कर्म पर निर्भर करते हैं।

श्रीमती दुर्गा मथरानी की जीवात्मा बताती है कि वह इस निष्कर्ष पर पहुँची हैं कि मानव जीवन ही इस उद्देश्य के लिए सर्वोत्तम है और उसके माध्यम से मोक्ष प्राप्त किया जा सकता है। ईश्वर ने शरीर तो एक इन्स्ट्रुमेंट के रूप में दिया है, जिसके माध्यम से प्रेमरूपी प्रार्थना की जा सकती है और ईश्वर तक पहुँचा जा सकता है। इस लोक में ईश्वर प्रदत्त प्रेम है और शरीर जीवन में मानव प्रदत्त ईश्वर के प्रति प्रेम होता है।

सप्तम लोक : श्रीमती दुर्गा मथरानी के द्वारा सप्तम लोक का विवरण संभवतः 'लाइफ-बियॉण्ड' पत्रिका के माह अगस्त 1983 अंक में प्रकाशित हुआ होगा। वह अंक मुझे पढ़ने को उपलब्ध नहीं हो पाया।

उक्त प्रकार के विवरणों से यह स्पष्ट होता है कि जीवन में मनुष्य को आंतरिक रूप से सभी के साथ प्रेम-भाव, समानता, निष्कपटता, द्वेष-रहित, ईर्ष्या-रहित होकर जीना चाहिए और तभी मृत्यु के बाद का आनंद अनुभव किया जा सकता है।

□

अजामिल का प्रसंग

भारत की पौराणिक कथाओं में मृत्यु के समय अजामिल के अनुभव को वर्णित किया गया है। अजामिल की कथा में मृत्यु के निकट उसे हुए अनुभव को आचार्य शुकदेव ने अपने ही शिष्य राजा परीक्षित को सुनाया था और उसका प्रसंग 'श्रीमद्भागवत' के षष्टम स्कंद में दिया गया है। प्रसंग यह है कि नैमिषारण्य में सूतजी से शौनकजी ने कहा कि आप मुझे कोई ऐसी उत्तम कथा सुनाएँ, जिससे भक्ति, ज्ञान व वैराग्य की प्राप्ति हो सके तथा संसार के मायाजाल से मुक्ति मिले। तब सूतजी ने उन्हें जवाब दिया कि शुकदेवजी ने 'श्रीमद्भागवत' का प्रवचन किया था और इसे श्रवण कर भक्ति में वृद्धि होती है। 'श्रीमद्भागवत' से बढ़कर संसार में चित्त-शुद्धि का कोई दूसरा उपाय नहीं है। राजा परीक्षित ने भी अपने गुरु शुकदेवजी से निवेदन किया था कि ऐसा उपाय बताएँ कि जिससे मनुष्य भयंकर यातना वाले नरकों में जाने से बच जाए। तब शुकदेवजी ने उन्हें अजामिल का प्रसंग सुनाया था।

कान्यकुब्ज देश में (वर्तमान में भारत का यह कन्नौज नगर है) अजामिल नाम का एक ब्राह्मण रहता था। वह पूर्व में सदाचारी था और बाद में पथभ्रष्ट हो गया था। वह वेदज्ञानी भी था, उसने युवावस्था में वेदों का अध्ययन किया था। अजामिल शील, सदाचार, सद्गुणी, व्रतपालक, मृदुस्वभाव, इंद्रियों पर विजय प्राप्त करनेवाला (जितेंद्रिय), सत्यवान, मंत्रवेत्ता, पवित्र आचरण वाला, गुरु व अतिथियों की सेवा करनेवाला, अहंकार-रहित, सबका हितैषी, साधु-स्वभाव, मितभाषी, अन्य के गुणों में दोष नहीं निकालना वाला (असूयारहित), अपने पिता की आज्ञा पालन करनेवाला था। परंतु एक दिन अजामिल वन को गया और वहाँ से फल, फूल, कुशा लेकर घर को वापस आ रहा था तो रास्ते में एक कामुक, निर्लज्ज, आचारभ्रष्ट, शूद्र व्यभिचारिणी स्त्री को उसने मदिरा पीते हुए एवं उसके साथ एक पुरुष को कामवासना से वशीभूत होकर घूमते हुए देखा। मदिरा पीने से उस वेश्या के नेत्र नाच रहे थे और उन्मत्त होने के कारण उसकी साड़ी भी सरक गई थी। अजामिल ने उस वेश्या को मदिरा के नशे में उस पुरुष के साथ नंगी जैसी स्थिति में लिपटते हुए देखा तो उसी समय अजामिल भी अपने चित्त को नहीं रोक पाया और स्मृतिशून्य हो गया।

उसके खयालों में होकर वह धर्म भूल गया। तब अजामिल ने अपने पिता के समस्त धन को उस वेश्या को अर्पित कर उसे प्रसन्न करने की कोशिश की थी और अपनी पतिव्रता पत्नी को त्याग दिया था। अजामिल न्याय-अन्याय का विचार न करते हुए इधर-उधर से धन बटोरने लगा था और वेश्या के साथ अपने परिवार का भरण-पोषण करने लगा था। उसने शास्त्राज्ञा का उल्लंघन किया था और उसने अपना जीवन पापपूर्ण बना लिया था। एक ज्ञानी, धार्मिक, सदाचारी होते हुए अजामिल की विवेकशून्यता और पथ-भ्रष्ट होने से यह संदेश मिलता है कि मनुष्य के जीवन में उसके ज्ञान और सदाचार के प्रति दृढ़ता होना चाहिए। घर में उसने एक वेश्या को दासी बनाकर रख लिया था और उससे विवाह कर लिया था। उसने अपने समस्त ब्राह्मण गुण नष्ट कर दिए थे। चोरी करना, जुआ खेलना, पक्षियों को मारकर मांस खाना आदि अनेक दुष्कर्म वह करने लगा था। वह ठगी और चोरी से धन प्राप्त करता था और उसी से अपने परिवार का पालन-पोषण करने लगा था। अपनी पत्नी से अजामिल ने दस पुत्र उत्पन्न किए थे, लेकिन वह अपने इतने बड़े परिवार का पालन-पोषण ईमानदारी व सदाचरण से नहीं करता था। परिवार के पालन-पोषण के लिए वह उधार लेकर, चोरी करके धन प्राप्त करता था। इसी के चलते आयु बढ़ते हुए वह अट्ठासी वर्ष का हो गया था।

उसके दस पुत्रों में से सबसे छोटा पुत्र का नाम नारायण था। अपने छोटे पुत्र पर वह बड़ा ही स्नेह करता था। खाते-पीते, चलते, उठते-बैठते वह अपने पुत्र नारायण का ही नाम पुकारता रहता था। अजामिल वृद्ध तो हो ही गया था और अपने छोटे पुत्र नारायण की तोतली भाषा सुनकर वह बड़ा ही सुख प्राप्त करता था आनंदित होता था। जब अजामिल की मृत्यु का समय निकट आ गया तो उस समय वह अपने पुत्र नारायण के विषय में सोच-विचार कर रहा था। मृत्यु के समय अजामिल ने यमराज के तीन दूत देखे, जो उसे लेने के लिए आए थे। उनकी आकृति बड़ी ही भयानक थी। अजामिल उन्हें देखकर घबरा गया। उसने अपने पुत्र नारायण को पुकारा, क्योंकि कुछ ही दूरी पर उसका वह पुत्र अपने खेल में आसक्त था और इधर अजामिल 'नारायण-नारायण' पुकार रहा था। (श्रीमद्भागवत 6/1/28 से 29) यमदूतों ने जब यह देखा कि वह भगवान् विष्णु का नाम 'नारायण-नारायण' बोल रहा था। उसी समय विष्णु भगवान् के दूत भी 'नारायण-नारायण' की आवाज सुनकर वहाँ पहुँच गए और उन्होंने यमदूतों को बलपूर्वक वहाँ से हटाया। उस समय यमदूतों ने विष्णु दूतों से कहा, "धर्मराज की आज्ञा का उल्लंघन करनेवाले आप कौन हैं? कहाँ से आए हैं? इस पापी को ले जाने से हमें क्यों रोकते हैं? हम धर्मराज की आज्ञा से इसे लेने आए हैं। अजामिल ने पाप किए थे, इस कारण यह पापी यमराज के कार्यक्षेत्र का है।" विष्णु दूतों के नेत्र कमल की पंखुड़ियों के समान थे। वे पीले रेशमी वस्त्र धारण किए हुए थे, मालाओं से सुशोभित थे, सिर पर मुकुट धारण किए हुए थे और कानों में कुंडल पहने

थे। उनकी चार भुजाएँ थीं। तब विष्णु दूतों ने कहा, "यदि तुम धर्मराज के आज्ञाकारी दूत हो तो बताओ धर्म का स्वरूप क्या है? अधर्म के लक्षण क्या है? दंड देने की विधि क्या है? दंड के वास्तविक भागीदार कौन हैं? क्या सभी कर्म करनेवाले दंडनीय हैं?" यमदूत बोले, "वेदविहित कर्म ही धर्म है और वेदनिषिद्ध कर्म ही अधर्म होना कहा गया है। भगवान् श्री नारायण वैकुंठधाम में विराजमान हैं और वह सतोगुण, रजोगुण व तमोगुण के अनुसार समस्त जगत् का नियंत्रण करते हैं। कर्म करनेवाले सभी प्राणी अपने-अपने गुणों से ही संबंधित हैं। उनके कर्मों के कारण उनका शुभ-अशुभ फल उन्हें प्राप्त होता है। कोई भी देहधारी कर्म किए बिना नहीं रह सकता है।" (श्रीमद्भागवत 6/1/44)

आगे विष्णुदूतों से यमदूत कहते हैं कि प्रत्येक शरीरधारी को कर्म करना चाहिए। यमराज सबके अंत:करण में विराजमान हैं और वह सभी का रूप देख लेते हैं। जिस प्रकार निद्रा में देखे गए स्वप्न व कल्पित शरीर को वास्तविक समझ लिया जाता है और नींद से जाग जाने के बाद सबकुछ भूल जाते हैं, उसी प्रकार पूर्व जन्म की स्मृति भी नया जन्म लेने पर नष्ट हो जाती है और वर्तमान शरीर को सच मान लिया जाता है। यहाँ यमदूतों का आशय यह है कि न तो निद्रा में देखा गया स्वप्न शाश्वत व सच है और न ही शरीर द्वारा किया गया कर्म शाश्वत व सच है। बिना कर्म किए कोई भी जीव क्षण भर भी नहीं रह सकता है।

यमदूतों के वचन सुनकर विष्णुदूतों ने कहा, "अजामिल ने विवशवश ही सही, श्रीनारायण का नाम उच्चारण किया है और इससे उसके करोड़ों जन्मों के पापों का प्रायश्चित्त हो चुका है। चोर, मित्रद्रोही, ब्रह्महत्यारा, गुरु की स्त्री से संबंध रखनेवाला, गऊ का हत्यारा और जितने भी पापी हैं, उन सभी के लिए श्री विष्णु भगवान् का नाम लेने से ही प्रायश्चित्त हो जाता है। क्योंकि इससे भगवान् के गुण, लीला और स्वरूप की जानकारी होकर बुद्धि जाग्रत् हो जाती है।" आगे विष्णुदूत कहते हैं, "इस अजामिल को तुम अपने साथ नहीं ले जाओ। इसके मन में प्रायश्चित का भाव आ गया है।" अजामिल अभी भी मरा नहीं था, क्योंकि यमदूतों को उसके शरीर में से जीवात्मा निकालने से विष्णु दूतों ने रोक दिया था और जब उन दोनों के मध्य वार्त्तालाप चल रहा था, तब अजामिल उनके तर्क-वितर्क को सुन रहा था तथा यह निर्णय होना शेष था कि अजामिल की जीवात्मा को ले जाने का आखिरकार दावेदार कौन है?

विष्णुदूतों ने यमदूतों को समझा-बुझाकर वापस किया। अजामिल ने विष्णुदूतों के समक्ष अपना सिर झुकाकर प्रणाम किया। इसी समय तत्काल ही विष्णुदूत अंतर्ध्यान हो गए। वहाँ से प्रस्थान के बाद यमदूतों ने समस्त वृत्तांत यमराजजी को सुनाया और पूछा कि चार भुजाधारी वे कौन हैं? यमदूतों को सुनकर यमराजजी ने भगवान् श्री विष्णु का स्मरण किया और मन-ही-मन उन्हें प्रणाम किया और यमदूतों को समझाया, "मेरे अतिरिक्त एक अन्य भी समस्त विश्व के संचालक हैं। तुम लोगों ने मुझे भले ही सर्वोच्च स्वीकार

किया है, किंतु मैं सर्वोच्च नहीं हूँ। मेरे ऊपर इंद्र, चंद्र आदि अनेक देवताओं के ऊपर भी एक परम स्वामी हैं। जिस तरह बैलगाड़ी का चालक बैलों को अपने नियंत्रण में रखने के लिए उनके दोनों नथुनों रस्सियाँ बाँधे रहता है, उसी तरह भगवान् वेदों में कहे गए अपने वचनरूपी रस्सियों से सभी को बाँधे रहते हैं। मैं, इंद्र, वरुण, चंद्र, सूर्य, अग्नि, वायु आदि भी इनकी लीला का मर्म नहीं जानते हैं। विष्णुदूत देखने में अति सुंदर व उसी के समान सद्गुण स्वभाव वाले हैं और वे प्रायः इस लोक में विचरण करते रहते हैं। वे भगवत भक्तों को शत्रुओं से एवं सभी बाधाओं से सदा सुरक्षित रखते हैं। भगवान् आत्मनिर्भर और पूर्णतः स्वतंत्र हैं। वह इस समस्त संसार के स्वामी हैं। विष्णुदूतों की पूजा देवता भी करते हैं। तुम ऐसे भक्तों के पास मत जाना, क्योंकि भगवान् के भक्त पूर्णतः भगवान् की शरण में होते हैं। भगवान् के द्वारा ही उनकी रक्षा होती है। परमहंस, महापुरुष भौतिक भोग की इच्छा नहीं रखते हैं। तुम मेरे पास सिर्फ उन्हीं जीवात्माओं को लाओ, जो भगवान् से विमुख हैं, जो सांसारिक भोग विलास में लिप्त हैं।"

इस प्रकार अजामिल को मृत्यु से विष्णुदूतों ने बचा लिया। अजामिल को अपने किए पापों का प्रायश्चित हुआ। वह दुःखी हुआ और सोचना लगा, "पृथ्वी पर मेरा क्या अस्तित्व था, फिर भी अभिमान और कामुकता के कारण दासी वेश्या के गर्भ से संतानें उत्पन्न कीं। मुझे धिक्कार है, जो मैंने अपनी पतिव्रता पत्नी को छोड़कर मदिरा पीने वाली वेश्या से विवाह कर लिया था। मैंने अपने वृद्ध, असहाय व निरीह माता-पिता को त्याग दिया था। मैंने ऐसा घोर अन्याय किया है। अब मैं अपने दुष्कर्मों के कारण नरक में ही गिरूँगा, जहाँ यातनाएँ भोगी जाती हैं। मैंने अभी तक जो अद्भुत दृश्य (विष्णुदूतों व यमदूतों का संवाद) देखा है, वह एक स्वप्नमात्र ही था। (श्रीमद्भागवत 6/2/26 से 30) शुकदेवजी अपने शिष्य राजा परिक्षित को कथा सुनाते हुए कहते हैं कि पापकर्मों का सच्चा प्रायश्चित तो भगवत स्वरूप ज्ञान के पश्चात् ही होता है। जो मनुष्य मन, वचन और शरीर के द्वारा किए जा रहे कर्म से किए हुए पापों का इसी जन्म से प्रायश्चित नहीं करते हैं तो मरने के बाद उन्हें भयंकर यातनापूर्ण नरकों में जाना पड़ता है। धर्मज्ञ, श्रद्धावान, धीर-पुरुष, तप, ब्रह्मचर्य, शम, दम, दान, सत्य, शौच, यम और नियम द्वारा जो अपने मन, वाणी तथा शरीर द्वारा बड़े से बड़े पापों को नष्ट कर देते हैं, उन्हें नरक का भागीदार नहीं होना पड़ता है। इस तरह दुष्कर्मी, पापकर्मी अपनी समस्त इंद्रियों को भगवत भक्ति में लगाकर शुद्ध हो जाते हैं। संसार में भक्ति-मार्ग सर्वश्रेष्ठ है, कल्याणमय है एवं भयरहित है। जिसने भी भगवान् श्री कृष्णचंद्र की भक्ति में अपना मन लगा लिया, वे मृत्यु के समय यमदूतों के दृश्य और भय से मुक्त हो जाते हैं।

यद्यपि उक्त कथा में भगवान् विष्णु भक्ति की प्रधानता को बताया गया है और मेरा (मुझ लेखक) ऐसा सोचना है कि जो व्यक्ति मन, वाणी, वचन, कर्म से भक्त होगा वह

कभी भी दुराचारी नहीं हो सकता है। इस कथा का तात्पर्य यह कतई नहीं है कि कोई व्यक्ति जीवन भर दुराचारी, पापकर्मी बना रहे और मृत्यु होते अंत समय 'नारायण' का नाम पुकार ले तो उसके समस्त पाप धुल जाएँगे। विष्णु-दूत व यमदूत जाने के बाद अजामिल मरा नहीं था, उसे पश्चात्ताप हो रहा था, उसके मन में दंड भोगने का भाव प्रकट हो रहा था।

इस कथा में उक्त प्रसंग से यह संदेश व उपदेश मिलता है कि मनुष्य के जीवन में पथ-भ्रष्ट होने के अनेक मौके आ सकते हैं, लेकिन ऐसे मौकों पर बुद्धि व विवेक की शून्यता मन में नहीं आनी चाहिए। संयम स्थापित करते हुए मन को स्थिर रखना चाहिए। मनुष्य ने यदि शरीर जीवन में रहते हुए अपने कुकर्मों का दंड भोग लिया है तो मरणोपरांत उसे कष्ट नहीं मिलते हैं। इसी कारण यमदूतों ने कहा था कि अजामिल को वे यमराज के पास ले जाएँगे, क्योंकि उसने पापों का प्रायश्चित नहीं किया है।

उक्त प्रसंग में यह संदेश दिया गया है कि भगवान् का नाम हृदय से लिया जाए तो निश्चित ही सतोगुण का अवतरण होने लगेगा। मन में यदि पूर्व के अपराध व पापकर्मों का प्रायश्चित है, तभी यह माना जाएगा कि उसे दंड मिल चुका है। एक अपराधी को कुछ समय के लिए कारावास का दंड दे दिया गया और कारावास-अवधि में भी उसके मन में प्रायश्चित का भाव नहीं आ पाया, उसमें अपराध-बोध प्रकट नहीं हो पाया और सिर्फ कारावास के समय को व्यतीत कर दिन गिनने का कार्य किया गया है, तो इस कार्य व सोच को दंड मिलना नहीं कहा जा सकता है। ऐसा अपराधी तो कारावास से निकलकर पुनः अपराध ही करेगा। जब मन में पछतावा ही नहीं है, अपराध-बोध ही नहीं है, प्रायश्चित करने का भाव ही नहीं है, तो किए गए पाप-कर्म और अपराध तो यथावत् अपने सिर ऊँचा किए हुए सामने ही खड़े रहेंगे। मात्र कारावास भुगतने मात्र से मृत्यु के पश्चात् यदि नरक में जाने का और दंड मिलने की धारणा सच है, तो फिर वह तो भुगतना ही पड़ेगा। अनेक बार हम यह भी देखते हैं कि किसी गलत कार्य और त्रुटि होने पर प्रायश्चित करते हुए व्यक्ति स्वयं को ही दंड देने लगता है, भले ही वह कानून, पुलिस व न्यायालय की पकड़ में नहीं आ पाए। सच्चा दंड और पापकर्म का भोग यही है।

'श्रीमद्भागवत' के स्कंद पुराण में अजामिल की उपरोक्त कथा वर्णित है। पौराणिक कथाओं के संबंध में तर्क-वितर्क नहीं किया जाना चाहिए, क्योंकि इन कथाओं के माध्यम से व्यक्ति को अपनी जीवन-शैली और आचरण सुधारने की प्रेरणा मिलती है। भगवान् की भक्ति करने में भगवान् के गुणों का ध्यान स्वतः ही आ जाता है अर्थात् सद्गुणों का अवतरण भक्त में होने लगता है। कथा का सार यह है कि सदाचरण, सद्गुणी, सत्कर्मी, सतोगुणी, सत्संग करनेवाला व्यक्ति मृत्यु के पश्चात् भी सुख और आनंद में रहेगा। इसके ठीक विपरीत गुणों वाले व्यक्ति को दुःख ही दुःख मिलने वाले हैं।

□

'गरुड़ पुराण' में मृत्यु के बाद का क्या प्रसंग है ?

भारत में 'गरुड़ पुराण' का संबंध मृत्यु के पश्चात् के समय से सीधा जोड़ा जाता है। 'गरुड़ पुराण' के मुख्य एवं संक्षिप्त अंश यहाँ उल्लेख करना आवश्यक है, वरना मृत्यु के पश्चात् का विषय अधूरा ही रह जाएगा और आमजन को 'गरुड़ पुराण' की जानकारी होना भी प्रासंगिक है। प्रायः अधिकांश हिंदुओं के यहाँ मृत्यु के पश्चात् 'गरुड़ पुराण' का वाचन पंडित के द्वारा कराया जाता है और उपस्थित परिवार व निकटजन उसे सुनते हैं। जिससे कि आमजन यह जान लें कि मृत्यु-पश्चात् जीवात्मा के साथ कैसा व्यवहार होता है और इसके पीछे का कारण यह प्रकट होता है कि खराब आचरण के लोग अपने शरीर जीवन में सुधरे, जीवन को अच्छा बनाएँ। 'गरुड़ पुराण' में मृत्यु के पश्चात् की स्थिति और जीवात्मा का गमन वर्णित है। दुष्ट और पापी व्यक्ति की जीवात्मा को नरक में दंड दिए जाने का वर्णन है। पौराणिक शास्त्रों में 'गरुड़ पुराण' प्राचीनतम ग्रंथ है और प्राचीन समय में मृत्यु के पश्चात् के संदर्भ में कोई भी खोज करने का विषय ही नहीं था, तब भी 'गरुड़ पुराण' ग्रंथ का अस्तित्व था। 'गरुड़ पुराण' का अध्ययन करने से इतना अवश्य प्रकट होता है कि मनुष्य जीवन में व्यक्ति यदि सदाचारी, सद्गुणी रहेगा तो मृत्यु के पश्चात् उसे स्वर्ग में जाना होगा और यदि वह पापकर्मी व दुष्ट रहा है तो मृत्यु के पश्चात् भी उसे दंड भोगना पड़ेगा।

'गरुड़ पुराण' में दिए गए विवरण को वर्तमान समय में व्यक्ति सुनना और पढ़ना नहीं चाहता है और इस ग्रंथ को सिर्फ मृत्यु के पश्चात् तेरहवीं के पूर्व तक सीमित करते हुए औपचारिक मात्र बनाकर रख दिया गया है। 'गरुड़ पुराण' ग्रंथ के प्रारंभ ही कहा गया है कि विष्णु भगवान् सर्वश्रेष्ठ सर्वत्र रूप में विद्यमान हैं। नैमिषारण्य आदि ऋषि-मुनियों ने भगवान् विष्णु की प्राप्ति के लिए यज्ञ किया था और तब एक बार श्री सूतजी से यह प्रश्न किया कि सुख देने वाले वेद के सिद्धांत को तो आपने सुनाया है, अब यम मार्ग को भी सुनाएँ। इस संदर्भ में यह प्रसंग सूतजी ने ऋषि-मुनियों को बताया जो गरुड़जी के

पूछने पर भगवान् विष्णु ने गरुड़जी को सुनाया था एवं गरुड़जी व विष्णु भगवान् का जो वार्त्तालाप हुआ था, वह 'गरुड़ पुराण' है।

'गरुड़ पुराण' में वर्णित किए गए विवरण की प्रामाणिकता को समय के बदलते क्रम में जिन लोगों ने मृत्यु के पश्चात् जीवात्माओं का आह्वान करके उन्हें बुलाया है और जानकारी प्राप्त की है, तो उससे इतना तो अवश्य स्पष्ट हुआ है कि दुष्ट, पापी, कपट व्यवहार करनेवाले व्यक्ति को मृत्यु के पश्चात् उसकी जीवात्मा को आत्म-शांति, सुख, आनंद नहीं मिलता है और परलोक में उसे स्थान नहीं दिया जाता है, वह भटकता रहता है और उसे दुःख का अनुभव होता है। इस ग्रंथ के माध्यम से यह संदेश मिलता है कि "सुधर जाओ अन्यथा मृत्यु के पश्चात् कष्ट ही कष्ट और दंड के भागीदार बनोगे।"

जितना यह कहना सत्य है कि 'गरुड़ पुराण' में बताई गईं बातें सत्य नहीं हैं, उतना ही यह कहना भी सत्य है कि 'गरुड़ पुराण' में लिखी गई बातें और गरुड़जी का भगवान् विष्णु से हुआ संवाद सत्य है। मनुष्य जीवन में जो दुष्ट व पापकर्मी रहे हैं और दूसरों को कष्ट देते रहे हैं, न तो स्वयं अच्छे से रहे और न ही किसी अन्य दूसरों को अच्छे से रहने दिया, वे ही व्यक्ति 'गरुड़ पुराण' में कही गई बातों को झूठ व बकवास कह सकते हैं। इसका कारण यह है कि 'गरुड़ पुराण' में अत्याचारी, दुष्ट, पापकर्मी मनुष्यों के संदर्भ में ही यह बताया गया है कि मृत्यु के बाद उन्हें नरक में जाकर दंड भोगना होगा।

सदाचारी, सत्यवादी, प्रेमी-हृदय, दयावान, दूसरों की सहायता करनेवाले, धार्मिक विचारों के आध्यात्मिक चिंतन करनेवाले आत्म-तत्त्व की पहचान करनेवालों के लिए दंड भोगने का कोई उल्लेख 'गरुड़ पुराण' में नहीं है। जो मनुष्य सत् एवं असत् विचार का भेद कर लेते हैं और सत् विचारों वालों हैं अर्थात् सद्गुणी हैं, वे मोक्ष का लाभ लेते हैं।

'गरुड़ पुराण' के चतुर्थ अध्याय में यह उल्लेख है कि धर्मात्माओं की जीवात्मा पूर्व, पश्चिम व उत्तर द्वारा से यमपुर को जाती है एवं दुष्ट व पाप-कर्मी मनुष्यों की जीवात्मा दक्षिण द्वारा से यमपुर पहुँचती है, जिन्हें वहाँ दुःख देने वाली वैतरणी नदी मार्ग में मिलती है। ब्राह्मण, गौ को मारने वाले, बालक, स्त्री का वध करनेवाले, गर्भपात करनेवाले, गुप्त पापों को करनेवाले वैतरणी को जाते हैं। जो व्यक्ति ऋण लेकर वापस नहीं करते हैं, दूसरे की धरोहर जब्त कर लेते हैं, विश्वासघात करते हैं, भोजन में विष मिलाकर खाने को देते हैं, गुणवान व्यक्तियों से ईर्ष्या रखते हैं, नीच संगति करते हैं, सत्संग से दूर रहते हैं, गुरु व देवताओं की निंदा करते हैं, पुराण, वेद, न्याय, वेदांत आदि शास्त्रों को दोष देते हैं, दुःखियों को देखकर प्रसन्न होते हैं, और सुखी व्यक्ति को देखकर उसे दुःख देते हैं, माता-पिता, गुरु का अपमान करते हैं, यज्ञ में विध्वंस करते हैं, दान छीन लेते हैं, झूठी गवाही देते हैं, छल व कपट से धन इकट्ठा करते हैं, चोर हैं, पतिव्रता कुलीन शीलवती स्त्री को बिना युक्तियुक्त कारण से ईर्ष्यावश त्याग करते हैं, मृत्यु के

पश्चात् ऐसे अनेक दुष्कर्म करनेवालों की जीवात्माएँ रोते हुए यम मार्ग से वैतरणी में गिरती हैं।

'गरुड़ पुराण' में कहा गया है कि पापी व दुष्ट व्यक्ति की जब मौत आती है तो प्राण निकलते समय उसे सौ बिच्छुओं के काटने जैसी पीड़ा होती है। उसे यमदूत दिखते हैं और उनके भय से मुख से लार व फेन गिरने लगता है तथा पापियों के प्राण गुदा-द्वार से निकलते हैं। यमदूतों के भयानक रूप को देखकर मृतक का मल-मूत्र निकल जाता है। जिनका मन सदा पाप कर्मों में आसक्त बना रहता है, जिनमें दया का भाव नहीं है और बुरी संगत में रहते हैं तथा अपने को प्रतिष्ठित मानते हुए नम्र नहीं होते हैं एवं जिनमें धन का अभिमान रहता है, ऐसे व्यक्ति राक्षसी प्रवृत्ति के हैं और देव कृपा से वंचित रहते हैं। जो व्यक्ति पराई स्त्री और पराए धन को हड़पने में मन लगाए रहता है एवं मोह जाल में फँसा है, वह मृत्यु के पश्चात् नरक में जाता है एवं यम-लोक में उसे यातनाएँ दी जाती हैं।

जीवात्मा शरीर से बाहर निकलकर अँगुष्ठ के समान सूक्ष्म शरीर को धारण कर लेती है। तब जीवात्मा अपने ही घर को देखती है और यमदूत उसके सूक्ष्म शरीर को गले में रस्सी बाँधकर ले जाते हैं (श्री जे.डी. गोयल की पुस्तक 'मृत्यु के बाद' में दिए विवरण के अनुसार भी जीवात्माओं ने यह बताया है कि मृत्यु के समय एक सफेद चमकदार रस्सी, जिसे सिल्वर कोर्ड कहा गया है, मृतक व्यक्ति को दिखती है)। 'मृत्यु के पश्चात्' विषय पर जिन थ्योसोफिस्ट ने शोध किया है और आहूत की गईं जीवात्माओं ने उन्हें इतना अवश्य बताया है कि दुष्ट जीवात्मा को अंधकार-ही-अंधकार में रहना होता है और जब वह सुधर जाती है, तभी उसे प्रकाश दिखता है। 'गरुड़ पुराण' के अनुसार, जीवात्मा को नरक में उसके पाप कर्मों के कारण उसका भोगमान दंड के रूप में पूर्ण हो जाता है, तब उसे पुनर्जन्म हेतु पुनः पृथ्वी पर भेजा जाता है। मृत्यु के तत्काल पश्चात् जीवात्मा को भूख लगती है और मरने के समय दिए गए पिंड, दान, श्राद्ध को वह ग्रहण करता है। जिनका पिंड दान नहीं होता है, वे जीवात्माएँ प्रेत-योनि को प्राप्त कर निर्जन स्थान में घूमती रहती है। पिंड दान दस दिन तक प्रतिदिन चार भागों में होता है, दो भाग पंच भूतों के लिए होते हैं, तीसरा भाग यमदूतों को और चौथा भाग जीवात्मा को मिलता है (परंतु मृत्यु के पश्चात् शोध किए जाने पर किसी भी जीवात्मा ने इस प्रकार का विवरण नहीं बताया)।

गरुड़जी के पूछने पर विष्णु भगवान् ने बताया कि यमलोक अत्यंत दुःख देने वाला है वहाँ वृक्ष की छाया नहीं है, जल नहीं है, जीवात्मा प्यासी रहती है, विषैले साँपों से कटाया जाता है, गरम रेत पर चलाया जाता है, उबलते घी की कड़ाई में डाला जाता है, सूई के समान मुख वाले कीड़ों से कटवाया जाता है, आदि अनेक कष्टदायी विवरण

जीवात्मा को दिए जाने का 'गरुड़ पुराण' में वर्णित है।

गरुड़जी को आगे विष्णु भगवान् बताते हैं कि जीवात्मा 17 दिन तक प्रेत-योनि में रहती है और 18वें दिन वह सौम्यपुर नामक नगर में पहुँचती है, यहाँ पुष्प भद्रा नामक नदी है और अत्यंत सुखकारी एक वट वृक्ष है। यहाँ जीवात्मा विश्राम करती है, इसके पश्चात् सौरपुर को प्रस्थान करती है, वहाँ एक जंगम नाम का राजा है। वहाँ जीवात्मा अन्न व जल को ग्रहण करती है एवं डेढ़ महीने में सौरपुर को वह पार करती है। इसके बाद जीवात्मा नगेंद्र भवन में पहुँचती है। यहाँ पर परिवारजन द्वारा दिए गए श्राद्ध के समय का भोजन व सामग्री को ग्रहण करती है एवं तीसरे महीने में जीवात्मा पत्तनपुर पहुँचकर श्राद्ध के समय दिए गए पिंड का भोजन ग्रहण करती है। चौथे महीने में जीवात्मा शैलपुर नामक नगर में पहुँचती है और वहाँ पर पत्थरों की वर्षा से पीड़ित होती है एवं पाँचवें महीने में क्रोंचपुर में पहुँचती है, वहाँ पर अत्यंत निर्दयी प्राणी रहते हैं।

[मेरी (मुझ लेखक की) अपनी मान्यता है कि मनुष्य को कर्म फल का भोगमान अवश्य करना होता है और ईश्वर बहुत ही दयालु है एवं जीवात्मा को कष्ट देने का उद्देश्य कतई नहीं रहता है। अपने ही पाप कर्मों के कारण से जीवात्मा स्वयं ही कष्ट में रहती है।]

गरुड़जी के इस प्रश्न पर कि जीवात्मा यम-मार्ग की यात्रा पूर्ण करने के बाद यम-लोक में किस प्रकार से यातना भोगती है ? इस विषय पर विष्णु भगवान् ने कहा है कि जीवात्मा यम-लोक में हाहाकार करते हुए चिल्लाती है और चिल्लाहट को सुनकर यमराज का द्वार-पाल धर्मध्वज चित्रगुप्त को सूचित करता है और फिर चित्रगुप्त उस जीवात्मा के अच्छे बुरे कार्यों का लेखा-जोखा यमराज को बताते हैं। भैंसे पर बैठे अपने भयंकर स्वरूप में यमराज पापी और दुष्ट जीवात्मा को दर्शन देते हैं। यमराज 32 भुजाओं वाले हैं और मेघ के समान गर्जन करते हुई उनकी आवाज है, काला स्वरूप है, चमकने वाले शस्त्र धारण किए हुए हैं। तब यमराज की आज्ञानुसार चित्रगुप्त जीवात्मा से कहते हैं, "तुमने अभिमान से प्रमत्त होकर पाप-कर्म क्यों किए ? काम, क्रोध और दुष्टों की संगत करके तुमने यह क्या किया ? पहले तो बड़े हर्ष के साथ पाप किए अब यातनाएँ सहो। इससे नहीं बच सकते। यहाँ मूर्ख, पंडित, प्रबल, निर्बल, दरिद्र, धनवान—सभी एक समान हैं।" तत्पश्चात् यमराज जीवात्मा के अच्छे, बुरे कर्मों के आधार पर उचित दंड देने की आज्ञा देते हैं। यमराज की आज्ञा पाकर दूत उस जीवात्मा को नरक की ओर रस्सी से बाँधकर ले जाते हैं। वहाँ एक विशाल अग्नि के समान गरम वृक्ष है और वृक्ष के नीचे जीवात्मा को उल्टा करके लटका दिया जाता है। फिर उसे ताड़ना दी जाती है। जीवात्मा यमदूतों से क्षमा माँगती है और पापी व दुष्टात्मा को विभिन्न हथियारों से मारा, पीटा जाता है। यमदूत उससे कहते हैं, "तूने भूखे व्यक्तियों को भोजन, प्यासों को पानी,

पीड़ित की सहायता नहीं की, घर पर आए हुए अतिथि का सत्कार नहीं किया, कोई तीर्थाटन नहीं किया, ग्रहस्थ होते हुए अन्नदान नहीं किया, साधुओं की सेवा नहीं की, अब यमराज की आज्ञा से दंड भोगो।" 'गरुड़ पुराण' में विभिन्न प्रकार के घोरतम यातनाएँ जीवात्मा को दिए जाने का उल्लेख है। चौरासी लाख नरक बताए गए हैं और उनमें से अत्यंत कष्ट देने वाले इक्कीस नरक हैं, जिनके नाम हैं—(1) तमिस्त्र, (2) लोहशंकु, (3) महारौरव, (4) शाल्मली, (5) रौरव, (6) कुड्मल, (7) कालसूत्र, (8) पूति मृतिक, (9) संघात, (10) लोहितोद, (11) विष, (12) संप्रतायन, (13) महानिरय, (14) लकाको, (15) संजीवन, (16) महापथ, (17) अवीचि, (18) अंधतामिस्त्र, (19) कुंभीपाक, (20) संप्रतायन, (21) तपन। जो व्यक्ति अधर्म से अपने कुटुंब का पालन-पोषण करते हैं, उन्हें अंधतामिस्त्र नरक में जाना होता है।

हिंदू शास्त्रों में यमलोक के मार्ग का विवरण किया गया है। 'ब्रह्मपुराण' में व्यास जी ने कहा है कि मृत्यु के पश्चात् जीवात्मा को यमलोक के मार्ग से जाना पड़ता है। पुण्य आत्माएँ पुण्य-लोकों में पहुँचती हैं और पाप-कर्मी, पाप-मय लोकों में जाते हैं। 'ब्रह्मपुराण' के अनुसार, यम-लोक में मुख्यत: 22 प्रकार के नरक हैं, जिनमें पापकर्मियों को यातनाएँ मिलती हैं। यमलोक के मार्ग में वृक्षों की छाया नहीं है, तालाब नहीं हैं, पोखर, बावड़ी, कुएँ, नदी, पर्वत, ठहरने योग्य स्थान नहीं है। यहाँ जीव अत्यंत कष्ट में पड़ा रहता है। इस मार्ग पर सभी दुष्ट पापकर्मियों को जाना होता है।

'गरुड़ पुराण' के पंचम अध्याय में बताया गया है कि गरुड़जी ने विष्णु भगवान् से पूछा कि कौन से पाप का भागीदार कौन सी योनि में जाते हैं ? तब भगवान् ने जवाब दिया कि नरक से वापसी पर ब्राह्मण को मारने वाला क्षय रोगी, गौ को मारने वाला कुबड़ा, कन्या को मारने वाला कोढ़ी, स्त्री को मारने वाला म्लेच्छ जाति में रोगी होकर जन्म लेता है। स्वगोत्री कन्या से शादी करनेवाला नपुंसक, गुरु की पत्नी से दुष्कर्म करनेवाला चर्मरोगी के रूप में जन्म लेता है। जो व्यक्ति श्राद्ध में अशुद्ध भोजन देता है उसे सफेद कोढ़, गुरु का अपमान करनेवाले को मृगी, झूठी गवाही देने वाला गूँगा, गौ को लात मारने वाला एवं असत्य बोलने वाला बहरा आदि पाप-कर्मों का विभिन्न प्रकार के फल पुनर्जन्म में मिलना बताए गए हैं।

गरुड़जी के इस प्रश्न पर कि वे कौन से उपाय हैं, जिनसे जाने-अनजाने में किए पाप-कर्मों के कारण यातनाओं से बचा जा सकता है, विष्णु भगवान् बताते हैं कि ऐसे धर्मात्मा व्यक्ति, जिनके पुत्र होते हैं, उनकी दुर्गति नहीं होती है। यदि किसी कारण पुत्र की उत्पत्ति नहीं हुई है तो 'हरिवंश पुराण' की कथा सुनकर भक्ति भाव शत् चंडी के विधान से और भगवान् शिव की आराधना से अच्छी बुद्धि वाले पुत्र जन्म लेते हैं। एक ही धर्मात्मा पुत्र संपूर्ण कुल को तार देता है। पुत्र, पौत्र से स्वर्ग की प्राप्ति होती है। विष्णु

भगवान् बताते हैं कि जब मनुष्य वृद्धावस्था में अपने कानों को बंद करने पर उसे सन्-सन् की आवाज हृदय में सुनाई पड़ती हो, तब समझ लेना चाहिए कि मृत्यु का समय निकट आ गया है। (डॉ. रेमंड मूडी ने भी अपने प्रयोगों में ऐसा ही अनुभव बताया है, जिसका उल्लेख इसी पुस्तक में है) उस समय विष्णु भगवान् के सालिगराम स्वरूप की पूजा करना चाहिए, ब्राह्मणों को दान एवं भोजन कराना चाहिए, अष्टाक्षर 'ओम विष्णुवे नमः' तथा द्वादशाक्षर 'ओम नमो भगवते वासुदेवाय' मंत्र का जाप करें। इन मंत्रों का जाप करनेवाले को मृत्यु के समय यमदूतों के भयंकर स्वरूप नहीं दिखते हैं। गीता व विष्णुसहस्त्रनाम का पाठ करना चाहिए। एकादशी का व्रत करना चाहिए; गंगाजल, तुलसीदल, विष्णु भगवान् का चरणामृत मुख में मृत्यु के समय डालना चाहिए। तिल, लोहा, सोना, कपास (रूई) नमक, सप्तधान, पृथ्वी व गौ, ये आठ प्रकार के दान करना चाहिए। इस प्रकार के दान से चित्रगुप्त प्रसन्न होते हैं। धान, जौ, गेहूँ, मूँग, उड़द, कंगनी, चने के दान से धर्मराज प्रसन्न होते हैं। जो दान पृथ्वी पर मनुष्य करते हैं, वे यमलोक के मार्ग में उन्हें काम आते हैं। पुण्य कर्म से ही मनुष्य जन्म मिलता है और मनुष्य देह पाकर जो धर्म करता है, उसे मोक्ष प्राप्त होता है। जिस घर में तुलसी का पौधा लगा है, वहाँ यमदूत नहीं जाते हैं, वह तीर्थ है। गोबर से लिपा हुआ स्थान पवित्र माना जाता है और पिशाच, राक्षस, भूत, प्रेत एवं यमदूत बिना लिपे स्थान पर पहुँच सकते हैं। अच्छे संस्कार वालों के प्राण मुख, आँख, नाक और दोनों कानों से होकर निकलते हैं। योगी के प्राण तालु के छिद्र से निकलते हैं।

'गरुड़ पुराण' के अध्याय-10 में बताया गया है कि पुत्र को अपने माता-पिता की अंत्येष्टि करनी चाहिए, मुंडन कराना चाहिए, नवीन वस्त्रों से पिंड-दान करना चाहिए, चंदन, तुलसी, पलाश, पीपल की लकड़ियों की चिता बनानी चाहिए। चिता पर दो पिंड रखने चाहिए और यदि पंचक में मृत्यु हो तो पाँच की मृत्यु होती है, अतः पंचक में दाह-संस्कार नहीं करना चाहिए या फिर मृतक के निकट चार पुतले रखना चाहिए। वे पुतले कुशा के बने हों और उन्हें भी दाह-संस्कार में शामिल करना चाहिए। दाह-संस्कार के समय आधा दाह होने पर या पूर्णतः होने पर चिता में जलते समय मृतक के मस्तिष्क को लकड़ी से छेद करना चाहिए और तब घी की आहुति कपाल पर करनी चाहिए। दाह-संस्कार के पश्चात् पहले स्त्रियों को और फिर पुरुषों को स्नान करना चाहिए। इसके बाद नीम की पत्ती को दाँतों से कुतरें। पहले स्त्रियाँ घर के अंदर प्रवेश करें, उसके बाद पुरुष। मृतक का शव घर में जिस स्थान पर रखा गया हो, उस स्थान को गोबर से लीपें और 12 दिन तक उस स्थान पर दीपक रखें। सूर्य के अस्त होने पर श्मशान में अथवा चौराहे पर मिट्टी के पात्र में दूध व जल तीन दिन तक भरें। पुत्र अपने माता-पिता का दाह-संस्कार करे और यदि पुत्र नहीं है तो भाई बंधु क्रिया

कर्म-कांड करे। सपिंडी के दिन उसकी शांति विधिपूर्वक करना चाहिए।

'गरुड़ पुराण' के 12वें अध्याय में श्राद्ध व पिंड-दान से संबंधित विवरण है एवं 13वें अध्याय में उल्लेख है कि गरुड़जी ने भगवान् श्री विष्णु से पूछा कि सपिंडन व सूतक की विधि क्या है? इस पर भगवान् ने समझाया कि सपिंड क्रिया के बाद ही जीवात्मा प्रेत-योनि को छोड़कर पितृ-योनि प्रवेश करती है। सपिंडी किए बिना सूतक से निवृत्ति नहीं होती है। इसलिए पुत्र को सूतक के अंत में सपिंडन करना चाहिए। ब्राह्मण की दस दिन में, क्षत्रिय की बारह दिन में, वैश्य की पंद्रह दिन में और शूद्र की एक माह में शुद्धता करनी चाहिए। प्रत्येक वर्ण के लिए 12वें दिन सपिंडन करना चाहिए। सूतक के समय संन्यासी को भिक्षा नहीं देनी चाहिए। यज्ञोपवीत, व्रत, उद्यापन, उत्सव, विवाह, यज्ञ आदि नहीं करना चाहिए। सपिंडन करना अत्यावश्यक है। जो लाभ तीर्थ दर्शन से मिलता है, सभी प्रकार के यज्ञ करने से मिलता है, वही लाभ 12वें दिन सपिंडन करंने से प्राप्त होता है (जो कर्म-कांडी विद्वान् पंडित जानते हैं, उन्हीं से विधि अनुसार सपिंडन का कार्य कराना चाहिए)। गया जाकर जो श्राद्ध कर्म करते हैं, उनके पितर भव सागर से छूट जाते हैं। इसलिए गया जाकर आदर-पूर्वक पिंड-दान करना चाहिए।

हिंदुओं में मृत व्यक्ति के स्वजन अंत्येष्टि संस्कार करते हुए प्रार्थना करते हैं कि उसकी सद्गति हो। ऐसी धारणा व विश्वास है कि मृतक के नाम से जो कुछ भी प्रार्थना व कर्म-कांड किए जाएँगे, वे परलोक में उस जीवात्मा की सहायता करेंगे। हिंदू स्वर्ग-सत्ता में विश्वास करते हैं।

'गरुड़ पुराण' के 14वें अध्याय में यह प्रसंग है कि जो धार्मिक व्यक्ति हैं, उनके यमलोक में जाने का मार्ग क्या है? तब विष्णु भगवान् ने गरुड़जी को बताया कि मृत्यु के बाद दिव्य धर्मनगर बड़े ही पुण्य करने से से मिलता है। याम्य और नैर्ऋत्य के बीच में यमराज का नगर है। यह चौकोर है और उसके चार दरवाजे हैं। वह चहारदीवारी से घिरा हुआ है। इस नगर में चित्रगुप्त का सुंदर निवास है। यह सैकड़ों पताकाओं तथा ध्वजों से शोभित है, गाना-बजाना होता है, बाग-फुलवारी से मनोहर है और अनेक पक्षी उसमें बोलते हैं। गंधर्व व अप्सराओं से शोभायमान है। इसमें चित्रगुप्त एक परम अद्भुत आसन पर बैठकर मनुष्यों की आयु की गणना करते हैं। वह मनुष्यों के पाप-पुण्य का लेखा-जोखा रखते हैं। चित्रगुप्त के निवास से पूर्व दिशा में ज्वर का घर है। पश्चिम दिशा में कालपाश का घर है, उत्तर दिशा में राजरोग व पांडुरोग का घर है एवं दक्षिण दिशा में शूल व विस्फोटक के घर हैं। ईशान दिशा में सिर की पीड़ा का तथा अग्नि कोण में मूर्च्छा का घर है। चित्रगुप्त के घर के आगे और पुर के मध्य में यमराज का रत्नमय महल है। यह बहुत दिव्य है। सोने के तोरण व दरवाजे इसमें हैं। यमराज के घर की सुंदरता, भव्यता का वर्णन 'गरुड़ पुराण' में दिया गया है। अप्सराओं के गाने-बजाने होते हैं। यमराज की

सभा में पक्षपात नहीं होता है। धर्म को जानने वाले सूर्यवंशी और चंद्रवंशी राजा सभा में धर्मराज यमराज की सेवा करते हैं।

धर्मराज की सभा में पापी जीवात्माएँ दक्षिण मार्ग से होकर आती हैं और वे धर्मराज की सभा को देख नहीं सकती हैं। धर्मराज के नगर में शेष तीन मार्ग से बड़ी पुण्यात्माएँ वाली जीवात्माएँ आती हैं। पूर्व दिशा का मार्ग सभी प्रकार के भोगों से युक्त है व कल्पवृक्ष की छाया से आच्छादित एवं रत्नों से शोभित है। अमृतरूपी जल से युक्त है। जो देवताओं की आराधना करनेवाले हैं, शिव की भक्ति में तत्पर रहते हैं, ग्रीष्म ऋतु में जो जलदान करते हैं और माघ के माह में जो ईंधन दान करते हैं, वर्षा ऋतु में जो विश्राम की व्यवस्था करते हैं, जो लोग अमृत समान वचन बोलते हैं, सत्य धर्म का पालन करते हैं क्रोध व लोभ से रहित हैं, माता-पिता के भक्त हैं व गुरु की सेवा में तत्पर रहते हैं, गोदान व विद्यादान करनेवाले हैं, पुराण को कहने, सुनने और परायण करनेवाले हैं एवं अनेक प्रकार के पुण्य कर्म करनेवाले हैं, वे सभी धर्मराज के नगर में पूर्व मार्ग से होकर पूर्व द्वार में प्रवेश करते हैं। यमलोक को जानेवाला पश्चिम मार्ग भी रत्नों से बना हुआ है। अमृतरूपी जल इस मार्ग में भरा हुआ है और ऐरावत् हाथियों से घिरा हुआ है, उच्च अश्वरत्नों से युक्त है। यमलोक को पश्चिम मार्ग से आनेवाले पश्चिम द्वार से प्रवेश करनेवाले वे होते हैं, जो शास्त्रों का ज्ञान रखते हैं, विद्वान् हैं, परायण करनेवाले, उत्तम विचार वाले, भगवान् विष्णु के अनन्य भक्त एवं गायत्री मंत्र का जाप करनेवाले हैं। जो दूसरों की हिंसा नहीं करते एवं जो दूसरों का धन नहीं लेते, अपनी ही स्त्री के साथ भोग करते हैं। वेद पढ़ने वाले, ब्रह्मचर्य व्रत धारण करनेवाले, वानप्रस्थ व तपस्वी, संन्यासी, जिनके समक्ष कंकड़ व सोना एक समान हो, ज्ञान वैराग्य से जो युक्त हों, शिव तथा विष्णु भगवान् का व्रत करनेवाले हों, वे सभी पश्चिम द्वार से धर्मराज की सभा में प्रवेश करते हैं और उनका बार-बार स्वागत किया जाता है एवं उन्हें सिंहासन बैठने को दिया जाता है, चंदन आदि से उनका पूजन होता है। उत्तर दिशा से आनेवाले मार्ग का विवरण इस प्रकार है कि यह मार्ग अत्यंत सुंदर है। अमृत के समान जल एवं चंदन के वृक्षों से युक्त है। इस दिशा से आनेवाले मार्ग से धर्मराज के नगर में वेद पढ़ने वाले, पूजा करनेवाले, दुर्गा तथा सूर्य भक्त, जो युद्ध धर्म में मरते हैं, अनशन से मरते हैं, काशी में मरते हैं, तीर्थ स्थल के जल में मरते हैं, योगाभ्यास से मरते हैं, महादान करते हैं, वे सभी उत्तर द्वार से धर्मराज के महल में प्रवेश करते हैं।

'गरुड़ पुराण' में यह भी बताया गया है कि स्त्री को गर्भ-धारण कब होता है और इसी परिस्थिति को मेडिकल साइंस भी मान्यता देता है। 'गरुड़ पुराण' के 15वें अध्याय में उल्लेख है कि गरुड़जी ने भगवान् विष्णु से प्रश्न किया कि धर्मात्मा स्वर्ग को सुख छोड़कर निर्मल कुल में जन्म लेने के लिए माँ के गर्भ में कैसे आते हैं? कृपया बताएँ।

इस विषय पर भगवान् विष्णु कहते हैं कि ऋतुकाल में नारी को चार दिन तक पति से दूर रहना चाहिए इन चार दिनों तक पति को पत्नी का मुख भी नहीं देखना चाहिए। चौथे दिन ऋतुकाल से निवृत्त होनेवाली नारी को स्नान करके शुद्ध होना चाहिए और फिर उसके सात दिन बाद पितरों व देवताओं का पूजन एवं व्रत करना चाहिए। प्रथम सात दिन छोड़कर रात्रि में पति से संपर्क करना चाहिए। यह सोलह रात्रि गर्भधारण के लिए उपयुक्त रहती है और उसमें भी चौदहवीं रात्रि में निश्चय ही गर्भ धारण हो सकता है। पान खाकर, पुष्प व चंदन को धारण करके, शुद्ध वस्त्र पहनकर, मन में धर्म धारण कर पुरुष उत्तम शैया पर पत्नी से संबंध बनाएँ। वीर्य स्खलन के समय चित्त में जैसी कल्पना होती है, उसी स्वभाव का जीव स्त्री की कोख में प्रवेश करता है। वीर्य में सदा स्थित चैतन्य रहता है। गर्भ धारण करनेवाली स्त्री को परम आनंद प्राप्त होता है। पुण्यात्माएँ उच्च गृह की स्थिति में जन्म लेती हैं।

मानव शरीर का निर्माण निम्नांकित पाँच तत्त्वों से हुआ है और मृत्यु उपरांत जब दाह-संस्कार शरीर का कर दिया जाता है तो कहा जाता है कि मृतक की देह पंचतत्त्व में विलीन हो गई। ये पाँच तत्त्व निम्नलिखित हैं—

1. पृथ्वी
2. जल
3. अग्नि
4. वायु
5. आकाश

अर्थात् पृथ्वी, जल, अग्नि, वायु और आकाश के इन तत्त्वों से ही गर्भ में पिंड बनता है। अब यह जानना भी आवश्यक है कि शरीर के कौन-कौन में ये पाँच तत्त्व हैं और इन पाँचों तत्त्वों के कौन-कौन से गुण शरीर में विद्यमान हैं—

1. **पृथ्वी के गुण :** त्वचा, हड्डी, रोम, नाड़ी और मांस—ये पाँच पृथ्वी के गुण हैं।
2. **जल के गुण :** लार, मूत्र, वीर्य, मज्जा और रक्त—ये पाँच जल के गुण हैं।
3. **अग्नि के गुण :** क्षुदा, तृष्णा, आलस्य, निद्रा और कांति—ये पाँच अग्नि के गुण हैं।
4. **वायु के गुण :** आकुंचन (सिकुड़ना), धावन, उल्लंघन, फैलना और चिष्टित होना—ये पाँच वायु के गुण हैं।
5. **आकाश के गुण :** शब्द, चिंता, शून्यता, मोह और संदेह—ये पाँच गुण आकाश के हैं।

विष्णु भगवान् गरुड़जी को समझाते हैं कि मन, बुद्धि, चित्त, अहंकार—ये चार

गुण अंत:करण के हैं। ये गुण पूर्व जन्म के कर्मों से संस्कारयुक्त होते हैं। शरीर में पाँच ज्ञानेंद्रियाँ निम्नानुसार हैं—

1. कान
2. त्वचा
3. आँख
4. जीभ
5. नाक

मनुष्य शरीर कान, त्वचा, आँख, जीभ, नाक ज्ञानेंद्रियों के माध्यम से ज्ञान प्राप्त करता है। शरीर में निम्नानुसार पाँच कामेंद्रियाँ हैं—

1. वाक
2. पाणि
3. पाद
4. गुदा
5. लिंग

इस प्रकार मानव देह में वाक, पाणि, पाद, गुदा लिंग—ये पाँच कामेंद्रियाँ हैं। शरीर में मुख्यत: हम लोग तीन नाड़ियों को ही जानते हैं, लेकिन वस्तुत: सात नाड़ियाँ होती हैं, जिनके नाम इडा़, पिंगला व सुषुम्ना, गंधारी, गजजिह्वा, पूषा, यशस्विनी नाड़ियाँ हैं। भगवान् श्री विष्णु बताते हैं कि शरीर में साढ़े तीन करोड़ रोम हैं, सात लाख बाल हैं, बीस नाखून हैं, बत्तीस दाँत हैं और षट्चक्र हैं। मनुष्य का शरीर दस प्रकार की वायु के संपर्क में रहता है। प्रत्येक वायु का शरीर में एक निश्चित स्थान है, जिसका विवरण निम्नानुसार है—

1. प्राण-वायु हृदय में होती है।
2. अपान-वायु गुदा में रहती है।
3. समान-वायु नाभि-मंडल में रहती है।
4. उदान-वायु कुंठ में रहती है।
5. ब्यान-वायु समस्त शरीर में रहती है।
6. नाग-वायु डकार के समय निकलती है।
7. कूर्म-वायु उन्मीलन में होती है।
8. कृकल-वायु क्षुधा जागृति के समय होती है।
9. देवदत्त-वायु वृजंभण में रहती है।
10. धनंजय-वायु सर्वव्यापी है, जो मरे हुए शरीर को नहीं छोड़ती है।

'गरुड़ पुराण' के 16वें अध्याय में अत्यंत महत्त्वपूर्ण उल्लेख है कि श्री गरुड़जी ने

विष्णु भगवान् से कहा कि सनातन मोक्ष के उपायों को बताएँ। तब भगवान् कहते हैं कि 'गरुड़ पुराण' मात्र से ही मनुष्य संसार सागर के बंधन से छूट जाता है (यहाँ मेरा मत यह है कि 'गरुड़ पुराण' को यदि पूर्ण श्रद्धा और विश्वास के साथ पढ़ा या सुना जाए तो निश्चित ही वैराग्य उत्पन्न होगा और जीवन में पाप-कर्म एवं दुष्कर्म की प्रवृत्ति नहीं रहेगी। प्रथमतः तो 'गरुड़ पुराण' में जो विभिन्न नरकों और कष्टों का विवरण है, उसी से भय लगने लगता है कि यदि यह सब सच है तो मृत्यु के पश्चात् बड़ा भारी दंड नरक में मिलने वाला है। द्वितीयतः सत्यकर्मी, सत्यवादी, दयावान, सहायता करनेवाले, धार्मिक व भक्त आदि सद्गुणी को कोई दंड नहीं मिलता। इसी कारण विष्णु भगवान् का संसार के बंधनों से छूट जाने का आशय है)। विष्णु भगवान् कहते हैं कि सबके कर्ता, सर्वज्ञ, निर्गुण, काल-रहित, विकार-रहित भगवान् शिव हैं। मोक्ष की प्राप्ति के लिए मनुष्य को यह दुर्लभ देह मिलती है। देह के बिना किसी को भी पुरुषार्थ की प्राप्ति नहीं होती है, इसलिए देह व धन की रक्षा करते हुए पुण्य कार्य करने चाहिए। अपनी आत्मा की विकृत मानसिकता से रक्षा करते हुए कल्याण कार्य करना चाहिए। (यहाँ आत्मा की रक्षा से आशय यह है कि मनुष्य को अपने कर्मों में सदाचारी होना चाहिए, जिससे कि आत्मा निश्छल, पवित्र बनी रहे।) कल्याण करने योग्य वार्त्तालाप करना चाहिए। जब तक दुःख व आपत्ति न आए और जब तक इंद्रियों में व्याकुलता न हो, तब तक आत्म-तत्त्व का अभ्यास करना चाहिए। आत्म-ज्ञान से ही मोक्ष प्राप्त होता है। कोई अद्वैत की इच्छा करते हैं और कोई द्वैत की इच्छा करते हैं, परंतु वे द्वैत और अद्वैत से रहित समतत्त्व को नहीं जानते। 'मेरा नहीं, उसका है, मुझे मिल जाए और मेरा है', ये भाव बंधनकारी हैं। 'मेरा है' से जीवात्मा बँध जाती है। 'मेरा नहीं है, सबकुछ परमात्मा का है,' के भाव से जीवात्मा छूट जाती है। आगे विष्णु भगवान् कहते हैं कि जो परम वैराग्य में स्थित हो गया है और मुझको भजता है, वह मोक्ष को प्राप्त होता है।

□

'ब्रह्मसूत्र' में मृत्यु के समय की स्थिति

'ब्रह्मसूत्र' हिंदुओं का एक अत्यंत प्राचीन ग्रंथ है। इसमें 555 सूत्र हैं। मृत्यु के समय मनुष्य को कैसा अनुभव होता है, मृत्यु के बाद सूक्ष्म शरीर क्या अनुभव करता है, इस संदर्भ में हजारों वर्ष पूर्व 'ब्रह्मसूत्र' में उल्लेख किया जा चुका था। जब 'ब्रह्मसूत्र' के श्लोक लिखे गए तो उस समय मनुष्य की मृत्यु के बाद की स्थिति पर किसी भी प्रकार की शोध के तथ्य उपलब्ध नहीं थे, लेकिन ऋषि-मुनियों ने अपनी दिव्य-दृष्टि और ज्ञान के माध्यम से मृत्यु के पश्चात् के अनुभवों का विवरण अनेक ग्रंथों व पुराणों में किया है और किए गए शोध से उनका सत्यापन व प्रमाण यथावत् जीवात्माओं से संपर्क करने पर स्पष्ट होता है। उसी संदर्भ में 'ब्रह्मसूत्र' का उल्लेख करना भी आवश्यक है।

'ब्रह्मसूत्र' के निम्नांकित सूत्रों पर ध्यान आकर्षित करना सुसंगत होगा—

"तदन्तरप्रतिपत्तौ रंहति। सम्परिश्वक्तः प्रश्ननिरुपणाभ्याम्।" (सूत्र 292)

"वाङ्मनसि दर्शनाच्छब्दाच्च" (सूत्र 497)

"अत एव च सर्वाण्यनु" (सूत्र 498)

"तन्मनः प्राण उत्तरात्" (सूत्र 499)

"सोऽध्यक्षे तदुपगमादिभ्यः" (सूत्र 500)

"नैकस्मिन् दर्शयतो हि" (सूत्र 502)

"समाना चासुत्युपक्रमादमृतत्वं चानुपोष्य" (503)

"नोपमर्देनातः" (506)

उपरोक्त सूत्रों की व्याख्या इस प्रकार से की गई है कि जीवात्मा अपने भौतिक-शरीर को छोड़कर सूक्ष्म शरीर के माध्यम से अन्य दूसरे शरीर को प्राप्त करती है। सूक्ष्म शरीर के साथ जीवात्मा अपना नया जन्म प्राप्त करने के लिए माता के गर्भ में पहुँचती है तथा इस कार्य में प्राण उसकी सहायता करते हैं। प्राण जीवात्मा का अनुसरण करते हैं। मृत्यु के पश्चात् मन, बुद्धि, चित्त, अहंकार सूक्ष्म शरीर में भी बने रहते हैं और ये गुण जीवात्मा के साथ जाते हैं।

'ब्रह्मसूत्र' के अनुसार मृत्यु के समय मनुष्य बोल नहीं पाता है और उसकी वाणी मन में स्थित होकर स्थिर हो जाती है। इसी कारण ठीक मृत्यु के समय मनुष्य का बोलना बंद

हो जाता है। उसका मन तो कार्यरत रहता है और मन में कुछ कहने की लालसा भी होती है, लेकिन बोलना बंद हो जाता है। जुबान स्थिर हो जाती है, क्योंकि वाणी मन में स्थित होकर स्थिर हो जाती है अर्थात् वाणी मन में लीन हो जाती है और प्राण अग्नि में लीन हो जाते हैं तथा अग्नि सर्वोच्च देव-शक्ति में लीन हो जाती है। इसी कारण मनुष्य मृत्यु के अनुभव बिना बताए अपने भौतिक शरीर को छोड़कर उसकी जीवात्मा बाहर निकल जाती है। यहाँ गौर यह करना होगा कि अग्नि से तात्पर्य ज्वलनशील दृश्यमान आग से नहीं है बल्कि अग्नि का अर्थ है, ऊर्जा में लीन हो जाना। इस प्रकार प्राण का ऊर्जा में लीन होना माना जाता है।

सामान्यतया हम देखते भी हैं कि मृत्यु के समय स्थूल शरीर की सभी इंद्रियाँ शिथिल हो जाती हैं। सुनना, देखना, बोलना, हाथ-पैर हिलना, सबकुछ प्राण निकलते समय बंद हो जाते हैं, क्योंकि सबकुछ मन में स्थिर हो गया। तभी जीवात्मा प्राण के साथ शरीर से बाहर निकल जाती है और तब उस समय उसे सूक्ष्म शरीर का आभास होता है।

शरीर के समस्त दृश्यमान एवं अदृश्यमान अंग मृत्यु के समय मन में स्थित होकर लीन हो जाते हैं। भले ही मृतक को दिखना बंद हो जाए अथवा उसकी अन्य ज्ञानेंद्रियाँ कार्य करना बंद कर दें, परंतु मन कार्यरत् रहता है। व्यावहारिक रूप में होता भी यही है कि जब मनुष्य की मृत्यु होती है तो सामान्यतः तत्काल यह समझ लिया जाता है कि वह मर चुका है, परंतु प्राण निकलने की प्रक्रिया में सबकुछ मन में एकत्रित होकर स्थिर हो रहा है और जीवात्मा इन सभी को लेकर प्राण के साथ बाहर निकलती है। निश्चित ही इस प्रक्रिया में कुछ अल्पसमय अवश्य की लगता होगा। मनुष्य के सूक्ष्म शरीर का संबंध उसके स्थूल शरीर से तो विच्छेद हो जाता है, लेकिन जीवात्मा के साथ सूक्ष्म शरीर बना रहता है। सूक्ष्म शरीर जीवात्मा के साथ उसके पुनर्जन्म होने तक स्वयं के होने का आभास कराता रहता है।

'ब्रह्मसूत्र' के अनुसार भी मनुष्य का शरीर पृथ्वी, जल, वायु, अग्नि, आकाश से निर्मित है और मृत्यु के पश्चात् इन्हीं पाँच तत्त्वों में विलीन हो जाता है। जीवात्मा के सूक्ष्म शरीर के साथ पुनर्जन्म के लिए सभी तत्त्व सूक्ष्म रूप में उसके साथ गमन करते हैं।

स्थूल शरीर नष्ट होने के बाद भी सूक्ष्म शरीर नष्ट नहीं होता है और उसका अस्तित्व बना रहता है। श्रुति व स्मृति के अनुसार जब जीवात्मा अपने मृत शरीर को छोड़कर दूसरे शरीर में जन्म लेती है तो उस समय उसका सूक्ष्म शरीर ही होता है और इसके साथ उसके सभी सूक्ष्म तत्त्व भी उसमें समाहित होते हैं। छोड़े गए पूर्व मृत शरीर के पश्चात् उसके सूक्ष्म शरीर में पूर्व जन्म के सूक्ष्म तत्त्व (गुण) भी पुनर्जन्म वाले शरीर में प्रवेश करते हैं। इस प्रकार नवीन शरीर में सिर्फ प्राण का ही प्रवेश नहीं होता है, बल्कि उसके पूर्व जन्म के सूक्ष्म तत्त्वों का भी प्रवेश होता है।

'ब्रह्मसूत्र' के अनुसार, मनुष्य की मान्यता दो प्रकार की होती है। एक यह कि वह निर्गुण एवं निराकार ब्रह्म है और दूसरा यह कि सगुण एवं साकार ब्रह्म है। निर्गुण एवं

निराकार ब्रह्म के ज्ञानी की मृत्यु के समय उसके प्राण ब्रह्म में लीन हो जाते हैं अर्थात् ब्रह्म में विलय हो जाता है। इनका जन्म-मरण से नाता छूट जाता है। इसे इस तरह समझ सकते हैं कि जैसे पानी की एक बूँद का समुद्र में मिलने पर उस बूँद का अस्तित्व ही समाप्त हो जाता है। वह समुद्र में लीन हो जाती है। समुद्र-रूपी ब्रह्म में विलय होने के बाद प्राण और जीवात्मा का एकल अस्तित्व समाप्त हो जाता है। निर्गुण एवं निराकार ब्रह्म ज्ञानी व्यक्ति भौतिक शरीर में रहते हुए भी वह शरीर-भाव में नहीं रहता है और मृत्यु के पश्चात् भी वह निर्गुण एवं निराकार ब्रह्म में लीन हो जाता है। चूँकि निर्गुण एवं निराकार ब्रह्म-ज्ञानी के समक्ष साकार का स्वरूप ही नहीं है, तब ऐसी स्थिति में उनके शरीर की मृत्यु के बाद वे स्वमेव ब्रह्म में लीन हो जाते हैं, परंतु सगुण एवं साकार ब्रह्म की मान्यता वाले अधिकांशत: ईश्वर के अस्तित्व को मानते हैं और वे अपने-अपने इष्ट-देव के भक्त होते हैं। निर्गुण एवं निराकार ब्रह्म तथा सगुण एवं साकार ब्रह्म की मान्यताओं में ब्रह्म दोनों ओर है और दोनों प्रकार की सोच में ब्रह्म के अस्तित्व को मान्यता दी गई है।

सगुण ब्रह्म में आस्था रखनेवाले और सगुण ब्रह्म के ज्ञानी मनुष्य की मृत्यु के समय सुषुम्ना-नाड़ी के माध्यम से उसके प्राण निकलते हैं तथा उसके बाद वे देवयान के माध्यम से ईश्वर को प्राप्त करने का पथ ग्रहण करते हैं जबकि अन्य मनुष्यों के प्राण अन्य नाड़ी से बाहर निकलते हैं और उनका पुनर्जन्म होता है। मृत्यु के समय प्राण निकलने की प्रक्रिया एक जैसी होती है, परंतु 'छांदोग्योपनिषद्' एवं 'कठोपनिषद्' के अनुसार, शरीर में हृदय के अंदर सौ से भी अधिक नाड़ियाँ हैं और उनमें से एक नाड़ी हृदय से मस्तिष्क की ओर जाती है। शरीर में सुषुम्ना नाड़ी का एक सुनिश्चित स्थान है। 'ब्रह्मसूत्र' के अनुसार, सगुण एवं साकार ब्रह्म का पुनर्जन्म तत्काल नहीं होता है, बल्कि उनके जन्म का उपयुक्त समय आने पर ही आवश्यकतानुसार उनका पुनर्जन्म होता है।

तीसरे प्रकार के मनुष्य वे होते हैं, जो न तो निर्गुण एवं निराकार ब्रह्म को मानते हैं और न ही सगुण एवं साकार ब्रह्म को अर्थात् ऐसे मनुष्य किसी भी प्रकार के ब्रह्म ज्ञानी नहीं होते हैं एवं 'खाओ, पिओ और मौज करो' के सिद्धांत पर जीवन-यापन करते रहते हैं। इनकी मृत्यु के समय इनके प्राण नाड़ियों से होकर आँख, कान, नाक, मुँह, गुदा आदि स्थानों के माध्यम से शरीर से बाहर निकलते हैं। इनका पुनर्जन्म भी जल्दी होता है 'छांदोग्योपनिषद्' में भी यह कहा गया है कि सत्कर्म करनेवाली एवं अच्छी जीवात्माएँ, जिनका भौतिक जीवन सदाचरण से परिपूर्ण रहा है, वे उच्च एवं अच्छी योनि में जन्म लेती हैं। मनुष्य योनि में भी जन्म होने पर ऐसी जीवात्माएँ विद्वान, प्रतिभाशाली और अच्छे कर्म करने के उद्देश्य से इनका जन्म होता है जबकि इसके विपरीत जिन्होंने अपने जीवन में कुकर्म किए हैं, बुरा आचरण रहा है, दूसरों को कष्ट दिया है, ऐसी जीवात्माएँ निम्न और अशुभ योनि में जन्म लेती हैं। □

मृत्यु के पश्चात् कर्मों के फल पर एक चिंतन

मनुष्य के जीवन में उसके कर्म और मृत्यु के पश्चात् उनके परिणाम के संदर्भ में कहा गया है कि किए जा रहे कर्म इस प्रकार के होना चाहिए, जो संचित करने के लिए उपयुक्त हों। (कल्याण का अंक 'परलोक और पुनर्जन्मांक' पृष्ठ 129 पर श्री सुशांतजी ब्रह्मचारी से उद्धृत) इन्हें तीन सर्वमान्य विभागों में विभक्त कर सकते हैं—

1. प्रथमत: वे लोग हैं, जिन्होंने बिना किसी फल की इच्छा के निष्काम कर्म किए हैं। इनका पुनरागमन नहीं होता है। वे सूक्ष्म से सूक्ष्म ऊर्ध्वलोकों की ओर तब तक बढ़ते जाते हैं, जब तक वे मुक्त नहीं हो जाते हैं। इसे 'देवयान' कहेंगे।
2. दूसरी वे आत्माएँ हैं, जिन्होंने शुभ-फल प्राप्त करने की इच्छा के कारण पुण्य कर्म किए हैं। उनकी आत्मा लोकों में उन पुण्य कर्मों के शुभ-फल का उपभोग तब तक करेगी, जब तक उनके पुण्य कर्म का फल समाप्त नहीं हो जाता है और इसके बाद वे फिर लौटकर पृथ्वी पर आ जाएँगे। इसे 'पितृयांण' कहेंगे।
3. तीसरी आत्माएँ वे हैं, जो अपने दुष्कर्मों, पापकर्मों के परिणामस्वरूप आत्मा की अधोगति प्राप्त करती हैं। ऐसे लोग निम्न पशु योनि अथवा वृक्ष में भी जन्म ले सकते हैं।

□

परकाया प्रवेश

संपूर्ण विश्व में भारत-भूमि चमत्कारों से परिपूर्ण है। आध्यात्मिक ज्ञान, धार्मिकता, योग, शैवभक्त, शाक्तभक्त, वैष्णवभक्त भारत में ही मिलेंगे और इनका उद्‌भव भारत-भूमि से ही हुआ है। पूजा की विभिन्न पद्धतियाँ ईश्वर के अस्तित्व का ज्ञान, द्वैत एवं अद्वैत, कर्मयोग, कर्मज्ञान, कर्मफल, प्रारब्ध, पौराणिक कथाएँ, वेद-पुराण, श्रीमद्‌भगवतगीता, श्रीमद्‌भागवत एवं अनेक अनेक धार्मिक व आध्यात्मिक ज्ञान का उद्‌भव भारत-भूमि से ही हुआ है। भगवान् श्रीराम, श्रीकृष्ण, बुद्ध, महावीर, आदि शंकराचार्य, सूरदास, गोस्वामी तुलसीदास, कबीर, मीराबाई, भक्त कवि रैदास, रामकृष्ण परमहंस, विवेकानंद, योग योगेश्वर प्रभु श्रीरामलालजी महाराज, योगीराज श्री चंद्रमोहनजी महाराज, मत्स्येंद्रनाथ, गोरखनाथ, तैलंग स्वामी, हनुमान प्रसाद पोद्दार, गोपीनाथ कविराज, तैलंग स्वामी, युक्तेश्वर गिरि आदि अनेक महान् संत महात्माओं के जन्म और उनकी कर्मभूमि भारत ही रही है। भारत-भूमि अत्यंत महान् है।

भारत में अनेक ऐसे संत-महात्मा हुए हैं, जो योग के माध्यम से समाधिस्थ हो जाते रहे हैं एवं स्वयं के शरीर से बाहर होकर अन्य दूसरे शरीर में प्रवेश करते रहे हैं। योग के साधकों के लिए यह स्थिति उच्च कोटि की होती है। पाश्चात्य देशों में एवं तथाकथित आधुनिकतावादी भले ही योग एवं परकाया-प्रवेश को कपोल कल्पित कहते हैं, लेकिन उनके लिए इतना भर कहना पर्याप्त होगा कि जिस विषय पर यदि ज्ञान नहीं हो, तो उसके संदर्भ में कोई भी विपरीत टिप्पणी नहीं करना चाहिए। जो लोग शरीर जीवन की समाप्ति के साथ मृत्यु के पश्चात् सबकुछ समाप्त होना मान लेते हैं, शरीर की उत्पत्ति और उसकी मृत्यु तक अपने ज्ञान को सीमित रखते हैं, उनके लिए यह कहना ही उचित होगा कि मृत्यु के पश्चात् की स्थिति के विषय में उन्हें ज्ञान नहीं है।

हिंदुओं में पुनर्जन्म की मान्यता तो है ही, साथ-साथ प्रत्येक मानव जाति के कर्मफल के परिणामस्वरूप पुनर्जन्म होने की मान्यता है। एक अटल सत्य यह भी है कि मृत्यु के पश्चात् भौतिक शरीर से कोई अदृश्य निकलता है। उसे प्राण कहो, या जीवात्मा कहो या आत्मा कहो, या सूक्ष्म शरीर कहो या रूह कहो, लेकिन इतना अवश्य है कि

भौतिक शरीर के क्रियाकलाप मात्र ही अंतिम नहीं हैं। इससे आगे भी कुछ और है।

योगी संत-महात्मा अपने भौतिक शरीर से बाहर निकलकर अपने सूक्ष्म शरीर के माध्यम से विचरण करते हैं एवं दूसरे के शरीर में भी प्रवेश कर जाते हैं। दूसरी देह के माध्यम से अपने उद्‌देश्य व कर्म का उपयोग करने के बाद योगी का पहला शरीर यदि विद्यमान एवं सुरक्षित रहा है, तो वे उसमें पुनः प्रवेश कर जाते हैं। परंतु यदि पहला शरीर नष्ट हो गया, तो योगी अपनी इच्छानुसार दूसरे के शरीर में बने रहते हैं। इस प्रकार की सिद्धि सभी को प्राप्त नहीं हो सकती। इस हेतु बहुत साधना करनी पड़ती है।

चूडाला का प्रसंग

योगवसिष्ठ में चूडाला का प्रसंग है। महर्षि वसिष्ठ ने भगवान् श्रीराम को परकाया प्रवेश की प्रक्रिया को समझाया था। चूडाला एक साध्वी और योगिनी थी। वह योग में पारंगत थी। योग के माध्यम से योगी को भूत, भविष्य एवं वर्तमान का ज्ञान हो जाता है। चूडाला का विवाह महाराज शिखिध्वज से हुआ था जो योगी भी थे। एक बार जंगल में राजा शिखिध्वज समाधिस्थ हो गए एवं उन्हें समाधिस्थ हुए कई दिन व्यतीत हो गए। पति की समाधि चलती रही और चूडाला के अनेक प्रयत्न के बावजूद भी उनकी समाधि भंग नहीं हुई। अंततः चूडाला ने अपने पति की नाड़ियों से उनके जीवन का पता लगाया एवं अपने भौतिक शरीर से बाहर निकलकर सूक्ष्म शरीर के माध्यम से अपने पति के शरीर में प्रवेश कर गई। तत्पश्चात् उसने अपने पति की चेतना को स्पंदित किया और फिर पति के शरीर से बाहर निकलकर अपने शरीर में प्रवेश कर गई। कुछ देर बाद उसके पति की समाधि भंग हुई।

आदि शंकराचार्य का परकाया प्रवेश

प्रसंग जुड़ते हुए शंकराचार्यजी के जीवन के संदर्भ में भी जानना आवश्यक है। उनका जन्म केरल के अर्नाकुलम जिले की कलाडी गाँव में हुआ था। जब उनकी आयु 03 वर्ष की थी, तभी उनके पिता शिवगुरु का स्वर्गवास हो गया था। शंकराचार्यजी ने 03 वर्ष की आयु में ही वेद पढ़ लिये थे। तत्समय उनकी माँ ने ही पालन-पोषण किया था। वह 03 वर्ष की आयु में ही उन विषयों पर बोलने लगे थे, जिन्हें बड़े-से-बड़े ज्ञानी महापुरुष नहीं जानते थे। जो शिक्षा सामान्यतः 20 वर्ष की आयु में पूर्ण होनी चाहिए थी, वह उन्होंने 03 वर्ष में ही प्राप्त हो गई थी। एक बार उनके घर पर अगत्स्य मुनि आए और उन्होंने शंकराचार्यजी के लिए कहा कि यह बालक 32 वर्ष की आयु तक जीवित रहेगा। यह सुनकर उनकी माँ रोने लगी और शंकराचार्यजी ने अपनी माँ के समक्ष संन्यास ग्रहण करने का प्रस्ताव रखने पर माँ ने उन्हें संन्यास लेने से इनकार कर दिया था और कहा था

कि पहले गृहस्थ बनो। यह सुनकर शंकराचार्यजी दु:खी हो गए, क्योंकि वह सांसारिक जीवन के मोह-माया में फँसना नहीं चाहते थे। किसी तरह उन्होंने अपनी माँ से संन्यास ग्रहण करने की अनुमति प्राप्त कर ली और तब माँ ने उनके समक्ष एक शर्त रखी थी कि 'मेरे आखिरी समय में तुम मेरे पास आ जाना।' शंकराचार्यजी ने आज्ञा का पालन करने की सहमति दी और संन्यास ग्रहण कर घर से बाहर निकल गए। वह 09 वर्ष की आयु में श्री गोविंद पाद से मिलने ओमकारेश्वर पहुँचे। शंकराचार्यजी ने उन्हें प्रणाम किया और वहीं बैठ गए। कुछ देर बाद जब गोविंद पाद ने शंकराचार्यजी से पूछा, "कौन हो तुम ?" उन्होंने जवाब दिया, "मैं न वायु हूँ, न पृथ्वी हूँ, न जल हूँ, न अग्नि हूँ, न आकाश हूँ। इन से परे होकर हूँ।" (कितना अच्छा और सुंदर जवाब शंकराचार्यजी का था, इन्हीं पाँच तत्त्वों से भौतिक शरीर बना है। मृत्यु होने के पश्चात् इन्हीं पाँच तत्त्वों में शरीर विलय हो जाता है। शंकराचार्यजी का उक्त जवाब के माध्यम से यह आशय था कि वह शरीर नहीं हैं, शरीर से परे हैं) गोविंद पादजी ने शंकराचार्यजी को दीक्षा दी। इसके पूर्व शंकराचार्यजी का नाम सिर्फ शंकर था और दीक्षा के उपरांत गोविंद पादजी ने ही उन्हें 'शंकराचार्य' नाम दिया। गोविंद पादजी ने 'अहम् बृह्मास्मि' का सूत्र समझाया। वह 04 वर्षों तक गोविंद पादजी के पास रहे।

शंकराचार्यजी ने शास्त्रार्थ में एक-से-एक बड़े विद्वानों को परास्त किया। 12 वर्ष की आयु में वह वाराणसी पहुँचे और इतनी छोटी आयु में संन्यासी के रूप में उन्हें देखकर सभी चकित थे। उन्होंने बौद्ध संन्यासियों से शास्त्रार्थ कर परास्त किया।

एक बार जब वह काशी में श्मशान की ओर जा रहे थे और उनके शिष्य भी साथ में थे। तभी एक चांडाल, जो शवों को जलाता था, ने उनका रास्ता रोक लिया। शिष्यों ने उसे रास्ते से हटाने का प्रयास किया परंतु वह नहीं हटा तथा उसने शंकराचार्यजी से एक प्रश्न का जवाब पूछा, "जब आत्मा एक ही है, सभी में अदृश्य है, मैं शरीर नहीं हूँ, आत्मा हूँ, फिर आप किससे हटने को कह रहे हो ? मेरे शरीर को, या आत्मा को ? फिर आप कैसे कह सकते हैं कि आप ब्राह्मण हो और मैं चांडाल हूँ ?" शंकराचार्य यह सुनकर अचंभे में पड़ गए। उन्होंने जवाब दिया, "आप अत्यंत ज्ञानी हैं, आप आत्मज्ञानी हैं, और मैं आपका दास हूँ, आपके बराबर का ज्ञान मुझमें नहीं है।" यह कहा जाता है कि चंडाल के रूप में वहाँ पर साक्षात् शिव ही थे। वहाँ से शंकराचार्यजी बद्रीनाथजी गए। कहा जाता है कि अलखनंदा नदी से उन्होंने बद्रीनाथजी की मूर्ति निकालकर मंदिर में स्थापित की थी और वहीं पर शंकराचार्यजी ने अनेक ग्रंथों की रचना की थी। 'भजगोविंदम्' भी उन्होंने लिखा, ब्रह्म सूत्र एवं अनेक पुराणों पर भाष्य किया। वहाँ से शंकराचार्यजी श्री मंडण मिश्र के गाँव पहुँचे।

मंडन मिश्रजी अत्यंत ज्ञानी थे। कहा जाता है कि उनके घर का तोता भी संस्कृत में

श्लोक बोलता था। वह अपनी पत्नी उभय भारती के साथ बिहार के महेशा नदी के किनारे एक गाँव में रहते थे। शंकराचार्यजी ने मंडन मिश्र से शास्त्रार्थ किया और इस कार्य में हार-जीत का निर्णय करने की जिम्मेदारी मंडन मिश्र की पत्नी को सौंपी। तय हुआ कि यदि शास्त्रार्थ में शंकराचार्य पराजित हुए तो वह संन्यास छोड़ देंगे और चूँकि श्री मंडन मिश्र गृहस्थ थे, और यदि वे पराजित हुए तो वह संन्यास ग्रहण कर लेंगे। शास्त्रार्थ पाँच-छह दिन लगातार चला। मंडन मिश्र ने कहा कि जीव और ब्रह्म एक ही हैं, यह कैसे माना जा सकता है? आत्मा और परमात्मा को एक ही कैसे माना जा सकता? शंकराचार्यजी ने जवाब दिया कि जीव और ब्रह्म एक ही हैं। इंद्रियाँ तो ज्ञान प्राप्त करने का माध्यम हैं। इंद्रियों की पहुँच ब्रह्म तक नहीं हो सकती। शास्त्रार्थ होता रहा और आखिरकार मंडन मिश्र ने अपनी पराजय स्वीकार कर ली। अज्ञान व अहंकार के कारण शास्त्रार्थ में बोली गईं बातों के लिए उन्होंने क्षमा भी माँगी। संपूर्ण सभा आश्चर्यचकित हो गई। उन्होंने शंकराचार्यजी के शिष्य बनने की अनुमति माँगी।

तभी मंडन मिश्र की पत्नी उभय भारती खड़ी हो गई। उसने शंकराचार्यजी से कहा, "पत्नी अर्धांग होती है। मुझसे भी शास्त्रार्थ करो, तभी पति की पराजय स्वीकार होगी।" पत्नी उभय भारती से शंकराचार्यजी का 17 दिन तक शास्त्रार्थ चला। जब उभय भारती शास्त्रार्थ में पराजित होने लगी तो उसने शंकराचार्यजी से संभोग विषय पर शास्त्रार्थ करना प्रारंभ कर दिया। शंकराचार्यजी ने जवाब दिया, "देवी, एक संन्यासी से ऐसे प्रश्न कर रही हो?" उभय भारती ने शंकराचार्यजी से पूछा, "क्यों, क्या 'कामशास्त्र' शास्त्र नहीं है? जवाब दीजिए अन्यथा अपनी पराजय स्वीकार करो।" शंकराचार्यजी ने इस प्रश्न का जवाब देने के लिए एक माह का समय माँगा जो उभय भारती ने दे दिया। शंकराचार्यजी जंगल की ओर चले गए। वहाँ उन्हें राजा अमरूर का शव पड़ा दिखा, जिसे शिकार के समय में मार दिया गया था। शंकराचार्यजी योग-माया से उस राजा के शरीर में प्रवेश कर गए और रानी के साथ काम वासनाओं का ज्ञान प्राप्त किया। उसके बाद उन्होंने राजा अमरूर का शरीर त्याग कर वह पुनः अपने मूल शरीर में वापस आ गए और फिर पुनः उभय भारती के समक्ष पहुँचकर काम-शास्त्र से संबंधित प्रश्नों का जवाब दिया था।

मत्स्येंद्रनाथजी का परकाया प्रवेश

महान् योगी गोरखनाथजी का साहित्य और उनके संदर्भ में जानकारियाँ ज्यादा प्रचलित नहीं हैं। मुझ (लेखक) को श्री गोरखनाथजी की तपस्या स्थली उज्जैन दिनांक 20 अप्रैल, 2012 को जाने का अवसर मिला था और वहाँ पर मुझे उनके पूज्य गुरु योगेश्वर श्री मत्स्येंद्रनाथ की समाधि-स्थल पर जाने का सौभाग्य प्राप्त हुआ था। समाधि-स्थल पर मुझे अभूतपूर्व शांति और मन की एकाग्रता का अनुभव हुआ। संयोग कुछ ऐसा बना कि

इसके सात दिन बाद 28 अप्रैल, 2012 को मैं अयोध्या गया और वहाँ राम जन्म-भूमि व कनक भवन मंदिर के दर्शन उपरांत मैं परिवार सहित गोरखपुर के लिए रवाना हुआ और वहाँ गोरखनाथ मंदिर के दर्शन किए। इस मंदिर के पुस्तकालय में मुझे गोरखनाथजी और नाथ संप्रदाय से संबंधित कुछ पुस्तकों को पढ़कर ज्ञात हुआ कि गोरखनाथजी का शरीर अत्यंत निर्मल, गौरवर्ण, सिर पर जटाएँ और तीन नेत्र हैं। वह माया से रहित हैं और तत्त्वस्वरूप हैं। उनके शरीर छोड़ने के संदर्भ में कोई भी तथ्य नहीं मिलते हैं। गोरखनाथजी के अनुसार निरंजन का ध्यान ही सर्वोपरि है। साधक को अपने अहंकार को समाप्त कर सद्गुरु से शिक्षा लेना चाहिए। उन्होंने निरंजन की अनुभूति को इस तरह परिभाषित किया कि योग दर्शन के स्तर पर ध्यान की अवस्था में शून्यावस्था में केवल अनाम, अव्यक्त शिव विद्यमान रहते हैं और यही निरंजन अवस्था है। इस अनुभूति को योग कहते हैं।

प्रसंग है कि मत्स्येंद्रनाथजी ने परकाया प्रवेश किया था। एक पौराणिक कथा के अनुसार क्षीर सागर में भगवान् शिव व देवी गौरी के तत्त्वज्ञान पर हुए वार्त्तालाप को मत्स्येंद्रनाथ ने छुपकर श्रवण किया था। इस कारण देवी गौरी ने उन्हें शाप दिया था कि वह तत्त्वज्ञान भूलकर कुछ समय तक कदली देश की महारानी के सौंदर्य जाल में आसक्त हो जाएँ। गोरखनाथजी उनके शिष्य थे। एक बार वह अपने शिष्य गोरखनाथजी के साथ पर्यटन कर रहे थे। उसी समय उन्हें पता लगा कि कदली देश का राजा मर चुका है। उनके मन में यह इच्छा हुई कि राजा के मृत शरीर में प्रवेश करके महारानी के साथ राज-सुख एवं काम-सुख का उपभोग किया जाए। मत्स्येंद्रनाथजी ने अपने स्वयं के शरीर की रक्षा करने की जिम्मेदारी अपने शिष्य गोरखनाथ को सौंपी और कहा कि वह बारह साल बाद पुनः अपने इसी शरीर में वापस आ जाएँगे। मत्स्येंद्रनाथजी योग-माया के माध्यम से परकाया-प्रवेश की प्रक्रिया में पारंगत थे। राजा का मृत शरीर पुनः जीवित हो गया, लेकिन उसके अंदर तो मत्स्येंद्रनाथ की आत्मा थी। इसके बाद मत्स्येंद्रनाथजी अपने शरीर से निकलकर राजा के मृत शरीर में प्रवेश कर गए। समय व्यतीत हुआ और उक्त शाप के कारण मत्स्येंद्रनाथ अपना योग-ज्ञान भूलकर कदली देश की महारानी के सौंदर्य में आसक्त हो गए।

उन्होंने राज-सुख एवं महारानी के साथ काम-सुख का आनंद लिया। बाद में महारानी मैनाकिनी को यह पता चल गया कि राजा के शरीर में स्वयं राजा की आत्मा नहीं है, बल्कि मत्स्येंद्रनाथ की आत्मा है। कथा का सार यह है कि मत्स्येंद्रनाथ अपनी योग-माया की शक्ति को शाप के कारण भूल चुके थे। उधर गोरखनाथजी अपने गुरु को उनके मूल शरीर में वापस लाना चाहते थे। इस कारण किसी तरह भेष बदलकर गोरखनाथजी महल में पहुँचे और वहाँ सिंहासन पर महारानी एवं राजा के स्वरूप में मत्स्येंद्रनाथ विराजमान थे। गोरखनाथजी मृदंग बजाने में भी पारंगत थे और उन्होंने मृदंग बजाकर अपने गुरु को सावधान किया। उन्होंने मृदंग पर मर्दल पर थाप लगाते हुए अपने गुरुदेव

का ध्यान आकर्षित किया। मत्स्येंद्रनाथजी को समझने में एक भी क्षण नहीं लगा। मर्दल ध्वनि के शब्द थे—'जाग मछंदर गोरख आया' उन्होंने आगे कहा, "हे गुरुदेव, आप महायोगी हैं, ज्ञान के स्वामी हैं। आपका इस राज्य-सुख और काम-सुख के लोभ में बने रहना उचित नहीं है। इनका त्याग कीजिए। आपने नाथयोग सिद्धामृत का ज्ञान विस्मरण कर दिया है। आपका वीर्य रस शरीर से बाहर निकल गया है। मैं आपको नाथसिद्धि की शक्ति का स्मरण दिलाता हूँ। स्त्री के सहवास में योगी को नहीं रहना चाहिए। इससे शरीर में विद्यमान जीवन रस वीर्य नष्ट हो जाता है और शरीर मृत्यु का कारण बनता है।" गोरखनाथजी ने मत्स्येंद्रनाथजी को स्मरण दिलाया कि आप भगवान् शिव का वचन भूल गए। उन्होंने महारानी मैनाकिनी के सामने मत्स्येंद्रनाथजी से कहा, "मैं आपका शिष्य गोरखनाथ हूँ।" मत्स्येंद्रनाथजी ने तत्काल राज्य सिंहासन से उतरकर गोरखनाथजी को अपने हृदय से लगा लिया और तब वह राज्य से बाहर गोरखनाथजी के साथ आ गए। उनका महारानी मैनाकिनी से मोह भंग हो गया और महारानी मैनाकिनी ने दोनों को अपने राज्य की सीमा पर विदा किया तथा प्रजा ने भी दोनों योगेश्वरों के चरणों में प्रणाम किया।

परकाया प्रवेश के अन्य उदाहरण

इस विषय पर 'कल्याण' के अंक 'परलोक और पुनर्जन्मांक' से उद्धृत कुछ विवरण निम्नांकित हैं—

1. उक्त विषय के संदर्भ में भक्त श्रीरामशरण दासजी ने पृष्ठ 554 पर एक घटना मेरठ के मासिक पत्र 'त्यागी ब्राह्मण' के जनवरी सन् 1958 के अंक में प्रकाशित एवं 'नव भारत टाइम्स' का उल्लेख करते हुए उन्होंने उद्धरण दिया है कि जिला मुजफ्फरनगर के गाँव रसूलपुर जाटान में चौधरी गिरधारी सिंह जाट के यहाँ एक पुत्र जसवीर का जन्म हुआ था। जसवीर शिशु अवस्था में था, तभी उसे चेचक हुई थी और अकस्मात् वह बीमार हो गया। बहुत इलाज कराने के बाद रात्रि में उसकी मृत्यु हो गई थी। उसे दफनाने के लिए सुबह का इंतजार परिवारजन कर रहे थे एवं उसके मृत शरीर को कपड़े से ढक दिया गया था। उधर, इसी जिला के ही दूसरे गाँव ग्राम बहेड़ी के निकट रोहाना मिल में चौधरी शंकर लाल त्यागी का एक 23-24 वर्ष का विवाहित पुत्र शोभाराम जब एक बारात में मौजा केंदकी से गाँव निर्माण की ओर जा रहा था तो उसी समय एक दुर्घटना में उसकी मृत्यु हो गई थी। सभी ने मिलकर उसका दाह-संस्कार कर दिया। ये दोनों ही घटनाएँ एक ही समय की थीं। जब दूसरे दिन सुबह चौधरी गिरधारी सिंह जाट के पुत्र जसवीर के शव को उठाकर दफनाने में दबाने के लिए ले जाने लगे, तभी अचानक जसवीर जीवित हो गया। वह धीरे-

धीरे स्वस्थ हो गया। सभी ने यही समझा कि जसवीर जिंदा हो गया, लेकिन वास्तविकता तो यह थी कि जसवीर के शरीर से उसकी आत्मा जा चुकी थी और उसके शरीर में शोभाराम त्यागी की आत्मा प्रवेश कर गई थी। बालक जसवीर के शरीर में शोभाराम की आत्मा होने के कारण शोभाराम को अपनी मृत्यु के पहले का सबकुछ याद था। जब वह बड़ा होकर बोलने लायक हो गया तो कहने लगा, "मैं तो त्यागी ब्राह्मण हूँ, इस घर का खाना नहीं खाऊँगा।" उसके लिए एक ब्राह्मण महिला के द्वारा भोजन बनाने का इंतजाम किया गया। वह उदास रहता था। चार वर्ष बाद एक दिन जसवीर की माँ रामकली उसे अपने साथ लेकर अपने मायके जा रही थी। तभी मार्ग में उसे वह स्थान मिला, जहाँ शोभाराम की दुर्घटना में मृत्यु हुई थी। जसवीर ने वह स्थान देखा और तत्काल ही अपनी माँ से बोला, "जब मैं शोभाराम था, तब मैं यहाँ पर गिर गया था और हमारे घर का रास्ता उधर (बहेड़ी गाँव की ओर संकेत करते हुए कहा) को है।" लेकिन उसकी माँ ने अनसुना कर दिया। मार्च सन् 1958 में केन को-ऑपरेटिव सोसाइटी में काम करनेवाला बहेड़ी का निवासी जगन्नाथ प्रसाद अपने किसी कार्यवश ग्राम रसूलपुर जाटान आया था। वहीं पर जसवीर भी बच्चों के साथ खेल रहा था। जैसे ही जसवीर ने जगन्नाथ प्रसाद को देखा तो जोर से उसका नाम लेकर पुकारा। जगन्नाथ ने जब मुड़कर देखा तो उसे कोई भी अपना परिचित नहीं दिखा और वह आगे को चल दिया। जसवीर से उसे पुनः पुकारा। तब वह पास आया और जसवीर ने उससे 'राम-राम' की और बोला, "मुझे मेरे गाँव बहेड़ी ले चलो।" पूछताछ करने पर जगन्नाथ को जसवीर ने अपना पुराना परिचय शोभाराम के रूप में दिया और उसे बताया, गिरकर मरने के बाद उसे और कोई खाली जगह नहीं मिली तो वह इस शरीर को खाली देखकर इसमें घुस गया। वापस होकर जगन्नाथ जब बहेड़ी गाँव पहुँचा तो उसने पूरी घटना गाँववालों को सुनाई। शोभाराम के ताऊ-चाचा आदि सभी घरवाले रसूलपुर जाटान गए और सभी को देखकर जसवीर ने पहचान लिया। बाद में बहेड़ी पहुँचकर जसवीर ने अपने शोभाराम से संबंधित अनेक तथ्यों की पहचान की। बाद में जसवीर दोनों जगह रहने लगा, कभी बहेड़ी गाँव तो कभी रसूलपुर जाटान।

2. 'कल्याण' के उक्त अंक में पृष्ठ 256 पर श्री बल्लभ दासजी बिन्नानी 'बृजेश' जी ने भारत में एक उच्च फौजी पद पर सन् 1937 में पदस्थ श्री एल.पी. फैरेल के एक अनुभव का उद्धरण उल्लेख किया है। श्री फैरेल की रुचि मनुष्य की मृत्यु के पश्चात् उसके अस्तित्व को जानने में थी एवं उन्होंने अनेक ग्रंथों का

अध्ययन किया था। वह भारत के सिद्ध योगियों की क्रियाओं से बहुत प्रभावित थे। श्री फैरेल ने सन् 1939 में एक प्रत्यक्ष घटना देखी थी। वह आसाम की सरहद पर एक नदी के किनारे कुछ ऑफिसर्स के साथ एक फौजी योजना बना रहे थे और तभी नदी के दूसरे किनारे पर उन्होंने एक नवयुवक की लाश तैरते हुए देखी। उत्सुकतावश उन्होंने टेलिस्कोप से देखा कि एक सफेद दाढ़ी वाला वृद्ध व्यक्ति उस नवयुवक की लाश को नदी से बाहर निकालने की कोशिश कर रहा था। वह लाश को बाहर निकालकर नजदीक के पेड़ के नीचे ले गया और थोड़ी ही देर में वह लाश खड़ी हो गई और चलने-फिरने लगी। श्री फैरेल यह देखकर हक्के-बक्के रह गए और उन्होंने तुरंत अन्य फौजियों को आदेश दिया कि उस युवक को पकड़कर लाएँ। कुछ समय बाद वह युवक फैरेल के सामने उपस्थित किया गया और तब फैरेल ने उस युवक से पूछा, "तुम कौन हो? कुछ समय पहले तुम एक मुर्दा आदमी के रूप में बहे जा रहे थे और अब तुम जिंदा हो। यह सब क्या रहस्य है? वह बूढ़ा आदमी कहाँ गया?" इसके जवाब में जो उस युवक ने बताया, उससे श्री फैरेल अचंभे में पड़ गए। वह बोला कि वह स्वयं वही बूढ़ा आदमी है और योग जानता है। वह शरीर बदल सकता है और अपनी इच्छा से अन्य मनुष्य के शरीर में अपनी आत्मा को प्रवेश करा सकता है, परंतु किसी जीवित व्यक्ति के शरीर में आत्मा का प्रवेश कराना पाप है। और चूँकि बूढ़ा होने पर वृद्धावस्था में चलना-फिरना कठिन हो जाता है, इसलिए वह किसी मृतक नवयुवक के शरीर में अपनी आत्मा को प्रविष्ट करा देता है। यह सुनकर श्री फैरेल आश्चर्यचकित हो गए और उन्होंने उससे उसके बूढ़े शरीर का पता पूछा तो उसने बताया कि उसका वह शरीर निर्जीव अवस्था में पेड़ के पीछे पड़ा है। तब श्री फैरेल के आदेश पर उस बूढ़े आदमी के शरीर को लाया गया। इस घटना के बाद वह युवक गायब हो गया। श्री फैरेल कई वर्षों तक भारत में अनेक विद्वानों, साधुओं और योगियों से मिले थे।

3. इसी विषय पर बल्लभ दासजी बिन्नानी 'कल्याण' के पृष्ठ 257 पर एक अन्य प्रसंग का उल्लेख करते हैं कि चंपानाथ योगी अपने स्थान तकी नदी के किनारे से गर्मी के दिनों में जम्मू आया करते थे। वह नि:स्वार्थी व स्वच्छंद थे और उनकी आयु लगभग 70 वर्ष की थी तथा दुर्बल हो चुके थे। वह अपने शरीर को बदलना चाहते थे। इस उद्धरण के प्रस्तुतकार श्री बल्लभ दासजी बिन्नानी एक दिन चंपानाथ योगी के पास अकेले बैठे थे। तभी योगीजी ने उनसे कहा, "यदि तुम मेरी बात गुप्त रखो तो मैं अपने मन की बात तुमसे कहूँ।" आगे योगीजी ने कहा, "एक बोतल शराब, एक कटोरा माँस और एक कटोरा खीर

मुझे लाकर दो।" उनकी आज्ञानुसार बल्लभ दासजी ने उक्त सभी सामान उनके समक्ष लाकर रख दिया। इसके बाद चंपानाथ योगी मुसलमानों के कब्रिस्तान की तरफ चले। मध्य रात्रि का समय था। उसी समय एक सुंदर मुसलमान युवक रंगरेज मरा था और उसकी कब्र के पास योगी महाराज जा खड़े हुए। योगीजी ने छह हाथ की दूरी पर एक रेखा खींची और कहा, "मैं चाहे कितना ही तुम्हें बुलाऊँ, तुम मेरे पास मत आना। जब मैं ये चीजें माँगूँ तो एक-एक करके मुझे दे देना।" योगीजी ने कब्र की जमीन को खोदकर उस मुसलमान युवक के शव को बाहर निकाला और उसे साफ किया तथा जमीन पर लिटा दिया। कब्र की उत्तर दिशा की ओर साफ जमीन पर वह स्वयं लेट गए। आधे घंटे बाद वह व्याकुल होने लगे और उनकी आवाज भी निकलना कठिन हो गई। बीस मिनट बाद वह चिल्ला उठे और उनका शरीर हिलना-डुलना बंद हो गया। इसी समय उस मुसलमान युवक का शव हिलने लगा और थोड़ी ही देर में उसके शव ने अपनी आँखें खोलीं। उसके नेत्र लाल हो गए थे। तब श्री बल्लभ दासजी अत्यंत भयभीत हो गए। उस मुसलमान शरीर वाले युवक के शव ने करवट ली और बल्लभ दासजी की तरफ हाथ बढ़ाने लगा। उसका हाथ इतना लंबा हो गया कि वह बल्लभ दासजी तक पहुँच गया और बल्लभ दासजी ने एक-एक करके योगीजी द्वारा दिए गए निर्देश के अनुसार सभी चीजें उसके हाथ में दे दीं। उन वस्तुओं को खा-पीकर वह मुसलमान युवक खड़ा हो गया और बल्लभ दासजी को अपने पास बुलाने लगा, लेकिन योगीजी के आदेशानुसार वह उसके पास नहीं गए और जवाब दिया—"माफ कीजिए, मैं आपके पास नहीं आ सकता।" चंपानाथ योगी की आत्मा उस मुसलिम युवक के शरीर में प्रवेश कर गई थी। शरीर तो था उस मुसलिम युवक का और उसमें आत्मा थी, चंपानाथ योगी की। तब वह युवक स्वयं बल्लभ दासजी के पास आ गया और उसने बल्लभ दासजी की सहायता से योगी चंपानाथ के शरीर को उसी कब्र में गाड़ दिया। इसके बाद वह युवक बोला, "मैं जाता हूँ फिर 10-12 वर्ष के बाद तुमसे मिलूँगा और तुमको इस सहायता का पुरस्कार दूँगा।" इस घटना के कुछ दिन बाद बल्लभ दासजी को यह जानकारी मिली कि उस मुसलमान युवक के मकान के सामने एक सुनार रहता था और वह अमृतसर में अपनी ससुराल गया हुआ था। वहाँ पर उस सुनार ने उस मुसलिम युवक के शरीर को देखकर उसे पहचान लिया था। उसके बाद उस मुसलिम युवक के शरीर में योगी चंपानाथ वहाँ से गायब हो गए।

□

मृत्यु की तैयारी कैसे करें

जिस व्यक्ति ने मृत्यु की तैयारी कर ली है, उसे न तो मृत्यु से भय लगेगा और न ही मृत्यु के पश्चात् उसे दुःख होगा। वृद्धावस्था में प्रत्येक व्यक्ति को अपनी मृत्यु की तैयारी मानसिक स्तर पर कर लेनी चाहिए, परंतु अधिकांश व्यक्ति यह सोचते रहते हैं कि मृत्यु के समय को तो अभी बहुत दिन बकाया हैं और जब मृत्यु होने लगेगी, तब देखा जाएगा। किसी व्यक्ति से मृत्यु संबंधी बात करने पर वह पहले तो भयभीत हो जाता है और फिर चर्चा को निरर्थक मानते हुए विषय-परिवर्तन करना चाहता है। आध्यात्मिक स्तर पर जिसने शरीर को सिर्फ एक साधन मानते हुए इसे अस्थायी रूप से आत्मा का वास माना है, तब फिर उसे मृत्यु के समय दुःख नहीं होगा। आत्मा शाश्वत और अमर है। उसकी कभी मृत्यु नहीं होती है और न ही उसका जन्म होता है। जन्म सिर्फ शरीर का होता है और मृत्यु भी सिर्फ शरीर की होती है। शरीर आत्मा का वस्त्र है। वस्त्र जब फट जाते हैं, तो उन्हें बदलना ही पड़ता है। यही आत्मा के साथ शरीर की स्थिति है। इस विचार को जिस व्यक्ति ने हृदयंगम कर लिया है, उसे मृत्यु के समय कोई दुःख तो होगा ही नहीं, बल्कि इस अद्भुत परिवर्तन को आनंददायक अनुभव करेगा।

मृत्यु की तैयारी के लिए वृद्धावस्था में सांसारिक वस्तुओं और व्यक्तियों से, रिश्तों-नातों से मोह भंग कर लेना चाहिए, क्योंकि ये रिश्ते भी अस्थायी हैं। जीवन की इस वास्तविकता का आभास करना चाहिए कि शरीर के जन्म के साथ इन रिश्तों की उत्पत्ति हुई है और तब फिर शरीर की मृत्यु के साथ इन रिश्तों की समाप्ति भी हो जाएगी। परंतु कुछ लोग शरीर की मृत्यु के अंतिम समय तक भी रिश्तों के जंजाल में फँसे रहते हैं और मोह बनाए रखते हैं। इसी कारण मृत्यु कष्टदायी हो जाती है।

जीवन में मनुष्य की दो मुख्य इच्छाएँ रहती हैं—प्रथमतः, ऐहलौकिक—अर्थात् पृथ्वी लोक से संबंधित भौतिक शरीर में रहते हुए समस्त इच्छाओं एवं वासनाओं की पूर्ति करना। व्यक्ति प्रथमतः तो जब अपने बचपन और युवावस्था में होता है तो वह वासनाओं एवं कामनाओं से वशीभूत होकर अपनी इच्छाओं की पूर्ति करने में लगा रहता है। द्वितीयतः, पारलौकिक—जब व्यक्ति की आयु वृद्धावस्था तक पहुँच जाती है तो वह

स्वर्ग-लोक से संबंधित आनंद में रहने की इच्छाएँ रखता है। उसे इच्छा रहती है कि मृत्यु के पश्चात् परलोक मिले और नरक यदि कहीं है, तो उससे मुक्ति मिले। सामान्यत: हम यह भी देखते हैं कि जैसे ही व्यक्ति की आयु 50-60 वर्ष के करीब पहुँचती है, तब उसे ईश्वर, परलोक याद आने लगता है और अध्यात्म एवं भक्ति की ओर उसकी रुचि स्वाभाविक रूप से बढ़ने लगती है। अध्यात्म एवं भक्ति में रुचि यदि जीवन के प्रारंभिक दिनों से व्यक्ति के अंतर्निहित स्वभाव के कारण निर्मित होने लगे, तब तो शरीर जीवन में भी आनंद आभासित होगा और मृत्यु के पश्चात् भी पीड़ा-रहित होकर आनंद में रहेगा, परंतु यदि मृत्यु के भय के कारण वृद्धावस्था में अध्यात्म एवं ईश्वर-भक्ति की ओर रुख हो रहा है तो यह कहना भी गलत नहीं होगा कि यह मृत्यु के भय से व्युत्पन्न मजबूरी के कारण है।

श्रीमद्भगवतगीता (2/30) में भगवान् श्रीकृष्ण ने कहा, "देही नित्यमवध्योऽयं देहे सर्वस्य भारत। तस्मात्सर्वाणि भूतानि न त्वं शोचितुमर्हसि॥" अर्थात् शरीर में रहनेवाली आत्मा सनातन है और उसकी कभी भी मृत्यु नहीं होती है और इसी कारण किसी भी जीव के लिए दु:ख करने की आवश्यकता नहीं है। अत: शरीर जीवन में आत्म-साक्षात्कार का होना अत्यावश्यक है। अपने मन के अंदर पूर्ण विश्वास के साथ यह धारणा होनी चाहिए कि मैं शरीर नहीं हूँ और आत्मतत्त्व हूँ। मृत्यु के समय तक संशयहीन होकर उक्त धारणा जब बन जाए तो परलोक के द्वार जीवात्मा के लिए खुले रहते हैं। हम आत्मा हैं, शरीर नहीं हैं, यह सिर्फ कहने भर से नहीं हो पाएगा। इस भाव को अटल सत्यता के साथ अपने मन में स्थापित करना होगा। क्योंकि जब तक हम बंधन-मुक्त नहीं हो पाएँगे, तब तक मृत्यु के दु:ख से नहीं बच सकते हैं। श्रीमद्भगवतगीता (8/10) में भगवान् श्रीकृष्ण ने कहा है, "प्रयाणकाले मनसाचलेन भक्त्या युक्तो योगबलेन चैव। भ्रुवोर्मध्ये प्राणमावेश्य सम्यक् स तं परं पुरुषमुपैति दिव्यम्॥" अर्थात् जो व्यक्ति मृत्यु के समय अपने प्राण को योगशक्ति के माध्यम से मस्तिष्क में भौंहों के बीच में स्थिर कर लेता है और अपने मन को पूर्ण भक्ति के साथ ईश्वर का स्मरण करता है, तब निश्चित ही वह व्यक्ति ईश्वर को प्राप्त हो जाता है। यह सोचना कि उक्त प्रकार की प्रक्रिया मृत्यु के समय कर ली जाएगी, आसान और व्यावहारिक रूप से संभव भी नहीं है। इसलिए मुझ लेखक का सुझाव है कि 'श्रीमद्भगवतगीता' में जो उक्त संदेश भगवान् श्रीकृष्ण ने कहा है, इसकी साधना ध्यानावस्था में प्रतिदिन करनी चाहिए।

पृथ्वी पर जिस प्राकृतिक सुंदरतम दृश्य को देखकर हम आनंदित होते रहते हैं, अपने शरीर धारण के साथ सुख और शांति की अनुभूति करते हैं। हमारे सामने जितना यह व्यक्त आनंद है, इस पुस्तक में मृत्यु-पश्चात् के जो अनुभव प्रस्तुत किए जा चुके हैं, उनसे यह स्पष्ट है कि मृत्यु के पश्चात् परलोक में कई गुना अधिक अव्यक्त आनंद है। परलोकीय

आनंद प्राप्त करने की योग्यता हमें अपने शरीर जीवन में रहते हुए निर्धारित व सुनिश्चित करना होगी। इस योग्यता का अर्जन सकारात्मक चिंतन, किसी को भी दु:ख नहीं देना, मन और हृदय में प्रेम भाव अन्य सभी के प्रति रखना, सब के प्रति सहायक और सहयोगी होना और सर्वाधिक महत्त्वपूर्ण यह है कि जीवन में आध्यात्मिकता का चिंतन करना है। आत्म तत्त्व को पहचानना है। शरीर तो हमारी आत्मा की अभिव्यक्ति का साधन मात्र है, लेकिन मूलत: अपनी आत्मा के भाव में रहने की मानसिकता बनानी चाहिए।

□

मृत्यु का अभ्यास

जिस क्षण माँ के गर्भ में हृदय की प्रथम धड़कन प्रारंभ हुई, उसी समय से मृत्यु की यात्रा स्वयं की ओर अग्रसर होने के लिए प्रारंभ हो जाती है। जैसे-जैसे आयु बढ़ती जाती है, वैसे-वैसे मृत्यु की निकटता भी बढ़ती जाती है। सामान्यतया हम कभी जीवन की लंबाई का आकलन नहीं करते हैं, जबकि इसे गणित के माध्यम से दिनों एवं घंटों में नापा जा सकता है। हम अपनी अधिकतम आयु का अनुमान करते हुए जीवन के शेष बचे हुए वर्षों में 365 का गुणान यदि करें, तो जीवन के शेष दिन हम गिन सकते हैं। ध्यान रखना होगा कि संपूर्ण जीवन में हम 1/3 समय तो सिर्फ सोने में व्यतीत करते हैं (सामान्यतया 8 घंटे सोते हैं)। प्रश्न तो यह है कि सुख व आनंद का आभास हमारी जीवात्मा को मरणोपरांत मिले, इस हेतु अब हमारे जीवन का कितना समय प्रेम करने के लिए, दूसरों की सहायता करने के लिए और अच्छे रचनात्मक कार्यों के लिए बचा है? प्रत्येक दिन, प्रत्येक घड़ी, प्रति मिनट, प्रति क्षण, प्रत्येक श्वास के साथ मृत्यु की यात्रा स्वयं की ओर निकट हो रही है, परंतु इस वास्तविकता से सामान्यतः सभी विमुख बने रहते हैं, लेकिन इससे बचने का न तो कोई कारण है और न ही कोई उपाय है। यदि कुछ है, तो वह है मृत्यु का डर। लोग जब मृत्यु के विषय पर चर्चाएँ करते हैं तो उन्हें यह आभास रहता है कि ये तो सिर्फ चर्चाएँ ही हैं। अभी तो हम जीवित हैं। लोग मृत्यु के पूर्व घर-परिवार की व्यवस्था, आर्थिक स्थिति, पुत्र-पुत्रियों के विवाह और परिवार के अन्य सदस्यों के सुरक्षित जीवन की तैयारियों में जुट जाते हैं और मृत्यु का इंतजार करते हैं, परंतु यह तो जीवन के बारे में ही चिंता और चिंतन कहा जाएगा क्योंकि व्यक्ति को जीवित रहते हुए भी जीवन की चिंता रहती है और मरने के बाद की सोच भी जीवन की चिंता से संबंधित है, वह मरकर भी जीवित बना रहना चाहता है। इसलिए व्यक्ति को मरने की कला सीख लेनी चाहिए और यह तभी संभव है, जब जीवित रहते हुए मृत्यु का अभ्यास किया जाए।

अब विचारणीय विषय यह है कि क्या हम जीवित रहते हुए मृत्यु का बोध कर सकते हैं? मृत्यु होने का तात्पर्य है, समस्त संबंधों का विच्छेद होना। शरीर जीवन समाप्त

होते ही समस्त प्रकार के मानसिक जुड़ाव व संबंध समाप्त हो जाते हैं। इसलिए पहले यह समझ लिया जाए, जीवन की परिभाषा क्या है? जीवन की एक सर्वमान्य लघु परिभाषा तय करना होगी और वह है—"जीवन रिश्तों का पर्याय है।" अर्थात् रिश्ता ही जीवन की धुरी है।

एक बार मैंने ध्यानावस्था में ईश्वर से पूछा कि मेरे जीवन की पहचान क्या है? ईश्वर ने जवाब दिया, "तुम प्रतिक्षण रिश्ते हो। तुम्हारा तुम्हारे माता-पिता से रिश्ता, पत्नी और बच्चों से रिश्ता, रिश्तेदार, मित्रों और दुश्मनों से रिश्ता, पद और सम्मान से रिश्ता, दौलत और गरीबी से रिश्ता, शक्ति और कमजोरी से रिश्ता, सामाजिक पहचान से रिश्ता, जाति-धर्म से रिश्ता, पर्स और बैंक खाते से रिश्ता आदि। ये सभी रिश्ते तुमने निर्मित किए हैं और ये सभी रिश्ते तुम्हारे 'तुम' को 'होने' के आभास में विघ्न उत्पन्न करते हैं। इस कारण तुम्हारे जीवन का दूसरा नाम 'रिश्ते' है। यदि स्वयं के 'होने' का आभास तुम करना चाहते हो तो जब तुम मेरे ध्यान में बैठते हो, तब तुम्हें समस्त प्रकार के रिश्तों के बंधनों को विच्छेद करना होगा। तुम अनुभव करोगे कि समस्त रिश्तों से परे हो गए हो और मेरे साथ खड़े हो। तुम अनुभव करोगे कि तुम्हारा अस्तित्व पूर्णतः पवित्र, पूर्ण एवं समग्र है। ध्यान रहे, तुम्हारा शरीर एक भवन है, जिसमें तुम निवास कर रहे हो।"

वस्तुतः जीवित रहते हुए घर, परिवार, समाज में रहते हुए इन रिश्तों को तोड़ना आम व्यक्तियों के बस में नहीं होता। व्यक्ति अधिक-से-अधिक संन्यासी बन सकता है, लेकिन वह भी एक रिश्ता ही है और सब प्रकार के रिश्तों से हटकर एक नया रिश्तेदार संन्यासी के रूप में जुड़ जाता है अर्थात् संन्यासी बनकर भी मरने का बोध तो हो ही नहीं पाएगा। पहले गृहस्थ जीवन था एवं संन्यासी जीवन। जीवन दोनों ही तरफ है।

क्या हमने कभी मृत्यु के बाद और जन्म से पूर्व के अस्तित्व के बारे में चिंतन किया है? मृत्यु के बाद जैसा है, वह जन्म के पूर्व भी होना चाहिए। वस्तुतः हमारा शरीर आत्मा का वाहन है। आइए, ईमानदारी से विचार करें—"मैं अपने पूर्व जन्म में कहीं था और अनेक व्यक्ति मुझसे अत्यंत निकट के रिश्ते में मेरी पहचान के साथ जुड़े रहे होंगे। इस जन्म में अपनी वर्तमान पहचान से संबंध रखते हुए मेरे अपने अनेक रिश्ते हैं। मेरी मृत्यु के बाद जब मेरा पुनर्जन्म होगा, तब फिर नए रिश्ते बनेंगे। इस प्रकार गंभीरतापूर्वक इस विषय पर विचार करना है कि मैंने अपने पिछले जन्म के शरीर और उससे जुड़े रिश्तों को छोड़ा है, मैं अपने इस वर्तमान शरीर और रिश्तों को अपनी मृत्यु के पश्चात् छोड़ दूँगा। यहाँ प्रश्न तो यह है कि मेरा कौन से शरीर, आकृति, रिश्ते की पहचान वास्तविक और सही है? हमारी पहचान और रिश्ते स्थायी नहीं हैं और भौतिक शरीर की मृत्यु होने के बाद हमसे छूट जाते हैं। मेरी मृत्यु के बाद मेरे साथ कुछ भी नहीं जाता है और हम अपनी ऊर्जा को अस्थायी संबंधों तथा मिथ्यापूर्ण पहचान की उलझनों में बरबाद कर रहे हैं।

क्या हमने कभी अपनी वास्तविक पहचान के संदर्भ में विचार किया है ? एक बार मैंने ध्यानावस्था में 'अपने-स्वयं' से पूछा, "क्या मैं नाम हूँ ? क्या मैं प्रसिद्धि हूँ ? क्या मैं शरीर हूँ ?" निश्चित ही जवाब था कि "नहीं, तुम नाम नहीं हो, तुम प्रसिद्धि नहीं हों, तुम शरीर भी नहीं हो," तब दूसरा प्रश्न उत्पन्न हुआ कि "वह कौन है, जिसका यह नाम है, जिसकी यह प्रसिद्धि है ? जब मैं 'नाम' नहीं हूँ तो वह कौन है, जिसका यह शरीर है ?" सच तो यह है कि मेरा नाम, प्रसिद्धि और शरीर, ये सभी मुझ से जुड़े हैं, परंतु प्रश्न तो यह है कि वह कौन है, जो इस नाम, प्रसिद्धि और शरीर का धारण किए हुए है ? ये सभी थोपे हुए सांसारिक संबंध हैं, जो मेरे 'अहम्' को शक्तिशाली बना रहे हैं। तब पुनः प्रश्न उत्पन्न हुआ कि 'अहम्' क्या है ? मेरी किसी भी प्रकार की छवि और पहचान के साथ मेरी आसक्ति अथवा जुड़ाव ही 'अहम्' है। जब हम 'अहम्' के भाव से परे होते हैं, तभी हम अपने 'स्वयं के होने' का आभास कर पाते हैं। 'स्वयं के होने' के आभास को शब्दों में व्यक्त नहीं किया जा सकता। वह सिर्फ आभास है और उसमें आनंद-ही-आनंद है, परंतु इसके विपरीत होता यह है कि हम 'अहम्' के संघर्ष में प्रत्येक जगह अपनी ऊर्जा को व्यर्थ ही गवाँ रहे हैं। कोई भी व्यक्ति किसी अन्य दूसरे व्यक्ति के 'अहम्' के संदर्भ में तो विस्तृत बात कर सकता है, परंतु वह अपने-स्वयं के 'अहम्' से परिचित होने का प्रयास ही नहीं करता है। सामान्यतया व्यक्ति अपने स्वयं के 'अहम्' से चिर-परिचित होता ही नहीं है और वह स्वयं की अहंवादी छवि को जानना भी नहीं चाहता है तथा अन्य दूसरों के 'अहम्' का आंकलन करने में लगा रहता है। ऐसे लोग हमेशा दूसरों के 'अहम्' को नापते रहते हैं और विभिन्न स्तरों पर प्रतिक्रिया व्यक्त करते रहते हैं। यह 'अहम् से व्युत्पन्न' प्रतिक्रिया का स्वरूप हैं। वस्तुतः यह 'अहम्' का नकारात्मक स्वरूप है और जिस व्यक्ति में अन्य दूसरों के 'अहम्' को देखकर जितनी अधिक प्रतिक्रिया उत्पन्न होगी, वह व्यक्ति नकारात्मक सोच के कारण उतनी ही क्षति अन्य को पहुँचा सकता है। जब कि आध्यात्मिक स्तर पर 'अहम्-विहीन-जागृति' पर जोर दिया गया है। 'अहम्-विहीन-जागृति' का विपरीत स्वरूप होगा, 'अहंवादी-जागृति'। अब प्रश्न यह है कि हमें परिवर्तन क्या करना है ? परिवर्तन करना है, अपने 'अहम्' को लोप करने का। ध्यान रखना होगा, जिसने अपने 'अहम्' को पहचाना है, वही उसका लोप कर सकता है, परंतु सामान्यतया हम अपने 'अहम्' को पहचान नहीं पाते हैं।

प्रश्न यह है कि जीवित रहते हुए क्या मृत्यु का अभ्यास एवं बोध होना संभव है ? मेरा ऐसा मानना है कि यह संभव है और एक प्रयोग करके मृत्यु के दुःख से यदि बचा नहीं जा सकता, तो दुःख को कम जरूर किया जा सकता है। इसके लिए व्यक्ति को मरना नहीं है और न ही मरने की कोई कला है, बल्कि अस्थायी समय के लिए मन, वाणी, अपने व्यवहार, अपनी मानसिकता में परिवर्तन लाना होगा। एक अस्थायी

परिवर्तन कुछ दिन, कुछ हफ्ते, कुछ माह का भी हो सकता है। इसके लिए सर्वप्रथम घर और परिवार से दूर जाने के लिए अपनी तैयारी करनी है। सुविधा के अनुसार ऐसा समय सुनिश्चित करना चाहिए कि उन दिनों समस्त प्रकार से अपने को मुक्त मानते हो और इन दिनों किसी भी प्रकार की अपेक्षा दूसरों के लिए नहीं हो और किसी भी प्रकार का उत्तरदायित्व स्वयं पर न हो। उन दिनों स्वयं पर कोई निर्भर न हो। अब एक झटके से पूर्णतः अंतर्मन की इस मानसिकता के साथ यह सोचते हुए कि "मैं मर चुका हूँ', घर से बाहर निकलना है। उस समय अपने परिवारजन और रास्ते में मिले मित्र-संबंधियों को इस तरह देखना है जैसे कि अब ये हमें कभी नहीं मिलने वाले हैं और अंतिम बार इनके चेहरे देख रहे हैं। अपने गाँव, नगर से इतनी दूर ऐसे स्थान पर पहुँचना है, जहाँ कोई भी व्यक्ति जान-पहचान का नहीं दिखे। फर्ज करो कि सात दिन के लिए घर से बाहर निकले हैं और इन सात दिवस में भूलकर भी अपना चेहरा किसी आईने में नहीं देखना है, क्योंकि यदि चेहरा आईने में देख लिया तो स्वयं की पहचान से जुड़ने का और शरीर जीवन का भाव प्रकट होने लगेगा। इन सात दिनों में ऐसे स्थान पर रहना है, जहाँ पूर्व से कोई भी परिचित नहीं हो अन्यथा प्रयोग एवं अभ्यास की प्रक्रिया खंडित हो जाएगी और मन में यह भाव प्रकट हो जाएगा कि अभी तो जीवित हैं। इस प्रयोग का अभ्यास समस्त प्रकार के संबंधों से विच्छेद होने का है। इसलिए किसी भी प्रकार से अपने अंदर यह विचार नहीं आने का प्रयास करना चाहिए कि अभी तो हम जीवित हैं। ऐसा विचार यदि मन में आ भी जाए अथवा अपने सगे-संबंधियों की याद भी आ-जाए, तो तत्काल यही सोच लेना चाहिए कि अब तो मजबूरी है। जब मर ही चुके हैं तो याद करने से क्या फायदा? उन सात दिनों में जो भी मिलेंगे, वे सब अनजान चेहरे होंगे। उन अनजान मिलने वाले लोगों से न तो कोई बात करना है, न परिचय करना है और न ही उनसे पहचान बनाना है, अन्यथा वहाँ फिर से नए रिश्ते निर्मित होने लगेंगे। प्रत्येक समय मन में यह भाव लाना है कि अब मरने के बाद समस्त संबंध और रिश्ते टूट चुके हैं। अपने शरीर को अपनी आत्मा का स्वरूप देना है। मन में यह भाव बिना किसी संदेह के उत्पन्न करना है कि हम सिर्फ आत्मा हैं तथा अपने शरीर को तो घर पर ही छोड़कर आए हैं। इन सात दिनों में किसी भी तरह से अपने घर, परिवार, मित्र, संबंधियों से कोई संपर्क नहीं करना है। उनसे दूरभाष पर भी चर्चा नहीं करनी है। स्वयं के पास दूरभाष संबंधी कोई भी यंत्र नहीं रखना है। इन सात दिनों में ढीले वस्त्र पहननी है। उन वस्त्रों को तो कतई नहीं पहनना है, जो सामान्यतः अपने दैनिक जीवन में पहनते रहे हैं क्योंकि व्यक्ति का अपने वस्त्रों से भी एक जुड़ाव और रिश्ता होता है। घर, परिवार में पहनने वाले वस्त्र को जब उन सात दिनों में पहन लिया जाएगा तो निश्चित ही यह याद आ जाएगी कि यही वस्त्र मैंने फलाँ समय पर, फलाँ समारोह में पहना था और पुनः जीवन व रिश्ते से अनायास ही जुड़ना

हो जाएगा। धीरे-धीरे समय बीतने के साथ इन सात दिनों में यह अभ्यास करना है कि समस्त रिश्ते और पुराने संबंध टूट चुके हैं और स्वयं को आत्म-तत्त्व में अनुभव करना है। इन सात दिनों में प्रत्येक दिन अधिक-से-अधिक समय ध्यान में बैठना है और स्वयं के अंदर अहम्-विहीन भाव प्रकट करना है। भूख लगने पर अपने मनपसंद भोजन की इच्छा नहीं करनी है। सामने जो भी भोजन उपलब्ध हो, उसे सहर्ष स्वीकार करते हुए ग्रहण करना है। किसी भी भौतिक वस्तु की इच्छा मन में नहीं रखना है। मन में यह भाव प्रकट करना है, नहीं पता मैं कौन हूँ, नहीं पता मैं कहाँ का हूँ, नहीं पता मुझे कहाँ जाना है, नहीं पता कि यहाँ कब तक रहना है ? यदा-कदा कभी घर, परिवार, जमीन-जायदाद, रुपए-पैसे की याद भी आए तो यह सोचना है कि अपने पिछले समस्त जन्मों में मरने के बाद सबकुछ छोड़कर नए-नए जन्म लेता रहा हूँ और इस जन्म में भी अब सबकुछ छूट गया है तो दुःख करना निरर्थक है। जब पिछले जन्मों के छूटने का दुःख याद भी नहीं है तो इस जन्म में छूटे हुए भी याद नहीं रहेंगे, लेकिन इस प्रकार के अभ्यास से पूर्णतः यह संभव नहीं होगा कि परिवारजन याद ही न रहें। यह अभ्यास एक विशेष प्रकार की मानसिकता निर्मित करने का अभ्यास मात्र है। यह ठीक उसी तरह होगा जैसे कि एक कलाकार पटकथा के आधार पर एक्टिंग करता है और वह उस समय वैसा ही किरदार बन जाता है, जिसका वह रोल निभा रहा है।

जैसे ही इस अभ्यास का निर्धारित समय पूर्ण हो जाएँ, तो पुनः अपना पुनर्जन्म मानते हुए अपने घर वापस आ जाना है। इस अभ्यास से मृत्यु के समय होनेवाला दुःख और सगे, संबंधी, धन-दौलत छूटने का दुःख क्षीण हो जाएगा। ऐसा प्रयोग मैंने (लेखक) स्वयं सन् 1999 में किया था। यह प्रयोग असंभव नहीं है, सिर्फ अभ्यास करने की मानसिकता विकसित करना है।

□

समय का खजाना

सामान्यतया ऐसा देखने में आया है कि जब व्यक्ति अपनी आयु के बढ़ते क्रम में जैसे-जैसे बुढ़ापे की ओर अग्रसर होता है, त्यों-त्यों उसमें दो प्रवृत्तियाँ पनपने लगती हैं—(1) कंजूसी और (2) मोह।

ज्यों-ज्यों बुढ़ापा अपनी गति पकड़ता है, त्यों-त्यों व्यक्ति में मितव्ययीपन और अपने स्वजनों, वस्तुओं, संपत्ति, जमीन-ज्यादाद से मोह बढ़ता जाता है। यद्यपि ऐसा होना प्रत्येक के लिए आवश्यक नहीं है, परंतु ऐसे स्वभाव का प्रकटीकरण अकसर देखने में आता है। इसके ठीक विपरीत युवावस्था और प्रौढ़ावस्था में व्यक्ति खूब मेहनत करके धन अर्जित करता है और अपने मन-माफिक व्यय भी करता है। प्रश्न यह है कि मन की ऐसी स्थिति आखिर क्यों हो जाती है? आयु के उत्तरार्द्ध में ऐसी मनोवृत्तियाँ क्यो होने लगती हैं? मनोवैज्ञानिक विश्लेषण करने पर निष्कर्ष यही निकलता है कि व्यक्ति के पास उसकी आयु के उत्तरार्द्ध में उसका 'समय का खजाना' खाली होने लगता है। इस प्रवृत्ति का विश्लेषण कुछ उदाहरणों से स्पष्ट होगा—

माता-पिता ने अपनी पुत्री का पालन-पोषण किया। उसे शिक्षित कराया, युवावस्था में उसकी देख-रेख की, रहन-सहन मिलना-जुलना सिखाया। उसने यदि कभी कोई गलती की तो उसे डाँटा भी उसको सही रास्तों की पहचान कराई। उसकी प्रत्येक गलती पर डाँटते हुए प्रतिबंधित भी किया, लेकिन जैसे ही उसके विवाह की चर्चा होने लगी, तो उसके प्रति माता-पिता का मोह बढ़ता जाता है। उसकी छोटी-मोटी गलतियों को भी नजरअंदाज करने लगते हैं क्योंकि बेटी के साथ रहने का 'समय का खजाना' खाली होने लगता है।

पुत्र उच्च शिक्षा के लिए अथवा किसी नियुक्ति पर आपसे दूर या विदेश जाने की तैयारी में हैं। अभी तक उसके साथ रहते रहे, वह परिवार के संरक्षण में रहा तो कभी उसे डाँटा-पीटा भी और कभी किसी गलती के कारण संवादहीनता भी रही, लेकिन जैसे-जैसे पुत्र का परिवार से दूर जाने का समय निकट आने लगता है और मन में यह भाव उठता है कि अब पता नहीं कितने वर्षों बाद उससे मुलाकात हो पाएगी अथवा उसके साथ रहना

संभव भी हो पाएगा या नहीं ? इस कारण उससे मोह व लगाव बढ़ने लगेगा। जैसे-जैसे उसके प्रस्थान व घर छोड़ने का समय निकट आएगा, वैसे-वैसे उसके प्रत्येक विषय पर उससे लगाव बढ़ता ही जाएगा।

हम सभी ने यह अनुभव किया होगा। जब युवा थे तो जिंदगी के अनेक बड़े उद्देश्यों की पूर्णता और लक्ष्यों की प्राप्ति के सपने भी थे और जो युवा हैं, वे इस परिस्थिति का अनुभव करते होंगे। अपनी युवावस्था में मेहनत करते रहे। दिन में 12-15 घंटे काम भी किया, खूब धन कमाया, खूब खर्च भी किया। खर्च करने में भी कोई चिंता नहीं रही। ऊर्जा व उत्साह की कोई कमी नहीं रही, लेकिन जैसे-जैसे आयु बढ़ी और 60 के दशक पर पहुँचने को हुई तो मन के अंदर शेष बची आयु में मिलती रहीं सुविधाओं की चिंता और जीवन की शेष लंबाई पर मनन होने लगता है। यह सिर्फ 'समय का खजाना' खाली होने के कारण होता है। इसी कारण वृद्धावस्था में आयु का खजाना खाली होने का अनुभव होने लगता है। इसी कारण व्यक्ति अल्पव्ययी होने लगता है। अपनी आयु के शेष बचे हुए धन को संचित करने की ओर सोचने लगता है। बुढ़ापे में कंजूस होने की छींटाकशी भी सुननी पड़ती है और निश्चित ही आयु जैसे-जैसे बढ़ती जाएगी, वैसे-वैसे धन की आवक की लालसा और मितव्ययीता की मनोवृत्ति बढ़ती जाएगी। मन में निर्मित हुई ऐसी वृत्ति को परिस्थितियों के कारण स्वाभाविक ही माना चाहिए। यह भी आवश्यक नहीं है कि सभी व्यक्तियों में ऐसी मनोवृत्ति पनपे। यदि व्यक्ति धनाढ्य है और उसके पास रुपए-पैसे की कोई भी कमी नहीं है, तो धन के छूटने और उससे मोह होने के कारण दुःखी होता रहता है। उन्हें मृत्यु की निकटता के साथ अपनी संपत्ति धन-दौलत से मोह और उसके छूटने की चिंता होने लगती है।

ईश्वर ने प्रत्येक व्यक्ति के लिए 'समय का खजाना' निर्धारित व सुनिश्चित कर रखा है। तिजोरी में रखे धन, बैंक बैलेंस, जमीन-जायदाद, धन-दौलत का खजाना तो बढ़ाया जा सकता है, लेकिन 'समय का खजाना' जितना ईश्वर ने दिया है, जितना और जैसा पूर्व कर्म के कारण निर्मित हुआ है, प्रारब्ध का दामन जिसका जैसा है, उसे कोई भी परिवर्तित नहीं कर सकता है। ईश्वर ने प्रत्येक व्यक्ति की आयु और उसके कार्यों के लिए एक सुनिश्चित समय की क्रेडिट उसके समय के खाते में दे रखी है। समय, काल, परिस्थिति, स्थान, जलवायु के अनुसार आम व्यक्ति की औसत आयु 70-75-85 वर्ष तक की आकलित की जा सकती है। इसे हम तीन भागों में विभाजित करें। प्रथम 25 वर्ष युवावस्था, द्वितीय 25 वर्ष प्रौढ़ावस्था और तृतीय 25 वर्ष में बुढ़ापे का प्रारंभ। अर्थात् बुढ़ापे में व्यक्ति के 'समय के खजाना' का बैलेंस खाली होने की ओर मन सोचने लगता है एवं व्यक्ति यह सोचकर चिंतित होने लगता है कि—

1. समय अब कम बचा है, आयु पूर्ण होने को है, मौत कभी भी आ सकती है।

2. बीमार रहने अथवा होने की आशंका।
3. मृत्यु होने पर जो कुछ कमाया है, अर्जित किया है, वह सब धन-दौलत छूटने का दु:ख।
4. कहीं कोई बड़ी बीमारी बुढ़ापे में न हो जाए तो उसके लिए धन की आवश्यकता होगी, अत: उसके इंतजाम की चिंता।
5. स्वजनों की चिंता, उनसे विलग होने की और उनके भविष्य की चिंता।
6. मृत्यु होने की चिंता के साथ पत्नी और स्वजनों की आर्थिक सुदृढ़ता की चिंता।
7. ऐसी अन्य अनेक चिंताएँ।

इसी बात को ठीक ऐसे भी समझा जा सकता है कि किसी व्यक्ति की आयु 75 वर्ष हो चुकी हो और उसकी इस आयु में यदि उसे किसी दैवी-शक्ति के माध्यम से यह पता लग जाए कि वह अब 150 वर्ष का जीवन व्यतीत करेगा और 75 वर्ष की आयु को वह अपना प्रथम पड़ाव समझ ले। तब ऐसी स्थिति में उसकी समस्त प्रकार की चिंताएँ समाप्त होने लगेंगी अर्थात् 'समय का खजाना' ही चिंता का कारण है।

□

बौद्ध व जैन धर्म के आईने में परलोक

हिंदू धर्म में पुनर्जन्म एवं परलोक की मान्यता है। पुनर्जन्म एवं परलोक का सीधा संबंध कर्म फल से है। मनुष्य जीवन में जैसा जिसका कर्म होता है, वैसा ही उसको परिणाम प्राप्त होता है। दुष्ट आततायी, पापकर्मी मनुष्य को या तो इसी जन्म में उसका फल भोगना होता है अथवा मृत्यु के पश्चात् उसकी जीवात्मा पीड़ाजनक व कष्ट में रहती है यानी जब उसका पुनर्जन्म होता है, तब उसे अपने कुकर्मों का परिणाम भोगना होता है। परंतु अन्य धर्मों में उक्त संदर्भ में क्या-क्या मान्यताएँ हैं, इस विषय पर भी प्रकाश डालने का प्रयास किया जा रहा है। मुसलमानों एवं ईसाइयों में पुनर्जन्म को मान्यता नहीं दी गई है। यह मान्यता उनके धार्मिक सिद्धांतों पर आधारित है।

बौद्ध-मत

बौद्ध धर्म में अहिंसा व सत्य के आचरण को प्राथमिकता दी गई। मेरा अपना चिंतन यह है कि जो व्यक्ति कर्म-फल एवं परलोक के अस्तित्व में आस्था रखता है, वह हिंसक नहीं हो सकता। बौद्धों की धर्म पुस्तक 'धम्मपद' (धर्मपद) में भगवान् बुद्ध के वचनों का उल्लेख है। बुद्ध कहते हैं, "हे भिक्षु, ध्यान कर और सावधान रहो। अपने चित्त को खुशी की ओर नहीं ले जाओ, जिससे कि तुझे बेपरवाही के बदले नरक में लोहे का गोला न निगलना पड़े और जलते समय चिल्लाना नहीं पड़े।" (धम्मपद वचन 371) बुद्ध के कहने का तात्पर्य यही है कि जो व्यक्ति सही या गलत का विश्लेषण किए बिना सांसारिक क्षणिक लाभ को अपना सुख मानता है और खुश हो जाता है, लेकिन उसके दुष्परिणामों को नहीं समक्ष रहा है। आगे बुद्ध कहते हैं—"जो मिथ्या भाषण करता है, वह नरक को जाता है।" (धम्मपद वचन 306) बुद्ध कहते हैं—"अच्छा आदमी इस दुनिया में खुश रहता है और परलोक में भी खुश रहता है। उसे दोनों लोकों में सुख मिलता है।" (धम्मपद वचन 18) बुद्ध का मानना था कि न आकाश में, न समुद्र, न पहाड़ों की गुफाओं में, न तमाम दुनिया में कोई ऐसी जगह है, जहाँ मनुष्य बूरे कर्मों के फल से बच जाए (धम्मपद वचन 127)। बुद्ध कहते हैं—"कितने ही लोग जन्म लेते हैं। पापी

नरक को जाते हैं, पुण्यात्माएँ स्वर्ग को जाती हैं। जो सांसारिक बाधाओं से मुक्त हैं, वे 'निर्वाणपद' प्राप्त करते हैं। (धम्मपद वचन 126) बुद्ध ने कहा है—"ज्ञान बिना ध्यान नहीं और ध्यान बिना ज्ञान नहीं। जो ध्यान व ज्ञान में रहते हैं, वे 'निर्वाण' के समीप हैं।" (धम्मपद वचन 372) धम्मपद के वचन 153-154 में बुद्ध का कहना है—"इस शरीर के बनाने वाले को ढूँढ़ने में मुझे अनेक जन्म लेने पड़े, उसका पता न पाया। बार-बार जन्म लेना दुःखदायी है। तू इस शरीर को फिर बना नहीं पाएगा। शरीर की तमाम हड्डियाँ टूट गई हैं, चित्त निर्वाण के समीप पहुँचकर सारी वासनाओं को नष्ट कर चुका है।" इस प्रकार बौद्ध धर्म में स्वर्ग, नरक, परलोक एवं पुनर्जन्म को मान्यता दी गई है।

जैन-मत

जैन धर्म का विश्वास व अधिकांश मान्यताएँ बौद्ध एवं हिंदू से पृथक् नहीं हैं। जैन धर्म का सिद्धांत है कि प्राणी विभिन्न योनियों में अपने कर्म-फल को और जीवन-मरण को भोगता रहता है। मृत्यु के पश्चात् जीवात्मा अपने कर्म-फल के अनुसार या तो उसी योनि में पुनर्जन्म लेता है, जिसमें उसकी मृत्यु हुई है अथवा अन्य योनियों में भी जन्म ले सकता है। जैन धर्म में मृत्यु के पश्चात् सूक्ष्म शरीर को भी मान्यता दी गई है और वे मानते हैं कि मरणोपरांत जीवात्मा का आकार उसके पूर्व शरीर जैसा ही रहता है और दूसरा नया जन्म होने पर नया शरीर ग्रहण करता है, तब उसे नए शरीर का आकार मिल जाता है। जैन धर्म में नरक के अस्तित्व को भी मान्यता दी गई है। नरक में स्त्रियाँ नहीं होतीं। जो पुण्यात्मा होते हैं वे देवलोक में जाकर सुख भोगते हैं और पृथ्वी-लोक को मध्यलोक कहा गया है। मध्यलोक के नीचे अधोलोक है एवं उसमें नरक है। मध्यलोक के ऊपर उर्ध्वलोक है, जहाँ देवताओं का निवास रहता है। इससे भी बहुत ऊपर स्वर्गलोक है, जहाँ अति उच्च श्रेणी के देवताओं का निवास है। इसके भी ऊपर अहमिंद्रलोक है और यहाँ अति उच्च श्रेणी के देवता निवास करते हैं। अहमिंद्रलोक में देवता रहते हैं और यहाँ देवियाँ नहीं रहती हैं एवं देवता आजीवन ब्रह्मचारी होते हैं। जैन धर्म में सात नरक बताए गए हैं एवं सोलह स्वर्गों की मान्यता है। देवलोक के राजा को इंद्र कहा जाता है और वहाँ की प्रजा देव कहलाती है। देवताओं का शरीर अति आकर्षक और लोभायमान होता है और इन्हें नींद तथा आयु की वृद्धावस्था नहीं होती है। ये भूख-प्यास से परे हैं और इच्छा होने पर ही इनकी प्यास बुझ जाती है अर्थात् स्वयं में तृप्त रहते हैं। यहाँ अति सुंदर देवियाँ होती हैं, परंतु उनमें गर्भ धारण नहीं होता है। जैन धर्म में जीवात्मा की तीन दशाएँ मान्य की गई हैं—शुभ दशा, अशुभ दशा एवं शुद्ध दशा। शुभ दशा वाली जीवात्मा अपने अच्छे कर्मों के कारण से देवलोक में पहुँचती है और वहाँ सुख व आनंद में रहती है। अशुभ दशा वाली जीवात्मा अपने बुरे कर्मों के कारण से नरक का दुःख प्राप्त करती है एवं

अपने पापकर्मों के कारण वे पशु योनि में भी जाती है। परंतु ऐसी जीवात्माएँ, जो शुभ दशा एवं अशुभ दशा के मध्य की हैं, अर्थात् शरीर जीवन में रहते हुए उन्होंने अच्छे कर्म भी किए हैं और बुरे कर्म भी किए हैं, ऐसी जीवात्माएँ पुनः मनुष्य योनि में जन्म लेती हैं। इन दोनों दशाओं के अलावा जैन धर्म में तीसरी दशा वह होती है, जिसमें जीवात्मा के साथ उसके पुण्य कर्म एवं पापकर्मों का कोई भी साथ नहीं रहता है, अर्थात् जीवात्मा पूर्णतः शुद्ध होती है और वह मृत्यु के पश्चात् 'शिवलोक' में पहुँचती है। इस प्रकार की जीवात्मा को शुद्ध दशा की माना जाता है। शिवलोक की जीवात्मा को मोक्ष प्राप्त होना माना जाता है। शुद्ध दशा वाली जीवात्मा सिर्फ मनुष्य योनि में ही हो सकती है। जैन-मत में पुनर्जन्म के प्रति पूर्ण आस्था मान्य की गई है, मनुष्य को उसके पूर्व जन्मों के पापों का प्रायश्चित्त करने के लिए जन्म लेना पड़ता है। इस प्रकार जैन धर्म में भी स्वर्ग, नरक, परलोक एवं पुनर्जन्म को मान्यता दी गई है। जैन दर्शन में मोक्ष साधना केवल संन्यासी ही कर पाते हैं। इनकी पाँच कोटियाँ हैं। इन्हें परमेष्ठी कहते हैं—1. अहरत, 2. सिद्ध, 3. आचार्य, 4. उपाध्याय, 5. साधू। जैन धर्म का विश्वास है कि अदृश्य जगत् में कहीं लोक है, जहाँ सिद्धों की आत्माएँ रहती हैं। उनमें जो आत्मा सिद्ध हो गई अर्थात् अनंत चतुष्ठम, अनंत दर्शन, अनंत ज्ञान, अनंत सुख और अनंत वीर्य से युक्त हो जाती है। जिसकी वासना छूट गई हो, जो सुख-दुःख से परे हो गया हो। जो इंद्रीय निग्रही है, वह सिद्ध है। सिद्ध कोटि परमात्मा की है।

□

क्या पुनर्जन्म होता है ?

पुनर्जन्म का सिद्धांत सार्वभौमिक सत्य है

आधुनिक युग की यह एक भ्रमपूर्ण अवधारणा यह है कि व्यक्ति की मृत्यु होने के बाद कुछ भी शेष नहीं रह जाता है। भौतिक विज्ञान ने जीव को सिर्फ शरीर समझा है और संदेश दिया कि शरीर की मृत्यु होने पर जीव की कोई स्वतंत्र सत्ता नहीं रह जाती है। विज्ञान की अपनी स्वयं की सीमाएँ हैं। विज्ञान की परिभाषा में कहा गया है कि किसी विषय का क्रमबद्ध ज्ञान ही विज्ञान है। विज्ञान के समक्ष जीव के पुनर्जन्म का भी प्रमाण प्रस्तुत हो जाए, तो भी विज्ञान इसे स्वीकार इसलिए नहीं करेगा, क्योंकि वह अपनी आँखों से मृत्यु के पश्चात् आत्मा का व्यतीत हुआ समय और पुनर्जन्म की प्रक्रिया आपनी आँखों से देखना चाहता है। जड़वादी एवं वैज्ञानिक कहते हैं कि शरीर ही जीव है और शरीर खत्म तो सबकुछ खत्म। यह अधूरा ज्ञान है। दूसरी ओर, ऐसे भी अनेक प्रमाण हैं जिनमें बच्चों ने अपने पूर्व जन्म के रिश्तेदारों व स्थान को पहचाना है और पुनर्जन्म को प्रमाणित किया है। व्यक्ति का शरीर वृद्ध, कमजोर होने के बाद उसकी मृत्यु हो जाती है। जीवात्मा स्थूल शरीर से बाहर निकल जाती है और फिर वह नवीन शरीर धारण करता है। इसी को पुनर्जन्म कहते हैं। अत: जीव और शरीर एक नहीं है, ये पृथक्-पृथक् हैं। जीवात्मा शरीर के अंदर है, इसी कारण तो शरीर जीवित है।

व्यक्ति का पुनर्जन्म उसके अपने पूर्व कर्मों के कारण विभिन्न परिस्थितियों एवं विभिन्न स्थितियों में होता है। शरीर की मृत्यु उपरांत जीवात्मा अपने पुनर्जन्म के लिए तत्पर रहती है। आत्मा ही परमात्मा का अंश है, लेकिन इस धारणा को जिस व्यक्ति ने अपने अंदर पूर्णत: समाहित कर लिया और निष्काम कर्म करते हुए राग-द्वेष से परे हो गया, तब ऐसी स्थिति में वह मोक्ष के द्वार पर पहुँच जाता है क्योंकि वह इच्छा-रहित हो गया है। सच तो यह है कि इच्छाएँ और कामनाएँ ही हमारे पुनर्जन्म का परिणाम हैं।

प्रति रात्रि मनुष्य निद्रा में चला जाता है। यह घटना तो प्रतिदिन हम सबके साथ घटित ही हो रही है। मृत्यु और जन्म का ही एक लघु स्वरूप निद्रा व जागरण है। योगशास्त्र के अनुसार जब व्यक्ति नींद में होता है, तब उसका मन सुषुम्ना नाड़ी में चला जाता है। कहा जाता है कि सुषुम्ना नाड़ी में हमारे कई जन्मों का लेखा-जोखा रहता है।

निद्रा में हम कभी-कभी ऐसे स्वप्न भी देखते हैं, जो कतई वर्तमान जीवन से संबंधित नहीं रहते। एक ही प्रकार के बार-बार दृश्य स्वप्न में दिखते हैं और वे कतई वर्तमान जीवन से संबंधित नहीं होते। यहाँ यह कहना गलत नहीं होगा कि ऐसे दृश्य पूर्व जन्म से संबंधित भी हो सकते हैं। एक ही माता-पिता की अनेक संतानें विभिन्न प्रकार के स्वभाव और प्रतिभाओं के साथ उत्पन्न होती हैं। यहाँ प्रश्न उन वैज्ञानिकों से है कि उन्हीं माता-पिता से उत्पन्न हुईं संतानें और जुड़वाँ जन्म के बच्चे एक ही जैसे स्वभाव और प्रतिभा के उत्पन्न क्यों नहीं होते हैं ? उनके तो निर्माणकर्ता और माँ के गर्भ हो रहा विकास एक जैसा ही है। यहाँ विज्ञान मौन हो जाएगा। यही कर्म का सिद्धांत है। वेदांत के अनुसार, आत्मा अमर है। आत्मा की कभी मृत्यु नहीं होती। शरीर जीवन में रहते हुए कितने ही पाप अथवा कितने ही पुण्य क्यों न किए हों, मृत्यु तो शरीर की ही होती है और उन कर्मों के परिणाम को लेकर जीवात्मा उसमें से निकल जाती है। पुन: शरीर धारण कर नया जन्म लेती है। इसी कारण एक ही माता-पिता से उत्पन्न होनेवाली संतानें आपने प्रारब्ध के साथ जन्म लेती हैं। पूर्व में किए गए कर्मों के परिणाम ही तो प्रारब्ध है। किसी भी अन्य धर्म अथवा मजहब में पुनर्जन्म बाधक नहीं है। यहाँ मैं हिंदुओं के धर्म की संक्षिप्त व्याख्या करना उचित समझता हूँ।

यह सुस्थापित धारणा है कि पुनर्जन्म का सिद्धांत सिर्फ हिंदुओं में ही मान्य है, परंतु सच तो यह है कि पुनर्जन्म संपूर्ण मानव जाति में होता है। हिंदुओं में उनके कर्म-फल के अनुसार पुनर्जन्म होना माना जाता है अर्थात् इस जन्म में हमको यदि कोई दु:ख भोगना पड़ रहा है तो ऐसी मान्यता है कि वह दु:ख या तो हमारे इसी जन्म में किए गए बुरे कर्म का फल है और यदि इस जन्म में हमें यह याद नहीं आ पा रहा है कि हमने कोई बुरे कर्म किए हैं, तो फिर उसे प्रारब्ध कहा जाता है। पूर्व जन्म में किए गए बुरे कर्मों का कर्म-फल यदि इस जन्म में भोगना पड़ रहा है तो इसे प्रारब्ध कहेंगे, लेकिन इतना अवश्य है कि हिंदुओं में पुनर्जन्म के सिद्धांत की मान्यता अटूट है और पुराणों पर भी आधारित है। हिंदुओं में यदि कुछ लोग इस सिद्धांत को नहीं भी मानते हों तो इससे कोई फर्क नहीं पड़ता है। क्योंकि पुनर्जन्म होता ही है। हिंदू पुराणों का सिद्धांत है—अर्थ, धर्म, काम, मोक्ष। निचोड़ यह है कि धर्म पर आधारित किए गए कर्म के माध्यम से अर्थाजन करना और फिर मोक्ष प्राप्त करना ही मानव जाति और मानव जन्म का एक मात्र उद्देश्य है।

हिंदुओं के 'धर्म' का तात्पर्य पूजा-पद्धति, ईश्वर में आस्था रखने मात्र से ही धार्मिक होना नहीं माना जा सकता है। हिंदुओं में 'धर्म' का तात्पर्य सद्गुणों से है अर्थात् सद्गुणी ही धार्मिक है। व्यक्ति के अंदर धारित करने योग्य सद्गुण व्यक्ति में यदि हैं, तो उस व्यक्ति को धार्मिक कहा जाएगा। कहा गया है, "धर्म एव हतो हन्ति धर्मो रक्षति रक्षित:", अर्थात् आप यदि धर्म की रक्षा करेंगे तो धर्म आपकी रक्षा करेगा। 'धर्म' का

तात्पर्य व्यक्ति के 'कर्तव्य' से है। किसी व्यापारी का उसका व्यापार का 'धर्म,' सेना में देश की रक्षा का 'धर्म,' न्यायालय में न्याय करने का 'धर्म,' जनसामान्य और पीड़ित दु:खी की सेवा करने का 'धर्म,' बीमार व्यक्ति की चिकित्सा करने का 'धर्म'। हिंदू विचारधारा के अनुसार जीवन का उद्देश्य मोक्ष प्राप्त करना है अर्थात् जन्म और मृत्यु के बंधन से मुक्त होकर पुनर्जन्म नहीं होना ही मोक्ष प्राप्ति होती है, लेकिन यदि मोक्ष प्राप्ति नहीं हो पा रही है तो फिर पुनर्जन्म होना ही है। अब कब किसका पुनर्जन्म का होना है, यह व्यक्ति के कर्म-बंधन व उसके कर्म-फल और नियति पर निर्भर करता है। कर्म-बंधन का परिणाम ही पुनर्जन्म है। कर्म-बंधन से मुक्ति कैसे है ? अर्थात् कर्म करते हुए भी उसके बंधनों से मुक्ति कैसे प्राप्त हो, यह विषय 'श्रीमद्भगवतगीता' से संबंधित है, जिसमें भगवान् श्रीकृष्ण ने कर्म योग को समझाया है। विषय पर पुन: केंद्रित होते हुए चर्चा का संदर्भ है, पुनर्जन्म, जो संपूर्ण मानव जाति में होता है और पुनर्जन्म का सिद्धांत सभी में लागू होता है।

पृथ्वी पर मानव ने स्वयं अपने आप को विभिन्न प्रकार के स्वनिर्मित मानक सिद्धांतों के आधार पर विभाजित कर लिया है और आपस में पुनर्जन्म के सिद्धांत विषय पर झगड़े-फसाद में उलझे हैं, परंतु संपूर्ण ब्रह्म की सत्ता एक ही समान परम शक्ति के द्वारा संचालित है, उस परम शक्ति को अपनी-अपनी आस्था, विश्वास, भक्ति तथा विभिन्न प्रकार के धर्म, रिलीजन, मजहब के अनुयायी कुछ भी नाम से संबोधित कर लें, परंतु सर्व शक्तिमान उस परम सत्ता से कोई भी स्वयं को विलग नहीं कर सकता है। ईसाइयों व मुसलिमों में पुनर्जन्म को मानता नहीं दी गई है। यह भी एक भ्रम है। इस भ्रमपूर्ण धारणा को उदाहरणों के माध्यम से खंडित किया जा चुका है। वैज्ञानिक युग में प्रमाण की आवश्यकता होती है। ऐसे अनेक उदाहरण हैं कि पुनर्जन्म होता है।

□

पुनर्जन्म में पूर्व जन्म की विस्मृति क्यों हो जाती है ?

पुनर्जन्म के सिद्धांत पर विश्वास नहीं करनेवालों का यह कहना होता है कि यदि पुनर्जन्म होता है तो हमें अपने पूर्व जन्म की स्मृति भी होनी चाहिए। इस विषय पर चर्चा करने के साथ हमें यह ध्यान करना होगा कि जब हम प्रतिदिन नींद से जागकर सुबह उठते हैं तो कुछ समय के लिए हम निष्क्रिय होकर पड़े रहते हैं। तत्समय हमें स्मृति से जुड़ना पड़ता है। धीरे-धीरे स्मृति से हम जुड़ते जाते हैं। जो स्वप्न नींद में देखे हैं, उनमें से कुछ याद रहते हैं और कुछ विस्मृत हो जाते हैं। मृत्यु भी एक दीर्घकालीन निद्रा है। इतने बड़े अंतराल की चिरनिद्रा के बाद पुनर्जन्म के रूप में जागरण होने पर यह संभव नहीं है कि पूर्व जन्म का सबकुछ यथावत् याद बनी रहे, लेकिन कुछ प्रमाण ऐसे भी मिले हैं कि पूर्व जन्म की स्मृति के कुछ अंश याद बने रहते हैं और इस प्रसंग के तथ्यात्मक प्रमाण इसी पुस्तक में दिए गए हैं। अनेक बार ऐसा भी अनुभव किया गया है कि व्यक्ति को बिना किसी कारण के किन्हीं विशेष व्यक्तियों, किसी विशेष स्थान, किसी विशेष परिस्थिति में रुचि बनी रहती है। ऐसा होना भी उसके पूर्व जन्म से जुड़ा होना माना जाता है। परामनोविज्ञान (पैरासाइकोलॉजी) ने इस विषय पर बहुत कार्य किया है और अभी भी हो रहे हैं।

वस्तुत: विस्मृति होना प्रकृति का एक सुनिश्चित नियम है। वर्तमान जीवन में अनेक घटनाएँ हम स्वयं भूल जाते हैं। जन्म होने के बाद से संपूर्ण जीवन की एक-एक घटना हमें याद नहीं रहती। हम कल्पना कर सकते हैं कि यदि मनुष्य को पूर्व जन्म का सबकुछ याद बना रहता तो निश्चित ही जीवन बहुत अशांत हो जाएगा। फिर तो मनुष्य को उसके पूर्व जन्म के मित्र, दुश्मन, प्रेमी, पति, पत्नी, पुत्र, पुत्रियों, रिश्तेदार, अच्छे-बुरे प्रसंग व घटित हुई घटनाएँ याद बने रहने के कारण उनसे आसक्ति बनी रहेगी और उस अवस्था में वर्तमान जीवन का निर्वाह करना असंभव हो जाएगा। इसलिए शांतिप्रिय जीवन के लिए विस्मरण होना आवश्यक है। पूर्व जन्म की विस्मृति के बाद नया शरीर प्राप्त करने पर

नया उत्साह, नई उमंग, नए संबंध, नए निर्माण की विकास-यात्रा प्रारंभ होती है। इस हेतु आवश्यक यह भी है कि पूर्व जन्म की पुरानी प्रिय अप्रिय प्रकार की स्मृतियों को भुला दिया जाए। यदि पूर्व जन्म से हटकर भी सोचें तो किसी भी व्यक्ति को इसी वर्तमान जन्म की समस्त घटनाएँ यथावत् याद बने रहना संभव नहीं है। यदि व्यक्ति को अपने जीवन की समस्त अच्छी-बुरी घटनाएँ यथावत् बनी रहतीं तो जीवन अत्यंत अशांत हो जाता। इसलिए विस्मरण होना स्वाभाविक और आवश्यक भी है।

□

हो पा रहा था, जिससे बीमारी की जड़ का पता लग सके। मनोवैज्ञानिक स्तर पर ऐसी मान्यता है कि किसी भी व्यक्ति की मानसिक स्थिति यदि सामान्य नहीं है तो उसका कारण उसकी व्यतीत हुई जिंदगी से जुड़ा होता है। डॉ. वीस ने हिप्नोथेरेपी के माध्यम से भी कैथरीन के भय और कुंठा का कारण जानने का प्रयास किया, परंतु कोई लाभ नहीं हुआ। कैथरीन व उसके पिता और उसके परिवार का कोई भी सदस्य पूर्व जन्म के सिद्धांत में विश्वास नहीं करते थे। कैथरीन का यह विश्वास था कि यदि आप अच्छे कैथोलिक हैं और सामान्य तरह से बिना किसी को कष्ट से जिए जा रहे हैं, तो स्वर्ग में आपको अच्छा स्थान मिलेगा, अन्यथा कष्ट भोगने के लिए नरक में जाना होगा।

डॉ. वीस ने अनुभव किया कि कैथरीन की बीमारी बढ़ती ही जा रही थी। उस पर किसी भी प्रकारी दवाओं और कौंसिलिंग का कोई असर नहीं हो रहा था। अंतत: कैथरीन ने और अधिक दवाइयाँ खाने से इनकार कर दिया था और उसने डॉ. ब्रियान वीस से पूछा कि क्या अब कोई भी रास्ता उसके इलाज के लिए मेडीकल साइंस में नहीं बचा है ? तो ड़ॉ. वीस ने उसे बताया कि अब सिर्फ एक ही रास्ता है और वह है 'हिप्नोसिस' के माध्यम से बीमारी के कारण का पता करना व इलाज करना। कैथरीन हिप्नोसिस की प्रक्रिया से परिचित थी और यह सुनकर वह डर गई थी। यद्यपि डॉ. वीस ने सैकड़ों लोगों को हिप्नोटाइज कर उनका इलाज किया था और वह हिप्नोसिस में विशेषज्ञ थे तथा इस पद्धति से उन्होंने अनेक मरीजों को ठीक किया था। डॉ. वीस ने जब कैथरीन को विश्वास दिलाया और समझाया तो वह हिप्नोसिस के लिए तैयार हो गई।

डॉ. वीस ने हिप्नोसिस के लिए कैथरीन को आरामदायक स्थिति में लिटा दिया। उसके सिर के नीचे एक छोटा सा तकिया लगा दिया, उसे स्वयं पर केंद्रित होने के लिए निर्देश दिया और सभी ओर से व सभी प्रकार के अन्य विचारों से विच्छेदित होने का निर्देश दिया। कैथरीन की आँखें अधखुली थीं। डॉ. वीस ने उसे निर्देश दिया कि वह अपनी साँसों पर केंद्रित हो और समस्त तनाव और चिंता से बाहर निकले। उसके बाद उसे निर्देश दिया कि वह अपने चेहरे, मुँह, जबड़े, गरदन, कंधे, पेट और अंत में पैरों की मांसपेशियों को बिल्कुल ढीला छोड़ दे तथा तनावहीन हो जाए और इन सभी अंगों पर ध्यान देते हुए अपने मन के माध्यम से देखने का प्रयास करे। तब कैथरीन ने अनुभव किया कि उसका संपूर्ण शरीर अंदर-ही-अंदर गहराई में जा रहा है। डॉ. वीस ने फिर उसे निर्देश दिया कि वह अपने सिर के ऊपर की एक सफेद रोशनी को देखे। उसी समय डॉ. वीस ने उसके सिर के ऊपर चमक रही सफेद लाइट के बल्ब को धीरे-धीरे उसके सिर की तरफ नीचे की ओर किया। इस समय कैथरीन का संपूर्ण शरीर रिलैक्स हो गया था। वह अंदर-ही-अंदर शांति व ठहराव का अनुभव करते हुए धीरे-धीरे वह नींद का अनुभव कर रही थी एवं डॉ. वीस के सभी निर्देशों को सुन भी रही थी। डॉ. वीस ने उसे निर्देश

दिया कि वह धीरे-धीरे 10 से 1 तक की उल्टी गिनती करना प्रारंभ करे। इस गिनती में उसे कुल 20 मिनट लगे थे और प्रत्येक अंक के नीचे जाते हुए वह अंतर्मुखी होने लगी थी प्रत्येक अंग पर कैथरीन स्वयं को अपने अंदर की गहराई में अत्यंत तनावमुक्त होना महसूस कर रही थी। अब तक वह डॉ. ब्रियान वीस की आवाज के सभी निर्देशों का पालन करने लगी थी। इस स्थिति में उसके आस-पास अन्य कोई भी आवाजें होना प्रतिबंधित कर दी गई थीं। (यहाँ मेरा विशेष रूप से कहना यह है कि कोई भी व्यक्ति हिप्नोसिस की प्रक्रिया का प्रयोग नहीं करे, क्योंकि अपरिपक्व व अयोग्य व्यक्ति के द्वारा हिप्नोसिस का प्रयोग करने से हिप्नोटाइज्ड व्यक्ति पागल अथवा मानसिक रूप से विक्षिप्त हो सकता है) कैथरीन ने हिप्नोसिसि अवस्था में जो कुछ बताया, उसका संक्षिप्त सार यहाँ प्रस्तुत है।

डॉ. वीस ने उसे निर्देश दिया कि वह अपनी पिछली जिंदगी की यादों को बताए। इस समय कैथरीन पूर्णत: हिप्नोटाइज्ड हो चुकी थी और सभी प्रश्नों के पालन व जवाब के लिए तैयार थी। कैथरीन ने बताया कि जब वह 5 वर्ष की थी तो उसे एक आदमी ने उसका मुँह दबाकर पानी में डुबाया था। यह सुनते ही डॉ. ब्रियान वीस को यह ज्ञात हो गया कि कैथरीन के अवचेतन मन (सब-कौंशंस माइंड) में पानी के प्रति डर क्यों समाया था।

हिप्नोसिस के दौरान कैथरीन ने अपनी जिंदगी के व्यतीत हुए पिछले दिनों के बारे में अनेक घटनाएँ बताईं। डॉ. ब्रियान वीस ने अनेक सत्रों में हिप्नोसिस की प्रक्रिया के प्रयोग कैथरीन पर पूर्ण किए थे। एक बार उसे पिछले जन्म में जाने का निर्देश दिया तो कैथरीन ने बताया कि उसे एक सफेद इमारत दिख रही है, जो पिलर पर बनी है और वह एक लंबी ड्रेस पहने है, उसके बाल लंबे घुँघराले व सुनहरे हैं। डॉ. वीस के पूछने पर उसने अपना नाम अरोड़ा बताया और अपनी आयु 18 वर्ष होना बताई तथा समय-काल 1863 बी.सी. का बताया। आगे कैथरीन बताती है कि सफेद इमारत के सामने बाजार है और यह स्थान रेत वाला गरम, अनउपजाऊ है। इस स्थान पर नदी व बहता हुआ पानी नहीं है, लेकिन कुएँ बने हुए हैं व पहाड़ हैं। तब डॉ. वीस ने उसे निर्देश दिया कि वह अपने उसी जन्म व समय के कुछ और वर्ष आगे का हाल बताए, तो कैथरीन ने बताया कि उसे वृक्ष, पत्थर व सड़क दिख रही है, खाना बनाने वाली आग दिख रही है। उसके बाल सुनहरे हैं, उसने लंबा भूरे रंग का गाऊन पहन रखा है और उसकी आयु अब 25 वर्ष है। उसके साथ एक छोटी बच्ची है, जिसका नाम क्लिएस्ट्रा है और यह उस जन्म की उसकी बच्ची उसके इस जन्म में रिचेल है। (रिचेल इस वर्तमान जिंदगी में कैथरीन की भतीजी थी।)

हिप्नोसिस के अगले सत्र में डॉ. ब्रियान वीस ने उससे पूछा, "जब तुम इस वर्तमान

जन्म की रिश्ते में भतीजी रिचेल को पहचान गईं हो तो यह भी बताओ कि पूर्व जन्म में मेरा तुमसे क्या रिश्ता रहा है ?" कैथरीन ने तत्काल जवाब दिया कि वह पहचान गई है। डॉ. ब्रियान वीस उसके पूर्व जन्म में टीचर रहे हैं और वह डॉ. ब्रियान वीस को सामने बैठे हुए देख रही है। उसने आगे बताया, "आप मुझे पुस्तकों से पढ़ाते हैं। आप वृद्ध हैं और आपके बाल भूरे (ग्रे) हैं, आपने सफेद कपड़े पहन रखे हैं और आपका नाम डियोगेनेज है तथा यह समय वर्ष 1568 बी.सी. का है।"

डॉ. ब्रियान वीस व कैथरीन कतई पुनर्जन्म के सिद्धांत पर विश्वास नहीं करते थे और उनके समक्ष कैथरीन के पूर्व जन्म का प्रमाण सामने आ रहे थे। आश्चर्यजनक तथ्य यह सामने आया कि कैथरीन के पूर्व जन्म में उसकी लड़की रिचेल उसके इस वर्तमान जिंदगी में उसकी भतीजी थी और स्वयं डॉ. ब्रियान वीस पूर्व जन्म में उसके शिक्षक थे। स्पष्ट था कि पूर्व जन्म के रिश्ते व्यक्ति के अगले जन्म में भी बने रहते हैं। आगे कैथरीन ने बताया कि वह बहुत घने नीचे की ओर झुके हुए वृक्ष देख रही है। पानी बहुत ठंडा है और उसे उस ठंडे पानी से अपने बच्चे को बचाना है। उसने अपने बच्चे को अपने से चिपकाकर रखा है, वह आसमान में बादल देख रही है और तभी उसने अपने भाई को देखा।

डॉ. ब्रियान वीस के निर्देश पर हिप्नोसिस के अगले सत्र में कैथरीन पुनः अपने पूर्व जन्म में चली गई और वह बताने लगी कि वह काले रंग की लैस के कपड़े पहने हैं और उसके सिर पर भी काला लैस लगा है। उसके बाल काले हैं और यह समय उसने 1756 ए.डी. का बताया तथा वह एक स्पेनिश महिला है, उसका नाम लोईसा है और इस समय उसकी आयु 56 वर्ष हैं। उसने आगे बताया कि वह नृत्य कर रही है अन्य दूसरे भी उसके साथ नृत्य कर रहे है। वह आगे बताती है कि वह उस जन्म में वेश्या है, परंतु यह बात वह अन्य किसी को नहीं बताती है और छुपाती है क्योंकि उस समय वह स्वयं में शर्म व कुंठा का अनुभव करती है।

कैथरीन ने अपने कई सौ साल पुराने जन्मों के संदर्भ में एवं अपनी पहचान एवं अपने पिताओं के नाम बताए। एक बार उसने वर्ष 1536 बी.सी. के समय में अपने पूर्व जन्म के संदर्भ में बताया कि उसके पिता का नाम परसेअस है और उसके उस जन्म के पिता डॉ. ब्रियान वीस से खेत की फसल विषय पर चर्चा कर रहे हैं। इसी जन्म का उसने आगे बताया कि वह बहुत वृद्ध और कमजोर है। वह पलंग पर पड़ी हुई है। उसकी उस जन्म की पुत्री उसके पलंग के पास खड़ी है। पुत्री के पति भी पास में हैं। उसे कई लोग घेर कर खड़े हैं और उसकी मृत्यु हो रही है, अब उसकी मृत्यु हो चुकी है और मृत्यु के पश्चात् उसे यह अनुभव हो रहा है कि वह बिल्कुल तैरने जैसी स्थिति में है।

एक बार डॉ. ब्रियान वीस जब कैथरीन को हिप्नोसिस में ले गए तो उससे पूछा कि वह इस समय कहाँ हैं ? कैथरीन ने जवाब दिया कि वह नीदरलैंड में है और उसका यह

व्यवस्था एयरलाइन ने की है, उसी फ्लाइट से पेड्रो भी संयोग भी ऐसा हुआ कि पेड्रो की सीट के बगल में ब पेड्रो ने एलिजाबेथ को देखा तो उसे डॉ. ब्रियान वीस के में उनके साथ टहलने वाली लड़की का चेहरा याद आ गया। में अपनी सीट पर बैठकर एक पुस्तक निकाली और खोलकर के हाथ, बालों और उसके प्रत्येक हाव-भाव को गौर से देख एलिजाबेथ उसके हृदय के बहुत नजदीक है और वह यह नहीं बेथ का वह नाम भी नहीं जानता है और वह बगल में बैठी ी का अनुभव क्यों हो रहा है?

बेथ को भी लगा कि पेड्रो उस पर नजर रख रहा है और उसने यह भी के साथ अकसर होता रहा है। अतः वह अपनी पुस्तक पढ़ने में केंद्रित कर रही थी। एलिजाबेथ ने पेड्रो की ओर देखकर पहले तो अपनी भौंहें र थोड़ा सा मुसकराई। फिर एलिजाबेथ को डॉ. वीस के कार्यालय के दिखे इसी युवक (पेड्रो) की शक्ल याद आई। एलिजाबेथ के हृदय की ही थी, लेकिन वह पेड्रो के बगल में बैठकर स्वयं को सुरक्षित भी अनुभव

हले तो पेड्रो ने एलिजाबेथ को स्वयं का परिचय दिया और फिर दोनों आपस रने लगे। उन दोनों में एक-दूसरे के प्रति आकर्षण बढ़ रहा था, जो दोनों का का आभास करा रहा था। पेड्रो उसके चेहरे से अपनी नजर नहीं हटा पा रहा उसने अपने जीवन में पहले कभी किसी व्यक्ति के प्रति इतना सम्मोहित होना या था, जितना वह एलिजाबेथ को देखकर वह सम्मोहित हो रहा था।

डॉ. वीस बताते हैं कि कुछ दिन बाद बोस्टन से एलिजाबेथ ने उन्हें बताया कि अपनी छुट्टियाँ बढ़ा रही है और पेड्रो भी लंदन से अपना व्यापारिक कार्य निपटा कर टन पहुँच चुका है एवं वह भी एलिजाबेथ के साथ है। उन दोनों में बहुत प्रगाढ़ प्रेम-बंध हो चुके थे। वे दोनों अपने पिछले जन्मों की यादों को, जो उन्हें हिप्नोसिस के दौरान ाद थी, एक-दूसरे को बता रहे थे।

बोस्टन के एक सेमिनार में वहाँ के एक समाचार-पत्र के संवाददाता को एलिजाबेथ ने बताया कि उसके अपने पिछले जन्मों में कौन-कौन से रूप व रिश्तों में पेड्रो मिलता रहा है। डॉ. ब्रियान वीस को बाद में पता लगा कि एलिजाबेथ व पेड्रो आनंदपूर्वक मैक्सिको में अपना वैवाहिक जीवन व्यतीत कर रहे हैं। पेड्रो अपने व्यापार के साथ-साथ वहाँ की राजनीति में भी सक्रिय हो गए हैं। डॉ. वीस का सोचना है कि एलिजाबेथ व पेड्रो का एक-दूसरे से मिलना अनायास (कोइंसीडेंस) ही मात्र नहीं है। उन्हें तो मिलना

जन्म सन् 1473 के समय का है तथा वह एक लड़का है और वह छोटे कपड़े पहने हुए है तथा वह स्वीपर है। हिप्नोसिस के एक अन्य सत्र में कैथरीन ने डॉ. वीस को बताया कि उसे एक सफेद मकान और उसके सामने धूलभरी सड़क दिख रही है, यह स्थान वर्जीनिया है, जो बहुत गरम है। यह समय सन् 1873 का है तथा उस जन्म में कैथरीन स्वयं को एक छोटा बच्चे के रूप में देख रही है, उसे घोड़े और खेत में खड़ी फसल दिख रही है। वह तथा अन्य दूसरे नौकर एक बड़े मकान की किचन में हैं। तब डॉ. वीस ने उसे निर्देश दिया कि वह अपनी उसी जन्म में 15 साल आगे का अनुभव बताए तो कैथरीन ने कहा कि यह सन् 1888 है और वह एक मकान की दूसरी मंजिल पर है। इस मकान का मालिक जेम्समैन है। वह काँच के आईने को साफ कर रही है और एक लंबी पुरानी ड्रेस पहने है। इस जन्म में उसका नाम अबी है और मकान को साफ कर रही है। तभी डॉ. वीस ने उसे निर्देश दिया कि वह अपने उसी जन्म के समय में हुई अपनी मृत्यु का हाल बताए। तब आगे कैथरीन ने बताया कि उसे साँस लेने में तकलीफ हो रही है, सीने में दर्द हो रहा है। उसे बहुत सर्दी लग रही है और कँपकँपाहट हो रही है। कमरे के अंदर अन्य लोग भी हैं और वे उसे चाय पीने के लिए कह रहे हैं। वे सभी उसके सीने को मल रहे है और उसने आगे बताया, "अब मैं मर चुकी हूँ मैं खुले आसमान में तैरने का अनुभव कर रही हूँ मैं देख रही हूँ कि मेरा शरीर पलंग पर पड़ा है। अब मुझे एक प्रकाश पुंज दिखाई दे रहा है, जो तेज होता जा रहा है।"

डॉ. वीस ने अपनी उक्त पुस्तक 'मैनी लाइव्स मैनी मास्टर्स' के अध्याय-13 में उल्लेख किया है कि जब कैथरीन हिप्नोसिस अवस्था में थी, तब उसने बताया था कि वह कुछ मूर्तियों को देख रही है, जो तराशकर बनाई गई हैं। कुछ लोग बरतन बना रहे हैं। डॉ. वीस के पूछने पर उसने जवाब दिया कि वह भी स्वयं बरतन बना रही है और यह कार्य करना उसका काम है। डॉ. वीस ने उससे पूछा, "तुम्हारा बार-बार इस पृथ्वी पर जन्म हुआ है तो क्या तुम ऐसा समझती हो कि तुमने अपने जन्मों में उत्थान (प्रोग्रेस) किया है?" तो कैथरीन ने 'हाँ' में जवाब दिया था। डॉ. वीस ने उससे पूछा, "इस पृथ्वी पर तुमने कितने जीवन बिताएँ हैं?" कैथरीन ने जवाब दिया, "86 बार।" डॉ. वीस ने पुनरावृत्ति करते हुए पूछा, "86 बार?" कैथरीन ने जवाब दिया, "हाँ, 86 बार।" डॉ. वीस ने पूछा, "क्या तुम्हें प्रत्येक जन्म का याद है?" कैथरीन ने जवाब दिया, "जब आवश्यक होगा तो याद करूँगी।"

कैथरीन ने बताया कि हिप्नोसिस प्रक्रिया के कारण अब उसके अंदर समाया हुआ डर खत्म हो गया है। डॉ. ब्रियान वीस अनेक बार कैथरीन को उसके पिछले जन्मों में ले गए। वह यह महसूस कर रहे थे कि हिप्नोसिस की प्रक्रिया के कारण कैथरीन की बीमारियाँ अब दूर हो रही थीं और उसके स्वास्थ्य में सुधार हो रहा था। डॉ. ब्रियान वीस

सहभागी कर पाता। परंतु डॉ. वीस का यह मानना था कि पेड्रो के तनाव का कारण कुछ और भी हो सकता है। अतः उन्होंने हिप्नोसिस के माध्यम से यह ज्ञात करने का प्रयास किया कि पेड्रो के तनाव और बीमारी का कारण उसके पिछले कई जन्मों में कोई बिछुड़ा हुआ प्यार ही कहीं उसके तनाव का कारण तो नहीं है ? पेड्रो के भाई की मृत्यु भी दुर्घटना में हो गई थी और उसके अवचेतन मन में छुपा हुआ दुःख प्रकट हो गया था। डॉ. ब्रेन वीस के पूछने पर पेड्रो ने बताया कि यूनिवर्सिटी में उससे अधिक आयु की एक विवाहित महिला से उसके संबंध हो गए थे। वह गर्भवती भी हो गई थी और उसका गर्भपात कराना पड़ा था। पेड्रो भी अत्यधिक तनाव की बीमारी से ग्रसित था।

एलिजाबेथ व पेड्रो एक साथ डॉ. वीस के पास अपनी समस्या और इलाज के लिए एक ही समय पर कभी नहीं पहुँचे। वे दोनों एक-दूसरे को पूर्व से जानते-पहचानते भी नहीं थे। दोनों अलग-अलग देशों के थे। एलिजाबेथ मियामी से थी और पेड्रो मैक्सिको का था। डॉ. वीस इन दोनों को पृथक्-पृथक् अलग-अलग समय में एवं अलग-अलग दिनों में इलाज हेतु बुलाते थे। चूँकि डॉ. वीस मनोवैज्ञानिक चिकित्सक थे, इस कारण मानसिक बीमारी से संबंधित मरीज ही उनके पास पहुँचते थे।

डॉ. वीस बताते हैं (पुस्तक का अध्याय-12) कि एक बार हिप्नोसिस की अवस्था में पेड्रो ने अपने पूर्व जन्म का हाल देखकर बताया कि वह एक जहाज का नाविक है और जहाज से सामान उतारने का काम कर रहा है। उस जन्म में उसका नाम फ्रेंसिस्को है। उस जन्म का, उसका घर, उसने स्पेन में होना बताया और वह अपनी पत्नी व पुत्र को बहुत याद कर रहा है। हिप्नोसिस अवस्था में डॉ. वीस के निर्देश देने पर उसने अपने घर के संदर्भ में बताया कि उसकी पत्नी व पुत्र घर पर बैठे हैं और वे दोनों अच्छी तरह से हैं। घर पर उसकी माँ व बहनें बैठी हैं तथा वह अपने परिवार के साथ बैठकर खाना खा रहा है। जब डॉ. वीस ने उससे पूछा कि क्या वह उनमें से किसी को अपने वर्तमान जीवन में पहचान सकता है ? तब उसने जवाब दिया कि उसका पुत्र, इस वर्तमान जन्म में उसका भाई था। (जो मैक्सिको में दुर्घटना के कारण मर चुका है।) वह आगे कहता है कि जॉन बहुत ही सुंदर है। हिप्नोसिस की अवस्था में डॉ. वीस के पूछने पर पेड्रो कहता है, "हम एक-दूसरे को बहुत अधिक प्यार करते हैं, परंतु अपने इस वर्तमान जीवनकाल में उसे नहीं पहचान पा रहे हैं। हमारा प्यार अटूट है।" पेड्रो लगभग 400-500 वर्ष पुराने समय की उस जन्म की अपनी युवा पत्नी के साथ हिप्नोसिस की अवस्था में अत्यंत आनंद का अनुभव कर रहा था। डॉ. वीस के समक्ष एक प्रश्न था कि उस जन्म के फ्रेंसिस्को की पत्नी भी अनेक शताब्दियाँ व्यतीत होने के बाद पेड्रो के वर्तमान जीवन में क्या अभी भी कहीं है ? यदि हाँ, तो क्या वे एक-दूसरे से मिलेंगे ? हिप्नोसिस की अवस्था में चल रहे उक्त वार्त्तालाप के समय डॉ. वीस ने उसे निर्देश दिया कि वह पुनः अपने उसी जहाज

पर, जहाँ कि
अपने उ
रही है औ
मर रहा हूँ।
परिवार को क
चेहरा एकदम शां
पेड्रो ने अपने पूर्व ज

उधर, एलिजाबे
एलिजाबेथ को कोई ल
अवस्था में एक बार एलि
कि वह अपनी माँ को देख र
वीस के द्वारा यह पूछने पर कि
ने बताया कि माँ ने कहा है कि
अन्य व विशेषतः किसी पुरुष पर वि
कि माँ कह रही थी कि मैं तुम्हें बहुत
की सहायता करती हूँ। उसने आगे बताय
और इसी कारण एलिजाबेथ को स्वयं पर वि

डॉ. ब्रियान वीस का मत है कि एलिजाब
अधखुली पर्तें थीं, परंतु डॉ. वीस ने कभी भी उन
कार्यालय में अथवा हिप्नोसिस के समय नहीं बुल
खोज भी कर रहे थे कि क्या किन्हीं दो प्रेमियों के बि
रहता है और क्या प्रेम करनेवालों का पुनर्मिलन होता
एलिजाबेथ और पेड्रो, दो अलग-अलग देशों के होने के
किसी भी प्रकार का जुड़ाव होने के लक्षण डॉ. वीस को नह
शंकास्पद यह विश्वास था कि पेड्रो और एलिजाबेथ पूर्व जन्म
वीस इस तथ्य को उन दोनों के समक्ष प्रकट नहीं करना चाहते
की अवस्था में एलिजाबेथ के मुँह से 'इली' शब्द निकला था। य
चौंक गए।

जब एक बार पेड्रो से उसकी हिप्नोटिक अवस्था में डॉ. वीस ने उ
जन्म का नाम पूछा था तो पेड्रो ने जवाब दिया था कि उसे अपना नाम नहीं
जब डॉ. वीस ने प्रश्नवाचक शब्दों में उससे पूछा, "तुम्हारा नाम क्या इली है
पेड्रो ने डॉ. वीस से स्वयं ही प्रश्न किया, "तुम्हें ये कैसे पता ?" पेड्रो ने आगे

जन्म सन् 1473 के समय का है तथा वह एक लड़का है और वह छोटे कपड़े पहने हुए है तथा वह स्वीपर है। हिप्नोसिस के एक अन्य सत्र में कैथरीन ने डॉ. वीस को बताया कि उसे एक सफेद मकान और उसके सामने धूलभरी सड़क दिख रही है, यह स्थान वर्जीनिया है, जो बहुत गरम है। यह समय सन् 1873 का है तथा उस जन्म में कैथरीन स्वयं को एक छोटा बच्चे के रूप में देख रही है, उसे घोड़े और खेत में खड़ी फसल दिख रही है। वह तथा अन्य दूसरे नौकर एक बड़े मकान की किचन में हैं। तब डॉ. वीस ने उसे निर्देश दिया कि वह अपनी उसी जन्म में 15 साल आगे का अनुभव बताए तो कैथरीन ने कहा कि यह सन् 1888 है और वह एक मकान की दूसरी मंजिल पर है। इस मकान का मालिक जेम्समैन है। वह काँच के आईने को साफ कर रही है और एक लंबी पुरानी ड्रेस पहने है। इस जन्म में उसका नाम अबी है और मकान को साफ कर रही है। तभी डॉ. वीस ने उसे निर्देश दिया कि वह अपने उसी जन्म के समय में हुई अपनी मृत्यु का हाल बताए। तब आगे कैथरीन ने बताया कि उसे साँस लेने में तकलीफ हो रही है, सीने में दर्द हो रहा है। उसे बहुत सर्दी लग रही है और कँपकँपाहट हो रही है। कमरे के अंदर अन्य लोग भी हैं और वे उसे चाय पीने के लिए कह रहे हैं। वे सभी उसके सीने को मल रहे है और उसने आगे बताया, "अब मैं मर चुकी हूँ मैं खुले आसमान में तैरने का अनुभव कर रही हूँ मैं देख रही हूँ कि मेरा शरीर पलंग पर पड़ा है। अब मुझे एक प्रकाश पुंज दिखाई दे रहा है, जो तेज होता जा रहा है।"

डॉ. वीस ने अपनी उक्त पुस्तक 'मैनी लाइव्स मैनी मास्टर्स' के अध्याय-13 में उल्लेख किया है कि जब कैथरीन हिप्नोसिस अवस्था में थी, तब उसने बताया था कि वह कुछ मूर्तियों को देख रही है, जो तराशकर बनाई गई हैं। कुछ लोग बरतन बना रहे हैं। डॉ. वीस के पूछने पर उसने जवाब दिया कि वह भी स्वयं बरतन बना रही है और यह कार्य करना उसका काम है। डॉ. वीस ने उससे पूछा, "तुम्हारा बार-बार इस पृथ्वी पर जन्म हुआ है तो क्या तुम ऐसा समझती हो कि तुमने अपने जन्मों में उत्थान (प्रोग्रेस) किया है?" तो कैथरीन ने 'हाँ' में जवाब दिया था। डॉ. वीस ने उससे पूछा, "इस पृथ्वी पर तुमने कितने जीवन बिताएँ हैं?" कैथरीन ने जवाब दिया, "86 बार।" डॉ. वीस ने पुनरावृत्ति करते हुए पूछा, "86 बार?" कैथरीन ने जवाब दिया, "हाँ, 86 बार।" डॉ. वीस ने पूछा, "क्या तुम्हें प्रत्येक जन्म का याद है?" कैथरीन ने जवाब दिया, "जब आवश्यक होगा तो याद करूँगी।"

कैथरीन ने बताया कि हिप्नोसिस प्रक्रिया के कारण अब उसके अंदर समाया हुआ डर खत्म हो गया है। डॉ. ब्रियान वीस अनेक बार कैथरीन को उसके पिछले जन्मों में ले गए। वह यह महसूस कर रहे थे कि हिप्नोसिस की प्रक्रिया के कारण कैथरीन की बीमारियाँ अब दूर हो रही थीं और उसके स्वास्थ्य में सुधार हो रहा था। डॉ. ब्रियान वीस

स्वयं अपने आप में कैथरीन द्वारा उसके पूर्व जन्म की बताई हुईं बातों से अत्यंत अचंभित थे, क्योंकि वह पुनर्जन्म के सिद्धांत में विश्वास नहीं करते थे। अचंभित तो कैथरीन भी थी, क्योंकि वह भी पुनर्जन्म में आस्था नहीं रखती थी, परंतु करें भी तो क्या ? हिप्नोसिस की अवस्था में कैथरीन पूर्व जन्म में घटित हुई घटनाओं को दृश्य के रूप में देखते हुए बता रही थी और डॉ. ब्रियान वीस के समक्ष एक मरीज था, उसकी बीमारी थी एवं पूर्व जन्म के संदर्भ में एक शोध भी था। डॉ. ब्रियान वीस ने मेडिकल लाइब्रेरी में भी पुनर्जन्म के विषय पर तलाश किया, परंतु वे संतुष्ट नहीं हुए थे। अतः उन्होंने विर्जीनिया यूनिवर्सिटी के प्रख्यात साइकियाट्रिस्ट एवं साइकियाट्री में एम.डी. योग्यता प्राप्त डॉक्टर इयान स्टीवेशन के कार्यों का अध्ययन किया। डॉक्टर स्टीवेशन ने साइकियाट्री पर अनेक पुस्तकें लिखीं और उन्होंने लगभग 200 बच्चों के ऐसे उदाहरण इकट्ठे किए थे, जिन्हें अपने पूर्व जन्मों के अनुभव याद थे। अनेक बच्चे उन विदेशी भाषाओं को बोलते थे, जिनका उन्हें उनके उस जन्म में कोई ज्ञान ही नहीं था। डॉ. ब्रियान वीस ने ई.एस. पी. (एक्सट्रा सेंसरी परसेप्शन्) पर एवं इस विषय पर अनेक विद्धानों के साहित्य का अध्ययन किया और यह अनुभव किया कि उन्हें मन की विभिन्न स्थितियों पर शिक्षा प्राप्त करने के बावजूद भी उन्होंने अपने ज्ञान को अत्यंत सीमित माना।

डॉ. ब्रियान वीस और कैथरीन के उक्त संवाद से यह स्पष्ट होता है कि मनुष्य ने अपने अनेक-अनेक जन्मों के बाद वर्तमान शरीर रूपी जन्म प्राप्त किया है, लेकिन सामान्यतः हमें अपने पिछले जन्मों का याद नहीं रहता है, लेकिन फिर भी ऐसी प्रक्रियाएँ हैं, जिनके माध्यम से पिछले जन्म का पता लगाया जा सकता है।

□

प्रेम के कारण पुनर्जन्म में पुनर्मिलन

ख्याति प्राप्त साइकियाट्रिस्ट डॉ. ब्रियान वीस द्वारा लिखित एक अन्य पुस्तक 'ओनली लव इज रियल' में उन्होंने एक युवती एलिजाबेथ एवं एक युवक पेड्रो, जो कि डॉ. वीस के पास इलाज कराने हेतु पृथक्-पृथक् समय में पहुँचे थे, उनके विवरण एवं उनके पूर्व जन्म के संबंध में अपनी उक्त पुस्तक में उल्लेख किए हैं। (यूनाइटेड स्टेट्स में वार्नर बुक्स, न्यूयॉर्क के द्वारा प्रकाशित, प्रथम प्रकाशन सन् 1996 में ग्रेट-ब्रिटेन के ज्यूडी पियट्कस लिमि., 5 बिंडमिल स्ट्रीट लंदन, डब्ल्यू-1 टी 2 जे.ए. से हुआ।) डॉ. वीस मनुष्यों में पूर्व जन्म के संबंधों और आपसी प्रेम तथा लगाव को प्रत्येक जन्म में एक-दूसरे से मिलने का महत्त्व मानते हैं।

मिडवेस्ट की एक सफल व्यवसायी सुंदर 32 वर्षीय युवती एलिजाबेथ अपनी माँ की मृत्यु हो जाने के कारण अत्यंत दुःख व तनाव में थी। उसकी व्यावसायिक फर्म मियामी में थी और उसका जन्म मिन्नेसोटा के ग्रामीण अंचल में हुआ था। वह अपनी माँ को अत्यधिक चाहती थी और उसकी मृत्यु के पश्चात् वह माँ के बिछोह को सहन नहीं कर पा रही थी। उसे नींद नहीं आने की बीमारी थी। उसका विवाह पूर्व से विवाहित एक व्यक्ति से हुआ था, जिसकी पहली पत्नी से दो बच्चे थे, लेकिन एलिजाबेथ को पति का वांछित प्रेम नहीं मिला था और विवाह के कुछ समय बाद जब एलिजाबेथ को यह पता लगा कि उसके पति के किसी अन्य महिला से भी संबंध हैं, तो उसने अपने पति से संबंध विच्छेद कर लिया था। इसके बाद उसके संबंध एक प्रोफेसर व बैंकर से हुए और बाद में ये संबंध भी टूट गए थे। उसके तनाव का एक कारण वह यह भी मानती थी कि उसके अभी तक के जीवन में किसी ईमानदार, हृदय से चाहने वाले पुरुष का प्रेम उसे नहीं मिला था। इस कारण वह डॉ. ब्रेन वीस के पास इलाज हेतु पहुँची थी।

इन्हीं दिनों डॉ. ब्रियान वीस के पास एक अन्य आकर्षक युवक पेड्रो भी इलाज हेतु पहुँचा था। पुस्तक के अध्याय-5 में डॉ. वीस ने बताया है कि पेड्रो के भाई की 10 माह पहले मैक्सिको में एक दुर्घटना के कारण मृत्यु हो गई थी। इस कारण वह बहुत दुःखी और तनाव में था। पेड्रो का ऐसा कोई भी साथी नहीं था, जिससे वह अपनी परेशानियों का

सहभागी कर पाता। परंतु डॉ. वीस का यह मानना था कि पेड्रो के तनाव का कारण कुछ और भी हो सकता है। अत: उन्होंने हिप्नोसिस के माध्यम से यह ज्ञात करने का प्रयास किया कि पेड्रो के तनाव और बीमारी का कारण उसके पिछले कई जन्मों में कोई बिछुड़ा हुआ प्यार ही कहीं उसके तनाव का कारण तो नहीं है ? पेड्रो के भाई की मृत्यु भी दुर्घटना में हो गई थी और उसके अवचेतन मन में छुपा हुआ दु:ख प्रकट हो गया था। डॉ. ब्रेन वीस के पूछने पर पेड्रो ने बताया कि यूनिवर्सिटी में उससे अधिक आयु की एक विवाहित महिला से उसके संबंध हो गए थे। वह गर्भवती भी हो गई थी और उसका गर्भपात कराना पड़ा था। पेड्रो भी अत्यधिक तनाव की बीमारी से ग्रसित था।

एलिजाबेथ व पेड्रो एक साथ डॉ. वीस के पास अपनी समस्या और इलाज के लिए एक ही समय पर कभी नहीं पहुँचे। वे दोनों एक-दूसरे को पूर्व से जानते-पहचानते भी नहीं थे। दोनों अलग-अलग देशों के थे। एलिजाबेथ मियामी से थी और पेड्रो मैक्सिको का था। डॉ. वीस इन दोनों को पृथक्-पृथक् अलग-अलग समय में एवं अलग-अलग दिनों में इलाज हेतु बुलाते थे। चूँकि डॉ. वीस मनोवैज्ञानिक चिकित्सक थे, इस कारण मानसिक बीमारी से संबंधित मरीज ही उनके पास पहुँचते थे।

डॉ. वीस बताते हैं (पुस्तक का अध्याय-12) कि एक बार हिप्नोसिस की अवस्था में पेड्रो ने अपने पूर्व जन्म का हाल देखकर बताया कि वह एक जहाज का नाविक है और जहाज से सामान उतारने का काम कर रहा है। उस जन्म में उसका नाम फ्रेंसिस्को है। उस जन्म का, उसका घर, उसने स्पेन में होना बताया और वह अपनी पत्नी व पुत्र को बहुत याद कर रहा है। हिप्नोसिस अवस्था में डॉ. वीस के निर्देश देने पर उसने अपने घर के संदर्भ में बताया कि उसकी पत्नी व पुत्र घर पर बैठे हैं और वे दोनों अच्छी तरह से हैं। घर पर उसकी माँ व बहनें बैठी हैं तथा वह अपने परिवार के साथ बैठकर खाना खा रहा है। जब डॉ. वीस ने उससे पूछा कि क्या वह उनमें से किसी को अपने वर्तमान जीवन में पहचान सकता है ? तब उसने जवाब दिया कि उसका पुत्र, इस वर्तमान जन्म में उसका भाई था। (जो मैक्सिको में दुर्घटना के कारण मर चुका है।) वह आगे कहता है कि जॉन बहुत ही सुंदर है। हिप्नोसिस की अवस्था में डॉ. वीस के पूछने पर पेड्रो कहता है, "हम एक-दूसरे को बहुत अधिक प्यार करते हैं, परंतु अपने इस वर्तमान जीवनकाल में उसे नहीं पहचान पा रहे हैं। हमारा प्यार अटूट है।" पेड्रो लगभग 400-500 वर्ष पुराने समय की उस जन्म की अपनी युवा पत्नी के साथ हिप्नोसिस की अवस्था में अत्यंत आनंद का अनुभव कर रहा था। डॉ. वीस के समक्ष एक प्रश्न था कि उस जन्म के फ्रेंसिस्को की पत्नी भी अनेक शताब्दियाँ व्यतीत होने के बाद पेड्रो के वर्तमान जीवन में क्या अभी भी कहीं है ? यदि हाँ, तो क्या वे एक-दूसरे से मिलेंगे ? हिप्नोसिस की अवस्था में चल रहे उक्त वार्त्तालाप के समय डॉ. वीस ने उसे निर्देश दिया कि वह पुन: अपने उसी जहाज

पर, जहाँ कि वह जहाज में से सामान उतार रहा था, वापस पहुँचे। वहाँ पहुँचकर पेड्रो ने अपने उस जन्म के फ्रेंसिस्को के रूप में बताया कि उसे बहुत अधिक सर्दी अनुभव हो रही है और अधिक बुखार का अनुभव कर रहा है। वह आगे बोला, "मैं मर जाऊँगा, मैं मर रहा हूँ। मैं इसी बुखार के कारण मर जाऊँगा। मेरा पुत्र बहुत छोटा है। अब मैं अपने परिवार को कभी देख नहीं सकूँगा। उन्हें बहुत दुःख होगा।" इतना कहते हुए पेड्रो का चेहरा एकदम शांत हो गया। डॉ. वीस ने अब आगे पूछना उचित नहीं समझा। इस प्रकार पेड्रो ने अपने पूर्व जन्म में स्वयं को फ्रेंसिस्को के रूप में अपना हाल बताया।

उधर, एलिजाबेथ को डॉ. वीस अनेक बार हिप्नोसिस अवस्था में ले गए, लेकिन एलिजाबेथ को कोई लाभ नहीं हो पा रहा था। डॉ. वीस बताते हैं कि हिप्नोटिक की अवस्था में एक बार एलिजाबेथ के मुँह से एक चीख निकल गई थी और वह बोली कि वह अपनी माँ को देख रही है। उसकी माँ बहुत सुंदर और युवा दिख रही है। डॉ. वीस के द्वारा यह पूछने पर कि उसकी माँ से उसकी क्या बातचीत हुई तो एलिजाबेथ ने बताया कि माँ ने कहा है कि तुम स्वयं अपने आप पर विश्वास किया करो। किसी अन्य व विशेषतः किसी पुरुष पर विश्वास नहीं किया करो। एलिजाबेथ ने आगे बताया कि माँ कह रही थी कि मैं तुम्हें बहुत चाहती हूँ, और मृत्यु के पश्चात् अन्य जीवात्माओं की सहायता करती हूँ। उसने आगे बताया कि पुरुषों ने एलिजाबेथ का शोषण किया है और इसी कारण एलिजाबेथ को स्वयं पर विश्वास नहीं रहा। (पुस्तक का अध्याय-13)

डॉ. ब्रियान वीस का मत है कि एलिजाबेथ व पेड्रो के पिछले कई जन्मों की अभी अधखुली पर्तें थीं, परंतु डॉ. वीस ने कभी भी उन दोनों को एक साथ, एक समय में अपने कार्यालय में अथवा हिप्नोसिस के समय नहीं बुलाया। वस्तुतः डॉ. वीस इस विषय पर खोज भी कर रहे थे कि क्या किन्हीं दो प्रेमियों के मिलन का संबंध पूर्व जन्मों से जुड़ा रहता है और क्या प्रेम करनेवालों का पुनर्मिलन होता है? (पुस्तक का अध्याय-20) एलिजाबेथ और पेड्रो, दो अलग-अलग देशों के होने के साथ-साथ इस जन्म में उनका किसी भी प्रकार का जुड़ाव होने के लक्षण डॉ. वीस को नहीं मिल पा रहे थे। परंतु उन्हें शंकास्पद यह विश्वास था कि पेड्रो और एलिजाबेथ पूर्व जन्म के दो प्रेमी हैं और डॉ. वीस इस तथ्य को उन दोनों के समक्ष प्रकट नहीं करना चाहते थे। एक बार हिप्नोसिस की अवस्था में एलिजाबेथ के मुँह से 'इली' शब्द निकला था। यह सुनकर डॉ. वीस चौंक गए।

जब एक बार पेड्रो से उसकी हिप्नोटिक अवस्था में डॉ. वीस ने उससे तत्समय के जन्म का नाम पूछा था तो पेड्रो ने जवाब दिया था कि उसे अपना नाम नहीं पता, लेकिन जब डॉ. वीस ने प्रश्नवाचक शब्दों में उससे पूछा, "तुम्हारा नाम क्या इली है?" इस पर पेड्रो ने डॉ. वीस से स्वयं ही प्रश्न किया, "तुम्हें ये कैसे पता?" पेड्रो ने आगे बताया,

"इली मेरा नाम है और कुछ लोग मुझे 'इलीहु' के नाम से जानते हैं और कुछ लोग 'इली' कहते हैं।" डॉ. वीस को आश्चर्य तो यह था कि "इली' शब्द एलिजाबेथ के मुँह से निकला और पेड्रो ने भी स्वयं का नाम 'इली' बताया। अब तक डॉ. वीस के समक्ष यह तो स्पष्ट हो चुका था कि एलिजाबेथ और पेड्रो में पूर्व के किसी जन्म का संबंध है और वह इसके आगे की जानकारी हासिल करना चाहते थे। इसी समय डॉ. वीस को एलिजाबेथ का एक दो माह पुराना हिप्नोटिक अवस्था का एक वाकया याद आया, जिसमें उसने बताया था कि जब एलिजाबेथ अपने पूर्व जन्म में एक कुम्हार (मिट्टी का बरतन बनाने वाला) की पुत्री थी तो उस जन्म में उसके पिता की मृत्यु रोमन सैनिकों के घुड़सवारी की लापरवाही से घटित दुर्घटना के कारण हो गई थी और उस जन्म में उसके पिता का नाम 'इली' था। इस प्रकार पेड्रो व एलिजाबेथ का हिप्नोसिस अवस्था में पूर्व जन्म के स्मरण के अनुसार जुड़ा हुआ संबंध स्पष्ट हो चुका था। पेड्रो का पूर्व जन्म में 'इली' नाम होना और एलिजाबेथ के पिता का भी पूर्व जन्म में 'इली' नाम होना एक आश्चर्यजनक संयोग और जुड़ाव बन रहा था। यहाँ ध्यान यह भी करना होगा कि एक बार पेड्रो ने अपनी हिप्नोटिक अवस्था में उस जन्म की अपनी पत्नी व पुत्र को बहुत प्यार करने की बात बताई थी। उसने अपनी पत्नी जॉन को बहुत ही सुंदर होना बताया था। तत्समय उसने कहा था, "हम एक-दूसरे को बहुत अधिक प्यार करते हैं, परंतु अपने इस वर्तमान जीवनकाल में उसे नहीं पहचान पा रहे हैं। हमारा प्यार अटूट है।" तत्समय डॉ. वीस को यह शंका हुई थी कि जॉन एवं उस जन्म का फ्रेंसिस्को एवं इस जन्म का पेड्रो चिर-स्थायी प्रेमी हैं एवं इन दोनों की आत्मा का एक-दूसरे के साथ अति निकट का संबंध है।

दो प्रेम करनेवाली आत्माओं का एक ही समय में एक ही प्रकार की बीमारी के कारण एक-दूसरे से पूर्व परिचय हुए बिना डॉ. ब्रियान वीस के पास पहुँचना, एक आश्चर्यजनक संयोग था। इस प्रकार पिता-पुत्री, बचपन का प्रेम, पति-पत्नी का प्रेम, कितने ही जन्मों से प्रेम करनेवाले एक-दूसरे से जन्म-जन्म कभी पिता-पुत्री के रूप में, कभी पति-पत्नी के रूप मिलते रहते हैं। यह भी स्पष्ट हो चुका था कि पेड्रो के पूर्व जन्म में जब उसका नाम स्पेन में फ्रेंसिस्को था तो उस जन्म का उसका पुत्र इस वर्तमान जन्म में उसका भाई था, जो मैक्सिको में एक दुर्घटना के कारण मर चुका था। डॉ. ब्रियान वीस हिप्नोसिस के माध्यम से एलिजाबेथ एवं पेड्रो के इलाज के दौरान एक एहतियात यह बरत रहे थे कि वह हिप्नोटिक अवस्था कि जानकारी वाले पेड्रो के तथ्य एलिजाबेथ को नहीं बताते थे और एलिजाबेथ के द्वारा बताए गए हिप्नोटिक अवस्था के तथ्य पेड्रो को नहीं बताते थे। वस्तुत: डॉ. वीस अपनी इलाज की प्रक्रिया के साथ-साथ वह एक खोज भी कर रहे थे कि मनुष्य जीवन में जब दो प्रेमी आपस में मिलते हैं तो क्या उन दोनों का पुनर्जन्म में पुनर्मिलन होता है ?

डॉ. वीस ने व्यक्त किया कि वह यह सोचकर चिंतित हो रहे थे कि पेड्रो व एलिजाबेथ का इलाज लगभग समाप्त होने को था और वे दोनों अलग-अलग देशों से संबंधित थे। उनकी बीमारी भी ठीक हो चुकी थी। पेड्रो अपने देश मैक्सिको वापस जानेवाला था और इसके पहले यदि ये दोनों आपस में स्वत: नहीं मिलते हैं तो दोनों के पुनर्मिलन की संभावना क्षीण हो जाएगी (पुस्तक का अध्याय-21)। डॉ. वीस अपने कार्यालय के प्रतीक्षा कक्ष में एलिजाबेथ के साथ टहल रहे थे और सोच रहे थे कि अब पेड्रो नहीं आएगा। तभी अचानक पेड्रो वहाँ पहुँच गया। पेड्रो और एलिजाबेथ ने एक-दूसरे की ओर पहली बार आमने-सामने से आँखें मिलाते हुए देखा। तभी एलिजाबेथ वहाँ से चली गई और उसके जाने के बाद पेड्रो ने डॉ. वीस से कहा, "बहुत ही आकर्षक महिला थी यह।" इसके बाद पेड्रो भी वहाँ से जा चुका था।

डॉ. वीस को विश्वास था कि मनुष्य का मन पूर्व से नियत पुनर्मिलन के लिए स्वत: ही सकारात्मक कार्य करता रहता है। एलिजाबेथ व पेड्रो का पुनर्मिलन स्वत: ही पूर्व से सुनिश्चित था। इसके बाद आगे क्या होनेवाला है, यह उन दोनों पर ही निर्भर था क्योंकि उन दोनों के मध्य किसी भी प्रकार के परिचय का आदान-प्रदान नहीं हुआ था। न तो पेड्रो, एलिजाबेथ का नाम जानता था और न ही एलिजाबेथ, पेड्रो का नाम जानती थी। (पुस्तक का अध्याय-22)

पेड्रो अपने व्यापार के काम से न्यूयॉर्क जानेवाला था। उसके कुछ दिन बाद वह दो हफ्ते के लिए अपने व्यापारिक काम से लंदन जानेवाला था और उसके बाद मैक्सिको जाकर उसका छुट्टी मनाने का कार्यक्रम था। एलिजाबेथ भी अपने व्यापारिक कार्य से बोस्टन जानेवाली थी और उसके बाद अपने कॉलेज की रूम-पार्टनर से उसका मिलने का प्रोग्राम था।

वे दोनों एक ही हवाई-सेवा से जानेवाले थे, परंतु उनके जाने का समय अलग-अलग था। जैसे ही एलिजाबेथ एयरपोर्ट के गेट पर पहुँची तो उसे पता लगा कि बोस्टन जानेवाली फ्लाइट तकनीकी खराबी के कारण निरस्त हो गई है। यह जानकर एलिजाबेथ बहुत परेशान हो गई। तभी उसने अपने मित्र को प्रोग्राम में परिवर्तन की सूचना दी। चूँकि उसकी जानेवाली फ्लाइट निरस्त हो चुकी थी, इसलिए उस एयरलाइन ने अपने यात्रियों के लिए सुविधा देते हुए रूट का परिवर्तन किया और यह घोषित किया कि अब यात्रियों को लेकर एक दूसरी फ्लाइट पहले न्यूयॉर्क जाएगी और वहाँ से उन्हें बहुत ही जल्दी अगले ही सुबह बोस्टन ले जाया जाएगा। चूँकि एलिजाबेथ को भी अगले सुबह बोस्टन अपने व्यापारिक कार्य से संबंधित बहुत आवश्यक एक मीटिंग में शामिल होना था और उस मीटिंग को वह छोड़ना नहीं चाहती थी। अत: एलिजाबेथ भी न्यूयॉर्क जाने के रास्ते से बोस्टन पहुँचने के लिए तत्पर हो गई, परंतु एलिजाबेथ को यह जानकारी नहीं थी कि

जिस फ्लाइट में उसके जाने की व्यवस्था एयरलाइन ने की है, उसी फ्लाइट से पेड्रो भी न्यूयॉर्क जानेवाला था। अचानक संयोग भी ऐसा हुआ कि पेड्रो की सीट के बगल में एलिजाबेथ की सीट थी। जब पेड्रो ने एलिजाबेथ को देखा तो उसे डॉ. ब्रियान वीस के कार्यालय के प्रतीक्षा कक्ष में उनके साथ टहलने वाली लड़की का चेहरा याद आ गया। एलिजाबेथ ने हवाई जहाज में अपनी सीट पर बैठकर एक पुस्तक निकाली और खोलकर पढ़ने लगी। परंतु पेड्रो उसके हाथ, बालों और उसके प्रत्येक हाव-भाव को गौर से देख रहा था। पेड्रो को लगा कि एलिजाबेथ उसके हृदय के बहुत नजदीक है और वह यह नहीं समझ पा रहा था कि ऐलीजाबेथ का वह नाम भी नहीं जानता है और वह बगल में बैठी है, लेकिन इतनी नजदीकी का अनुभव क्यों हो रहा है ?

उधर, एलिजाबेथ को भी लगा कि पेड्रो उस पर नजर रख रहा है और उसने यह भी सोचा कि ऐसा उसके साथ अकसर होता रहा है। अत: वह अपनी पुस्तक पढ़ने में केंद्रित होने की कोशिश कर रही थी। एलिजाबेथ ने पेड्रो की ओर देखकर पहले तो अपनी भौंहें सिकोड़ीं और फिर थोड़ा सा मुसकराई। फिर एलिजाबेथ को डॉ. वीस के कार्यालय के प्रतीक्षा कक्ष में दिखे इसी युवक (पेड्रो) की शक्ल याद आई। एलिजाबेथ के हृदय की धड़कन बढ़ रही थी, लेकिन वह पेड्रो के बगल में बैठकर स्वयं को सुरक्षित भी अनुभव कर रही थी।

अब पहले तो पेड्रो ने एलिजाबेथ को स्वयं का परिचय दिया और फिर दोनों आपस में बातें करने लगे। उन दोनों में एक-दूसरे के प्रति आकर्षण बढ़ रहा था, जो दोनों का अटूट होने का आभास करा रहा था। पेड्रो उसके चेहरे से अपनी नजर नहीं हटा पा रहा था और उसने अपने जीवन में पहले कभी किसी व्यक्ति के प्रति इतना सम्मोहित होना नहीं पाया था, जितना वह एलिजाबेथ को देखकर वह सम्मोहित हो रहा था।

डॉ. वीस बताते हैं कि कुछ दिन बाद बोस्टन से एलिजाबेथ ने उन्हें बताया कि वह अपनी छुट्टियाँ बढ़ा रही है और पेड्रो भी लंदन से अपना व्यापारिक कार्य निपटा कर बोस्टन पहुँच चुका है एवं वह भी एलिजाबेथ के साथ है। उन दोनों में बहुत प्रगाढ़ प्रेम-संबंध हो चुके थे। वे दोनों अपने पिछले जन्मों की यादों को, जो उन्हें हिप्नोसिस के दौरान याद थी, एक-दूसरे को बता रहे थे।

बोस्टन के एक सेमिनार में वहाँ के एक समाचार-पत्र के संवाददाता को एलिजाबेथ ने बताया कि उसके अपने पिछले जन्मों में कौन-कौन से रूप व रिश्तों में पेड्रो मिलता रहा है। डॉ. ब्रियान वीस को बाद में पता लगा कि एलिजाबेथ व पेड्रो आनंदपूर्वक मैक्सिको में अपना वैवाहिक जीवन व्यतीत कर रहे हैं। पेड्रो अपने व्यापार के साथ-साथ वहाँ की राजनीति में भी सक्रिय हो गए हैं। डॉ. वीस का सोचना है कि एलिजाबेथ व पेड्रो का एक-दूसरे से मिलना अनायास (कोइंसीडेंस) ही मात्र नहीं है। उन्हें तो मिलना

ही था। हिप्नोसिस की चिकित्सा पद्धति के माध्यम से उन दोनों के पूर्व जन्मों के तथ्य भले ही जानकारी में आ गए थे, लेकिन डॉ. वीस का यह मत है कि उन दोनों के भाग्य में एक-दूसरे का मिलन लिखा ही था।

डॉ. वीस एक आश्चर्यजनक तथ्य उल्लेख करते हैं कि उन्होंने अपने जिन मरीजों पर प्रयोग किए हैं, उन मरीजों के माध्यम से डॉ. वीस का यह मत है कि जैसे ही किसी महिला को गर्भधारण होना होता है तो तत्काल ही उसके गर्भ में आत्मा का प्रवेश नहीं होता है। जिस जीवात्मा का प्रवेश भविष्य में उसके गर्भ में होनेवाला है, उसके लिए उस विशिष्ट गर्भ का रिजर्वेशन अवश्य हो जाता है। फिर उस जीवात्मा के अलावा अन्य कोई भी जीवात्मा उस गर्भ में प्रवेश नहीं कर सकती अर्थात् जिस जीवात्मा ने अपने स्वयं के लिए जिस महिला के गर्भ को रिजर्व कर लिया है, वह अपनी इच्छानुसार उस गर्भ में प्रवेश करती है। (पुस्तक के अध्याय-5)

□

कर्म-फल का परिणाम पुनर्जन्म

पुनर्जन्म के संदर्भ में हिंदू धर्म शास्त्रों, पुराणों, स्मृतियों में अनेक घटनाओं का विवरण है। परंतु प्राचीन घटनाओं के कारण उन्हें एक कथा के रूप में ही स्थान दिया गया है, लेकिन पुनर्जन्म की सत्यता से इनकार नहीं किया जा सकता। गीताप्रेस गोरखपुर से प्रकाशित कल्याण के 'परलोक और पुनर्जन्मांक' अंक के तेरहवें पुनर्मुद्रण के पृष्ठ 184 पर लेखक श्री शिशिर कुमार सेन, जो कि 'ट्रुथ' नाम की पत्रिका के संपादक रहे हैं, उन्होंने पुनर्जन्म की कुछ घटनाओं का विवरण बताया है तथा उन्होंने अपनी पत्रिका 'ट्रुथ' में भी इन घटनाओं को प्रकाशित करना बताया है।

1. लंदन से सन् 1935 में प्रकाशित 'संडे एक्सप्रेस' समाचार-पत्र में जॉर्ज कस्टर ने अपने कुछ अनुभव वर्णित किए थे। जॉर्ज कस्टर एक अंग्रेज सैनिक था और उसका जन्म सन् 1889 में हुआ था। वह बचपन से नींद में बर्मी भाषा बोलता था। सन् 1907 में वह सेना में भरती हुआ और सन् 1909 में उसकी 20 वर्ष की आयु में उसका स्थानांतरण मेन्यो (बर्मा) में हो गया था। वहाँ पहुँचकर उसे ऐसा लगा कि वह उस स्थल से भलीभाँति परिचित है और वहाँ का निवासी रहा है तथा बर्मी भाषा बोलता रहा है। वह इराबदी को भी जानता है। उसने अपने अधिकारी लैंस कार्पोरल कैरीगन को भी यह बात बताई कि इराबदी के उस पार एक भव्य देवालय है, जिसकी दीवार में छत से लेकर नींव तक एक लंबी दरार पड़ी हुई है और उसके निकट ही एक बहुत बड़ा घंटा है। उसके इस कथन की जाँच करने पर अक्षरश: बात सत्य निकली थी।
2. कलंकत्ता के झामापुकर मोहल्ले में एक 18 वर्षीय युवक मृत्यु-शय्या पर पड़ा था। युवक के माता-पिता ने उसके जीवन की रक्षा और स्वास्थ्य के लिए एक साधु पुरुष की शरण ली, परंतु युवक की चाची उस साधु पुरुष पर दोषारोपण कर रही थी कि इस साधु के प्रति श्रद्धा ही लड़के की जानलेवा हो रही है। यह सुनकर वह युवक चिल्ला उठा और कहने लगा, "इसमें साधु पुरुष का कोई दोष नहीं है। तुम्हारी उस पर आस्था ही नहीं है। मेरे पूर्व कर्मों के कारण ही मेरे

साथ जो कुछ हो रहा है, वह अपेक्षाकृत कुछ भी नहीं है। मुझे इससे सहस्त्रगुणा अधिक कष्ट मिलना चाहिए था। मेरे पिछले जन्म में मैं रेल विभाग का एक कर्मचारी था। मैंने एक व्यक्ति की हत्या की थी और उसके टुकड़े-टुकड़े कर डाले थे। मैंने उसे जो यातनाएँ दी थीं, मेरा वह कर्म-फल कहाँ जाएगा? यह सबकुछ पचास वर्ष पूर्व घटित हुआ था। उस समय कलकत्ता के सुकिया स्ट्रीट थाना को अधिकारी काना सार्जेंट कहते थे उसकी एक ही आँख थी और उसने मुझको गिरफ्तार किया था। मैं फाँसी के तख्ते से बच निकला था।" यह कहते हुए, तभी उस युवक ने अपनी माँ को कहा, "माँ, मैं अब जा रहा हूँ। तुम जानती हो क्यों?" युवक के पास ही उसका पिता सो रहा था और उसने अपने पिता की ओर संकेत करके कहा, "यह मेरे पिछले जन्म में मेरा पुत्र था। इन्होंने मुझे दु:खी बनाने में कोई कोर-कसर नहीं छोड़ी थी और इसको पिछले जन्म के कर्मों के परिणामों की अनुभूति कराने के लिए मैंने इनके पुत्र के रूप में जन्म लिया था। अब इन्हें स्वयं उस सब दु:ख को अनुभव करना चाहिए।"

3. वाजितपुर (फरीदपुर) के डाक विभाग के एक लिपिक का तीन वर्षीय पुत्र एक दिन अचानक चिल्लाने लगा था, "मैं अपने घर जाऊँगा।" उससे प्रश्न करने पर उसने उत्तर दिया, "मैं चटगाँव के फाजिलपुर कस्बे का निवासी हूँ। लक्षम रेलवे स्टेशन से एक सड़क मेरे गाँव को जाती है। वहाँ मेरे तीन पुत्र तथा चार पुत्रियाँ हैं। मेरे घर से मेहरकी कालीबाड़ी बहुत अधिक दूर नहीं है। मेहरकी कालीबाड़ी में ही सर्वानंद ने मुक्ति का अनुभव किया था। वहाँ काली की कोई प्रतिमा नहीं है। एक विशाल वटवृक्ष है, जिसकी जड़ों की ही पूजा की जाती है। वहीं पर एक बहुत ऊँचा खजूर का पेड़ भी है।" इसी प्रसंग में आगे शिशिर कुमार सेन बताते हैं कि लड़के का पिता न तो कभी चटगाँव गया था और न ही लक्षम रेलवे स्टेशन अथवा मेहरकी कालीबाड़ी उसने देखी थी। कभी-कभी उसका पुत्र ऐसे गीत गाया करता था, जिन्हें उसने कभी सुना ही नहीं था।

□

पूर्वजन्म की स्मृतियों के प्रसंग

कुछ ऐसी भी घटनाएँ हैं कि पूर्व जन्म की स्मृति पुनर्जन्म में प्रकट हो जाती है। इस संदर्भ में कुछ घटनाओं का विवरण गीताप्रेस गोरखपुर से प्रकाशित 'कल्याण' अंक 'परलोक और पुनर्जन्मांक' से पृष्ठानुसार उद्धृत हैं—

1. प्रोफेसर हेमेंद्रनाथ बनर्जी बताते हैं (कल्याण, पृष्ठ–578) कि अप्रैल सन् 1950 में उत्तर प्रदेश में मथुरा के पास कोसीकलां के निवासी भोलानाथ जैन का पुत्र निर्मल जैन चेचक की बीमारी से पीड़ित था और उसकी मृत्यु हो गई। कोसीकलां से छह मील की दूरी पर ग्राम छत्ता के निवासी श्री बी.एल. वार्ष्णेय के यहाँ अगस्त सन् 1951 में एक पुत्र का जन्म हुआ था, जिसका नाम प्रकाश था। प्रकाश अकसर कहता था, "मैं कोसीकलां में रहता हूँ। मेरा नाम निर्मल है। मैं अपने पुराने घर जाना चाहता हूँ।" वह रात को जागकर दौड़ने लगता था और यह क्रम कई दिनों तक चला। सन् 1961 में मृतक निर्मल के पिता भोलानाथ जैन अपनी पुत्री के साथ छत्ता गए थे और वहाँ उन्होंने सुना कि प्रकाश नाम का एक लड़का उनके मृत पुत्र निर्मल की बातें करता है और तब वे वार्ष्णेय परिवार में गए। वहाँ पहुँचते ही प्रकाश ने अपने पिछले जन्म के पिता भोलानाथ जैन को पहचान लिया। कुछ दिन बाद मृत निर्मल की माँ भी प्रकाश से मिलने ग्राम छत्ता पहुँची और उन्हें देखते ही प्रकाश रो पड़ा। वह अपने पिता श्री वार्ष्णेय से कहने लगा कि उसे कोसीकलां जाने दो। श्री वार्ष्णेय की सहमति से प्रकाश कोसीकलां गया तो वह आगे-आगे चल रहा था और उसने अपने साथ चलने वलों को अपने घर का रास्ता बताया और सीधा अपने उस घर में, जो भोलानाथ जैन का था और वहीं पर उनके पुत्र निर्मल की मृत्यु हुई थी, पहुँच गया।
2. प्रोफेसर हेमेंद्रनाथ बनर्जी ने एक अन्य घटना के बारे में बताया है (कल्याण, पृष्ठ–580) कि प्रणीव चंद्र शाह जिला राजकोट में केसलाद नामक स्थान पर बैंक कर्मचारी थे। उनकी लड़की का जन्म 1960 में हुआ था उसका नाम राजूल था। जब वह तीन वर्ष की आयु की थी तो कहने लगी कि उसका नाम राजूल

नहीं गीता था। वह पिछले जन्म की बातें जूनागढ़ के संदर्भ में याद करती थी। उसके दादाजी वजू भाई शाह ने राजूल की बातों की जाँच-पड़ताल की और अपने दामाद प्रेमचंद्र से जूनागढ़ जाकर पता लगाने को कहा कि क्या हाल ही में गीता नाम की किसी लड़की की मृत्यु हुई है? वहाँ यह पता चला कि टैली स्ट्रीट, जूनागढ़ के गोकुल दास ठक्कर की पुत्री गीता की मृत्यु अक्तूबर 1959 में हुई थी और वह उस समय ढाई वर्ष की थी। इसके बाद वजू भाई शाह सन् 1965 में राजूल को लेकर जूनागढ़ पहुँचे और गोकुल दास ठक्कर से मिले तथा राजूल से पूछा, "क्या तुम अपनी माँ को पहचानती हो?" वहाँ पर उपस्थित गोकुल दास ठक्कर की पत्नी कांताबेन थीं। उन्हें देखकर राजूल ने कहा, "यह मेरी माँ है।"

3. आचार्य बलरामजी शास्त्री ने पुनर्जन्म की एक ऐसी घटना का उल्लेख किया है (कल्याण, पृष्ठ-585), जिससे यह स्पष्ट होता है कि पूर्व जन्म की स्मृति किन्हीं व्यक्तियों में प्रकट होने लगती है और पुनर्जन्म को किसी जाति, मजहब, धर्म में बाँटकर नहीं देखा जा सकता। ईश्वर के नियम को इंसान के द्वारा विभाजित नहीं किया जा सकता। जब सन् 1947 में भारत-पाकिस्तान का बँटवारा हुआ था, तब बरेली के एक मुसलिम परिवार में पुनर्जन्म की घटना घटी थी। बरेली में इकराम अली एक प्रतिष्ठित व्यक्ति थे। उनके दो पुत्र थे—एक पाकिस्तान में बस गया था और दूसरा पुत्र मोहम्मद फारुक भारत के बरेली शहर में था जिसकी मृत्यु सन् 1954 में हो गई। मोहम्मद फारुक के पुनर्जन्म की घटना का रहस्य तब खुला, जब एक मुसलिम अध्यापक हश्मतुल्लाह अंसारी ईद मिलने के लिए अपने पाँच वर्षीय पुत्र के साथ इकराम अली के यहाँ पहुँचे थे। वहाँ पहुँचते ही हश्मतुल्लाह अंसारी के पाँच वर्षीय बालक ने सभी को अचंभे में डाल दिया, जब वह अपने पूर्व जन्म के पिता इकराम अली को पहचानते हुए कहने लगा कि वह तो इस घर का मोहम्मद फारुक है। उसने अपने पूर्व जन्म मोहम्मद फारुक के सभी सामान और अपनी पूर्व जन्म की बीबी फातिमा बेगम को भी पहचान लिया। उसने फातिमा से बातें कीं और कई ऐसे रहस्यों को बताया, जो पति-पत्नी के रूप में केवल मोहम्मद फारुक और फातिमा ही जानते थे। उसने एक बंदूक और अपने भाई के पास पाकिस्तान में स्वयं के द्वारा भेजे गए 05 हजार रुपए का रहस्य भी बताया था। जब भावुकतावश फातिमा बेगम ने उस बच्चे को अपनी गोद में बैठाना चाहा तो उस बालक ने तत्काल कहा, "तुम मेरी बीबी हो फातिमा। मैं कुर्सी पर बैठूँगा।" वह बालक फातिमा बेगम की गोद में नहीं बैठा। यह वाकया कई समाचार-पत्रों सहित वाराणसी के 'संसार' नामक

समाचार-पत्र में दिनांक 03.07.1959 को छपा था।

4. प्रसंग से सहभागी होते हुए बृजराज सिंह ने बताते हैं (कल्याण, पृष्ठ-590) कि बलरामपुर के एक सरकारी अस्पताल में माधुरी निगम कंपाउंडर थे। उनकी एक पुत्री साढ़े पाँच वर्ष आयु की थी। वह लड़की जब चलने, बोलने लगी और जब भी वह पेशाब करनें को जाती थी तो साथ में पानी ले जाती थी। निगम की पत्नी ने उससे पूछा कि उसे क्या दस्त आते हैं? लड़की ने जवाब दिया, "मैं हमेशा पानी लेकर पेशाब करने जाती थी, वैसे ही अब भी जाती हूँ।" उसकी माँ के पूछने पर लड़की ने जवाब दिया, "मैं दर्जिन हूँ। मेरा घर छिटुहनी मौजे में है।" लड़की ने आगे बताया कि वह पिछले जन्म में मुसलमान थी। उसने अपने घर के सभी सदस्यों का नाम बतलाया और वहाँ जाने का आग्रह करने लगी। निगम के परिवारजन परेशान हो गए और मजबूर होकर एक दिन वे उसे छिटुहनी ले गए। रास्ते में जाते समय लड़की खुद ही छिटुहनी का गाँव का रास्ता बताती हुई चलती रही। रास्ते में एक धुसाह नाम का गाँव मिला और लड़की को परखने के लिए उससे यह कहा गया कि यही छिटुहनी गाँव है तो उसने तत्काल जवाब दिया, "नहीं, यह छिटुहनी नहीं है, बल्कि धुसाह है।" जैसे ही वह लड़की छिटुहनी पहुँची तो उसके परिवारजन ने उसे आगे कर दिया और कहा, "जहाँ तेरा घर है, वहीं चल।" लड़की अपने पूर्व जन्म के घर के दरवाजे पर खड़ी हो गई और गाँव में उसे जो भी मिला, वह पहचानती गई। लड़की ने पहुँचते ही अपने पूर्व जन्म की सभी बातें बताईं और अपने देवर, देवरानी और पूर्व जन्म के पुत्र को पहचान लिया। उसने कुरआन-शरीफ रखने का स्थान बताया तथा जहाँ चाँदी के सिक्के रखे हुए थे, उनकी संख्या बताई। पूर्व जन्म में उसके पास जो जेवर थे, वह भी उसने बताए और पहचान लिए। उस घर में वह एक औरत को नहीं पहचान सकी थी। वस्तुतः उसके पूर्व जन्म के पति ने दूसरा विवाह किया था। इसी कारण वह नहीं पहचान सकी। लड़की ने बताया कि पूर्व जन्म में एक दिन उसकी सास ने माथे के ऊपर कलछुरी से मारा था और घाव हो गया था। यह सब सुनकर छिटुहनी गाँव के उस परिवार को यह विश्वास हो गया कि यह लड़की पूर्व जन्म में इसी मुसलिम परिवार की महिला थी। पूर्व जन्म में यह लड़की इसी छिटुहनी गाँव का निवासी धोखे दर्जी की पत्नी थी, जो बड़ी पाक-साफ रहती थी। प्रतिदिन कुरआन एवं पाँच वक्त की नमाज पढ़ती थी। खाँसी के रोग के कारण वह एक वर्ष तक बीमार रही और फिर उसकी मृत्यु हो गई। मृत्यु से ढाई वर्ष व्यतीत होने के बाद उसका दूसरा जन्म माधुरी निगम के यहाँ हुआ था। इस प्रसंग के उल्लेखकर्ता श्री बृजराज

सिंह नवंबर सन् 1966 में माधुरी निगम के घर पर गए थे। घर के बाहर काफी भीड़ थी। बृजराज सिंह एवं उनकी पत्नी ने लड़की से सभी विवरण पूछते हुए प्रमाणित होना पाया।

5. आचार्य बलरामजी शास्त्री बताते हैं (कल्याण, पृष्ठ–586) कि वाराणसी के समाचार-पत्र 'संसार' (बलरामजी शास्त्री के अनुसार समाचार-पत्र की तिथि फट जाने के कारण उसका उल्लेख वह नहीं कर पाए) में एक खबर प्रकाशित हुई थी कि शाहजहाँपुर का एक चार वर्षीय बालक अवधेश, स्वयं को पूर्व जन्म का कोटाहार का जागीरदार गजेंद्र सिंह बताता था। बालक अवधेश का जन्म सिंपुरा गाँव के एक ठाकुर परिवार में हुआ था और वह अपनी माँ को पिछले जन्म की बातें बताता था। जागीरदार गजेंद्र सिंह एक प्रभावशाली व्यक्ति थे और एक मुकदमे की सुनवाई के समय उनकी बरेली के अस्पताल में मृत्यु हो गई थी। बालक अवधेश के हठ पर उसे कोटाहार ले जाया गया और वहाँ पर जागीरदार स्व. गजेंद्र सिंह की पत्नी को उस बालक की खबर मिली तो उन्होंने अवधेश को अपने पास बुलाया। वहाँ पहुँचने पर बालक अवधेश ने पूर्व जन्म के घर की प्रत्येक वस्तु को पहचान लिया और अपने परिवार के प्रत्येक सदस्य का नाम लेकर बुलाने लगा। बालक का आचरण स्व. गजेंद्र सिंह के समान देखकर सभी हर्षित थे।

6. मृत्यु के बाद की स्थिति पर भक्त रामशरण दासजी ने बहुत कार्य किया और जानरियाँ उपलब्ध कीं। उन्होंने एक ऐसा प्रसंग उल्लेख किया है (कल्याण, पृष्ठ 592) कि मृत्यु के पश्चात् जीवात्मा नौ वर्षों तक प्रेत-योनि में रही और तत्पश्चात् उसका पुनर्जन्म हुआ। जिला मुजफ्फरनगर के ग्राम खेड़ी अलीपुर में कलीराम जाट के यहाँ एक पुत्र का जन्म हुआ था। उसका नाम वीर सिंह था। बालक वीर सिंह अपनी साढ़े तीन वर्ष की आयु में यह कहने लगा था, "मैं शिकारपुर का हूँ, मेरा नाम सोमदत्त है। मेरे पिता का नाम पंडित लक्ष्मी चंद्र है और मेरी माता मुझे मेले में जाने के लिए बहुत पैसे दिया करती थी। मैं नौ वर्ष तक पीपल के वृक्ष पर प्रेत बनकर रहा हूँ।" बालक की यह चर्चा जब लोगों को पता चली तो तत्समय काशी से प्रसारित 'सन्मार्ग' में समाचार प्रकाशित हुआ, तब दिनांक 24.04.1951 को पंडित लक्ष्मीचंद्र भी खेड़ी गाँव पहुँच गए। उन्हें देखते ही बालक वीर सिंह 'पिता-पिता' कहते हुए लक्ष्मीचंद्र से लिपट गया। बालक को लक्ष्मीचंद्रजी अपने साथ अपने गाँव शिकारपुर ले आए और जब बालक आगे-आगे गाँव में चल रहा था तो सीधा दौड़कर वह अपने पूर्व जन्म वाले मकान पर पहुँच गया। इस प्रसंग के लेखक भक्त रामशरण दासजी

भी दिनांक 26.05.1951 को पंडित लक्ष्मी चंद्र के गाँव शिकारपुर पहुँच गए। बालक वीर सिंह ने अपने पूर्व जन्म के सभी परिवार सदस्यों महिलाओं को पहचान लिया। पंडित लक्ष्मीचंद्र की पत्नी को देखकर कहा, "यह मेरी माँ है।" लक्ष्मीचंद्र की पत्नी ने उसे गोद में बैठा लिया और बालक उनसे 'माँ-माँ' कहने लगा। बालक ने आगे बताया कि "मैं नौ वर्ष तक बराबर पीपल के वृक्ष पर प्रेत बनकर रहा हूँ।" (पंडित लक्ष्मीचंद्र के मकान के पास में एक पीपल का पेड़ है) बालक ने आगे कहा, "मैं उस समय प्रेतावस्था में कुएँ में घुसकर पानी पी लेता था और घर में घुसकर रोटी खा लिया करता था। बाद में बालक वीर सिंह को दो बार उसके वर्तमान जन्म के गाँव खेड़ी ले जाया गया, परंतु वहाँ पहुँचने पर उसने खाना नहीं खाया और कहने लगता था कि मैं तो ब्राह्मण का लड़का हूँ और यह जाट का घर है। मैं जाटों के यहाँ कच्चा खाना नहीं खाऊँगा। अंततः परेशान होकर वह बालक अपने पूर्व जन्म वाले पिता पंडित लक्ष्मीचंद्र के यहाँ शिकारपुर रहने लगा और वहीं पर उसकी पढ़ाई-लिखाई होने लगी।

7. पुनर्जन्म की एक घटना मराठी भाषा में प्रकाशित 'पुरुषार्थ' नामक मासिक पत्र के माह जून 1953 में प्रकाशित हुई थी और उसी घटना को श्री निरंजन दास धीर ने कल्याण के उक्त अंक के पृष्ठ क्र. 599 पर वर्णित किया है। बंबई निवासी डॉ. अजगांवकर की पत्नी श्रीमती ललिता बाई सनातनी धार्मिक स्वभाव की महिला थीं और प्रत्येक पूर्णिमा के दिन उपवास करती थीं। वह कैंसर के रोग से पीड़ित हो गईं और पूर्णिमा के दिन ही उनकी मृत्यु हो गई थी। ललिता बाई के भाई सांवत दासजी भी बंबई में रहते थे और दोनों में बड़ा लगाव और प्रेम था। मृत्यु के पश्चात् दाह-संस्कार के दूसरे दिन ललिता बाई अपने भाई सांवतजी के समक्ष सशरीर प्रकट हो गईं और इस घटना को देखकर भाई डर गया। उसने उन्हें पलंग पर बैठा लिया। ललिता बाई ने कहा, "कल पूर्णिमा का उपवास था और मृत्यु हो जाने कारण मैं उपवास नहीं कर पाई। अब तुम एक कप कॉफी बना दो।" भाई सांवतजी ने कॉफी बनाई। वह उस समय घर में अकेले थे और जैसे ही कॉफी का कप ललिता बाई को दिया तो उन्होंने वापस कर दिया और कहा कि उस कॉफी को वह स्वयं पी ले तथा भाई के द्वारा कॉफी पीने से उपवास का पारण पूर्ण हो जाएगा। ललिता बाई के भाई सांवत दास की पत्नी को कोई संतान नहीं थी और पत्नी की बच्चेदानी संकुचित थी, गर्भधारण की स्थिति नहीं होने के कारण वह डॉक्टरों के इलाज से निराश हो चुके थे। एक बार स्वप्न में ललिताबाई ने अपने भाई से कहा कि वह स्वयं उनकी पुत्री बनकर भाभी के गर्भ से जन्म लेंगी। कुछ ही दिनों में आश्चर्यजनक चमत्कार यह हुआ कि सांवत

दासजी की पत्नी के गर्भाशय में जो खराबी थी, वह अचानक ठीक हो गई और वह गर्भवती भी हुई एवं एक सुंदर कन्या को जन्म दिया।

8. श्री आलोक कुमार त्रिवेदी उत्तर प्रदेश में एडीशनल डिस्ट्रिक्ट जज के पद पर पदस्थ हैं और वह मेरे भानजे-दामाद (मुझ लेखक की बहन की पुत्री अर्चना के पति) हैं। उनकी माँ स्व. श्रीमती नीलम त्रिवेदी थीं और उनके पति का नाम स्व. श्री शिव कुमार त्रिवेदी था। उनका मूल निवास 127/314-ए ब्लॉक डब्लू-1, साकेत नगर, कानपुर है। आलोक कुमार त्रिवेदी ने मुझे बताया कि उनकी माँ पूर्व जन्म में मुसलमान थीं। वाकया इस प्रकार है कि श्रीमती नीलम त्रिवेदी ने अपने जन्म के बाद जैसे ही वह बोलने योग्य हुईं, तो उन्होंने अपने पिता श्री लालमणि मिश्र को यह बताया था कि वह पूर्व जन्म में मुसलमान थीं। पंडित लालमणि मिश्र ग्राम निगोहा (सोभन सरकार कानपुर के पास) के निवासी थे। ध्यान देने योग्य महत्त्वपूर्ण तथ्य यह है कि श्रीमती नीलम त्रिवेदी को अपने पूर्व जन्म की मृत्यु-पूर्व की घटना अपने इस जन्म में जीवन भर याद बनी रही और उन्होंने अपने विवाह के पश्चात् यह बात अपने पति पंडित श्री शिव कुमार त्रिवेदी एवं अपनी सास (आलोक कुमार त्रिवेदी की दादी) स्व. श्रीमती सरस्वती चंद्र को भी बताई थी। वह नमाज पढ़ने की प्रक्रिया अच्छी तरह से जानती थी और उन्हें कुरआन की कुछ आयतें भी याद थीं। श्री शिव कुमार त्रिवेदी का मूल पैत्रिक निवास ग्राम जादेपुर (सोभन सरकार कानपुर के पास) का है तथा ग्राम निगोहा (श्रीमती नीलम त्रिवेदी का मायका) एवं ग्राम जादेपुर (उनकी ससुराल), ये दोनों ही गाँव लगभग 2 कि.मी. के फासले पर हैं, जो पांडव नदी के पास बसे हैं। श्रीमती नीलम त्रिवेदी ने बताया था कि उनके पूर्व जन्म के समय गाँव में मुसलमानों और हिंदुओं में ठाकुर परिवारों के मध्य काफी झगड़ा हुआ था और चूँकि पूर्व जन्म में श्रीमती नीलम त्रिवेदी मुसलमान परिवार की थीं तथा उस झगड़े में उनकी भी मृत्यु हो गई थी। तत्पश्चात् उन्होंने ब्राह्मण हिंदू परिवार में स्व. श्री लालमणि मिश्र की पुत्री के रूप में जन्म लिया। इसी संदर्भ में एक आश्चर्यजनक तथ्य यह भी है कि जब श्रीमती नीलम त्रिवेदी का विवाह हो चुका तो उन्होंने जब अपनी सास श्रीमती सरस्वती चंद्र को अपने पूर्व जन्म की घटना बताई तो श्रीमती सरस्वती चंद्र ने यह सुनकर श्रीमती नीलम त्रिवेदी के पूर्व जन्म की मुसलिम महिला के रूप में उन्हें पहचान लिया, क्योंकि हिंदू ठाकुर परिवार व मुसलमानों के मध्य हुए तत्समय के झगड़ा की घटना श्रीमती सरस्वती चंद्र को भी पता थी और वह उस मुसलिम महिला को भी अच्छी तरह जानती पहचानती थीं, जिसकी उस झगड़े में मृत्यु हुई थी। उन्होंने

नीलम त्रिवेदी से उनकी पूर्व जन्म की बात सुनकर उन्हें पहचानते हुए यह भी कहा था कि पूर्व जन्म में जब नीलम मुसलिम थीं तो वह बहुत सुंदर थी। बाद में उसी मुसलिम महिला ने मृत्यु के बाद हिंदू परिवार में नीलम के रूप में जन्म लिया। हिंदू ब्राह्मण परिवार में जन्म होने पर नीलम त्रिवेदी धार्मिक प्रवृत्ति की थी और पूजा-पाठ में उनका मन अधिक लगता था। श्री आलोक त्रिवेदी ने मुझे यह भी बताया कि उनकी माँ श्रीमती नीलम त्रिवेदी को उर्दू व उर्दू के अल्फाज बोलने एवं गजल व कव्वाली सुनने का बहुत शौक था। श्रीमती नीलम त्रिवेदी का स्वर्गवास दिनांक 13 दिसंबर, 2006 को हो चुका है।

9. भक्त रामशरण दासजी ने एक ऐसी घटना का उल्लेख उक्त 'कल्याण' के अंक के पृष्ठ संख्या 612 पर किया है, जिसमें एक लड़की को अपने पिछले मनुष्य-जन्म एवं वर्तमान जन्म के बीच में उसे यह भी याद था कि वह पूर्व जन्म में गाय थी एवं उसके भी पूर्व जन्म में वह पुरुष था। भक्त रामशरण दासजी बताते हैं कि यह प्रसंग दिल्ली के दैनिक समाचार-पत्र 'हिंदुस्तान' में दिनांक 08 फरवरी, 1966 को प्रकाशित हुआ था। रोहतक के एक गाँव गोल परवाँपुर में चंचला कुमारी नाम की एक 09 वर्षीय लड़की ने अपने पिछले जन्म का विवरण बताया था। उसने बताया था कि पिछले जन्म में वह पानीपत के एक स्कूल में टीचर था और उसका नाम कृष्ण लाल था एवं पिता का नाम रामप्यारा नागपाल था। 25 वर्ष की आयु में पेट दर्द के कारण उसकी मृत्यु हो गई थी। मृत्यु के पूर्व उसकी सगाई हो चुकी थी, परंतु विवाह नहीं हुआ था। उसे अपने भाइयों के नाम भी याद थे। चंचला कुमारी ने आगे बताया था कि जब पूर्व जन्म में वह कृष्ण लाल था तो मरने के बाद उसने शाहदरा (जिला लाहौर) में एक मुसलिम परिवार के यहाँ गाय के रूप में जन्म लिया था। वह दूध कम देती थी। इस कारण उसे एक दिन लाठियों से इतना मारा-पीटा गया कि वह मर गई। उसके बाद उसने ग्राम परवाँपुर के इस घर में जन्म लिया है। चंचला कुमारी के बताने पर उसके परिवार वाले पानीपत उसे लिवा ले गए, जहाँ उसने उस स्कूल की इमारत और अपने पुराने घर को भी पहचान लिया था तथा वहाँ के परिवार वालों ने चंचला कुमारी की बताई हुई बातों व स्कूल मास्टर के रूप में कार्य करना और पेट दर्द के कारण मृत्यु होने की बात की पुष्टि की।

10. पुनर्जन्म के संदर्भ में एक घटना सुप्रतिष्ठित विद्वान् पंडित बिहारी लाल शास्त्री के बताए अनुसार भक्त रामशरण दासजी ने वर्णित की है। (कल्याण, पृष्ठ 594) घटना इस प्रकार है कि कुछ राजपूत जाति के ठाकुर लोग गंगाजी स्नान करने के लिए अपने ही वाहन से जा रहे थे तो जिला बदायूँ के उझानी नामक स्थान

पर वे विश्राम करने के लिए रुक गए थे। उनके साथ एक पाँच वर्ष का बालक भी था। सड़क के किनारे ही कुछ कंजरों की झोंपड़ियाँ थीं। राजपूत ठाकुर के साथ वह पाँच वर्षीय बालक सड़क के सामने कंजरों के पास उनकी झोंपड़ियों में पहुँच गया। वहाँ पहुँचकर उस बालक ने एक कंजरी का नाम लेकर पुकारा। वह महिला कंजरी अचानक उस बालक से अपना नाम सुनकर अचंभे में पड़ गई। उस कंजरी ने बालक से पूछा, "अरे, तू किसको पुकारता है? तू कौन है?" इस पर उस बालक ने जवाब दिया, "क्या तू मुझे नहीं जानती? क्या तू मुझे भूल गई?" कंजरी ने पूछा, "मैं तुझे नहीं जानती कि तू कौन है और कहाँ का रहनेवाला है?" उस बालक ने कहा, "मैं तेरा पति हूँ। तू मेरी स्त्री है।" उस कंजरी को एक छोटे से बच्चे के मुख से यह सुनकर आश्चर्यचकित होकर कहा, "यह छोटा सा चार-पाँच वर्ष का बालक है और मैं इतनी बड़ी आयु की स्त्री हूँ, फिर भी यह मुझे अपनी पत्नी कैसे बताता है?" कंजरी ने पूछा, "अरे, तू मेरा पति कैसे बनता है? मैं तुझे जानती भी नहीं हूँ कि तू कौन है। मेरा पति तो कभी का मर गया है। अब मेरा पति कहाँ से आया? तू यह क्या कहता है?" जवाब में उस ठाकुर बालक ने कहा, "तुझे पता नहीं कि तेरे पति का नाम मोहन सिंह कंजर था? मैं ही तेरा पति मोहन सिंह कंजर हूँ। मैं पहले जन्म में तेरा पति था और अब मैंने इन ठाकुरों के घर में जन्म ले लिया है।" उस बालक ने वहाँ बैठे हुए सभी कंजरों को पहचान लिया एवं अपने पूर्व जन्म की बातें बताईं और कुछ गुप्त बातें भी उसने उस कंजरी मोहन सिंह की पत्नी को बताईं। सभी बातें सत्य थीं और उन कंजरियों ने यह स्वीकार कर लिया कि यह ठाकुर बालक अपने पूर्व जन्म में उनके ही परिवार का था।

इधर जब ठाकुरों ने देखा कि उनका बच्चा कंजरों के पास है और कंजर उसे बड़े प्रेम से गोद में उठाकर खिला रहे थे। ठाकुर लोग उस बालक को लेने वहाँ पहुँचे तो कंजरों ने उन्हें जवाब दिया कि यह तो हमारा मोहन सिंह कंजर है। इसे तो वह अपने पास रखेंगे। इसी बात पर ठाकुरों एवं कंजरों में विवाद बढ़ गया और पुलिस को हस्तक्षेप करना पड़ा। अंततः विवाद तत्समय के उझानी के प्रतिष्ठित जागीरदार राय बहादुर बृजलाल भदावरजी के सामने पहुँचा और ठाकुर लोग व कंजर भी वहाँ पहुँच गए। बालक जैसे ही वहाँ पहुँचा तो उसने देखते ही कहा, "भदावरजी राम-राम।" भदावरजी उस छोटे बालक के मुँह से अपना नाम सुनकर अचंभे में पढ़ गए। बालक ने बताया कि वह अपने पूर्व जन्म में मोहन सिंह कंजर था और राय बहादुर भदावरजी की कोठी के लिए खस के परदे बनाया करता था। तब यह घटना सत्य प्रमाणित हुई थी।

□

निष्कर्ष

मृत्यु के समय कैसी मानसिकता निर्मित करनी चाहिए?

सामान्यत: हम यह देखते हैं कि जब किसी व्यक्ति की मृत्यु का समय निकट आ जाता है तो उसके परिजन एवं स्वजन उसके प्रति बहुत लगाव प्रकट करने लगते हैं, लेकिन ऐसा होना नहीं चाहिए। क्योंकि जो व्यक्ति इस संसार को छोड़कर हमेशा के लिए जा रहा है, तब ऐसी स्थिति में प्रयास यह होना चाहिए कि मोह-माया से वह दूर रहने लगे। इस संदर्भ में निम्नांकित परिस्थिति निर्मित होना चाहिए—

1. जिस व्यक्ति की मृत्यु का समय निकट आ चुका है, तब उसकी सबसे बड़ी सेवा यह है कि उसके मन को संसार की मोह माया से हटाने का प्रयास करना चाहिए।
2. उसके पास व्यापार, घर की समस्याएँ, प्रेम एवं ईर्ष्या, मित्रता एवं दुश्मनी, परिवार से लगाव, धन-दौलत की चर्चाएँ बिल्कुल नहीं करनी चाहिए।
3. उसके समक्ष भगवान् का कीर्तन, पौराणिक कथाएँ, श्रीमद्भगवतगीता के वचन, श्रीमद्भागवत में उल्लिखित भगवान् की लीलाएँ एवं वैराग्य से संबंधित प्रसंगों की चर्चाएँ करना चाहिए।
4. मरणासन्न व्यक्ति, यदि ईश्वर के साकार स्वरूप का भक्त हो तो उसके इष्टदेव का कीर्तन और कथाओं का विवरण सुनाना चाहिए। परंतु यदि निराकार भाव में आस्था रखनेवाला है तो उसे शरीर-भाव से अलग होकर स्वयं के निराकार स्वरूप का आभास करने हेतु चर्चाएँ करनी चाहिए।
5. मरणासन्न व्यक्ति के आस-पास का स्थान साफ सुथरा, सुगंधित एवं भगवान् की तसवीर के साथ भजन-कीर्तन के वातावरण का होना चाहिए।
6. इस अवस्था में मरणासन्न व्यक्ति को किसी भी प्रकार का नशा नहीं करना चाहिए।
7. अंतिम श्वास के पूर्व मरणासन्न व्यक्ति के मुँह में गंगाजल एवं तुलसी के पत्ते

उसके मुँह में डालने चाहिए। उसे अपने इष्टदेव अथवा नारायण नाम का जाप करने को कहना चाहिए।

मृत्यु के पूर्व एवं मृत्यु के पश्चात् मृतक व्यक्ति के लिए कभी भी विलाप अथवा रोने व दुःख व्यक्त करने का कार्य कभी नहीं करना चाहिए। वस्तुतः होता यह है कि मृत्यु के पश्चात् उसकी जीवात्मा अपने सूक्ष्म शरीर के माध्यम से सबकुछ देखती है एवं सुनती है। वह स्वयं की शव-यात्रा एवं दाह-संस्कार, आने-जानेवाले व चर्चाएँ करनेवालों की बातें भी सुनती है। दुःख व्यक्त करने से जीवात्मा भी दुःखी होती है और वह स्वयं अपने दुःख को व्यक्त नहीं कर पाती है। उसकी स्थिति निरीह होती है।

□

मृत्यु के पश्चात् परलोक व सुख मिलने के उपाय

हिंदू धर्म शास्त्रों एवं मान्यताओं के अनुसार मृत्यु के पश्चात् परलोक की स्थिति आनंददायक होने के लिए विभिन्न उपाय शरीर जीवन में रहते हुए करने को कहा गया है। मुख्यतः मनुष्य को जीवन में सकारात्मक एवं सबके प्रति प्रेम, सहयोग, सभी के संदर्भ में अच्छा सोचना आदि अनेक उपदेश उपलब्ध हैं, परंतु हिंदू-धर्म के अलावा अन्य सभी धर्मों में भी इसी प्रकार के मिलते-जुलते संदेश दिए गए हैं। बुद्ध ने कहा है, "सबपापस्स अकरणं, कुसलसस उपसम्पदा। सचित्त परियोपदनमं, एतं बुद्धान सासनं॥" अर्थात् किसी भी प्रकार के पापकर्मों को नहीं करना, पुण्य कर्मों की संपदा संचित करना, अपने चित्त को शुद्ध रखना, यह बुद्धों की शिक्षा है। यही धर्म है। कोई भी धर्म अथवा मजहब यह अनुमति नहीं देता है कि दूसरों से नफरत करो। बाईबिल के अनुसार, आप ऐसा कोई भी व्यवहार दूसरों से नहीं करो, जो आप स्वयं पसंद नहीं करते हो। ईश्वर सबकुछ देख रहा है। दूसरों के साथ वैसा ही व्यवहार करो, जो आप स्वयं के साथ होना पसंद करते हो। इसी प्रकार इस्लाम के संस्थापक मोहम्मद साहब ने कहा है कि सभी मनुष्य भाई-भाई हैं। मनुष्य चाहे मुसलिम हों अथवा गैर-मुसलिम हों, सभी के साथ आदरपूर्वक व्यवहार करना है और किसी के साथ भी अपमानजनक व्यवहार नहीं करना है। किसी भी मनुष्य के साथ भेदभाव नहीं रखना है। अर्थात् सद्विचार, सद्व्यवहार, समानता का संदेश प्रत्येक धर्म में है और उसी से मृत्यु के बाद की स्थिति सुधरती है। विभिन्न प्रकार के प्रसंग एवं मृत्यु के बाद की स्थिति से इतना तो स्पष्ट है कि दुष्टकर्मी, पापकर्मी, आततायी, कपट व्यवहार करनेवाले, दूसरों को धोखा देने वाले अत्यंत कष्ट में होते हैं। अतः मनुष्य जीवन में रहते हुए हमें कैसा आचरण रखना है, इस संदर्भ में विचार करना अत्यावश्यक है।

1. कर्म-फल के सिद्धांत पर विश्वास रखना चाहिए। जैसा हमारा कर्म होगा, वैसा ही उसका परिणाम भोगना होगा। यह भोग इस जन्म में भी हो सकता है, पुनर्जन्म में भी हो सकता है एवं मृत्यु के बाद जीवात्मा की प्रेत-योनि और

पुनर्जन्म के पूर्व भी हो सकता है। कर्म-फल हमारे पीछे चलता है। बिना कारण के कोई भी अनुकूल या प्रतिकूल परिस्थिति निर्मित नहीं होती है। कार्य और कारण एक-दूसरे से संबद्ध हैं। हमारे पूर्व-कर्म यदि बुरे रहे हैं तो वर्तमान कर्म की स्थिति के लिए वे स्वमेव कारण बन जाते हैं। विपरीत परिस्थितियों में आम व्यक्ति अपने भाग्य और ईश्वर पर दोषारोपण करने लगता है, लेकिन उसे यह समझना चाहिए कि प्रत्येक परिस्थिति का निर्माणकर्ता, वह स्वयं है। मनुष्य के जैसे विचार होते हैं, वह वैसा ही बना जाता है।

2. जीवन ईश्वर का उपहार है। जीवन का उद्देश्य सकारात्मक कार्य करना ही है। मन, वचन और कर्म में सकारात्मकता से ही रचनात्मक कार्यों की उत्पत्ति होती है। हमारा चिंतन ही यह है—"सर्वे भवन्तु सुखिनः सर्वे संतु निरामया, सर्वे भद्राणि पश्यन्तु मा कश्चित दु:ख भाग भवेत।" अर्थात् सभी सुखी हों, सभी नीरोगी हों, सभी का मंगल हो, कोई भी दु:खी न हो और चारों ओर शांति का साम्राज्य हो।
3. सभी के प्रति समान भाव रखना है अर्थात् किसी भी व्यक्ति के संदर्भ में भेदभाव का कोई स्थान नहीं होना चाहिए। निष्कर्मता, निर्भयता, स्थिरता, समता, सौम्यता, मननशीलता, मृदुता, मधुरभाषिता, धैर्य, मैत्री व संतोष के गुणों से परिपूर्ण व्यक्ति को मृत्यु के समय और उसके बाद किसी भी प्रकार का कष्ट नहीं होता है।
4. अपने माता-पिता, गुरुजन एवं विद्वान् व वरिष्ठ परिवारजनों के प्रति आदर एवं उनके प्रति सेवा-भाव होना चाहिए।
5. पति-पत्नी को अपने व्यवहार में एक-दूसरे के प्रति आदर-भाव और विश्वास रखना चाहिए। कहा गया है—'यत्र नार्यस्तु पूज्यन्ते रमन्ते तत्र देवता:' अर्थात् जहाँ नारी की पूजा होती है, वहाँ देवता वास करते हैं। यहाँ पूजा से तात्पर्य किसी भौतिक पूजा से नहीं है, बल्कि आदर और सम्मान का भाव रखना चाहिए।
6. दूसरों के दु:ख को अपना दु:ख समझना चाहिए अर्थात् अन्य को दु:खी देखकर खुश नहीं होना चाहिए और इसी प्रकार दूसरे के सुख को देखकर स्वयं दु:खी भी नहीं होना चाहिए।
7. मृत्यु के उपरांत परिजनों का दाह-संस्कार, क्रिया, कर्म-कांड आदरपूर्वक करना चाहिए और उत्तराधिकारी का यह मुख्य कर्तव्य भी है।
8. हिंदू-धर्म और परंपराओं के अनुसार पितरों का श्राद्ध एवं तर्पण करना चाहिए क्योंकि मृत्यु उपरांत जीवात्माएँ इस कार्य की अपेक्षा रखती हैं।
9. अपने स्वार्थ की खातिर दूसरों की झूठी प्रशंसा और इसी प्रकार स्वयं को

मिथ्यापूर्वक उच्च प्रदर्शित करने के लिए अन्य दूसरों की निंदा नहीं करना चाहिए।

10. अपने स्वयं के सद्गुणों की प्रशंसा स्वयं नहीं करनी चाहिए और अन्य दूसरों के द्वारा किए जाने पर घमंड नहीं करना चाहिए।
11. हिंसा का स्थान अपने मन, वचन और कर्म में कतई नहीं होना चाहिए। जीव हिंसा पूर्णतः दुष्टता एवं पाप है।
12. जो स्थान अपने जीवन में एक पुत्र के समक्ष माँ का होता है, वही स्थान अपने जीवन में गाय के प्रति होना चाहिए। गाय के प्रति हिंसा एवं गाय की हत्या महापाप है, जिसका बहुत बुरा परिणाम मिलता है।
13. पुरुष को पराई स्त्री एवं स्त्री को पराए पुरुष से संबंध नहीं बनाना चाहिए।
14. मन, वचन एवं कर्म से भी किसी अन्य को कष्ट नहीं पहुँचना चाहिए।
15. मन में यह भाव पूर्ण विश्वास के साथ होना चाहिए कि सभी जगह हमेशा हमारे प्रत्येक कर्म को परमात्मा देख रहा है अर्थात् हमारे कर्म का लेखा-जोखा कहीं न कहीं एकत्रित हो रहा है और उसके परिणाम हमें हीं प्राप्त होनेवाले हैं।
16. जीवन में प्राप्त होनेवाले प्रत्येक दुःख के लिए मनुष्य को स्वयं ही जिम्मेदार मानना चाहिए। इस प्रकार के भाव से सत्कर्म पर ध्यान बना रहेगा।
17. जीवात्मा की अनंत यात्रा है और स्थूल शरीर की मृत्यु होने पर यह यात्रा समाप्त नहीं हो जाती है। मृत्यु के बाद भी जीवात्मा का जीवन है, जिसका अनुभव सूक्ष्म शरीर के माध्यम से होता है।
18. परलोक का ज्ञान स्थूल शरीर के माध्यम से संभव नहीं है। परलोक के संबंध में जानकारी लेने हेतु प्रथमतः तो मृत्यु होना आवश्यक है और मृत्यु के पश्चात् जीवात्मा को आहूत कर उससे जानकारी ली जा सकती है। इस संदर्भ में विभिन्न प्रयोग हो चुके हैं और उनका विवरण इस पुस्तक में दिया जा चुका है। द्वितीयतः परलोक की जानकारी ध्यानावस्था अथवा समाधि की अवस्था में योगी महात्मा अपने शरीर से बाहर निकलकर सूक्ष्म शरीर के माध्यम से प्राप्त कर लेते हैं।
19. मृत्यु के पश्चात् जीवात्मा को कैसा भोग करना है, यह स्थूल शरीर में रहते हुए उसकी वासना पर निर्भर करता है। यदि स्थूल शरीर में रहते हुए मृत्यु होने तक मन वासना-युक्त एवं भरपूर इच्छाओं से परिपूर्ण रहा है तो परलोक में ऐसी जीवात्मा को सबसे नीचे के स्तर पर रहना होता है और वह संतोष एवं आनंद का अनुभव नहीं कर पाती है।
20. मृत्यु के समय जब शरीर से प्राण निकलने लगते हैं तो उस अंतिम समय में मनुष्य को अपने जीवन की एवं कर्मों की समस्त स्मृतियाँ सामने प्रकट

होने लगती हैं। उसे यह भी अनुभव होने लगता है कि उसका कौन सा कर्म औचित्यपूर्ण था और कौन सा कर्म अनौचित्यपूर्ण था ?

21. मृत्यु के समय जैसे ही जीवात्मा अपने सूक्ष्म शरीर के माध्यम से बाहर निकलती है तो तत्काल उसका संरक्षण करने के लिए उसके पूर्व मृत स्वजन, इष्ट–मित्र उसका सहयोग करने के लिए आ जाते हैं।
22. मृत्यु के पश्चात् जीवात्मा को अपने ही स्वभाव एवं विचार व आचरण वाली जीवात्माओं का सत्संग प्राप्त होता है। यह प्रक्रिया स्वत: ही संचालित है। इसके लिए न तो किसी जीवात्मा को तलाश करना पड़ती है और न ही पूछताछ करनी पड़ती है। सबकुछ भाव प्रधान है। जीवात्मा के मन में उठे भाव के अनुसार ही सबकुछ संचालित स्वतः होने लगता है। परलोक में भाषा के माध्यम से संवाद नहीं होता है, बल्कि सिर्फ मन में उठे भाव जिस जीवात्मा के संदर्भ में प्रकट होते हैं, वे यथावत् उसके पास पहुँच जाते हैं। इस प्रकार 'मुँह में राम बगल में छुरी' वाली कहावत वहाँ नहीं है। छल और कपट का तो वहाँ कोई स्थान ही नहीं है।
23. मृत्यु के पश्चात् भी जीवात्मा अपना उत्थान कर सकती है क्योंकि उसमें मन, बुद्धि, चित्त, अहंकार तो होता ही है। अब यदि जीवात्मा में काम, क्रोध, मोह, लालच, ईर्ष्या का स्वभाव होते हुए उसने स्थूल शरीर छोड़ा है और ऐसा ही स्वभाव सूक्ष्म शरीर के माध्यम से जीवात्मा का बना रहता है, तब भी उसके लिए यह अवसर रहता है कि वह वासनाओं और कामनाओं से मुक्त हो जाए अथवा इन्हें क्षीण कर ले तो परलोक में उसका उत्थान हो जाता है और वह आनंद का अनुभव करती है।
24. किसी मनुष्य की मृत्यु स्थूल शरीर में रहते हुए अत्यंत रोगावस्था एवं बीमारी की पीड़ा और दर्द से कराहते हुए हुई है, अथवा वह अपंग अवस्था में मरा है, तो मृत्यु के पश्चात् जैसे ही उसका सूक्ष्म शरीर बाहर होता है, तब उसे किसी भी प्रकार का रोग अथवा पीड़ा का अनुभव नहीं होता है। वह पूर्णत: अपने आप को स्वस्थ और युवा होने का अनुभव करने लगता है। एक स्थान से दूसरे स्थान तक पहुँचने की उसकी गति, मन की गति के समान होती है। अर्थात् मनुष्य का मन जिस प्रकार सोचने भर से एक स्थान से दूसरे स्थान पहुँच जाता है, उसी प्रकार जीवात्मा का सूक्ष्म शरीर केवल मन के सोचने भर से एक स्थान से दूसरे स्थान पर पहुँच सकता है।
25. मनुष्य को प्रकृति के संतुलन को बिगाड़ना नहीं चाहिए, क्योंकि प्रकृति मनुष्य के प्रति हमेशा सकारात्मक रहती है।

□

परलोक संबंधी धारणाएँ स्वयं की मान्यताओं पर आधारित हैं

एक मत यह है कि मृत्यु के पश्चात् जब हमारा भौतिक शरीर हमसे छूट जाता है और जीवात्मा को यमदूत पकड़कर ले जाते हैं व दुष्ट एवं पापकर्मियों को नरक में भोगने के लिए डाला जाता है। दूसरा मत यह है कि जब भौतिक शरीर ही यहीं पर छूट गया तो यमदूतों द्वारा पकड़कर ले जानेवाली बात एवं नरक का कष्ट-भोग संभव नहीं है। कुछ लोग यमदूतों द्वारा पकड़कर ले जाना और नरक के चिंतन को कतई स्वीकार नहीं करते हैं क्योंकि नरक और शरीर, ये दोनों ही भौतिक वस्तुएँ हैं और जब शरीर ही नहीं रहा, तब वस्तु की प्रासंगिकता ही समाप्त हो जाएगी।

इस विषय पर चिंतनीय यह है कि दुःख और सुख का आभास सिर्फ मन के माध्यम से होता है। भौतिकता का बहुत कुछ संबंध सुख और दुःख से नहीं है, बल्कि मन से है। मन का सीधा जुड़ाव जब तक शरीर से है। तब तक शरीर को पहुँच रहे दुःख और सुख का भान मन के माध्यम से आभासित होगा। शरीर के किसी विशेष अंग को यदि शून्य कर दिया जाए और उस अंग पर कोई पिन चुभाई जाए, तब ऐसी स्थिति में पिन चुभने की पीड़ा का आभास मन को नहीं होगा जबकि शरीर एवं पिन, दोनों ही ओर भौतिक वस्तुएँ हैं। जब एक चिकित्सक किसी बीमार व्यक्ति के पेट अथवा दिल की शल्यक्रिया करता है और उस समय मरीज बेहोश रहता है। उसके शरीर को चाकू से काटने पर भी उसे किसी भी प्रकार की पीड़ा का अनुभव नहीं होता है अर्थात् मन शरीर से पृथक् हो चुका है।

मृत्यु के पश्चात् परलोक अथवा नरक की कल्पना के विषय पर हम चिंतन करें तो यह सुनिश्चित है कि शरीर से प्राण निकलने के पश्चात् मन, बुद्धि, चित्त, अहंकार जीवात्मा के सूक्ष्म शरीर के साथ होते हैं। सूक्ष्म शरीर को जीवात्मा ठीक उसी तरह आभासित करती है, जिस तरह भौतिक शरीर का अनुभव होता है। यह भी स्पष्ट है कि मृत्यु के पश्चात् जीवात्मा को अपने स्वजनों से बिछुड़ने का दुःख भी होता है। उसके शव

को चिता पर रखने और दाह-संस्कार होने तथा स्वजनों के रोने का भी दु:ख जीवात्मा को उसके सूक्ष्म शरीर में आभासित होता है। तब ऐसी स्थिति में यदि यह कहा जाए कि दुष्ट और पापकर्मी की जीवात्मा को नरक में डाला जाता है अथवा उसे पीड़ा होती है, अथवा उसे अंधकार में रहना होता है और उसके परिणामस्वरूप वह कष्ट का अनुभव करता है, तो इस धारणा को हम प्रारंभिक तौर पर ही नकार नहीं सकते। वस्तुत: परलौकिक जीवन के संदर्भ में जब तक ज्ञान नहीं हो, तब तक मृत्यु के पश्चात् जीवात्मा के सूक्ष्म शरीर के साथ क्या होता है, कहाँ जाना होता है, कौन ले जाता है, उसके साथ कैसा व्यवहार होता है, इस विषय पर आधिकारिक तौर पर नकारा नहीं जा सकता। हम भौतिक शरीर में रहते हुए परलौकिक जीवन की तुलना नहीं कर सकते हैं, यद्यपि सबकुछ मान्यताओं पर आधारित है। शरीर जीवन में रहते हुए जैसी हमारी मानसिकता होगी और मान्यताएँ होंगी, उसी प्रकार का वातावरण मृत्यु के पश्चात् मिलने वाला है। हिंदुओं में विधिवत् दाह-संस्कार, शुद्धि, कर्म-कांड, पूर्व मृत पूर्वजों के श्राद्ध, पितृ-पक्ष में 15 दिन पुरखों का तर्पण अदि की मान्यता है। इन्हीं मान्यताओं के चलते हुए मृत्यु के पश्चात् भी सूक्ष्म शरीर के रूप में जीवात्मा भी यह अपेक्षा करती है कि उक्त समस्त कार्य उसकी मृत्यु के पश्चात् पूर्ण किए जाएँ। अब यदि यमदूत द्वारा जीवात्मा को पकड़कर ले जाने की मान्यता है, नरक की मान्यता है, तो मृत्यु के पश्चात् इन सबका आभास होगा ही। क्रिश्चियन एवं मुसलमानों में वार्षिक अथवा पितृ-पक्ष के श्राद्ध या दाह-संस्कार का नियम नहीं है, अर्थात् इनकी मान्यताओं के अनुसार इस प्रकार के कर्म-कांड का पालन करना आवश्यक नहीं है। तब फिर क्रिश्चियन एवं मुसलमानों की जीवात्माएँ इसकी अपेक्षा नहीं करती होंगी। निष्कर्ष यह है कि सबकुछ मान्यताओं पर आधारित है, लेकिन फिर भी नैसर्गिक अथवा प्राकृतिक अथवा देवीय अथवा सर्वोच्च सत्ता का स्वयं अपना भी यह नियम है कि कर्म-फल का भोग तो करना होगा।

□

'श्रीमद्भगवतगीता' में मृत्यु और कर्म-बंधन से मुक्ति के संदेश

महाभारत का युद्ध प्रारंभ होने के पहले अर्जुन ने जब कौरवों की सेनाओं से युद्ध स्थल पर अपने गुरु द्रोणाचार्य एवं सगे-संबंधियों को देखा और यह सोचा कि इन्हें मारने पर यदि राज्य मिल भी गया, युद्ध जीत भी लिया, तो ऐसे राज्य को और ऐसी जीत को प्राप्त करके सुख नहीं मिलेगा। अर्जुन ने कृष्ण के समक्ष युद्ध नहीं करने का प्रस्ताव रखा। अर्जुन के द्वारा ऐसा कहने पर भगवान् श्रीकृष्ण ने अर्जुन को जीवन का रहस्य समझाया। जीवन और मृत्यु व आत्मा की अमरता का सिद्धांत बताया जिसे 'श्रीमद्भगवतगीता' के निम्नांकित श्लोकों में कहा गया है—

देहिनोऽस्मिन्यथा देहे कौमारं योवनं जरा।
तथा देहांतर प्राप्तिर्धीरस्तत्र न मुह्यति॥ (2/13)

कृष्ण कहते हैं कि जिस प्रकार मनुष्य के शरीर जीवन में कौमार्य-अवस्था, युवावस्था और वृद्धावस्था का परिवर्तन स्वतः ही होता है, उसी प्रकार मृत्यु होने के उपरांत दूसरा शरीर प्राप्त होता है। भौतिक शरीर में जिस प्रकार स्वाभाविक परिवर्तन होते हैं, उसी प्रकार मृत्यु होना और उसके उपरांत पुनर्जन्म होना भी एक परिवर्तन है। भगवान् अर्जुन से कहते हैं—"तुम इस सत्य से विचलित न हो।" अर्थात् प्रत्येक प्राणी मात्र की मृत्यु होनी है और उसका पुनर्जन्म भी मृत्यु के पश्चात् का परिवर्तन मात्र है। इससे किसी को भी विचलित नहीं होना चाहिए और इस शाश्वत सत्य को समझ लेना चाहिए।

यं हि न व्यथयन्त्येते पुरुषं पुरुषर्षभ।
समदुः खसुखं धीरं सोऽमृतत्वाय कल्पते॥ (2/15)

अर्जुन को जीवन का रहस्य समझाते हुए भगवान् श्रीकृष्ण ने कहा है कि जो सुख दुःख में एक समान भाव रखते हैं और इन दोनों परिस्थितियों में वे व्याकुल भी नहीं होते हैं, विचलित नहीं होते हैं, ऐसे धीर-पुरुष निश्चित रूप से मुक्ति के योग्य हैं। अर्थात् जन्म और मरण के बंधन से यदि मुक्त होना है तो मनुष्य को प्रत्येक प्रकार की पक्ष और विपक्ष

की परिस्थितियों के परिणामस्वरूप प्रभावित नहीं होना चाहिए। ऐसा अभ्यास मोक्षदायक है। इस श्लोक में मूल तत्त्व इच्छा-रहित और वासना-रहित मन की स्थिति को प्रकट किया है, क्योंकि यदि वासनाएँ और इच्छाएँ होंगी तो अपने अनुकूल निर्मित हो रही प्रत्येक परिस्थिति से हमें सुख मिलेगा और विपरीत परिस्थितियों से दुःख मिलेगा, लेकिन हमें सुख और दुःख की समान परिस्थितियों में एक समान भाव में रहना है तो निश्चित ही हमें अपने कर्म के परिणाम के प्रति लगाव और इच्छा से रहित होना पड़ेगा।

जातस्य हि ध्रुवो मृत्युर्ध्रुवं जन्म मृतस्य च।
तस्मादपरिहार्येऽर्थे न त्वं शोचितुमर्हसि॥ 2/27॥

जिसका जन्म हुआ है, उसकी मृत्यु निश्चित है और मरे हुए का पुनर्जन्म भी निश्चित है। अर्जुन से कृष्ण कहते हैं कि तुम्हें इस अनिवार्य स्वधर्म पालन में शोक नहीं करना चाहिए। इस श्लोक में स्पष्ट है कि शरीर जीवन में रहते हुए, यदि मोक्ष प्राप्त करने की योग्यता अर्जित नहीं हो पाई है तो मृत्यु के पश्चात् पुनर्जन्म होता है।

न जायते म्रियते वा कदाचिन्नायं भूत्वा भविता वा न भूयः।
अजो नित्यः शाश्वतोऽयं पुराणो न हन्यते हन्यमाने शरीरे॥ (2/20)

अर्जुन को समझाते हुए कृष्ण आत्मा के अस्तित्व के संदर्भ में कहते हैं कि आत्मा का स्वयं का कभी भी जन्म नहीं होता है और न ही वह नष्ट होती है अर्थात् किसी भी समय, काल में आत्मा न तो जन्म लेती है और न ही उसकी मृत्यु होती है। आत्मा अजन्मा है, नित्य है, शाश्वत है, पुरातन है और शरीर के नष्ट होने पर भी आत्मा नष्ट नहीं होती है। इस श्लोक से यह संदेश मिलता है कि हमारे भौतिक शरीर में आत्म-स्वरूप एक अदृश्य शक्ति है और उसका नाश नहीं होता है। मृत्यु के पश्चात् वह शक्ति शरीर से बाहर निकल जाती है और शरीर जीवन में किए अपने कर्म-फल के अनुसार पुनर्जन्म हेतु तत्पर रहती है। जन्म, शरीर का होता है और मृत्यु भी शरीर की होती है। आत्मा अमर है।

वासांसि जीर्णानि यथा विहाय नवानि गृह्णाति नरोऽपराणि।
तथा शरीराणि विहाय जीर्णान्यन्यनि संयति नवानि देही॥ 2/22॥

कृष्ण कहते हैं कि जीवन और मृत्यु ठीक उसी प्रकार है, जैसे कि कोई मनुष्य अपने शरीर के वस्त्र फट जाने अथवा गंदे हो जाने के कारण नवीन वस्त्रों को धारण कर लेता है। जिस प्रकार मनुष्य पुराने वस्त्रों को त्याग कर नए वस्त्र धारण करता है, उसी प्रकार आत्मा पुराने जीर्ण शरीर को त्याग कर नूतन देह ग्रहण करती है। आध्यात्मिक व्यक्ति जन्म और मृत्यु को सिर्फ अपने पुराने स्थूल शरीर को छोड़कर नवीन शरीर में प्रवेश करने की प्रक्रिया में विश्वास करते हैं।

पावक नैनं छिन्दन्ति शास्त्राणि नैनं दहतिः।
च चैनं क्लेदयन्त्यापो न शोषमति मारुतः॥ 2/23॥

आत्मा को न तो शस्त्र काट सकते हैं और न ही आत्मा को जलाया जा सकता है, आत्मा को जल के द्वारा गीला नहीं किया जा सकता तथा वायु के द्वारा उसे सुखाया भी नहीं जा सकता अर्थात् मनुष्य शरीर के अंदर आत्मा प्रत्येक प्रकार से विरक्त है। आत्मा कोई वस्तु नहीं हैं। शरीर और आत्मा को एक समान नहीं माना जा सकता। शरीर ही नष्ट होता है, आत्मा नष्ट नहीं होती है। शरीर की मृत्यु के पश्चात् आत्मा बाहर निकल जाती है।

अव्यक्तादीनि भूतानि व्यक्त मध्यानी भारत।
अव्यक्तनिधनान्येव तत्र का परिवेदना॥ 2/28 ॥

कृष्ण कहते हैं कि सभी प्राणी जन्म से पहले बिना शरीर वाले और मरने के बाद भी बिना शरीर वाले ही हैं। केवल बीच में ही शरीर-धारण के प्रतीत होते हैं। फिर इस विषय में क्या चिंता करनी है ? यहाँ तात्पर्य स्थूल शरीर से है।

सुखदुःखे समे कृत्वा लाभालाभौ जयाजयौ।
ततो युद्धाय युज्यस्व नैवं पापमवाप्स्यसि॥ 2/38 ॥

अर्जुन को इस श्लोक के माध्यम से भगवान् कृष्ण कहते हैं कि सुख-दुःख, हानि-लाभ, जय-परजय को समान समझकर निष्काम भाव से युद्ध करो। ऐसा करने पर तुम पाप से कलुषित नहीं होगे। इस श्लोक से यह संदेश मिलता है कि कर्म करने के परिणाम में आसक्ति नहीं होनी चाहिए। प्रत्येक कर्म का परिणाम सुख और दुःखदायक होता है, लेकिन कर्म करने में यदि निष्कर्मता है तो ऐसा कर्म न तो पाप है और न ही पुण्य है। वह सिर्फ कर्तव्य पालन ही होगा। ऐसा कर्म पाप और पुण्य से परे होगा। ध्यान देने योग्य तो यह है कि कृष्ण यह बात उस समय व उस कार्य के संदर्भ में कह रहे हैं, जो युद्ध से संबंधित है और युद्ध में जीत-हार तो होती ही है। जीत-हार जैसे विषय पर भी सिर्फ कर्म करने का संदेश और उसके परिणाम में आसक्ति नहीं होना। यही निष्कर्मता है और मोक्षदायक है।

कर्मण्येवधिकारस्ते मा फलेषु कदाचन।
मा कर्म फलहेतुर्भूर्मा ते संगोऽस्त्वकर्मणि॥ 2/47 ॥

कृष्ण कहते हैं कि तेरा अधिकार स्वधर्म रूप कर्म करने में ही है, कर्म-फल में नहीं। कर्म-फल में तुम्हारी आसक्ति नहीं होना चाहिए, लेकिन यहाँ कृष्ण ने एक संदेश और भी दिया है कि कर्म नहीं करने में भी तेरी आसक्ति नहीं होना चाहिए। स्पष्ट है कि मनुष्य को सिर्फ अपने कर्म पर निष्काम भाव से ध्यान देना चाहिए अर्थात् कर्म के परिणाम से विमुखता, लेकिन ऐसे मनुष्य के लिए कोई माफी नहीं है जो सिर्फ यह बैठकर जीवन-यापन करता रहता है कि कर्म नहीं करने से मोक्ष की प्राप्ति होती है। आसक्ति के संदर्भ में गुरु वसिष्ठजी ने भी श्री राम को उपदेश दिया था कि आसक्ति ही संसार का

कारण है, आसक्ति ही समस्त पदार्थों का हेतु है, आसक्ति ही वासनाओं की जड़ है और आसक्ति ही समस्त दु:खों का कारण है।

कर्मजं बुद्धियुक्ता हि फलं त्यक्त्वा मनीषिण:।
जन्मबंधविनिर्मुक्त: पदं गच्छन्त्यनामयम्॥ 2/51॥

भगवान् कृष्ण कहते हैं कि बुद्धियोगयुक्त, ज्ञानी व्यक्ति अपने कर्मों से उत्पन्न होनेवाले परिणाम को त्याग कर जन्म-बंधन से छूट जाते हैं और निर्दोष रूप में परम गति को प्राप्त होते हैं। यहाँ कृष्ण ने दो प्रकार के संदेश दिए हैं। एक तो यह कि अपना कर्म निष्काम भाव से करते रहो। उन्होंने बार-बार निष्कर्मता का संदेश दिया है अर्थात् किए गए कर्म के परिणाम के प्रति असक्ति नहीं होना चाहिए। भले ही सकारात्मक परिणाम मिले या नकारात्मक परिणाम। दोनों ही स्थितियों में मन की स्थिति एक समान होना चाहिए। आगे कृष्ण यह संदेश देते हैं कि जब ऐसी स्थिति मनुष्य की हो जाती है तो उसे परमपद की प्राप्ति होती है अर्थात् भगवान् की शरण में वह रहता है और जन्म मृत्यु के चक्र से छूट जाता है। सही भी है और औचित्यपूर्ण भी है कि जब किए गए कर्म के फल से मनुष्य प्रभावहीन रहेगा, तो कर्मबंधन रह ही नहीं जाएगा। कर्मबंधन ही तो पुनर्जन्म का कारण है।

न कर्मणामनारंभान्नैष्कर्म्यं पुरुषोऽश्नुते।
न च संन्यसनादेव सिद्धिं समधिगच्छति॥ 3/4॥

भगवान् कृष्ण ने कर्म की प्रधानता को बताते हुए बड़ा ही सुंदर संदेश दिया है। वह कहते हैं कि केवल कर्म नहीं करने से ही कर्मबंधन से मुक्ति नहीं हो जाती है और न सिर्फ संन्यास ग्रहण करने से देव की सिद्धि हो सकती है। अर्थात् यदि कोई यह सोचता है कि हम कर्म नहीं करेंगे तो कर्मबंधन से मुक्त हो जाएँगे, ऐसा सोचना गलत है और इसके साथ-साथ उन्होंने संन्यासियों को भी संदेश दिया है कि केवल संन्यास ग्रहण करने से भगवत् साक्षात्कार व देवताओं की सिद्धि प्राप्त नहीं हो सकती है।

अनाश्रित: कर्मफलं कार्यं कर्म करोति य:।
स संन्यासी च योगी च न निरग्निर्न चाक्रिय:॥ 6/1॥

इस श्लोक में बड़ा ही सुंदर सूत्र कृष्ण ने दे दिया है। वह कहते हैं, जो पुरुष कर्म-फल में अनासक्त रहकर अपना कर्तव्य का पालन करता है, वही सच्चा संन्यासी और योगी है। वह पुन: कहते हैं कि अग्नि (अर्थात् भूख के कारण भोजन की लालसा) और कर्म को त्यागने वाला संन्यासी और योगी नहीं है। कृष्ण ने बार-बार पूरा जोर कर्म-फल से लगाव नहीं रखने का दिया है। यदि कोई संन्यासी अथवा योगी भले ही भोजन करना छोड़ दे और तप-जप करता रहे, परंतु उसके द्वारा किए जा रहे कर्म के परिणाम पर उसकी लालसा है, तो वह संन्यासी और योगी नहीं हो सकता। अर्थात् किसी संन्यासी ने यदि अपनी भूख पर नियंत्रण कर लिया है और भोजन को भी त्याग दिया, तो इतना भर

करने से वह संन्यासी है। उसे निष्कर्मता के साथ कर्म भी करना चाहिए।

निष्कर्मता वह अवस्था है, जिसमें मनुष्य के कर्म, अकर्म में परिवर्तित हो जाते हैं। अर्थात् फल प्राप्त करने की कामना उत्पन्न नहीं होनी चाहिए। उन्होंने कामना पर जोर दिया है और फल तो जो मिलना है, वह मिलता ही रहेगा। उससे किसी प्रकार से प्रभावित नहीं होना है। जो भी फल मिलेगा, वह एक सूचना मात्र होगी। इस अवस्था को निष्कर्मता कहेंगे। जब मन की ऐसी अवस्था बन जाए तो जन्म और मृत्यु का बंधन समाप्त हो जाता है। पुनर्जन्म होता ही नहीं है। जैसा कि कहा गया है कि मनुष्य के जीवन के चार भाग हैं—धर्म, अर्थ, काम और मोक्ष। अर्थात् धर्म के सिद्धांतों पर रहते हुए अर्थार्जन किया जाए, कर्म में निष्कर्मता हो और उसके बाद फिर मोक्ष की प्राप्ति हो। मनुष्य जीवन का उद्‌देश्य मोक्ष प्राप्त करना है। कर्म की निष्कर्मता पर कृष्ण केंद्रित हैं। निष्काम कर्म पर उन्होंने जोर दिया है। युद्ध-स्थल पर अर्जुन के मन में यह प्रश्न रहा है कि विपक्षी सेनाओं को मारकर उसे राज-पाट मिलेगा अर्थात् अर्जुन कर्म-फल पर केंद्रित हो रहे थे। अर्जुन के मन में यह भी था कि स्वजनों को मारकर भी यदि राज-पाट मिला तो ऐसे राज-पाट का उपभोग करने से क्या फायदा? अर्थात् युद्ध का परिणाम और विजय प्राप्त होने पर अर्जुन राज-पाट मिलने अथवा उसके लाभ और हानि में उलझे थे और कृष्ण का कहना यह था कि अर्जुन तो सिर्फ युद्ध करे, राज-पाट के हानि-लाभ पर सोचने और विचार करने का अधिकार उसका नहीं है।

न माँ कर्माणि लिम्पन्ति न में कर्मफले स्पृहा।
इति माँ योऽभिजानाति कर्मभिर्न स बध्यते॥ 4/14॥

कृष्ण कहते हैं कि मुझ पर किसी कर्म का प्रभाव नहीं होता है, क्योंकि मुझे कर्म-फल की कामना नहीं है। इस कारण मेरे लिए कर्म-बंधन नहीं है। मेरे संबंध में जो भी इस सत्य को जानता है, वह भी कर्म-फल में लिपाएमान नहीं होता है। इस श्लोक में संदेश यही मिलता है कि मनुष्य को अपने कर्म-फल की कामना में नहीं होना चाहिए। सिर्फ कर्म करना है और फल की तरफ ध्यान भी नहीं देना है। इस से जन्म और मृत्यु के चक्र से भी मुक्त हो जाएगा। जीवन का एक मात्र उद्‌देश्य यही तो है कि जन्म और मरण से मुक्ति मिले, क्योंकि दोनों ही स्थितियों में सिर्फ दुःख है।

कर्मण्यकर्म यः पश्येदकर्मणि च कर्म यः।
स बुद्धिमान्मनुष्येषु सः युक्तः कृत्स्नकर्मकृत्॥ 4/18॥

कृष्ण कहते हैं कि जो पुरुष कर्म में अकर्म देखता है और अकर्म में कर्म देखता है, वह पुरुष मनुष्यों में बुद्धिमान है और सब प्रकार के कर्मों में प्रवृत्त होते हुए भी मुक्त रहता है। यहाँ अकर्म से तात्पर्य यह है कि कर्म करने में कर्ता-भाव नहीं होना चाहिए अर्थात् यह भान नहीं करना चाहिए कि फलाँ कार्य को 'मैं कर रहा हूँ।' ऐसा सोचने

पर अहंकार उत्पन्न हो जाएगा। अहंकार जीवन का विष है, मुक्ति में बाधक है। प्रत्येक प्रकार से अहंकार अथवा घमंड को धर्म के क्षेत्र में बाधक माना गया है। सच तो यह है कि जो अहंकारी है, वह व्यक्ति कभी भी धार्मिक नहीं हो सकता। इस प्रकार जो कर्म हो रहा है, उस कर्म के होने में तन्मयता होनी चाहिए। कर्म करते समय यह भाव नहीं होना चाहिए कि मैं कर्ता हूँ अथवा मैं कर्म कर रहा हूँ अथवा यह कर्म मेरे द्वारा किया गया है। यही अकर्म होने का भाव है, परंतु इस अकर्मता के भाव में होते हुए भी कर्म करने में कहीं लापरवाही न हो जाए, इस कारण अकर्म में भी कर्म को होते देखना है। सार यह है कि कर्म करने में कर्ता-भाव नहीं होना चाहिए। ऐसा कर्म अकर्म में परिवर्तित हो जाएगा। यह सूत्र मनोवैज्ञानिक भी है। "फलाँ कार्य मैं कर रहा हूँ या मेरे द्वारा किया जा रहा है अथवा इस कार्य का कर्ता मैं हूँ," इस प्रकार के भाव में 'अहम्' प्रकट होता है और 'अहम्' ही सुख व दु:ख का कारक है। इसी से मुक्त होना है।

इसलिए जब 'कर्म,' 'अकर्म' के भाव में परिवर्तित हो जाए, तो कर्म-बंधन से मुक्ति मिल जाती है। इस कारण कर्म में भी अकर्म को देखना है।

बहूनि में, व्यतीतानि, जन्मानि, तव, चार्जुन।
तान्यहं वेद सर्वाणि न त्वं वेत्थ, परंतप॥ 4/5॥

कृष्ण कहते हैं—हे अर्जुन! मेरे और तेरे बहुत से जन्म हो चुके हैं, परंतु उन सबको तू नहीं जानता है और मैं जानता हूँ। 'श्रीमद्‌भगवतगीता' में भगवान् कृष्ण ने पुनर्जन्म के सिद्धांत को बताते हुए अर्जुन के माध्यम से समस्त संसार को इस ज्ञान से परिचित कराया है कि भले ही मनुष्य स्वयं नहीं जानता है कि उसके अनेक जन्म हो चुके हैं, लेकिन भगवान् कृष्ण सबकुछ जानते हैं।

योगसंन्यस्तकर्माणं ज्ञानसंछिन्नसंशयम्।
आत्मवन्तं न कर्माणि निबध्नन्ति धनंजय॥ 4/41॥

अर्जुन से कृष्ण कहते हैं कि हे धनंजय! जिसने समत्व बुद्धि रूप योग के द्वारा कर्म-फल का त्याग कर उसे भगवत् अर्पण कर दिया है और अपने विवेक द्वारा सभी प्रकार के संशयों का नाश कर दिया है, उस आत्म परायण पुरुष को कर्म-बंधन नहीं होता है। यहाँ आशय यह है कि अपने समस्त बुद्धि की शक्ति और योग के द्वारा समस्त प्रकार के कर्म-फल को भगवान् कृष्ण के समक्ष अर्पित कर देना है। भाव यह रहे कि अच्छा फल मिला या बुरा फल मिला, सबकुछ तेरा ही है। इस प्रकार के चिंतन में किसी भी प्रकार की आशंका नहीं होना चाहिए। पूर्णरूपेण इस चिंतन में कर्म-बंधन समाप्त हो जाते हैं।

ब्रह्मण्याधाय कर्माणि, संड्गंम त्यक्त्वा, कराति य:।
लिप्यते न स पापेन पद्मपत्रमिवाम्भसा॥ 5/10॥

कृष्ण कहते हैं कि जो पुरुष अपने सभी कर्मों को परमात्मा में अर्पण करते हुए

अपने कर्म-फल में आसक्ति को त्याग कर कर्म करता है, वह पुरुष इस तरह रहता है जैसे कि कमल के पत्ते पर जल। अर्थात् अपने कर्म एवं कर्म-फल में लिपाएमान नहीं होता है। कृष्ण ने प्रत्येक स्तर पर मनुष्य के कर्मों को भगवान् के प्रति समर्पण करने का संदेश दिया है और उसके प्रति आसक्ति त्यागने को कहा है एवं इसी को स्वधर्म माना है। कृष्ण का आशय है कि जब मनुष्य के कर्म-फल पर उसकी आसक्ति ही नहीं होगी तो उसका ध्यान सिर्फ कर्म करने पर केंद्रित रहेगा। जब परिणाम की ही चिंता नहीं रहेगी तो कर्म से उत्पन्न हुए हानि और लाभ से भी मनुष्य परे हो जाएगा। इसी आचरण को कृष्ण ने स्वधर्म भी कहा है।

मयि सर्वाणि कर्माणि संन्यस्याध्यात्मचेतसा।
निराशीर्निर्ममो भूत्वा युध्यस्व, विगतज्वरः ॥ 3/30 ॥

'श्रीमद्भगवतगीता' में इसी विषय को भगवान् कृष्ण कहते हैं कि हे अर्जुन! ध्यानिष्ठ चित्त से संपूर्ण कर्मों को मुझमें समर्पण करके आशा-रहित और ममता-रहित होकर तुम युद्ध करो। प्रसंग उस समय का है कि जब अर्जुन ने अपनी विपक्षी सेना में अपने भाई बंधु, गुरु को देखा और यह अनुभव किया कि इनकी हत्या करके आखिर क्या लाभ है ? तभी कृष्ण ने अर्जुन को धर्म और अधर्म का भेद समझाने के बाद यह बताया है कि तुम अपने सभी कर्मों को मुझे समर्पित कर दो। अर्थात् तुम कर्म नहीं कर रहे हो, तुमसे तो यह कर्म करवाए जा रहे हैं। इसलिए इनके फल की तरफ तुम कतई मत सोचो। पूर्णतः ममता-रहित, अर्थात् मोह से परे हो जाओ और धर्म के लिए युद्ध करो।

योगयुक्तो विशुद्धात्मा विजितात्मा जितेन्द्रियः।
सर्वभूतात्मभूतात्मा कुर्वन्नपि न लिप्यते॥ 5/7 ॥

इस श्लोक के माध्यम से कृष्ण कहते हैं कि जो शुद्ध अंतःकरण, आत्म-संयमी तथा जितेंद्रिय (जिसने अपनी इंद्रियों को वश में कर लिया है) भक्ति-भाव से कर्म करता है, वह सब प्राणियों को प्रिय होता है। वह कर्म-बंधन से मुक्त रहता है। भगवान् का यह आशय है कि भक्ति-भाव के साथ निष्काम कर्म करना चाहिए। ऐसी भावना तभी प्रकट हो सकती है, जब कर्म करने के साथ यह भाव हो कि सभी कार्य भगवान् के हैं और हम तो उसी का कार्य कर रहे हैं और समस्त कर्म उसी को समर्पित हैं। कर्म भी उसी को समर्पित है और कर्म-फल भी उसी को समर्पित है। ऐसे चिंतन से कर्म-बंधन नहीं होगा और जन्म व मृत्यु के क्रम से मुक्ति मिल जाएगी।

यदा यदा हि धर्मस्य ग्लानिर्भवति भारत।
अभ्युत्थानम धर्मस्य तदात्मानं सृजाम्यहम्॥ 4/7 ॥
परित्राणाय साधूनां विनाशाय च दुष्कृताम्।
धर्मसंस्थापनॉर्थाय संभवामि युगे युगे॥ 4/8 ॥

कृष्ण कहते हैं कि हे भारत! जब-जब धर्म की हानि और अधर्म की वृद्धि होती है, तब-तब ही मैं अपने रूप को रचता हूँ और प्रकट करता हूँ। इस श्लोक के माध्यम से यह संदेश दिया गया है कि समाज के अंदर धर्म की स्थापना बने रहना चाहिए। यदि समाज में अधर्म फैलेगा तो उसे नष्ट करने के लिए और धर्म की स्थापना के लिए भगवान् अपना रूप मनुष्य के रूप में रचते हैं और जन्म लेते हैं। आगे कृष्ण कहते हैं कि साधु पुरुषों का उद्धार तथा दूषित कर्म करनेवालों का नाश करने के लिए एवं धर्म की स्थापना के लिए प्रत्येक युग में भगवान् जन्म लेते हैं और प्रकट होते हैं। संदेश यह भी मिलता है कि जन्म और मृत्यु का विषय सिर्फ प्राणी मात्र और मनुष्य तक सीमित नहीं है। कारण-शरीर का विषय सिर्फ मनुष्य के साथ ही नहीं जुड़ा है, बल्कि भगवान् कृष्ण के साथ भी कारण-शरीर था। बिना कारण के शरीर का निर्माण नहीं होता है।

चातुर्वर्ण्यम् मया सृष्टं गुणकर्मविभागशः।
तस्य कर्तारमपि माँ विद्धियकर्तारमव्ययम्॥ 4/13॥

अर्जुन से कृष्ण कहते हैं कि गुण और कर्म के अनुसार चार वर्ण (ब्राह्मण, क्षत्रिय, वैश्य और शूद्र) मेरे द्वारा ही रचे गए हैं, परंतु इस व्यवस्था का कर्ता होने पर भी मुझ अविनाशी (परमेश्वर) को अकर्ता ही जान। इस श्लोक के माध्यम से यह संदेश दिया गया है कि इन चार वर्णों के विभाजन करने में किसी भी प्रकार का स्वार्थ अथवा रुचि निहित नहीं रही है और इन चार वर्णों के विभाजन में भी निष्कर्मता का भाव रहा है अर्थात् जाति-भेद में उनकी स्वयं की न तो कोई रुचि रही है और न ही कोई लाभ देखा है। मनुष्य अपने-अपने वर्ण के अनुसार अपना-अपना कर्म करे। यहाँ कृष्ण ने जाति-भेद नहीं किया है बल्कि वर्ण-भेद किया है अर्थात् कर्म के अनुसार वर्गीकरण। स्पष्ट है कि जो जैसा कर्म कर रहा है, उसी से मनुष्य का वर्ण निर्धारित होगा। वर्ण के आधार पर कर्म निर्धारित नहीं होगा बल्कि कर्म के आधार पर वर्ण निर्धारित होगा।

भूमिरापोऽनलो वायुः खं मनो वृद्धिरेव च।
अहंकार इतीयं में भिन्ना प्रकृतिरष्टधा॥ 7/4॥

इस श्लोक के माध्यम से भगवान् कृष्ण ने संपूर्ण प्रकृति को परिभाषित कर दिया है। वह कहते हैं कि पृथ्वी, जल, अग्नि, वायु, आकाश, मन, बुद्धि और अहंकार, ऐसे आठ प्रकार से विभाजित मेरी प्रकृति (अपरा अर्थात् जड़) है। वस्तुतः जब मनुष्य की मृत्यु हो जाती है तो उसका शरीर पंचतत्त्व में विलीन हो जाता है और ये पंचतत्त्व हैं—पृथ्वी, जल, अग्नि, वायु और आकाश अर्थात् उसका भौतिक शरीर इन पाँच तत्त्वों में विलीन हो गया और जीवात्मा भौतिक शरीर से बाहर निकलने के बाद उसके सूक्ष्म शरीर में मन, बुद्धि, चित्त, अहंकार बना रहता है, परंतु इस श्लोक में कृष्ण ने मन, बुद्धि और अहंकार को भी अपरा-प्रकृति कहा है। अर्थात् भौतिक शरीर की तरह मन, बुद्धि,

अहंकार भी जड़ है। इसके आगे के श्लोक में कृष्ण ने 'चित्त' के संदर्भ में भी कहा है कि चित्त का एक जीव रूप है, जिसे उन्होंने 'परा' कहा है।

अपरेयमितस्त्वन्यां प्रकृतिं विद्धि में पराम्।
जीवभूतां महाबाहो ययेदं धार्यते जगत्॥ 7/5॥

'श्रीमद्भगवतगीता' के अध्याय-7 के श्लोक 4 में उन्होंने पृथ्वी, जल, अग्नि, वायु, आकाश, मन, बुद्धि और अहंकार को अपनी अपरा-प्रकृति बताया है, परंतु इसी अध्याय के श्लोक पाँच में उन्होंने 'चित्त' के संदर्भ में भी स्पष्ट कर दिया है। वह कहते हैं कि अपरा-प्रकृति (जड़ प्रकृति) के अतिरिक्त मेरी एक अन्य प्रकृति है और वह है, जीव रूप अर्थात् चेतन प्रकृति। इसी चेतन प्रकृति से ही संपूर्ण जगत् धारण किया जाता है। इस प्रकार भगवान् कृष्ण ने अपनी अपरा प्रकृति और परा प्रकृति को स्पष्ट कर दिया है। मूल तत्त्व चेतना है। चित्त अर्थात् चेतना ही अपरा प्रकृति (पृथ्वी, जल, अग्नि, वायु, आकाश, मन, बुद्धि और अहंकार) को धारण किए रहता है। वह कहते हैं कि अपरा प्रकृति नाशवान है। निशिचित ही स्पष्ट है कि स्थूल शरीर मृत्यु के पश्चात् पंचतत्त्व—पृथ्वी, जल, अग्नि, वायु, आकाश में विलीन हो जाता है और अब सूक्ष्म शरीर में बचे रह गए मन, बुद्धि और अहंकार, जो ये भी सूक्ष्म शरीर के माध्यम से नष्ट किए जा सकते हैं, परंतु चित्त अर्थात् चेतना का अस्तित्व कभी नष्ट नहीं होता है। अब गहराई से चिंतन करिए कि जब मन, बुद्धि और अहंकार ही नहीं रहा, तो बचा क्या है? फिर 'मैं' का भाव ही समाप्त हो जाएगा। यही अवस्था मोक्ष की है अर्थात् मनुष्य की चेतना उस परम-चेतना परमात्मा में विलीन हो जाएगी।

एतद्योनीनि भूतानि सर्वाणीत्युपधारय।
अहं कृत्स्नस्य जगतः प्रभवः प्रलयस्तथा॥ 7/6॥

कृष्ण आगे समझाते हुए कहते हैं कि इस जगत् में जड़ और चेतन जो कुछ भी है, वह दोनों प्रकृतियों से उत्पन्न होता है। मैं ही संपूर्ण जगत् का उत्पत्ति-कारक हूँ और प्रलय-कारक हूँ। अर्थात् संपूर्ण जगत् (जिसमें अपरा-प्रकृति अर्थात् पृथ्वी, जल, अग्नि, वायु, आकाश, मन, बुद्धि और अहंकार शामिल हैं एवं परा-प्रकृति अर्थात् चेतना शामिल है) अर्थात् जड़ और चेतन सबकुछ के उत्पन्नकर्ता भगवान् कृष्ण ही हैं और इनके नष्ट करनेवाले भी भगवान् कृष्ण हैं। संपूर्ण अस्तित्व और जीवन की इतनी अच्छी परिभाषा, कम-से-कम शब्दों में 'श्रीमद्भगवतगीता' में की गई है और मनुष्य अपने संपूर्ण जीवन में अहंकार के वशीभूत होकर यह मानने लगता है कि जैसे उसने ही इस अस्तित्व का निर्माण किया हो। समस्त जीवन मनुष्य भ्रम में ही बना रहता है।

मत्तः परतरं नान्यत्ंकिचिदस्ति धनंजय।
मयि सर्वमिदं प्रोतं सूत्रे मणिगणा इव॥ 7/7॥

कृष्ण से अर्जुन कहते हैं, "मेरे अतिरिक्त किंचित् मात्र भी कोई दूसरी वस्तु नहीं है, यह संपूर्ण जगत् सूत्र के मणियों के सदृश सिर्फ मुझमें ही गुँथा हुआ है।" यहाँ कृष्ण ने संपूर्ण जगत् को स्वयं के अंदर समाहित कर लिया है। उनका आशय है कि प्रत्येक जगह सिर्फ मुझे ही देखो, मेरा ही आभास करो। सबकुछ मेरे अंदर है और सब जगह मैं हूँ। सबकुछ मुझसे ही उत्पन्न हुआ है और सबकुछ मुझमें ही समा जाएगा अर्थात् इस श्लोक से यह संदेश मिलता है—मनुष्य जीवन में ऐसा भाव प्रकट होने पर मृत्यु के पश्चात् निश्चित ही जीवात्मा को मोक्ष प्राप्त हो जाएगा और जन्म-मरण के चक्र से वह मुक्त हो जाएगा।

अंतकाले च मामेव स्मरन्मुक्त्वा कलेवरम्।
यः प्रयाति स मद्भावं याति नास्त्यत्र संशयः ॥ 8/5 ॥
यं यं वापि स्मरन्भावं त्यजत्यन्ते कलेवरम्।
तं तमेवैति कौन्तेय सदा तद्भावभावितः ॥ 8/6 ॥
तस्मात्सर्वेषु कालेषु मामनुस्मर युध्य च।
मय्यर्पितमनोबुद्धिर्मामेवैष्यस्यसंशयम् ॥ 8/7 ॥

इन श्लोकों में मृत्यु के समय की स्थिति के संदर्भ में भगवान् कृष्ण कहते हैं कि जो पुरुष अंतकाल में मुझे ही स्मरण करता हुआ शरीर का त्याग करता है, वह मेरे साक्षात् स्वरूप को प्राप्त होता है अर्थात् वह मेरा साक्षात् स्वरूप में दर्शन करता है तथा इस बात में किसी भी प्रकार का संशय नहीं है। आगे कृष्ण कहते हैं कि मृत्यु के समय जो मनुष्य, जिस प्रकार का भाव और स्मरण करता हुआ अपने भौतिक शरीर को त्यागता है, उसे वैसा ही प्राप्त होता है। परंतु मृत्यु के समय इच्छानुसार मन में, जो भाव और स्मरण वह करना चाहता है तथा वैसा ही भाव उस समय प्रकट हो जाए, लेकिन वह स्वयं ही प्रश्न करते हुए कहते हैं कि "क्या ऐसा होना संभव है ?" प्रत्येक मनुष्य के मन में यह सवाल अवश्य उठेगा। इस पर भगवान् कृष्ण कहते हैं कि मृत्यु के समय उसकी इच्छानुसार भाव और स्मरण तभी प्रकट हो सकता है, जब मनुष्य ने हमेशा उसी प्रकार के भाव और चिंतन को अपने मन और हृदय में निहित कर लिया हो। इसलिए कृष्ण कहते हैं कि "हे अर्जुन! तू सभी समय निरंतर मेरा ही स्मरण करो और युद्ध भी करो। इस प्रकार मुझमें अर्पण किए हुए मन और बुद्धि से युक्त हुआ कार्य, निस्संदेह ही मुझे ही प्राप्त होगा। यहाँ भगवान् कृष्ण ने अपने संदेश में कर्म के उस स्वरूप का वर्णन किया है कि मनुष्य का प्रत्येक कर्म यदि उस अवस्था में किया जाता है कि जब उसका मन और बुद्धि भगवान् कृष्ण के प्रति अर्पित हो चुकी हो और सिर्फ कर्म करने का भाव हो, तो ऐसे प्रत्येक कर्म और उसका परिणाम, सबकुछ भगवान् कृष्ण को ही प्राप्त हो जाते हैं अर्थात् कर्म-फल का कोई भी परिणाम मनुष्य को भोगना नहीं पड़ता है। जबकि यह प्रसंग उस समय का

है, जब दोनों तरफ युद्ध करने के लिए सेनाएँ खड़ी हुई हैं और कृष्ण कहते हैं कि युद्ध में जिनका वध होने जा रहा है, उनको मारने के साथ मन और बुद्धि भगवान् कृष्ण में अर्पित किए रहो। फिर किसी भी प्रकार के संशय और उसके परिणाम के भ्रम में नहीं रहोगे।

प्रयाणकाले मनसाचलेन
भक्त्या युक्तो योगबलेन चैव।
भ्रुवोर्मध्ये प्राणमावेश्य सम्यक्
स तं परं पुरुषमुपैति दिव्यम्॥ 8/10॥

इस श्लोक में भगवान् कृष्ण ने मृत्यु के समय की स्थिति के संदर्भ में कहा है कि जब मृत्यु का समय आ जाए तो मनुष्य को योग-बल के माध्यम से अपनी भृकुटी (अर्थात् दोनों भौंहों के बीच) अपने प्राण को अच्छी तरह स्थापित कर लेना चाहिए और निश्छल मन से परमात्मा का स्मरण करें। इस स्थिति में जीवात्मा का परमात्मा से मिलन हो जाता है। बात निश्चित ही साधारण-सी है, लेकिन कठिन भी है। इस प्रकार की स्थिति तभी संभव है, जब स्थूल शरीर में रहते हुए निरंतर योग के माध्यम से इसकी साधना की जाए। एक मात्र प्रतिदिन ध्यानावस्था करने से ही यह संभव होगा।

यथा सर्वगतं सौक्ष्म्यादाकाशं नोपलिप्यते।
सर्वत्रावस्थितो देहे तथात्मा नोपलिप्यते॥ 13/32॥

कृष्ण कहते हैं कि जिस प्रकार सर्वत्र व्याप्त आकाश सूक्ष्म होने के कारण से किसी भी प्रकार लिपाएमान नहीं है, उसी प्रकार स्थूल शरीर में आत्मा स्थित है और स्थूल शरीर के गुणों से वह लिपाएमान नहीं होती है। आशय यह है कि आत्मा की आसक्ति और पवित्रता शरीर में रहते हुए भी बनी रहती है।

□

प्रश्नोत्तर

प्रश्न : मृत्यु से भय क्यों लगता है ?

उत्तर : संसार में किसी भी प्रकार का भय, मृत्यु के भय से बढ़कर नहीं है। मृत्यु, भय का विषय नहीं है, बल्कि उससे मित्रता और लगाव का विषय है। मृत्यु से डर प्रत्येक मनुष्य को इसी प्रकार से है जैसे कि एक बालक को अंधकार से डर लगता है। अंधकार का अर्थ है, 'अज्ञान'। मृत्यु से भय का कारण ही उसके संदर्भ में अज्ञानता है। इसी अज्ञानता को इस पुस्तक के माध्यम से दूर कर, 'मृत्यु कैसे होती है, फिर क्या होता है,' परोसने का प्रयास किया गया है।

प्रश्न : क्या मृत्यु के समय अत्यंत पीड़ा या दर्द होता है ?

उत्तर : इस प्रश्न पर मेरा सोचना यह है कि प्रथमत: तो मृत्यु होने के समय किसी भी प्रकार की पीड़ा, दर्द अथवा कष्ट मरनेवाले व्यक्ति को नहीं होता है। द्वितीयत: जो भी कष्ट होता है, तो उसके लिए ईश्वर ने मृत्यु के समय मूर्च्छित होने की प्रक्रिया निर्धारित कर रखी है, लेकिन यह विषय सामान्य दशा में हो रही मृत्यु के ही संदर्भ में ही है।

प्रश्न : शरीर से प्राण किस प्रकार निकलते हैं ?

उत्तर : इस पुस्तक में प्राण निकलने की प्रक्रिया के विभिन्न अनुभव वर्णित किए गए हैं। मृत्यु के समय मरनेवाला व्यक्ति चुप हो जाता है। उस स्थिति में स्वत: ही वह मौन हो जाता है अर्थात् उसका बोलना स्वत: ही बंद हो जाता है। प्राण निकलने की प्रक्रिया स्वाभाविक है और इसके लिए चिंतित नहीं होना चाहिए। जीवन के आखिरी समय में व्यक्ति की मानसिकता स्वत: ही इस संसार को छोड़ने की बनने लगती है।

प्रश्न : आप की इस पुस्तक में मृत्यु के पश्चात् की जानकारी से क्या लाभ है ?

उत्तर : मृत्यु के पश्चात् होनेवाली परिस्थिति के ज्ञान से सब से ज्यादा लाभ एवं ज्ञान यह होगा कि व्यक्ति आपने जीवन में ऐसे क्या कर्म करे, जिससे कि मृत्यु के पश्चात् उसे कष्ट नहीं हो। इस पुस्तक के पढ़ने से यह ज्ञान होगा कि मृत्यु के

पश्चात् जो साथ जाता है, वह है हमारे कर्मों का परिणाम, हमारा आध्यात्मिक-चिंतन। दुष्ट, पापी, कपट व्यवहार करनेवाले व्यक्ति को मृत्यु के पश्चात् उसकी जीवात्मा को आत्म-शांति, सुख, आनंद नहीं मिलता है और परलोक में उसे स्थान नहीं दिया जाता है। वह भटकता रहता है और उसे दुःख का अनुभव होता है। अत: 'सुधर जाओ अन्यथा मृत्यु के पश्चात् कष्ट-ही-कष्ट और दंड के भागीदार बनोगे।'

प्रश्न : विज्ञान के आईने में आप मृत्यु के बाद की स्थिति को कैसे स्पष्ट करेंगे?

उत्तर : इस वैज्ञानिक युग में मनुष्य की सोच भी वैज्ञानिक हो गई है। भौतिकवादी एवं जड़वादी वैज्ञानिक आत्मा के अस्तित्व में विश्वास नहीं करते। वे तो शरीर को ही जीव-विज्ञान का विषय मान कर विषय को वहीं पर रोक देते हैं। वे चेतना और आत्मा को नहीं मानते। इस कारण उन्हें आधुनिक कहलाने का विशेषण प्राप्त हो जाता है और आत्म-तत्त्व पर चर्चा करने को वे रूढ़िवादिता मानते हैं। परंतु मैं यहाँ यह कहूँगा कि विज्ञान के माध्यम से प्राप्त हुआ ज्ञान अधूरा है। विज्ञान की पहुँच अभी उस अज्ञात ज्ञान तक नहीं हो पाई है, जिसका अस्तित्व है। तो फिर यह कहना तो अनुचित होगा कि जिसका हमें ज्ञान नहीं है, उसका अस्तित्व ही नहीं है, लेकिन इसके बावजूद भी मनोवैज्ञानिक व वैज्ञानिक भी यह स्वीकार करने लगे हैं कि जीवन सिर्फ शरीर तक ही सीमित नहीं है। इस पुस्तक में मृत्यु के बाद की स्थिति को प्रमाण सहित वर्णित किया गया है।

प्रश्न : मृत्यु के तत्काल बाद का क्या अनुभव होता है?

उत्तर : मृत्यु के पश्चात् जीवात्मा जैसे ही स्थूल शरीर से बाहर निकलती है, तत्काल ही उसे अपने सूक्ष्म शरीर का आभास होता है। सूक्ष्म शरीर भी ठीक वैसा ही होता है, जैसा कि हम अपने स्थूल शरीर का अनुभव करते हैं। सूक्ष्म शरीर में मन, बुद्धि, चित्त एवं अहंकार निहित होता है। मृत्यु के समय एक सफेद चमकदार रस्सी, जिसे सिल्वर कॉर्ड कहा गया है, मृतक व्यक्ति को दिखती है।

प्रश्न : क्या सभी को एक जैसा अनुभव होता है?

उत्तर : यह आवश्यक नहीं कि सभी को एक जैसा अनुभव हो। दुष्ट व्यक्ति की मृत्यु होने पर उसे अंधकार-ही-अंधकार में रहना होता है और जब उसकी जीवात्मा सुधर जाती है, तभी उसे प्रकाश दिखता है। जीवात्मा को उसके पाप कर्मों के कारण उसका भोगमान करना होता है और उसे पुनर्जन्म हेतु पुनः पृथ्वी पर भेजा जाता है।

प्रश्न : जीवात्मा क्या है? मरने के बाद क्या वह देख सकती है?

उत्तर : जीवात्मा का अपना स्वयं का स्वतंत्र अस्तित्व होता है तथा स्थूल शरीर की

मृत्यु के बाद जीवात्मा अपने सूक्ष्म शरीर के रूप में उसके समीप में ही बनी रहती है और वह अपने मृत स्थूल शरीर को उसी प्रकार देखती है जैसे कि शरीर जीवन में रहते हुए व्यक्ति देखता है। कुछ समय तक तो उसे विश्वास ही नहीं होता है कि वह मर चुका है। वह अपने मरे हुए शरीर को दाह संस्कार के समय जलते हुए देखती है, तब जीवात्मा की समस्त अपेक्षाएँ अपने भौतिक शरीर के प्रति समाप्त हो जाती हैं।

प्रश्न : जीवात्मा के जन्म लेने का उद्देश्य क्या है ?

उत्तर : प्रथमतः तो यह कि कर्म-फल हो भोगने के लिए जन्म होता है। जीवात्मा सत्कर्म के लिए स्थूल शरीर के रूप में जन्म लेती है। सत्कर्मों के लिए एवं जीवात्मा के उत्थान के लिए मानव देह प्राप्त होती है। अतः शरीर जीवन को व्यर्थ नहीं जाने देना चाहिए। मृत्यु के समय सिर्फ स्थूल शरीर ही तो नष्ट होता है। बाकी इच्छाएँ, वासनाएँ, अपेक्षाएँ, काम, क्रोध, मोह, लालच, ईर्ष्या, विचार, मन, बुद्धि, चित्त, अहंकार तो स्थूल शरीर से बाहर निकलने के पश्चात् जीवात्मा में बने ही रहते हैं। जीवात्मा सत्कर्म के लिए स्थूल शरीर के रूप में जन्म लेती है।

प्रश्न : मृत्यु के पश्चात् उसके परिवारजन रोते-बिलखते हैं। क्या यह उचित है ?

उत्तर : मृत्यु के पूर्व एवं मृत्यु के पश्चात् मृतक व्यक्ति के लिए कभी भी विलाप अथवा रोने व दु:ख व्यक्त करने का कार्य कभी नहीं करना चाहिए। वस्तुतः होता यह है कि मृत्यु के पश्चात् उसकी जीवात्मा अपने सूक्ष्म शरीर के माध्यम से सबकुछ देखती है एवं सुनती है। वह स्वयं की शव-यात्रा एवं दाह-संस्कार, आने-जानेवालों व चर्चाएँ करनेवालों की बातें भी सुनती है। दु:ख व्यक्त करने से जीवात्मा भी दु:खी होती है और वह स्वयं अपने दु:ख को व्यक्त नहीं कर पाती है। उसकी स्थिति निरीह होती है।

प्रश्न : हम मृत्यु की चिंता क्यों करें ? चार्वाक सिद्धांत को क्यों न माने ?

उत्तर : मत करिए मृत्यु की चिंता। इसीलिए तो यह पुस्तक लिखी है कि मृत्यु भय का विषय नहीं है। सच तो यह है कि मृत्यु से भय है और इसलिए लोग चिंता करते हैं। चार्वाक कहता है कि वर्तमान को ही सत्य मानो और सुख व आनंद के साथ जीवन-यापन करो। वस्तुतः चार्वाक का सिद्धांत भविष्य की चिंता से परे होने का रास्ता दिखाता है। जैसे ही भविष्य की थोड़ी-सी भी चिंता की तो चार्वाक का सिद्धांत खंडित हो जाएगा, लेकिन देख तो यह रहे हैं कि चार्वाक-सिद्धांत के समर्थकों को अपने जीवन के भविष्य की बहुत चिंताएँ हैं। अर्थात् व्यक्ति न तो इधर का है और न ही उधर का है। चार्वाक के सिद्धांत को आधुनिक युग

में कुछ भौतिकवादी, जड़वादी, अल्पज्ञानी लोगों ने इसके विकृत स्वरूप को परोसने का प्रयास किया है। चार्वाक के बताए रास्ते पर यदि चलना है तो मानव जीवन में सुख और आनंद के साथ जीवन-यापन करना चाहिए। फिर भविष्य की क्या चिंता करना है? लेकिन ध्यान यह भी रहे कि अंततः मृत्यु तो होती ही है, इस कारण मृत्यु के पश्चात् का यदि कोई प्रामाणिक ज्ञान प्राप्त होता है तो उसका भी अध्ययन करना चाहिए।

प्रश्न : क्या चार्वाक के सिद्धांत में सुख नहीं है?

उत्तर : मैं तो कहूँगा, नहीं। चार्वाक का सिद्धांत भौतिक वस्तुओं की उपलब्धि से उत्पन्न सुख पर आधारित है। मनुष्य एक इच्छाओं का पुलिंदा है। एक इच्छा पूर्ण होते ही तत्काल दूसरी इच्छा उत्पन्न हो जाती है। मनुष्य के मन में अनेक अनेक इच्छाएँ हैं। चार्वाक इच्छाओं की पूर्ति होने पर सुख की कल्पना करता है, परंतु प्रश्न यह है कि क्या मनुष्य अपने जीवन में अपनी समस्त इच्छाओं की पूर्ति कर सकता है? निश्चित ही नहीं। मनुष्य की प्रत्येक इच्छा की पूर्ति हो, यह कतई संभव नहीं है। इसीलिए चार्वाक का सिद्धांत क्षणिक सुख के लिए है। उत्पन्न हुई इच्छा की पूर्ति नहीं होने पर दुःख मिलने वाला है। इस प्रकार चार्वाक का सिद्धांत दुःख के आमंत्रण का संदेश है। इच्छाएँ और सुख, एक-दूसरे के विपरीत हैं। मानव स्वभाव में इच्छाएँ उत्पन्न होना स्वाभाविक है। इच्छा-पूर्ति की कामना से रहित होने में दुःख नहीं है। सुख का तात्पर्य भौतिक वस्तु से जुड़ा है। सुख और आनंद में बहुत अंतर है, परंतु आनंद मन की एक ऐसी दशा है, जिसमें किसी वस्तु विशेष की कामना नहीं है। चार्वाक के सिद्धांत में शाश्वत आनंद नहीं है।

प्रश्न : मृत्यु के पश्चात् आनंद प्राप्त कैसे हो?

उत्तर : स्वर्गलोक का आनंद यदि प्राप्त करना है तो आत्म-ज्ञानी होना चाहिए और जो आत्म-ज्ञानी नहीं हो पाया, वह जन्म-मृत्यु के बंधन में बँधा रहता है। मानव जीवन का अंतिम उद्‌देश्य आत्म-ज्ञानी होना है और फिर मोक्ष प्राप्त करना है।

प्रश्न : पृथ्वी पर जो मनुष्य स्वार्थी व पापी हैं, उनके मरने पर उनकी जीवात्मा को कैसा अनुभव होता है?

उत्तर : मरने के बाद उनकी जीवात्मा अंधकारमय वातावरण में रहती है। जो मनुष्य पृथ्वी पर स्वार्थी, संकीर्ण विचारों वाले और दूसरों को दुःख देने वाले पापकर्मी होते हैं, वे परलोक में भी ऐसे ही स्वभाव और विचारों वाली जीव आत्माओं से घिरे रहते हैं एवं उनके वातावरण में उदासीनता बनी रहती है। ऐसे वातावरण में भी यदि उन्हें अपने बुरे कर्म पर पश्चात्ताप नहीं होता है, तब वे उससे भी और

नीचे के उपखंड में उतर आते हैं।

प्रश्न : मृत्यु के बाद जीवात्माओं की मानसिकता कैसी होती है ?

उत्तर : जिन जीवात्माओं का अपने परिवारजन के प्रति मोह बना रहता है तो उन्हें नीचे की ओर गिरने का भान होता है। ऐसा विशेषत: उन लोगों को अनुभव हुआ, जिनकी मृत्यु युवावस्था में हुई अथवा जो वासना में लीन रहे थे, लेकिन जो मनुष्य आध्यात्मिक चिंतन के हैं, जिनका जीवन आदर्शवादी रहा हो, उनकी मृत्यु होने के बाद वे ऊपर की ओर उड़ान भरने का अनुभव करते हैं।

प्रश्न : मृत्यु के पश्चात् हिंदुओं के 'गरुड़ पुराण' में दिए विवरण क्या हैं ?

उत्तर : 'गरुड़ पुराण' में है कि जब मनुष्य वृद्धावस्था को अपने कानों को बंद करने पर उसे सन्-सन् की आवाज हृदय में सुनाई पड़ती हो, तब समझ लेना चाहिए कि मृत्यु का समय निकट आ गया है।

प्रश्न : 'गरुड़ पुराण' का उद्देश्य क्या है ?

उत्तर : 'गरुड़ पुराण' का उद्देश्य है कि आमजन यह जान लें कि मृत्यु-पश्चात् जीवात्मा के साथ कैसा व्यवहार होता है और इसके पीछे का कारण यह प्रकट होता है कि खराब आचरण के लोग अपने शरीरजीवन में सुधरे, जीवन को अच्छा बनाएँ। मनुष्य जीवन में जो दुष्ट व पापकर्मी रहे हैं और दूसरों को कष्ट देते रहे हैं। न तो स्वयं अच्छे से रहे और न ही किसी अन्य दूसरों को अच्छे से रहने दिया, वे ही व्यक्ति 'गरुड़ पुराण' में कही गई बातों को झूठ व बकवास कह सकते हैं। इसका कारण यह है कि 'गरुड़ पुराण' में अत्याचारी, दुष्ट, पापकर्मी मनुष्यों के संदर्भ में ही यह बताया गया है कि मृत्यु के बाद उन्हें नरक में जाकर दंड भोगना होगा। सदाचारी, सत्यवादी, प्रेमी-हृदय, दयावान, दूसरों की सहायता करनेवाले, धार्मिक विचारों के, आध्यात्मिक चिंतन करनेवाले आत्म-तत्त्व की पहचान करनेवालों के लिए दंड भोगने का कोई उल्लेख 'गरुड़ पुराण' में नहीं है। जो मनुष्य सत् एवं असत् विचार का भेद कर लेते हैं और सत् विचारों वाले हैं अर्थात् सत्गुणी हैं, वे मोक्ष का लाभ लेते हैं। सत्कर्मी, सत्यवादी, दयावान, सहायता करनेवाले, धार्मिक व भक्त आदि सद्गुणी को कोई दंड नहीं मिलता।

प्रश्न : 'गरुड़ पुराण' में क्या सिर्फ मृत्यु के विषय में ही है, या कुछ जन्म के विषय में भी है ?

उत्तर : 'गरुड़ पुराण' के 15वें अध्याय में उल्लेख है कि गरुड़जी ने भगवान् विष्णु से प्रश्न किया कि धर्मात्मा स्वर्ग का सुख छोड़कर निर्मल कुल में जन्म लेने के लिए माँ के गर्भ में कैसे आते हैं ? इस विषय पर भगवान् विष्णु कहते हैं कि

ऋतुकाल में नारी को चार दिन तक पति से दूर रहना चाहिए, इन चार दिनों तक पति को पत्नी का मुख भी नहीं देखना चाहिए। चौथे दिन ऋतुकाल से निवृत्त होनेवाली नारी को स्नान करके शुद्ध होना चाहिए और फिर उसके सात दिन बाद पितरों व देवताओं का पूजन एवं व्रत करना चाहिए। प्रथम सात दिन छोड़कर रात्रि में पति से संपर्क करना चाहिए। यह सोलह रात्रि गर्भधारण के लिए उपयुक्त रहती है और उसमें भी चौदहवीं रात्रि में निश्चय ही गर्भ धारण हो सकता है। वीर्य स्खलन के समय चित्त में जैसी कल्पना होती है, उसी स्वभाव का जीव स्त्री की कोख में प्रवेश करता है। पुण्यात्माएँ उच्च गृह की स्थिति में जन्म लेती हैं।

प्रश्न : क्या सिर्फ ईश्वर-स्मरण और पूजा-अर्चना करने से हमारा जन्म सुधर जाएगा?

उत्तर : नहीं। सिर्फ ईश्वर-स्मरण और पूजा-अर्चना से मृत्यु के बाद सुख नहीं मिलने वाला है। हमें कर्म-फल के सिद्धांत पर विश्वास रखना चाहिए। जैसा हमारा कर्म होगा, वैसा ही उसका परिणाम हमें भोगना होगा। यह भोग इस जन्म में भी हो सकता है, पुनर्जन्म में भी हो सकता है एवं मृत्यु के बाद जीवात्मा की प्रेत-योनि और पुनर्जन्म के पूर्व भी हो सकता है।

□

उद्धृत पुस्तक व लेखकों के संदर्भ

1. गीताप्रेस गोरखपुर से प्रकाशित कल्याण का अंक 'परलोक और पुनर्जन्मांक' (प्रकाशन सन् 1969, तेरहवाँ पुनर्मुद्रण) के निम्नांकित अनुभव इस पुस्तक के विषय के लिए उद्धृत हैं—

- 'मृत्यु के बाद जीवात्मा की उपस्थिति का आभास' विषय पर श्री नीरजा कांत चौधरी के अनुभव, पृष्ठ 189 से।
- 'क्या भूत-प्रेत होते हैं?' विषय पर निरंजन दास धीर का एक अनुभव, पृष्ठ 597 से।
- 'एक हजार वर्ष की प्रेत-योनि में रहा पीर सुलेमान' विषय पर भक्त श्री रामशरण दास, पिलखुआ वाले का अनुभव, पृष्ठ 626 से।
- 'मृत्यु के बाद जीवात्मा तत्काल अपने शरीर में वापस आई' विषय पर कृष्ण गोपालजी माथुर का अनुभव पृष्ठ 607 से अनुभव एवं भक्त श्री रामशरण दासजी का अनुभव पृष्ठ 603।
- 'संत-महात्माओं की मृत्यु के पश्चात् उनका शरीर अदृश्य होना' श्री रामलालजी का अनुभव, पृष्ठ 230 से।
- 'मृत्यु के पश्चात् पूर्व कर्मों के फल की एक सोच यह भी है' श्री सुशांतजी ब्रह्मचारी का अनुभव पृष्ठ 129 से।
- 'परकाया प्रवेश' विषय पर भक्त श्री रामशरण दासजी का अनुभव, पृष्ठ 554 एवं श्री बल्लभ दासजी बिन्नानी का अनुभव, पृष्ठ 256 से 257।
- 'कर्म-फल का परिणाम पुनर्जन्म' विषय पर श्री शिशिर कुमार सेन का अनुभव, पृष्ठ 184 से।
- 'पूवर्जन्म की स्मृतियों के प्रसंग' विषय पर प्रो. हेमंद्रनाथ बैनर्जी का मत, पृष्ठ 578-580 से तथा आचार्य बलरामजी शास्त्री का मत, पृष्ठ 585 से, ब्रजराज सिंह का मत, पृष्ठ 590 से, भक्त रामशरण दास का मत, पृष्ठ 586, 592, 594 612 से, निरंजन दास धीर का मत, पृष्ठ 599 से।

സൂനകുമാർ

1978-ൽ തിരുവനന്തപുരം ജില്ലയിലെ പരപ്പിൽ ഗ്രാമത്തിൽ ിച്ചു. അച്ഛൻ ശശികുമാർ എൽ.ആർ. അമ്മ ലതിക ബി.എസ്. നിലമേൽ എൻഎസ്എസ് കോളേജ്, തിരുവനന്തപുരം യൂണി ്സിറ്റി കോളേജ് എന്നിവിടങ്ങളിൽ കലാലയ വിദ്യാഭ്യാസം. ാശവാണിക്കുവേണ്ടി ഒരു ഡസനിലധികവും, കലോത്സവങ്ങൾ യി നിരവധിയും നാടകങ്ങൾ രചിച്ചിട്ടുണ്ട്.

പ്പോൾ കേരള പബ്ലിക് സർവീസ് കമ്മീഷൻ ആസ്ഥാന ഓഫീ ഉദ്യോഗസ്ഥൻ.

ര്യ: പ്രീന ആർ. എസ്. (ഗവ. സെക്രട്ടറിയേറ്റ് ഉദ്യോഗസ്ഥ)

ൾ: ലക്ഷ്മിപാർവ്വതി

ലാസം:

ര്യകാന്തി, മിതൃമ്മല

രുവനന്തപുരം. 695610

ne: 8848894048

il: soonakumar@gmail.com

2. पुस्तक 'मृत्यु के बाद क्या, कहाँ, कैसे' (प्रकाशित सन् 1974 में हिंद पॉकेट बुक्स, प्राइवेट लिमिटेड, जी.टी. रोड शाहदरा, दिल्ली) में श्री जे.डी. गोयल के निम्नांकित अनुभव इस पुस्तक के विषयों के लिए उद्धृत हैं—
   - 'मृत्यु के पश्चात् विषय पर विदेशियों के मत' (उक्त पुस्तक में पृष्ठ 20 से उद्धृत)।
   - 'मृत्यु के तुरंत बाद के अनुभव' एवं 'दुर्घटनाओं से हुई मृत्यु के अनुभव' (उक्त पुस्तक में पृष्ठ 57 से 69 उद्धृत प्रसंग)।
3. 'योगानंद के गुरुजी युक्तेश्वर गिरि की मृत्यु के पश्चात् हुई वार्त्ता' विषय पर सन् 1946 में प्रकाशित पुस्तक 'ऑटोबायोग्राफी ऑफ ए योगी' एवं 'योगी कथामृत,' प्रसंग जयको पब्लिशिंग हाउस, 127 महात्मा गांधी रोड फोर्ट मुंबई 400 023 से उद्धृत, जिसका उद्धरण जे.डी. गोयल की पुस्तक 'मृत्यु के बाद' में भी है।
4. 'मग्नमयी देवी ने की पति की जीवात्मा से चर्चा' विषय पर 'मनीषी की लोकयात्रा' पुस्तक, महामहोपाध्याय पं. गोपीनाथ कविराज की जीवनी पर आधारित, लेखक डॉ. भगवती प्रसाद सिंह (प्रकाशित सन् 1968, विश्वविद्यालय प्रकाशन, विशालाक्षी भवन, चौक, वाराणसी), मग्नमयी देवी के स्वर्गीय पति बंकिमचंद्रजी की परलोकगत आत्मा का उद्धृत प्रसंग।
5. 'मृत्यु के पश्चात् स्थिति पर आचार्य श्रीराम शर्मा का मत' विषय पर पुस्तक 'मरने के बाद हमारा क्या होता है,' युग निर्माण योजना, गायत्री तपो भूमि, मथुरा से सन् 1997 में प्रकाशित।
6. 'क्या भूत-प्रेत होते हैं?' इस विषय पर गीताप्रेस गोरखपुर से प्रकाशित कल्याण का अंक 'परलोक और पुनर्जन्मांक' (प्रकाशन सन् 1969, तेरहवाँ पुनर्मुद्रण) में श्री नीरजा कांत चौधरी के अनुभव, भक्त रामशरण दास, पिलखुआ वाले का अनुभव, पृष्ठ 626 पर (एक हजार वर्ष की प्रेत-योनि में रहा पीर सुलेमान), भक्त श्रीकृष्ण गोपालजी माथुर।
7. 'मृत्यु के पश्चात् स्थिति पर स्वामी अभेदानंदजी का मत' के संदर्भ में 'लाइफ बियॉण्ड डेथ' का हिंदी अनुवाद स्वामी संशुद्धानंद के द्वारा किया 'मृत्यु के पार' से उद्धृत। (प्रकाशन सन् 1988, प्रकाशक : स्वामी अशेषानंद, श्री रामकृष्ण वेदांत मठ, 19-बी, राजा राजकृष्ण स्ट्रीट कलकत्ता)।
8. मासिक पत्रिका 'लाइफ बियॉण्ड' (प्रकाशन 'लाइफ बियॉण्ड फाउंडेशन' हार्निक हाउस, 9, साधू वासवानी रोड, पुणे) के निम्नांकित अनुभव इस पुस्तक के विषयों के लिए उद्धृत हैं—

- 'परलोक से जीवात्माओं के संदेश आते हैं' माह दिसंबर–जनवरी सन् 1980–1981 के अंक में 'मेसेज फ्रॉम बियॉण्ड–कम्स टू' शीर्षक के नाम से पृष्ठ 21 पर श्री एच.आर. मित्तल (एम.आई.ई. चीफ डिजाइनिंग इलेक्ट्रिकल इंजीनियर, 96 सेक्टर–8ए, चंडीगढ़ 160 008) का एक निजी अनुभव उद्धृत।
- 'मृत्यु के पश्चात् संत की अत्मा का प्रकटीकरण' श्री एस.एन. वाधवानी का उक्त पत्रिका के दिसंबर–जनवरी सन् 1980–1981 के अंक में शीर्षक 'फेंटास्टिक बट टू लिविंग एक्स्पीरिएंस' के नाम से पृष्ठ 27 पर अनुभव का उद्धरण।
- 'प्रिय स्वजन का मृत्यु के पश्चात् दर्शन' श्री पी.वी. चक्रवर्ती का माह फरवरी 1981 के अंक में 'विजिट ऑफ ए डियर डिपार्टेड' शीर्षक के नाम से पृष्ठ 21 पर अनुभव का उद्धरण।
- 'सूक्ष्म शरीर बाहर निकलने का एक अनुभव' में उद्धरण डॉ. पंडितजी कन्हैया योगी (योगिक स्प्रीचुअल सेंटर अंबातुर, मद्रास) का अनुभव, उक्त पत्रिका के मार्च 1981 में 'एस्ट्रल प्रोजेक्शन इन इंफेंट ऐज' शीर्षक के नाम से पृष्ठ 19 से।
- 'मृत्यु के द्वार तक पहुँचे मरीजों के कुछ अनुभव' वाघ सिंह लांबा का अनुभव पत्रिका, अप्रैल 1982 के अंक में पृष्ठ 13 से।
- 'परलोक यात्रा का एक प्रसंग' विषय पर उक्त पत्रिका से प्रोफेसर जी.एन. मथरानी का अनुभव 'एन एकाउंट ऑफ ए गाइडेड टूर ऑफ हेवन' शीर्षक से जनवरी–फरवरी 1983 अंक से उद्धृत।

9. 'पूर्व जन्म एवं पुनर्जन्म पर डॉ. ब्रियान वीस के प्रयोग' विषय पर डॉ. ब्रियान वीस की पुस्तक 'मैनी लाइव्स मैनी मास्टर्स' से उद्धृत
10. 'प्रेम के कारण पुनर्जन्म में पुनर्मिलन' विषय पर डॉ. ब्रियान वीस की पुस्तक 'ऑन्ली लव इज रियल' से उद्धृत।

□□□

സൂനകുമാർ

തുത്തൻഖാമന്റെ മുഖാവരണം

കഥകൾ

മാക്സ് ബുക്സ്
2022

Tutankhamunte Mukhavaranam
By Soonakumar
Malayalam Stories

Published by:-
MAX BOOKS
Maxlive Media Solutions Pvt Ltd.
Muppathiyil Building, Muttambalom Post,
Kanjikuzhy, Kottayam 686 004
maxlivemediasolutions@gmail.com
maxbookskerala@gmail.com
Ph: 90740 98776

Cover Design: Rajesh Chalode

Printed in India
at Max, Kottayam

Edition:
First Editon August 2022
Copies: 1000

ISBN: 978-93-91085-19-3

പ്രസാധകക്കുറിപ്പ്

എഴുത്തിന്റെ ക്രാഫ്റ്റ് ഇത്രമേൽ നിർമലമായി അവതരിപ്പിക്കുന്ന എഴുത്തുകാരെ പുതിയ തലമുറയിൽ കാണുക പ്രയാസമാണ്. ഈ എഴുത്തുകളിലെല്ലാം കഥയുണ്ട്, അല്ലെങ്കിൽ കഥയ്ക്ക് ആധാരമായ സംഗതിയുണ്ട്. ഓരോ കഥയും വിസ്മയിപ്പിക്കുന്നു. ഓരോ കഥയും വായനക്കാരോട് ചേർന്നുനിൽക്കുന്നു. അവനെ ചിരിപ്പിക്കുന്നു, കരയിപ്പിക്കുന്നു, വ്യസനിപ്പിക്കുന്നു. അത്രത്തോളം വൈകാരികമായി അനുഭവിക്കാവുന്ന വിധത്തിൽ കഥ പറയാൻ കഴിയുന്നുവെന്നത് നിസാരമല്ല. ആ നിലയ്ക്ക് പറയട്ടെ, ഈ എഴുത്തുകാരൻ തന്റേതായ കഥകളെ ഒരു കൂട്ടിലിട്ട് വളർത്തുകയാണ്. പക്വവും പ്രായവുമായതിനെ പുറത്തെടുത്ത് പ്രദർശിപ്പിക്കുകയാണ്. പ്രിയപ്പെട്ട സൂനകുമാർ, താങ്കളുടെ ആദ്യപുസ്തകം പ്രസിദ്ധീകരിക്കാൻ കഴിഞ്ഞത് ഒരു നിയോഗമായി തന്നെ ഞങ്ങൾ കാണട്ടെ.

അജീഷ്ചന്ദ്രൻ
മാക്സ് ബുക്സ്

ഒന്ന്
വൈഡൂര്യം

കടവു കടന്ന് പുഴയുടെ അക്കരെ ചെന്ന് പിന്നെയും നാട്ടുവഴി കുറെ നടന്ന് വിശ്വനും മൂന്നാൻ അയ്യനാശാനും അംബിയെ പെണ്ണു കാണാനെത്തി. പുഴയിലേക്ക് പോകുന്ന ചെറിയ ഒരു കൈത്തോടിനപ്പുറമാണ് വീട്. തോടിനു കുറുകെയിട്ട തെങ്ങിൻ തടി കയറുമ്പോൾ വിശ്വൻ ആ വീട്ടിലേക്ക് നോക്കി. കുമ്മായമടർന്ന് ചുവരുകളിൽ വസൂരി വീണ ഒരു പേക്കോലം..

'ഗതികേടിൽ ആണല്ലോ ആശാനേ...'

വിശ്വൻ പറഞ്ഞു.

'അത് നീ കാര്യാക്കണ്ട...പെണ്ണ് നല്ലതാ..'

'അതോണ്ട് മാത്രം ആയില്ലല്ലോ..?'

'ചിപ്രൻ കിടപ്പിലായെങ്കിലും പണ്ട് കിട്ടിയ കല്ലിന്റെ (വൈഡൂര്യം) വല്ലോം ബാക്കി കാണും. അതും നിനക്കല്ലേ...'

ചിപ്രൻ അംബിയുടെ അച്ഛൻ. ആവതുള്ള കാലം വരെ വൈഡൂര്യഖനനമായിരുന്നു അയാൾക്ക് തൊഴിൽ. മൊട്ടമലയുടെ അടിവാരത്തെ ആരും കാണാത്ത കല്ലിടുക്കുകളിൽ നിന്നിറുത്തെടുത്തുകൊണ്ടുവന്ന് പുഴ മണലാഴങ്ങളിൽ ഒളിപ്പിച്ചു വച്ച രത്നക്കല്ലുകൾ വേനൽക്കാലത്ത് കുഴിച്ചെടുക്കുന്ന പണി..

ആശാൻ പറഞ്ഞത് ഒരു പ്രലോഭനമായേ വിശ്വൻ എടുത്തുള്ളൂ. അംബി അയാൾക്ക് ഒറ്റമകളാണ്. വേറൊന്നുണ്ടായിരുന്നതിനെ കുഞ്ഞിലേ തന്നെ പുഴ കൊണ്ടു പോയി. പണ്ട് കിട്ടിയതെന്തെങ്കിലും ചിപ്രൻ കരുതിവച്ചിട്ടുണ്ടെങ്കിൽ അത് അംബിക്ക് തന്നെയായിരിക്കും. പക്ഷേ, അങ്ങനെ എന്തെങ്കിലും ഉള്ളതിന്റെ മിനുക്കമൊന്നും വിശ്വൻ ആ വീട്ടിൽ കണ്ടില്ല...

ആകെയുള്ള രണ്ടു കുട്ടക്കസേരകളിൽ ഒന്നിൽ വിശ്വൻ ഇരു

ന്നു. മറ്റേതിന്റെ ഇരുപ്പ് ഭാഗത്ത് ഒരു വലിയ ഓട്ട ആയതു കൊണ്ട് അയ്യനാശാൻ ഇരുന്നില്ല. ഇരുന്നാൽ ചന്തി താഴെ കിടക്കും.

അംബി വന്നു.

അയ്യനാശാൻ പറഞ്ഞത് ശരിയായിരുന്നു.

പെണ്ണ് കൊള്ളാം.

മഴയ്ക്ക് തൊട്ടു മുൻപ് പൊന്മുടി ഉച്ചിയിൽ ഉരുണ്ടു കൂടുന്ന മുകിലിന്റെ ഇളം കറുപ്പ്.

കരുത്തുള്ള ചുമലുകൾ..

മൂർച്ചയുള്ള കണ്ണുകൾ..

പേര് അറിയാമായിരുന്നിട്ടും വിശ്വൻ ഒരു ഭംഗിക്കായി പേരു ചോദിച്ചു ..

'അംബി'

അവൾ പറഞ്ഞു..

'എത്ര വരെ പഠിച്ചു?'

'ഒമ്പതിൽ തോറ്റു.. പിന്നെ പോയില്ല'

ഇറായത്തിരുന്നാൽ കാണാവുന്ന ഒറ്റ മുറിക്കകത്തു വെറും നിലത്തു വിരിച്ച പായിൽ കിടന്ന് ചിപ്രൻ എന്തോ പറഞ്ഞു.

'അപ്പനെന്താ അസുഖം?'

'എല്ലാം ഉണ്ട്... ഒരേ കിടപ്പ് കിടന്ന് ഇപ്പൊ പുറം അടരുന്നു..'

ചിപ്രൻ അയ്യനാശാനെ കയ്യാട്ടിവിളിച്ചു. അവരെന്തോ കുശുകുശുത്തു.

'നിനക്കെന്തൊണ് പണി എന്നാണ് ചോദിക്കുന്നത്..'

അയ്യനാശാൻ പറഞ്ഞു.

'റബറ് വെട്ടും. വെട്ടില്ലാത്തപ്പോൾ കുഴിക്കാനും (വൈഡൂര്യ ഖനനം) പോകും..'

ആശാൻ ചിപ്രന്റെ മുഖത്ത് ഒരു തിളക്കം കണ്ടു..

അയാൾ വീണ്ടും മുറുമുറുത്തു...

'നിനക്കിഷ്ടപ്പെട്ടെങ്കിൽ ഉടനേ നടത്തണം എന്നാണ് ചിപ്രൻ പറയുന്നത്.'

അയ്യനാശാൻ വിശ്വനെ നോക്കി..

'എനിക്കിഷ്ടം തന്നെ.. അവരോട് കൂടി ചോദിക്ക്..'

കണ്ണിൽ നോക്കി വർത്തമാനം പറയുന്ന പെണ്ണിനെ അവൾ എന്ന് വിളിക്കാൻ വിശ്വനു തോന്നിയില്ല. അയ്യനാശാനും അത് ശ്രദ്ധിച്ചു.

'നിനക്കിവനെ ഇഷ്ടായോ കുഞ്ഞേ..?'

തുത്തൻഖാമന്റെ മുഖാവരണം

'ആയി'

അംബി തല കുലുക്കി.

തെങ്ങു പാലം കടന്ന് ഇടവഴിയേ തിരികെ നടക്കുമ്പോൾ വിശ്വൻ ചോദിച്ചു.

'പരമ ദരിദ്രരാണ് ...ല്ലേ ആശാനേ..?''

വിശ്വന്റെ മനസ്വായിച്ചിട്ടെന്ന പോലെ ആശാൻ പറഞ്ഞു.

'നീയാ പെണ്ണിനെ മാത്രം നോക്കിയാ മതി മോനെ...

അവളൊരു കല്ലാ (വൈഡൂര്യം)...'

പിറ്റേആഴ്ച കടവിൽനിന്ന് കുറച്ചുമാറിയുള്ള ഭഗവതിനടയിൽ വച്ച് അവരുടെ താലികെട്ട് നടന്നു..

വധൂവരൻമാരും ഇക്കരെ നിന്നു പോയ വളരെ ചെറിയ ഒരു കൂട്ടവും വറ്റിക്കിടന്ന പുഴ കടന്ന് ഇക്കരെയ്ക്കു കയറി.

ഏതാനും ദിവസങ്ങൾ കഴിഞ്ഞപ്പോൾ തന്നെ അയ്യനാശാൻ പറഞ്ഞത് ശരിയാണെന്ന് വിശ്വന് തോന്നി.

അംബി ഒരു വൈഡൂര്യമാണ്..

അമ്മ മരിച്ചശേഷം രുചിയുള്ളതൊന്നും കഴിച്ചിട്ടില്ലാത്ത അയാൾ അക്കരക്കാരുടെ കൈപ്പുണ്യം മുഴുവൻ ആവാഹിച്ച അംബിയുടെ രുചിക്കൂട്ടുകളിൽ വീണു.

കൂടുതൽ കൊതിയോടെ അവളുടെ രുചികളിലേക്ക് വീഴാൻ വേണ്ടി അയാൾ ഒഴുക്ക് നിലച്ചു കിടന്ന കയങ്ങളിൽ അവൾക്കേറെ ഇഷ്ടമുള്ള പുഴമീനുകൾ പിടിക്കാൻ പോയി...

അന്നേരം അംബി പിന്നിൽ നിന്ന് വിളിച്ചു..

'അണ്ണാ...'

വിശ്വൻ തിരിഞ്ഞു നിന്നു..

'പുഴയിൽ നഞ്ചിടരുത്.. പടക്കോം എറിയരുത്..'

'ഇല്ല.. ചൂണ്ടയാണിടുന്നത്...'

വിശ്വൻ പറഞ്ഞു.

കയത്തിലേക്കു നടക്കും വഴി അയാൾ അംബിയെ പറ്റി ആലോചിച്ചു.

അവളെക്കുറിച്ചും തന്നെക്കുറിച്ചും മാത്രമല്ല, വെറും മണ്ണിനെ ഭൂമിയാക്കുന്ന മഴയോടും പുഴയോടും മരങ്ങളോടും ഒക്കെയുണ്ട് അവൾക്കു നിഷ്ഠകൾ...

വെട്ടു നിർത്തി.

കല്ലു കുഴിക്കാൻ ലക്ഷണമൊത്ത ഇടം അന്വേഷിച്ചു പുഴയുടെ ഇരുകരകളിലും പരതിനടക്കുന്ന ചെറുപ്പക്കാരുടെ സംഘത്തിൽ

വിശ്വനും ചേർന്നു. ഗർഭത്തിൽ രത്നമുള്ള ഇടങ്ങളിൽ ജമന്തിപ്പുല്ലു മുളച്ചു നന്നേ ചെറിയ തളിർനാമ്പുകൾ നീട്ടി നിൽക്കും. ആഴത്തിൽ രത്നമൊളിപ്പിക്കുന്ന പുഴ, മുകളിൽ ജമന്തിപ്പുല്ലിന്റെ വിത്തും ഇട്ടു പോകും എന്നാണ് വിശ്വാസം. ഒരു കരയിൽ ഒന്നോ രണ്ടോ ഇടങ്ങളിൽ.. അതും വർഷങ്ങളുടെ ഇടവേളകളിൽ...

നാലഞ്ച് ദിവസം കഴിഞ്ഞു. വൈകിട്ട് ക്ഷീണിച്ചു കയറി വന്ന വിശ്വനോട് അംബി ചോദിച്ചു...

'എന്തായി..?'

'കണ്ടില്ല'

'ഞാൻ കാണിച്ചു തരട്ടെ...?'

വിശ്വൻ അത്ഭുതത്തോടെ അവളെ നോക്കി.

അംബി വെറും വാക്ക് പറയില്ല..

'എവിടെ..?'

'വാ...'

വിശ്വൻ അവളുടെ പിന്നാലെ നടന്നു.

പുഴയ്ക്കു സമാന്തരം പോകുന്ന കൊച്ചു വഴിയിലൂടെ അവൾ മേലേക്ക് നടന്നു... പിന്നാലെ വിശ്വനും.

സന്ധ്യ കഴിയുന്നു..

ഇരുൾ വീണു വരുന്നു..

'ഇനിയും പോണോ..?'

വിശ്വൻ ചോദിച്ചു..

'എത്താറായി...'

താഴംപൂവിന്റെ മണം മൃദുവായി അവരെ തൊട്ടു കടന്നുപോയി..

കുറച്ചുകൂടി മുന്നോട്ട് ചെന്ന് അംബി കൈതക്കൂട്ടങ്ങൾക്കിടയിലെ വിടവിലൂടെ ഊർന്ന് മണൽപ്പരപ്പിലേക്കിറങ്ങി..

വിശ്വനും..

കൈതമുള്ളുകൾ വലിച്ചു ദേഹം നീറി.

അവരതു കാര്യമാക്കിയില്ല..

കുത്തിയാഴ്ത്തി വച്ചിരിക്കുന്ന കഠാരപ്പിടി പോലെ എഴുന്നു നിൽക്കുന്ന കൂറ്റൻ പാറയ്ക്കിപ്പുറം അംബി നിന്നു.

'തീപ്പെട്ടിയൊന്ന് കത്തിക്ക്..'

വിശ്വൻ തീപ്പെട്ടി ഉരച്ചു..

അംബിയുടെ വെള്ളിക്കൊലുസിട്ട വലം കാലുരുമ്മി അതാ ജമന്തിപ്പുല്ലിന്റെ ഇളം നാമ്പുകൾ...!

തുത്തൻഖാമന്റെ മുഖാവരണം

'അടിയിൽ പാറയാണ്...'

വിശ്വൻ സന്ദേഹപ്പെട്ടു.

'പക്ഷെ ഇവിടുണ്ട് കല്ല് ..'

വിശ്വന് അത് സന്ദേഹിക്കാൻ കാരണമില്ലായിരുന്നു. ഇതിലും ലക്ഷണമൊത്ത ശകുനങ്ങൾ മുൻപ് അയാൾ കണ്ടിട്ടില്ല.

കുഴിതുടങ്ങാനുള്ള മുഹൂർത്തം കുറിക്കാൻ ചെന്നപ്പോൾ കണിയാരും കവടി നോക്കി പറഞ്ഞു..

'സാധനം അവിടുണ്ട്.. പക്ഷെ കുറച്ച് ആഴത്തിലാണ്...'

പൂജയും ശപഥവും കഴിഞ്ഞു വിശ്വനും സംഘവും കുഴി തുടങ്ങി.. ഇനി നീണ്ട വ്രതകാലമാണ്. നിധി കിട്ടും വരെ.

അല്ലെങ്കിൽ നിരാശയോടെ ശ്രമം ഉപേക്ഷിച്ചു കുഴിമൂടും വരെ...

'ചതിക്കില്ല, നെറികേട് കാട്ടില്ല' എന്നതാണ് ശപഥം..

വിശ്വൻ ഉൾപ്പടെ ആറുപേരായിരുന്നു സംഘത്തിൽ...

വെളുപ്പിന് വെയിൽ തെളിഞ്ഞിട്ടേ കുഴിയിൽ ഇറങ്ങാവൂ.. വെയിൽ വറ്റും മുൻപ് കയറുകയും വേണം...അതാണ് നിഷ്ഠ.

വേനൽ വീണ്ടും കടുത്തു. കടവുകളിൽ ഉറഞ്ഞുകിടന്ന വെള്ളം പോലും വറ്റി. പൊത്തുകളിൽ നിന്ന് പുറത്തു ചാടി മീനുകൾ വെയിൽ കൊണ്ട് ആത്മഹത്യ ചെയ്തു.

കുഴി താഴേക്ക് പോകുകയാണ്...മാറി മാറി ഓരോരുത്തർ ഇറങ്ങും.. ബാക്കിയുള്ളവർ കുട്ടയിൽ മണ്ണ് വലിച്ചു കയറ്റും.. കുറച്ചു മാറി കുട്ടകമിഴ്ത്തി മണൽ അരിച്ചു പെറുക്കും.. കൂടുതൽ പേർക്ക് അവിടെയാണ് ജോലി.. കല്ല് കണ്ണിൽപ്പെടാതെ പോകരുത്... അശ്രദ്ധ കൊണ്ട് കാണാതായ കല്ല് പിന്നീട് വഴിയാത്രക്കാർക്ക് കിട്ടിയ സംഭവങ്ങളുമുണ്ട്.

ഒരു രാത്രി ഊണ് കഴിഞ്ഞിട്ടും കിടക്കാൻ ഭാവമില്ലാതെ മുറ്റത്തിറങ്ങി കസേരയിട്ടിരിക്കുന്ന വിശ്വനോട് അംബി ചോദിച്ചു..

'എന്താ അണ്ണാ..?'

'ഒന്നുമില്ല ...ഉഷ്ണം...'

അംബി കുറെ നേരം അയാളെ നോക്കി നിന്നു. ഉഷ്ണമല്ല അയാളെ അലട്ടുന്നത് എന്നവൾക്കു തോന്നി.

കിടക്കയിൽ കൂരിരുട്ടിലേക്ക് കണ്ണു തുറന്ന് ഉറങ്ങാതെ കിടന്ന അയാളോട് അംബി പറഞ്ഞു...

'ചതി ചെയ്യരുതണ്ണാ ...ദൈവം പൊറുക്കൂല...!'

'എന്ത് ചതി...?'

അയാൾ ചാടിക്കൂട്ടി എഴുന്നേറ്റു..

തുത്തൻഖാമന്റെ മുഖാവരണം

'എനിക്കറിയാം അണ്ണാ.. ഞാനിത് കണ്ടിട്ടുണ്ട്... എന്റെ അപ്പന്റെ ചെറുപ്പത്തിൽ... ഞാൻ കുട്ടിയായിരിക്കുമ്പോൾ...'

'എന്താ അംബി നീ ഈ പറയുന്നത്...?'

വിശ്വന് ദേഷ്യംവരാൻ തുടങ്ങി.

'അണ്ണന് കല്ലുകിട്ടി.. അണ്ണനത് ഒളിപ്പിച്ചു...'

വിശ്വൻ തീപ്പെട്ടി ഉരച്ചു വിളക്ക് കത്തിച്ചു.

അയാൾ അംബിയെ നോക്കി.

എഴുന്നേറ്റ് ഭിത്തിയിൽ ചാരി ഇരുന്ന് തന്റെ ആത്മാവിനുള്ളിലേക്കു നോക്കുന്ന അംബിയോട് ആദ്യമായി അയാൾക്ക് ഭയംതോന്നി...

നാക്കിനടിയിൽ ഒളിപ്പിച്ചു കൊണ്ടുവന്നു കടലാസ്സിൽ പൊതിഞ്ഞു മൂലപ്പലകയിൽ വച്ച വിസ്മയം അയാളെടുത്ത് അംബിയെ കാണിച്ചു....!

അംബി കല്ലെടുത്തു നോക്കി ..

ലക്ഷണമൊത്ത വൈഡൂര്യം...

'നമുക്കിത് വേണ്ടണ്ണാ..'

'വേണം ...ഒന്ന് കര കയറാൻ ദൈവം കാണിച്ചുതന്ന വഴിയാന്ന് കരുതിയാ മതി..'

'അങ്ങനത്തെ ചതീര വഴി ദൈവത്തിനില്ല അണ്ണാ..'

'നീ ആലോചിച്ചു നോക്ക്.. നീ അല്ലേ ആ സ്ഥലം ആദ്യം കണ്ടത്.. ഞാൻ കുഴിക്കുള്ളിൽ നിന്നപ്പോ അല്ലേ ഇത് കിട്ടിയത്.. എല്ലാം കൂടി ചേർത്ത് വായിക്കുമ്പോ...'

'മഹാപാപമാണ് അണ്ണാ... പുഴുത്തു ചാവും.. എന്റെ അച്ഛൻ കിടക്കണെ കിട കണ്ടാ....?'

'നിന്റ അച്ഛനെന്താ പറ്റിയത്..?..'

'അപ്പൻ പാതിരായ്ക്ക് ടോർച്ചും തെളിച്ചു ഒറ്റയ്ക്ക് ചെന്ന് കുഴിയിലിറങ്ങും.. വെളുക്കുവോളം തനിയെ കുഴിക്കും... അങ്ങനൊരു കല്ല് അപ്പന് മാത്രമായി കിട്ടി.. പിറ്റേ മാസം കൗസൂനെ പുഴകൊണ്ടു പോയി..'

'എങ്ങനെ...?'

'അറിഞ്ഞൂടാ.. കുളിക്കാൻ പോയി. പിന്നെ വന്നില്ല.. പെറ്റിട്ടപ്പോഴേ നീന്തൽ പഠിച്ച പെണ്ണ് പിറ്റേന്ന് ഗ്രാലൻ കയത്തിൽ പൊങ്ങി.'

വിശ്വൻ വീണ്ടും മുറ്റത്തിറങ്ങി... അങ്ങോട്ടും ഇങ്ങോട്ടും നടന്നു. നിലാവ് മാറി മേഘങ്ങൾ വന്നിരിക്കുന്നു. ചൂട്ടും തെളിച്ച് ആരോ പുഴകടന്ന് അക്കരയ്ക്കു പോകുന്നു...

തുത്തൻഖാമന്റെ മുഖാവരണം

അയാൾ തുറന്നുകിടന്ന വാതിലിലൂടെ അംബിയെ കണ്ടു.

അവൾ ഭിത്തിയിൽചാരി മുട്ടിൽ മുഖം പൂഴ്ത്തി അതേയിരുപ്പ് ഇരിക്കുകയാണ്...

വിശ്വൻ അകത്തുകയറി മന്ത്രിക്കും പോലെ പറഞ്ഞു..

'അംബീ...എനിക്കിത് വേണ്ട... പക്ഷെ കള്ളനാവാൻ വയ്യ.. ഞാനിതിപ്പോ കുഴിയിൽ കൊണ്ട് തിരികെയിടാം... നാളെ ആദ്യമിറങ്ങി അവരുടെ മുന്നിൽ ഞാനിതെടുക്കാം. അതേ എനിക്കിനി ചെയ്യാൻ പറ്റൂ...'

'അത് മതി.. പക്ഷെ ഇപ്പൊ പോണ്ട... പാതിരാ കഴിയട്ടെ...'

അവൾക്ക് സന്തോഷമായി..

അംബിയും വിശ്വനും ഉറങ്ങാതെ കാത്തിരുന്നു. പാതിരാ കഴിഞ്ഞ് വിശ്വൻ പോകാനിറങ്ങിയപ്പോൾ അംബി പറഞ്ഞു...

'ഞാനും വരുന്നു വിശ്വണ്ണാ...'

അയാൾ വിസമ്മതം പറഞ്ഞില്ല..

ഒരു പക്ഷെ അവൾക്കു തന്നെ വിശ്വാസം കാണില്ല.

ഒരിക്കൽ ഉടഞ്ഞാൽ ഉടഞ്ഞുതന്നെ കിടക്കുന്ന ഒന്നാണത്...

രാത്രി ഇരുവരും കൂടി പുഴവക്കിലൂടെ മുകളിലേക്ക് നടന്നു..

കൈതക്കൂട്ടങ്ങൾക്കിടയിലൂടെ

അവർ കുഴിക്കു ചാരേയ്ക്കു ചെന്നു...

തെങ്ങിൻതലപ്പുകളിലേക്ക് കാറ്റ് വീശുന്നു...

എവിടെയോ ഒരു കുഞ്ഞുണർന്നു നിർത്താതെ കരയുന്നു..

കുഴിയിലിറങ്ങി കല്ല് തിരികെ വച്ച് അതിനൊരടയാളം വച്ച് വിശ്വൻ തിരിച്ചു കയറി..

അംബി തന്നെത്തന്നെ അനങ്ങാതെ നോക്കി നിൽക്കുന്നത് കണ്ട് വിശ്വൻ ചോദിച്ചു...

'നാവു നീട്ടി കാണിക്കണോ...?'

'വേണ്ട..... പോകാം...'

വീട്ടിലേക്കു മടങ്ങി അവർ വിളക്കണച്ചു കിടന്നു...

ഉറങ്ങി..

എപ്പോഴോ മഴ പെയ്തു..

മലയിലും താഴെയും...

പുഴ നിറഞ്ഞു...

പിന്നെ കവിഞ്ഞു..

പുലർച്ചെ പതിവിലും വൈകി വിശ്വൻ കണ്ണുതുറക്കുമ്പോൾ പുഴ ഇരമ്പുകയായിരുന്നു...

മഴ അപ്പോഴും ചിനുചിനെ ചാറി നിൽക്കുന്നു...

വിശ്വൻ വെള്ളം കയറി പുൽതലപ്പുകളെ മുക്കിക്കിടക്കുന്ന വഴിയിലൂടെ മുകളിലേക്കോടി..

കൈതത്തലപ്പുകളെയും കരയേയുമെടുത്ത് പുഴയങ്ങനെ ഒഴുകുന്നു...

ആ കാഴ്ച്ചകണ്ട് അയാൾ സ്തബ്ധനായി നിന്നു...

കല്ലുകുഴിയിലേക്ക് കഠാരപ്പാറ മറിഞ്ഞമർന്നിരിക്കുന്നു...

അതിനുമുകളിലൂടെ അലറിയൊഴുകുന്ന മലവെള്ളം...

വിശ്വൻ ഏറെനേരം അതു നോക്കി നിന്നു...

അയാളുടെ കണ്ണുകൾ നിറഞ്ഞുവന്നു...

OO

രണ്ട്
അമർചിത്രകഥ

ഫ്ളാറ്റിന്റെ വലിയ കണ്ണാടി ജനലിന് തൊങ്ങലുകളുള്ള കർട്ടനിട്ടിട്ടുണ്ട്. അതു വശങ്ങളിലേക്ക് നീക്കിയാൽ സെമിത്തേരി കാണാം. മുകളിൽ മാർബിൾ പതിച്ചതും അല്ലാത്തതുമായ അസംഖ്യം സിമന്റുചതുരങ്ങൾ ഏതോ പരേഡിനായി അണിനിരന്നപോലെ.

സെമിത്തേരിയുടെ കാഴ്ചയ്ക്കും കണ്ണാടി ജനലിനും ഇപ്പുറം ഡൈനിംഗ് ഏരിയയാണ്. ടേബിളിനു മുകളിൽ അമറിന്റെ ബാഗും പുസ്തകങ്ങളും ചായപ്പെൻസിലുകളും എപ്പോഴും ചിതറിക്കിടക്കും. അവൻ വരയ്ക്കുന്ന ചിത്രങ്ങളിലെ ദീർഘചതുരങ്ങളുടെ ബാഹുല്യം ആദ്യമൊന്നും റസീനയ്ക്കു മനസിലായില്ല. ഒരു ദിവസം കുളിപ്പിച്ചു തോർത്തിവിട്ടയാളെ ഡ്രസ്സിംഗ് ഏരിയയിൽ കാണാഞ്ഞ് പുറത്തേക്കുവന്നു നോക്കിയപ്പോഴാണ് അമർ കർട്ടൻ പകുതി മാറ്റി സെമിത്തേരിയിലേക്ക് നോക്കി നിൽക്കുന്നത് കണ്ടത്.

അവന്റെ ചിത്രങ്ങളിലെ ദീർഘചതുരങ്ങൾ എവിടെനിന്ന് വന്നുവെന്ന് റസീനയ്ക്ക് മനസിലായി. ആ നിൽപ്പും നോട്ടവും കുറെ കാലമായി ഉണ്ടാകണം.

'അതെല്ലാം എന്താ...?'

അമർ ചോദിച്ചു.

'മരിച്ചവർ ഉറങ്ങുന്ന സ്ഥലം'

ചോദ്യങ്ങൾ റസീന വീണ്ടും പ്രതീക്ഷിച്ചു. പക്ഷേ ഉണ്ടായില്ല..

അമറിന്റെ ചിത്രങ്ങളിൽ ദീർഘചതുരങ്ങൾ പിന്നെയും തലങ്ങും വിലങ്ങും ചിതറിക്കിടന്നു. മരങ്ങളും കിളിക്കൂടും പൂന്തോട്ടവും വരയ്ക്കുമ്പോഴും നിലത്ത് എവിടെയെങ്കിലുമൊക്കെ വീണു കിടക്കുന്ന ദീർഘചതുരങ്ങൾ.

ജോലി കഴിഞ്ഞ് കിന്റർഗാർട്ടനിലേക്ക് അമറിനെ വിളിക്കാൻ ചെന്ന ഒരു ദിവസം ആയ പറഞ്ഞു.

തുത്തൻഖാമന്റെ മുഖാവരണം

'എന്തു വരച്ചാലും അതിൽ കുറെ പെട്ടികൾ കാണും. അതെന്താണെന്ന് ഞാൻ ചോദിച്ചു'

എന്തുത്തരമാണ് മകൻ പറഞ്ഞിട്ടുണ്ടാവുക എന്ന് റസീന ഊഹിച്ചു. മടങ്ങിപ്പോകും വഴി അമറിന് ഇഷ്ടപ്പെട്ട പാട്ട് കാർ സ്റ്റീരിയോയിൽ വച്ചു കൊടുത്തിട്ട് റസീന റോഡിനിരുവശവും പരതി നോക്കിക്കൊണ്ടിരുന്നു. സെമിത്തേരിയുടെ കാഴ്ചമറയ്ക്കും വണ്ണം കണ്ണാടിജനലിനു പുറത്ത് ഒരു മറ തൂക്കണം. അത് ചെയ്യാനേല്പിക്കാൻ പറ്റിയ സ്ഥാപനങ്ങൾ ഏതെങ്കിലും കാണാനുണ്ടോ എന്നായിരുന്നു റസീനയുടെ അന്വേഷണം. ഡൈനിങ് ഹാളിൽ പകൽ പോലും ലൈറ്റ് ഇടേണ്ടിവരും. എന്നാലും സാരമില്ല. ബാംബൂ കർട്ടനുകൾ ചെയ്തു കൊടുക്കുന്ന ഒരു ഒറ്റമുറിക്കട ഓഫീസിൽ നിന്നു ഫ്ളാറ്റിലേക്കുള്ള റോഡരികിൽ എവിടെയോ കണ്ടിരുന്നതായ ഓർമ ഉള്ളിലെവിടെയോ കിടക്കുന്നുണ്ടായിരുന്നു.

ഫ്ളാറ്റ് എത്തും വരെ നോക്കിയിട്ടും റസീന ബാംബൂ കർട്ടൻകാരെ കണ്ടില്ല. ഒരുപക്ഷേ കൊറോണക്കാലത്ത് അവരത് പൂട്ടിയിരിക്കും.

രാത്രി അമർ ഉറങ്ങിയ ശേഷം ഉറക്കം വരാതെ ഫേസ്ബുക്ക് നോക്കിക്കിടക്കുമ്പോൾ റസീനയുടെ മനസ്സറിഞ്ഞിട്ടെന്ന വണ്ണം ബാംബൂ കർട്ടനുകൾ ചെയ്തു കൊടുക്കുന്ന ഒരു ഏജൻസിയുടെ പരസ്യം മൊബൈൽ സ്ക്രീനിലൂടെ മുകളിലേക്ക് പോയി.അതിശയത്തോടെ അവൾ ആ പരസ്യത്തിന്റെ സ്ക്രീൻ ഷോട്ട് എടുത്ത് സേവ് ചെയ്തു.

പിറ്റേന്നു പകൽ അവരെ വിളിച്ചു. വെറുതെ ഒരു ലീവ് കളയണ്ട എന്നോർത്ത് അവരെ ഞായറാഴ്ച വരാൻ ഏർപ്പാടാക്കി അഡ്രസ്സും പറഞ്ഞുകൊടുത്തു.

ഞായറാഴ്ച അമർ ഉണരും മുന്നേ ഡൈനിങ് ഹാളിൽ വന്ന് റസീന കർട്ടൻ മാറ്റി താഴേക്ക് നോക്കി. ഫ്ളാറ്റിൽ നിന്നുള്ള സെമിത്തേരിയുടെ അവസാന കാഴ്ചയാണ്. തുറക്കാനാകാത്ത ഗ്ലാസ് പാളികൾക്ക് പുറത്ത് ബാംബൂ കർട്ടനുകൾ തൂക്കിയിട്ടാൽ സെമിത്തേരി മറവുചെയ്യപ്പെടും.

വെയിൽ പരക്കുന്നേ ഉണ്ടായിരുന്നുള്ളൂ എങ്കിലും സെമിത്തേരിയിൽ ഒരു പോലീസ് ജീപ്പും ആളും ബഹളവുമൊക്കെ ഉണ്ടായിരുന്നു. ഒരറ്റത്ത് കൂലിക്കാർ ഏതോ കല്ലറ പൊളിക്കുന്ന ജോലി ആരംഭിക്കുന്നത് റസീന കണ്ടു. കല്ലറ തുറന്നു മൃതദേഹാവശിഷ്ടങ്ങൾ പോസ്റ്റുമോർട്ടത്തിനെടുക്കുന്നത് അവൾ ആദ്യമായി കാണു

കയായിരുന്നു.

'എന്തിനാ ഉമ്മച്ചീ അത് പൊളിക്കുന്നേ...?'

റസീന തിരിഞ്ഞു നോക്കുമ്പോൾ അവൾക്ക് ഇടതുവശത്തായി അമറും സെമിത്തേരിയിലേക്ക് നോക്കി നിൽക്കുകയായിരുന്നു.

'എന്തെങ്കിലും പരാതി കിട്ടിക്കാണും'

റസീന പറഞ്ഞു.

'പരാതി കിട്ടിയാ മരിച്ചവരെ പോലീസ് പിടിക്കോ...?'

അമർ ചോദിച്ചു.

റസീന ചിരിച്ചു. പിന്നെ മറുപടി എന്തു പറയും എന്നറിയാതെ കുഴങ്ങി.

കർട്ടൻകാരെത്തുമ്പോഴേക്ക് കുഴിമാന്തിയെടുത്ത ശരീരവുംകൊണ്ട് പോലീസും സംഘവും പോയിരുന്നു. അളവെടുപ്പും അറുക്കലും മുറിക്കലുമൊക്കെ വേഗം കഴിഞ്ഞു. ഉച്ചയോടെ ഡൈനിങ് ഏരിയയ്ക്കും സെമിത്തേരിക്കാഴ്ചക്കുമിടയിലെ ഗ്ലാസ്സ് പാളികൾക്കു പുറത്ത് നീളത്തിൽ തൂങ്ങുന്ന നാലുവരി കർട്ടനുകൾ സ്ഥാനം പിടിച്ചു. സെമിത്തേരിയുടെ ദൃശ്യം എന്നേക്കുമായി അമറിൽ നിന്നു മറഞ്ഞതിൽ റസീന ആശ്വസിച്ചു.

വൈകുന്നേരം അമറിനെ ഡൈനിങ് ടേബിളിൽ ഹോം വർക്ക് ചെയ്യാനിരുത്തി അടുക്കളയിൽ ജോലികളിലാണ്ട് നിന്നപ്പോഴാണ് കോളിംഗ് ബെൽ കേട്ടത്. ആരാണീ നേരത്തെന്ന അതിശയത്തോടെ റസീന വാതിൽ തുറന്നു. ഫ്ളാറ്റ് ഓണേഴ്സ് അസോസിയേഷൻ സെക്രട്ടറി മാത്യുവും കെയർ ടേക്കർ രവിച്ചേട്ടനുമായിരുന്നു സന്ദർശകർ. എന്താണാവോ പുതിയ കുരിശെന്ന് മനസ്സിലോർത്ത് റസീന അവരെ ഇരിക്കാൻ ക്ഷണിച്ചു.

ജനലിനു പുറത്ത് കർട്ടനിടുന്ന വിവരം അസോസിയേഷനെ അറിയിച്ചില്ല എന്നതായിരുന്നു പരാതി.

'അറിയിക്കാൻതക്ക ഗൗരവമൊക്കെ അതിനുണ്ടോ..?'

റസീന ചോദിച്ചു.

'വരിയൊപ്പിച്ച് താഴേക്ക് താഴേക്ക് വരുന്ന വലിയ ഗ്ലാസ്സ് ചതുരങ്ങൾ. അതാണ് നമ്മുടെ ഫ്ളാറ്റിന്റെ ഐഡന്റിറ്റിയും ഭംഗിയും. അതിലൊരു ചതുരം ചീപ്പ് കർട്ടനിട്ട് മറച്ചത് വലിയ ഭംഗികേടായി എന്നാണ് മുഴുവൻ പേരുടെയും കംപ്ലെയ്ന്റ്.'

റസീന സെമിത്തേരിയുടെ ദൃശ്യം അമറിലുളവാക്കുന്ന സ്വാധീനത്തെപ്പറ്റി പറഞ്ഞു.

'അങ്ങനെയാണെങ്കിൽ കർട്ടൻ അകത്തിട്ടാൽ പോരേ...?'

'കർട്ടൻ അകത്തുണ്ടല്ലോ സാർ... അവനത് നീക്കി പുറത്തേക്ക് നോക്കുന്നത് കൊണ്ടല്ലേ അവനു തൊടാൻ പറ്റാത്ത വിധം പുറത്തു കർട്ടനിട്ടത്....?'

'കുട്ടി ശവപ്പെട്ടി വരയ്ക്കുന്നു എന്ന നിസ്സാര കാരണത്തിന് ആ വൃത്തികേടങ്ങനെ തൂക്കിയിടാൻ മറ്റുള്ളവർ അനുവദിക്കുമെന്ന് എനിക്ക് തോന്നുന്നില്ല. മാഡം ഒരു തീരുമാനമെടുക്കണം. അല്ലെങ്കിൽ അസോസിയേഷൻ മീറ്റിംഗിൽ ഇക്കാര്യം അജണ്ടയായി വയ്ക്കേണ്ടി വരും...'

അവർ യാത്രപറഞ്ഞിറങ്ങി. സെമിത്തേരിയിലേക്ക് ജാലകമുണ്ടായിട്ടും ഓഫീസ് അടുത്തായ ഒറ്റക്കാരണം കൊണ്ട് ഈ ഫ്ളാറ്റ് വാടകയ്ക്ക് എടുക്കാൻ തോന്നിയ നേരത്തെ റസീന ശപിച്ചു. അമറിന് ഭക്ഷണം കൊടുത്തു കിടത്തി ഉറക്കിയിട്ട് റസീന അതുതന്നെ ആലോചിച്ചു കിടന്നു. കർട്ടൻ അങ്ങനെതന്നെയിടാൻ ഫ്ളാറ്റ് ഓണേഴ്സ് അനുവദിക്കുകയില്ല എന്നതു തീർച്ചയായിരുന്നു. അത് മാറ്റിക്കൊടുക്കേണ്ടി വരും. ചെലവായ തുക പോകട്ടെയെന്ന് വയ്ക്കാം. പക്ഷേ, സെമിത്തേരി മറയ്ക്കാൻ എന്താണൊരു വഴി..?

വലിയ വാഗ്വാദത്തിനും തർക്കത്തിനുമൊന്നും പോകാതെ റസീന കർട്ടൻ അഴിച്ചുമാറ്റാമെന്ന് യോഗത്തിൽ സമ്മതിച്ചു. സെക്രട്ടറി മാത്യു തന്നെ ആളെ വരുത്തി പിറ്റേന്ന് അത് നീക്കം ചെയ്തു. വീണ്ടും സെമിത്തേരിയുടെ കാഴ്ച അമറിനും റസീനയ്ക്കുമായി തുറന്നു.

മാസമൊന്നു കഴിയും മുന്നേ മറ്റൊരു പട്ടണത്തിലേക്കുള്ള സ്ഥലം മാറ്റ ഉത്തരവ് കയ്യിൽ കിട്ടിയപ്പോൾ പുതിയ വീടും മകന് സ്കൂളും കണ്ടെത്തുന്നതുൾപ്പടെ പലവിധപ്രശ്നങ്ങൾ മനസ്സിൽ വന്നെങ്കിലും റസീനയ്ക്ക് ആശ്വാസമാണ് തോന്നിയത്. എത്ര തിരഞ്ഞിട്ടായാലും പുതിയ സ്ഥലത്ത് കവലയിലേക്കോ കളിസ്ഥലത്തേക്കോ തുറക്കുന്ന ജാലകങ്ങൾ ഉള്ള താമസസ്ഥലം കണ്ടുപിടിക്കണമെന്ന് അവൾ തീരുമാനിച്ചു.

റസീനയെയും അമറിനെയും യാത്രയാക്കാൻ ചേർന്ന ചെറുയോഗത്തിൽ പ്രസംഗിക്കവേ മാത്യു പറഞ്ഞു.

'സെമിത്തേരിയുടെ കാഴ്ചയിൽ നിന്ന് മകനെയുംകൊണ്ട് റസീന പോകുകയാണ്. എഴുപതു കഴിഞ്ഞ എന്റെ അമ്മച്ചി വീൽ ചെയർ തനിയെ ഉരുട്ടി വന്നു കർട്ടൻ മാറ്റി, പുറത്തേക്ക്, സെമിത്തേരിയിലേക്ക് നോക്കിയിരിക്കുന്ന പതിവ് തുടങ്ങിയിരിക്കുന്നു. അത് കണ്ടപ്പോൾ ഗ്ലാസിനപ്പുറം ഒരു മറ ഉണ്ടായാൽ നന്നായിരുന്നു

...ക് തോന്നിയപോലെ എനിക്കും തോന്നിത്തുടങ്ങി ...ാനമായ ചിന്ത മറ്റു പലർക്കുമുണ്ടെന്ന് എനിക്ക് തോന്നുന്നു. എങ്കിലും ഭൂരിപക്ഷം പേർ അനുകൂലിക്കാതെ നമുക്കൊരു തീരുമാനം കൈക്കൊള്ളാനാവില്ല.'

തന്റെ ഉദ്യമം വിജയിച്ചില്ലെങ്കിലും അതൊരു പുതിയ ആലോചനയ്ക്ക് നാന്ദികുറിച്ചല്ലോ എന്ന് റസീന ഓർത്തു.

പുതിയ താമസസ്ഥലം തടാകത്തിലേക്ക് തുറക്കുന്ന ജാലകങ്ങളുള്ള ഫ്ളാറ്റായിരുന്നു. പുതിയ സ്കൂളിലെ ചിത്രരചനാ മത്സരത്തിന് സമ്മാനം കിട്ടിയ പെയിന്റിങ്ങുമായി അമർ വന്നപ്പോൾ റസീന അതുവാങ്ങി നോക്കി.

നീലനീലയായ ഓളങ്ങളിളകുന്ന തടാകവും അതിലേക്ക് ചാഞ്ഞു നിൽക്കുന്ന തെങ്ങുകളും അമർ വരച്ചിരിക്കുന്നതു കണ്ട് അവൾ ആശ്വാസത്തോടെ നെടുവീർപ്പിട്ടു.

'ഇതിൽ പെട്ടി വരച്ചില്ലല്ലോ... മിടുക്കൻ'

റസീന അവനെ തോളിൽ തട്ടി അഭിനന്ദിച്ചു.

'മരിച്ചവർ എങ്ങനാ ഉമ്മച്ചീ വെള്ളത്തിന് മുകളിൽ കാണുക...?'

റസീന അമ്പരപ്പോടെ ചിത്രം ഒന്നുകൂടി നോക്കി.

തടാകത്തിനടിയിൽ തലങ്ങും വിലങ്ങും കുതിർന്നു കിടക്കുന്ന അസംഖ്യം ശവപ്പെട്ടികൾ..!

OO

മൂന്ന്
രാജേഷിന്റെ പ്രതികാരം

(സീൻ ഒന്ന്)

ഗ്രാലൻ കയത്തിൻ കരെ ജനിച്ചുവളർന്ന ശംഭുഅണ്ണന് നീന്തൽ പൂ പറിക്കുംപോലെ എളുപ്പമുള്ള പണിയാണ്. ആ ധൈര്യത്തിലാണ് കല്യാണപ്പിറ്റേന്ന് നാണം മാറാത്ത നവവധുവിനെയും കൊണ്ട് കോവളത്ത് മധുവിധു പോയപ്പോ പാന്റ്സും ഷർട്ടും മണലിൽ ഉരിഞ്ഞുവച്ച് അണ്ണൻ കടലിൽ ചാടി നീന്തിയത്..

നവവധു ആരാധനയോടെ നോക്കി നിന്നു. വലിയ തിരവന്ന് അണ്ണനെ അടിച്ചു കരയ്ക്കു കൊണ്ടുകളഞ്ഞു. അവൾ ഭീതിപ്പെട്ടു.. അണ്ണൻ എണീറ്റുനിന്ന് 'വാടീ ഞാൻ പിടിച്ചോളാം' എന്ന് അവളെ ക്ഷണിച്ചു. തിരയിൽ പാദം നനച്ചു തിരികെ പോയി നിൽക്കുകയായിരുന്ന പുതുപ്പെണ്ണ് 'ഞാനില്ലണ്ണാ... കേറിവായോ, പോകാം' എന്നു പറഞ്ഞു..

ഒന്നുരണ്ടു നമ്പർ കൂടി കാണിച്ചുകൊടുത്തിട്ട് അണ്ണൻ കരയ്ക്ക് കയറി...

നവവധു നാണം കൊണ്ടു കണ്ണുപൊത്തി... നാണക്കാരിയെ പിടിച്ചു വലിച്ചു ഒപ്പം നടത്തി തുണി ഉരിഞ്ഞുവച്ച സ്ഥലത്തു ചെന്ന് നോക്കുമ്പോൾ അതവിടെ കാണാനില്ല..!

പാരഗൺ ചെരുപ്പുമാത്രം കിടക്കുന്നു...!

ശംഭു അണ്ണൻ ഇതികർത്തവ്യതാമൂഢനായി നിന്നു....

എങ്ങനെ മടങ്ങിപ്പോകും?.. നട്ടുച്ച നേരം.. കോവളം നിറയെ ജനം. സ്വന്തമായി ഓട്ടോ ഉണ്ടെങ്കിലും പുതുപ്പെണ്ണുമായി ഒട്ടിയിരിക്കാൻ വേണ്ടി ബസിലാണ് വന്നത്. തിരിച്ചു ബസിലാണ് പോകേണ്ടത്. പേഴ്സ് പാന്റ്സിന്റെ പോക്കറ്റിൽ ആയിരുന്നു.. ഭാര്യ ഷോയ്ക്ക് ഒരു ബാഗ് തൂക്കിയേക്കുന്നു എന്നേയുള്ളൂ...

അതിൽ കാശില്ല..

തുത്തൻഖാമന്റെ മുഖാവരണം

ശംഭുഅണ്ണന് കരച്ചിൽ വന്നു..

'നീയെന്താ അത് നോക്കാത്തേ...?'

അയാൾ ചോദിച്ചു.

'അത് നോക്കിക്കൊണ്ടു നിന്നപ്പം അണ്ണനല്ലേ, 'ഇങ്ങോട്ട് നോക്കെടീ പെണ്ണേ' എന്ന് വിളിച്ചത്...?'

അവൾ പറഞ്ഞു.

ശരിയാണ്.. അന്നേരം കണ്ടുപിടിച്ച ഒരു പുതിയ ഇനം മുങ്ങാങ്കുഴി താൻ തന്നെയാണവളെ വിളിച്ചു കാണിച്ചത്...

ഇനി ഇപ്പൊ എന്ത് ചെയ്യും...?

തിരത്തണുപ്പിൽ ചുരുങ്ങി നിൽക്കുന്ന ഭർത്താവിനെ കണ്ടപ്പോൾ ഭാര്യക്ക് സഹിച്ചില്ല.. അവൾ ചുരിദാറിന്റെ ഷാൾ അങ്ങേർക്കു കൊടുത്തു.

'ഇത് ഉടുത്തോ..നാട്ടാര് കാണണ്ട..'

മൃഗശാലയും മ്യൂസിയവും കൂടി ചേർത്തു പ്ലാൻചെയ്തിരുന്ന ഹണിമൂൺ വെട്ടിച്ചുരുക്കി അവർ ഒരു ഓട്ടോ വിളിച്ചു.. ശംഭുഅണ്ണന്റെ വേഷം കണ്ട് ഓട്ടോക്കാരൻ 'ഇവിടെ ഒക്കെ ഇപ്പൊ ഭയങ്കര റെയ്ഡ് ആണണ്ണാ' എന്ന് പറഞ്ഞു. അണ്ണൻ മിണ്ടിയില്ല. കൂടുതൽ സംസാരിച്ചു കുളമാക്കാതിരിക്കുന്നതാണ് നല്ലത്..

വീട്ടിൽ വന്നിറങ്ങി ഓട്ടോക്കാരന് ചോദിച്ച കാശും കൊടുത്തു തിരികെ വിട്ടശേഷം ലുങ്കി എടുത്തുടുത്തുകൊണ്ടു നിൽക്കുമ്പോൾ അണ്ണന്റെ മനസ്സിൽ മിന്നായം പോലെ ഒരു സിനിമാപ്പേര് തെളിഞ്ഞു..

'രാജേഷിന്റെ പ്രതികാരം'

(സീൻ രണ്ട്)

(ഫ്ളാഷ് ബാക്ക്)

(ആറു മാസങ്ങൾക്ക് മുൻപ്, ഒരു പ്രഭാതം.)

ശംഭുഅണ്ണൻ ഓട്ടോ ഒതുക്കിയിട്ട് പുറത്തിറങ്ങി വെള്ളയമ്പലം വളവിൽ പതുങ്ങി നിന്നു. രാജേഷും കൊച്ചനിയും പ്രമോദും ഇയാളിതെന്താ കാട്ടുന്നത് എന്നാലോചിച്ചു ഓട്ടോയിൽ തന്നെ ഇരുന്നു..

സമയം അതിക്രമിക്കുന്നു.

ആളൊഴിഞ്ഞു വന്ന ഒരു ആപ്പേയ്ക്ക് അണ്ണൻ കൈകാണിച്ചു. ആപ്പേ ലെഫ്റ്റ് ഒടിച്ചു നിർത്തി.

'എവിടെയ്ക്കാ..?'

തുത്തൻഖാമന്റെ മുഖാവരണം

'റാലി'

റാലി സെക്രട്ടറിയേറ്റ് നടയിലാണ്.. തുണ്ട് ഓട്ടമാണ്. എന്നാലും സാരമില്ല. കൈനീട്ടമല്ലേ..

'കേറ്' ഓട്ടോക്കാരൻ പറഞ്ഞു.

'കേറണില്ല...എനിക്ക് വേറെ ഓട്ടോ ഉണ്ട്..'

ഓട്ടോക്കാരൻ അന്തം വിട്ടു.

കൈനീട്ടമായി കൈനീട്ടിയത് മുഴുവട്ടൻ...!

അയാൾ പിന്നാക്കം നോക്കി.

ഓരോട്ടോയും അതിനകത്ത് മൂന്ന് പയ്യന്മാരും...

'നിങ്ങക്ക് വണ്ടിയുണ്ടെങ്കി പിന്നെന്തിനാ ഇതിന് കൈ കാണിച്ചത്...?'

'വഴി അറിഞ്ഞൂടാ.. ങ്ങള് മുൻപേ വിട്ടോ... ഞങ്ങളു പിന്നാലേ വരാം..'

ഓട്ടോക്കാരന് വിശ്വാസം വന്നില്ല..

'ഇവന്മാരിത് ഏത് പഞ്ചായത്ത്' എന്ന ഭാവത്തിൽ അയാൾ അണ്ണനെ നോക്കി.

പിന്നെ എന്തോ തീരുമാനിച്ച് ഓട്ടോ വളച്ചു. ശംഭുവണ്ണനും ഓടിച്ചെന്നു വണ്ടിയെടുത്തു. റൗണ്ട് ചുറ്റി ഓട്ടോകൾ സെക്രട്ടറിയേറ്റ് ഭാഗത്തേക്ക് നീങ്ങി..

യൂണിവേഴ്സിറ്റി കോളേജ് കഴിഞ്ഞപ്പോൾ തന്നെ റാലിയുടെ വാലുകണ്ട് ഓട്ടോക്കാരൻ വണ്ടി സൈഡാക്കി...

ശംഭു അണ്ണനും ..

'ദോ പോണാ റാലി....' ഓട്ടോക്കാരൻ പറഞ്ഞു.

'ഇതേത് റാലി...?'

അണ്ണൻ വീണ്ടും ഇറങ്ങിവന്നു.

'ചേട്ടായീ.. ഞങ്ങൾക്ക് പോകേണ്ടത് ആർമീല് പിള്ളേരെ എടുക്കുന്ന റാലിക്കാണ്...'

അണ്ണൻ പറഞ്ഞു..

ഓട്ടോക്കാരൻ തലയിൽ കൈവച്ചു..

വീണ്ടും വന്ന വഴിയേ തിരിച്ച്...

രാവിലെ കണികണ്ടതാരെ എന്നയാൾ ആലോചിച്ചു നോക്കി.

അടുത്ത വീട്ടിലെ സുന്ദരിച്ചേച്ചിയാരുന്നു കണി..

കണിയുടെ കുഴപ്പമല്ല, വേറെന്തോ സമയദോഷമാണ്...

അയാൾ റാലി ഗ്രൗണ്ടിലേക്ക് വണ്ടി വിട്ടു..

ആകെ 130 രൂപയുടെ ഓട്ടം..

തുത്തൻഖാമന്റെ മുഖാവരണം

നൂറേ കൊടുക്കൂ എന്ന് ശംഭുഅണ്ണൻ. നൂറിന്റെ ഒറ്റ നോട്ട് വാങ്ങി മുപ്പത് കൂടി വേണം എന്നും പറഞ്ഞ് ഓട്ടോക്കാരൻ ബഹളം വച്ചു.

തർക്കം കേട്ട് ആളുകൂടി..

അഭിപ്രായം പറയാൻ വന്ന ഒരുത്തൻ ചോദിച്ചു..

'ആരാ ഓട്ടോ പിടിച്ചു വന്നത്....?'

ഓട്ടോക്കാരൻ ശംഭു അണ്ണനെ ചൂണ്ടി..

'ഞങ്ങൾ ഈ ഓട്ടോയിലാണ് വന്നത്...'

ശംഭു അണ്ണൻ സ്വന്തം ശകടം ചൂണ്ടി പറഞ്ഞു..

'പിന്നെന്താണിവിടെ തർക്കം..?.'

ഓട്ടോക്കാരൻ ആ മാന്യനോട് കാര്യംപറഞ്ഞു..

അയാൾ ശംഭു അണ്ണനെ നോക്കി..

'വഴി കാണാൻ വേണ്ടി ആരേലും ഓട്ടോ വിളിക്കുമോ സാറേ... അത് ആരോടെങ്കിലും ചോയിച്ചാൽ പോരേ....?' ശംഭുഅണ്ണൻ ചോദിച്ചു.

മധ്യസ്ഥൻ ആകെ കുഴങ്ങി...

ഓട്ടോക്കാരൻ ശംഭു അണ്ണനെ രൂക്ഷമായി നോക്കി.

'നിന്നെ ഞാൻ എടുത്തോളാമെടാ'

അയാൾ ഓട്ടോയിൽ കയറിയിരുന്നു ലിവർ വലിച്ചു വണ്ടി സ്റ്റാർട്ടാക്കി.

'ഒരു നാലു മണിയാകുമ്പോ പിണക്കം കളഞ്ഞിട്ട് ഇങ്ങോട്ടൊന്നു വരാവോ....?'

ശംഭുവണ്ണൻ ചോദിച്ചു..

ഓട്ടോക്കാരൻ നോട്ടം കടുപ്പിച്ചു...

'തിരിച്ചു അങ്ങോട്ടും കൂടി ഒന്നു കൊണ്ടാക്കണമാരുന്നു...'

അണ്ണൻ പറഞ്ഞു..

ഓട്ടോക്കാരൻ വണ്ടിയെടുത്തു കടന്നുകളഞ്ഞു...

ഇനി നിന്നാൽ അടി കൊടുക്കാതെ പോകാൻ പറ്റില്ല..

ചെക്കൻമാരെ അകത്തു കയറ്റിവിട്ടിട്ട് ശംഭു അണ്ണൻ വെളിയിൽ നിന്നു. പിള്ളേർക്കൊപ്പം വന്ന വേറെ ചില ആൾക്കാരെയൊക്കെ പരിചയപ്പെട്ടു. വനിതാ ബറ്റാലിയൻ ഉള്ള പട്ടാളമാണോ ഇതെന്നും കുപ്പി ഏത്രവീതം കിട്ടും എന്നുമൊക്കെ അന്വേഷിച്ചു. കുറെ കഴിഞ്ഞപ്പോൾ പയ്യൻമാർ മതിലിനുമുകളിലൂടെ തലനീട്ടി കയ്യിലിരുന്ന പ്ലാസ്റ്റിക് കവറുകൾ ശംഭു അണ്ണന് ഇട്ടുകൊടുത്തു...

'നിങ്ങളെ എടുത്തോ...?'

'ഇല്ല.. സർട്ടിഫിക്കറ്റ് നോക്കി.. ഇനി ഫിസിക്കൽ ഉണ്ട്.. തീരുമ്പോ ഇരുട്ടും...'

പിള്ളേർ മടങ്ങിപ്പോയി..

അണ്ണൻ ഓട്ടോയിൽ കയറി പിൻസീറ്റിൽ മലർന്നു കിടന്നു.

ഇരുട്ടും എന്നല്ലേ പിള്ളേര് പറഞ്ഞത്... അത്രനേരം ഈ കിടപ്പ് കിടക്കാൻ പറ്റില്ല... അണ്ണൻ മെല്ലെ ഇറങ്ങി അടുത്ത മുറുക്കാൻ കട പൂകി. ഒരു നാരങ്ങാവെള്ളം പറഞ്ഞു. ബോഞ്ചി ഒറ്റടേക്കിന് കുടിച്ചുതീർത്ത് ഗ്ലാസ് വയ്ക്കുമ്പോൾ പരമാവധി കാഷ്വലായി പുള്ളി ചോദിച്ചു..

'ഇവിടെ അടുത്തെവിടെ ബീവറേജസൊണ്ട്...?'

കടക്കാരൻ സ്ഥലം പറഞ്ഞുകൊടുത്തു. വളരെ ദീർഘവീക്ഷണമുള്ള ശംഭു അണ്ണൻ അവിടെനിന്നുതന്നെ ഒരു കുപ്പിവെള്ളവും PVC ഗ്ലാസും വാങ്ങി. കാശു കൊടുത്തു തിരികെ വന്ന് വണ്ടി സ്റ്റാർട്ടാക്കി.

ബിവറേജസ് കണ്ടുപിടിച്ചു സാധനം വാങ്ങി ഓട്ടോയിൽ പോയി ഇരുന്നു. ടപ്പനേ കുടിച്ചു തീർക്കുക, പിടിത്തം കേറി വരും മുൻപ് വണ്ടിയെടുത്തു നേരത്തെ കിടന്നിടത്തു ചെന്ന് കാത്തു കിടക്കുക. അതായിരുന്നു പുള്ളിയുടെ ഉന്നം.. പക്ഷേ പണി പാളി. തിരിച്ചു വരുമ്പോൾ വളവിൽ പാത്തുനിന്ന പോലീസ് നിഷ്കളങ്കനായ ആ ഗ്രാമീണനെ കൈകാണിച്ചു നിർത്തി ഊതിച്ചു.. ഊത്ത് മിഷീൻ അന്നുവരെ കേൾപ്പിച്ചിട്ടുള്ളതിനേക്കാൾ വലിയ ഒരു ബീപ്പ് കേൾപ്പിച്ചു മരണപ്പെട്ടു... പിന്നെ ഓണായില്ല..

റിക്രൂട്ട്മെന്റ് റാലി സ്ഥലത്ത് കൊച്ചനിയും പ്രമോദും 1500 മീറ്റർ ഓട്ടത്തിലേ തോറ്റു.. അവർ ശംഭു അണ്ണനെ വന്നു നോക്കി. കണ്ടില്ല. വരും എന്ന് പ്രതീക്ഷിച്ചു മതിലുനുള്ളിൽ തന്നെ കാത്തുനിന്നു. രാജേഷ് ഓട്ടം ജയിച്ചെങ്കിലും അടുത്ത മൂന്നെണ്ണവും പരാജയപ്പെട്ട് കൂട്ടരുടെ അടുത്തു വന്നു. മൂവരും മതിലിനു മുകളിലൂടെ എത്തിനോക്കി.. അണ്ണൻ മിസ്സിംഗ് ആണ്.. പിള്ളേര് കൂടെക്കൂടെ വന്നു എത്തി നോക്കുന്നത് കണ്ട് പുറത്തുനിന്ന ഒരാൾ കാര്യം അന്വേഷിച്ചു...

'ശംഭു അണ്ണൻ എവിടെ .. ഓട്ടോ എവിടെ...?'

ഒരുത്തൻ ചോദിച്ചു.

'ഓട്ടോ പോയല്ലോ...'

പിള്ളാര് തലയ്ക്കു കൈകൊടുത്ത് നിലത്തിരുന്നു...

ശംഭു അണ്ണൻ സ്റ്റേഷനിൽ നിസ്സഹായനായി നിന്നു. പെറ്റി

അടയ്ക്കാൻ കാശില്ല. അത് കോടതിയിൽ അടയ്ക്കാം.. ജാമ്യം എടുക്കാൻ ആളില്ല.. സന്ധ്യ കഴിഞ്ഞപ്പോൾ പൊലീസുകാർ അയാളോട് പൊയ്ക്കൊള്ളാൻ പറഞ്ഞു.

ഇരുട്ടിൽ വെളിയിലിറങ്ങിയ അണ്ണൻ ആകെ കുഴങ്ങി. വല്ല വിധവും ചോദിച്ചും പറഞ്ഞും പിള്ളേരെ വിട്ട സ്ഥലത്തെത്തി.. ആകെ വിജനം...

'പിള്ളേരൊക്കെ എങ്ങോട്ടു പോയി.. ?'

'എല്ലാരും പോയല്ലോ....'

മുറുക്കാൻ കടക്കാരൻ പറഞ്ഞു.

അണ്ണൻ ഒരു നാരങ്ങാവെള്ളം കൂടി കുടിച്ചു..

ആകെ നശിച്ച ദിവസം....

ഇനി മടങ്ങിപ്പോകാം..അല്ലാതെന്തു ചെയ്യാൻ...

രായ്ക്കുരാമാനം നാട്ടിലെത്തിയ ശംഭുഅണ്ണൻ ആദ്യം രാജേഷിന്റെ വീട്ടിൽ കയറി.

ബാക്കി രണ്ടു പയ്യന്മാരുടെ അപ്പന്മാരും അവിടെ ഉണ്ട്.

'അവന്മാരെവിടെ ശംഭൂ...?' ഒരപ്പൻ ചോദിച്ചു..

അണ്ണന്റെ തൊണ്ട വറ്റി.. പിള്ളാര് ഇതുവരെ വന്നിട്ടില്ല.

ഇത്രയും വൈകിയിട്ടും എത്തിയില്ലെങ്കിൽ അവന്മാരെ പട്ടാളത്തിൽ എടുത്തുകാണും എന്ന് അയാൾക്ക് തോന്നി.

'അവന്മാരെ സേനേലെടുത്തു...'

അണ്ണൻ തട്ടിവിട്ടു..

മൂന്ന് അപ്പന്മാരുടെയും മുഖം തിളങ്ങി. സേനയിലെ പലവിധ ആനുകൂല്യങ്ങൾ, വർഷത്തിലെ ലീവ്, കാശ്മീരിലെ കാലാവസ്ഥ ഒക്കെയായി സംസാരം അങ്ങനെ നീണ്ടു. പിള്ളാരുടെ നല്ല ഭാവിക്ക് സാരഥിയായി പോയ ശംഭുഅണ്ണനെ അവർ ബീഡിയും കട്ടൻ ചായയും നൽകി സൽക്കരിച്ചു.

പെട്ടന്ന് വേറെ ഓരോട്ടോ പാഞ്ഞെത്തി റോഡിന്റെ ഓരം ചേർന്നു നിന്നു..

വ്യത്യസ്തവർണങ്ങളിലുള്ള ജെട്ടി ധരിച്ച മൂന്ന് ചെറുപ്പക്കാർ അതിൽ നിന്ന് പുറത്തിറങ്ങി.

രാജേഷ്.

കൊച്ചനി.

പ്രമോദ്..

'നിങ്ങടെ തുണി എന്തിയേ...????'

ശംഭുവണ്ണൻ ചോദിച്ചു..

തുത്തൻഖാമന്റെ മുഖാവരണം

ഇരുട്ടിൽ എവിടെയോ നിന്നു മുഴുത്ത ഭാരമുള്ള ഒരിടി അണ്ണന്റെ മൂക്കിൽ വന്നു വീണു..

പൊന്നീച്ച പറന്നുതീർന്നപ്പോൾ മതിലിനു മുകളിലൂടെ പിള്ളാര് കൊടുത്ത മൂന്ന് കവറുകൾ അണ്ണന്റെ ഓർമയിൽ തെളിഞ്ഞു...

൧൧

നാല്
നമുക്കുപാർക്കാൻ മുന്തിരിത്തോപ്പുകൾ

പഴയ ഒരു കഥയാണ്. വിവാഹം കഴിഞ്ഞതിന്റെ പിറ്റേയാഴ്ച നളിനി എന്നും ദിവാകരൻ എന്നും പേരായ നവദമ്പതികൾ ഒരുമിച്ചൊരു പേശും പടം കാണാൻ പോയ കഥ.

'നമുക്കു പാർക്കാൻ മുന്തിരിത്തോപ്പുകൾ' എന്നായിരുന്നു പടത്തിനു പേര്. വൈകിട്ട് നാലിനും അഞ്ചിനും ഇടയിൽ എപ്പോഴെങ്കിലും ഗ്രാമത്തിൽ വന്നു മടങ്ങിപ്പോകുന്ന കെഎസ്ആർടിസി ബസ്സിൽ കയറി പട്ടണത്തിൽ ചെന്നെങ്കിൽ മാത്രമേ ആകപ്പാടെ വിരലിലെണ്ണാവുന്ന തിയറ്ററുകളിൽ പൂത്തു തളിർത്ത മുന്തിരിത്തോപ്പുകൾ കാണാൻ കഴിയുമായിരുന്നുള്ളൂ.

ഉച്ചയോടെ പണിനിർത്തി വീട്ടിൽവന്ന് കുളിച്ചൊരുങ്ങി ദിവാകരൻ അതിനകം തന്നെ ഒരുങ്ങി നിൽക്കുകയായിരുന്ന ഭാര്യയെയും കൂട്ടി കവലയിൽ ചെന്ന് കാത്തുനിന്നു ബസുകയറി. നഗരത്തിൽ ബസിറങ്ങി ആഞ്ഞു നടന്ന് തിയേറ്ററിലെത്തി ടിക്കറ്റെടുത്ത്, കൊറിക്കാൻ ഒരു പൊതി പട്ടാണിക്കടലയും വാങ്ങി അവർ കൊട്ടകയ്ക്ക് അകത്തു പ്രവേശിച്ചു. തെല്ലു കഴിഞ്ഞപ്പോൾ വെളിച്ചം കെടുകയും വെള്ളിത്തിരയിൽ വെളുപ്പാൻകാലമാവുകയും സോളമന്റെ പാണ്ടിലോറി വളവ് തിരിഞ്ഞ് വന്ന വെട്ടം അവരുടെ കണ്ണഞ്ചിപ്പിക്കുകയും ചെയ്തു. പോകെപ്പോകെ പ്രേമത്തിന്റെ ആകാശമാകെ കണിമലർ പൂത്തു.

മുന്തിരിവള്ളികൾക്കിടയിൽ ഒറ്റക്കമ്പിളി പുതച്ചുനിൽക്കുന്ന സോളമനെയും സോഫിയയെയും കണ്ടപ്പോൾ നളിനിക്കു നാണം വന്നു. പടം മുറുകിമുറുകി ഒടുവിൽ വളർത്തച്ഛൻ പോൾ പൈലോക്കാരൻ അവളെ സമീപിക്കുന്ന ഘട്ടമായി. നവഭാര്യയും നവഭർത്താവും പൈലോക്കാരൻ സോഫിയയെ നശിപ്പിക്കുന്നതിന് തൊട്ടു മുന്നേ വലിയൊരു ലോറിയിൽ ഉച്ചത്തിൽ ഹോൺ മുഴക്കി സോ

ളമൻ വരുമെന്ന് പ്രതീക്ഷിച്ചു..

അതുണ്ടായില്ല.

സോഫിയ കളങ്കപ്പെട്ടു.. എല്ലാം കഴിഞ്ഞപ്പോൾ സോളമൻ വന്ന് അവളെ ലോറിയിൽ പൊക്കിയെടുത്തു കയറ്റി കൊണ്ടുപോയെങ്കിലും അവൾ അതിനകം കളങ്കപ്പെട്ടു പോയതിൽ ഭാര്യക്കും ഭർത്താവിനും കൊടിയനിരാശ തോന്നി. നല്ലപോലെ കൊണ്ടുവന്ന ഒരു കഥ അവസാനം കൊണ്ടുവന്നു കുളമാക്കി എന്ന് ദിവാകരൻ ഭാര്യയുടെ ചെവിയിൽപറഞ്ഞു. സോളമനെ കാണാൻ നിൽക്കാതെ അവൾ വല്ല കടുംകയ്യും ചെയ്തു കളയുമെന്ന് പ്രതീക്ഷിച്ച ഭാര്യക്കും നായകൻ വന്ന് അവളെ പൊക്കിയെടുത്ത് ലോറിയിൽ കയറ്റിക്കൊണ്ടുപോയത് ഇഷ്ടപ്പെട്ടില്ല.

പടം വിട്ടിറങ്ങിയപ്പോൾ പുറത്ത് ചാറ്റൽമഴ പെയ്യുകയായിരുന്നു. നാട്ടിലേക്കുള്ള അവസാന ബസ് പത്തുമണിക്കേ ഉണ്ടായിരുന്നുള്ളൂ. സമയം ധാരാളം ഉണ്ടല്ലോ, വല്ലതും കഴിക്കാമെന്ന് കരുതി ദമ്പതികൾ ഉടുപ്പി ഹോട്ടലിൽ കയറി. ചെന്നപാടേ ഭർത്താവ് രണ്ടു മസാലദോശ പറഞ്ഞു. നളിനി മസാലദോശ ആദ്യമായി കഴിക്കുകയായിരുന്നു. അരികുകൾ രുചിച്ചെങ്കിലും അകത്തിരുന്ന മസാല അവൾക്ക് പിടിച്ചില്ല. ദിവാകരൻ മുൻപ് ഒന്നുരണ്ട് വട്ടം മസാലദോശ കഴിച്ചിട്ടുണ്ടായിരുന്നു. അരികുകളെക്കാൾ അകത്തെ മസാല അയാൾക്ക് ഇഷ്ടപ്പെട്ടു. കാശുകൊടുത്ത് വാങ്ങിയ മസാലദോശ ഭാര്യ പാഴാക്കിക്കളഞ്ഞതിൽ അയാൾക്ക് നീരസം തോന്നി. സാദാദോശ മതിയായിരുന്നു എന്ന് നളിനിയും പശ്ചാത്തപിച്ചു.

ഹോട്ടലിൽ നിന്ന് ഇറങ്ങുമ്പോഴേക്കും മഴ തോർന്നിരുന്നു. ഓട്ടോ പിടിച്ച് വീണ്ടും ബസ്റ്റാൻഡിൽ ചെന്ന് അവർ ഗ്രാമത്തിലേക്കുള്ള സ്റ്റേ ബസ്സിൽ കയറിയിരുന്നു.

പടം മൊത്തത്തിൽ ഇഷ്ടപ്പെട്ടില്ലെങ്കിലും അതിലെ പലതും ഭാര്യയുടെയും ഭർത്താവിന്റെയും മനസ്സിൽ തങ്ങിനിന്നിരുന്നു. മച്ചിൽ പറന്നുപറ്റി തിളക്കം പൊഴിഞ്ഞു കൊണ്ടിരുന്ന മിന്നാമിന്നിയെ നോക്കി ഉറങ്ങാൻ കിടക്കെ നളിനി ഭർത്താവിനോട് ചോദിച്ചു.

'എങ്ങനെ ആയിരിക്കും ഇനി അവരുടെ ജീവിതം...?'

'നേരെ പോവൂല.. പെഴച്ച പെണ്ണിനെ ആ തള്ള ഏറെക്കാലം വച്ചു പൊറുപ്പിക്കാൻ പോണില്ല.'

ദിവാകരൻ പറഞ്ഞു.

'അവർ രണ്ടും മുന്തിരിപ്പാടത്ത് പോയി ജീവിക്കാനല്ലേ പോയത്. തള്ള നാട്ടിലല്ലേ..?'

നളിനി ചോദിച്ചു.

'ഒറ്റയ്ക്ക് അന്യനാട്ടിൽ എത്ര കാലം കഴിയും.. എങ്ങനെയായാലും ഏതെങ്കിലും നാട്ടുകാരൻ വഴി സംഭവം അവിടെ അറിയും. നാണക്കേട് കാരണം സോളമന് പിന്നെ പുറത്തിറങ്ങാൻ പറ്റുമോ..?'

ദിവാകരൻ ചോദിച്ചു.

അത് ശരിയാണെന്ന് നളിനിയും സമ്മതിച്ചു. കുറെനേരം വർത്തമാനം പറഞ്ഞിട്ട് അവർ നിശ്ശബ്ദരായി കിടന്നു.

'എന്നാലും എങ്ങനെ തോന്നി ആ തന്തയ്ക്കത് ചെയ്യാൻ' എന്നു ഭാര്യ ചോദിച്ചതിന് ഭർത്താവ് മറുപടി പറയാഞ്ഞപ്പോൾ അയാൾ ഉറങ്ങിക്കാണുമെന്ന് അവൾക്കു തീർച്ചയായി.

ഉറക്കം വരാത്തതുകൊണ്ട് നളിനി വീണ്ടും ആലോചനയിലാണ്ടു. രണ്ടാളും വഴക്കിടുമ്പോൾ സോളമൻ സോഫിയയെ പണ്ടു നടന്നതൊക്കെ പറഞ്ഞു നോവിക്കുമായിരിക്കും എന്ന് നളിനി ഓർത്തു. അവൾക്കന്നേരം സഹിക്കാൻ പറ്റാത്ത സങ്കടം വരുമായിരിക്കും. പെണ്ണിന്റെ ജീവിതം നരകം തന്നെ എന്ന് പണ്ടുള്ളവർ പറഞ്ഞത് എത്ര കറക്ടാണെന്നോർത്ത് നളിനി നെടുവീർപ്പിട്ടു. കയ്യിൽ കിട്ടിയ ഒരു മരക്കഷണം എടുത്ത് സോഫിയ പൈലോക്കാരനെ വകവരുത്തി ജയിലിൽ പോവുകയും, ശിക്ഷ കഴിഞ്ഞ് അവൾ പുറത്തിറങ്ങും വരെ സോളമൻ അവളെ കാത്തിരിക്കുകയും ചെയ്തിരുന്നെങ്കിൽ അതായിരുന്നു പൊളി ക്ലൈമാക്സ് എന്ന് നളിനി ചിന്തിച്ചു. അക്കാര്യം നാളെ ഭർത്താവിനോട് പറയണം എന്നു തീരുമാനിച്ച് അവൾ കിടന്നുറങ്ങി.

അതിരാവിലെ തന്നെ ഉണർന്ന് നളിനി അടുക്കളയിലേക്ക് ചെന്നു. 'സിനിമ കൊള്ളാമായിരുന്നോ' എന്ന് ഭർത്താവിന്റെ അമ്മ ചോദിച്ചു. 'കുടുംബത്തിൽ പിറന്നവർക്ക് കാണാൻ കൊള്ളുകേലമ്മേ' എന്ന് നളിനി പറഞ്ഞു. 'അതെന്താ' എന്ന് ഭർത്താവിന്റെ അനുജത്തി ചോദിച്ചു. 'നിന്നോട് പറയാൻ കൊള്ളുകയില്ല' എന്ന് നളിനി പറഞ്ഞു. കൗമാരക്കാരിയായ നാത്തൂൻ സിനിമയിൽ ഉണ്ടായിരുന്നത് എന്തൊക്കെയാകും എന്ന് ഏകദേശം ഊഹിച്ചു. നാത്തൂനെ ഒറ്റയ്ക്ക്കിട്ടുമ്പോൾ കഥ പറയിക്കണം എന്ന് അവൾ ഒരുൾപുളകത്തോടെ ആലോചന ചെയ്തു.

സിനിമ കാണാൻ പോകുമെന്ന് പറഞ്ഞിരുന്നതുകൊണ്ട് പിറ്റേന്ന് ജോലിസ്ഥലത്തും കണ്ട സിനിമയുടെ വിശേഷങ്ങൾ ദിവാകരന് പങ്കുവെക്കേണ്ടിവന്നു. കഥകേട്ടു തീർന്നപ്പോൾ വാടിയ പൂ ചൂടിയാലും ചൂടിയ പൂവ് ചൂടരുത് എന്നൊരു അഭിപ്രായം ഏകക

ണ്ഠമായി ഉയർന്നുവന്നു. അന്നും പിറ്റേന്നുമായി പടം കാണാൻ പോകാനിരുന്ന ഒന്ന് രണ്ടു പേർ കഥ കൊള്ളുകേലാ എന്നുപറഞ്ഞ് പദ്ധതി ഉപേക്ഷിച്ചു.

വൈകുന്നേരം തോട്ടുകടവിൽ കുളിക്കാൻ ചെന്നപ്പോൾ നളിനിക്കും മുന്തിരിത്തോപ്പുകളിൽ നടന്നത് വള്ളിപുള്ളി വിടാതെ പറയേണ്ടിവന്നു. രസംപിടിച്ചു കേട്ട പെണ്ണുങ്ങൾ പടത്തിന്റെ അവസാനം തീരെ നന്നായില്ല എന്നു പറഞ്ഞു. കുളികഴിഞ്ഞ് ബ്ലൗസ് ധരിക്കുന്നതിനിടെ കമലമ്മ മാത്രം 'എനിക്ക് ആ പടം ഒന്നു കാണണം' എന്നു പറഞ്ഞു.

നഴ്സറിയിൽ പോയി തുടങ്ങിയിരുന്ന മകനെ കമലമ്മ നേരത്തെ കുളിപ്പിച്ച് തോർത്തിവിട്ടിരുന്നു. കുളികഴിഞ്ഞാൽ അവർക്ക് ഉടുക്കാനുള്ള ലുങ്കിയും പുതച്ച് തോട്ടുവക്കിലെ പാറപ്പുറത്ത് കയറി വെള്ളത്തിലേക്ക് ചെറിയ കല്ലുകൾ പെറുക്കി എറിഞ്ഞു കൊണ്ടിരിക്കുകയായിരുന്ന കുട്ടി 'എന്നേം കൊണ്ടോവോ അമ്മേ സിലിമയ്ക്ക്' എന്നു ചോദിച്ചു.

അതിനുത്തരം പറയാതെ 'കയലിയിങ്ങു താ ചെക്കാ, കിന്നാരം പറയാതെ' എന്ന് കമലമ്മ പറഞ്ഞു. പയ്യൻ എഴുന്നേറ്റ് ലുങ്കി കമലമ്മയ്ക്കെറിഞ്ഞു കൊടുത്തു.

അലക്കിപ്പിഴിഞ്ഞ് കരയ്ക്ക് വച്ചിരുന്ന തുണികൾ എടുത്ത് മകനെയും വിളിച്ച് കമലമ്മ കയറിപ്പോയി. അവർ കേൾക്കാപ്പാട് അകലെയെത്തിയതും പെണ്ണുങ്ങളിൽ ഒരുത്തി പറഞ്ഞു.

'അവളാ ചെക്കനെ പിഴച്ചുപെറ്റതല്ലേ... അവൾക്ക് ഇഷ്ടപ്പെടും പടം'

നളിനി കാര്യമറിയാതെ കൺമിഴിച്ചപ്പോൾ പെണ്ണുങ്ങൾ കാര്യം വിശദമായി പറഞ്ഞു കൊടുത്തു.

ആരോഗ്യവും ചെറുപ്പവും ആവോളം ബാക്കി കിടക്കുന്ന കമലമ്മയ്ക്ക് ഭർത്താവില്ല എന്ന സത്യം നവഭാര്യയായ നളിനിയെ ദുഃഖിപ്പിച്ചു. മുള്ളുചെന്ന് ഇലയിൽ വീണാലും ഇല ചെന്ന് മുള്ളിൽ വീണാലും ഇലയ്ക്കാണ് കേടെന്ന് പഴമക്കാർ പറയുന്നത് എത്ര ശരിയെന്ന് നളിനി ദീർഘനിശ്വാസം ചെയ്തു.

രാത്രി ദിവാകരന്റെ നെഞ്ചിൽ ചെവിചേർത്തു കിടക്കേ നളിനി കുളിക്കടവിൽ വച്ച് കണ്ട പാവം സ്ത്രീയെയും മകനെയും പറ്റി അയാളോട് പറഞ്ഞു.

'പെഴച്ചവളാ.. അധികം കൂട്ടുവേണ്ട'

ദിവാകരൻ പറഞ്ഞു.

കമലമ്മയും മകനും മുന്തിരിത്തോപ്പുകൾ കണ്ടുതീർത്തു തിയേറ്ററിൽ നിന്നിറങ്ങി ബസ്റ്റാന്റിലേക്ക് നടന്നു.

'നിനക്ക് സിനിമ ഇഷ്ടപ്പെട്ടോ...?'

കമലമ്മ മകനോട് ചോദിച്ചു.

'ഉം...'

മകൻ തലയാട്ടി.

'വളരുമ്പോ നീയും ഒരാണാവണം കേട്ടോ... സോളമനെ പോലെ ഒരാണ്...'

○○

അഞ്ച്
പ്രതി

കുപ്രസിദ്ധ മോഷ്ടാവ് ഊട്ടി രാജന് ആ പേരു വീണതിനെ പറ്റി തലസ്ഥാനത്തെ പോലീസുകാർക്കിടയിൽ രണ്ടു വാദഗതികളുണ്ട്. ഊറ്റുകുഴി സ്വദേശിനിയെ വിവാഹം ചെയ്ത് അവിടെ താമസമാക്കിയതോടെ ഊറ്റുകുഴി രാജനെന്ന് അറിയപ്പെടാൻ തുടങ്ങുകയും ക്രമേണ ഊറ്റുകുഴി ലോപിച്ച് 'ഊട്ടി'യായിത്തീരുകയും ചെയ്തു എന്നതാണ് ഒരു വാദം. കനപ്പെട്ട മോഷണങ്ങൾ ഏതെങ്കിലും നിർവഹിച്ചു കഴിഞ്ഞാൽ അവിടെ മുങ്ങി ഊട്ടിയിൽ പൊങ്ങുന്ന പതിവുണ്ടായിരുന്നതിനാൽ ഊട്ടി രാജൻ എന്ന പേരു വീണു എന്ന് മറുഭാഗം വാദിക്കുന്നു. രാജന്റെ ആദ്യഭാര്യ വാമാക്ഷി ഊറ്റുകുഴി സ്വദേശിനിയായിരുന്നതിനാൽ ആദ്യവാദത്തിൽ കഴമ്പുണ്ട് എന്ന് തോന്നും. തലസ്ഥാനത്തെ വിവിധ സ്റ്റേഷനുകളിലെ രാജൻ പ്രതിയായ ആദ്യകാല മോഷണക്കേസ് രേഖകൾ പരിശോധിച്ചാൽ കൃത്യം നിർവഹിച്ച ശേഷം അയാൾ ഊട്ടിയിൽ എത്തി ദിവസങ്ങളോളം ഹോട്ടലുകളിൽ താമസിക്കുക പതിവായിരുന്നു എന്നു വ്യക്തമാകും. അപ്പോൾ രണ്ടാമത്തെ വാദത്തിനാണ് ബലം എന്നു തോന്നും.

ഫോർട്ട് സ്റ്റേഷനിലെ ഗ്രേഡ് എസ്.ഐ ഗീവർഗീസ്, രാജനെ ചില കേസുകളുമായി ബന്ധപ്പെട്ട് ഊട്ടിയിൽ തെളിവെടുപ്പിന് കൊണ്ടു പോയിട്ടുള്ളവരിൽ സർവീസിൽ ഇപ്പോഴും ശേഷിക്കുന്നയാളാണ്.

സ്റ്റേഷനിലെ പതിവ് സംഭാഷണ മധ്യേ ഊട്ടി രാജൻ എന്ന പ്രയോഗം ആദ്യമായി നടത്തിയത് താനാണ് എന്നും അന്നത്തെ ഫോർട്ട് എസ്ഐ ഇടിയൻ ചാക്കോയ്ക്ക് അത് നന്നേ ബോധിക്കുകയും അങ്ങനെ രേഖകളിലും അത് ചേർത്തു കൊള്ളാൻ അനുവദിച്ചു എന്നും ഗീവർഗീസ് അവകാശപ്പെടുന്നു. ഇത് വെറും തള്ളാ

ണ് എന്നാണ് ഊറ്റുകുഴി വാദക്കാരുടെ അഭിപ്രായം.

മോഷണവും പിടിച്ചുപറിയുമൊക്കെ വർഷങ്ങൾക്ക് മുൻപ് അവസാനിപ്പിച്ച് മുടവന്മുകൾ ഭാഗത്ത് രണ്ടാംഭാര്യയുടെ ആദ്യ വിവാഹത്തിലെ മകൾക്കൊപ്പം വിശ്രമജീവിതം നയിക്കുന്ന രാജൻ വീണ്ടും കഥയിൽ വരുന്നത് തമ്പാനൂർ സ്റ്റേഷനിൽ ലഭിച്ച ഒരു പരാതിയുമായി ബന്ധപ്പെട്ടാണ്.

ന്യൂ തീയേറ്ററിന് പിന്നാമ്പുറത്തെ ഒരു വാടകവീട്ടിൽ ഒറ്റയ്ക്ക് താമസിക്കുന്ന പത്മാക്ഷിയമ്മ എന്ന വൃദ്ധയായിരുന്നു പരാതിക്കാരി. ഓഹരിയെല്ലാം വാങ്ങിയെടുത്ത ശേഷം വർഷങ്ങളായി തിരിഞ്ഞു നോക്കാതിരുന്ന മകനും മകളും ഇപ്പോൾ സ്വസ്ഥമായി ജീവിക്കാൻ സമ്മതിക്കുന്നില്ല എന്നതായിരുന്നു പരാതി.

ഇഞ്ചക്കൽ ഭാഗത്ത് ഹോട്ടൽ നടത്തുന്ന മകൻ ശിവനെയും മെഡിക്കൽ കോളജിൽ ജീവനക്കാരിയായ മകൾ സരസയേയും സ്റ്റേഷനിലേക്ക് വിളിപ്പിച്ചു. അവരെത്തി കുറച്ചുകഴിഞ്ഞപ്പോൾ പത്മാക്ഷിയമ്മയും സ്റ്റേഷനിലെത്തി.

മൂന്നാളും അകത്തു കയറി ഹാഫ്ഡോർ അടഞ്ഞതും എസ് ഐ യുടെ മൂക്കിൽ ബിയറിന്റെ പുളിച്ച മണം തുളച്ചു കയറി.

അയാൾ ശിവനെയൊന്ന് തറപ്പിച്ചു നോക്കി.

'നീ കുടിച്ചിട്ടുണ്ടോ...?'

'ഇല്ല സാറേ...'

'നുണ പറയുന്നോടാ' എന്നലറിക്കൊണ്ട് എസ്ഐ ചാടിയെണീറ്റു. അന്നേരം,

'കുടിച്ചത് ഞാനാ സാറേ...' എന്നു പറഞ്ഞ് ഒരു ചെറുപുഞ്ചിരിയോടെ പത്മാക്ഷിയമ്മ അയാളെ കണ്ണിറുക്കി കാണിച്ചു.

'ഇതാ സാറേ കുഴപ്പം... അമ്മച്ചി സദാ നേരവും ബാറിലാണ്. ഇതങ്ങനെ വിട്ടാൽ പറ്റില്ല. അമ്മച്ചിയെ എനിക്ക് കൊണ്ടു പോണം. ഇനിയുള്ള കാലം പൊന്നുപോലെ നോക്കണം.'

കിട്ടിയ അവസരം മുതലാക്കി സരസ പറഞ്ഞു.

'ആ വെള്ളം നീ വാങ്ങി വയ്.. അമ്മച്ചി എന്റെ അമ്മച്ചി. അമ്മച്ചീനെ ഞാൻ കൊണ്ടോയി നോക്കും...'

ശിവനും വിട്ടില്ല.

എസ് ഐ കസേരയിൽ തിരികെയിരുന്നു.

'അമ്മച്ചി കുടിക്കോ...?'

'കുടിക്കും സാറേ... ഇവനേം ഇവളേം കൂട്ട് വെട്ടിരുമ്പല്ല... നല്ല ബിയറ്... രാവിലേം വയ്യൂട്ടും ഓരോന്ന്..'

തുത്തൻഖാമന്റെ മുഖാവരണം

'അമ്മച്ചിയെ കൂടെ നിർത്താൻ മക്കൾ രണ്ടും മത്സരിക്കുവല്ലേ... ഇന്നത്തെകാലത്ത് ഇങ്ങനെയുള്ള മക്കളെ കിട്ടാൻ ഭാഗ്യം ചെയ്യണം.. അമ്മച്ചിക്ക് ഇഷ്ടമുള്ള ആളോടൊപ്പമോ അല്ലെങ്കിൽ രണ്ടിടത്തും മാറിമാറിയോ നിന്നാലെന്താ...?'

'സാറേ.. നാലഞ്ചു കൊല്ലമായി ഞാൻ ചത്തോ ഉണ്ടോ എന്നു പോലും അന്നഴിക്കാത്ത ജാതികളാ.. ഇതിപ്പോ എന്നെ വെഷം തന്നു കൊല്ലാനാണ് സ്നേഹത്തി വിളിക്കണത്..'

'ഇത്രേംകാലം നിങ്ങൾ എവിടെയായിരുന്നു...?'

എസ്ഐ മക്കളോട് ചോദിച്ചു.

ശിവൻ ആ ചോദ്യത്തിന് പെട്ടെന്നൊരു ഉത്തരമില്ലാതെ പെട്ടു. പക്ഷേ, സരസയുടെ കൗശലബുദ്ധി ഉണർന്നു പ്രവർത്തിച്ചു.

'ഇത്രേംകാലം അമ്മച്ചിക്ക് ആരോഗ്യമൊണ്ടാരുന്നു. സ്വന്തം കാലിൽ നിയ്ക്കാൻ പറ്റുമാരുന്നു.. വയസാകുമ്പ അല്ലേ സാറേ മക്കളുടെ ആവിശം...?'

എസ്ഐ യ്ക്ക് പെട്ടന്നൊരു മറുപടി കിട്ടിയില്ല..

പത്മാക്ഷിയമ്മ ആരോടൊപ്പവും പോകുന്നില്ല എന്ന വാശിയിൽ നിന്നു. മകനും മകളും വീട്ടിൽ കയറിയിറങ്ങുന്നത് വിലക്കണം എന്നതാണ് അവരുടെ ഡിമാന്റ്.

'അമ്മയ്ക്ക് നിങ്ങൾക്കൊപ്പം വരാൻ ഇഷ്ടമില്ലെങ്കിൽ നിങ്ങളവരെ നിർബന്ധിക്കണ്ട...'

എസ്ഐ പറഞ്ഞു.

'അപ്പോ കുടിച്ചു ബോധം പോയി വല്ല വണ്ടീം മുട്ടി റോഡിൽ വീണു ചത്താ സാറു സമാധാനം പറയോ...?'

സരസ ചോദിച്ചു.

'നീ പോടീ നാറീ.. ഞാൻ വീണു ചത്താൽ എനിക്ക് തന്നെ ഉത്തരവാദിത്തം...' പത്മാക്ഷിയമ്മ ചീറി..

എസ്ഐ കടലാസും പേനയും വരുത്തി. മക്കൾക്കൊപ്പം പോകാൻ സമ്മതമില്ല എന്നും അതിന്റെ കഷ്ടനഷ്ടങ്ങൾക്ക് മക്കൾ ഉത്തരവാദിയല്ല എന്നും പത്മാക്ഷിയമ്മയെക്കൊണ്ടും അമ്മയെ ഒപ്പം നിർത്താൻ തയാറാണ്, പക്ഷേ അമ്മയ്ക്ക് ഇഷ്ടമല്ലാത്തതിനാൽ അക്കാര്യം ഇനി നിർബന്ധിക്കില്ല എന്ന് മക്കളെക്കൊണ്ടും എഴുതി വയ്പിച്ച് അയാൾ മൂവരെയും പറഞ്ഞു വിട്ടു.

രണ്ടുദിനം കഴിഞ്ഞ് പതിവ് പട്രോളിങ്ങിനിടെ മുല്ലശ്ശേരി ബാറിന് മുന്നിലെ ഇടുങ്ങിയ റോഡിലൂടെ പോകുമ്പോൾ നട്ടുച്ചനേക്ക് ബാറിറങ്ങി വരുന്ന പത്മാക്ഷിയമ്മയെ കണ്ട് എസ്ഐ അമ്പരന്നു.

തുത്തൻഖാമന്റെ മുഖാവരണം

മെലിഞ്ഞ കഴുത്തിൽ ഉശിരനൊരു സ്വർണമാലയും കാതുകളിൽ പൂക്കമ്മലും തിളങ്ങുന്നതുകണ്ട് അയാളുടെ അത്ഭുതമിരട്ടിച്ചു. എവിടെയോ എന്തോ തകരാറു പോലെ..!

പോലീസുവണ്ടി ഓരം ചേർത്തു നിർത്തിച്ച് എസ്ഐ 'അമ്മച്ചീ' എന്ന് ഉറക്കെ വിളിച്ചു.

അമ്മച്ചി നിന്നു.

'സാറോ..?!'

സങ്കോചമൊന്നുമില്ലാതെ അവർ എസ്ഐ ഇരുന്ന ഭാഗത്തേക്ക് ചെന്നു.

'അമ്മച്ചി കയറ്.. ഞങ്ങൾ കൊണ്ടു വിടാം...'

'വേണ്ട സാറേ.. നടക്കാനുള്ള ദൂരമേയൊള്ളൂ..'

'എന്നാലും കയറ്... ചില കാര്യങ്ങൾ ചോദിച്ചറിയാനുണ്ട്.'

പിന്നിലിരുന്ന പോലീസുകാരൻ ഡോർ തുറന്നുകൊടുത്തു.

അമ്മച്ചി പോലീസുകാരന്റെ തന്നെ കൈ പിടിച്ച് വണ്ടിക്കകത്തേക്ക് കയറി.

'ഈ മാലയും കമ്മലും ഒക്കെ മുക്കാണോ അതോ സ്വർണമാണോ..?.'

എസ് ഐ ചോദിച്ചു.

'തനി തങ്കമാ സാറേ..'

'പെൻഷൻ കാശ് കൂട്ടി വച്ചു വാങ്ങിയതാണോ...?'

'ഓ.. അതെന്തിന് വരും..1300 രൂപയല്ലേ ഉള്ളൂ...?'

'പിന്നെ ഇതിനൊക്കെ എവിടന്നാ കാശ്...?'

'എനിക്ക് കുറച്ച് മൊതല് കിട്ടാനുണ്ടാരുന്ന് സാറേ... രണ്ടാഴ്ച മുന്നേ അത് കിട്ടി. അതല്ലേ മോനും മോളും എന്നെ വളഞ്ഞിട്ട് പിടിക്കാൻ നോക്കുന്നെ...'

'മുതൽ എന്നു പറയുമ്പോ...?'

'സ്വർണം.'

'കടം കൊടുത്തിരുന്നതാണോ..?'

'അല്ല സാറേ.. പിടിച്ചു പറിച്ചോണ്ടു പോയതാ.. 30 കൊല്ലം മുൻപ്.' എസ്ഐയും പോലീസുകാരും ഞെട്ടി.

'കള്ളൻ അതിപ്പോ തിരികെ കൊണ്ടു തന്നോ...?'

എസ്ഐ ക്ക് ആകാംക്ഷ അടക്കാൻ പറ്റിയില്ല...

'അതെ സാറേ.. വെളുപ്പിന് ഉണർന്നു മുറീന്നിറങ്ങി നോക്കുമ്പോ ഇറായത്ത് ഒരു പെട്ടി. തുറന്നു നോക്കിയപ്പോ അകം നിറയെ സ്വർണം..'

തുത്തൻഖാമന്റെ മുഖാവരണം

ഡ്രൈവറുടെ കാൽ അറിയാതെ ബ്രേക്കിലമർന്നു. വണ്ടി നടു റോഡിൽ എൻജിൻ ഓഫായി നിന്നു.

അമ്മച്ചിക്ക് കള്ള് മണ്ടയിൽ കയറി കിളി പോയിക്കാണും എന്ന് എസ്ഐ വിചാരിച്ചു.

'അത് കള്ളൻ കൊണ്ടുവച്ചതാണെന്ന് എങ്ങനെ മനസ്സിലായി...?'

അയാൾ വെറുതെ ചോദിച്ചു.

പത്മാക്ഷിയമ്മ കയ്യിലെ ചെറിയ പഴ്സ് തുറന്ന് ഒരു കടലാസ് കഷണമെടുത്ത് എസ്ഐ ക്കു കൊടുത്തു.

അയാൾ അതു വായിച്ചു.

'അമ്മേ.. മുപ്പത് വർഷം മുമ്പ് അമ്മയുടെ കയ്യിൽ നിന്നു പിടിച്ചു വാങ്ങിക്കൊണ്ടു പോയത് മുതലും പലിശയും ചേർത്ത് തിരിച്ചു തരുന്നു. അമ്മയ്ക്ക് നഷ്ടപ്പെട്ട ഒന്നിനും പകരമായല്ല.. എന്റെ ഒരു സമാധാനത്തിന്..'

എസ്ഐ തരിച്ചിരുന്നു. മുന്നിൽ കാണുന്നത് സിനിമയോ മുത്തശ്ശിക്കഥയോ...?

വണ്ടി ന്യൂ തീയേറ്ററിന് മുന്നിലെത്തി നിന്നു. പത്മാക്ഷിയമ്മ ഇറങ്ങി. എസ്ഐക്ക് കൈവീശി അവർ ഇടറോഡിലൂടെ അകത്തേയ്ക്ക് പോയി.

സ്റ്റേഷനിൽ തിരികെ എത്തിയ ഉടൻ എസ്ഐ റെക്കോർഡ്സ് റൂമിലേക്ക് കയറി. കവർന്ന സ്വർണം പല മടങ്ങായി തിരിച്ചുകൊടുക്കാൻ മാത്രം ധനികനായി വളർന്ന ആ കള്ളൻ ആരാണ്...? മുഖത്ത് തൂവാല മുറുക്കിക്കെട്ടി മുപ്പത് വർഷം മുൻപുള്ള കേസ് ഫയൽ അയാൾ പണിപ്പെട്ട് തപ്പിയെടുത്ത് ആകാംക്ഷയോടെ തുറന്നു....

'1990 ഏപ്രിൽ 4 ബുധനാഴ്ച പകൽ 11 മണിക്ക് ഭർതൃസഹോദരിയുടെ വിവാഹാവശ്യത്തിനായി എസ്എസ് കോവിൽ റോഡിലെ സ്വകാര്യ സ്വർണപ്പണയ സ്ഥാപനത്തിൽ പണയം വയ്ക്കുന്നതിനു പരാതിക്കാരി കൊണ്ടുപോയ 35 പവൻ സ്വർണം ബൈക്കിൽ എത്തിയ ഹെൽമെറ്റ് ധാരി തട്ടിപ്പറിച്ചു കടന്ന കേസ്..

ഇതു സംബന്ധിച്ച അന്വേഷണത്തിൽ യാതൊരു തുമ്പും ലഭിച്ചില്ല. പരാതിക്കാരിയിൽ നിന്നോ ദൃക്സാക്ഷികളിൽ നിന്നോ ലഭിച്ച വിവരം വച്ചു പ്രതിയെയോ വാഹനത്തെയോ ട്രേസ് ചെയ്യാൻ സാധിച്ചില്ല..

1992 ഡിസംബർ 9-ന് പരാതിക്കാരി ബഹു. മുഖ്യമന്ത്രി മുൻപാകെ നൽകിയ ഹർജിയുടെ രത്നച്ചുരുക്കം

തുത്തൻഖാമന്റെ മുഖാവരണം

മുതൽ നഷ്ടപ്പെട്ടത് മൂലം പരാതിക്കാരി ഏറെ കഷ്ടനഷ്ടങ്ങൾ അനുഭവിച്ചു. ഭർതൃസഹോദരിയുടെ വിവാഹം മുടങ്ങുകയും പരാതിക്കാരിയുടെ ഭർത്താവ് ടിയാരിയെയും മക്കളെയും ഉപേക്ഷിച്ചു പോകുകയും ചെയ്തു. അന്വേഷണം ഊർജിതപ്പെടുത്തി മുതൽ വീണ്ടെടുത്തു നൽകുവാൻ ദയവുണ്ടാകണം.

ബഹു.മുഖ്യമന്ത്രിയുടെ ഓഫീസിൽ നിന്നുള്ള നിർദ്ദേശ പ്രകാരം ഈ കേസിൽ ഊർജിതമായ അന്വേഷണം നടത്തി.

1993 ഡിസംബർ 31 ന് അർദ്ധരാത്രി കവടിയാർ റോഡിൽ നിന്ന് പിടികൂടിയ രാജൻ s/o ചെമ്പൻ അഥവാ ഊട്ടിരാജൻ, 24 വയസ്, എന്ന ബൈക്ക് അഭ്യാസിയെ സ്റ്റേഷനിൽ എത്തിച്ചു സമർത്ഥമായി ചോദ്യം ചെയ്തപ്പോൾ തലസ്ഥാനത്ത് മൂന്നര വർഷം മുന്നേ നടന്ന ഈ സ്വർണക്കവർച്ച പ്രതി നിസ്സങ്കോചം സമ്മതിച്ചു. പിടിച്ചുപറിച്ച സ്വർണവുമായി തമ്പാനൂരിൽ നിന്നും കരമന ഭാഗത്തേക്ക് പോകവേ എതിരെ വന്ന പോലീസ് വണ്ടി കണ്ടു ഭയന്ന് കളവിൽ മുൻപരിചയമില്ലാത്ത പ്രതി സ്വർണമടങ്ങിയ പ്ലാസ്റ്റിക് കവർ കരമനയാറ്റിലേക്ക് വലിച്ചെറിഞ്ഞു എന്നാണ് മൊഴി. മഴക്കാലം പലതു കടന്നു പോയതിനാൽ പ്രതി കാണിച്ച സ്ഥലത്ത് ആഴത്തിൽ പരിശോധന നടത്തിയെങ്കിലും കളവുമുതൽ കണ്ടെത്താൻ കഴിഞ്ഞില്ല..'

....

മേശമേൽ കൈമുട്ടു കുത്തി നെറ്റിയിൽ വിരലമർത്തി എസ്ഐ കുറേ നേരമിരുന്നു.

പിന്നെ മുന്നിലിരുന്ന ബെല്ലമർത്തി.

ഹാഫ്ഡോറിന് മുകളിൽ കോൺസ്റ്റബിൾ ബാലമുരുകന്റെ തല പ്രത്യക്ഷപ്പെട്ടു.

'ഈ രാജനെ ഒന്ന് വിളിപ്പിക്കണം. നാളെ പത്തു മണിക്ക്..'

'ഏത് രാജൻ.. നമ്മടെ ഊട്ടി രാജനാണെങ്കിൽ ഇവിടുണ്ട് സാറേ..'

എസ്ഐ അമ്പരപ്പോടെ ചാടിയെണീറ്റു.

'എന്താ കേസ്...?'

അയാൾ ചോദിച്ചു.

'സ്വർണമാല വിൽക്കാൻ ചെന്നതാ... ജുവലറിക്കാര് നമ്മളെ വിളിച്ചു. കയ്യോടെ ചെന്നിങ്ങു പൊക്കി'

എസ്ഐ ലോക്കപ്പിലേക്ക് പാഞ്ഞുചെന്നു. നിലത്ത് ചമ്രം പടിഞ്ഞ് മുനിയെ പോലെയിരിക്കുന്ന തല പാടേ നരച്ച മനുഷ്യൻ...

ഊട്ടി രാജൻ..

'രാജാ...'

എസ്ഐ വിളിച്ചു.

രാജൻ തൊഴുകയ്യോടെ പിടഞ്ഞെഴുന്നേറ്റ് അഴികൾക്കരികെ ചെന്നു.

'നിനക്കെവിടെന്നാ സ്വർണമാല...?'

ജുബ്ബയുടെ പോക്കറ്റിൽ നിന്നൊരു കടലാസെടുത്ത് നിവർത്തി രാജൻ എസ്ഐ ക്കു നേരെ നീട്ടി...

'രാജന്...

ഈ പെട്ടിക്കുള്ളിലുള്ളത്

മുഴുവൻ നിനക്ക്..

ഒന്നും നിനക്ക് നഷ്ടപ്പെട്ടതിനു പകരമാകില്ല.

എങ്കിലും എന്റെയൊരു സമാധാനത്തിന്...'

○○

ആറ്
മൈക്രോവേവ്

വെള്ളിക്കടലാസിൽ പൊതിഞ്ഞ് റിബൺ കെട്ടിയ വലിയ ബോക്സ് പൊക്കിയെടുത്ത് റോയ് ഡോക്ടർ ഹെഡ്നഴ്സ് സലോമിക്ക് നീട്ടി. സലോമി അത് വാങ്ങി. ആ പോസിൽ ഒരു നിമിഷം നിന്നു ഫോട്ടോകൾക്കായി ചിരിച്ചു. ചിരിക്കിടയിൽ കരഞ്ഞു..

ആശുപത്രിയിലെ വണ്ടിയിൽ സഹപ്രവർത്തകർ തന്നെ വീട്ടിൽ കൊണ്ടുവിടുന്ന ഈ മേയ് 30, സലോമി കുറേ വർഷങ്ങളായി ആലോചനയിൽ കണ്ടിരുന്നു. അതോർത്താണ് ആറ് മാസം മുന്നേ വീടൊന്നു മിനുക്കി ചായമിട്ടതുതന്നെ. കൊണ്ടുവിടാൻ ഒപ്പം വരുന്നവർക്കും അയൽക്കാർക്കുമായി വീട്ടിൽ ഒരുക്കാൻ പോകുന്ന വിഭവങ്ങൾ പോലും അവർ മനസ്സിൽ പലവട്ടം വെട്ടിയും തിരുത്തിയും കുറവു തീർത്ത് വച്ചിരുന്നു.

പക്ഷേ,

കൊറോണ വന്ന് എല്ലാം തട്ടിമറിച്ചു...!

സലോമി ജോലിചെയ്തിരുന്ന രാമപുരം ഹെൽത്ത് സെന്ററിന്റെ വണ്ടി കൊറോണ വന്ന ശേഷം നിലം തൊടാതെയുള്ള ഓട്ടത്തിലാണ്. തന്റെ കാറിൽ സലോമിയെ വീട്ടിലാക്കാം എന്ന് റോയ് ഡോക്ടർ പറഞ്ഞു. സീനത്തും മൊയ്തുവും ഒപ്പം ചെല്ലാനും തയാറായി. സലോമി പക്ഷേ, 'വേണ്ട' എന്നു പറഞ്ഞു. ഓഫീസ് വണ്ടിയിൽ പോകുന്നതും ഡോക്ടറുടെ വണ്ടിയിൽ പോകുന്നതും തമ്മിൽ വ്യത്യാസമുണ്ട്. തന്നെയുമല്ല, തനിക്കും ഉണ്ടല്ലോ ഒരു കാറ്...

നാലുമണി ആയപ്പോഴേക്കും അവരുടെ ഭർത്താവ് പോളച്ചൻ വന്ന് ആശുപത്രി മുറ്റത്ത് കാത്തു കിടന്നു. സഹപ്രവർത്തകർ ചേർന്ന് തലേന്ന് വാങ്ങിവച്ച ഉപഹാരം കൊണ്ടു പോകേണ്ടതില്ലായിരുന്നു എങ്കിൽ, ഇന്നും എന്നത്തേയും പോലെ അവർ തന്റെ ആക്ടിവയിൽ വന്നു മടങ്ങിയെനെ...

തുത്തൻഖാമന്റെ മുഖാവരണം

മൊയ്തു പലഹാരങ്ങളുടെ പൊതിയും ഫ്രൂട്ടിയും എല്ലാവർക്കും കൊണ്ടുനടന്നു കൊടുത്തു. പൊതി തുറന്നു ലഡു എടുത്തു കടിച്ചുകൊണ്ട് സലോമി കൂട്ടുകാരി സീനത്തിനോട് രഹസ്യമായി ചോദിച്ചു..

'എന്താടീ ബോക്സിനകത്ത്...?'

'പറയൂല.. പറഞ്ഞാ സസ്പെൻസില്ല..'

'ഒരു ക്ലൂ താ...'

'ക്ലൂ എന്ന് പറയുമ്പോ... ങ്ഹാ.. നിനക്കിഷ്ടമുള്ള ഒരാളിന്റെ പേര് ആ സാധനത്തിന്റെ മേളിൽ എഴുതീട്ടുണ്ട്....'

'എനിക്ക് ഇഷ്ടമുള്ള ആളോ.. എന്റെ കെട്ടിയോൻ പോൾ.. പിന്നെ പിള്ളാര് അന്നയും സാറയും.... 'അന്നേ'ടെ വല്ല കുക്കറും ആണോ അതിനകത്ത്..?'

'അത്രേം വലിയ കുക്കറ് നിനക്കെന്തിനാ..?'

'പിന്നെ..?'

'കെട്ടിയോനും മക്കളും അല്ലാതെ വേറേ ആരുമില്ലേ നിനക്ക് പ്രിയമുള്ളതായിട്ട്..?'

സലോമി സ്വന്തം ഉള്ളിലേക്ക് ടോർച്ച് തെളിച്ചു.

പിന്നെ ഒറ്റയും ഇരട്ടയും പിടിച്ചു ഒരു ചോദ്യമങ്ങു ചോദിച്ചു..

'മനസിലായി... പിലിപ്സ് കമ്പനീടെ അല്ലേ അതിനകത്തെ സാധനം....?'

സീനത്ത് തലയിൽ കൈവച്ചു..

'എന്റെ പള്ളീ.. എന്നാ ഊഹമാടീ നിന്റെ..?'

രണ്ടുപേരും പൊട്ടിച്ചിരിച്ചു.

'ഫിലിപ്പ് ഡോക്ടർ ഇപ്പൊ എവിടെയാടീ..?'

'അവസാനം പറഞ്ഞുകേക്കുമ്പോ അയർലണ്ടിൽ ആരുന്നു കുടുംബത്തോടെ...'

'അയാൾക്കിപ്പോ നിന്നെ ഓർമ കാണുവോ...?'

'പോളച്ചൻ നോവിക്കുമ്പോ ഞാൻ അങ്ങേരെ ഓർക്കും.. ഭാര്യ നോവിക്കുമ്പോ അയാൾ എന്നേം ഓർക്കുമാരിക്കും..'

'ഏതാണ്ട് പന്ന കമ്പനി ഒക്കെയാ ഇവര് ചെന്ന് പിടിച്ചത്.. ഞാനാ പറഞ്ഞത് ഫിലിപ്സ് മതീന്ന്..'

ആ കുഞ്ഞുഹാളിൽ വീണ്ടും പെണ്ണുങ്ങളുടെ ചിരി പൊട്ടി. കയ്യിലിരുന്ന ഫ്രൂട്ടിയുടെ മൂലവച്ച് സലോമി സീനത്തിന്റെ തുടയിൽ ഒരു കുത്തു കൊടുത്തു...

ഏതാനും ചിരിശലാകകൾ, രണ്ടും മൂന്നും പേര് ചേർന്നുനിന്നു

ള്ള മൊബൈൽ പടമെടുപ്പുകൾ, വാട്സപ്പിൽ അയക്കാം എന്ന വാഗ്ദാനങ്ങൾ, ഇനിയും കാണാമെന്നും ഇടയ്ക്ക് വിളിക്കാം എന്നും സ്നേഹം പറയലുകൾ...

എല്ലാം പെട്ടെന്ന് കഴിഞ്ഞു..

മഴ ചാറുകയായിരുന്നതുകൊണ്ട് പഴയ പിഎച്ച്സി കെട്ടിടത്തിന്റെ തിണ്ണയോട് ചേർത്ത് പോൾ വണ്ടിയൊതുക്കി. മൊയ്തു പെട്ടി എടുത്തുകൊണ്ടുവന്നു ഡിക്കിയിൽ വച്ചു. സലോമി കണ്ണു തുടച്ചുകൊണ്ട് വന്നു വണ്ടിയിൽ കയറി. വലിയ കുടയുമായി മഴയത്ത് നിന്ന റോയ് ഡോക്ടർ ഡോർ ചേർത്തടച്ചു.

വെള്ളം വീണുരുളുന്ന വിൻഡ് ഷീൽഡിനപ്പുറമിരുന്ന് കൈവീശി മുപ്പത്തിമൂന്നു വർഷത്തെ സർവ്വീസിൽ നിന്ന് സലോമി ഇറങ്ങിപ്പോയി...

സായംകാലങ്ങളിൽ ആളും ബഹളവുമായി വീർപ്പുമുട്ടുമായിരുന്ന റോഡ് ഏറെക്കുറെ ശൂന്യമായി കിടന്നു.. മുഖം പകുതി മറച്ച മനുഷ്യരെ അങ്ങിങ്ങു കണ്ടു. അവരൊക്കെയും താൻ മുറിവുതുന്നിക്കെട്ടുകയോ ഇഞ്ചക്ഷൻ വയ്ക്കുകയോ ചെയ്തിട്ടുള്ളവരാകുമെന്നും എതിരെ ബൈക്കിൽ പാഞ്ഞുപോയ യുവാവും ഭാര്യയും ഒരുപക്ഷേ പ്രസവമുറിയിൽനിന്ന് താൻ കുളിപ്പിച്ച് പൊതിഞ്ഞെടുത്ത ശിശുക്കളാകാം എന്നും സലോമി ഓർത്തു. ഇനി അതൊന്നുമില്ല ജീവിതത്തിൽ എന്നൊരു കൊള്ളിയാൻ അവരുടെ ഉള്ളിൽ മിന്നി..

വീടെത്തുമ്പോഴേക്കും മഴ ഉറച്ചിരുന്നു. അന്നയും സാറയും കൂടി പെട്ടി ഡൈനിങ് ടേബിളിന്റെ മുകളിൽ എടുത്തുവച്ച് പൊളിച്ചു. മൈക്രോവേവ് ഓവൻ. പോൾ അതിനെ എടുത്തു കിച്ചനിലെ സ്ലാബിനു മുകളിൽ കൊണ്ടുവച്ച് പ്ലഗ് കുത്തി. സാറ ഫ്രിഡ്ജ് തുറന്നു പഫ്സ് എടുത്തു പ്ലേറ്റിൽ വച്ച് ഓവനകത്താക്കി സ്വിച്ച് ഓൺ ചെയ്തു.

ഡ്യൂട്ടി കഴിഞ്ഞു വന്നതായതുകൊണ്ട് പിള്ളാരുടെ അടുത്തു പോകാതെ ദൂരെമാറി സലോമി അത് നോക്കി നിന്നു. ഓവനിൽ നിന്നു ചൂടായ പഫ്സ് പുറത്തെടുത്ത് പൊളിച്ചു വായിൽ വച്ച് അന്ന 'സൂപ്പർ'എന്ന് മുദ്ര കാണിച്ചു. സലോമി ചിരിച്ചുകൊണ്ട് കുളിമുറിയിലേക്ക് പോയി.

ഷവറിനു കീഴെ നിന്ന് പോയ മുപ്പത്തിമൂന്നു വർഷങ്ങൾ അവർ ഒന്നാകെ ഓർത്തു നോക്കി. സീനത്തുമായി ഇരുന്നു പൊട്ടിച്ചിരിച്ച നാലുമണിയുടെ ചായനേരങ്ങളിൽ ആലോചനയെത്തിയപ്പോൾ

അവർക്കു കരച്ചിൽ പൊട്ടി..

കുളി കഴിഞ്ഞ് വേഷം മാറി, ടിവിയിൽ സി.എമ്മിന്റെ പ്രസ്സ് മീറ്റ് കാണാനിരുന്ന അപ്പന്റെയും മക്കളുടെയും അടുത്തേയ്ക്ക് സലോമി ചെന്നു. ഓവനിൽ ചൂടാക്കിയ പഫ്സും, ചായയും അവരെ കാത്ത് അവിടെ ഇരിപ്പുണ്ടായിരുന്നു. കണക്കുകൾക്ക് കാതോർത്ത് ടിവിയിലേക്ക് നീണ്ട നോട്ടം സ്ക്രീനിനു താഴെ പതിയെ കടന്നു പോയ അക്ഷരങ്ങളുടെ വിലാപയാത്രയിൽ ചെന്നുമുട്ടി.

'കോവിഡ് ബാധിച്ച് മലയാളി ഡോക്ടർ വിദേശത്ത് മരിച്ചു'

വലതുനിന്ന് ഇടതേയ്ക്ക് ഓടി വരാനിരിക്കുന്ന അക്ഷരങ്ങളെ നെഞ്ചിടിപ്പോടെ കാത്ത് സലോമി പഫ്സ് കയ്യിലെടുത്തു.

൦൦

ഏഴ്
കവിയുടെ മകൾ

വല്ലന്തേരിയിലെ ആദ്യകാലകവി ശശികാന്തൻ പ്ലാവിൽ നിന്ന് വീണു മരിക്കുകയായിരുന്നു. പഞ്ഞം മുറ്റിയ ഒരു മഴക്കാലത്ത്. ഒരു എഴുത്തുകാരനെ സംബന്ധിച്ച് തീർത്തും അപഹാസ്യമായ മരണം. വീണത് മറ്റൊരാളുടെ പറമ്പിലെ പ്ലാവിൽ നിന്നായിരുന്നു എന്നത് പ്രസ്തുത നിര്യാണത്തെ കൂടുതൽ അപഹാസ്യമാക്കി.

പ്ലാവ് നിന്ന പറമ്പ് ബോംബെരത്നന്റെ ആയിരുന്നു. വല്ലന്തേരിയിലെ വയലുകളും നിരപ്പും, കുന്നുകളും മുക്കാലും രത്നന്റെ കുടുംബവക ആയിരുന്നു. അവരുടെ നോട്ടം എല്ലായിടവും എത്താതിരുന്നതിനാൽ ആ ഭൂമികളിൽ നിന്ന് നാട്ടുകാർ തോന്നുംപടി മുതൽ കവർന്നിരുന്നു. ചക്കയും മാങ്ങയും കശുവണ്ടിയും അടുപ്പിന് വിറകും വീടിനു കഴുക്കോലും നാട്ടുകാർ രത്നന്റെ പറമ്പുകളിൽ നിന്ന് കട്ടു. അതൊക്കെ മോഷണമാണെന്ന് സത്യത്തിൽ മോഷ്ടാക്കൾക്ക് തോന്നിയിരുന്നില്ല എന്നതാണ് നേര്.

ഉരുണ്ടുതൊടിയിൽ കിടന്ന ചക്കയും, കാട്ടുകമ്പുകൾ വെട്ടി ഏയ്ച്ച് കെട്ടിയ തോട്ടിയും, പാറയിൽ കഴുത്തൊടിഞ്ഞു മരിച്ചുകിടന്ന അച്ഛനും മരണം കൂടാനെത്തിയവരുടെ വാക്കുകളിൽ നിന്ന് കുഞ്ഞാശ കണ്ടു.

കുഞ്ഞാശ ശശികാന്തന്റെ മകൾ. മെലിഞ്ഞ ഒരു കാന്താരി. അയാൾ മരിക്കുമ്പോൾ അഞ്ചാം ക്ലാസിൽ...

കവിയുടെ ശവദാഹത്തിന് നാടാകെ ഒഴുകി എത്തിയിരുന്നു. ശശികാന്തനെക്കൊണ്ട് ഒരു കടലാസോ അപേക്ഷയോ പൂരിപ്പിക്കാത്ത ആരും ഉണ്ടായിരുന്നില്ല വല്ലന്തേരിയിൽ. മരണത്തിന് സമീപസ്ഥമായ പല ഗ്രാമങ്ങളിൽ നിന്നും എഴുത്തുകാരും ബുദ്ധിജീവികളും കുടയുംചൂടി വന്നു. മിക്കവാറും പേർ ശശികാന്തന്റെ വീട്ടിൽ അന്നാദ്യമായി വരികയായിരുന്നു. വീട് കെട്ടിമേഞ്ഞിരുന്നി

ല്ല. നിലവിളക്ക് അണയാതെയും എത്ര ബലം പിടിച്ച് കെട്ടിയിട്ടും അടയാതെ തുറന്നിരുന്ന വായിൽ മഴവെള്ളം വീഴാതെയും ഒരു ശീലക്കുട ആരോ ശവത്തിന്റെ തലയ്ക്കൽ നിവർത്തിവച്ചു.

പരേതന്റെ ഭാര്യയും മകളും നിലവിളിക്കാൻ ത്രാണിയില്ലാതെ കിടന്നു. രണ്ടു നാളായി അവരൊന്നും കഴിച്ചിരുന്നില്ല.

കുഴി വെട്ടുന്നിടത്ത് കൂടിനിന്ന പ്രമാണിമാർ സുഭിക്ഷമായി മുറുക്കി നാലുപാടും തുപ്പി. അവിടെ നിന്നാൽ കാണാവുന്ന ഒറ്റപ്പാളി ജനലിനപ്പുറം കവിയുടെ പാടേ ഉളുത്തു കാലൊടിഞ്ഞ എഴുത്തുമേശയും അയയിൽ തൂങ്ങുന്ന ജൂബയും കാണാമായിരുന്നു.

രണ്ടുനാൾ കഴിഞ്ഞ് വല്ലന്തേരി കവലയിൽ ശശികാന്തൻ അനുസ്മരണം നടന്നു. കവിയരങ്ങുകളിൽ അയാൾക്കൊപ്പം വേദി പങ്കിട്ടിരുന്ന അയൽനാടുകളിലെ കവികൾ കൂട്ടുകാരന്റെ ഓർമയിൽ കവിത ചൊല്ലി. തെരഞ്ഞെടുപ്പ് കാലങ്ങളിൽ ശശികാന്തൻ എഴുതിക്കൊടുത്ത മുദ്രാവാക്യങ്ങളുടെ ചൂരു പാർട്ടിക്കാർ ഓർത്തെടുത്തു. പ്രാരാബ്ധങ്ങൾ കാരണം ശശികാന്തൻ പൂർത്തിയാക്കാതെ ഉപേക്ഷിച്ച മലയാളം വിദ്വാൻ കോഴ്സിനെപ്പറ്റി കോഴ്സ് പൂർത്തിയാക്കി ഹൈസ്കൂൾ മാഷായ സതീർത്ഥ്യൻ പറഞ്ഞു. സ്ഫുടാക്ഷരങ്ങളും പ്രയോഗലാവണ്യവും ശൈലീഭദ്രതയും ശശികാന്തന് ശിക്ഷ്യപ്പെട്ടാണ് താൻ പഠിച്ചതെന്ന് ആകാശവാണിയിൽ ഉദ്യോഗസ്ഥനായ യുവാവ് പറഞ്ഞു. മെലിഞ്ഞതും രോഗാതുരവുമായ ശരീരവും കൊണ്ട് ഈ അനുഗൃഹീതകവി പ്ലാവ് കയറാൻ പോയതെന്തിന് എന്നൊരാൾ കുണ്ഠിതപ്പെട്ടു..

നാല്പത്തിയെട്ടാം വയസിൽ കവി പെണ്ണുകാണാൻ പോയ കഥ വേറൊരു വിദ്വാൻ പറഞ്ഞു. ഒടുവിൽ സദസ്സിൽ നിന്നാരോ വന്നു ശശികാന്തൻ എഴുതിയ 'മകളേ മാപ്പ്' എന്ന കവിത ചൊല്ലി..

അനുസ്മരണത്തിന് കൂടിയവരുടെ മുന്നിൽ വട്ടിനീട്ടി പിരിച്ച ഒരു തുക ശശികാന്തന്റെ മകൾ വേദിയിൽ വന്ന് ഏറ്റുവാങ്ങി. അവൾ വേദിയിൽ ഇരുന്ന അത്രയും നേരം വട്ടി ചുവട്ടിൽ ഒട്ടിക്കിടന്ന നാണയങ്ങളോടെ അവളുടെ മടിയിൽ ഇരുന്നു..

കുഞ്ഞാശ അച്ഛൻ പഠിപ്പിച്ച ഒരു കവിത ചൊല്ലണമെന്ന് സദസ്സിൽ നിന്നാരോ വിളിച്ചു പറഞ്ഞു. വേദിയിൽ ഇരുന്നവർ കൂടി നിർബന്ധിച്ചപ്പോൾ പദ്യപാരായണ മത്സരത്തിന് അച്ഛൻ പകർന്നു കൊടുത്ത വൈലോപ്പിള്ളി അവൾ മൈക്കിനു മുന്നിൽവന്നു പാടി. അച്ഛൻ അവൾക്ക് ചൊല്ലി നേർപ്പിച്ചുകൊടുത്ത ചില്ലുകൾ ഉള്ളിൽ നിന്ന് ഇരച്ചെത്തിയ ഓർമയുടെ ഏറുകളിൽ ഉടഞ്ഞുപോ

യി. കവിത മുഴുമിക്കാതെ അവൾ പിൻവാങ്ങിയപ്പോൾ ഗ്രാമം ഘോരമായി കയ്യടിച്ചു...

വർഷങ്ങൾക്കിപ്പുറം വല്ലന്തേരി വായനശാലയുടെ പേരിൽ ഇന്നലെ തുടങ്ങിയ വാട്ട്സ്ആപ് ഗ്രൂപ്പിൽ ശശികാന്തൻ എന്ന പേരു തെളിഞ്ഞു.

'ശശിയണ്ണൻ പടുത്തുയർത്തിയ പ്രസ്ഥാനമാണ് നമ്മുടെ ഗ്രന്ഥശാല.. അയാളുടെ ഓർമയ്ക്കായി നമ്മൾ എന്തേലും ചെയ്യണ്ടേ...?'

'വേണം'

'ശശിയണ്ണന്റെ ഭാര്യയും മകളും ഇപ്പൊ നാട്ടിലുണ്ടോ..?'

ഡൽഹിയിൽ ചേക്കേറിയ രാജീവൻ ചോദിച്ചു.

'ഇല്ല'

'അവരിപ്പോൾ എവിടെയാണ്..?'

'വയനാട്ടിൽ എവിടെയോ..'

'പത്തിരുപത് കൊല്ലമായി..'

'ശശിയണ്ണൻ വീണ പ്ലാവ് കഴിഞ്ഞ വേനൽമഴയിൽ ഇടിവീണ് കത്തിപ്പോയി.' ഏതോ രസികൻ പറഞ്ഞു.

'ശശിയണ്ണന്റെ കവിതകൾ കിട്ടിയെങ്കിൽ സമാഹരിക്കാമായിരുന്നു... അതാണ് ഉചിതമായ സ്മാരകം..'

'നല്ല ആശയമാണ്'

'അതെ.. അതെ'

'കട്ട യോജിപ്പ്.'

ഗ്രൂപ്പിൽ പെരുവിരൽ ഉയർന്ന നിരവധി കൈകൾ പൊങ്ങിവന്നു.

ശശികാന്തന്റെ അയൽഗ്രാമത്തിലുള്ള ബന്ധു കുഞ്ഞാശയുടെ നമ്പർ ഫോർവേഡ് ചെയ്തുകൊടുത്തു.. വായനശാല പ്രസിഡന്റ് ബാഹുലേയൻ ആ നമ്പർ ഡയൽ ചെയ്തു.. നല്ല കാര്യങ്ങൾ വച്ചുതാമസിപ്പിച്ചുകൂടാ...

'കുഞ്ഞാശേ... വല്ലന്തേരീന്ന് ബാഹുലേയൻ... മനസ്സിലായോ.. വായനശാലയിലെ....'

'എന്താ മാമാ...'

'അച്ഛന്റെ കവിതകൾ ഒക്കെ മോളുടെ കയ്യിൽ ഉണ്ടോ...?'

'ഇല്ല മാമാ...'

'നീയൊന്നു നോക്ക് .. പഴയ ഡയറിയോ ട്രങ്കുപെട്ടിയോ...'

'ഇല്ല മാമാ...മരിക്കണേന്റ തലേന്ന് എല്ലാം വാരി തീയിട്ടു....'

'ആര്...?'

'അച്ഛൻ തന്നെ...'

,'ശ്ശോ .. കഷ്ടമായിപ്പോയി...!'

'ങ്ഹാ..പിന്നെ പ്ലാവീന്നു വീഴുമ്പ കീശയിൽ കിടന്ന ഒരു കവിത ഉണ്ടാരുന്നു...

അനുസ്മരണത്തിനു സദസ്സീന്ന് വന്ന് ആരോ അത് ചൊല്ലിയാരുന്ന്....'

'പേരറിയാവോ.. കവിതേടെ...?'

'അറിയാം... 'മകളേ മാപ്പ്'...'

○○

എട്ട്
റെഡ്മി നോട്ട്

ഡിസ്പ്ലേ അപ്പാടെ പൊട്ടിയ ഫോൺ അവൾ മൊബൈൽ കടയിലെ പയ്യന് നേരെ നീട്ടി.

'എന്തേലും ചെയ്യാൻ പറ്റുമോന്നു നോക്ക് മോനെ..'

പയ്യൻ ശ്രദ്ധാപൂർവം കടലാസ് പൊതി അഴിച്ചു. ഒരു ലോഡ് കുപ്പിച്ചിലും മറ്റു പാർട്ടുകളും..!

'ഇതെന്നാ പറ്റിയതാ ചേച്ചീ...?'

'സ്റ്റെയറ് കേറുമ്പോൾ അഞ്ചാം നിലയിൽ നിന്ന് താഴെ വീണു..'

ബസിലിരുന്നപ്പോൾ ആലോചിച്ചു വച്ച നുണ അവൾ കുടഞ്ഞിട്ടു.

പയ്യൻ മൊബൈൽ കഷണങ്ങൾ എടുത്തു തിരിച്ചുംമറിച്ചും നോക്കുന്നു.

ആശ്വാസമായി...

'അഞ്ചാം നില' പുള്ളി വിശ്വസിച്ചെന്നു തോന്നുന്നു..

രണ്ടു നില കൂടി കയറ്റിപ്പറയാനുള്ളതായിരുന്നു...

'ചേച്ചിക്ക് ലിഫ്റ്റിൽ പൊക്കൂടായിരുന്നോ....?'

ശ്ശെടാ...ഇവനിതെന്തൊക്കെ അറിയണം...

'ലിഫ്റ്റ് എനിക്ക് പേടിയാ...'

പയ്യൻ മൊബൈൽ പൊതിയിൽ തന്നെ വച്ചിട്ട് മുന്നിൽ നിൽക്കുന്ന അമ്പത്തിനാലു കിലോക്കാരിയെ ഒന്നു നോക്കി.

'അഗോറഫോബിയ അല്ലേ ചേച്ചീ....?'

തമ്പുരാനേ.. K.A.S നു പഠിക്കുന്ന ചെക്കനാണെന്നു തോന്നുന്നു. ചുമ്മാ വായിക്കുന്ന നീർക്കോലിയല്ല. ജ്ഞാനവിഷം തലയിൽ കയറിയ കൊടൂരമൂർഖൻ...!

'ഡിസ്പ്ലേ ഫുള്ളാ പോയി. ബോർഡും പോയി.. പ്രതീക്ഷ വെയ്ക്കണ്ട.. ന്നാലും ഞാനൊന്നു നോക്കട്ടെ...'

പയ്യൻ പറഞ്ഞു.

'മൊബൈല് പോക്കാണെങ്കിൽ പോട്ടെ.. അതിലൊള്ള ഡാറ്റ ഒന്ന് പെൻഡ്രൈവിലാക്കി തരാൻ പറ്റ്വോ...?'

'ചേച്ചീ... കുഴപ്പം പിടിച്ച ഡാറ്റ വല്ലോം ഉണ്ടെങ്കി ഇത് വീട്ടിൽ തന്നെ വയ്ക്കണെതാ നല്ലത്...'

'ഇല്ല മോനേ... കൊച്ചിന്റെ ബർത്ഡേയുടേം മറ്റും കുറെ ഫോട്ടോകൾ.. നമ്പരുകൾ.. പിന്നെ...'

'പിന്നെ' എന്താണെന്ന് പയ്യൻ ചോദിച്ചില്ല..

'ഗൂഗിൾ അക്കൗണ്ട്സിലോ എംഐ ക്ലൗഡിലോ സേവ് ചെയ്തൂടാരുന്നോ ചേച്ചീ.. എപ്പ വേണേലും റിക്കവർ ചെയ്യാരുന്നു...'

'എംഐ ക്ലൗഡോ......അതെന്താണ്?'

പയ്യന് വീണ്ടും സഹതാപം വന്നു..

എഫ്ബി, വാട്സ്ആപ്, കാൾ, ക്യാമറ, നോട്സ് എന്നിവയല്ലാതെ വേറെ ഒന്നും ഇതുവരെ തൊട്ടിട്ടില്ല...

മാക്സിമം ഒന്ന് നോക്ക് മോനേ എന്നുപറഞ്ഞ് അവൾ പോകാനിറങ്ങി.

'ചേച്ചി നമ്പർ താ.. ഞാൻ വിളിച്ചു പറയാം..'

ഏതാണിപ്പോ കൊടുക്കേണ്ട നമ്പർ... സ്വന്തമായുള്ള രണ്ടു നമ്പരും ആ പൊളിഞ്ഞ മൊബൈലിൽ ആയിരുന്നല്ലോ... അയാളുടെ നമ്പർ കൊടുത്താലോ എന്നാലോചിച്ചു...

പിന്നെ വേണ്ടെന്നു വച്ചു...

'കാർഡ് തന്നാൽ മതി.. ഞാൻ വിളിച്ചോളാം..അല്ലെങ്കിൽ വന്ന് അന്വേഷിക്കാം...'

പയ്യൻ കാർഡ് കൊടുത്തു.

ഓട്ടോ പിടിച്ചു ബസ്സ്റ്റാന്റിലിറങ്ങി ജോലിസ്ഥലത്തേയ്ക്കുള്ള ബസ് പിടിച്ചു...

സാലറി അക്കൗണ്ടിൽ നിന്ന് നാല് ദിവസം മുന്നേ 12000 രൂപ പിൻവലിച്ചിരുന്നു... കുറെ ആവശ്യങ്ങൾക്കായി അത് ചെലവാക്കി.. കണക്കുകൾ മൊബൈലിൽ ടൈപ്പ് ചെയ്ത് സേവ് ചെയ്തിരുന്നു. അതാണ് പതിവ്..അത്രേം രൂപ എന്തു ചെയ്തു എന്ന് ചോദിക്കുമ്പോൾ അത് ഫോർവേഡ് ചെയ്തുകൊടുക്കും...

ഇന്നോ നാളെയോ പന്ത്രണ്ടായിരത്തിന്റെ കണക്കു ചോദിക്കും...

ചെലവുകൾ എല്ലാമൊന്നും ഓർത്തെടുക്കാൻ പറ്റുന്നില്ല...

പക്ഷേ അൽപ്പാൽമാനി ഓർത്തെടുത്തു കുറിച്ചുവച്ചേ തീരൂ...

അവൾ ബാഗ് തുറന്ന് ഒരു കടലാസ് കഷണവും പേനയുമെ

ടുത്തു..

അന്നേരത്തെ ചെലവു മുതൽ പിന്നിലേക്ക് പോകാൻ തീരുമാനിച്ചു കടലാസ്സിൽ ഓട്ടോ-25.00 എന്നെഴുതി.

അടുത്തിരുന്ന പെൺകുട്ടി കടലാസ്സിൽ ഒന്ന് നോക്കി.

പെട്ടെന്ന് ഓർമയിൽ വന്ന ഏതെങ്കിലും ഭൂതകാലക്കുളിർ മറന്നുപോകാതെ കുറിച്ചിടുന്ന വല്ല എഴുത്തുകാരിയുമാണോ എന്ന് നോക്കിയതാവും.. പാവം...

ബസ് കൂലി-14.00

മീൻ-100.00

പാൽ-48.00

പെൺകുട്ടി പുഞ്ചിരിച്ചു..

അവളും..

ചിരിച്ചോ ചിരിച്ചോ... കണക്ക് ടാലി ആകാതെ വന്നാലാണ് കരയേണ്ടി വരുന്നത്...

ഉള്ളിലിരുന്ന് ആരോ പറഞ്ഞു..

ഓഫീസിൽ എത്തുമ്പോഴേക്ക് ഏറെക്കുറെ എല്ലാം അവൾക്കോർമ കിട്ടി.. ഓർത്തെടുത്ത ചെലവുകളും കയ്യിൽ ബാക്കിയുള്ളതും കൂടി കൂട്ടിനോക്കിയപ്പോൾ 11570.00 ...നാനൂറ്റി മുപ്പത് രൂപയുടെ കണക്ക് കാണാനില്ല...

വല്ല ഇരുപതോ മുപ്പതോ ആയിരുന്നെങ്കിൽ നാരങ്ങാവെള്ളം കുടിച്ചെന്നു എഴുതി ചേർക്കാമായിരുന്നു. നാല് ദിവസം കൊണ്ട് നാനൂറു രൂപയ്ക്ക് നാരങ്ങാവെള്ളം കുടിച്ചെന്നു പറഞ്ഞാൽ ആര് വിശ്വസിക്കും...

പത്തുമിനിറ്റ് വൈകിയാണ് പഞ്ച് ചെയ്തത്. സീറ്റിൽ ചെന്നയുടൻ ഇനി ഗ്രെയ്സ് ടൈം എത്ര ബാക്കിയുണ്ടെന്നു നോക്കി..12 മിനിറ്റ്. മാസം തീരാൻ ഏഴുദിവസം ഇനിയും കിടക്കുന്നു. കണക്കുകൾ വല്ലാതെ ഞെരുക്കുന്നു. ഇതൊന്നുമല്ല സ്വപ്നം കണ്ട ജീവിതം.....

ജോലിയിൽ മുഴുകിയിരുന്നപ്പോഴും ഇടയ്ക്കിടെ നാനൂറ്റിമുപ്പത് മനസ്സിലേക്ക് കയറിവന്നു. ഏതോ ചില ചെലവുകൾ പിടിതരാതെ നിൽക്കുന്നു. എത്ര ആലോചിച്ചിട്ടും...

വൈകുന്നേരം സമയത്തു ബസ് കിട്ടി. ഇരിക്കാൻ ഒരു സൈഡ് സീറ്റും. ബസ് മാറിക്കയറിയ ഒരാൾ വെപ്രാളപ്പെട്ടു വണ്ടി നിർത്തിച്ചിറങ്ങിയപ്പോൾ തരപ്പെട്ടതാണ്. സീറ്റിലെ മറ്റേയാൾ അവൾക്ക് സൈഡ് സീറ്റിലേക്കിരിക്കാൻ വഴി കൊടുത്തു.

അയാളും മുന്നിലെ കാണാവുന്ന മിക്ക സീറ്റുകളിൽ ഉള്ളവരും മൊബൈൽ നോക്കുകയായിരുന്നു.

ഇനി വാങ്ങുമ്പോൾ മുന്നിൽ കമ്പിയിൽ ചാരി നിൽക്കുന്ന ആ ചുവന്ന ഷർട്ടുകാരന്റെ കയ്യിലിരിക്കുന്ന മാതിരി ഒരെണ്ണം വാങ്ങണം. കമ്പനി ഏതാണോ ആവോ.. ചിലപ്പോൾ റിയൽമി ആയിരിക്കും. അതാണിപ്പോൾ മെച്ചമെന്ന് കേൾക്കുന്നു. വേറെ ഒന്നുരണ്ടു പേർ കയ്യിൽ പിടിച്ചിരിക്കുന്ന മൊബൈലുകൾ ഒന്നു നോക്കി വിലയിരുത്തിയ ശേഷം അവൾ പുറം കാഴ്ചകളിലേക്കുപോയി...

പുതിയ വീടുകൾ ഒരുപാട് വന്നിരിക്കുന്നു..

പരസ്യങ്ങളും.....

മുക്കാൽ മണിക്കൂർ യാത്രയുണ്ട് ഇനിയും.

ഒന്ന് മയങ്ങാനുള്ള സമയം.

അവൾ കമ്പിയിലേക്കു ചാരി കണ്ണടച്ചു..

ചെന്നുകയറുമ്പോൾ നാനൂറ് രൂപയുടെ ഭീതി വീണ്ടും ഉള്ളിൽ പൊന്തിവന്നു. ബാക്കിയിനി എത്രയുണ്ട് കയ്യിൽ എന്ന ചോദ്യം എപ്പോൾ വേണമെങ്കിലും വന്നു വീഴാം...

തലേന്ന് ഇട്ട ടോപ്പിന് പോക്കറ്റുണ്ട്..ഒരു പക്ഷെ ബാക്കി 430 അതിൽ കണ്ടേയ്ക്കും...റൂമിലേക്ക് ചെന്ന് ബാഗ് കട്ടിലിലിട്ട് ഇലകളില്ലാത്ത സ്റ്റീൽ മരം പോലെ നിന്ന സ്റ്റാന്റിൽ നിന്ന് ടോപ്പ് എടുത്ത് അവൾ പോക്കറ്റ് പരിശോധിച്ചു.

ഇല്ല..

'എന്താ നോക്കുന്നത്...?'

പിന്നിൽ അയാളുടെ സ്വരം കേട്ടു.

'ഒരു നാനൂറ് രൂപ കാണുന്നില്ല...'

മറ്റവനു റീചാർജ് ചെയ്തു കൊടുത്തുകാണും എന്നൊരാട്ടു പ്രതീക്ഷിച്ച് അവൾ കണ്ണടച്ചു. കണ്ണടയ്ക്കാനുള്ള സംവിധാനം ശരീരത്തിൽ ഫിറ്റുചെയ്ത നീ ചെവി അടയ്ക്കാനുള്ള സൂത്രം കൂടി വയ്ക്കാത്തതെന്ത് മണ്ടാ എന്ന് ദൈവത്തെ പ്രാകി....

അതായിരുന്നു ഏറ്റവും അത്യാവശ്യം..

കണ്ണ് ഒരിക്കലും അടഞ്ഞില്ലെങ്കിലും കുഴപ്പമില്ല..

'നാനൂറ് രൂപയല്ലേ... എന്തെങ്കിലും വാങ്ങിയത് നീ മറന്നതാവും..'

അയാൾ പറഞ്ഞു..

അവൾ വിശ്വാസം വരാതെ അയാളെ നോക്കി.

'നീ ഒന്ന് കണ്ണടച്ചേ..'

അയാൾ പറഞ്ഞു.
'എന്തിനാ..?'
'അടയ്ക്ക്....'
അവൾ കണ്ണടച്ചു..
'ഇനി കൈ നീട്ട്....'
അവൾ കൈ നീട്ടി..
അയാൾ അതിൽ ലേശം കനമുള്ള എന്തോ വച്ചു...
'ഇനി കണ്ണു തുറക്ക്...'
അവൾ കണ്ണു തുറന്നു..
കയ്യിലിരുന്നു തിളങ്ങുന്ന ദീർഘചതുരപെട്ടി...
പുത്തനൊരു റെഡ്മി നോട്ട്10 പ്രൊ...
അവളുടെ ഉള്ളം നിറഞ്ഞു. പിന്നെ കണ്ണുകളും...
ഒട്ടുമേ വിശ്വാസം വരാത്തപോലെ അവൾ അയാളെ നോക്കി .
അയാൾ പുഞ്ചിരിയോടെ അവളെ ചേർത്തു പിടിച്ചു...
'ചേച്ചീ...സ്ഥലമെത്തി ..ഇറങ്ങിക്കോ...'
അടുത്തിരുന്ന പെൺകുട്ടി അവളെ കുലുക്കിയുണർത്തി..

ഞെട്ടിയുണർന്നു ബാഗെടുത്തു തൂക്കി ഫുട്ബോർഡിലേക്ക് നടന്നു..

എവിടെയോ പൊന്തിയിരുന്ന ആണിയിൽ തട്ടി പെരുവിരൽ പൊട്ടി..

ബസ്സിറങ്ങി നടക്കാൻ തുടങ്ങുമ്പോൾ ചോര ചെരുപ്പിലേക്ക് കിനിയാൻ തുടങ്ങി..

അത് ചവിട്ടിക്കുഴച്ച് അവൾ വീട്ടിലേക്ക് നടന്നു...

OO

ഒമ്പത്
അടിമവംശം

പി.രാജൻ
S/O ചെല്ലയ്യൻ
പറമ്പത്ത് വീട്
ചെമ്പ്രശ്ശേരി.

അതായിരുന്നു അയാളുടെ അഡ്രസ്സ്. ചെമ്പ്രശ്ശേരിയിൽ ബസ്സിറങ്ങി ആദ്യംകണ്ട പീടികയിൽ കയറി ഞാൻ കടക്കാരനോട് രാജന്റെ വീട് ചോദിച്ചു.

'ഏതു രാജൻ? നാലഞ്ച് രാജന്മാരുണ്ടിവിടെ'

'അടിമരാജൻ'

ഞാൻ പറഞ്ഞു.

തിണ്ണയിൽ പത്രം വായിച്ചിരുന്നയാൾ പത്രം താഴ്ത്തി എന്നെ നോക്കി. കടയിൽ സഞ്ചിയും തൂക്കി നിന്നിരുന്ന പയ്യനെ നോക്കി കടക്കാരൻ പറഞ്ഞു.

'ഇതാണ് രാജന്റെ മകൻ. ഇവനൊപ്പം ചെന്നാൽ മതി'

ഞാൻ വല്ലാതായി. ചെക്കന്റെ മുന്നിൽവച്ച് അപ്പനെ വട്ടപ്പേര് വിളിക്കണ്ടായിരുന്നു. കവലയിൽ ഇറങ്ങി അടിമരാജന്റെ വീടേതെന്ന് ചോദിച്ചാൽ ആരും പറഞ്ഞു തരും എന്ന് ഉപദേശിച്ചു വിട്ട സഹപ്രവർത്തകനെ ഓർത്ത് ഞാൻ പല്ലുറുമ്മി.

കുട്ടി ഞാൻ ഒപ്പം ചെല്ലാൻ കാത്തുനിൽക്കുകയാണ്.

'പോകാം'

അവന്റെ മുഖത്തുനോക്കാതെ ഞാൻ പറഞ്ഞു. അവൻ റോഡിലിറങ്ങി മുൻപേ നടന്നു.

'എന്താ പേര്?' ഞാൻ ചോദിച്ചു.

'പ്രദീപ്'

തുത്തൻഖാമന്റെ മുഖാവരണം

'ശ്രീറാം ഏത് ക്ലാസിലായി?'

'എട്ടിൽ'

'ഇന്നു സ്കൂളില്ലേ?'

'ഉച്ചകഴിഞ്ഞേ ഉള്ളൂ... ഷിഫ്റ്റ് ആണ്. നിങ്ങൾ എവിടുന്നാണ്..?'

ആദ്യമായി അവൻ എന്നോട് ഒരു ചോദ്യം ചോദിച്ചു.

'ഇക്കണോമിക്സ് ആൻഡ് സ്റ്റാറ്റിസ്റ്റിക്സ് ഡിപ്പാർട്ട്മെന്റ്. രാജന്റെ കൃഷിയൊക്കെ ഒന്നു കാണണമെനിക്ക്'

'അപ്പോൾ റഹീം സാർ മാറിപ്പോയോ?'

'റഹീം പ്രമോഷനായി നാട്ടിലേക്ക് പോയി. ഞാനാണ് പകരം വന്നത്'

'സാറിന്റെ പേരെന്താ?'

ഞാൻ പേര് പറഞ്ഞു.

'നാട് ..?'

'തിരുവനന്തപുരം'

'അവിടത്തുകാര് ഒരുപാടുണ്ടിവിടെ.. ഞങ്ങടെ ചില മാഷൻമാരും തിരുവനന്തപുരംകാരാണ്'

എനിക്ക് സന്തോഷം തോന്നി. അവന് എന്നോട് പിണക്കമൊന്നുമില്ല.

മിക്കവാറും മരങ്ങളിൽ ആടിനെയോ പശുക്കിടാങ്ങളെയോ കെട്ടിയിരുന്ന ഒരു വളപ്പിലേക്ക് ഞങ്ങൾ കയറി. മണ്ണ് കുഴച്ചു ഉയരത്തിൽ പടുത്ത മതിൽ മഴനനയാതെ ഓല മേഞ്ഞിരിക്കുന്നു.

വേപ്പുമരത്തിൽ ചങ്ങലയ്ക്കിട്ടിരുന്ന കറുത്തുകൊഴുത്ത നായ ചെവി തുളയ്ക്കുമാറ് കുരച്ചു. വയ്ക്കോൽ കൂനയ്ക്ക് ചുറ്റും ചികഞ്ഞു നിന്നിരുന്ന കോഴിക്കൂട്ടം അത് കേട്ട് ചിതറി. കിണറ്റുകരയിൽ നിന്ന് തുണി പിഴിഞ്ഞ് അയയിൽ വിരിക്കുകയായിരുന്ന മനുഷ്യൻ ഞങ്ങളെ കണ്ടു. തലയിൽ കെട്ടിയിരുന്ന തോർത്തഴിച്ച് കൈ തുടച്ച് അയാൾ വന്നു. ഞങ്ങൾ പരിചയപ്പെട്ടു. സ്നേഹത്തോടെ ചിരിച്ച് അയാൾ എന്നെ വീട്ടിനുള്ളിലേക്ക് ക്ഷണിച്ചുകൊണ്ട് പോയി. ഓടുമേഞ്ഞ പഴയ വലിയ വീട്. വിശാലമായ തളം. ചുവരുകൾ നിരന്ന് ബ്ലാക്ക് ആൻഡ് വൈറ്റ് ഫോട്ടോകൾ. സംഭാരമെടുക്കാമെന്ന് പറഞ്ഞ് രാജൻ അകത്തുപോയി. ചുവരിലെ ഒരു വിവാഹ ഫോട്ടോയിൽ എന്റെ കണ്ണുടക്കി. കൊമ്പൻ മീശവെച്ച പ്രൗഢനായ ചെറുപ്പക്കാരൻ രാജനാണ്. അയാളുടെ തോളോട് ചേർന്നിരിക്കുന്നു വാലിട്ടു കണ്ണെഴുതി വലിയ പൊട്ടിട്ട ഒരു സുന്ദരി.

രാജൻ വരുമ്പോൾ ഞാൻ അയാളുടെ വിവാഹഫോട്ടോ തന്നെ

നോക്കിയിരിക്കുകയായിരുന്നു. സംഭാരമൊന്തയും ഒരു പ്ലേറ്റ് നിറയെ രസകദളിപ്പഴവും ടീപ്പോയ്ക്കു മുകളിൽ വച്ച് രാജൻ പറഞ്ഞു.

'ഇച്ചിരി ജോലിയുണ്ട്. ഞാൻ അങ്ങോട്ട് ചെല്ലട്ടെ..'

'അപ്പോൾ ഞാൻ വന്ന കാര്യം..?'

അയാളെ തടഞ്ഞുകൊണ്ട് ഞാൻ പറഞ്ഞു.

'അത് അല്ലിയോട് പറഞ്ഞാൽ മതി'

ഞാൻ അല്ലിയെ കാത്തിരുന്നു.

തളത്തിലേക്ക് ഒന്നിലധികം മുറികൾ തുറക്കുന്നുണ്ട്. അതിലൊന്ന് തുറന്നു വിവാഹഫോട്ടോയിൽ കണ്ട സ്ത്രീ ഒരു ചുവന്ന ഷാളും പുതച്ച് ഇറങ്ങിവന്നു.

രാജന്റെ ഭാര്യ..

'നെല്ലിനും വാഴയ്ക്കും കൂടാതെ ഇത്തവണ ഇഞ്ചിയ്ക്കും മഞ്ഞളിനും കൂടി സാമ്പിൾ ക്രോപ്പ് കട്ടിംഗിന് ഫീൽഡ് മാർക്ക് ചെയ്യേണ്ടത് രാജന്റെ കൃഷിസ്ഥലത്താണ്.'

ഞാൻ പറഞ്ഞു.

'ആയിക്കോട്ടെ.'

അവർ സമ്മതം മൂളി.

സംഭാരംതീർത്ത് ഞാൻ എഴുന്നേറ്റപ്പോൾ ജനാലയ്ക്കൽ ചെന്ന് പുറത്തേക്കു നോക്കി അവർ ചോദിച്ചു.

'തുണി വിരിച്ചു തീർന്നോ?'

'ഇല്ല'

'ബാക്കി വന്നിട്ടാകാം.. ഇദ്ദേഹത്തിന് ഒപ്പം ഒന്നു ചെല്ലൂ.'

പിഴിയാൻ എടുത്ത തുണി ബക്കറ്റിൽ തന്നെയിട്ട് രാജൻ പോകാൻ റെഡിയായി.

'കപ്പയോ നേന്ത്രക്കുലയോ വേണ്ടതെന്താണെന്ന് വെച്ചാൽ സാറിന് കൊടുത്തു വിടണം'

അവർ രാജനോട് വിളിച്ചു പറഞ്ഞു.

രാജൻ 'ഓ' എന്നു മൂളി.

പാടത്തേക്ക് നടക്കുമ്പോൾ ഞാൻ ആലോചിച്ചു. ഭരണം ഭാര്യയാണ് നിർവഹിക്കുന്നത്. രാജൻ അനുസരണയുള്ള ഭർത്താവ്.

വഴിക്ക് ഇരുവശവും രാജന്റെ കൃഷിയിടങ്ങളായിരുന്നു. അയാൾ അതിന്റെ അരികുകൾ പറഞ്ഞു. നോട്ടവും പരിചരണവും എത്താത്ത ഒരു മൂല പോലുമില്ലാത്ത ഭൂമി. കയ്യാലക്കോട് ചേർന്ന ഭാഗത്തെ കുളം പോലും കളകളോ പാഴ്ചെടികളോ ഇല്ലാതെ ശുദ്ധ സൗന്ദര്യമായ നീലജലമാർന്നു കിടന്നു. കൊമ്പൻ മീശ വച്ച് നമ്ര

മുഖിയായ ശാലീനസുന്ദരിയുമൊത്ത് കുടുംബജീവിതത്തിന് ടിക്കറ്റെടുത്ത ആ രാജനല്ല മുന്നിൽ നടക്കുന്നതെന്ന് എനിക്ക് തോന്നി. ഗാർഹസ്ഥ്യം അതിന്റെ ചക്കിലിട്ട് കറക്കിപ്പിഴിഞ്ഞ് അയാളെ നീരൂറ്റി പരുവപ്പെടുത്തിയിരിക്കുന്നു.

കൃഷിയിടത്ത് വെയിലും വളവും പാകത്തിനേറ്റ് വിള പുഷ്ടിപ്പെട്ടു നിൽക്കുന്ന ഭാഗങ്ങൾ ഞാൻ കാട്ടിക്കൊടുത്തു. വളർന്നു തഴച്ച വേലിയിൽ നിന്ന് കൊന്നക്കമ്പുകൾ വെട്ടി ഞങ്ങൾ ആ ഭാഗങ്ങൾ അളന്ന് കുറ്റി നാട്ടി കയർ വലിച്ചു കെട്ടി.

മടങ്ങാൻ നേരം വിളവെത്തി നിന്ന നേന്ത്രവാഴയ്ക്കു നേരെ അയാൾ വെട്ടുകത്തി വീശാൻ ഒരുങ്ങുമ്പോൾ ഞാൻ പറഞ്ഞു.

'വേണ്ട രാജാ.. ഞാൻ ഒറ്റയ്ക്കാണ്. ഫാമിലിയൊന്നും കൂടെയില്ല'

'സാർ ഇതൊരു മൂലയ്ക്ക് കൊണ്ടുവയ്ക്ക്. പഴുക്കുമ്പോൾ രാവിലെ ഓരോന്ന് കഴിക്കാം.'

'വേണ്ട.. ഇരുന്നു നാശമായി പോകും കൊണ്ടുപോകാനും പ്രയാസം.'

'അത് പേടിക്കേണ്ട.. എവിടാ താമസം എന്ന് പറഞ്ഞാൽ മതി. ഞാൻ എത്തിക്കാം'

എന്നിട്ടും ഞാൻ 'വേണ്ട' എന്നുതന്നെ പറഞ്ഞു. അത് വകവയ്ക്കാതെ അയാൾ എത്താവുന്നത്ര ഉയരത്തിൽ വാഴയുടെ കഴുത്തിന് താഴെ വെട്ടി.

'സാറിനിത് തന്നയച്ചേ പറ്റൂ. ഇല്ലെങ്കിൽ ഞാൻ വേണ്ട പോലെ നിർബന്ധിച്ചില്ല എന്ന് അല്ലി വഴക്കുപറയും'

ഞാൻ പിന്നെ എതിർത്തില്ല.

വാഴക്കുലയും ചുമലിലേറ്റി രാജൻ മുൻപേ നടന്നു. കരുത്തും കറുപ്പും ഉറഞ്ഞു കിടന്ന അയാളുടെ ദേഹത്ത് വിയർപ്പ് തുള്ളികൾ മുളച്ചു.

'അവിടെ ചുമരിലുള്ളത് രാജന്റെ വിവാഹഫോട്ടോ അല്ലേ ..?'

ഞാൻ വെറുതെ ചോദിച്ചു.

'അതേ'

'അതിലുണ്ടായിരുന്ന കൊമ്പൻമീശ എങ്ങോട്ടു പോയി ...?'

രാജൻ ചിരിച്ചു.

'അതൊരു കഥയാ സാറേ.. പറയുകയാണെങ്കിൽ കുറേയുണ്ട്'

'വിരോധമില്ലെങ്കിൽ പറഞ്ഞോ.. ഞാൻ കേൾക്കാം'

ഞാൻ പറഞ്ഞു.

തുത്തൻഖാമന്റെ മുഖാവരണം

'അതിർത്തിക്ക് അപ്പുറം തമിഴ്നാട്ടിലാണ് അല്ലിയുടെ വീട്. പ്രേമവിവാഹമായിരുന്നു ഞങ്ങടെ.. അവർ ജാതി വേറെ.. ഞങ്ങടെ ജാതിക്കാര് അല്ലിയുടെ ജാതിക്കാരുടെ മുമ്പിൽ മീശ പിരിച്ചു വയ്ക്കുക പതിവില്ല. എനിക്കൊപ്പം ഇറങ്ങിവന്ന് കച്ചേരിയിൽ പോയി രജിസ്റ്റർ ചെയ്ത് സ്റ്റുഡിയോയിൽ ഫോട്ടോ എടുക്കാൻ കയറിയപ്പോൾ അല്ലി എന്റെ മീശ പിരിച്ചുവച്ചു. ഇനി ഇത് ഇങ്ങനെ ഇരുന്നാൽ മതി എന്ന് പറഞ്ഞു.'

'കൊള്ളാലോ.. എന്നിട്ട് പിന്നെന്തിനാ അത് കളഞ്ഞത്?'

'അല്ലി ഗർഭിണിയായപ്പോ അവളുടെ വീട്ടുകാർ ഞങ്ങളെ അങ്ങോട്ടു വിളിച്ചു. ഒരു ദിവസം അങ്ങോട്ട് പോകാൻ ഞങ്ങൾ തീരുമാനിച്ചു. അപ്പന്റെ മുന്നിൽ ചെല്ലുമ്പോൾ ആ മീശ ഒന്ന് താഴ്ത്തി വയ്ക്കണം എന്ന് അവളെന്നോട് പറഞ്ഞു. പറ്റില്ലെന്ന് ഞാനും. അന്ന് രാത്രി ഭയങ്കര വഴക്കായി.'

'എന്നിട്ട്...'

'മീശ താഴ്ത്തിയിട്ടേ പോകാൻ പറ്റുള്ളൂ എന്ന് അല്ലി കട്ടായം പറഞ്ഞു. എനിക്കത് ഭയങ്കര അപമാനമായി തോന്നി. മീശ താഴ്ത്തുന്നതിനേക്കാൾ പോയി ചാവുന്നതാണ് നല്ലതെന്ന് എന്റെ ആൾക്കാരും പറഞ്ഞു. വാശിയും വഴക്കും തലയിൽ കയറിയപ്പോൾ അവളെ ഉപേക്ഷിക്കാൻ ഞാൻ തീരുമാനിച്ചു.'

'അയ്യോ..!'

'വിത്തെറിഞ്ഞ മണ്ണിനേം പെണ്ണിനേം ഉപേക്ഷിക്കുന്നതിന് മുമ്പ് മൂപ്പനോട് അനുവാദം വാങ്ങുന്ന ഒരു പതിവുണ്ട് ഞങ്ങൾക്ക്. ഞാൻ മൂപ്പനെ ചെന്നു കണ്ടു.'

'മൂപ്പനെന്തു പറഞ്ഞു...?'

കഥയിൽ രസം കയറിയ എനിക്ക് ആകാംക്ഷ അടക്കാനായില്ല.

'കെട്ടിയ പെണ്ണിനെ നോവിക്കരുതെന്നും പിതൃസ്ഥാനീയരെ നിന്ദിക്കരുതെന്നും. മടങ്ങിവരും വഴി ഞാൻ ബാർബർ ഷോപ്പിൽ കയറി മീശയുടെ കൊമ്പ് മുറിച്ചു കളഞ്ഞു.'

'അല്ലിക്ക് സന്തോഷമായോ..?'

'പിന്നേ... വെളുക്കുംവരെ എന്റെ നെഞ്ചിലാണ് അവളന്ന് കിടന്നുറങ്ങിയത്.'

മൂപ്പന്റെ വിവേകത്തെപ്പറ്റി ഞാൻ ആലോചിച്ചു. തകരാൻ പോയ ഒരു ദാമ്പത്യത്തെ എത്ര അനായാസമായാണ് അയാൾ കരകയറ്റിയത്..!

'എന്തിനാണ് നാട്ടുകാർ മൂപ്പനെ വട്ടപ്പേര് വിളിക്കുന്നത്...?'

മണ്ണിനെയും മനുഷ്യനെയും അറിഞ്ഞു പാകപ്പെട്ട ആ മനുഷ്യൻ കോപിക്കാനിടയില്ല എന്ന വിശ്വാസത്തിൽ ഞാൻ ചോദിച്ചു.

വീട് എത്താറായിരുന്നു. രാജൻ അല്പനേരം മിണ്ടാതെ നടന്നു. വീട്ടിലെത്തി വാഴക്കുല നിലത്തു വച്ച് അയയിൽ നിന്ന് തോർത്തെടുത്ത് വീശി വിയർപ്പാറ്റുമ്പോൾ അയാൾ പറഞ്ഞു.

'മണ്ണിൽ ഞാൻ എന്തെറിഞ്ഞാലും പൊന്നു വിളയും.. പക്ഷേ വില പറഞ്ഞു വിൽക്കുന്നതും കാശ് വാങ്ങുന്നതും അല്ലിയാണ്.'

'അതെന്താ അങ്ങനെ..?'

'ഉഴുതുണ്ടാക്കുന്നവർക്ക് വിൽക്കാനറിയില്ല. അത് വേറൊരു കലയാണ്.'

രാജൻ പറഞ്ഞതിനെപ്പറ്റി ഞാനാലോചിച്ചു. പറഞ്ഞത് പരമാർത്ഥം.

'പിന്നെ വീട്ടുജോലി മിക്കതും ഞാൻ ചെയ്യും. ഭക്ഷണം വയ്ക്കും, പാത്രം മോറും, തുണി അലക്കും.. അതൊക്കെ അറിയുന്ന ആരോ ഇട്ട പേരാണത്.. ഞാനത് കാര്യമാക്കാറേയില്ല.'

'രാജന്റെ ഭാര്യയ്ക്ക് പാചകമൊന്നും വശമില്ലേ.. അതോ അസുഖം വല്ലതുമുണ്ടോ..?' ഞാൻ ചോദിച്ചു.

'സാറു വാ'

രാജൻ എന്റെ കൈയുംപിടിച്ചു വീടിനുള്ളിലേക്ക് നടന്നു. ഒന്നും മനസ്സിലാവാതെ ഞാൻ പിന്നാലെ ചെന്നു. മുൻവാതിൽ കടന്ന് തളത്തിലെത്തി നേരത്തേ അല്ലി ഇറങ്ങി വന്ന വാതിൽ തുറന്ന് അയാൾ എന്നെ അകത്തു കയറ്റി വാതിൽപാളി ചാരി. തലയണകൾ ഉയർത്തിവച്ച് കട്ടിലിൽ കിടക്കുകയായിരുന്ന അല്ലി ഞെട്ടിപ്പിടഞ്ഞ് എഴുന്നേറ്റു.

'ഏയ് എന്തായിത്...?'

അവർക്ക് ദേഷ്യം വന്നു.

ചുറ്റിപ്പുതച്ചിരുന്ന ചുവന്ന ഷാൾ ഇപ്പോഴില്ല. ഇടം തോളിനു താഴെ കൈ കാണേണ്ട ഭാഗം ഒഴിഞ്ഞു കിടക്കുന്നു....!

അല്ലി വ്യസനത്തോടെ ചിരിച്ചു. ഭിത്തിയിലെ കൊളുത്തിൽ തൂക്കിയിരുന്ന കൃത്രിമക്കൈയിലേക്ക് അവർ നിസ്സഹായതയോടെ നോക്കി. രാജൻ ശ്രദ്ധാപൂർവ്വം അതെടുത്ത് അവരുടെ തോളിൽ പിടിപ്പിച്ചു. വലം കൈകൊണ്ട് ഷാൾ എടുത്ത് മൂടുന്നതിനിടെ അല്ലി പറഞ്ഞു.

'ക്ഷണിച്ചുവരുത്തി വെട്ടിയെടുത്തു വീട്ടുകാര്..'

'കൊല്ലാൻ തന്നെ വെട്ടിയതാ സാറേ.. എങ്ങനെയോ രക്ഷപ്പെ

ട്ട് പ്രാണനും കൊണ്ടോടി.'

രാജൻ ഭാവഭേദമൊന്നുമില്ലാതെ എന്നെ നോക്കി.

ഞാൻ വാതിൽ തുറന്ന് പുറത്തിറങ്ങി.

അല്ലിയും രാജനും എനിക്ക് പിന്നാലെ വന്നു.

'പറ്റുമെങ്കിൽ നിങ്ങൾ രണ്ടാളും മീശ പിരിച്ചുവച്ച് നടക്കണം എന്നാണ് എന്റെ അഭിപ്രായം..'

യാത്ര പറയാൻ നേരം ഞാൻ പറഞ്ഞു.

രാജൻ ചിരിച്ചു.

അല്ലിയും..

○○

പത്ത്
കഴിച്ചേച്ച് പോരായോ

'അപ്പന്റെ ശവം റോഡേലിട്ടേച്ച് ഹോട്ടലിൽ കേറി പൊറോട്ട തിന്ന ആളല്ലേ നിങ്ങള്...??!'

അന്നാമ്മ ഭർത്താവ് പൈലിക്കുഞ്ഞിനോട് ചോദിച്ചു.

അവിടെ നടന്ന വഴക്കിലൊന്നും ഇടപെടാതെ എന്നത്തേയും പോലെ ഇച്ചായനോട് ഫോണിൽ സംസാരിച്ചുകൊണ്ട് മുറ്റത്ത് തലങ്ങും വിലങ്ങും നടക്കുകയായിരുന്ന മരുമകൾ ആനി നടത്തം നിർത്തി അന്നാമ്മയെ നോക്കി.. അയാളെയും..

പൈലിക്കുഞ്ഞ് ഒന്നുചൂളി...

അത്രനേരവും സ്വന്തം ഭാഗം പയറുപോലെ ന്യായീകരിച്ചുകൊണ്ടുനിന്ന അയാൾ പെട്ടെന്ന് നിശ്ശബ്ദനായി അകത്തുപോകുന്നതു കണ്ട് ആനി അമ്പരന്നു...

ഇതെന്തു മായാജാലം...

അവിടേക്കു കെട്ടിവന്നിട്ട് രണ്ടുമാസമേ ആയിട്ടുള്ളൂ എന്നതിനാൽ അവൾക്കു കാര്യങ്ങൾ ഇനിയും മനസ്സിലാകാൻ ബാക്കി കിടപ്പുണ്ടായിരുന്നു...

'അമ്മച്ചീ...?'

അവൾ അമ്മായിയെ ഒരു ചോദ്യനോട്ടം നോക്കി.

അരുതാത്തത് എന്തെങ്കിലും പറഞ്ഞുപോയ വ്യസനം പക്ഷേ അന്നാമ്മയുടെ മുഖത്തു കണ്ടില്ല.

മൊബൈൽ, 'പിന്നെ വിളിക്കാം ഇച്ചായാ' എന്നു പറഞ്ഞു കട്ട് ചെയ്തിട്ട് അവൾ അപ്പനെ നോക്കാൻ അകത്തുപോയി.

അയാൾ മുറിക്കുള്ളിൽ നിന്ന് ഷർട്ട് മാറി ധരിക്കുകയായിരുന്നു.

'അപ്പൻ എങ്ങോട്ടാ...?'

'ഒന്നു റോഡ് വരെ...'

'സിഗററ്റ് വലിക്കാൻ പോകുവല്ലേ...?'

തുത്തൻഖാമന്റെ മുഖാവരണം

'ങ്ഹാ....'

'അമ്മച്ചി എന്താ പറഞ്ഞത്...?'

പൈലിക്കുഞ്ഞ് മരുമകളെ നോക്കി.

അയാളുടെ കണ്ണുകളിൽ നനവുണ്ടെന്നവൾക്ക് തോന്നി..

പൈലി മുറ്റത്തിറങ്ങി റോഡിലേക്കു പോയി. ആനി അമ്മച്ചിയുടെ അടുത്തേക്കു ചെന്നു.

'അമ്മച്ചീ.. അമ്മച്ചിയെന്താ വിളിച്ചു പറഞ്ഞത്...? അപ്പന് മുറിഞ്ഞു.. ദേ സിഗരറ്റ് വലിക്കാൻ പോയി...'

'വലിച്ചേച്ചും വരട്ടെ... ഇടയ്ക്കിടെ അങ്ങേരെ ഇത്തിരി പൊകയ്ക്കണം...'

'എന്താദ് സംഭവം...?'

'നിന്നോട് ബെന്നി പറഞ്ഞിട്ടില്ലേ..?.'

'ഇല്ലമ്മച്ചീ..'

'വേറൊന്നുമല്ല... ഇങ്ങേരുടെ അപ്പനെ ആർസീസീന്നു മരിച്ചു കൊണ്ടുവരുമ്പോ ആംബുലൻസിൽ ഇങ്ങേര് മാത്രമാരുന്നു കൂടെ.. ആംബുലൻസ് വഴീക്കൊണ്ടു നിർത്തിച്ചിട്ട് ഇങ്ങേര് ഹോട്ടലിൽ കേറി പൊറോട്ട തിന്നു....'

ആനി മൂക്കത്ത് വിരൽവച്ചു. അവൾക്കത് വിശ്വാസം വന്നില്ല..

'കർത്താവിനു നിരക്കാത്തത് പറയാതമ്മച്ചീ...'

'ഒന്നു പോ കൊച്ചേ...നാട്ടില് പാട്ടാണ്.. ഇങ്ങേര് മുണുങ്ങിക്കൊണ്ടിരുന്നപ്പോ ഇന്നാട്ടുകാരാരോ അവിടെ കഴിക്കാൻ കേറി.. അങ്ങനല്ലേ സംഭവം പുറത്തായത്....!'

ആനിക്കത് പുതിയൊരറിവായിരുന്നു..

രാത്രി പൈലി ഒന്നും കഴിച്ചില്ല. കിടക്കാൻ നേരം അയാൾ പായും തലയണയുമെടുത്ത് ടെറസിൽ പോയി.

'പായ്ക്കറ്റോടെ മേടിച്ചു കാണും.. ടെറസ്സിലാവുമ്പോ നക്ഷത്രം നോക്കിക്കിടന്നു വലിക്കാലോ...'

അന്നാമ്മ പറഞ്ഞു.

ബെന്നി ജോലിസ്ഥലത്തായതുകൊണ്ട് ആനി ഷീറ്റുമെടുത്ത് അമ്മച്ചിയോടൊപ്പം കിടക്കാൻ ചെന്നു.

മുടി ഉച്ചിയിൽ കെട്ടിമുറുക്കി കട്ടിലിൽ കയറി കിടന്നിട്ട് അവൾ ചോദിച്ചു.

'അമ്മച്ചിയോടിതാരാ പറഞ്ഞേ...?'

'അയലത്തുകാര്...അതും എന്നെയിവിടെ കെട്ടിക്കൊണ്ടുവന്ന ദിവസം...'

'ഈശോയേ.. എന്തൊരു നൊണക്കൂട്ടങ്ങളാ...!'

'അതല്ല.. പറയാനൊരു കാരണമുണ്ടായി.. പള്ളീൽ വച്ച് കെട്ടു സമയത്ത് ഇങ്ങേര് മിന്നെടുത്ത് എന്റെ കഴുത്തേലോട്ട് വച്ചപ്പോ ബേക്കിൽ നിന്നാരോ 'പൈലിയേ.. രണ്ടു പൊറോട്ട തന്നിട്ട് പോ രായോ ....?'എന്ന് വിളിച്ചു ചോദിച്ചു.. ഇങ്ങേരക്ക് കൈവെറ തൊട ങ്ങി.. ആ പരവേശത്തിൽ മിന്നിന്റെ കൊളുത്തു താഴെപ്പോയി..'

'എന്നിട്ട്...?'

'എല്ലാരും കൂടി നിലത്തിറങ്ങി കൊളുത്തു തപ്പി... ആകെ ബഹ ളമായി...പിന്നെ ഒരു പൊടിക്കൊച്ചിന്റെ കഴുത്തിലെ മാലേന്നു കൊ ളുത്തെടുത്ത് തല്ക്കാലം അച്ചൻ മിന്നങ്ങു കെട്ടിച്ചു...'

'താഴെ വീണത് പിന്നെ കിട്ട്യോ...?'

'കിട്ടി... അതെന്റെ ബ്ലൗസിനകത്താരുന്നു വീണത്...'

'അന്നേരം അതമ്മച്ചി അറിഞ്ഞില്ലാരുന്നോ?'

'ഞാനറിഞ്ഞു... എന്നിട്ടെന്താ.. അവിടെവച്ചെടുക്കാൻ പറ്റ്വോ.. അതോണ്ട് മിണ്ടീല. പിന്നെ...'

അന്നാമ്മ പറഞ്ഞുവന്നത് പകുതിവച്ചു നിർത്തി..

'പിന്നെ...?'

'പത്തിൽ പഠിക്കുമ്പോ ആരുന്നല്ലോ എന്റെ കല്യാണം.. ക്ലാസി ലെ ഒരു പയ്യൻ കല്യാണത്തിന്റന്ന് പള്ളീലു വന്ന് ആരും കാണാ തെ എനിക്കൊരു കുറിപ്പു തന്നാരുന്നു.. അതും ഒണ്ടാരുന്നു ബ്ലൗ സിനകത്ത്....'

'എന്താരുന്നു കുറിപ്പിൽ...?'

ആനിക്ക് ആകാംക്ഷ മുറ്റി..

'പുഞ്ചിരിക്കുന്ന പൂവിലുമുണ്ട് വഞ്ചനയുടെ ലാഞ്ചന...!'

ആനി കട്ടിലിൽ എഴുന്നേറ്റിരുന്നു ചിരിച്ചു... അന്നാമ്മയും...

* * * * *

നിർത്താതെയുള്ള കാളിംഗ് ബെല്ലുകേട്ട് ഫാദർ റോബിൻ പീറ്റർ ഞെട്ടിയെഴുന്നേറ്റ് ലുങ്കി നേരെയുടുത്ത് ലൈറ്റിട്ട് വാതിൽ തുറന്നു.

മുന്നിൽ വിഷണ്ണനായി പൈലിക്കുഞ്ഞ്..

'എന്താ പൈലീ പാതിരാത്രി...?'

'ഒന്നു കുമ്പസരിക്കണം അച്ചോ...'

ഫാദർ ക്ലോക്കിൽ നോക്കി. മണി രണ്ടര..

തുത്തൻഖാമന്റെ മുഖാവരണം

ഈ നേരത്തു ചെയ്ത പാപം ഏതായിരിക്കുമെന്നൂഹിച്ച് അച്ചൻ ഞെട്ടി.

പാതിരാത്രി പുറത്തിറങ്ങി പാപം ചെയ്തിട്ട് പോണ വഴിക്കുതന്നെ പള്ളീൽ കേറി കുമ്പസരിച്ചു പാപമുക്തനായി വീട്ടിൽ തിരിച്ചു കേറുക... അതെന്നാ ഏർപ്പാടാ !

'നീ പോ പൈലീ... പോയിട്ട് കാലത്തു പത്തുമണിക്ക് വാ...'

അച്ചൻ പറഞ്ഞു.

'അല്ലച്ചോ..ഇത് കൊറേ പഴയ പാപമാ...'

'പഴേതെന്നു പറയുമ്പോ...?'

'ഒരു പത്തുമുപ്പത്തഞ്ചു കൊല്ലം മുമ്പത്തെ...'

പഴയതാണെങ്കിൽ ചിലപ്പോ ത്രില്ലിംഗ് ആയിരിക്കും..

അച്ചൻ ടോർച്ചും താക്കോൽകൂട്ടവുമെടുത്തു പുറത്തിറങ്ങി വാതിൽ ചാരി. അവർ പള്ളി ലക്ഷ്യമാക്കി നടന്നു.

കൂട്ടിനകത്തു കയറി കസേരയിലിരുന്ന് അച്ചൻ ചെവി കൂർപ്പിച്ചു.

'അപ്പന് ഞാൻ ഒറ്റ മോനാര്ന്നച്ചോ.. വാവച്ചൻ എന്നാരുന്നു അപ്പന്റെ പേര്.. ഓടിക്കളിക്കണ പ്രായത്തില് ചാര് മരത്തേൽ ചെന്നുപിടിച്ചു എന്റെ ദേഹമാകെ ചൊറിഞ്ഞു പൊട്ടി.. എന്റെ കരച്ചില് അപ്പന് സഹിച്ചില്ല.. എന്നെ ആശ്വസിപ്പിക്കാനായിട്ട് അപ്പനും ആ മരത്തേൽ ചെന്നുപിടിച്ചു.. അപ്പനും നിന്ന് ചൊറിയണ കണ്ടപ്പം എനിക്ക് ചിരിവന്നു.. അതാണ് അപ്പനും ഞാനുമായിട്ടൊള്ള ഓർമ്മയിലെ ആദ്യത്തെ സീന്... അവിടന്നങ്ങോട്ട് നമ്മള് കൂട്ടുകാരെപ്പോലെയാരുന്നു.. തമ്മില് രഹസ്യമൊന്നുമില്ലാരുന്നു..

അപ്പനേം പിന്നിലിരുത്തി സൈക്കിളോടിച്ചു പോകുമ്പം വല്ല പെണ്ണുങ്ങളേം കണ്ട് ഞാൻ നോക്കിയാ അപ്പൻ പറയും. 'അതമ്മട വറീതിന്റെ മോളാ.. നിനക്ക് ഇഷ്ടമായെങ്കി നമ്മക്ക് വളയ്ക്കാം'ന്ന്.

അമ്മച്ചി നേരത്തേ മരിച്ചാരുന്നു. കുട്ടിക്കാലം ഭയങ്കര ദരിദ്ര്യമൊക്കെ ആരുന്നു. എന്നാലും എത്ര ഇല്ലേലും അപ്പനെന്റെ വയറു കായാൻ സമ്മതിക്കുകേലാരുന്നു.. ഒന്നുമില്ലെങ്കിൽ ഒരു കപ്പയെങ്കിലും സംഘടിപ്പിച്ച് എനിക്ക് ചുട്ടു തരും...

ഒരു ദിവസം പെട്ടെന്ന് അപ്പനങ്ങു വീണു.. കാൻസറാരുന്നു. അറിഞ്ഞില്ല... അന്നതൊക്കെ എങ്ങനെ അറിയാനാ.. എനിക്കന്ന് ഇരുപത് വയസ്സാണ്..

രണ്ടേ രണ്ട് ദിവസമേ അപ്പൻ ആശുപത്രീൽ കെടന്നുള്ളൂ. വേറാരും ഇല്ലാരുന്നല്ലോ [illegible]. ആ രണ്ടു ദിവസം [illegible]

ഉറക്കോമില്ലാതെ ഞാൻ ആശൂത്രീല് നിന്നു... മൂന്നിന്റന്നു രാവിലെ ഡോക്ടറെന്നോട് അപ്പനെ കേറി കണ്ടോളാൻ പറഞ്ഞു. ഞാൻ ചെന്നപ്പോ എന്നെ നോക്കി ചിരിച്ചിട്ട് 'കഴിച്ചോടാ പൈലിയേ'ന്നു ചോദിച്ചു.

'ഇല്ലപ്പാ... വല്ലോം പോയി വാങ്ങി വരാം.. നമ്മക്ക് കഴിക്കാം' ന്നും പറഞ്ഞു ഞാൻ അപ്പന്റെ ചാരെ നിന്നു.

'എന്നാ നീ രണ്ട് അപ്പോം കോഴിക്കറീം വാങ്ങി വാ'ന്ന് അപ്പൻ പറഞ്ഞു. ഡോക്ടറോട് ചോദിച്ചിട്ട് ഞാൻ പുറത്തേക്ക് പോകാൻ നേരം അപ്പൻ പിന്നീന്നു വിളിച്ചു.

'അല്ലേൽ വേണ്ടടാ.. പോകാനൊള്ള നേരമായി.. നീ ഇവിടിരി.. തിരിച്ചു പോണവഴിക്ക് നീ കേറി കഴിച്ചോ.. നിനക്ക് വെശക്കുവല്ലേ വീട്ടിച്ചെന്നു ചടങ്ങും പരിപാടീം കഴിയുമ്പോ ഒരുപാട് വൈകും.. നീ വിശന്നിരിക്കമ്പം പോയാ എനിക്ക് സമാധാനം കിട്ടുകേലാ... നിനക്ക് നിറഞ്ഞാ എനിക്കും നിറഞ്ഞപോലാ..'

അപ്പൻ പറഞ്ഞു.

കട്ടിലിൽ എന്നെ പിടിച്ചിരുത്തി, 'അപ്പനൊരു മുത്തം തായോ മോനേ'ന്നു പറഞ്ഞു.

ഞാൻ മുത്തം കൊടുത്തപ്പോ 'കഴിച്ചിട്ട് പോണേ പൈലിയേ'ന്നു പറഞ്ഞ് അപ്പനൊന്നു വിറച്ചു.. അവസാനത്തെ വെറ...

അപ്പനേം കൊണ്ട് വരണ വഴി ചിങ്ങവനത്തു വണ്ടി നിർത്തിച്ചു ഞാനൊരു ഹോട്ടലിൽ കേറി. രണ്ടു ദിവസത്തെ വിശപ്പാരുന്നു.. എട്ടു പൊറോട്ടേം താറാവുകറീം...

തിരിച്ചുവന്നു വണ്ടീ കേറിയപ്പം അപ്പൻ കിടന്നു ചിരിക്കണതായി എനിക്ക് തോന്നി... ഞാനും ചിരിച്ചു..

അപ്പനേം വണ്ടീൽ കിടത്തിയിട്ട് പലഹാരക്കടേൽ തിന്നാൻ കേറിയത് ഇന്നേവരെ പാപമാന്ന് തോന്നീരുന്നില്ലച്ചോ...പക്ഷേ, ഈയിടെ ആയിട്ട് ഒരു സംശയം...'

പൈലി പറഞ്ഞു നിർത്തി.

അച്ചൻ ഒരു നിമിഷം മൗനമായിരുന്നു.

'നീ എന്തേലും കഴിച്ചോ പൈലിയേ...?'

അച്ചൻ ചോദിച്ചു.

'ഇലച്ചോ...'

അച്ചൻ പൈലിയേം കൂട്ടി ഊണുപുരയിലേക്കു പോയി. ഫ്രിഡ്ജിൽ നിന്ന് ബ്രെഡും തറാവുകറിയുമെടുത്തു ചൂടാക്കി.

പാത്രമെടുത്ത് അത് പൈലിക്കു വിളമ്പിക്കൊടുത്തിട്ട് അച്ചനും

അരികിലിരുന്നു.

പൈലി ആർത്തിയോടെ അതു വാരിക്കഴിച്ചു..

സെമിത്തേരിയിൽ ഇരുട്ടിലാണ്ടുകിടന്ന വാവച്ചന്റെ കല്ലറ തണുപ്പിച്ച് ഒരിളംകാറ്റു കടന്നുപോയി...

൦൦

പതിനൊന്ന്
പീപ്പിൾ യൂ മേ നോ

കണ്ണാടിക്കുമുന്നിൽ നിന്ന് ഗോപൻ സ്വന്തം നശ്വരദേഹത്തെ ഒന്ന വലോകനം ചെയ്തു. പത്തുമുപ്പത്തഞ്ചു കൊല്ലം മുമ്പ് ഈർക്കിൽ പോലെയെന്നു കളിയാക്കപ്പെട്ടിരുന്ന ശരീരം ഇപ്പോൾ മഞ്ഞത്തോ ലിൽ ഇറുകെപ്പൊതിഞ്ഞ ഒരു മാംസപിണ്ഡം...!

താഴെ അയാളുടെ മൊബൈൽ കുണുങ്ങി. ലതയോ മകനോ എടുത്തേക്കാം എന്ന വിചാരത്തിൽ അയാൾ അലമാര തുറന്നു വസ്ത്രങ്ങൾ എടുത്തു. ഓഫീസിൽ അൽപ്പം വൈകിയേ പോകേ ണ്ടതുണ്ടായിരുന്നുള്ളൂ എന്നതിനാൽ ക്ഷൗരവും കുളിയും ഒരുക്ക വുമെല്ലാം ഒരു മധ്യവയസ്കന്റെ അവധാനതയോടെയാണ് അയാൾ പൂർത്തിയാക്കിയത്.

'ഏതോ ഒരു അശ്വതി വിളിക്കുന്നു.'

സ്റ്റെയർകെയ്സ് പകുതി കയറി നിന്ന് ലത വിളിച്ചു പറഞ്ഞു.

സ്വിബു വലിച്ചുകയറ്റി അയാൾ വാതിൽ തുറന്നു താഴേക്ക് ചെ ന്നു. മൊബൈൽ വാങ്ങി ചെവിയോട് ചേർത്തു ഹെലോ പറഞ്ഞു.

'ഏതോ ഒരു അശ്വതിയല്ല, നിങ്ങടെ ഒപ്പം ബി.എഡിന് പഠിച്ച അശ്വതി ആണ്.'

അയാൾക്ക് അമ്പരക്കാനോ ഓർമ്മയിലൊന്നു വെളിച്ചമെറിയാ നോ കഴിയും മുൻപ് അശ്വതി വീണ്ടും പറഞ്ഞു,

'ഞാനിന്നു നിങ്ങടെ ഓഫീസിൽ വരുന്നുണ്ട്. ഒരു ഹെല്പ് വേണം. അവിടെ കാണുമോ..?'

'ഉണ്ടാവും... വന്നിട്ടു വിളിക്കൂ'

അയാൾ പറഞ്ഞു.

മറ്റെന്തെങ്കിലും കൂടി പറയാനായി ആലോചിക്കുമ്പോൾ മറുത ലയ്ക്കൽ കേട്ട സ്വരം അവ്യക്തമാകാനും തീവണ്ടിയൊച്ച അതി ലേക്കു സന്നിവേശിക്കാനും തുടങ്ങി. മൊബൈൽ തീന്മേശമേൽ

വച്ചു അയാൾ വീണ്ടും മുകളിലേക്കുപോയി.

ഓഫീസിലെത്തും വരെയുള്ള സമയം ഉള്ളിൽ ചിതറിക്കിടന്ന ഓർമ്മകളിലേക്ക് അയാൾ പലവട്ടം നടന്നുനോക്കി. കാൾ വരുമ്പോൾ തിരിച്ചറിയണമല്ലോ എന്ന തോന്നലിൽ നമ്പർ സേവ് ചെയ്യാൻ തുടങ്ങുമ്പോൾ അശ്വതി എന്ന നാലഞ്ച് പേരുകൾ പൊന്തിവന്നു. ഫോൺ നമ്പറിന്റെ അവസാന മൂന്നക്കം ഓർമയിലേക്കു കൊണ്ടു വച്ചിട്ട് അയാൾ നമ്പർ സേവ് ചെയ്യാതെ മൊബൈൽ തിരികെ വച്ചു.

11 മണി കഴിഞ്ഞപ്പോഴേക്കും അയാൾക്ക് കാൾ വന്നു. കാന്റീനിൽ ഉണ്ട് ഒന്ന് വരാമോ എന്നാണ് ചോദിച്ചത്. അയാൾ അങ്ങോട്ടു ചെന്നു. എവിടെനിന്നോ ഒരു ഉത്കണ്ഠയും കുളിരും അന്നേരം അയാളിൽ ഉരുണ്ടുകൂടി.

കണ്ടുപിടിക്കാൻ പ്രയാസമുണ്ടായില്ല. ഭർത്താവിനെ അവൾ പരിചയപ്പെടുത്തി. ജോലി, സന്താനങ്ങൾ, കുടുംബം ഒക്കെയും പരസ്പരം പറഞ്ഞുതീർത്തപ്പോൾ അവരുടെ ഇടയിലേക്ക് മൗനം കയറിവന്നു. വന്നകാര്യം പ്രയാസം കൂടാതെ ശരിയായിക്കിട്ടി എന്നും അയാൾ പറഞ്ഞു. ‘അതെ അതെ.. അല്ലെങ്കിൽ ഗോപനും ബുദ്ധിമുട്ടായേനെ..’ ഭർത്താവിനെ പിന്താങ്ങി അവളും ചിരിച്ചു.

ഊണ് കഴിക്കാൻ നിൽക്കാതെ അവർ യാത്ര പറഞ്ഞു.

‘തിരികെയുള്ള ട്രെയിൻ എത്രയും നേരത്തേ കിട്ടുന്നോ അത്രയും നന്ന്. മക്കൾ ഒറ്റയ്ക്കാണ്’

ഹസ്തദാനം ചെയ്തു പിരിയുമ്പോൾ അശ്വതിയുടെ ഭർത്താവ് പറഞ്ഞു.

‘എപ്പോഴെങ്കിലും പാലക്കാട് വരുമ്പോ വിളിക്കൂ.. അല്ലെങ്കിൽ എല്ലാരും കൂടി ഒരു ദിവസം വരൂ.’

ഓട്ടോയിലേക്ക് കയറാൻ നേരം അയാൾ ക്ഷണിച്ചു.

ഗോപൻ ചിരിയോടെ സമ്മതിച്ചു.

ഓട്ടോ കുറച്ചു മുന്നോട്ടുപോയി യു ടേൺ എടുത്തു റോഡിന്റെ മറ്റേ വശത്തു വന്നു സിഗ്നലിൽ നിന്നു. ഓഫീസ് ഗേറ്റിനു മുന്നിൽ തന്നെ നിന്ന അയാളും അശ്വതിയും അപ്പോൾ മുഖാമുഖം വന്നു. ഇരുവർക്കുമിടയിൽ പായുകയായിരുന്ന വാഹനങ്ങൾ ഇടവേളകളോടെ അനുവദിച്ച ശൂന്യതയിൽ അവർ പരസ്പരം കണ്ടു.

പീപ്പിൾ യൂ മേ നോ എന്ന എഴുത്തിനു താഴെയുള്ള ക്യൂവിൽ സൗഹൃദ [illegible] പ്രൊഫൈലുകളിൽ ആദ്യം കണ്ട അശ്വതിശിവദാസിനെ ഗോപൻ തിരിച്ചറി

ഞ്ഞു. ഒരു റിക്വസ്റ്റിനായി വിരൽ തൊടും മുൻപ് അയാൾ ആ പ്രൊഫൈലിലേക്കു പോയി. നിരന്തരം ആക്ടിവിറ്റികൾ ഒന്നുമില്ലാതെ, നഗരത്തിൽ വീടുള്ളവർ വല്ലപ്പോഴും വന്നു മാറാലയടിച്ചിടുന്ന നാട്ടിൻപുറത്തെ വീടുപോലെ മൗനം പൂണ്ടു കിടക്കുന്ന ഒരു പ്രൊഫൈൽ പ്രതീക്ഷിച്ച ഗോപൻ അമ്പരന്നു.. അശ്വതി ഓൺലൈനിൽ ഉണ്ട്. അയാൾ അതിലെ ഫോട്ടോകളിലൂടെ താഴെക്കുപോയി... റോസ് നിറമുള്ള മിഡിയിലും ടോപ്പിലും വലിയൊരു കേക്ക് മുറിക്കാൻ നിൽക്കുന്ന ഇരട്ടക്കുട്ടികൾ അശ്വതിയുടെ മക്കളാണെന്നു അയാൾ തിരിച്ചറിഞ്ഞു. ഫോട്ടോയിൽ കുത്തി അയാൾ അത് വലുതാകുന്നത്രയും വലുതാക്കി നോക്കി. അശ്വതിയെ പോലെയല്ല കുട്ടികൾ.

മൊബൈൽ ഓഫ് ലൈൻ ആക്കി അയാൾ ഓഫീസ് ജോലികളിലേക്കു പോയി. പറ്റുമ്പോൾ എപ്പോഴെങ്കിലും പുറത്തുപോയി ചെയ്യാനായി അയാളെ കുറെയേറെ കാര്യങ്ങൾ ഭാര്യ ഏല്പിച്ചിരുന്നു. ജോലിത്തിരക്കിനിടെ പലപ്പോഴായി അതിൽ പലതും അയാൾ ഓർത്തു. ഇടയ്ക്കൊന്നു ഫ്രീ ആയപ്പോഴും അതൊക്കെ നാളെയാകട്ടെ എന്ന് മാറ്റിവച്ച് അയാൾ കാന്റീനിൽ ചെന്ന് ഒഴിഞ്ഞമൂലയിലിരുന്നു ഫേസ്ബുക്കിലേക്കു പോയി.

അതിനകം അശ്വതി ശിവദാസ് അയാൾക്ക് ഒരു ചങ്ങാത്ത അഭ്യർത്ഥന അയച്ചിരുന്നു. അത് സ്വീകരിച്ചശേഷം അയാൾ കുറെ നേരം വെറുതേയിരുന്നു. ജീവിതത്തിൽ അശ്വതി ഉണ്ടായിരുന്ന കാലം സ്വാഭാവികമായും ഓർമ വരേണ്ട ആ സമയത്തു അയാൾ കാന്റീനിലെ തിരക്കിനിടയിലൂടെ നിലത്തു നിർഭയം നടക്കുന്ന പ്രാവിനെ നോക്കിയിരുന്നു. ജീവിതത്തോട് മാത്രമല്ല ഓർമകളോട് പോലുമുള്ള അഭിനിവേശം നഷ്ടപ്പെട്ടുപോയിരിക്കുന്നു എന്നയാൾക്ക് തോന്നി. ജീവിതം യൗവനമധ്യത്തിൽ തന്നെ വരണ്ടുതുടങ്ങിയിരിക്കുന്നു. ഒന്നും അതിനു പരിഹാരമാകുന്നില്ല. ഉദാത്തമായ ലക്ഷ്യങ്ങൾ ജീവിതത്തെ പച്ചപ്പോടെ നിർത്തുമെന്നു ആരോ എഴുതിയിട്ടത് അയാൾ ഫേസ്ബുക്കിൽ കണ്ടു ലൈക് കൊടുത്തിരുന്നു. തന്റെ ലക്ഷ്യത്തെയും പ്രതീക്ഷകളെയും കുറിച്ചും അയാൾ ഓർത്തുനോക്കി. മകനെപ്പറ്റി വലിയ മോഹങ്ങൾ ഒന്നും വയ്ക്കാതെ അവനെ ഇഷ്ടംപോലെ വളരാൻ വിട്ട അയാളെ സംബന്ധിച്ച് ആ അറകളും ശൂന്യമായിരുന്നു.

ഓഫീസിൽ നിന്ന് വീട്ടിലേക്കുള്ള നീണ്ടതും വിരസമായതുമായ ബസ് യാത്രയക്കിടെ അതുവരെ സേവ് ചെയ്തിട്ടില്ലായിരു

ന്ന അശ്വതിയുടെ നമ്പറിൽ നിന്ന് അയാൾക്ക് വാട്സ്ആപ് ൽ ഒരു ഹായ് വന്നു. തിരിച്ചും ഒരു ഹായ് ഇടാനുള്ള ഉത്സാഹം പെട്ടന്ന് വിരലിലേക്കു കയറി വന്നത് അയാൾ ശ്രദ്ധിച്ചു. ടൈപ്പ് ചെയ്ത ഹായ് ഡിലീറ്റ് ചെയ്ത് അയാൾ 'വീട്ടിൽ എത്തിയോ?' എന്ന് മലയാളത്തിൽ ടൈപ്പ് ചെയ്ത് സെന്റ് ചെയ്തു. അടുത്തനിമിഷം ഉണങ്ങിയ കുറ്റിക്കാടിന്റെ പശ്ചാത്തലത്തിലെ ഒഴിഞ്ഞ റെയിൽവേ ട്രാക്കിന്റെ പടം വാട്സ്ആപ് സ്ക്രീനിൽ വന്നു വീണു. 'ഇല്ല. എവിടെയോ പിടിച്ചിട്ടിരിക്കുന്നു' എന്ന് പിന്നാലെയും. അശ്വതി ഈസ് ടൈപ്പിംഗ് എന്ന മുന്നറിയിപ്പിനു താഴെ ഇനി വരാനുള്ള സന്ദേശത്തിനായി ഒഴിഞ്ഞു കിടന്ന സ്ഥലത്ത് അയാളുടെ ആകാംക്ഷ ഘനീഭവിച്ചു.

'ഗോപൻ എത്തിയോ' എന്ന ചോദ്യം പിന്നാലെ വന്നപ്പോൾ, ഇല്ല, ബസിൽ...' എന്നയാൾ മറുപടിയിട്ടു.. 'ഹഹ.. അപ്പൊ നമ്മൾ രണ്ടാളും എങ്ങും എത്തിയില്ല' എന്ന വാക്യം സ്ക്രീനിൽ വന്നപ്പോൾ മറുപടി എന്ത് ടൈപ്പ് ചെയ്യണം എന്നയാൾക്ക് ആലോചിക്കേണ്ടിവന്നു. ഉചിതമായതെന്തെങ്കിലും തോന്നും മുൻപ് 'എന്നെയിവിടെ എന്തിനോ പിടിച്ചിട്ടു... നീ നിർത്താതെ ഓടുന്നു ഇപ്പോഴും.. പക്ഷേ, രണ്ടാളും എത്തിയില്ല..' എന്ന സന്ദേശം അയാൾക്ക് വന്നു. എന്തുപറയണമെന്നറിയാതെ അയാൾ കുഴങ്ങി.. അവൾ പറയുന്നത് മറ്റെന്തെങ്കിലും കൂടി ഉദ്ദേശിച്ചാണോ എന്നയാൾക്ക് സംശയമായി.

അടുത്തിടെ പണിതീർത്തു താമസമായ വീട് വെളിച്ചത്തിൽ കുളിച്ചു നിൽക്കുകയായിരുന്നു അയാൾ ചെല്ലുമ്പോൾ. വീട് മുഴുവൻ ലൈറ്റ് അപ്പ് ചെയ്യുംവണ്ണം വീടിനഭിമുഖമായി മുറ്റത്തു മതിലിനോട് ചേർന്ന് നിലത്തു ഒരു ലൈറ്റ് സ്ഥാപിക്കണമെന്നത് ലതയുടെ ആശയമായിരുന്നു. പെയിന്റിംഗ് പൂർത്തിയായ ദിവസം ആദ്യമായി ആ ലൈറ്റ് ഇട്ടുകണ്ടപ്പോൾ അവരുടെ കണ്ണുകൾ കൊച്ചുകുട്ടികളുടേത് പോലെ വിടർന്നു. ഒന്നിലും കൗതുകം തോന്നാത്ത അയാളുടെ നിർവികാരത കണ്ടപ്പോൾ അയാളുടെ ഉള്ളിലേക്ക് ചെന്നുകൊണ്ട് മുറിയാനായി ലത പറഞ്ഞു.

'ഓ... വലിയ വലിയ കലാകാരന്മാർക്ക് ഇതൊക്കെ എന്ത്..'

അങ്ങോട്ടും ഇങ്ങോട്ടും മുറിവേല്പിക്കാനാണെങ്കിൽ വേഗം തുണയ്ക്കെത്തുന്ന വാക്കുകൾ അന്നേരം അയാളുടെ നാവിലേക്കും കയറിവന്നു..

'നിന്നെപ്പോലെ ഒരു ഭാര്യ ഉണ്ടെങ്കിൽ ഒള്ള കലയും തുലഞ്ഞു

പോകും.'

ആ സായാഹ്നവും രാത്രിയും അതോടെ നശിച്ചുപ്പോയി. 'നന്നായിട്ടുണ്ട്' എന്നൊരു ഭംഗിവാക്ക് ആണ് അവിടെ ഉപയോഗിക്കേണ്ടിയിരുന്നത് എന്ന് അയാൾക്ക് തോന്നി. പക്ഷേ, പണ്ട് കഥകളും കവിതകളുമെഴുതിയിട്ടുള്ള അയാൾക്ക് ശ്രദ്ധാപൂർവം വാക്കുകൾ പ്രയോഗിക്കാനുള്ള വൈഭവം അതിനകം കൈമോശം വന്നുപോയിരുന്നു.

രാവിലെയും വൈകിട്ടുമുള്ള ഒന്നരമണിക്കൂർ ബസ് യാത്രകളുടെ വിരസത അയാൾ തുടർന്നുള്ള ദിവസങ്ങളിൽ അശ്വതിയുമായുള്ള വാട്സ്ആപ് ചാറ്റിലൂടെ മറികടന്നു. ആദ്യമാദ്യം വാക്കുകളിൽ മനഃപൂർവം കോർത്തിട്ട ഔപചാരികതയുടെ തൊങ്ങലുകൾ പിന്നെ ഉപേക്ഷിക്കപ്പെട്ടു. പണ്ടു വിളിച്ചിരുന്നപോലെ പരസ്പരം നീ എന്ന് വിളിക്കാനുള്ള അടുപ്പം വളരെ വേഗം അവർക്കിടയിലെത്തി. പറയാനുള്ളതത്രയും ടൈപ്പ് ചെയ്യാൻ പ്രയാസം വന്നപ്പോൾ ഉച്ചയ്ക്കുള്ള ഇടവേളകളിൽ അശ്വതി വിളിച്ചുസംസാരിക്കുക പതിവായി..

അശ്വതിയുമായുള്ള പൂർവ്വബന്ധത്തിന്റെയും, പുനഃസമാഗമത്തിന്റെയും, വീണ്ടും തളിരിട്ട ചങ്ങാത്തത്തിന്റെയും പശ്ചാത്തലത്തിൽ ഗോപൻ സ്ത്രീപുരുഷബന്ധങ്ങളെ പൊതുവിലും അയാളും അശ്വതിയുമായുള്ള ബന്ധത്തെ പ്രത്യേകിച്ചും നിർവചിക്കാൻ ശ്രമിച്ചു. ആദ്യത്തേത് വളരെ പ്രയാസമാകയാൽ വിട്ടുകളഞ്ഞു. രണ്ടാമത്തേത് സൗഹൃദമാണോ, വീണ്ടും തളിർക്കുന്ന പ്രണയമാണോ എന്നയാൾക്ക് തിരിച്ചറിയാൻ പറ്റിയില്ല. ഉള്ളിലെ പിതാവിനോടും ഭർത്താവിനോടും അത് വെറും സൗഹൃദമാണെന്നു ആവർത്തിച്ചു പറഞ്ഞുകൊടുത്തു. പക്ഷേ, മൊത്തത്തിൽ അതങ്ങു അംഗീകരിക്കാത്ത മനഃസാക്ഷിയുടെ മറുപാതി അയാളെ ചോദ്യം ചെയ്യാൻ തുടങ്ങി. ചോദ്യങ്ങൾക്ക് വിചിത്രമായ ഉത്തരങ്ങൾ കണ്ടുപിടിച്ചു തൽക്കാലം തൃപ്തിപ്പെടാൻ അയാൾ പഠിച്ചു.

പ്രണയശൂന്യനായ ഭർത്താവുള്ള ഭാര്യമാരുടെ ആകാശം എന്നും നരച്ചുതന്നെ കിടക്കും. ലതയുടെ ആകാശം ചാരത്തേക്കാൾ വിവർണമായിരുന്നു എപ്പോഴും. വളരുംതോറും മകൻ മെല്ലെ കൂട്ടുകാരും മൊബൈലുമായി അമ്മയിൽ നിന്ന് അകന്നുപോയിക്കൊണ്ടിരുന്നു. അവൻ സ്കൂളിലേക്കും ഭർത്താവ് ജോലിക്കും പോയിക്കഴിഞ്ഞാൽ ലത വനിതാമാസികകളിലേക്കു പോകും. കമ്പോടു കമ്പ് വായിച്ചു സൂക്ഷിച്ചുവച്ചിരുന്ന വനിതാമാസികകൾ കൊണ്ടു

വന്നു ഭദ്രമായി വയ്ക്കാൻ പുതിയ വീട്ടിൽ ഒരു ഇടം വേണമെന്ന അവരുടെ മോഹം ഭർത്താവും മകനും നിർദയം തള്ളിക്കളഞ്ഞപ്പോൾ ലത പറഞ്ഞു. 'എന്നാപ്പിന്നെ എന്റെ പേരിലുള്ള എഫ്ഡി അവിടെത്തന്നെ കിടക്കട്ടെ.'

പിറ്റേന്ന് തന്നെ പ്ലാനിൽ ഒരു റീഡിങ് റൂം കൂടി ഉൾപ്പെടുത്തപ്പെട്ടു.

ഒരുദിനം എന്തോ തിരക്കിൽ മൊബൈൽ മറന്നുവച്ചു ഗോപൻ ഓഫീസിലേക്കിറങ്ങി. മുൻപ് ഒന്നുരണ്ടു തവണ അങ്ങനെ മറന്ന ദിനങ്ങളിൽ അയാൾ അങ്കലാപ്പോടെ ബൈക്ക് തിരികെ വീട്ടിലേക്കോടിച്ചു മൊബൈൽ എടുത്തുപോയിരുന്നു... അന്ന് അതു പറ്റുമായിരുന്നില്ല. മൊബൈൽ മറന്ന കാര്യം അയാൾക്ക് മനസ്സിലാക്കിയത് പെട്രോൾ പമ്പിലെ പാർക്കിംഗ്ഏരിയയിൽ ബൈക്ക് വച്ച് ബസ്സ്റ്റോപ്പിലേക്ക് നടക്കുന്നതിനിടെ ആണ്.. പിന്നെ തിരിച്ചുപോകാൻ നേരമുണ്ടായിരുന്നില്ല. ഒരു ലീവ് വിളിച്ചുപറഞ്ഞു വീട്ടിലേക്കുപോകാമെന്നു അയാൾ ആദ്യം ആലോചിച്ചു. പക്ഷേ, ഒരു മണിക്ക് ഫയലുമായി കോൺഫറൻസിൽ ഹാജരാകേണ്ടതു താനാണല്ലോ എന്നോർത്തപ്പോൾ അയാൾ ആകെ കുഴങ്ങി. ഉച്ചയൂണ് കഴിയുന്ന നേരത്ത് അശ്വതി വിളിക്കും. 'കഴിച്ചോ?' എന്നായിരിക്കും ആദ്യത്തെ ചോദ്യം. കൂടുതൽ ഒന്നും ആലോചിക്കാൻ നിൽക്കാതെ സീറ്റിൽ അടുത്തുണ്ടായിരുന്ന പയ്യന്റെ കയ്യിൽ നിന്ന് ഫോൺ വാങ്ങി അയാൾ അശ്വതിയുടെ നമ്പർ ഡയൽ ചെയ്തു. ഫോൺ എടുത്തത് ശിവദാസ് ആണ്. ഒന്നും മിണ്ടാതെ കട്ട് ചെയ്യാനാണ് ആദ്യം ഗോപന് തോന്നിയത്. അയാൾ ആ നമ്പറിൽ തിരികെ വിളിച്ചാൽ ഫോൺ ഉടമയ്ക്ക് ബുദ്ധിമുട്ടാകുമെന്നോർത്ത് സംസാരിക്കാൻ തന്നെ അയാൾ തീരുമാനിച്ചു.

'ഞാൻ ഗോപനാ.. അശ്വതി ഇല്ലേ..?'

ശിവദാസ് വളരെ സന്തോഷത്തോടെ സംസാരിച്ചു. അശ്വതി കുളിക്കുകയാണെന്നും എന്തെങ്കിലും പറയണോ എന്നും അയാൾ ചോദിച്ചപ്പോൾ പാലായിലെ ബി.എഡ് സെന്ററിൽ ഒന്നിച്ചു പഠിച്ചവരുടെ ഒരു ഗെറ്റ് ടുഗെദറിനെ പറ്റി ആലോചിക്കാനാണ് വിളിച്ചതെന്നു സുന്ദരമായ ഒരു കള്ളം ഗോപൻ പറഞ്ഞു. ഇതൊരു കൂട്ടുകാരന്റെ ഫോൺ ആണ്, സ്വന്തം ഫോൺ എടുക്കാൻ വിട്ടു. വൈകിട്ട് വീണ്ടും വിളിക്കാം. ഈ നമ്പറിലേക്കും മറ്റേ നമ്പറിലേക്കും തിരികെ വിളിക്കേണ്ട എന്ന് അശ്വതിയോട് പറയണം എന്നു പറഞ്ഞു ഗോപൻ ഫോൺ കട്ട് ചെയ്തു

തുത്തൻഖാമന്റെ മുഖാവരണം

പഴുതുകൾ എല്ലാം അടച്ച ആശ്വാസത്തിൽ ഗോപൻ പുറം കാഴ്ചകളിലേക്ക് കണ്ണു നട്ടു. ശിവദാസിന് വല്ല സംശയവും തോന്നിക്കാണുമോ എന്നൊരു സംശയം ഇടയ്ക്കു കയറി വന്നു. അയാൾ അത്തരക്കാരനല്ലെന്ന് മനസ്സ് പറഞ്ഞപ്പോൾ അയാൾ വീണ്ടും അസ്വസ്ഥനായി.

ഉത്കണ്ഠ ഉണ്ടായിരുന്നെങ്കിലും അസ്വാഭിവികമായി ഒന്നുമില്ലാത്ത മട്ടിൽ വൈകുന്നേരം അയാൾ വീട്ടിൽ ചെന്നുകയറി. എന്തെങ്കിലും സംഭവിക്കാനുണ്ടെങ്കിൽ അതൊക്കെ സംഭവിച്ചു കഴിഞ്ഞിരിക്കും. സാവകാശമില്ലാതെ ഓരോന്ന് ചെയ്താൽ അബദ്ധമാകുമെന്ന തിരിച്ചറിവിൽ അയാൾ ഫോണിന്റെ അടുത്തേയ്ക്കു പോയില്ല. ഫാൻ ഇട്ടു സോഫായിൽ ഇരുന്നു അയാൾ 'ലതേ ഒരു ചായ' എന്ന് പറഞ്ഞു. ഇടയ്ക്കു കോർണർ ടേബിളിലേക്കു ഒന്ന് പാളി നോക്കി.. ഫോൺ ചാർജ് ചെയ്യാൻ വച്ച നിലയിൽ അവിടെത്തന്നെയുണ്ട്....

ലത ചായയും കൊണ്ട് വന്നു.. മുഖം പ്രസന്നമാണ്..

ചായ കൊടുക്കുമ്പോൾ അവർ ചിരിച്ചു.

'അറിഞ്ഞോ.. നമ്മടെ അഖിലിന് സ്റ്റേറ്റ് അവാർഡ് ഉണ്ട്. ബെസ്റ്റ് സ്ക്രീൻപ്ലേയ്ക്കുള്ള.. ഇവിടെ ലഡു കൊണ്ടുവന്നു ..'

അവർ ഉത്സാഹത്തോടെ പറഞ്ഞു.

അഖിൽ അടുത്തവീട്ടിലെ പയ്യനാണ്..

അയാളുടെ ഉള്ളിലെ അകാലത്തിൽ മരിച്ചുപോയ എഴുത്തുകാരനെ ആ വാർത്ത അലോസരപ്പെടുത്തി.

'ഹ ഹ... അവൻ കിന്നാരത്തുമ്പികൾ കണ്ടിറങ്ങുമ്പോൾ ഞാൻ ഫിലിം ഫെസ്റ്റിവൽ ഡെലിഗേറ്റ് ആയിരുന്നു. പറഞ്ഞിട്ടെന്താ...?'

ലത മറുപടിയൊന്നും പറഞ്ഞില്ല..

രാത്രി കിടക്കുമ്പോൾ അയാളുടെ നെഞ്ചിലേക്ക് കൈ എടുത്തു വച്ച് ലത പറഞ്ഞു..

'ഗോപേട്ടനും എഴുതണം...'

'നോക്കട്ടെ.'

അയാൾ നീരസത്തോടെ മുരണ്ടു.

'നോക്കിയാൽ പോരാ.. എഴുതണം..'

'എന്റെ മനസ്സ് ഊഷരമായിപ്പോയി...'

പ്രതിസ്ഥാനത്തു ലതയെ കൊണ്ടുനിർത്താനുള്ള സഹജമായ വ്യഗ്രത അയാളിൽ പൊന്തിവന്നു.

'അതൊന്നു ഉർവ്വരമാക്കിയെടുക്കാൻ എന്തു വേണമെന്നു പറ...

എനിക്ക് പറ്റുന്നതെല്ലാം ഞാൻ ചെയ്യാം..'

ലത പറഞ്ഞു.

'ഉള്ളിൽ പ്രണയം വേണം.. ലൈഫിനൊരു പ്രസാദം വേണം... എന്തിനോടെങ്കിലും അഭിനിവേശം വേണം..'

തെല്ലൊരു ദേഷ്യത്തോടെ ഒച്ച ഉയർത്തി ഗോപൻ പറഞ്ഞു നിർത്തിയതും മുറിയിൽ ലൈറ്റ് തെളിഞ്ഞു..

'ഇപ്പൊ അതെല്ലാം ഉണ്ടല്ലോ... പിന്നെന്താ.?..'

കട്ടിലിൽ എഴുന്നേറ്റിരുന്നു ലത അയാളെ നോക്കി..

നെടുകെ ഒരു വിള്ളൽ വീണ പട്ടംപോലെ അയാൾ നിലം പൊത്തി.

പന്ത്രണ്ട്
പുകയില്ലാത്ത അടുപ്പ്

'അച്ഛന് എന്താണ് ജോലി?'

അമ്മ മുടിചീകി സ്ലൈഡ് കുത്തുന്നതിനിടെ അമ്മു ചോദിച്ചു. വായിൽ കടിച്ചുപിടിച്ചിരുന്ന സ്ലൈഡ് കൈയിലെടുത്ത് അമ്മ പറഞ്ഞു.

'അച്ഛന് അടുപ്പിന്റെ പണിയാണ്.'

'എന്നുവച്ചാ പാചകമാണോ?'

'അല്ല..അച്ഛൻ ആൾക്കാർക്ക് അടുപ്പ് ഉണ്ടാക്കിക്കൊടുക്കും.. പുകയില്ലാത്ത അടുപ്പ്'

'അതെങ്ങനാ ഇംഗ്ലീഷിൽ പറയുക?'

അവസാനത്തെ ക്ലിപ്പും ടിക്ക് ശബ്ദത്തോടെ കുത്തിക്കൊടുത്ത് അമ്മ അമ്മുവിനെ തിരിച്ചു നിർത്തി. അവളുടെ മുഖത്ത് ചോദ്യം മാഞ്ഞിരുന്നില്ല. അയ്യാളുടെ ജോലിയെ ഇംഗ്ലീഷിൽ എങ്ങനെ പറയുമെന്ന് നീന ആലോചിച്ചു നോക്കി. അവൾക്കൊരുത്തരം കിട്ടിയില്ല. രണ്ടാഴ്ച മുമ്പ് എൽകെജി യിൽ പോയിത്തുടങ്ങിയ മകൾ അകപ്പെട്ടിരിക്കുന്ന പ്രതിസന്ധി അവൾ പറയാതെ തന്നെ നീനയ്ക്കു മനസ്സിലായിരുന്നു. വോട്ട് ഈസ് യോർ ഫാദർ എന്ന ചോദ്യത്തിന് അമ്മുവിന് ഇംഗ്ലീഷിൽ ഉത്തരമില്ല.

'അച്ഛൻ വരട്ടെ. നമുക്ക് ചോദിക്കാം'

നീന പറഞ്ഞു.

'അപ്പൊ ഇന്ന് ടീച്ചർ ചോദിക്കുമ്പോഴോ?'

'അടുപ്പിന്റെ പണിയാന്ന് പറഞ്ഞുകൊടുക്ക്.. ഇംഗ്ലീഷിൽ എങ്ങനെ പറയുമെന്ന് ടീച്ചർ പറഞ്ഞുതരും'

അമ്മു അതിൽ തൃപ്തിപ്പെട്ടില്ല എന്ന് നീനയ്ക്കു മനസ്സിലായി. പുറത്തു ഓട്ടോയുടെ ഹോൺ കേട്ടു. ബാഗും കുടയും സ്നാക്ക്സ്

കൊണ്ടുപോകുന്ന കൊച്ചു ബാഗും എടുത്ത് നീന കുട്ടിയേയും വലിച്ചു പുറത്തിറങ്ങി. മുന്നിലെ കമ്പിയിൽ പിടിച്ചു ഇരിക്കുകയോ നിൽക്കുകയോ ഒക്കെയായിരുന്ന കുഞ്ഞുങ്ങൾക്കിടയിലേക്ക് അവൾ അമ്മുവിനെയും തിരുകി. ബാഗുകൾ ഓട്ടോയുടെ പിന്നിലെ അറയിലേക്ക് തള്ളിയിട്ട് പയ്യൻ വണ്ടി മുന്നോട്ടെടുത്തു വളവു തിരിഞ്ഞുപോയി. വലിയൊരു ജോലി തീർന്നപോലെ നീന നെടുവീർപ്പിട്ടു.

ഓട്ടോയിൽ അമ്മുവിന് ഇരിക്കാൻ ഇടം കിട്ടിയില്ല. അവൾ നിൽക്കുന്നതിനു പിന്നിലായി ഒരു തടിയൻ ചെക്കനാണ് ഇരുന്നിരുന്നത്. വണ്ടി ഉലഞ്ഞപ്പോൾ അമ്മു അവന്റെ മടിയിലേക്ക് ഒന്നു ചാഞ്ഞുപോയി. ചെക്കൻ അവളെ മുന്നിലേക്ക് തള്ളുകയും നുള്ളുകയും ചെയ്തു. അമ്മുവിന്റെ കണ്ണു നിറഞ്ഞു. അപ്പോൾ അമ്മയും അച്ഛനും കൂടി എന്നത്തേയും പോലെ തലേന്നും വഴക്കിട്ട കാര്യം അവൾക്കോർമ്മ വന്നു. സി തിരിച്ചെഴുതിയതിന് അമ്മ അവളെ നുള്ളിയപ്പോൾ, അവളുടെ കണ്ണു നിറഞ്ഞതിന് അച്ഛൻ ഇടപെടുകയായിരുന്നു.

'എന്നാപ്പിന്നെ നിങ്ങൾ പഠിപ്പിക്ക്..'

അമ്മ അലറി. പിന്നെ അവളെ കൈയൊഴിഞ്ഞു എഴുന്നേറ്റു പോയി. സ്വയം വിളമ്പിക്കൊണ്ടുവന്നു കഴിക്കുകയായിരുന്ന ചോറും കറിയും നീക്കി വച്ച് കൈകഴുകി അച്ഛൻ അമ്മുവിന്റെ അടുത്തു ചെന്നിരുന്നു. കണ്ണീരു തുടച്ചു കൊടുത്തു. അച്ഛന്റെ മുഖത്ത് സങ്കടം നിറഞ്ഞിരിക്കുന്നത് കണ്ടപ്പോൾ അവൾ ചിരിച്ചു.

അച്ഛനും ചിരിച്ചു.

അച്ഛൻ പഠിപ്പിക്കുന്നത് അമ്മുവിന് ഇഷ്ടമാണ്. പക്ഷേ, അച്ഛന് അവൾക്ക് പഠിക്കാനുള്ള എല്ലാം പഠിപ്പിക്കാൻ അറിയില്ല. അച്ഛൻ അതവളോട് പറഞ്ഞിട്ടുണ്ട്.

അന്ന് ഉച്ചയാകും മുന്നേ അമ്മുവിനെ അവളുടെ അങ്കിൾ വന്നു വീട്ടിലേക്കു കൂട്ടിക്കൊണ്ടു പോയി.

ബൈക്കിൽ ഇരിക്കുമ്പോൾ അമ്മു ചോദിച്ചു.

'അങ്കിൾ... അടുപ്പ് ഉണ്ടാക്കുന്ന ആളിനെ ഇംഗ്ലീഷിൽ എന്താ പറയുക?'

ഒരു നിമിഷം അങ്കിൾ ആലോചിച്ചു. അയാൾക്ക് മറുപടി കിട്ടിയില്ല.

'ഇപ്പൊ എന്തിനാ അമ്മൂ അതറിയുന്നെ?'

അയാൾ ചോദിച്ചു.

'വോട്ട് ഈസ് യോർ ഫാദർ എന്ന് ചോദിക്കുമ്പം മറുപടി പറയാനാ'

അല്പനേരത്തെ മൗനം അവർക്കിടയിലൂടെ കടന്നു പോയി.

'ഇനി കുറെ ദിവസം അമ്മൂന് സ്കൂളിൽ പോകണ്ട.. വീണ്ടും ചെല്ലുമ്പോ ടീച്ചർ അങ്ങനെ ചോദിച്ചാൽ മൈ ഫാദർ ഈസ് നോ മോർ എന്നു പറയണം.'

അങ്കിൾ അവളുടെ തലയിലൊന്നു മുത്തം വച്ചിട്ട് പറഞ്ഞു.

'മൈ ഫാദർ ഈസ് നോ മോർ' അമ്മു അത് മനസ്സിലൊന്നു പറഞ്ഞു നോക്കി.

അങ്കിൾ ബൈക്ക് റോഡിന്റെ ഓരം ചേർത്തു നിർത്തി.

അയാൾ കണ്ണീർ തുടയ്ക്കുന്നതെന്തിനെന്നു അമ്മുവിന് മനസ്സിലായില്ല..

൦൦

പതിമൂന്ന്
വണ്ടി മുട്ടിയ കുറുപ്പ്

'വണ്ടി മുട്ടിയ കുറുപ്പിനെ പോലെ'എന്നൊരു പ്രയോഗം ഞങ്ങടെ നാട്ടിലുണ്ട്. ഇത്തരം പ്രയോഗങ്ങളുടെയും പഴഞ്ചൊല്ലുകളുടെയും വേര് അന്വേഷിച്ചു പോകുക കൗതുകമുള്ള കാര്യമാണ്. പക്ഷേ, തലമുറകൾ പഴക്കമുള്ള പലതിന്റെയും ഉത്ഭവം ഇനി കണ്ടെത്തുക എളുപ്പമല്ല.. അതുകൊണ്ട് ഞങ്ങളുടെ നാട്ടിൽ രൂപം കൊണ്ട ഈ പ്രയോഗത്തിന്റെ കഥ വരും തലമുറയ്ക്കായി ഞാനിവിടെ വിവരിക്കുകയാണ്..

പതിറ്റാണ്ടുകൾക്ക് മുൻപ് നടന്ന കാര്യമാണ്. ഇന്നത്തെ പോലെ ആൾക്കാരെ മെനക്കെട്ട് ഇടിച്ചു തള്ളാൻ തക്കവണ്ണം വണ്ടികളൊന്നും അന്ന് നാട്ടിലില്ല. അതുകൊണ്ട് അദ്ദേഹം വെമ്പായത്തോ ആറ്റിങ്ങലോ വച്ചാകാം വണ്ടി ഇടിച്ചു മെഡിക്കൽ കോളേജിലേക്ക് പോയത് എന്നാണ് കരുതപ്പെടുന്നത്.

വലംകാലിനായിരുന്നു പരിക്ക്. നിസ്വനും നിരാലംബനുമായ ആ മനുഷ്യൻ ദീർഘകാലം അവിടെ കിടന്നു.

അവിടെനിന്ന് തിരികെവന്ന് കുറെക്കാലം സ്വവസതിയിലും കിടന്നു. അതും കഴിഞ്ഞ് തന്നെ മറന്നു തുടങ്ങിയ കവലയിലേക്ക് ഒരുദിനം വടിയും കുത്തി കയറിവന്നു...

പിന്നെ വടി കളഞ്ഞു. എങ്കിലും വലംകാലിൽ ഒരു ഏന്തൽ ശേഷിപ്പിച്ച് ഓർക്കാൻ ഇഷ്ടമില്ലാത്ത ആ വണ്ടിയപകടം അദ്ദേഹത്തോട് ഒട്ടി നിന്നു.

കാൽ വലിച്ചുവച്ചു നടന്ന് അദ്ദേഹം വീണ്ടും പറമ്പുകൾ കിളച്ചു മറിച്ചു.. അയാൾ ആഞ്ഞുവെട്ടി ഇളക്കിയിട്ട മണ്ണിൽ കപ്പയും ചേമ്പും തളിർത്തു.... വർഷങ്ങൾ ആറേഴുകടന്നുപോയി.

ഇടയ്ക്കിടെ കുറുപ്പ് വെള്ളയും വെള്ളയും വേഷമിട്ട് രാവിലെ കവലയിൽ വരും. പ്രത്യേക [illegible]കമം ഉണ്ടെങ്കിലും തോന്നിയ

പോലെ വന്നുപോകുന്ന ട്രാൻസ്പോർട്ട് ബസിന് കൈകാണിക്കും. അതിൽ പിടിച്ചുകയറി എങ്ങോട്ടോ പോകും..

കലുങ്കിൽ പത്രം വായിച്ചും വെടിപറഞ്ഞുമിരിക്കുന്ന കൂട്ടുകാർ 'കുറുപ്പേ ..മറ്റേക്കാല് സൂക്ഷിച്ചോളണേ' എന്ന് കളിയാക്കും..

ഒരു ദിവസം യാത്രപോയ കുറുപ്പ് മുകളിൽ കത്തിനിൽക്കുന്ന സൂര്യനെക്കാൾ പ്രകാശിക്കുന്ന മുഖവുമായി നട്ടുച്ചയ്ക്ക് കവലയിൽ ബസ്സിറങ്ങി. ഊണ്കഴിച്ചു വേഗംവരാനായി 'കലിങ്കുയുദ്ധ' വീരന്മാർ അവരവരുടെ വീടുകളിൽ പോയിരുന്നു.

കവല മൊത്തം നടന്നിട്ടും ഉള്ളിൽ നിറഞ്ഞു പൊന്തുന്ന സന്തോഷം പങ്കുവയ്ക്കാൻ അയാൾ ആരെയും കണ്ടില്ല...

കുറുപ്പ് വായനശാലയിലേക്ക് തിരിയുന്ന റോഡിലേക്ക് നടന്നു.

റോഡിൽ കുറേ മുന്നോട്ട് നടന്നു നിന്നാൽ ആയിരവില്ലിക്കുന്നു കാണാം..

കുന്നിൻമുകളിൽ അപ്പൂപ്പൻ കാവ് കാണാം...

കാവിലേക്കു നോക്കി അയാൾ കണ്ണടച്ചു കൈകൾ തലയ്ക്കു മുകളിലേക്ക് കൂപ്പി വിളിച്ചു കൂകി...

'ന്റെ കേസ് വിധിയായി തമ്പ്രാനേ...'

മോട്ടോർ ആക്സിഡന്റിന് ക്ലെയിം ഉണ്ടെന്നും, അത് വലിയൊരു സംഖ്യ ആയിരിക്കുമെന്നും അപൂർവ്വം ചില ബുദ്ധിജീവികൾക്കൊഴിച്ച് നാട്ടിലാർക്കും അറിയുമായിരുന്നില്ല.. അറിഞ്ഞവർ അറിഞ്ഞവർ മൂക്കത്തു വിരൽ വച്ചു..

കുറുപ്പിനു കിട്ടിയെന്നു പറയപ്പെടുന്ന സംഖ്യകേട്ട് ചില ദുർബല മനസ്കർ പട്ടഷാപ്പിൽ പോയി ചാരായം വാങ്ങി കുടിച്ചു പൊട്ടിക്കരഞ്ഞു. ബുദ്ധിരാക്ഷസന്മാരായിരുന്ന ചിലർ സ്ഥിരം ഉച്ചതിരിഞ്ഞു വന്നുപോയിരുന്ന മെയിൽ ബസിനു വട്ടം ചാടി തള്ളയ്ക്കു വിളി കേട്ടു...

നിനച്ചിരിക്കാതെ കൈവന്ന ധനം മനുഷ്യനെ അഹങ്കാരിയാക്കും.

കുറുപ്പിന്റെ കാര്യം നേരെ തിരിച്ചായിരുന്നു.

ചെലവാക്കുന്നതിനു ബുദ്ധി ഉപയോഗിക്കേണ്ടി വരുംവണ്ണം അതുവരെയും കൂലി കിട്ടിയിട്ടില്ലാതിരുന്ന ആ മനുഷ്യൻ കൺഫ്യൂഷനിലായി..

ഒരുദിവസം തിരുവനന്തപുരത്തേക്കുള്ള ഒറ്റ ബസിൽ കയറിപ്പോയ കുറുപ്പ് വലിയൊരു പെട്ടിയുമായി തിരികെ വന്നു..

ചുറ്റും കൂടിയ ഗ്രാമവാസികൾ പെട്ടിതുറന്നു കണ്ടു ഞെട്ടി..

തുത്തൻഖാമന്റെ മുഖാവരണം

12 ബാറ്ററിയിടുന്ന ഒരു പടുകൂറ്റൻ ടേപ്പ് റെക്കോർഡർ...

കുറുപ്പിന്റെ കൊച്ചുവീട് സംഗീതസാന്ദ്രമായി.

രാവിലെയും ഉച്ചയ്ക്കും വൈകിട്ടും പിള്ളേരെ പറഞ്ഞുവിട്ട് ഓരോ പെട്ടി ബാറ്ററി അയാൾ വാങ്ങിപ്പിച്ചു.

ടേപ്പിൽ പാട്ട് ഇഴഞ്ഞു തുടങ്ങുമ്പോൾ ബാറ്ററി ഊരി കുറ്റിക്കാട്ടിലെറിഞ്ഞു....

വൈദ്യുതി വന്നിട്ടില്ലാതിരുന്നതിനാൽ ടി.വിയോ ടേപ്പോ കണ്ടിട്ടില്ലാതിരുന്ന ഗ്രാമീണർ ഒഴുവുസമയങ്ങളിൽ ആ മാന്ത്രികപ്പെട്ടിക്കടുത്തു പാട്ടു കേൾക്കാൻ ചെന്നു. കട്ടൻചായയും ബ്രിട്ടാണി ബിസ്കറ്റും കൊടുത്ത് അദ്ദേഹമവരെ സൽക്കരിച്ചു..

തല്ലിപ്പൊട്ടിച്ചു കരിയെടുത്ത് ചാണകത്തിൽ കുഴച്ചു തറ തളിക്കാൻ വേണ്ടിയാണ് തോലൊടിക്കാൻ ചെന്ന ദാക്ഷു കുറ്റിക്കാട്ടിൽ നിന്ന് നാലഞ്ച് ബാറ്ററി പെറുക്കി വീട്ടിൽ കൊണ്ടു പോയത്.

അവളുടെ ഭർത്താവ് ചന്ദ്രപ്പൻ പിറ്റേന്ന് മധ്യാഹ്നത്തിൽ വിപ്ലവകരമായ ഒരു ശാസ്ത്രസത്യം കണ്ടുപിടിച്ചു..

കുറുപ്പ് കളയുന്ന ബാറ്ററി റേഡിയോയിൽ കുറെ ദിവസം കൂടി ഓടും.. നിസ്വാർത്ഥനായ ചന്ദ്രപ്പൻ തന്റെ കണ്ടുപിടിത്തം സ്വന്തം നേട്ടത്തിന് മാത്രമായി ഉപയോഗിക്കാൻ കൂട്ടാക്കിയില്ല. അയാളത് പരസ്യമാക്കി..

കേട്ടവർ കേട്ടവർ കുറുപ്പിന്റെ വീടിനടുത്തെ കുറ്റിക്കാട്ടിലേക്കു വച്ചുപിടിച്ചു. തലയിൽ കെട്ടിയിരുന്ന തോർത്തഴിച്ചു നിലത്തു വിരിച്ചു ബാറ്ററി പെറുക്കിക്കൂടി കിഴികെട്ടി വീട്ടിൽ കൊണ്ടുപോയി...

കുറ്റിക്കാട്ടിൽ വീണു കിടന്നത് തീർന്നപ്പോൾ ചില വീരന്മാർ വീടിന്റെ പിന്നാമ്പുറം പരതി..

കുറുപ്പിന്റെ സ്വകാര്യത അങ്ങനെ cell diggers കൊണ്ടുപോയി.

നാലഞ്ചു മാസം അങ്ങനെ പോയി..

കുറുപ്പിന്റെ ടേപ്പിൽ പാട്ട് കുറഞ്ഞു വന്നു..

ഗ്രാമവാസികളുടെ ശല്യം കാരണം കുറുപ്പ് ബാറ്ററി ആറ്റിലെറിയുന്നു എന്നൊരു ശ്രുതി പരന്നു.

ടേപ്പ് അടിച്ചു പോയതാരിക്കുമെന്ന് വേറെ ചിലർ. ടേപ്പിനുള്ളിൽ ഗ്യാരന്റി എന്നൊരു സാധനം ഉള്ളതുകൊണ്ട് അത് രണ്ടുവർഷത്തേക്ക് കേടു വരില്ല എന്ന് മറ്റു ചിലർ...

ഒരുദിനം മകളുടെ കല്യാണം പറയാൻ കുറുപ്പിന്റെ സംഗീതഗേഹത്തിൽ ചെന്നശേഷം പോകാനിറങ്ങിയ ദിവാകരൻ മാഷോട്

കുറുപ്പ് പറഞ്ഞു...

'മാഷൊര് സംഖ്യ തന്നിട്ട് ഈ ടേപ്പങ്ങെടുത്തോ.'

'എന്തേ കുറുപ്പേ ...പാട്ട് മടുത്തോ...?'

'അതല്ല... പലവ്യഞ്ജനക്കടേല് കുറച്ചു പറ്റുണ്ട്..തീർക്കണം.. അരി മേടിക്കണം' ഭിത്തിയിൽ വിലങ്ങനെ ഉറപ്പിച്ച പലകപ്പുറത്തിരുന്ന ടേപ്പ് കുറുപ്പിനെ വ്യസനത്തോടെ നോക്കി..

മാഷ് ചെറുചിരിയോടെ ഇറങ്ങിപ്പോയി....

OO

പതിനാല്
തുത്തൻഖാമന്റെ മുഖാവരണം

ഭ്രമാകാശങ്ങളിൽ ഉയർന്നു പറക്കുകയും തളർന്നു നിലംപൊത്തി യിഴയുകയും വീണ്ടും ഭ്രമാകാശങ്ങളിലേക്കു കണ്ണുവയ്ക്കുകയും ചെയ്യുന്ന കാലത്തോളം മാത്രമാണ് നമ്മൾ മനുഷ്യർ...

ചിറയിൻകീഴിലെ ഒരു തടിമാടൻ വാടകവീട്ടിൽ പത്നിയും, കിട്ടു എന്ന കണ്ടൻ പൂച്ചയുമൊത്ത് ഞാൻ സാമോദം വാഴുന്ന കാലം..

ഒരു അവധിദിന പ്രഭാതം.

വായിച്ചുകൊണ്ടിരുന്ന മാതൃഭൂമിയുടെ ഉൾപേജിൽ ഒരു കുഞ്ഞു പരസ്യം..

'കേരളാസ്റ്റേറ്റ് സിവിൽ സർവീസ് അക്കാഡമിയിൽ സിവിൽ സർ വീസ് പരീക്ഷാ പരിശീലനം. താൽപര്യമുള്ള ബിരുദധാരികൾ ബന്ധപ്പെടുക.'

സിവിൽസർവീസ് പരീക്ഷ എന്ന് ഞാൻ കേട്ടിട്ടുണ്ട്. രണ്ടുഘട്ടം പരീക്ഷ ഉണ്ടെന്നറിയാം. പാസായാൽ IAS കിട്ടും എന്നറിയാം.. അതിനപ്പുറം ഒന്നുമറിയില്ല..

പിറ്റേന്ന് പത്തു മണിക്ക് ഞാൻ SS കോവിൽറോഡിലെ സിവിൽ സർവീസ് അക്കാഡമി ഓഫീസിൽ ഹാജരായി. അഡ്മി ഷൻ എടുത്തു. ഓഫീസിൽ പോയി ആറുമാസത്തെ ലീവ് എഴുതി ക്കൊടുത്തു. ക്ലാസ് തുടങ്ങി.

സെറ്റപ്പ് ക്ലാസ്റൂം, ഫുൾ എസി, കസേരയിൽ തന്നെ വച്ചെഴു താൻകൂടി സൗകര്യമുള്ള സംവിധാനം, വിശാലമായ റഫറൻസ് ലൈബ്രറി, പ്രതിയോഗിത ദർപ്പൺ, യോജന, കുരുക്ഷേത്ര എന്നു വേണ്ട സകലമാന ആനുകാലികങ്ങൾ...

ഞാൻ ആകെപ്പാടെയങ്ങു ത്രില്ലടിച്ചു...

"Which are your mains...?"

തുത്തൻഖാമന്റെ മുഖാവരണം

ഇന്റർവെൽ സമയത്ത് തൊട്ടടുത്ത കസേരയിലിരുന്ന കോലൻ മുടിക്കാരി എന്നെ പരിചയപ്പെടാൻ നോക്കി.

"Only one main...English..."

ബിഎ യ്ക്ക് ഏതാരുന്നു മെയിൻ എന്നാവും ചോദിച്ചതെന്ന് ധരിച്ചു ഞാൻ പറഞ്ഞു.

"How is it possible... You have to choose two mains..."

അവൾ പറഞ്ഞു.

"In Kerala University only one main is allowed for BA"

ഞാനും വിട്ടില്ല..

യുവ ഐഎഎസ്സുകാരി തലയിൽ കൈവച്ചു..

'എന്റെ പൊന്നു മാഷേ, ഞാനതല്ല ചോദിച്ചത്. സിവിൽ സർവീസ് പരീക്ഷയ്ക്ക് ഏത് മെയിൻ എടുക്കുന്നു എന്നാണ്..'

ഞാൻ അതുവരെ അതേപ്പറ്റി ആലോചിച്ചിരുന്നില്ല.

'കൊള്ളാവെന്നുള്ള ഏതൊണ്ട്....?'

ഞാൻ ചോദിച്ചു.

'എല്ലാം കൊള്ളാം.. നമ്മുടെ കഴിവിനും താല്പര്യത്തിനു മനുസരിച്ചുള്ളത് ചൂസ് ചെയ്യണം... ഇയാൾ PGയ്ക്ക് ഏതാരുന്നു...?'

'PG ചെയ്തില്ല...'

'അപ്പൊ ഡിഗ്രി കഴിഞ്ഞ ഉടനെ വന്നതാണ്... ഗുഡ്..' Catch them young' എന്നത് തന്നെയാണ് UPSC യുടേം പോളിസി..'

അവൾ പറഞ്ഞു.

'യങ്ങോ...ഞാനോ...! എനിക്ക് 34 വയസുണ്ട്.' ഞാൻ അവൾ കേൾക്കാതെ മനസ്സിൽ പറഞ്ഞു. 'പപ്പാ' എന്ന് വിളിച്ചു ചാടി വീഴാൻ അന്ന് മോളു പിറന്നിട്ടില്ല എന്നേയുള്ളൂ... ചർമം കണ്ടാൽ പ്രായം തോന്നുകേലെങ്കിൽ പിന്നെ എന്ത് ചെയ്യാനാണ്....!

'ഇയാളേതാ മെയിൻ..?'

ഞാൻ ചോദിച്ചു.

'ഹിസ്റ്ററീം ഇക്കണോമിക്സും...'

'എന്നാപ്പിന്നെ ഞാനും അതെടുക്കാം....'

'അങ്ങനെ എടുത്തുകൂടാ.. നമ്മൾ നമ്മുടെ അഭിരുചി കൂടി നോക്കണം...'

എനിക്ക് എന്തിലാണ് അഭിരുചി... ഞാൻ ആലോചിച്ചു നോക്കി..

പ്രത്യേകിച്ച് അങ്ങനെ അഭിരുചിയൊന്നുമില്ല. ഉണ്ടെങ്കിൽ തന്നെ അത് ഇതുവരെ തിരിച്ചറിയാൻ പറ്റിയിട്ടില്ല.

'ഇയാൾ PG യ്ക്ക് എന്താരുന്നു...'

ഞാൻ ചോദിച്ചു.

'ഞാൻ M Tech ആണ്..'

'എന്നിട്ടാണോ ഹിസ്റ്ററീം ഇക്കണോമിക്സും...?'

'Tech ലിമിറ്റഡ് സിലബസാ...പക്ഷേ, തലേലോട്ട് കേറൂല.. മുടിഞ്ഞ ആപ്ലിക്കേഷൻ ലെവൽ questions ഉം... ആർട്സ് സബ്ജക്ട്സ് ആകുമ്പോ ആ പേടി വേണ്ട... സിലബസ് വാസ്റ്റ് ആണേലും..'

അവൾ പറഞ്ഞു.

ആർട്സുകാരെ കൊച്ചാക്കിയത് എനിക്ക് ഇഷ്ടപ്പെട്ടില്ല..

'ഹിസ്റ്ററി എന്തറിയാം....?'

ഞാൻ ചോദിച്ചു.

'കാര്യമായിട്ടൊന്നും അറിഞ്ഞൂടാ... ഇനി വായിച്ചു പഠിക്കണം..'

അതുശരി.. അപ്പൊ എന്നെപ്പോലെ കടിച്ചതുമില്ല പിടിച്ചതുമില്ല എന്നമട്ടിൽ വന്നിരിക്കുകയാണ്...

എന്നിട്ട് അഹങ്കാരത്തിന് കുറവുമില്ല...

എനിക്ക് അതിനേക്കാളും ഹിസ്റ്ററി അറിയാം..

ആളാവാൻ പറ്റിയ തക്കം...

'ഏതായാലും ഹിസ്റ്ററി എടുക്കാൻ പോകുവല്ലേ... അഭിരുചി ഉണ്ടോന്നറിയാൻ ഞാനൊരു ചോദ്യം ചോദിക്കട്ടെ...?'

ഞാൻ ചോദിച്ചു.

'ചോദിച്ചോ..'

'തുത്തൻഖാമനെ അറിയാമോ....?'

'അയാൾ ഏതോ രാജ്യത്തിന്റെ പ്രെസിഡന്റല്ലേ...?'

'ഉണ്ട...! തുത്തൻഖാമൻ ഈജിപ്തിലെ ഫറോവ ആരുന്നു...'

'എന്നിട്ട്...?'

'പുള്ളി പത്തൊൻപതാം വയസിൽ മരിച്ചുപോയി...'

'അയ്യോ.. പാവം... എങ്ങനെ...?'

'കൊന്നതാണെന്നു പറയുന്നു...'

'എന്തിന്....?!'

'നൈൽ നദിയിൽ ചൂണ്ടയിടുന്നതിനെ ചൊല്ലിയുണ്ടായ വാക്കുതർക്കം...!'

'ഒന്നു പോ മാഷേ കളി പറയാതെ...'

'To tell the truth.. കൊലപാതകമാണ്... കാരണം അറിഞ്ഞൂടാ...'

'ഇതിലിപ്പോ എന്താ എന്നോട് ചോദിക്കാനുള്ളെ...?'

'അയാളുടെ മമ്മിയിൽ വച്ചിരുന്ന മുഖാവരണം ഒരു ഫെയ്മസ് ആർക്കിയോളജിക്കൽ ഒബ്ജകറ്റ ആണ്.. [illegible] അത് ഉണ്ടാക്കി

ച്ചത് എന്നറിയാമോ...?'

'ഇല്ല..'

'പുള്ളിയുടെ മുൻവശത്തെ മേൽപ്പല്ലുകൾ ഉന്തിയതായിരുന്നു... ശവമടക്കിന് താടിപിടിച്ചു കൂട്ടിക്കെട്ടിയിട്ടും പല്ല് തള്ളിത്തന്നെ നിന്നു. അത് ഐശ്വര്യക്കേടാണെന്ന് രാജഗുരു പറഞ്ഞു. അമ്മാവൻ ഫറോവ അപ്പൊത്തന്നെ സ്വർണപ്പണിക്കാരെ വിളിപ്പിച്ച് ഒരു മുഖം മൂടി പണിയിച്ച് മമ്മിയിൽ വയ്ച്ചു കുഴി മൂടി..'

'മൈ ഗോഡ്.. ഒള്ളതാണോ ഇതൊക്കെ...?'

'ഇല്ലേൽ പോയി ഗൂഗിളിൽ നോക്ക്...'

'തമ്പുരാനേ.. എന്തോരുമിനി പഠിക്കാൻ കിടക്കുന്നു...! ഇത്രേമൊക്കെ അറിയാംന്നുള്ള സ്ഥിതിക്ക് ഇയാളും ഹിസ്റ്ററി എടുക്ക്... എനിക്കൊരു കൂട്ടായല്ലോ....'

ഞാൻ തലകുലുക്കി സമ്മതിച്ചു.

ലഞ്ച് സമയത്ത് ലൈബ്രറിയിൽ പോയി അദ്ദേഹം ഗൂഗിൾ തപ്പി എന്നു തോന്നുന്നു.. ഉച്ചകഴിഞ്ഞ് എന്റെ മുഖത്തുപോലും നോക്കാതെ വേറെ ഒരിടത്തു പോയി ഇരുന്നുകളഞ്ഞു....

ആകെ കിട്ടിയ ഒരു കമ്പനി അങ്ങനെ പോയിക്കിട്ടി...

ഏതാനും മാസങ്ങൾക്കുമുൻപ് ഹോട്ടലിൽ നിന്ന് പാർസൽ വാങ്ങി റോഡിലേക്കിറങ്ങുമ്പോൾ ഒരു പിങ്ക് പോലീസ് വണ്ടി വന്നു മുന്നിൽ നിന്നു.

മുൻ ഇടതു സീറ്റിൽ ഇരുന്ന ആളെ ഞാൻ തിരിച്ചറിഞ്ഞു..

അന്തം വിട്ട് ഞാൻ അദ്ദേഹത്തിന്റെ ഷോൾഡറിൽ നോക്കി...

IPS ആയോ കക്ഷി..?

ഇല്ല..

നക്ഷത്രമൊന്നേയുള്ളൂ...

പുഞ്ചിരിച്ചന്ദ്രൻ തിളങ്ങി നിൽക്കുന്നു...

'അറിയോ....?'

അവർ ചോദിച്ചു.

'അറിയാതെ പിന്നെ....?'-ഞാൻ.

'IAS വിട്ടോ....?'

'വിട്ടു... നമ്മക്ക് ചേരൂലാ.....നീ എന്തേ വിട്ടുകളഞ്ഞത്...?'

കല്യാണം, ചെന്നുകയറിയ വീട്ടിലെ പ്രാരാബ്ധം... അങ്ങനെ ഒരു നൂറ്റിയൻപത് നുണകളാണ് ഞാൻ പ്രതീക്ഷിച്ചത്...

'എന്നെക്കൊണ്ടും പറ്റൂല മാഷേ....'

അവർ പറഞ്ഞു..

തുത്തൻഖാമന്റെ മുഖാവരണം

'സിവിൽ സർവീസിന് തീരാനഷ്ടം....!'
ഞാൻ പറഞ്ഞു.
അദ്ദേഹം അതുകേട്ട് ചിരിച്ചു...
ഞാനും...
മുകളിൽ എവിടെയോ നിന്ന് തുത്തൻ ഖാമനും പൊട്ടിച്ചിരിച്ചു...

○○

പതിനഞ്ച്
രഹസ്യക്കാരിയുടെ ദുരൂഹമരണം (ഓർമ്മക്കുറിപ്പ്)

ഉഷ്ണകാലത്തെ ഒരു രാത്രി..

സമയം 9 മണി..

പാമ്പ് ധൃതിപ്പെട്ട് വീട്ടിലേക്കു പോകുകയായിരുന്നു.

വീട്ടിൽ കയറാൻ നേരമാകാത്തതിനാൽ ഞാൻ ചുമ്മാ റോഡേ നടക്കുകയും..

ഞാനതിനെ ചവിട്ടി.. അതെന്നെ കടിച്ചു..!

'അയ്യോ പാമ്പു കടിച്ചേ' എന്ന് വിളിച്ചു ഞാൻ നടുറോഡിൽ കുത്തിയിരുന്നു.

എനിക്കൊപ്പം നടക്കുകയായിരുന്ന അഭിലാഷ് സാർ (ശ്രീ. അഭിലാഷ് പി.പി - ഞങ്ങൾ അദ്ദേഹത്തെ 'PP സർ' എന്ന് വിളിക്കും) ടോർച്ച് അടിച്ചു നോക്കി.

വെട്ടം കണ്ട പാമ്പ് ഞങ്ങളെ നോക്കി. ടോർച്ചും കൊണ്ട് നടന്നിട്ടാണോടാ പൊട്ടാ എന്നെ ചവിട്ടിയതെന്നു ചോദിച്ചു.

ചുമ്മാ പോയാൽ തന്നെ അടിച്ചു കൊല്ലുന്ന ആൾക്കാരാണ്. കടി കൂടി കിട്ടിയ സ്ഥിതിക്ക് ഇനി വച്ചേയ്ക്കില്ല. പാമ്പ് ഗിയർ മാറ്റി സ്പീഡ് എടുത്തു.

'വിടരുതവനെ...തട്ടിക്കള...!'

ഞാൻ അഭിലാഷ്സാറിനോട് പറഞ്ഞു.

അദ്ദേഹം ടോർച്ചു വീശിയടിച്ചു.. നല്ലൊരു കമ്പ് ആണ് നോക്കുന്നത്.. കമ്പ് ഇല്ല.

'എന്തോന്നിട്ടടിക്കും...?'

അദ്ദേഹം ധർമ്മസങ്കടത്തിലായി.

ആവശ്യക്കാരൻ ഞാനായിപ്പോയല്ലോ. ഞാനെണീറ്റു. പാരഗൺ ഊരി.

'പത്തിക്കാരനാണ്.. ചാടി കണ്ണിൽ കൊത്തും... സൂക്ഷിക്കണം.'

അദ്ദേഹം പറഞ്ഞു.

ടാർ വിട്ട് പുല്ലിലിറങ്ങിയാൽ പിന്നെ സിബിഐ വന്നാലും കിട്ടില്ല. കയ്യിലിരുന്ന ചെരുപ്പ് കയ്യിൽ തന്നെ വച്ചിട്ട് ചെരുപ്പ് കിടന്ന കാലുകൊണ്ട് ഞാനതിനെ ചവിട്ടി.

റോഡരികിൽ വീടുപണിക്കിറക്കിവച്ചിരുന്ന ചുടുകല്ലെടുത്തു അഭിലാഷ് സാർ അതിനെ എറിഞ്ഞു പടമാക്കി.

കുറെ നേരം കൂടി വാലിട്ടടിച്ചു പാമ്പ് പരലോകം പൂകി.

നിലവിളിയും ഒച്ചപ്പാടും കേട്ട് സമീപവാസി കരുണൻമാമൻ പുറത്തിറങ്ങി 'എന്താടെ അവിടെ' എന്നു വിളിച്ചു ചോദിച്ചു.

'സൂനനെ പാമ്പു കടിച്ചു..'

'അയ്യോ' എന്ന് വിളിച്ചു കൂകി അദ്ദേഹവും വന്നു .

നിമിഷനേരം കൊണ്ട് പത്തുപതിനഞ്ചുപേർ സ്പോട്ടിലെത്തി.

ഗ്രാമത്തിന്റെ സ്നേഹം...

വന്നവർക്കാർക്കും കടിച്ച പാമ്പിനെ മുൻപരിചയമില്ല...

ചുടുകല്ല് വീണു തലയും വാലുമെല്ലാം ചുവപ്പു നിറം.

'അരപ്പോ വേദനയോ ഉണ്ടോ...?'

ആരോ ചോദിച്ചു.

'ഇല്ല'

'പിടിത്ത(മദ്യലഹരി)മാണെങ്കിൽ അരപ്പ് അറിയത്തില്ല...'

വേറെ ഏതോ ഒരുത്തൻ. ഇരുട്ടിൽ മുഖം കാണാൻ വയ്യ.

'അനാവശ്യം പറയരുത്.. ഞാനൊരു ട്യൂഷൻ മാഷാണ്...'

ഞാൻ പറഞ്ഞു.

'ആർക്കായാലും കാശു കൊടുത്താ ചാരായം കിട്ടും..'

'തർക്കം മതിയാക്കി നിങ്ങൾ എന്തേലുമൊന്ന് ചെയ്...'

ചാരായത്തെ അധിക്ഷേപിക്കുന്നത് സഹിക്കാതെ ആരോ പറഞ്ഞു.

'മെഡിക്കൽ കൊണ്ടു പോകുന്നതാണ് നല്ലത്..'

'അതിനു മുൻപ് കടിപ്പാടിനു മുകളിൽ മുറുക്കി ഒന്ന് കെട്ടണം..'

'ബ്ലേഡ് ഉണ്ടെങ്കി കുറുകെ വരഞ്ഞു ചോര ഊറ്റിക്കളയണം'

എല്ലാംകൂടി കേട്ടതോടെ ഞാൻ തളർന്നു. ഇവന്മാരെന്റെ പൊക കണ്ടേ അടങ്ങൂ...

വഴിയരികിൽ കിടന്ന മീൻ കവറിൽ പാമ്പിനെ എടുത്തിട്ട് ഒരാൾ എന്റെ കയ്യിൽ പിടിപ്പിച്ചു.

'കളയല്ല്... പാമ്പിനെ തിരിച്ചറിഞ്ഞാ വേഗം ചികിത്സകിട്ടും'

കവറും പിടിച്ചു പിന്നാക്കം നിരങ്ങി ഞാൻ ഇലക്ട്രിക് പോസ്റ്റിൽ

ചാരി.

പാമ്പ് കൊത്തിയ വലം കാല് ആൾക്കാർ ഏറ്റെടുത്തു പെരുമാറുന്നുണ്ട്..

റബർതൈയിൽ നിന്ന് കയറഴിച്ചു ആരോ മുറുക്കി കെട്ടി.

'ചുണ്ടു കൊണ്ട് വിഷം ഊറ്റി കളഞ്ഞാലോ...?'

ഒരാളുടെ ഐഡിയ.

'വായിൽ മുറിവുണ്ടെങ്കിൽ വിഷം അതുവഴി തലയിൽ കയറും.. നീ ചാവും.. ഇവൻ രക്ഷപ്പെടും...'

ഐഡിയക്കാരൻ പിൻവലിഞ്ഞു..

'എത്രേം വേഗം മെഡിക്കൽ എത്തിക്കണം..'

'വേഗമൊരു വണ്ടി വിളിച്ചോണ്ട് വാ..'

'ഈ പാതിരായ്ക്ക് ഏതു വണ്ടി...?'

'ബേബി പോയോന്ന് നോക്ക് .. ഇല്ലെങ്കിൽ സ്കൂട്ടറിൽ കൊണ്ടോവാം..'

(ബേബിസർ ജവഹർ ടൂട്ടോറിയിൽ ഞങ്ങളെ പഠിപ്പിച്ച മാഷ്.. സംഭവം നടക്കുമ്പോൾ റേഷൻ കട ലൈസൻസീ..10 മണി വരെ കടയിൽ കാണും..)

വെട്ടം കാണുന്നുണ്ട്.. റേഷൻ കട അടച്ചിട്ടില്ല. എല്ലാരും കൂടി എന്നെ അങ്ങോട്ടെടുത്തു. തിണ്ണയിൽ കൊണ്ടുവച്ചിട്ട് കാര്യം വിശദീകരിച്ചു.

ബേബിസാർ കട പൂട്ടി. തിണ്ണയിൽ മെയിൻ സ്റ്റാൻഡിൽ വച്ചിരുന്ന വെസ്പ ഉരുട്ടി റോഡിലാക്കി.

'എടുത്തു കേറ്റഡേ...'

ആ നല്ല മനുഷ്യൻ പറഞ്ഞു. പിന്നെ വണ്ടി ചവിട്ടി സ്റ്റാർട്ടാക്കി...

'ഇവനെ എന്റെ ബേക്കിൽ കയറ്റ്.. എന്നിട്ട് നീ പുറകെ കേറി ഇവനെ പിടിച്ചോ...'

ബേബി സർ അഭിസാറിനോട് പറഞ്ഞു.

ഞാൻ അതുവരെ സ്കൂട്ടറിലോ ബൈക്കിലോ കയറിയിട്ടില്ല. ഒരു കാൽ നിലത്തുറപ്പിച്ച് മറ്റേ കാൽ ഉയർത്തി വണ്ടിയുടെ അപ്പുറമിട്ട് സീറ്റിനു കുറുകെ കയറിയിരിക്കുന്ന വിദ്യ എനിക്കറിഞ്ഞു കൂടാ.

ഞാൻ സ്റ്റെപ്പ് കയറും പോലെ ഫൂട്ട്റെസ്റ്റിൽ കയറി നിന്ന ശേഷം മറ്റേക്കാൽ പൊക്കി. വണ്ടി അപ്പാടെ ചരിഞ്ഞു നിലത്തുവീണു.

'ഇവനും ചാവും, എന്നേം കൊല്ലും..'

തുത്തൻഖാമന്റെ മുഖാവരണം

ബേബിസാർ പറഞ്ഞു.

നാട്ടുകാർ ചേർന്ന് സ്കൂട്ടർ, മുതലാളിയേയും ചേർത്തു പൊക്കി നേരെ നിർത്തി. എന്നെ താങ്ങി അതിലിരുത്തി. പിന്നാലെ അഭിസാർ കയറി മരത്തിൽ കെട്ടിവച്ച മോഹൻലാലിനെപ്പോലെ എന്നെ അള്ളിപ്പിടിച്ചിരുന്നു...

വെസ്പ പുക പറപ്പിച്ചു മുന്നോട്ട്...

കോടംപ്ലാച്ചി തേരി ഇറങ്ങുമ്പോൾ ബേബിസാർ പറഞ്ഞു.

'എഡേ പീപ്പീ.. ഇവൻ കല്ലുപോലെ ഇരുക്കുവല്ലേ...?'

'ഉം' എന്ന് മൂളിയിട്ട് അദ്ദേഹം 'കുഴപ്പം വല്ലോം തോന്നണാഡേ' എന്ന് എന്നോട് ചോദിച്ചു.

'ഇല്ല' ഞാൻ പറഞ്ഞു.

'അണലി ആണെങ്കി ഇപ്പൊ ചാകാനുള്ള ടൈമായി...'

ബേബി സാർ പറഞ്ഞു.

'അത് ശരിയാ...' പിന്നിൽ നിന്ന് അഭിസാർ.

'ചേനത്തണ്ടനാണെങ്കി എപ്പഴേ അരപ്പും വേദനേം തുടങ്ങും...'

'അതെ ...അതെ'

'ലക്ഷണം കണ്ടിട്ട് ഒന്നുകിൽ വിഷമില്ലാത്ത പാമ്പാണ്.. അല്ലെങ്കി ചുമ്മാ സ്നേഹം കാണിക്കാൻ കടിച്ചതാണ്...'

'ഇതൊരുമാതിരി വല്ലാത്ത സ്നേഹം കാണിക്കലായിപ്പോയി'

ഞാൻ മനസ്സിൽ പറഞ്ഞു.

'നമുക്ക് വിമലൻ ഡോക്ടറെ ഒന്ന് വിളിച്ചുണർത്തി കാണിക്കാം.. പാമ്പും ലക്ഷണോം കണ്ട് പുള്ളി പറയട്ടെ..'

(വിമലൻ ഡോക്ടർ പ്രശസ്ത ആയുർവേദ ഭിഷഗ്വരൻ. രണ്ടു കിലോമീറ്റർ അപ്പുറം താമസം.)

അഭിസാർ അത് ശരി വച്ചു.

'നിർത്ത് ..നിർത്ത്..വണ്ടി നിർത്ത്...'

ഞാൻ പറഞ്ഞു.

ബേബിസാർ വണ്ടി സൈഡാക്കി എന്നെ നോക്കി. പയ്യന് ബോധം പോകുന്നോ ആവോ...

'പാമ്പിനെ റേഷൻകടേല് വച്ചുമറന്നു...'

ഞാൻ പറഞ്ഞു.

എന്റെ തോളിന്റെ അരികിലൂടെ സാറന്മാർ രണ്ടും പരസ്പരം നോക്കി.

ബേബി സാർ വണ്ടി തിരിച്ചു..

തിരികെ ചെല്ലുമ്പോൾ പാമ്പ് കടമുറ്റത്തുകിടന്ന മണ്ണെണ്ണ വീപ്പ

യ്ക്കുമുകളിൽ ഞങ്ങളെ കാത്തിരിക്കുന്നു... വെസ്പ വീണ്ടും ചീറിപ്പാഞ്ഞു...

'വിഷാജാതിയല്ല..കടീം വലുതല്ല.. ഈ മരുന്ന് കുടിക്കുക.. വീട്ടിൽ പോയി പുലരും വരെ ഉറങ്ങാതിരിക്കുക.. വേദനയോ ക്ഷീണമോ തോന്നിയാ അപ്പൊത്തന്നെ മെഡിക്കലേക്കു പോകുക'

ഒരു മരുന്ന് കലക്കി കുടിക്കാൻ തന്നിട്ട് വിമലൻ ഡോക്ടർ പറഞ്ഞു.

'അഥവാ ഉറങ്ങിപ്പോയാലോ...?' ഞാൻ ചോദിച്ചു.

'ഉറങ്ങരുത്.. ഉറക്കത്തിൽ അരപ്പോ ബോധക്ഷയമോ വന്നാൽ അറിയൂല...'

'ഇത് കളയട്ടെ...?'

കയ്യിലിരുന്ന പാമ്പിനെ ഉദ്ദേശിച്ചു അഭിസാർ ചോദിച്ചു.

'വേണ്ട.. മെഡിക്കലേക്ക് പോകേണ്ടി വന്നാ അപ്പഴും വേണം...'

ഡോക്ടർ പറഞ്ഞു. പാമ്പിനെയും കവറിലിട്ട് മടിയിൽ വച്ച് ഞങ്ങൾ തിരികെ വന്നു. ഞാൻ പോയി കിടന്നുറങ്ങിയാലോ എന്ന് പേടിച്ച് അഭിലാഷ് സാർ എനിക്കൊപ്പം കാട്ടുവഴിയേ വീട്ടിൽ വന്നു.

'വായിക്കാൻ വല്ലോം ഉണ്ടോഡേ...?'

കുറേനേരമിരുന്നു ബോറടിച്ചപ്പോൾ അഭിസാർ ചോദിച്ചു.

ഞാൻ അകത്തുപോയി നോക്കി. നോവലോ കഥയോ ഒന്നുമില്ല.. ങ്ഹാ കിട്ടി.. ഞാനെഴുതിയ 'രഹസ്യക്കാരിയുടെ ദുരൂഹമരണം' എന്ന ഡിറ്റക്ടീവ് നോവൽ. അഭിസാർ സന്തോഷത്തോടെ അത് വാങ്ങി. പുള്ളിക്ക് ഡിറ്റക്റ്റീവ് നോവൽ ഇഷ്ടമാണെന്ന് തോന്നുന്നു.

വെളുക്കെ വെളുക്കെ രണ്ട് ഇരുനൂറ് പേജ് ബുക്കും വായിച്ചു തീർത്ത് അദ്ദേഹം പോകാനിറങ്ങി.

'എങ്ങനുണ്ട്...?'

ഞാൻ ചോദിച്ചു...

'ആ പാമ്പിത് വായിച്ചിരുന്നെങ്കി, ഇപ്പൊ ഇവിടെ ശവമടക്ക് കഴിഞ്ഞേനെ...!'

അഭിസാർ തിരിഞ്ഞു നോക്കാതെ നടന്നുപോയി...

○○

പതിനാറ്
നേത്രോല്പലൻമാഷിന്റെ നേന്ത്രക്കുലകൾ

ക്ലാസിലേക്ക് കയറി വന്നയുടൻ 34 ന്റെ എഞ്ചുവടി എഴുതി വയ്ക്കാൻ പിള്ളേരോട് പറഞ്ഞിട്ട് നേത്രോല്പലൻ മാഷ് കസേരയിൽ ഇരുന്ന് കാലുരണ്ടും മേശപ്പുറത്തേക്ക് പൊക്കിയെടുത്തു വച്ചു.

മുപ്പത്തിനാലിന്റെ ആദ്യം മൂന്നാണോ നാലാണോ എന്ന് മാഷ് കണക്കു പഠിപ്പിക്കുന്ന മൂന്നാം ക്ലാസിലെ പിള്ളേരു തമ്മിൽ തർക്കമായി. ഗഹനമായ ഏതോ ചിന്തയിലേക്ക് വീഴാൻ പോയ മാഷിന്റെ വീഴ്ച പിള്ളേരുടെ കോലാഹലം കാരണം തടസ്സപ്പെട്ടു.

ചൂരലെടുത്ത് അദ്ദേഹം മേശമേൽ ആഞ്ഞു രണ്ടടിയടിച്ചു, അതിൽ രണ്ടാമത്തേത് അങ്ങേരുടെ തന്നെ കാലിൽ കൊണ്ടു.

ക്ലാസ് നിശബ്ദമായി..

തോട്ടത്തിൽ നിന്ന് മോഷണം പോകുന്ന നേന്ത്രക്കുലകളെ പറ്റിയാണ് മാഷ് ചിന്തിച്ചത്. കായ് മുഴുപ്പുണ്ടെങ്കിലും അര വിളവ് ആയിട്ടേയുള്ളൂ. അതാണ് രായ്ക്കുരാമാനം ഓരോന്നായി ആരോ അടിച്ചോണ്ട് പോകുന്നത്..!

വരമ്പിനോട് ചേർന്നുള്ള വരിയിൽ ആറാമത് നിന്ന വാഴയിലെ കുലയാണ് ആദ്യം പോയത്. അഞ്ചു പടല അഥവാ അറുപതു കായ.. അതിനെ മുറിച്ചു കെട്ടിയെടുത്തിട്ടു ഇന്നേക്ക് ഇരുപത് ദിവസമാകുന്നു.

അതുകഴിഞ്ഞു കൃത്യം നാലാമത്തെ ദിവസം ഒന്നും അത് കഴിഞ്ഞു വീണ്ടും നാലാം ദിവസം വീണ്ടുമൊന്നും കുലകൾ മോഷണം പോയി. ഈ ഒരു പ്രോഗ്രെഷൻ നിരീക്ഷിച്ച മാഷ് കള്ളൻ വരും എന്ന് പ്രതീക്ഷിച്ചു പതിനാറാം ദിനം രാത്രി കുറുവടി, കട്ടൻ ചായ, ഉറക്കം വരാതിരിക്കാൻ കണ്ണിലൊഴിക്കുന്ന എണ്ണ എന്നിവയുമായി തോട്ടത്തിനു കാവലിരുന്നു...

മാഷ് പ്രതീക്ഷിച്ച പോലെയുള്ള 'ചാക്രിക പ്രവർത്തന'ത്തിന്

ആ രാത്രി കള്ളൻ തയ്യാറായില്ല.

ഉറക്കമിളച്ച ക്ഷീണത്തിൽ പിറ്റേ പകൽ മാഷ് കൂർക്കം വലിച്ചു കിടന്നുറങ്ങി. അന്ന് നട്ടുച്ചയ്ക്ക് നാലാമത്തെ കുലയും മോഷണം പോയി...!

പിള്ളേര് 1 X 34 = 34 എന്ന് എഴുതിവച്ചിട്ട് തമ്മിൽ തമ്മിൽ വർത്തമാനം പറയാൻ തുടങ്ങി. ബുദ്ധി രാക്ഷസൻമാർ മാത്രം

2 X 34 = ...

3 X 34 = ...

4 X 34 = ...

എന്നിങ്ങനെ സമത്തിനു ശേഷം സ്ഥലം വിട്ട് 50 വരി എഴുതി നിറച്ചു. ആവശ്യം വരികയാണെങ്കിൽ അന്നേരം നോക്കാം എന്നു മുഖഭാവം കണ്ടാൽ തോന്നും.

രാത്രി കാവലിരുന്നു കള്ളനെ പിടിക്കുന്നത് പ്രായോഗികമല്ല. ഒന്നാമത് ഒമ്പതരയ്ക്കു ശേഷം ഉറങ്ങാതിരിക്കാൻ തന്നെക്കൊണ്ട് പറ്റില്ല. മറ്റൊന്ന് പട്ടാപ്പകൽ കുലയടിച്ചു കൊണ്ടു പോകാൻ വൈഭവമുള്ള കള്ളൻ, ചിലപ്പോൾ കാവലിരുന്നു മയങ്ങുന്ന തന്റെ വാഴക്കുല മാത്രമല്ല, കട്ടൻഫ്ളാസ്ക്കും ടോർച്ചും കൂടി അടിച്ചോണ്ട് പോകാനും മതി..!

രണ്ടാം ബെഞ്ചിൽ മൂന്നാമതിരിക്കുന്ന പക്രു ചാടിയെണീറ്റ് 'മാഷേ, ഇവനെന്നെ ഞെരുക്കുന്നേ' എന്ന് വിളിച്ചു പറഞ്ഞു. മേശപ്പുറത്തിരുന്ന കാല് കൈകൊണ്ടു നീക്കി താഴെയിട്ട് മാഷ് ചൂരലുമായി എഴുന്നേറ്റു.. പരാതിക്കാരനെ വിളിച്ചിറക്കി ചന്തിക്ക് രണ്ടെണ്ണം പൊട്ടിച്ചു. എന്താണ് സംഭവിച്ചതെന്ന് മനസിലാക്കാൻ ചെക്കൻ രണ്ടുമിനിറ്റ് സമയമെടുത്തു.

ശാസ്ത്രീയമായ അന്വേഷണരീതി അവലംബിച്ചാലേ കേസിനു തുമ്പുണ്ടാകൂ എന്ന് നേത്രൻമാഷിനു തോന്നി. പള്ളിക്കൂടം നേരത്തേ വിട്ട് അദ്ദേഹം ത്രിസന്ധ്യക്കുമുമ്പ് വായനശാല പൂകി.

'ഡിറ്റക്ടീവ് വല്ലതുമുണ്ടോ കുറുപ്പേ...?'

മാഷ് ചോദിച്ചു.

ദുർഗാപ്രസാദ് ഖത്രിയുടെ ഒരു കിക്കിടു കുറുപ്പെടുത്തു മുന്നിൽ വച്ചു കൊടുത്തു.

പതിവായി സോഫയിൽ കിടക്കുന്ന പമ്മനു പകരം പുതിയ ഒരുത്തൻ വന്നുകിടക്കുന്നത് കണ്ട് മാഷുടെ പത്നി അമ്പരന്നു..

'ഇതേതാ ഈ പുതിയ പമ്മൻ....?'

അവർ ചോദിച്ചു...

തുത്തൻഖാമന്റെ മുഖാവരണം

ഒരാഴ്ച കൊണ്ട് മാഷ് ദുർഗാ പ്രസാദ് ഖെത്രി രണ്ടുതവണ വായിച്ചു. അതിനകം രണ്ടു കുലകൾ കൂടി മോഷണം പോയി എന്നതല്ലാതെ പ്രത്യേകിച്ചു ഗുണമൊന്നും ഉണ്ടായില്ല.. സിഗരറ്റു കുറ്റി, മദ്യഗ്ലാസിലെ വിരലടയാളം, തലയണയിൽ കണ്ട ചുരുളൻ മുടി തുടങ്ങിയ ശാസ്ത്രീയ കുറ്റാന്വേഷണ ഉപാധികൾക്ക് സദാ മാക്രി കരയുന്ന തന്റെ വാഴത്തോട്ടത്തിൽ എന്തു പ്രസക്തി...! മാഷ് ഖെത്രി തിരികെ കൊടുത്തിട്ട് വീണ്ടുമൊരു പമ്മനെടുത്തു.

മോഷണം പോകുന്ന കുലകൾ വല്ല മുറുക്കാൻ കടകളിലും തൂങ്ങുന്നുണ്ടോ എന്ന് നിരീക്ഷിച്ചു കണ്ടു പിടിക്കാൻ മാഷ് തീരുമാനിച്ചു. ആദ്യദിനം സൈക്കിൾ എടുത്ത് ഉണ്ണിമുക്ക് പാലം വരെ ഇരുവശത്തുമുള്ള കടകളിൽ വായിനോക്കിക്കൊണ്ടു ചവിട്ടി. പാലത്തിന്റെ കൈവരിയിൽ ചെന്നിടിച്ചു തോട്ടിൽ വീണതിനാൽ തുടർന്ന് വന്ന മൂന്നാലു ദിവസം നിരീക്ഷണവും മുടങ്ങി, സ്കൂളിൽ പോക്കും മുടങ്ങി.. സൈക്കിൾ ആക്രിക്കാരൻ 30 രൂപയ്ക്ക് വാങ്ങിക്കൊണ്ട് പോയി.. മൊത്തത്തിൽ ഒന്ന് ചളുക്കി എടുക്കാൻ ചെറിയ ചെറിയ ചില പണികൾ കൂടിയേ വേണ്ടിയിരുന്നുള്ളൂ....

ആകെപ്പാടെയുള്ള ഒരു വിലയിരുത്തലിൽ മാഷിന് ഒരു കാര്യം മനസിലായി. മോഷണം പോകുന്ന കുലകൾ വിൽക്കപ്പെടുന്നില്ല. ഗ്രാമം കടന്നു പോകുന്നുമില്ല. വെട്ടുന്നവൻ കൊണ്ടുപോയി പൊണ്ടാട്ടിയും മക്കളുമായി പഴുപ്പിച്ചു തിന്നുകയാണ്.. അവനെ കണ്ടുപിടിക്കണമെങ്കിൽ കാഞ്ഞബുദ്ധി തന്നെ ഇറക്കേണ്ടി വരും...

സംശയിക്കാവുന്നവരുടെ ഒരു ഷോർട്ട് ലിസ്റ്റ് മാഷ് തയാറാക്കി. തോട്ടത്തിനു 100 മീറ്റർ ചുറ്റളവിൽ താമസിക്കുന്ന 12 വീടുകൾ. അതിൽ 4 എണ്ണം ഒഴിവാക്കാം. അവർക്ക് കുല കക്കേണ്ട കാര്യമേ ഇല്ല. ബാക്കി എട്ട്... ആ ഏട്ട് വീടുകളിൽ അഞ്ചിൽ നിന്നും തന്റെ പള്ളിക്കൂടത്തിൽ പിള്ളാര് പഠിക്കുന്നുണ്ട്...

പിള്ള മനസ്സിൽ കള്ളമില്ല... അപ്പൊ ആ വഴിക്കു നീങ്ങുക തന്നെ...

പിറ്റേന്ന് ആദ്യ പീരീഡ് ഒന്നാം ക്ലാസിൽ കയറി മാഷ് ചോദിച്ചു...

'രാവിലെ നേന്ത്രപ്പഴം കഴിച്ചവർ ആരൊക്കെ....?'

പിള്ളേർ ആരും എണീറ്റില്ല.

എല്ലാം പഠിച്ച കള്ളന്മാരാണ്..!

'ആരുമിന്ന് പഴം കഴിച്ചില്ലേ...?'

കടുപ്പിച്ചു ചോദിച്ചപ്പോൾ പിൻബെഞ്ചിലെ ഒരു മക്കു പയ്യൻ

മടിച്ചു മടിച്ചു എഴുന്നേറ്റു... ലിസ്റ്റിൽ ഉള്ളവനാണ്.. മാഷിന്റെ മനസ്സിൽ ലഡു പൊട്ടി.

'സബാഷ്...! എത്ര എണ്ണം കഴിച്ചു..?'

'അമ്പത്...'

എവിടെയോ എന്തോ തകരാറു പോലെ...!

ചെക്കന് ചാരെ ചെന്ന് തോളിൽ പിടിച്ചു മാഷ് സ്നേഹത്തോടെ ചോദിച്ചു...

'എന്തു പഴമാ മോൻ കഴിച്ചത്....?'

'തൊടലിപ്പഴം'

'ഇരിയെടാ അവിടെ...!'

നേത്രൻമാഷ് അലറി....

ചെല്ലുന്ന ക്ളാസ്സിലെല്ലാം ഈ പഴച്ചോദ്യം ചോദിക്കുന്നത് ട്രീസ ടീച്ചർ ശ്രദ്ധിക്കുന്നു എന്ന് ശ്രദ്ധിച്ച മാഷ് അവസാന പീരീഡ് നാലാം ക്ളാസിൽ വേറൊരു നമ്പർ ഇറക്കി.. പിള്ളേർക്കിത് വഴിക്കണക്കായി ഇട്ടു...

'ബാലുവിന്റെ വീട്ടിൽ പ്രാതലിന് പുട്ടായിരുന്നു. തലേന്ന് അവന്റെ അച്ഛൻ പഴം വാങ്ങാൻ മറന്നിരുന്നെങ്കിലും രാവിലെ പുട്ടിനൊപ്പം ഞവിടിത്തിന്നാൻ അമ്മ അവന് നേന്ത്രപ്പഴം നൽകി.. ആ നേന്ത്രപ്പഴം എവിടെ നിന്ന് വന്നു...?' ഇതായിരുന്നു ചോദ്യം...

പക്ഷേ, ആ നമ്പറും ഏശിയില്ല... മൂന്നാം ക്ളാസുവരെ ജലന്ധറിലെ പട്ടാളപ്പള്ളിക്കൂടത്തിൽ പഠിച്ച മുകിൽ റാം പെട്ടന്ന് ഉത്തരമെഴുതി ചാടിയെണീറ്റു.. മാഷ് ബുക്ക് വാങ്ങി നോക്കി.

ചെക്കൻ 'data inadequate' എന്നാണ് എഴുതിയിരിക്കുന്നത്... അത് എന്താണോ ആവോ...!

അന്ന് രാത്രി ഒരു കുല കൂടി മോഷണം പോയി...!

വെള്ളിയാഴ്ച്ച വെളുപ്പാൻകാലത്ത് വാഴ വെട്ടിയിടുന്ന പോലെ ഒരു ശബ്ദംകേട്ട് ഞെട്ടിയുണർന്ന നേത്രൻ മാഷിന് പിന്നെ ഉറക്കം വന്നില്ല. പലവിധ അപസർപ്പക ആലോചനകൾക്കിടെ മിന്നൽ പോലെ ഒരു ടിസ്റ്റ് അദ്ദേഹത്തിന്റെ മനസ്സിലൂടെ കടന്നുപോയി.

പകുതി വിളവായ നേന്ത്രക്കായ പുഴുങ്ങി തിന്നാനും കൊള്ളാം. കുല അടിച്ചുകൊണ്ടു പോകുന്നവർ അത് പഴമാക്കാനും പത്തായത്തിൽ വയ്ക്കാനുമൊന്നും മെനക്കെടുന്നില്ല.. രായ്ക്കുരാമാനം തന്നെ പുഴുങ്ങി വിഴുങ്ങുകയാണ്....

ആദ്യത്തെ പീരീഡ് ഒന്നാം ക്ലാസാണ്. ഹാജർ വിളിച്ചിട്ട് ഓരോരുത്തരെയായി സ്റ്റാൻഡ് അപ്പാക്കി രാവിലെ എന്തു കഴിച്ചു എന്ന്

ചോദിച്ചു ഹാജർ ബുക്കിന്റെ ലാസ്റ്റ് പേജിൽ കുറിച്ചു. അതിൽ സ്ഥലം ആവശ്യം പോലെ വെറുതെ കിടക്കുന്നു.

ഇയാൾക്കിത് എന്തുപറ്റി എന്നഭാവത്തിൽ ട്രീസ ടീച്ചർ ഓലത്തട്ടിക്കു മുകളിലൂടെ എത്തിനോക്കി. നേത്രൻ മാഷ് മൈൻഡ് ചെയ്തില്ല.. ആവശ്യക്കാരന് ഔചിത്യമില്ല.. അത് പറഞ്ഞാൽ ടീച്ചർക്ക് മനസ്സിലാവില്ല..

ഹാജർബുക്കിലെ ലിസ്റ്റ് മാഷ് ഒന്ന് അനലൈസ് ചെയ്തു.

രണ്ടു പുട്ട്, ഒരു ദോശ, പന്ത്രണ്ട് പഴം കഞ്ഞി, നാല് ചക്കപ്പഴം, രണ്ട് പുഴുക്ക്..

ബാക്കി ഉള്ളവർ ഒന്നും കഴിച്ചിട്ടില്ല. ദരിദ്രരിൽ ദരിദ്രരാണ്.. രാവിലെ സ്ഥിരമായി അങ്ങനെ കഴിപ്പില്ല.. പള്ളിക്കൂടത്തിൽ വരുന്നത് തന്നെ ഉച്ചയ്ക്ക് കിട്ടുന്ന ചോളം തട്ടാനാണ്...

സാഹചര്യം പരിശോധിക്കുമ്പോൾ ഈ പട്ടിണിഗ്രൂപ്പിൽ വരേണ്ട ഒരുവൻ പുഴുക്ക് തിന്നു എന്ന് ഡിക്ലെയർ ചെയ്തിരിക്കുന്നത് മാഷ് ശ്രദ്ധിച്ചു. ഇന്നലെ ഷോർട്ട് ലിസ്റ്റ് ചെയ്യപ്പെട്ടവരുടെ കൂട്ടത്തിൽ ഉള്ളവനാണ്..

മാഷ് അവനെ സ്റ്റാൻഡ് അപ്പാക്കി..

'രാജനിപ്പോ പണിക്ക് പോകുന്നുണ്ടോ ഡാ..?'

'ചെലപ്പോ'

'കുടി ഒണ്ടോ അവനിപ്പം..?'

'ഒണ്ട്..'

'അരീം കപ്പേം വാങ്ങിച്ചോണ്ട് വരുവോ...?'

'ഇല്ല..'

'പിന്നെന്തു പുഴുക്കാ നീ തിന്നത്...?'

'കാച്ചിൽ....'

മാഷ് ചെക്കനെ ഇരുത്തി. പക്ഷേ, പ്രാഥമിക കൃഷി വിജ്ഞാനം കൈമുതലായുള്ള അയാൾ ഒരു പോയിന്റ് നോട്ട് ചെയ്തു.

ഇപ്പൊ കാച്ചിൽ വെട്ടുന്ന ടൈമല്ല....!

അന്ന് രാത്രി ഒരു കുല കൂടി പോയി....!

ഞായറാഴ്ച്ച ഉച്ചയ്ക്ക് മാഷ് തോട്ടത്തിൽ പോയി ഏറെക്കുറെ പാകമായി നിന്ന ഒരു കുലവെട്ടിയെടുത്തു. കള്ളൻ പത്ത് എടുക്കുമ്പോൾ ഉടയൻ ഒന്നെങ്കിലും എടുക്കണമല്ലോ. അങ്ങിങ്ങ് കഴുത്തൊടിഞ്ഞു കിടക്കുന്ന കുലപോയ വാഴകൾ തന്നെ കൊഞ്ഞനം കുത്തുന്നതായി മാഷിന് തോന്നി.

ചൂരലിന് പകരം കയ്യിലൊരു അടപ്പുപാത്രവുമായി തിങ്കളാഴ്ച്ച

തുത്തൻഖാമന്റെ മുഖാവരണം

രാവിലെ നേത്രൻ മാഷ് ഒന്നാം ക്ലാസിൽ ചെന്നു.

നമസ്തേ പറഞ്ഞിട്ട് പിള്ളേര് ഇരുന്നു.

അപ്പുറത്തെ ട്രീസ ടീച്ചർക്ക് അനുചിതം തോന്നാതിരിക്കാനായി ഭക്ഷ്യശൃംഖല എന്ന് ബോർഡിൽ എഴുതി ഉറക്കെ വായിച്ചു. പിള്ളേരെ കൊണ്ട് ഏറ്റു പറയിച്ചു.

കണക്കിൽ എന്ത് ഭക്ഷ്യശൃംഖല എന്ന് ടീച്ചർ എത്തിനോക്കി...

'ഇന്ന് ഞാൻ നിങ്ങളെ ഈ നാട്ടിൽ അത്ര സാധാരണമല്ലാത്ത ഒരു ഭക്ഷ്യവിഭവം കാണിക്കാൻ പോകുകയാണ്.. ഓരോ കഷണം എല്ലാർക്കും തിന്നാനും തരും... തിന്നുകഴിഞ്ഞ് അതിന്റെ പേര് നിങ്ങൾ പറയണം.... ശരിയായി പേര് പറയുന്നവർക്ക് സമ്മാനവുമുണ്ട്...'

മാഷ് പറഞ്ഞു..

പിള്ളാരുടെ മുഖം തിളങ്ങി...

മാഷ് വലിയപാത്രം തുറന്ന് വെളുപ്പാൻക്കാലത്ത് എണീപ്പിച്ചു ഭാര്യയെ കൊണ്ട് വയ്പ്പിച്ച നേന്ത്രക്കായ പുഴുക്ക് ഓരോ കഷ്ണം ഓരോരുത്തരുടെ വായിലേക്ക് ഇട്ടു കൊടുത്തു...

പിള്ളേർ അത് കൊതിയോടെ നുണഞ്ഞിറക്കി.. ഒരു കഷ്ണം കൂടി കിട്ടാൻ മോഹിച്ചു..

'എന്താ ഇതെന്ന് അറിയാവുന്നവർ കൈ പൊക്കണം'

മാഷ് പാത്രം അടച്ചുകൊണ്ടു പറഞ്ഞു.

കുട്ടികൾ പരസ്പരം നോക്കി...

പിൻ ബെഞ്ചിൽ ഒരു കൈ ഉയർന്നു കണ്ടു..

രാജന്റെ മകൻ....!

മാഷ് അവന്റെ അടുത്തു ചെന്നു...

'പറ കുട്ടീ...എന്താ നീ കഴിച്ച സാധനം....?'

'കാച്ചിൽ....'

ചെക്കൻ പറഞ്ഞു...

'നീയിത് സ്ഥിരം കഴിക്കാറുണ്ടോ....?'

'രാവിലേം ...വൈകിട്ടും...'

'എത്ര നാളായി...?'

'തോനേ ദെവസമായി....'

മാഷ് പോക്കറ്റിൽ കരുതിയിരുന്ന മിട്ടായി അവനു കൊടുത്തു.. അന്നാദ്യമായി അവൻ അഭിമാനത്തോടെ കൂട്ടുകാരെനോക്കി.. അവർ ആരാധനയോടെ അവനെയും...

വൈകിട്ട് സ്കൂൾ വിടും മുൻപ് നേത്രൻ മാഷ് ഇറങ്ങി. ചെക്കൻ

അങ്ങെത്തും മുന്നേ രാജന്റെ വീട്ടിൽ കയറണം. അവന്റെ മുന്നിൽ വച്ച് അപ്പന്റെ കള്ളത്തരം പിടികൂടുന്നത് ശരിയല്ല. അവന്റെ മാനം ഇടിഞ്ഞുപോകും.. അതിനേക്കാൾ വലിയ കവർച്ച എന്തുണ്ട്..!

പട്ടയടിച്ചു പിടലി തൂങ്ങിയ രാജനെ മുൻവശത്തെ മരത്തൂണിൽ തന്നെ ചാരി വച്ചിട്ടുണ്ടായിരുന്നു...

'ഇനി കുല വെട്ടരുത് രാജാ... വെട്ടിയാ ഞാൻ കേസു കൊടുക്കും...'

മാഷ് ചെന്നു കയറിയ പാടേ രാജനോട് പറഞ്ഞു.

'കൊലേ...? ആരുടെ കൊല...?'

രാജൻ എണീറ്റു വന്നു ചോദിച്ചു...

ശബ്ദംകേട്ട് രാജന്റെ ഭാര്യ ഇറങ്ങി വന്നു..

'കൊല ഞാനാ സാറേ വെട്ടിയത്... അങ്ങേര് തിന്നാൻ മാത്രേ വരാറുള്ളൂ....' അവർ പറഞ്ഞു...

നേത്രൻ മാഷ് ഒന്നും മിണ്ടാതെ വരമ്പിലേക്കിറങ്ങി....

○○

പതിനേഴ്
ചെമ്പി

വീട്ടുമുറ്റത്ത് വണ്ടിയെത്തണം എന്ന നിർബന്ധബുദ്ധി അന്നൊന്നും നമുക്കുണ്ടായിരുന്നില്ല. നടവഴികൾ, ഇടവഴികൾ, വെട്ടുവഴികൾ, വരമ്പ്, ഏലാത്തടം എന്നുവേണ്ട കണ്ണിൽകണ്ട ഇടത്തുകൂടിയെല്ലാം മനുഷ്യർ തലങ്ങും വിലങ്ങും നടക്കുകയും, അതിന്റെയൊക്കെ അരികുകളിലോ അറ്റങ്ങളിലോ വീടുകൾ വയ്ക്കുകയും ചെയ്തു.

നാട്ടുവഴികളിൽ സദാ തണൽ വീണുകിടന്നു. വീട്ടിലേക്കുള്ള വഴികൾ വൈകുന്നേരങ്ങളിൽ ചൂലുകൊണ്ടടിച്ചു തിളക്കപ്പെട്ടു.. അവയുടെ വശങ്ങളിൽ ചെമ്പരത്തിയും കൃഷ്ണകിരീടങ്ങളും നിന്നിരുന്നു.. മഴക്കാലത്ത് പൊത്തുകളിൽ നിന്ന് ചുവന്ന നിറമുള്ള ഞണ്ടുകൾ പുറത്തിറങ്ങി ആ വഴികളിലൂടെ കാലുകൾ വലിച്ചു വച്ചു നടന്നു...

വഴിയോരങ്ങളിൽ പൊഴിക്കപ്പെട്ടുകിടന്ന പാമ്പിൻപടങ്ങൾ കണ്ട് കുഞ്ഞുങ്ങൾ ഭയന്നു മാറി നിന്നു..

ഗ്രാമത്തിന്റെ ഉള്ളിലെ ചെറുനാട്ടുവഴിയുടെ ഓരത്തെ കൊച്ചു വീട്ടിലാണ് ഞങ്ങൾ താമസിച്ചിരുന്നത്. വളപ്പിനപ്പുറമുള്ള ഇടവഴിയിലൂടെ ദിനവും രണ്ടുവട്ടം വെളുത്ത പഞ്ഞിക്കെട്ടു മുടിയുള്ള സാത്വികനായ ഒരാൾ നടന്നുപോയിരുന്നു. വഴിയുടെ അങ്ങേയറ്റം ചെന്ന് മുകളിലേക്ക് തിരിഞ്ഞു കയറിച്ചെല്ലുന്ന കുന്നിൻ പള്ളയിലായിരുന്നു അദ്ദേഹത്തിന്റെ വീട്. എല്ലാവരും അദ്ദേഹത്തെ മുനിയാർ എന്നും അദ്ദേഹത്തിന്റെ വീടിനെ മുനിയാരുടെ വീട് എന്നും വിളിച്ചു. മണ്ണ് നിരത്തി തല്ലിയുറപ്പിച്ച മുറ്റത്തിന്റെ ഒരറ്റത്ത് കിഴക്കോട്ട് നോക്കി ഒരു ചെറിയ പുരയും അതിനുള്ളിൽ നിറയെ ദൈവങ്ങളും ഉണ്ടായിരുന്നു. ഇരുനേരവും പൂജ ചെയ്ത് സദാ ശുദ്ധനും സൗമ്യനുമായിരുന്നും മിതഭക്ഷണവും ഭാഷണവും അനുഷ്ഠി

ച്ചും അദ്ദേഹമങ്ങനെ കഴിഞ്ഞുപോന്നു..

അയാളുടെ ചെറുപ്പകാലത്തെ ഒരു ദിനം.

കല്യാണം കഴിഞ്ഞു മൂന്നുകൊല്ലമായിട്ടും കുട്ടികൾ പിറക്കാത്ത, ചിന്നുവമ്മ എന്ന പേരായ അയാളുടെ ഭാര്യ പറഞ്ഞു.

'ഒറ്റയ്ക്ക് വെറുതേയിരുന്നു മടുത്തു.. എനിക്കൊരു പശുക്കുഞ്ഞിനെ വാങ്ങിത്തായോ...'

അവർ പറഞ്ഞത് ശരിയായിരുന്നു. തടിവെട്ടും എറിപ്പും അറുപ്പും ആയിരുന്നു അയാൾക്ക് ജോലി. രാവിലേ പോകും, സന്ധ്യക്ക് വരും. പകൽ മുഴുവൻ ചിന്നമ്മ ഒറ്റയ്ക്കാണ്.

പിറ്റേ ചന്തയ്ക്ക് കല്ലറ പോയി അയാൾ ഒരു പശുക്കിടാവിനെ വാങ്ങിവന്നു. ചെമ്പൻനിറമുള്ള പശു. നെറ്റിയിൽ ശംഖുപോലെ വെളുപ്പ്.. ചിന്നമ്മ അവളെ 'ചെമ്പി' എന്ന് വിളിച്ചു.

അടുത്തവീടുകളിൽ ചെമ്പികൾ വേറെ ഉണ്ടായിരുന്നതിനാൽ അവർ അവളെ ചിന്നമ്മയുടെ ചെമ്പി എന്നു വിളിച്ചു..

ചെമ്പി അങ്ങനെ വളർന്നുവരവേ ചിന്നമ്മ ഗർഭിണിയായി.

പത്താംമാസം ഒരാൺകുഞ്ഞിനെ പ്രസവിച്ചു.

അവനെ അമ്മ കുളിപ്പിക്കുമ്പോൾ അച്ഛൻ കുറച്ചപ്പുറം നിന്ന് ചെമ്പിയെയും കുളിപ്പിച്ചു.. പശുവും കുട്ടിയും തങ്ങളിൽ നോക്കി ആനന്ദിച്ചു.

മുനിയാർ കാഞ്ചിനട എന്ന സ്ഥലത്തുകൊണ്ടുപോയി ചെമ്പിയെ കാള ചേർത്തു വന്നിരുന്നു. അവൾ പക്ഷേ, ഗർഭവതിയായില്ല. വർഷം മൂന്നാലു കഴിഞ്ഞിട്ടും നിരാശയായിരുന്നു ഫലം.

വൈദ്യൻ വന്നു.

ചെമ്പിയുടെ കൊഴുപ്പും മിനുപ്പും കണ്ട് അയാൾ അമ്പരന്നു.

'ചത ഇറങ്ങിപ്പോയി... മച്ചിയാണ്.. പെറൂലാ'

വൈദ്യർ പറഞ്ഞു.

'എന്താ ഇപ്പൊ ചെയ്ക....?'

'അറവുകാർക്ക് വിൽക്കുക...അല്ലാണ്ടെന്താ...?'

വൈദ്യർ പോയി.

പെറ്റാലും, പെറാതെ നിന്നാലും ചെമ്പി ഇപ്പൊ ഒരു ഭാരമാണ്.. കുഞ്ഞുമായി ചിന്നമ്മ സാദാ മല്ലയുദ്ധത്തിലാണ്... അയാൾക്ക് പണിക്കും പോകണം.. ചെമ്പി ഗർഭിണി ആയെങ്കിൽ ഏതെങ്കിലും വളർത്തുകാർക്ക് കൊടുക്കാമായിരുന്നു. പക്ഷേ, അതിനു സാധിച്ചില്ല. മനസില്ലാമനസോടെ അയാൾ അറവുകാരെ വരുത്തി..

അവർ വന്നു..

തുത്തൻഖാമന്റെ മുഖാവരണം

ചെമ്പി പോകാൻ വിസമ്മതം കാട്ടി നിന്നപ്പോൾ മുനിയാർ റോഡു വരെ കൂടെച്ചെന്നു.

തിങ്കളാഴ്ചയാണ് ചന്ത.. അന്ന് നന്നേ വെളുപ്പിനാണ് മാടുകളുടെ കഴുത്തിൽ കത്തി വീഴുക. ലോകം ഉണരുമ്പോഴേക്ക് തൊലിയും പണ്ടവും ഉരിഞ്ഞു അവർ കമ്പിക്കൊളുത്തിൽ തൂക്കപ്പെട്ടിരിക്കും.

ചെമ്പിയുടെ കഴുത്തിൽ കത്തി വീണപ്പൊഴോ എന്തോ മുനിയാർ ഞെട്ടി ഉണർന്നു.

ആകെ വിയർപ്പ്..

ചെമ്പി തൊഴുത്തിൽ ഒന്നമറി എന്ന് തോന്നിയിട്ട് അയാൾ ജനൽ തുറന്നു തൊഴുത്തിലേക്ക് ടോർച്ചു തെളിച്ചു ....

അനാഥമായിക്കിടന്ന വൈക്കോൽ കഷണങ്ങൾക്കു മുകളിൽ ഒരു പശുക്കിടാവ് കിടക്കുന്നു..

അത് അയാളെ തന്നെ നോക്കുന്നു..

മറുപിള്ളയും വലിച്ചിഴച്ച് എഴുന്നേറ്റു നില്ക്കാൻ ശ്രമിക്കുന്നു..

വേച്ചുവീണുപോകുന്നു...

അലറിവിളിച്ചുകൊണ്ട് അയാൾ ജനൽ വലിച്ചടച്ചു.. കിടന്നുറങ്ങുകയായിരുന്ന മകനും ഭാര്യയും ഞെട്ടി എഴുന്നേറ്റിരുന്നു കണ്ണ് തിരുമ്മി.

നനഞ്ഞുപോയ പടക്കത്തിരി കത്തുമ്പോലെ വളരെ സാവകാശം ഒരു വാർത്ത അങ്ങിങ്ങായി പരന്നുവന്നു.. കല്ലറ ചന്തയിൽ ഗർഭിണിപ്പശുവിനെ അറുത്തു ഇറച്ചിയാക്കി വിറ്റു എന്നതായിരുന്നു ആ വാർത്ത. രണ്ടു മൂന്നാഴ്ച കഴിഞ്ഞപ്പോൾ ചായക്കടയിൽ വച്ച് അത് മുനിയാരുടെ ചെവിയിലും വന്നു വീണു...

'എന്ന്....?'

അയാൾ അമ്പരപ്പോടെ ചോദിച്ചു.

'ആർക്കറിയാം... അവന്മാര് പട്ടിയെ വരെ കണ്ടിച്ചു കൊടുക്കുന്നു... പിന്നാണ് ഗർഭിണി..'

അന്ന് മരക്കഴയ്ക്കു മുകളിൽനിന്ന് വാൾ വലിച്ചുവലിച്ചു തടിയറുക്കുമ്പോൾ അയാളുടെ മനസ്സിൽ കുറേനാൾ മുൻപ് വെളുപ്പിന് തൊഴുത്തിൽ കണ്ട പശുക്കിടാവ് ഇടയ്ക്കിടെ വേച്ചുവേച്ച് എഴുന്നേറ്റു... പിറ്റേചന്ത അയാൾ അറവുകാരനെ കാണാൻ ചന്തയിലേക്കു പോയി...

ഞാന്നു കിടക്കുന്ന ചുവന്ന മാംസപിണ്ഡങ്ങൾക്കു ചാരെ നിന്ന് അയാൾ ചെമ്പിയെ കൊണ്ടുപോയ അറവുകാരനെ നോക്കി..

കണ്ടില്ല..

'രാജപ്പനില്ലേ..?'

'ഇല്ല... ഇത്തവണ ലേലം കൊണ്ടത് ഞങ്ങളാ..'

പുതിയ അറവുകാരൻ ഒരുവലിയ വെട്ട് എല്ലിന്മേൽ വെട്ടിക്കൊണ്ടു പറഞ്ഞു...

'ഒരു രണ്ടാഴ്ച മുന്നേ ഇവിടെ ഒരു ഗർഭിണിപ്പശുവെ വെട്ടിയാരുന്നോ....?'

'അറിഞ്ഞൂടാ... ഞങ്ങൾ മിനിയാന്ന് വന്നേ ഉള്ളൂ....'

അയാൾ തിരികെ നടന്നു...

എന്തറിയാനാണ് താൻ അറവുകാരനെ അന്വേഷിച്ചു വന്നതെന്ന് അയാൾക്ക് തിരിച്ചറിയാൻ പറ്റിയില്ല..

അത് തന്റെ ചെമ്പി ആയിരുന്നില്ല എന്നറിഞ്ഞാൽ ഒരു സമാധാനം.. അവൾ ആയിരുന്നു എന്നറിഞ്ഞാലോ...

ഇനി അതിനുപിന്നാലെ നടക്കേണ്ടതില്ല എന്ന് തീരുമാനിച്ച് അയാൾ വീട്ടിലേക്ക് മടങ്ങി...

നാടുചുറ്റി മാടുവാങ്ങാൻ നടക്കുന്ന രാജപ്പൻ ഇടവഴിയേ പോയപ്പോൾ ചെക്കന് മാനംകാണിച്ചു ചോറുകൊടുക്കുകയായിരുന്ന ചിന്നമ്മയെക്കണ്ട് നിന്നു.

'വല്ലാത്ത ചതിയായിപ്പോയി ..ട്ടോ ചിന്നമ്മാ...'

'എന്തേ...?'

'കുട്ടീണ്ടാരുന്നു നിങ്ങടെ പശൂന്റെ പള്ളേല്....!'

ചോറും പാത്രവും ചിന്നമ്മയുടെ പിടിവിട്ട് താഴെവീണു... അവർ തളർന്നു കമുകിലേക്ക് ചാരി...

ഭർത്താവ് വന്നപ്പോൾ അവരത് പറഞ്ഞു...

അയാൾ ഒന്നും മിണ്ടിയില്ല..

പുഴയിൽപോയി കുളിച്ചുവന്ന് ഒന്നും കഴിക്കാതെ ആലോചനയിലാണ്ട് കിടന്നു..

പിറ്റേന്ന് കിഴക്കേമുറ്റത്ത് മണ്ണ് വെട്ടിക്കുഴച്ചു പടുത്ത് അയാൾ പൂജാമുറിയുടെ പണി തുടങ്ങി...

മത്സ്യവും മാംസവും ത്യജിച്ചു ചിന്നമ്മയും അയാൾക്കൊപ്പം കൂടി...

മുറിയിൽ ദൈവങ്ങൾ നിറഞ്ഞുവന്നു.

വർഷങ്ങൾ തോറും മലചവിട്ടി അയാൾ ശുദ്ധനാകുവാൻ വെമ്പിക്കൊണ്ടിരുന്നു..

ഉടൽ മെലിഞ്ഞു...

തുത്തൻഖാമന്റെ മുഖാവരണം

താടിയും മുടിയും കറുത്ത് നീണ്ടു...

പിന്നെയവ മേഘങ്ങൾ പോലെ വെളുത്തു....

ഒരു സന്ധ്യയ്ക്ക്, ഇറായത്ത് മണ്ണെണ്ണ വിളക്കിന്റെ വെളിച്ചത്തിൽ വായിച്ചുകൊണ്ടിരുന്ന ഞാൻ 'ലതേ' എന്നൊരു വിളി കേട്ടു..

മുഖമുയർത്തി നോക്കുമ്പോൾ മുനിയാരാണ്.

ശരീരമാകെ വിയർത്തിരിക്കുന്നു.. അമ്മ അങ്ങോട്ട് വന്നു..

'ആ വെട്ടമൊന്നു കാട്ട്... കാലിലെന്തോ കടിച്ചു..'

അമ്മ വിളക്കെടുത്ത് അയാൾ നീക്കിവെച്ച പാദത്തിലേക്ക് നോക്കി... കണങ്കാലിൽ രണ്ടു മുറിപ്പാടുകൾ... ചോര ചാലിടാൻ തുടങ്ങിയിരിക്കുന്നു... മുനിയാർ തളർന്നുതുടങ്ങുന്നു..

അയലിടങ്ങളിൽ ഓടിച്ചെന്നു പറയാൻ അമ്മ എന്നെ വിട്ടു. നിമിഷങ്ങൾക്കുള്ളിൽ ആണുങ്ങൾ കൂടി. അവർ അയാളെ കൈത്താങ്ങിട്ട് എടുത്തു...

റോഡിലേക്ക് കയറ്റവും വരമ്പും ഇടവഴിയുമായി പതിനഞ്ചു മിനിറ്റ് താണ്ടണം. അരച്ചരച്ച് മുകളിലേക്ക് കയറുന്ന വേദനയിൽ അയാൾ വലഞ്ഞു. ഇറക്കമിറങ്ങുമ്പോൾ കൈത്താങ്ങഴിഞ്ഞ് അയാൾ മൂടുകുത്തി താഴെവീണു..

മുനിയാരുടെ മകൻ അങ്കലാപ്പോടെ ഓടി നടന്നു...

ആളെ റോഡിലെത്തിച്ചു കടത്തിണ്ണയിൽ ചാരി ഇരുത്തി..

മുതുവിള നിന്ന് കാർ വന്നു. അയാളെ അതിനുള്ളിലാക്കി ഏതാനും പേർ പോയി.

മടങ്ങുമ്പോൾ ശേഷിച്ചവർ പറഞ്ഞു..

'ഇതൊക്കെയാണ് റോഡില്ലാഞ്ഞാൽ ബുദ്ധിമുട്ട്... ഒരാവശ്യം വരുമ്പോ ചുമന്ന് കയറ്റണം.. വിലപ്പെട്ട സമയമെത്ര പോയി...'

പിറ്റേന്ന് വൈകിട്ട് ഞാൻ സ്കൂൾ വിട്ടു വരുമ്പോൾ വഴിയിൽ എവിടേക്കോ പോകുന്നവരും പോയിട്ട് വരുന്നവരും അങ്ങിങ്ങായി ഉണ്ടായിരുന്നു.

എന്നോട് ചിരിച്ച ഒരു മുഖത്തോട് ഞാൻ ചോദിച്ചു..

'എവിടെ പോയി മാമാ....?'

'മുനിയാര് മരിച്ചെടാ... നീ അറിഞ്ഞില്ലേ...?.'

അവർ നടന്നുപോയി...

കാലുകളിലൊരു വിറയുമായി വീട്ടിലേക്ക് ഞാനും.....

൦൦

പതിനെട്ട്
ഓട്ടോഗ്രാഫ്

(ഒന്ന്)

ആദ്യസ്നേഹിതയെപ്പറ്റി കണ്ണീരോടെ മാത്രമേ ഓർക്കാൻ കഴിയുകയുള്ളൂ.. ഇഞ്ചുകളുടെ വ്യത്യാസത്തിൽ വലിയൊരു അപകടത്തിൽ നിന്നവൾ രക്ഷപെട്ടല്ലോ എന്ന സന്തോഷം കൊണ്ടാണ് കണ്ണുകൾ ഈറനാകുന്നത്..

'ചന്തമേറിയ പൂവിലും
ശബളാഭമാം ശലഭത്തിലും....'

എന്നു തുടങ്ങുന്ന മധുരഗാനമായിരുന്നു ഞങ്ങളുടെ സ്കൂളിൽ പ്രാർത്ഥന.

നാലാംക്ലാസിലെ നാലു പെൺകുട്ടികൾ ചേർന്നാണ് അത് പാടുന്നത്. അസ്സംബ്ലി ദിവസം അസ്സംബ്ലിയിലും മറ്റുള്ള ദിവസം അവരുടെ ക്ലാസിലും നിന്ന്.

എവിടെനിന്നു പാടിയാലും സ്കൂളാകെ മുഴങ്ങിയിട്ട് ബാക്കി ജംഗ്ഷനിലേക്കും പോകും..

ഒരു ചെറിയ കെട്ടിടം.. ഒറ്റ ഹാളിനുള്ളിൽ നാലു ക്ലാസുകൾ. ഒരു ഭിത്തിക്കപ്പുറം ഓഫീസ് മുറി. അതായിരുന്നു ഞങ്ങളുടെ പള്ളിക്കൂടം.

തിങ്കൾ അസംബ്ലി സ്കൂളിന്റെ പിൻമുറ്റത്താണ്.

പിന്നിലെ സ്റ്റെപ്പിൽ നിന്നാണ് അസംബ്ലിയിൽ പെൺകുട്ടികൾ പ്രാർത്ഥന പാടുന്നത്.

ഞങ്ങളുടെ സ്കൂളിൽ ആകെയുള്ള മൂന്ന് അദ്ധ്യാപകരിൽ ഹെഡ് മാസ്റ്റർ പ്രാർഥനക്കാർക്കു പിന്നിലും ബാക്കി രണ്ടുപേർ തൊട്ടപ്പുറത്തെ വാതിലിന്റെ സ്റ്റെപ്പിലും നിൽക്കും. അവർ രണ്ടു വനിതകൾ ആയിരുന്നു. ഇണ പിരിയാത്ത കൂട്ടുകാർ. ഇടവേളകളിൽ അവർ വലിയ ഭൂഗോളവും കമിഴ്ത്തി വച്ച V യുടെ ആകൃതി

യിലുള്ള സ്റ്റാന്റ് നിറയെ ചുരുട്ടിവച്ച ഭൂപടങ്ങളും ഉള്ള ഓഫീസിലിരിക്കാതെ പിള്ളേർ ഒഴിഞ്ഞുപോയ ഒരു ബെഞ്ചിൽ ജനലിനു സമീപത്തായി ചെന്ന് മുഖാമുഖമിരുന്നു വർത്തമാനം പറയും.... എത്രയോ വർഷങ്ങൾ അവരതു തുടർന്നു...

അസംബ്ലിയിൽ പ്രാർത്ഥന പാടുന്നവർക്കെതിരായി ഞങ്ങൾ ഓരോ ക്ളാസുകാരും ഓരോവരിയായി കൈകൂപ്പി വിലങ്ങനെ നിൽക്കും. അനങ്ങാൻ പാടില്ല. ഒരിഞ്ച് അനങ്ങിയാൽ ഹെഡ് മാസ്റ്റർ കാണും. ചിലപ്പോ അസംബ്ലി കഴിഞ്ഞ് അടിയും കിട്ടും.

അസംബ്ലിയിൽ അങ്ങനെ കൈകൂപ്പി അനങ്ങാതെ നിന്ന ഒരു പ്രഭാതത്തിലാണ് ആ ദാരുണസംഭവം ഉണ്ടായത്. ബട്ടൺ പോയ നിക്കർ വലിച്ചു മുറുക്കി ഒരുവിധം ഉടുത്തു വച്ചിരിക്കുകയായിരുന്നു. വയറുമായി അതങ്ങനെ സമരസപ്പെട്ടു നിന്നു. ഒരിക്കലും ചതിക്കും എന്ന് കരുതിയില്ല. പക്ഷേ, ഒരു നെടുവീർപ്പിൽ ആ ദുർബലമായ ബന്ധനമുപേക്ഷിച്ച് നിക്കർ താഴെക്കൂർന്നു...!

അനങ്ങാൻ നിവൃത്തിയില്ല...

പാട്ടുകാരികൾ നാലും എന്നെത്തന്നെയാണ് നോക്കുന്നത്.. ഒരുത്തി ചിരിക്കാതിരിക്കാൻ വളരെ പാടുപെട്ടാണ് പാടുന്നത്...

'ഹന്ത! ചാരു കാടാക്ഷമാലകൾ' എത്തിയിട്ടേ ഉള്ളൂ..

അർത്ഥവത്തായ വരി...!

അത് മുഴുമിക്കാൻ സാധിക്കാതെ ആ പേൻകാളി 'കക്കക്കക്കാ' എന്ന് പൊട്ടിച്ചിരിച്ചു.. പിന്നാലെ പള്ളിക്കൂടം മൊത്തം ചിരിച്ചു...

ഭൂമിപിളർന്നു താഴേക്ക് പോകാനായി സീത ചൊല്ലിയ മന്ത്രം എവിടെന്നെങ്കിലും എഴുതിയെടുത്ത് പഠിച്ചുവയ്ക്കാത്തത് മണ്ടത്തരമായിപ്പോയി എന്നെനിക്കു തോന്നി.

എന്നെ മാനം കെടുത്തിയ നിക്കറിനോട് തോന്നാത്ത ദേഷ്യമാണ് എനിക്ക് അവളോട് തോന്നിയത്. 'വലുതാവുമ്പോൾ ഒരു തോക്ക് വാങ്ങി വെടിവച്ചു താഴെയിട്ട് അവളെ ഇടിച്ചു പിരുക്കണം.' ഞാൻ അവിടെ വച്ചു തീരുമാനിച്ചു.

അടുത്തിടെ ഒരു കല്യാണവീട്ടിലെ ഈവനിംഗ് റിസപ്ഷനിൽ ഫ്രൈഡ് റൈസും വേവാത്ത ചിക്കനും തട്ടിക്കൊണ്ടിരിക്കുമ്പോൾ മുതുകിൽ ഒരടി കിട്ടി.. 'അറിയുമോടാ നീ?' എന്ന് പിന്നാലേ ഒരു ചോദ്യവും.

തിരിഞ്ഞു നോക്കുമ്പോൾ പോയിന്റ് ബ്ലാങ്കിൽ അവളാണ്. തോക്കുണ്ടെങ്കിൽ അപ്പൊ വയ്ക്കാം വെടി.

കുറെനേരമിരുന്ന് പലതും സംസാരിച്ചു.

അന്നേരം അവളുടെ കെട്ടിയവൻ കെട്ടിയെടുക്കാനായി അങ്ങോട്ട് വന്നു..

'ചേട്ടാ...ഞാൻ പറയാറില്ലേ... ഇതാണ് നമ്മുടെ അസംബ്ലി...'

അവൾ ബൾബ് കണ്ടുപിടിച്ച എഡിസന്റെ ഉത്സാഹത്തോടെ പറഞ്ഞു. അയാൾ ചിരിച്ചു..

'നൂറ് രൂവ കൊടുത്തൊരു ബെൽറ്റ് വാങ്ങി കെട്ടണം.. ഇനി അബദ്ധം പറ്റരുത്...' അങ്ങേരും ഒരു വെട്ട് വെട്ടി.

അടുത്തെങ്ങാനും ആരെങ്കിലും തോക്ക് കൊണ്ടുവന്നു ചാരി വച്ചിട്ടുണ്ടോ എന്ന് ഞാൻ ചുറ്റും നോക്കി..!

ഇപ്പോ കൊല്ലണം..

ഇവരെയിനി അധികം വളരാൻ അനുവദിച്ചുകൂടാ...

'നാളെ കല്യാണസ്ഥലത്തു കാണാം' എന്നു പറഞ്ഞ് അവർ പോയി. ഞാനാ പോക്കു നോക്കിയിരുന്നു....

(രണ്ട്)

നാലിൽ വച്ച് ഒരസുഖം വന്ന് കുറെ കാലം മെഡിക്കൽ കോളേജിൽ കിടന്നു മടങ്ങി വന്നു വീണ്ടും സ്കൂളിൽ പോയി തുടങ്ങിയ കാലം. സ്വന്തമായി കുറെ ദൈവങ്ങളും പൂജയും ചെറിയ ആവാഹന -ഉച്ചാടനങ്ങളും ഒക്കെ ഉണ്ടായിരുന്ന ഒരു മന്ത്രവാദി അപ്പൂപ്പൻ അക്കാലം നാടു ചുറ്റിയിങ്ങനെ നടക്കുമായിരുന്നു. പോകും വഴിയുള്ള വീടുകൾക്കരികെ നിൽക്കും. വിശേഷങ്ങൾ ചോദിക്കും. എന്റെ കഷ്ടകാലത്തിന് അദ്ദേഹം ഒരിക്കൽ നമ്മുടെ ഇടവഴിയേയും പോയി. അമ്മയെ കണ്ടു..

നിന്നു..!

അമ്മ ആശുപത്രിവിശേഷങ്ങൾ നിരത്തി.

'പെണ്ണേ.. ഇവനെ ഏകാദശി ദിവസം വീട്ടിലോട്ടു പറഞ്ഞു വിട്.. വന്നു സഹസ്രനാമം ചെല്ലട്ടെ.. ബാലാരിഷ്ടതകൾ മാറി കിട്ടും.'

അപ്പൂപ്പൻ പറഞ്ഞു.

ഒന്നൊന്നര കിലോമീറ്റർ അപ്പുറം ചെറുവാളം എന്ന സ്ഥലത്ത് കുറെ ഉള്ളിലാണ് അപ്പൂപ്പന്റെ വീട് കം ആശ്രമം. രാത്രി തിരികെ വരാൻ പ്രയാസമാകയാൽ 'അവനവിടെ കിടന്നിട്ട് രാവിലെ എഴുന്നേറ്റ് പോന്നോട്ടെ' എന്ന ഓഫർ അപ്പൂപ്പൻ വച്ചപ്പോൾ അമ്മ മുൻ പിൻ നോക്കാതെ എന്നെ ഏകാദശിക്കു നേർന്നു. ആദ്യം എനിക്ക്

സന്തോഷം തോന്നി. കുട്ടിക്കാലത്തു വീട് മാറി കിടക്കുന്നത് ഭയങ്കര ഇഷ്ടമുള്ള കാര്യമായിരുന്നു. വേറെ ഒരു വീട്ടിലെ ഭക്ഷണത്തോടുള്ള കൗതുകം, അവിടാതെ പിള്ളാര്.. വലിയ പ്രതീക്ഷയോടെ ഞാൻ ആ മാസത്തെ ഏകാദശിക്കു ചെന്നു...

അപ്പൂപ്പൻ ഏഴുമണിക്കാണ് പൂജ ആരംഭിക്കുക. വിളക്ക് നേരത്തേ ഒരുക്കി വീട്ടിലുള്ളവർ കത്തിച്ചിരിക്കും. പൂജ തുടങ്ങാൻ നേരം എന്നെ വിളിച്ചു. ചെന്നു നോക്കുമ്പോൾ ഒരു ലോഡ് പൂവ് ഒരു വാഴയിലയിൽ കൂനകൂട്ടി ഇട്ടിരിക്കുകയാണ്. മൊത്തം ആ വീട്ടിലെ 'ബാലരിഷ്ടതകൾ ഇല്ലാത്ത' പാവം പിള്ളേരെ കൊണ്ട് നുള്ളിക്കുന്നതാണ്. ഒരു നൂറു വീടെങ്കിലും പോയാലേ അത്രയും പൂവ് കിട്ടൂ..

അതിലുംഭേദം വല്ല ബാലരിഷ്ടതയും വന്നു പുതച്ചുമൂടി കിടക്കുന്നതാണെന്ന് ഞാൻ ഓർത്തു..

പൂവിനപ്പുറം മണ്ണ് പടുത്ത് ഉയർത്തി ചാണകം തളിച്ച ഒരു തട്ടിൽ കുറെ ദൈവങ്ങളും ചാരിവച്ച നിലയിൽ ഒരു വലിയ ചൂരലും ഉണ്ട്. അപ്പൂപ്പന്റെ അച്ഛൻ ഇടിച്ചു നടക്കാൻ ഉപയോഗിച്ചിരുന്ന വടിയാണ് അത്. അതു ചൂണ്ടി അക്കാലത്തെ ആനകളെ വെറുതെ സഡൻ ബ്രേക്ക് ഇടീക്കുകയും, റിവേഴ്സ് എടുപ്പിക്കുകയും ചെയ്യലായിരുന്നു അദ്ദേഹത്തിന്റെ പ്രധാന ഹോബി എന്ന് അപ്പൂപ്പൻ എന്നോട് പറഞ്ഞു.

'ഉവ്വ' ഞാൻ മനസ്സിൽ പറഞ്ഞു..

ഒമ്പതരമണി വരെ അപ്പൂപ്പൻ പൂജ ചെയ്യും. അത്ര നേരം ഞാൻ ആ പൂവ് നുള്ളി തട്ടിൻമുകളിലെ കൃഷ്ണചിത്രത്തിനു മുന്നിലേക്കിട്ട് ഒരു പുസ്തകം നോക്കി അതിലുള്ള നാമംജപിച്ചുകൊണ്ടിരിക്കണം. അതാണ് പൂജാ വിധി. കുറെ ഇരുന്നപ്പോൾ ചട്ടം കഴച്ചു. അന്നേരം ഞാൻ പാളി നോക്കി. അപ്പൂപ്പൻ കണ്ണടച്ചു പ്രാർഥിക്കുകയാണ്. ഞാൻ പൂവ് കുന്നോടെ വാരി പടത്തിന് മുൻപിൽ ഇട്ടു. പൂവ് തീരുമ്പോൾ വിട്ടെങ്കിലോ..!

അപ്പൂപ്പൻ കണ്ണുതുറന്നപ്പോൾ ഞാൻ യജ്ഞം മുഴുമിപ്പിച്ചിരിക്കുന്നു. അദ്ദേഹം എന്നെ ഒന്നു നോക്കി.

'പൊയ്ക്കോ' എന്ന് പറയും എന്ന് ഞാൻ വിചാരിച്ചു..

'അതിൽ ആയിരം നാമമുണ്ട്. അത്രേം ചൊല്ലിയാലേ ഫലമുള്ളൂ.. പൂവ് ഇല്ലേലും വേണ്ടില്ല.. ചൊല്ലിക്കോ..'

അപ്പൂപ്പൻ പറഞ്ഞു.

എന്റെ പൊന്നപ്പൂപ്പാ... 'സഹസ്രം' എന്നാൽ 'ആയിരം' എന്നാ

ണെന്നറിയുമായിരുന്നെങ്കിൽ ഞാനീ ട്രെയിനിന് തലവയ്ക്കില്ലാരുന്നു.. ഞാൻ മനസ്സിൽ പറഞ്ഞു..

ആദ്യത്തെ രണ്ടുമൂന്ന് മാസം ഏകാദശി ഇങ്ങനെ പോയി. ഇത് പരമദുരിതമായല്ലോ എന്ന നിരാശയിൽ നാലാം ഏകാദശിക്കു ചെന്ന് ഞാൻ ചട്ടം കഴച്ചിരിക്കുമ്പോൾ പൂജാമുറിയുടെ വാതിൽക്കൽ ഒരു കൊലുസ് കുലുങ്ങി...

'കേറി വാ' അപ്പൂപ്പൻ വിളിച്ചു.

ഒരു സുന്ദരിപ്പെൺകുട്ടി തലനീട്ടി..

ഏകദേശം എന്റെ പ്രായം വരും.

അവളെ എനിക്കറിയില്ല ..

അപ്പൂപ്പൻ പരിചയപ്പെടുത്തിയുമില്ല.

ചിലകാര്യങ്ങളിൽ ഈ പഴമക്കാർ വെറും മൂരാച്ചികളാണ്.

കുട്ടിത്തോർത്തും ഉടുത്ത് ഉടുപ്പും ഇടാതെ ഇരിക്കുന്ന എനിക്ക് ആകെപ്പാടെ സങ്കോചം തോന്നി...

അവളാണെങ്കിൽ കുളിച്ചു പട്ടു പാവാടയും ബ്ലൗസുമിട്ടു കുറിയും തൊട്ടിരിക്കുന്നു.

അവൾ അകത്തു വന്നു.

'ഇരി'

അപ്പൂപ്പൻ പറഞ്ഞു..

'ഇരുന്ന് അവൻ ചെയ്യുമ്പോലെ ചെയ്യ്..'

'ഓ അതു ശരി.. അപ്പൊ വലയിൽ വീണ ബാലാരിഷ്ടതക്കാരിയാണ്.. അനുഭവിച്ചോ'

ഞാൻ മനസ്സിൽ പറഞ്ഞു.

ഞാനിരിക്കുന്നത് കണ്ട് അവൾ ഒന്നറച്ചു.. രണ്ടു പേർക്ക് വിശാലമായി ഇരിക്കാനൊന്നും അവിടെ സ്ഥലമില്ല.

'അങ്ങോട്ട് നീങ്ങിയിരിയാടാ.. അവൾ കൂടി ഇരിക്കട്ടെ...'

അപ്പൂപ്പൻ ദേഷിച്ചു.

'പെണ്ണുങ്ങളുടെ മുന്നിൽ വച്ച് ചെറുപ്പക്കാരോട് ഇങ്ങനെയാണോ സംസാരിക്കുന്നതെ'ന്ന ഭാവത്തിൽ ഞാൻ അപ്പൂപ്പനെ നോക്കി. കണ്ണടച്ച് മണിയടി തുടങ്ങിയ അദ്ദേഹം അത് കണ്ടില്ല.

ഞാൻ നീങ്ങിയിരുന്നു.. എന്റെ അരികിൽ കൃത്യം 3.37 സെന്റീമീറ്റർ അകലം ഇട്ട് അവളും ഇരുന്നു..

'പൂ എടുത്ത് നാമം ചൊല്ലി പടത്തിൽ അർപ്പിക്കണം...'

അപ്പൂപ്പൻ പറഞ്ഞു..

അവൾ പൂ അർപ്പിച്ചു.. എനിക്ക് ഉള്ളിൽ ശിങ്കാരിമേളം പോലെ

യുള്ള എന്തൊക്കെയോ നടക്കുന്നതായി തോന്നി. ആദ്യമായാണ് ഒരു അന്യസ്ത്രീയുടെ ഇത്രയും അടുത്തിരിക്കുന്നത് !

പിറ്റേന്ന് ഞാൻ അമ്മയോട് പറഞ്ഞു..

'ഞാനിനി പോണില്ല..'

'എന്ത് പറ്റി?'

'അവിടൊരു പെണ്ണും കൂടി വരുന്നൊണ്ട്'

'അതിനു നിനക്കെന്ത്.. അവൾ നിന്നെ വിഴുങ്ങോ..?'

'എന്നാ എനിക്ക് ഉടുപ്പ് ഇട്ടോണ്ടിരിക്കണം...'

'പോടാ.. ഉടുപ്പിടാതെ ഇരുന്നെന്നു വച്ച് കണപിടിച്ച നിന്റെ നെഞ്ചുകണ്ട് ഒരുത്തിയും ഒപ്പം വരില്ല.'

എനിക്ക് ദേഷ്യം വന്നു.

ഒരുകാലത്ത് ആരെങ്കിലുമൊക്കെ വന്നു ചാഞ്ഞേയ്ക്കും എന്ന് ഞാൻ വിചാരിക്കുന്ന വിരിമാറിനെയാണ് അമ്മ അധിക്ഷേപിച്ചിരിക്കുന്നത്...!

അങ്ങനെ പറഞ്ഞെങ്കിലും അമ്മ അതാരാണെന്നു അന്വേഷിച്ചു കണ്ടുപിടിച്ചു.

ഒരുപ്പൂരുകാരൻ ഭാസിയുടെ മകളാണ്. പേര് ജാനകി. ചെവി വേദന വന്നിട്ട് തീരുന്നില്ല.. 'കല്ലറ'യും 'മുതുവിള'യും മാറിമാറി ചികിൽസിച്ചിട്ടും ഫലമില്ല...! അപ്പോഴാണ് സഹസ്രനാമം എന്ന ഒറ്റമൂലി കാണിച്ച് അപ്പൂപ്പൻ പിടികൂടിയത്.

രണ്ടുനാലു മാസങ്ങൾ കൂടികഴിഞ്ഞു പുതിയ സ്കൂളിൽ അഞ്ചാം ക്ലാസ്സിൽ ചെന്നപ്പോൾ അവൾ അവിടെ എന്റെ ഡിവിഷനിലുണ്ട്.. രണ്ടു ദിവസം കഴിഞ്ഞപ്പോ ഞാൻ അമ്മയോട് ചോദിച്ചു..

'അമ്മേ..ഈ ഏകാദശി മാസത്തിൽ ഒന്നേ ഉള്ളോ...?'

അമ്മ എന്നെ ഇരുത്തി ഒന്നു നോക്കി..

നാലഞ്ചു മാസം കൂടി അവൾ പൂ നുള്ളിയിടാൻ വന്നു...അതിനിടയിൽ എനിക്ക് അവളോട് കടുത്ത പ്രിയമായി. അസ്ഥിയിൽ എന്ന് പറഞ്ഞാൽ പോര, നട്ടെല്ലിൽ പിടിച്ച പ്രേമം!

കണക്കുബുക്കിൽ നിന്ന് പേപ്പർ വലിച്ചു കീറി ഒരു സ്നേഹലേഖനം എഴുതി വേറൊരു പേപ്പർ മടക്കി ലക്കോട്ട് ഉണ്ടാക്കി അതിനുള്ളിൽ ഇട്ട് മുകളിൽ ആകെ വരയ്ക്കാൻ അറിയാവുന്ന അഞ്ചിതൾ പൂവിന്റെ പടവും വരച്ചു ചേർത്ത് ഞാൻ മൂന്നോ നാലോ ഏകാദശിക്കു കൊണ്ടുപോയി..

അപ്പൂപ്പൻ കണ്ണടച്ചു മണിയടിക്കുമ്പോ കൊടുക്കാം....

പക്ഷേ, കൊടുക്കാൻ ധൈര്യം വന്നില്ല..

അവൾ നിലവിളിച്ചുകൊണ്ടു പോയി എവിടെയെങ്കിലും കൊടുത്താൽ പണി പാളും.

അടിയുടെ പൂരമാണ്.

മുൻപ് കത്ത് കൊടുത്ത പലരുടെയും അനുഭവങ്ങൾ കണ്മുന്നിലുണ്ട്...

അവരൊക്കെ തലയിൽ മുണ്ടുമിട്ടാണ് ഇപ്പൊ സ്കൂളിൽ വരുന്നത്.

പുറത്തറിഞ്ഞാൽ അത്രയ്ക്ക് നാണം കെട്ട ഏർപ്പാടാണ്...

ഏതാനും മാസങ്ങൾ കൂടിവന്നിട്ട് അവൾ ഏകാദശി മതിയാക്കി.. ചെവിക്ക് ഓപ്പറേഷൻ ചെയ്തപ്പോൾ വേദന മാറി എന്നറിഞ്ഞു. പിന്നെയവൾ വന്നില്ല. രണ്ടുമൂന്ന് മാസങ്ങൾ കൂടി പോയിട്ട് ഞാനും സഹസ്രനാമം മതിയാക്കി. പോകാനൊരു ഉത്സാഹമില്ല.

'പൂ എനിക്ക് അലർജി ആണെന്ന് തോന്നുന്നു..!'

ഞാൻ വീട്ടിൽ പറഞ്ഞു..

അത് ഏറ്റില്ല...

'പഠിക്കാനൊക്കെ ഇപ്പൊ ഒരുപാടുണ്ട്'

അതേറ്റു...

സഹസ്രനാമം അങ്ങനെ സ്റ്റോപ്പ് ആയി...

വർഷങ്ങൾക്ക് ശേഷം, എനിക്ക് പത്തു മുപ്പത് വയസ്സ് കഴിഞ്ഞ ശേഷം ഒരിക്കൽ ചെറുവാളത്തെ ഒരു കൂട്ടുകാരന്റെ വീട്ടിലെ കല്യാണ വെള്ളമടിയിൽ പങ്കെടുക്കുമ്പോൾ ജാനകിയുടെ ചേച്ചിയുടെ ഭർത്താവിനെ പരിചയപ്പെട്ടു. എന്റെ പേര് പറഞ്ഞപ്പോൾ അയാൾക്ക് എവിടെയോ കേട്ട പരിചയം..

'ഞാൻ നടകങ്ങളൊക്കെ എഴുതിയിരുന്നു.. ചിലപ്പോ റേഡിയോയിൽ കേട്ടിരിക്കും..'

ഞാൻ കുറച്ചു ഗമ അങ്ങോട്ടിട്ടു...

'കോപ്പാണ്..'

അച്ചാറും വേവ് നോക്കാൻ കൊണ്ടുവന്ന ഇറച്ചിക്കറിയും അയാൾക്ക് നീട്ടിക്കൊണ്ട് ജാനകിയുടെ ചേച്ചി പറഞ്ഞു..

'ചേട്ടാ. ഇവനാണ് മറ്റവൻ.. അവൾ ഇവന് എഴുതി ബുക്കിൽ വച്ചോണ്ട് നടന്ന ലെറ്ററാണ് പണ്ട് അച്ഛൻ പിടിച്ചതും അവളെ തൂക്കിയെടുത്തിട്ട് അടിച്ചതും...ഞാൻ പറഞ്ഞിട്ടില്ലേ....?'

സദസ്സിൽ കൂട്ടച്ചിരി മുഴങ്ങി...

മെല്ലെ കയറിവരികയായിരുന്ന ബ്രാണ്ടിയുടെ കെട്ട് വന്നതുപോ

ലെ ഇറങ്ങിപ്പോയി
'പണ്ടെന്നു പറയുമ്പോ.....?'
ഞാൻ ആകാംക്ഷപ്പെട്ടു...
'അഞ്ചിലോ ആറിലോ വച്ച്...'
ബ്രാണ്ടി സംഘം വീണ്ടും ചിരിക്കുന്നു..
ഞാനും ആ ചിരിയിൽ ചേരുന്നു....
പശ്ചാത്തലത്തിൽ പക്ഷേ, ശോകവീണ മുഴങ്ങി.

൦൦

പത്തൊമ്പത്
സൂചി

പട്ടണത്തിൽ പഠിച്ചു വളരുകയും വളർന്നു പഠിക്കുകയും ചെയ്തിരുന്ന യുവാക്കൾ പണ്ട് ഞങ്ങളുടെ ഗ്രാമത്തിൽ നിന്ന് പെണ്ണാലോചനകൾ നടത്തിയിരുന്നു. ശാലീനസൗന്ദര്യം തേടിയെത്തുന്നതാണ് എന്നു ഞങ്ങൾ കരുതിയിരുന്നു. പലപ്പോഴും യാഥാർത്ഥ്യം അതായിരുന്നില്ല. തുച്ഛ ശമ്പളത്തിൽ, നഗരത്തിലെ പന്ത്രണ്ടോ പതിനാലോ സെന്റ് ചതുരത്തിൽ ജീവിതപ്പാതി താണ്ടിയവർക്ക് ചെഞ്ചുണ്ടൻ തത്തകൾ സംഘമായി വന്നു കതിരുമുറിച്ചു കടന്നുകളയുന്ന പറക്കണക്കായ പെണ്ണോഹരിക്കണ്ടങ്ങൾ അദ്ഭുതമായിരുന്നു. ചിലർ, ഗ്രാമീണപ്പെൺനന്മ, മൊസൈക്ക് തറയിൽ നടന്നു വാതം വന്നുവീണ അമ്മയ്ക്ക് പരാതി പറയാത്ത താങ്ങാകുമെന്ന് പ്രതീക്ഷിച്ചു.

പുലരിമഞ്ഞുപോലെ നിർമ്മലരായി, പ്രേമമോ പുരുഷ വിചാരമോ കൂടാതെ വളർന്നവരാകും ഗ്രാമകന്യമാരെന്ന് വേറേ ചിലർ വിശ്വസിച്ചു.

എന്റെ ഗ്രാമത്തിലെ പെൺകുട്ടികൾ, എല്ലാ നാട്ടിലെയും പെൺകുട്ടികളെപ്പോലെ പെൺകുട്ടികൾ തന്നെയായിരുന്നു. വായനശാലാ വാർഷികത്തിനുവന്ന് തുള്ളിയുറഞ്ഞു 'കുറത്തി' പാടിപ്പോയ കടമ്മനിട്ടയെ അവർ ഹൃദയത്തിൽ എടുത്തുവച്ചു. തോട്ടുവക്കത്തെ അമ്മാവനാഞ്ഞിലിമരം മൊട്ടയടിച്ചു ചോടുവെട്ടി കയർകെട്ടി വലിക്കുന്ന ബലിഷ്ഠയൗവനങ്ങളെ പുഴനീരാട്ടു കഴിഞ്ഞു വരും വഴി ഇടം കണ്ണാലുഴിഞ്ഞു....

മഞ്ഞിൽവിരിഞ്ഞ പൂക്കളിലെ നായകനെ കതകിനുപിന്നിൽ ഒട്ടിച്ചു വച്ച്, രാത്രി വാതിലടച്ച് ഉമ്മകൊടുത്തു കിടന്നു...

അക്കാലം പതിവിനു വിരുദ്ധമായി നഗരത്തിൽ നിന്ന് ഒരു പെണ്ണ് ഞങ്ങളുടെ ഗ്രാമത്തിൽ വധുവായി വന്നു. പ്രഭേട്ടൻ എന്ന്

ഞങ്ങൾ വിളിക്കുന്ന പ്രഫുല്ലചന്ദ്രനായിരുന്നു വരൻ. സ്വത്തും പ്രതാപവും വച്ച് നോക്കുമ്പോൾ തീരെ ആവശ്യമില്ലായിരുന്നുവെങ്കിലും, അദ്ദേഹം ഗ്രാമത്തിലെ എയ്ഡഡ് സ്കൂളിൽ ആയിടയ്ക്ക് അധ്യാപകനായി ചേർന്നിരുന്നു.

പ്രഭേട്ടന്റെ കുടുംബവക വയലുകളിൽ കൊയ്ത്തും മെതിയും ചെയ്തു പോന്നിരുന്നവരാകയാൽ, നഗരത്തിലെ, ഇന്നെനിക്ക് തിരിച്ചറിയാൻ വയ്യാത്ത ഏതോ ഓഡിറ്റോറിയത്തിൽ വച്ചു നടന്ന ആ കല്യാണത്തിന് ഞങ്ങളും പങ്കെടുത്തിരുന്നു.

പാട്ടജീപ്പുകളും വെള്ളയും കറുപ്പും അംബാസഡർ കാറുകളും, ഒരു CRPF ബസും നിരനിരയായങ്ങനെ അരുവിപ്പുറം പാലം കടന്നു നെടുമങ്ങാട് വഴി തലസ്ഥാനത്തേക്കു നീങ്ങിയ ചിത്രം ഇപ്പോഴും എന്റെ മനസ്സിലുണ്ട്.

കല്ലറയ്ക്കപ്പുറം യാത്ര ചെയ്തിട്ടില്ലായിരുന്ന പല ഗ്രാമീണരും നെടുമങ്ങാട് കഴിയും മുന്നേ ഛർദ്ദിക്കാൻ തുടങ്ങി. വഴിയരികിലെ പൈപ്പിലും കിള്ളിയാറിലും ഉടുതുണി നനച്ച് വയറുപുറന്തള്ളിയ പ്രാതൽ അവശിഷ്ടങ്ങൾ കഴുകിക്കളഞ്ഞ്, അവർ നഗരത്തിലെത്തുമ്പോഴേയ്ക്ക് മാലവയ്പ്പു കഴിഞ്ഞിരുന്നു. കെങ്കേമമായ സദ്യ കയറിയുണ്ടെങ്കിലും മടക്കയാത്രയിൽ അതും വാളുവച്ചുപോയി..

പേരിനു മാത്രം ആഭരണങ്ങളിട്ട് ഇടുപ്പറ്റം നീണ്ടമുടി നിറയെ മുല്ലപ്പൂക്കൾ ചൂടി, മെലിഞ്ഞുവളഞ്ഞ ശരീരക്കാരനായ പ്രഭേട്ടന് മാലയിടാൻ ആ പെൺകുട്ടി തലകുനിച്ചുകൊടുത്തു.

വിവാഹച്ചമയത്തിൽ നിന്നതുകൊണ്ടോ എന്തോ, അത്രയും സുന്ദരിയായ ഒരു പെൺകുട്ടി ഞങ്ങളുടെ ഗ്രാമത്തിലില്ല എന്നെനിക്കുതോന്നി...

കല്യാണവും മറുവീടും കഴിഞ്ഞ് ദിവസങ്ങൾ കഴിഞ്ഞിട്ടും ആ നഗരസുന്ദരി ഒരു നിശബ്ദകൗതുകമായി ഗ്രാമത്തിൽ നിറഞ്ഞുനിന്നു...

മുളയും ഓലയും വച്ച് ഞെരുക്കി ചേർത്തുകെട്ടിയ വേലിക്കു മുകളിലൂടെ വഴിപോക്കർ പ്രഭേട്ടന്റെ വളപ്പിലേക്ക് എത്തി നോക്കി. അവിടത്തെ കൊയ്ത്തോ മെതിയോ കഴിഞ്ഞു ഇടവഴിയിലൂടെ വരുന്നവരോട് പെണ്ണുങ്ങൾ 'പുതുപ്പെണ്ണ് ജോലി ഒക്കെ ചെയ്യുവോ' എന്നും 'നിങ്ങളോടൊക്കെ മിണ്ടുവോ' എന്നും ചോദിച്ചു.

അമ്മയ്ക്കോ അച്ഛനോ അവിടെ ജോലിയുണ്ടെങ്കിൽ പള്ളിക്കൂടം വിട്ട് ഞാനും അനിയനും പ്രഭേട്ടന്റെ വീടുവഴി വരും.

ചായസമയമാണെങ്കിൽ പ്രഭേട്ടന്റെ അമ്മ ഞങ്ങൾക്ക് ചായത

രും. ഒരു വലിയ കപ്പിൽ ചായയും കോണ്ട് അവർ വീടുചുറ്റിക്കിട ക്കുന്ന തിണ്ണയിൽ വന്നിരുന്നു ചില്ലുഗ്ലാസിൽ ഒഴിച്ചൊഴിച്ചു കുടിക്കും.

ഞങ്ങൾ കുടിച്ചു തീർന്നു ഗ്ലാസ് കമിഴ്ത്തുമ്പോൾ 'ഇങ്ങു വാടാ മോനെ.. ഈ കപ്പീന്ന് ഇച്ചിരീം കൂട ഒഴിച്ചോ' എന്നു ക്ഷണിക്കും.. അതില്പരം ഒരു പ്രലോഭനം അന്ന് വേറെയില്ലാതിരുന്ന ഞങ്ങൾ ഓടിച്ചെന്നു കപ്പെടുക്കും. ചിലദിവസം അതിനുള്ളിൽ മട്ടല്ലാതെ ഒന്നുമില്ലെന്ന് കണ്ട് ഇളിഭ്യരാകും... അവർ പൊട്ടിച്ചിരിക്കുന്നതിനൊപ്പം അമ്മയും നിസ്സഹായമായി പൊട്ടിച്ചിരിക്കും.

'എത്ര തിന്നാലും മതിവരാത്ത രണ്ടു സാധനങ്ങൾ' എന്ന് അമ്മ ശകാരിക്കുമ്പോൾ ആ കണ്ണുകളിൽ നനവുപടർന്നിരിക്കുന്നത് ഞങ്ങൾ കാണും..

അനുചേച്ചി വന്നശേഷം ഒരിക്കലാണ് ഈ നാടകം അവസാനമായി അരങ്ങേറിയത്. പ്രഭേട്ടന്റെ അമ്മയുടെ പൊട്ടിച്ചിരി അവരുടെ കണ്മുന്നിൽ വീണുപൊട്ടിയ ചില്ലുഗ്ലാസിന്റെ ഒച്ചയിൽ പൊടുന്നനെ അവസാനിച്ചു. ചായഗ്ലാസ് തിണ്ണയിലെറിഞ്ഞുപൊട്ടിച്ച് ഇംഗ്ലീഷിൽ എന്തോ പറഞ്ഞു അനുച്ചേച്ചി കൊടുങ്കാറ്റുപോലെ അകത്തേയ്ക്കു പോയി. അവർ പറഞ്ഞതിൽ ഒരു വാക്ക് എന്റെ ചെവിയിൽ തറഞ്ഞുകയറി.. cruel. പിറ്റേ കൊല്ലം അഞ്ചാം ക്ളാസിൽ വച്ചാണ് ഞാൻ ആ വാക്കിന്റെ അർത്ഥവും വിപരീതവും പഠിച്ചത്..

മിടുക്കിയായി പത്തുവരെ പഠിക്കുകയും പിണ്ടിയെടുക്കാൻ വാഴയിൽ വേട്ടണ്ടേ വെട്ട് കാലിനു വെട്ടി കൊല്ലപ്പരീക്ഷ എഴുതാതെ പള്ളിക്കൂടം നിർത്തുകയും ചെയ്ത അമ്മയുമായി അവർ വേഗം കൂട്ടായി. അമ്മ 'യന്ത്ര'വും 'വസൂരി'യും വായിച്ചിട്ടുണ്ടെന്ന അറിവ് അവർക്ക് അദ്ഭുതമായിരുന്നു.

'വായനശാലയിൽ പോകണം' എന്ന അവരുടെ ആഗ്രഹം പ്രഭേട്ടന്റെ അമ്മ അനുവദിച്ചുകൊടുത്തില്ല. മഴനനയാതിരിക്കാനായിപ്പോലും വായനശാല കയറാത്ത പ്രഭേട്ടൻ പിറ്റേന്ന് അവർക്ക് രണ്ടു 'ബാറ്റൺ ബോസ്' എടുത്തുകൊണ്ടുവന്നു കൊടുത്തു.

അടുത്ത ദിവസം അത് എന്റെ കയ്യിൽ തന്നിട്ട് അവർ അവർക്കു വേണ്ട പുസ്തകങ്ങളുടെ പേര് വായനശാലയിലേക്ക് എഴുതിത്തന്നു.

പരീക്ഷകഴിഞ്ഞു മടങ്ങുന്നത് അതുവഴിയാണെങ്കിൽ അവർ ചോദ്യപേപ്പർ വാങ്ങി ഞങ്ങളോട് ചോദ്യങ്ങൾ ചോദിച്ചു. എഴുതി

യ ഉത്തരങ്ങൾ പറഞ്ഞു കേൾപ്പിക്കുമ്പോൾ മിടുക്കൻ എന്ന് പറഞ്ഞു മുടിതലോടുകയോ പോടാ മണ്ടാ എന്നുപറഞ്ഞു ചിരിക്കുകയോ ചെയ്തു.

ആ സ്കൂൾതുറപ്പിനു എനിക്ക് അവർ ഷർട്ടുകൾ തന്നു.

'കണക്കാകും... ഇല്ലേൽ ഇച്ചിരി ചെറുതാക്കിക്കോ...'

അവർ പറഞ്ഞു.

'നിനക്കിതെവിടെന്നാ..?'

അമ്മചോദിച്ചു..

'ഞാൻ കോളേജിൽ ഇട്ടിരുന്നതാ... ഇനി വേണ്ടാലോ...'

അവർ ചിരിച്ചു.

പിന്നിലും ഇടനെഞ്ചിലും ഭൂഗോളം കൊത്തിപ്പറക്കുന്ന പരുന്തിന്റെ പടമുള്ള ഷർട്ട് ഞാൻ എത്രയോകാലം ഇട്ടു..!

ഒരുരാത്രി ഉറങ്ങാതെ കിടക്കുമ്പോൾ അമ്മ അച്ഛനോട് പറഞ്ഞു..

'അനു രണ്ടു ദിവസമായി പുറത്തിറങ്ങാറില്ല... മുറിയടച്ച് ഒരേ ഇരുപ്പ്...'

'അതിനിപ്പോ എത്രാം മാസാ...?'

'ആറ്.. '

'അതിന്റെ വല്ലോം ആവും...'

'അല്ല....'

'പിന്നെ....'

'അവളെന്നോട് മാത്രേ പറഞ്ഞിട്ടുള്ളൂ.. നിങ്ങളിതാരോടും പറയരുത്...'

അച്ഛൻ ഇരുളിലേക്കു കൺതുറന്നു മിണ്ടാതെ കിടന്നു. ആരോടും പറയാൻ പാടില്ലാത്ത രഹസ്യമാണെങ്കിൽ തന്നോടും പറയേണ്ടതില്ല എന്നായിരുന്നു ആ മൗനത്തിന്റെ അർഥം.

'അവൾക്കൊരു ഇഷ്ടക്കാരനുണ്ടായിരുന്നു....'

'ഉം...'

'ആ പയ്യൻ ഈയിടെ എന്നോ മരിച്ചുപോയി...'

'എന്നോ മരിച്ചുപോയോ...?!'

'ഉം.. പ്രഭൻ സൂചി വാങ്ങി പൊതിഞ്ഞോണ്ടു വന്ന ഒരു പത്രക്കടലാസിലാണ് അവളത് കണ്ടത്... എന്നത്തെ പത്രമാണ് എന്നറിഞ്ഞൂടാ.. വണ്ടിയപകടം...'

അച്ഛൻ പിന്നെ ഒന്നും മിണ്ടിയില്ല..

അമ്മയും..

ഉറങ്ങാത്ത ആലോചനകളും നേടുവീർപ്പുകളും ഇരുട്ടിൽ പറ

ന്നുനടന്നു...

ഇന്നലെ, ബലിവാവിന്റെ അവധിക്ക് വീട്ടിലെത്തുമ്പോൾ പിന്നാമ്പുറത്തെ തെങ്ങിൻ ചുവട്ടിൽ പതിറ്റാണ്ടുകളുടെ പഴക്കം കൊണ്ട് കല്ലായിത്തീർന്ന തലയണ കിടക്കുന്നത് കണ്ടു..

'ഇത് കളഞ്ഞോ...?'

ഞാൻ ചോദിച്ചു.

'ങ്ഹാ.. അകം നിറയെ നിങ്ങടെ കുഞ്ഞുടുപ്പുകളാണ്..'

അമ്മ പറഞ്ഞു.

ഒരു കൗതുകം കൊണ്ട്, കറിക്കത്തി എടുത്തുകൊണ്ടുവന്നു ഞാനതിനെ ഓപ്പറേഷൻ നടത്തി. ബാല്യത്തിനു ചായമിട്ട ഇരവുടുപ്പുകളുടെ ഇടയിൽ നിന്ന് മരിക്കാത്ത ഓർമ്മ പോലെ ഒരു പരുന്ത് ഭൂഗോളവും കൊത്തി ഉയർന്നുവന്നു..

○○

ഇരുപത്
തിരുമേനി

ബൈക്ക് നല്ലതു നോക്കി ഒരെണ്ണം മേടിച്ചു. കൂട്ടുകാരനെ കൊണ്ട് ഓടിപ്പിച്ചു നാട്ടിലെത്തിച്ചു. വീട്ടിലേക്കിറങ്ങി പോകാൻ നടവഴിയേ ഉള്ളൂ. മുന്നിലും പിന്നിലും നിന്ന് രണ്ടാളും കൂടി പിടിച്ചുരുട്ടി അത് മുറ്റം വരെ കൊണ്ടെത്തിച്ചു.

'പോരേ..?' -അവൻ ചോദിച്ചു.

'പോരാ.. അകത്തു കേറ്റണം..കള്ളന്മാരുടെ ശല്യമുണ്ട്..'

-ഞാൻ പറഞ്ഞു.

'ഈ വഴിയേ ഒരുത്തനുമിത് കൊണ്ടു പോകാൻ പറ്റില്ല..'

-അവൻ പറഞ്ഞു.

'പാർട്സ് ഊരിക്കൊണ്ടു പോയിക്കളയും..'

എന്റെ മറുപടി..

അവൻ എന്നെ ഒന്നുനോക്കി. സത്യം പറഞ്ഞാൽ ബൈക്കിന് വെയിലടിക്കും എന്നതാരുന്നു എന്റെ പേടി.

ഒരു പലക കുറുകെയിട്ട് വണ്ടി ഉരുട്ടി വീടിനകത്തുകയറ്റി മെയിൻ സ്റ്റാന്റിൽ വച്ചു.

'അളിയാ താങ്ക്സ്.'

അവൻ പോയി.

ഞാൻ എന്റെ സുന്ദരിയെ കൺനിറയെ കണ്ടു.

എണ്ണക്കറുപ്പിൽ സ്വർണവരകൾ ഉള്ള ഹീറോ ഹോണ്ട പാഷൻ..

വഴിഞ്ഞൊഴുകുന്ന സൗന്ദര്യം...!

അച്ഛൻ പുതയ്ക്കുന്ന കമ്പിളി എടുത്തുകൊണ്ടുവന്നു അവളെ മൂടി. ഇല്ലെങ്കിൽ മുകളിലിരുന്ന് ചിലന്തി തൂറും..

അമ്മ തൊടിയിൽ നിന്ന് കയറി വന്നു. നോക്കുമ്പോഴുണ്ട് ഒരു പശു പുതപ്പും മൂടി ഇറയത്ത് നിൽക്കുന്നു...

തുത്തൻഖാമന്റെ മുഖാവരണം

'എന്തോന്നെടാ ഇത്..??'- അമ്മ.

'ടണ്ടണാംങ്.....'

ഞാൻ കമ്പിളി മുകളിലേക്ക് വലിച്ചുയർത്തി.

'ദൈവമേ ഇതെവിടെന്ന്....??'

'വാങ്ങിച്ചൂൂൂ.'

'ആര്..??!'

'ഈ ഞാൻ.. അല്ലാതാര്...?'

'പയിസ എവിടെന്ന്...?'

'ഫിനാൻസ്... മാസം തോറും അടച്ചാ മതി...!'

അമ്മ തളർന്ന് ഭിത്തിയിൽ ചാരി.

ബൈക്ക് വാങ്ങിയ ഫ്രീക്കന് അഞ്ചു പൈസ വരുമാനമില്ല...!

'ആരടയ്ക്കുമെടാ മാസം തോറും...?'

'ഞാനടയ്ക്കും....'

'എവിടെന്ന്.....?'

'കല്ലറ, പാങ്ങോട്, കടയ്ക്കൽ പഞ്ചായത്തുകളിൽ ട്യൂഷൻ പിടിക്കും.. ഇതിൽ(ബൈക്കിൽ)പോയി ക്ലാസ് എടുക്കും...'

അമ്മ താടിക്ക് കൈകൊടുത്ത് നോക്കി നിൽക്കുകയാണ്. വിശ്വാസമായ മട്ടില്ല.. ഒരു മുഴം കൂടി നീട്ടി എറിയാം...

'കാശു കുറെ ബൈക്കിന് അടച്ചിട്ട് ബാക്കി അമ്മേരേ വച്ചേയ്ക്കാൻ തന്നാ ബാങ്ക് പലിശ തരുവോ...?'

കയ്യിൽ കിട്ടിയ എന്തോ എടുത്ത് അമ്മ എനിക്കിട്ടെറിഞ്ഞു.

നോക്കുമ്പോ കുട്ടിക്കൂറ തലപൊട്ടി പൌഡർ ചാടി നിലത്തു കിടക്കുന്നു.

ഭാഗ്യം.. ബൈക്കിൽ കൊണ്ടില്ല...!

അമ്മ ഒരറ്റത്തിരുന്നു കരച്ചിൽ തുടങ്ങി.

'ബാങ്കുകാര് വന്ന് ഈ വീടും കൂടി ജപ്തി ചെയ്തോണ്ടു പോകല്ലോ ഭഗവാനേ' എന്ന് കുറുക്കുവിളിച്ചു..

ബൈക്ക് കയറ്റി വച്ചതോടെ അവിടെയിരുന്ന് ടിവി കാണാൻ നിവൃത്തിയില്ലാതായി. 'ജയ് ഹനുമാ'ന്റെ ടൈം ആയപ്പോ വീണ്ടും അമ്മേടെ വിധം മാറി.

'രാവിലെ ഇറക്കിക്കോണം ഈ കോപ്പിവിടന്ന്..'

'ഓടിക്കാൻ പഠിച്ചാലേ ഇതിനി ഇവിടന്നിറക്കാൻ പറ്റൂ..'

ഞാൻ പറഞ്ഞു.

'നിന്നെയൊക്കെ പെറ്റ എന്നെ പറഞ്ഞാൽ മതിയല്ലോ...'

പിറ്റേന്ന് അതിരാവിലെ ബൈക്ക് പഠിക്കാൻ പോയി. കാഞ്ചിന

ട വനം, ഭരതന്നൂർ ഏലാ, പാലോട് തോട്ടം തുടങ്ങിയ മേഖലകളി ലൂടെ ഒരു ലൊക്കടാ ബൈക്കിൽ സഞ്ചരിച്ചു. എത്ര മൂപ്പിച്ചാലും മൂക്കാത്ത ഒരു കിഴവൻ ബൈക്ക്. ആര് കേറിയിരുന്നാലും അത് തനിയെ അങ്ങനെ പോകും.

വെരി സിമ്പിൾ .....സത്യത്തിൽ ഇതിൽ പഠിക്കാനൊന്നുമില്ല... എനിക്ക് തോന്നി.

'ഇത്രേ ഒള്ളൂ... ഇന്നുതന്നെ പുതിയ ബൈക്ക് റോഡിലിറക്ക ണം....'

ബൈക്ക് മാഷ് എനിക്ക് കെണി വച്ചു.

ഉച്ചതിരിഞ്ഞ് വീട്ടിൽ വന്ന് ബൈക്ക് ഉരുട്ടി റോഡിൽ കയറ്റി. കയറിയിരുന്ന് സ്റാർട്ടാക്കി.. അത് എന്നെയും വഹിച്ചു കൊണ്ട് അതിന്റെ ഇഷ്ടം പോലൊരു വശം ചേർന്ന് റോഡേ പാഞ്ഞു.

പുതിയ ബൈക്ക് അല്ലേ.. ഒന്ന് പൂജിക്കണം.

ഓട്ടത്തിനിടെ ഞാൻ ആലോചിച്ചു. സന്ധ്യ ആയപ്പോ നേരെ ക്ഷേത്രത്തിലേക്ക് വിട്ടു.

കുന്നിൻ മുകളിലാണ് ക്ഷേത്രം. ചെമ്മൺറോഡ്.. അതിദുർഘട മായ കയറ്റം. ഒരുവിധം ഓടിച്ചും, ഇറങ്ങി ഉരുട്ടിയും ഞങ്ങൾ (ഞാനും എന്റെ ബൈക്കും) ക്ഷേത്രത്തിലെത്തി.

വൃദ്ധനായ തിരുമേനി വന്നു വണ്ടിയും ചാവിയും പൂജിച്ചു തന്നു. ദക്ഷിണ കൊടുത്തപ്പോ 'നല്ലതു വരും' എന്നു പറഞ്ഞു.

ചാവി തിരുകി മടക്കയാത്രയ്ക്കൊരുങ്ങുമ്പോൾ ഒരു പിൻവി ളി...

'ഡേ നില്ല്.. തിരുമേനിക്ക് ഏഴരേടെ ബസിൽ തിരിച്ചു പോണം.. അങ്ങേരക്കൂട ജംഗ്ഷനിലാക്ക്...'

ക്ഷേത്രം സെക്രട്ടറി വിനോദ്..

ചതിച്ചു...! ഞാനിതു വരെ ലോഡ് വച്ചിട്ടില്ല..!

അയ്യപ്പൻവിളക്ക് ദിവസമാണ്. വിളക്കുകാരുടെ വീട്ടിൽ നിന്നു വന്ന പെൺകുട്ടികൾ നോക്കി നിൽക്കുന്നു. ബൈക്കിൽ വന്നിറ ങ്ങിയ എന്നെ അല്പം മുൻപ് അവർ അർച്ചന കഴിച്ചു വിട്ടതേയു ള്ളൂ. ലോഡ് വയ്ക്കാനറിയില്ല എന്ന് പറയുന്നതിൽപരം നാണ ക്കേടില്ല...

എന്തായാലും കയറി എൽക്കുക തന്നെ.

ഭീരുക്കൾ പലവട്ടം മരിക്കും.. ധീരന്മാർ ഒറ്റവട്ടമേ മരിക്കൂ. അത് ബൈക്കീന്നു വീണാണെങ്കിൽ അങ്ങനെയാകട്ടെ...!

നടയടച്ചു താക്കോൽ കൊടുത്തു തിരുമേനി വന്നു. നല്ല പ്രായ

മായ ആളാണ്. എഴുപത് വയസ്സ് മതിക്കും.. ഈശ്വരാ വീണാൽ പിന്നെ രക്ഷിച്ചെടുക്കുക പാടായിരിക്കും..

തിരുമേനിക്ക് പിന്നാലേ ഒരു പഞ്ചാരച്ചാക്ക് നിറയെ സാധനങ്ങളുമായി വിനോദ് വന്നു.

'ഇതെന്താദ്...?' ഞാൻ ചോദിച്ചു.

'തിരുമേനീട സാധനങ്ങളാണ്...'

'ഇതൊക്കെ നാളെ കൊണ്ടു പോയാ പോരേ...?'

'പോരാ... കരിക്ക്, പഴം ഒക്കെയാണ്... കേടാവും ..'

'നിങ്ങള് വണ്ടിയെട്.. ഞാൻ ബേക്കിലിരുന്ന് പിടിച്ചോളാം...'

തിരുമേനി പറഞ്ഞു.

'ഗർപ്പിണിയെ കൊണ്ട് പോവും പോലെ സൂക്ഷിച്ചു കൊണ്ടോണം..വേറെ തിരുമേന്യേ നാട്ടിൽ കിട്ടാനില്ല..'

വിനോദ് ചെവിയിൽ വന്നു പറഞ്ഞു.

ഞാൻ രണ്ടു മരണം മുന്നിൽ കണ്ടു. ഗർപ്പിണീം മരിക്കും കുട്ടീം മരിക്കും...

'ഇൻഷുറൻസൊക്കെ ഉണ്ടോ...?'

പിന്നിൽ കയറിയിരുന്ന് ചാക്കെടുത്തു കുറുകെ വച്ച് തിരുമേനി ചോദിച്ചു.

എന്റെ പൊന്നു തിരുമേനീ കരിനാക്കെടുത്ത് വീശാതെ...

'അങ്ങെത്തുമോഡേ....?' ക്ഷേത്രപറമ്പിൽ നിന്ന് വേറൊരു കുണ്ടാമണ്ടി...

'പോടാ പോടാ...'

ചക്രങ്ങൾ മുന്നോട്ടുരുളാൻ തുടങ്ങി.

എവിടെയോ നത്തു ചിലച്ചു.. ദു:ശകുനം...

തിരുമേനി ഏതൊക്കെയോ ദൈവങ്ങളെ രഹസ്യമായി വിളിച്ചു പ്രാർത്ഥിക്കുന്നു...

'മക്കളൊക്കെ പഠിച്ചു ജോലിക്കാരായി. ഇനി മരിച്ചാലും വേണ്ടില്ല..'

എന്റെ ഓടിപ്പു കണ്ട് അയാൾ പറഞ്ഞു.

'ഭാര്യേം കുട്ടീമൊന്നുമില്ല...മരണം എനിക്കും വിഷയമല്ല...'

ഞാനും വിട്ടില്ല..

'കുറച്ചുകാലം കൂടി കിട്ടിയെങ്കിൽ പേരക്കുട്ടീടെ വേളി കൂടി കാണാരുന്നു...' തിരുമേനി ആശ പങ്കുവച്ചു.

'അതൊക്കെ നടന്നിട്ട് നടന്നെന്ന് പറയാം..!.'

ബാക്കി താണ്ടാനുള്ള റോഡ് ഓർത്തുകൊണ്ടു ഞാൻ പറഞ്ഞു.

തുത്തൻഖാമന്റെ മുഖാവരണം

വണ്ടി ഇറക്കം ഇറങ്ങിയുള്ള ചെറിയ നിരപ്പിൽ നിന്നു.

ഇനി കയറ്റമാണ്. വട്ടത്തേരി... ഏറ്റവും അപകടം പിടിച്ച സോൺ.. മഴവെള്ളം കുത്തിയൊലിച്ചു നാനാവിധമായ ഡിസൈനിൽ രൂപപ്പെട്ടു കിടക്കുന്ന ഒലിപ്പുചാലുകൾ.. കുണ്ടൻ കല്ലുകൾ..

'തിരുമേനീ.. പിടിച്ചിരുന്നോ...'

അയാൾ എന്നെ മുറുകെപിടിച്ചു. മുക്കാൽ കയറ്റം ഉദ്ദേശിച്ച ലൈനിലൂടെ പോയി. പിന്നെ ഒന്നു പാളി. ഫ്രണ്ട് ടയർ ചാലിൽ വീണ് കുറുകെ നിന്നു.. നൂർത്തി വച്ചു മൂപ്പിച്ചു ക്ലച്ചങ് വിട്ടു....മുൻകാൽ പൊക്കി കുതിര ചാടുമ്പോലെ വണ്ടി അഞ്ചടി പൊങ്ങി നിലത്തു വീണു...

സർവാന്ധകാരം....

ഞാൻ മെല്ലെ എഴുന്നേറ്റു..

തിരുമേനി എവിടെ...?

കാണുന്നില്ല.. അങ്ങ് താഴെ ഒരു വെള്ള കാണുന്നത് പഞ്ചാരച്ചാക്ക് ആയിരിക്കണം...

തിരുമേനി അതിനും മുന്നേ ഉരുണ്ടു പോയിക്കാണും...

ആദ്യം ബൈക്ക്.. പിന്നെ തിരുമേനി..

ബൈക്ക് നൂർത്തി ഉരുട്ടി മുകളിൽ നിരപ്പിലെത്തിച്ചു സ്റ്റാൻഡ് കുത്തി വച്ച് ഞാൻ താഴേക്ക് നടന്നു..

'തിരുമേനീ... തിരുമേനീ....'

ചാക്കിന് താഴെയുള്ള പൊട്ടക്കുഴിയിൽ നിന്ന് തിരുമേനി വിളി കേട്ടു...

ഞാൻ അദേഹത്തെ വലിച്ചു റോഡിൽ കയറ്റി.

'ഇത്രേം ഉരുളാതെ വല്ല കാട്ടുവള്ളിയിലും പിടിച്ചുകൂടായിരുന്നോ...?'

ഞാൻ ചോദിച്ചു..

മറുപടിക്കു പകരം പല്ലുറുമ്മുന്ന സ്വരം കേട്ടു..

'വല്ലോം പറ്റിയോ...?'

'വെട്ടത്തു ചെന്നേ പറയാൻ പറ്റൂ...'

തിരുമേനിയെ മുകളിലെത്തിച്ചിട്ട് ഞാൻ പോയി ചാക്കെടുത്തു. വായകെട്ടാതെ ചുറ്റിപിടിച്ചിരുന്ന ചാക്കിലെ സർവ്വതും പലവഴിക്കു പോയി...

'ബാക്കിയിനി നിരന്ന റോഡാണ്...

തിരുമേനി കേറുന്നോ അതോ നടക്കുന്നോ..'

ഞാൻ ചോദിച്ചു...

'പാതി ജീവൻ പോയി.. ബാക്കീം കൂടി നീതന്നെ എടുത്തോ...' അയാൾ ചാക്കും പിടിച്ചു വീണ്ടും കയറി ഇരുന്നു...വണ്ടി നീങ്ങി..

'ഈ നടന്ന സംഭവം നാളെ വന്ന് കണ്ടവരോടൊന്നും വിളമ്പാൻ നിക്കണ്ട..' ഞാൻ പറഞ്ഞു.

'ഇല്ല'

അദ്ദേഹം സമ്മതിച്ചു..

തിരുമേനി വായനശാല ജംഗ്ഷനിൽ നിന്ന് ബസ് കയറി പോയി. അമ്പലം പൂട്ടി ഞങ്ങൾക്ക് പിന്നാലെ നടന്നവർ വട്ടത്തേരിയിലെത്തി.

എവിടുന്നോ പെട്രോളിന്റെ മണം...

'ഡേയ്.. തിരുമേനിയേം കൊണ്ട് ലവൻ ഇവിടെവിടെയോ വീണു...'

ഒരുത്തൻ പറഞ്ഞു..

പരക്കെ ഒന്ന് ടോർച്ചടിച്ചപ്പോൾ ചിതറിക്കിടക്കുന്ന കരിക്കുകൾ, പഴം, നാണയത്തുട്ടുകൾ...

പൊന്തക്കാട്ടിലിറങ്ങി ഏറെ നേരം അവർ ബോഡി തപ്പി....

കിട്ടിയില്ല...

പിറ്റേന്ന് തിരുമേനി വിനോദിനോട് പറഞ്ഞു...

'ഇന്നലെ എന്നെ കൊണ്ടു പോയവനെ ഇനി വരുമ്പോ ഒന്ന് കാണിച്ചു തരണേ.. രാത്രി അവന്റെ മുഖം കണ്ടില്ല..'

'എന്തിനാ തിരുമേനീ..'

'കാലനെ അറിയാമെങ്കി കാണുമ്പോ മാറിനടക്കാലോ....!'

○○

ഇരുപത്തൊന്ന്
ഹെഡ്മാഷും ഞാനും

പ്രൈമറി ക്ലാസിൽ വച്ച് അസുഖം വന്നു മെഡിക്കൽ കോളേജിൽ പോയി കിടക്കാൻ പറ്റിയതു മൂലം സാധാരണയാർക്കും കിട്ടാനിടയില്ലാത്ത ചില സൗഭാഗ്യങ്ങൾ എനിക്കുണ്ടായി. ആശുപത്രിവാസവും പിന്നാലെ വന്ന വിശ്രമവും, വിശ്രമകാലത്തെ വാട്ടിയ കരിങ്കോഴിമുട്ടകളും എരുമപ്പാലും ഒക്കെക്കൂടി എന്നെയങ്ങു ചിമിട്ടനാക്കി. ആ പ്രായത്തിൽ കിട്ടേണ്ടതായ പല ആനുകൂല്യങ്ങളും വഴിമാറിയൊഴുകിയത് കാരണം എന്റെ അനുജൻ അനുദിനം ശോഷിച്ചുവന്നു.

ഞാൻ പള്ളിക്കൂട ഗമനം പുനഃരാരംഭിക്കുന്ന ദിവസം അമ്മ കൂടി എനിക്കൊപ്പം സ്കൂളിലേക്ക് വന്നു.

'അസുഖം മുഴുവനായി ഭേദപ്പെട്ടോ...?'

ടീച്ചർ ചോദിച്ചു.

'മാസാമാസം ചെക്കപ്പിനു പോകണം..'

അമ്മ പറഞ്ഞു.

'ഇടയ്ക്ക് കഴിക്കാൻ മരുന്നോ മറ്റോ ഉണ്ടോ..?'

'ഇല്ല...കുറച്ചുകാലത്തേക്ക് അവനെ അടിക്കേണ്ട..

'ഇമ്പോസിഷൻ കൊടുത്താൽ മതി..' പോകാൻ നേരം അമ്മ ടീച്ചറോടായി പറഞ്ഞു...

എന്റെ മനസ്സിൽ ചന്നാപിന്നാ ലഡു പൊട്ടി...

തുടർന്നുള്ള മാസങ്ങളിൽ ഞാൻ എഴുതിത്തള്ളിയ ഇമ്പോസിഷനുകൾക്ക് കണക്കില്ല.

ആദ്യമാദ്യം അൻപതിലും നൂറിലും ഒക്കെ നിന്ന ഇമ്പോസിഷൻ പിന്നെപ്പിന്നെ അഞ്ഞൂറു വരെയായി. സർവ്വമാന ബുക്കുകളുടെ പേജും വലിച്ചുകീറി ഇമ്പോസിഷൻ എഴുതി. ആയിരത്തിന്റെ ഒരു ഇമ്പോസിഷൻ കിട്ടി വീട്ടിൽ വന്ന ദിവസം പാതിരായ്ക്ക്

തുത്തൻഖാമന്റെ മുഖാവരണം

എനിക്ക് പെട്ടെന്നൊരു ഐഡിയ വന്നു.

'ഇമ്പോസിഷൻ എഴുതാതിരുന്നാലോ..'

സ്വാഭാവികമായും അടികിട്ടും..

പക്ഷേ, എന്നെ അടിച്ചൂടല്ലോ...

പിന്നെന്തു ചെയ്യാൻ പറ്റും..?

അതൊന്നു പരീക്ഷിക്കാൻ തീരുമാനിച്ച് ഞാൻ ഇമ്പോസിഷൻ എഴുതാതെ മൂടിപ്പുതച്ചു കിടന്നുറങ്ങി.

പിറ്റേന്ന് ടീച്ചർ എന്നേം വിളിച്ചു ഹെഡ്മാസ്റ്ററുടെ അടുത്ത് പോയി.

'സാർ.. ഇവനെ എന്താ ചെയ്യേണ്ടത്...?'

'എന്തുപറ്റി....?'

'അടിയ്ക്കരുത് എന്നാണ് വീട്ടുകാരുവന്നു പറഞ്ഞേക്കുന്നത് .. അതോണ്ട് ഇമ്പോസിഷൻ കൊടുത്തുവിട്ടു.. ഇപ്പൊ അതും എഴുതാതെ വന്നിരിക്കുന്നു...!'

'എന്തോന്നാരുന്നെടാ ഇമ്പോസിഷൻ..?'

വല്ല നാനാർത്ഥമോ പര്യായമോ ആയിരിക്കും എന്നാണ് ഹെഡ് മാഷ് വിചാരിച്ചത്..

'ഇനി മേലിൽ ഡസ്റ്റർ എടുത്ത് കിണറ്റിൽ ഇടില്ല..'

ഞാൻ പറഞ്ഞു.

ഹെഡ് മാഷ് ടീച്ചറെ നോക്കി..

'ഇതൊക്കെ ചെറുത്..'

ടീച്ചർ പറഞ്ഞു..

'ടീച്ചർ പൊയ്ക്കോ, ഇവനെ ഞാൻ ശരിപ്പെടുത്താം'

പണ്ട് പഠിച്ച പിള്ളേരാരോ കളഞ്ഞിട്ട് പോയ ഒരു നോട്ട് ബുക്കെടുത്ത് തന്നിട്ട് മൂലയിൽ കിടന്ന ബെഞ്ചു ചൂണ്ടിക്കാണിച്ച് അദ്ദേഹം പറഞ്ഞു.

'അതിൽ പോയിരുന്ന് എഴുതിക്കോ ...2000 വട്ടം..'

പണി പാളി...

ഞാൻ പോയിരുന്ന് എഴുത്തു തുടങ്ങി.

നാലുമണിക്ക് സ്കൂളുവിടുമ്പം ഞാൻ 500 ഡസ്റ്റർ കടന്നേ ഉള്ളൂ..

'സ്പീഡ് പോരാ.. നാളെ ബാക്കി കൂടി വന്നിരുന്നെഴുതണം...'

ഹെഡ്മാഷ് വന്നു പറഞ്ഞു..

എൽ.പി. സ്കൂളിലെ ശേഷിച്ച ഏതാനും മാസങ്ങൾ വല്ലവിധേനയും അങ്ങനെ കഴിഞ്ഞു.

തുത്തൻഖാമന്റെ മുഖാവരണം

അഞ്ചാം ക്ളാസിൽ പുതിയ സ്കൂളിൽ ചേർക്കാൻ ചെന്നപ്പോഴേ അമ്മ കാര്യം അവതരിപ്പിച്ചു.

'അസുഖക്കാരനാണ് .. കുറേക്കാലത്തേക്ക് അടിക്കേണ്ട..'

'അസുഖകാര്യം ക്ലാസ്തുടങ്ങുമ്പോൾ വന്നു ക്ലാസ് ടീച്ചറോടും ബാക്കി ഇവനെ പഠിപ്പിക്കുന്ന ടീച്ചർമാരോടും പറയണം..'

ഹെഡ്മാഷ് പറഞ്ഞു.

പുതിയ അധ്യയനവർഷത്തേക്കുള്ള ഉപയോഗത്തിനായി വാങ്ങിക്കൊണ്ട് വച്ചിരുന്ന ഒരുകെട്ട് ചൂരൽ കണ്ണാടി അലമാരയ്ക്കുള്ളിൽ കുത്തനെനിന്ന് എന്നെ വിഷാദത്തോടെ നോക്കി.

പള്ളിക്കൂടം തുറന്നു.

ആദ്യദിനംതന്നെ ഉച്ചയോടെ ഓഫീസിലെത്തി അച്ഛൻ എന്റെ അധ്യാപകരെ കണ്ടുപിടിച്ച് അടി നിബന്ധന മുന്നോട്ടുവച്ചു.

'ഹെഡ്മാഷ് ഇപ്പൊ അവരുടെ ക്ളാസിലുണ്ട്.. അദ്ദേഹത്തോട് കൂടി ഒന്ന് പറഞ്ഞിട്ട് പോകൂ' എന്നു പറഞ്ഞ് ഏതോ ടീച്ചർ അച്ഛനെ എന്റെ ക്ലാസ്സിലേയ്ക്കയച്ചു.

വാതിൽക്കൽ വന്നുനിൽക്കുന്ന അപരിചിതനെ കണ്ട് ഞങ്ങളെ പഠിപ്പിച്ചുകൊണ്ടുനിന്ന ഹെഡ്മാഷ് അങ്ങോട്ടു ചെന്നു.

അച്ഛൻ എന്റെ കാര്യം പറയാൻ വന്നതാണെന്നറിഞ്ഞപ്പോൾ അദ്ദേഹം എന്നെ അരികിലേക്ക് കയ്യാട്ടി വിളിച്ചു. ഞാൻ ചെന്നപ്പോൾ എന്നെ അദ്ദേഹത്തിന് മുന്നിലായി ചേർത്തു നിർത്തി. എന്നോടത്ര വാത്സല്യം അദ്ദേഹം കാണിക്കുന്നത് കണ്ടു സഹിക്കാതെ ക്ലാസിലെ ഓമനകളായ പെൺകുട്ടികളും പിന്നാലെ സർവ്വരും അങ്ങോട്ടു വന്ന് 'ഓ മാറാരോഗ്യാണല്ലേ' എന്ന ഭാവത്തിൽ എന്നെയും 'പാവം അച്ഛൻ' എന്ന മട്ടിൽ അച്ഛനെയും മാറിമാറി നോക്കി നിന്നു.

'ഞാൻ ഇവനെ അടിക്കില്ല.. ബാക്കി ഉള്ളവരോടുകൂടി ഞാൻ പറയാം'

ഹെഡ്മാഷ് അച്ഛന് ഉറപ്പുകൊടുത്തു.

എനിക്ക് പെട്ടന്ന് ഒരാശയം തോന്നി.

ഒരു വരം കിട്ടിയാൽ അത് പരീക്ഷിച്ചു നോക്കണം.

ഒന്നുമറിയാത്ത ഭാവത്തിൽ ഇടം കൈ പിന്നിലേക്കിട്ട് ഞാൻ ഒരുത്തന്റെ കയ്യും, പരതി പരതി നടുവിരലും കണ്ടുപിടിച്ചു. പിടി നടുവിരലിൽ മാത്രമാക്കി അത് പിന്നിലേക്ക് വളച്ച് ഒറ്റ ഒടി...

'അയ്യോ' എന്ന വിളിയും സ്പോട്ടിൽ തന്നെ പരാതിയും തുടർന്ന് ഇമ്പോസിഷനുമാണ് ഞാൻ പ്രതീക്ഷിച്ചത്.. ആ സാമദ്രോഹി

ട്ടപ്പേന്നു കൈ പിൻവലിച്ചതല്ലാതെ ഒന്നും മിണ്ടിയില്ല.

പരീക്ഷണം ഏറ്റില്ല....

'അരിച്ചെടുത്തു വച്ചിരിക്കുന്ന മുതലാണ് ...

ഞാനിവനെ സാറിനെ ഏല്പിക്കുകയാണ്..'

പഞ്ച് ഡയലോഗ് പറഞ്ഞു അച്ഛൻ നടന്നകന്നു.

ഹെഡ്മാഷ് എന്നെയും ഞാൻ അദ്ദേഹത്തെയും നോക്കി.

അദ്ദേഹത്തിന്റെ കണ്ണുകൾ നിറഞ്ഞിരിക്കുന്നു..

എന്റെ രോഗാതുരത അദ്ദേഹത്തിന്റെ ഹൃദയത്തെ മഥിച്ചിരിക്കുന്നു....

പിറ്റേന്ന് എന്റെ ചെറിയ മാമൻ സ്കൂളിൽ വന്നു. ഏഴാം ക്ലാസിൽ പഠനം നിർത്തിയ പുള്ളിക്ക് പാസ്പോർട്ട് എടുക്കണം. അഡ്മിഷൻ രജിസ്റ്റർ എക്സ്ട്രാക്ടും, പറ്റിയാൽ ഒരു സ്വഭാവസർടിഫിക്കറ്റും വാങ്ങുകയാണ് ലക്ഷ്യം.

'എന്റെ ചേഴാറൻ (അനന്തിരവൻ)ഇവിടെ പഠിക്കുന്നുണ്ട് സാർ..'

കൊച്ചുമാമൻ പറഞ്ഞു.

ഹെഡ്മാഷ് ആളെ വിട്ട് എന്നെ വിളിപ്പിച്ചു..

മാമന് വേണ്ട കടലാസുകൾ പ്യൂൺ ഹെഡ് മാഷുടെ മുന്നിൽ കൊണ്ടു വച്ചു.

'അനിയാ ...നിന്റെ കാരക്ടർ ആൻഡ് കോണ്ടക്റ്റ് വളരെ നല്ലതാണ് എന്നെനിക്കറിയാം..'

മാമന്റെ മുഖത്ത് ചിരി വിടർന്നു...

'പക്ഷെ, അത് എഴുതിത്തരാൻ നിർവാഹമില്ല ...!'

'അയ്യോ അതെന്താ സാർ...?'

'എന്റെ കൈ വയ്യ....'

ഹെഡ്മാഷ് മടിയിൽ വിശ്രമിപ്പിച്ചിരുന്ന വലംകൈ എടുത്ത് മേശമേൽ വച്ചു..

നടുവിരൽ അഡ്ജസന്റ് വിരലുമായി ചേർത്ത് അഡ്ജസ്റ്റ് ചെയ്തു കെട്ടിവച്ചിരിക്കുകയാണ്...

നല്ല നീരുമുണ്ട്....

'എന്തുപറ്റി സാർ... ?'

കൊച്ചുമാമൻ ചോദിച്ചു..

'നിന്റെ ചേഴാറൻ പിടിച്ചൊടിച്ചു...!'

മാമൻ ഞെട്ടി... ഞാനും...

അത് ശരി..

അപ്പൊ പണി സാറിനാണ് കിട്ടിയത്.. !

മാമൻ എന്നെ നോക്കി .

ഞാൻ മിണ്ടാതെ നിന്നു...

'അഡ്മിഷൻ എക്സ്ട്രാക്റ്റ് കൊണ്ടുപൊയ്ക്കോ ..

സ്വഭാവസർട്ടിഫിക്കറ്റ് വേറെ എവിടുന്നെങ്കിലും വാങ്ങിക്കോ..'

ഹെഡ്മാഷ് പറഞ്ഞു.

അഡ്മിഷൻ എക്സ്ട്രാക്റ്റ് കയ്യിൽ വാങ്ങി മാമൻ എണീറ്റു.

'സാറേ.....'

ഹെഡ്മാഷ് മാമനെ നോക്കി..

'ആഗ്രഹമുണ്ടാരുന്നിട്ടും എനിക്ക് ചെയ്യാൻ സാധിക്കാത്ത പലതും എന്റെ അനന്തരവൻ ഇന്ന് ചെയ്യുന്നുണ്ട്... ഇവനെ ഓർത്തു ഞാൻ അഭിമാനിക്കുന്നു..!'

മാമൻ പറഞ്ഞു.

വയ്യാത്ത കൈ ട്ടപ്പനേ ഉയർത്തി മേശമേൽ ഒരടി അടിച്ച് മാഷ് ചാടിയെണീറ്റു..

മാമൻ നിന്നനിൽപ്പിൽ അപ്രത്യക്ഷനായി...

'പോടാ ക്ലാസിൽ...'

ഹെഡ്മാഷ് എന്നെ നോക്കി അലറി....!

ഒറ്റ ഓട്ടത്തിനു ക്ലാസിന്റെ വാതിൽക്കലെത്തി ഞാൻ തിരിഞ്ഞു നോക്കി..

തന്നത്താൻ മേശമേലടിച്ചു തന്നത്താൻ നോവിച്ച കൈ മാഷതാ നിന്നു തന്നത്താൻ ഊതിത്തണുപ്പിക്കുന്നു....

○○

ഇരുപത്തിരണ്ട്
റേഡിയോ നാടകം

അക്കാലം ചില തിങ്കളാഴ്ചകളിൽ രാത്രി എട്ടുമണിക്ക് റേഡിയോ ഒരു നിമിഷം മൗനമാകും. തുടർന്ന് ഞാൻ കാത്തിരുന്ന ആ ഗാനം കേൾക്കും..

'വെള്ളത്തുണികൾക്കുജാലയിപ്പോൾ
മാളോർക്കുടയാട പോലെയായി
വിണ്ണിലെ പൗർണമി വെണ്ണിലാവും
തൂവെള്ളപ്പൂക്കൾ തൻ പുഞ്ചിരിയും
ഒന്നിച്ചുനൽകുമുജാലയിപ്പോൾ
ഒന്നിച്ചു വാങ്ങുന്നു ലോകരെല്ലാം...'

പാട്ടു കഴിഞ്ഞാലുടൻ മുഴങ്ങുന്ന ശബ്ദത്തിൽ 'ആകാശവാണി തിരുവനന്തപുരം ആലപ്പുഴ' എന്ന് പറയും..

പിന്നൊരു സംഗീതമേളം വരും..

മെല്ലെ അതിന്റെ ഒച്ച കുറഞ്ഞു വരും..

തുടർന്ന് അതിലും മെച്ചമായ ശബ്ദത്തിൽ ഇങ്ങനെ പറയും..

'ശാപം കിട്ടിയ ശില്പി'

'പരപ്പിൽ സൂനകുമാർ എഴുതിയ നാടകം'

എന്റെ ഹൃദയം പൊട്ടാറാകും..

ശ്വാസം നിലയ്ക്കും...

പ്രീ ഡിഗ്രിക്കു പഠിക്കുമ്പോൾ ആണ് ആദ്യമായി ഇത്തരം ഒരു സംഭവമുണ്ടാകുന്നത്. വർഷങ്ങളായി കേട്ട അസംഖ്യം റേഡിയോ നടകങ്ങളോടുള്ള ഇഷ്ടത്തിലും ആരാധനയിലും പെട്ടുഴറി ഞാനും ഒരെണ്ണം പടച്ചുണ്ടാക്കുകയായിരുന്നു.

പ്രീ ഡിഗ്രി ക്ലാസിലെ സുന്ദരിമാരോടും അവരോട് സംസാരിക്കാൻ വരുന്ന സീനിയർ സുന്ദരന്മാരോടും ഉള്ള അസൂയകൊണ്ട് അവരെ കഥാപാത്രങ്ങളാക്കി വികല കഥകളും നോവലുകളും എ

ഴുതുകയും പെണ്ണുങ്ങൾക്കിടയിൽ നല്ല സ്വാതന്ത്ര്യമുള്ള ഒരു കൂട്ടുകാരന് അവ വായിക്കാൻ കൊടുക്കുകയും ക്ലാസ്സിലെ പെൺപിള്ളേരെ അതേ പേരിൽ കഥയിൽ കാണുമ്പോൾ

'ദാണ്ടടീ മീനൂ.. നിന്റെ കഥ ഇവൻ എഴുതി വച്ചേക്കുന്നു' എന്നവൻ വിളിച്ചു കൂകുകയും, മീനു അത് തട്ടിപ്പറിച്ചു കൊണ്ടുപോയി വായിക്കുകയും, തൊട്ടുമുമ്പ് അവളോട് സല്ലപിച്ചു പോയ ഫസ്റ്റ് ഡീസിയിലെ രാജേഷ് അവളെ കല്യാണം കഴിച്ചു ബോംബെയിൽ കൊണ്ടുപോയി ചുവന്ന തെരുവിൽ ഉപേക്ഷിച്ചതായ കഥ വായിച്ചു പൊട്ടിക്കരയുകയും വിവരം എങ്ങനെയോ അറിഞ്ഞ രാജേഷിന്റെ കയ്യിൽ നിന്ന് അന്ന് ഉച്ചയ്ക്ക് തന്നെ ഇടിവാങ്ങുകയുമായിരുന്നു അക്കാലത്തെ എന്റെ പ്രധാന സാഹിത്യപ്രവർത്തനം..

ഭീഷണിയിലും മർദനമുറകളിലും പേന താഴെ വയ്ക്കുന്നവനല്ല ധീരനായ കലാകാരൻ.

അതുകൊണ്ട് പിറ്റേ ആഴ്ച ഞാൻ ശാലുവിനെയും റാണിയെയും പറ്റി എഴുതുകയും അവരുടെ കാമുകന്മാർ വന്ന് എന്നെ നിർദയം മർദിക്കുകയും ചെയ്തുപോന്നു...

ഈ ഇടിഗദ്യം അല്ലാതെ മറ്റൊന്നും പേനത്തുമ്പത്തു വരാതിരുന്നതുകൊണ്ടു എനിക്ക് നാടകമാക്കാൻ പറ്റിയ ഒരു കഥ കിട്ടിയില്ല. അതുകൊണ്ടാണ് കെ എൽ മോഹനവർമയുടെ ഒരു ചെറുകഥ നാടകമാക്കി രഹസ്യമായി ആകാശവാണിക്ക് തട്ടിയത്. നാടകരചന എന്ന് പറയുന്നതിന് പകരം കെ എൽ മോഹനവർമയുടെ ചെറുകഥയെ ആസ്പദമാക്കി പരപ്പിൽ സൂനകുമാർ എഴുതിയ നാടകം എന്ന് പറയും...

അതായാലും മതി തൽക്കാലം..

ഏഴെട്ടു മാസങ്ങൾ കടന്നുപോയി. അതിനിടെ പലതും സംഭവിച്ചു. രണ്ടാംവർഷ സെക്കന്റ് ഗ്രൂപ് വിദ്യാർത്ഥിയായിരുന്ന ഞാൻ ക്ഷേത്രോത്സവകമ്മിറ്റി സെക്രട്ടറിയായി. അതിനകം തന്നെ പകുതി മുങ്ങിയിരുന്ന എന്റെ പ്രീ ഡിഗ്രി കപ്പൽ പുഴയ്ക്കിരുപുറവും കിടക്കുന്ന ഗ്രാമങ്ങളിലെ പിരിവും പറയും തേങ്ങാവെട്ടും കൂടിയായപ്പോൾ സമ്പൂർണമായി മുങ്ങി..

ഒരു ദിവസം രാത്രി നടയടച്ചു കുന്നിറങ്ങി വീട്ടിലെത്തിയപ്പോൾ അച്ഛൻ ഒരു വെള്ള കവർ നീട്ടി.

ഞാൻ അത് വാങ്ങി പൊട്ടിച്ചു.

എന്റെ നാടകം പ്രക്ഷേപണം ചെയ്യുന്നു എന്നറിയിച്ചുകൊണ്ടുള്ള കത്തായിരുന്നു അത്..

പിറ്റേ തിങ്കളാഴ്ച നാടകം പ്രക്ഷേപണം ചെയ്തു.

ഞാൻ മഹാസാഹിത്യകാരനായതു കണ്ട് എന്നെ അവഗണിച്ചു കടന്നുപോയ കാമുകി സ്വന്തം വിഡ്ഢിത്തമോർത്തു കുണ്ഠിതപ്പെട്ടു മടങ്ങിവരുമെന്നു ഞാൻ വിചാരിച്ചു. അവൾ വന്നില്ല. ചിലപ്പോൾ ബാറ്ററി തീർന്നത് കാരണം നാടകം കേൾക്കാൻ പറ്റിയിട്ടുണ്ടാവില്ല...!

തുടർന്നുള്ള ഏതാനും വർഷങ്ങൾ മാസത്തിൽ രണ്ടെണ്ണം എന്ന തോതിൽ എന്റെ നാടകങ്ങൾ ചാട്ടുളി പോലെ ആകാശവാണിയിലേക്ക് പാഞ്ഞു ചെന്നു. ചിലത് അവർ എടുത്തു. മഹാനടന്മാരെ കൊണ്ട് ശബ്ദം കൊടുത്തു പ്രക്ഷേപണം ചെയ്തു. ആകാശവാണിയിൽ നിന്നുള്ള ചെക്കുകൾ മാറാൻ ഞാൻ ബാങ്ക് അക്കൗണ്ട് തുറന്നു...(പിന്നല്ല...!)

പണിയില്ലാത്ത പഞ്ഞമാസങ്ങളിൽ ദൂരെ എവിടെയെങ്കിലും ഉള്ള ഹോട്ടലുകളിൽ പോയി ജോലിയെടുത്തിരുന്ന അച്ഛൻ ഒരൊഴിവിന് വീട്ടിലെത്തിയ ദിനം രാത്രി അമ്മയോട് പറഞ്ഞു.

'കടയിൽ (ഹോട്ടലിൽ)റേഡിയോ ഉച്ചത്തിൽ വയ്ക്കും. ഒരീസം എന്നെ മുതലാളി വിളിച്ചിട്ട് പറഞ്ഞു..' ഡേ ശശീ... ദേണ്ട നിന്റെ നാട്ടാരൻ എഴുതിയ നാടകം... വന്നു കേള്..' ഞാൻ ചെന്ന് കേട്ടു. തീർന്നപ്പോ പറഞ്ഞ പേര് ഇവിടുത്തെ മൂത്തവന്റെ..'

'എന്നിട്ട് നിങ്ങള് പറഞ്ഞോ നിങ്ങടെ മോനാ ന്ന്...?'

അമ്മ അഭിമാനത്തോടെ ചോദിച്ചു..

'ഇല്ലെടീ... നാടകം വകയ്ക്കുകൊള്ളുകേലാരുന്നു... വെറുതെ എന്തിനാ ...?'

അത്രേംനേരം ചെവി കൂർപ്പിച്ചു കിടക്കുകയായിരുന്ന ഞാൻ പൊടുന്നനെ കൂർക്കംവലി തുടങ്ങി...

൦൦